▶子音

c【e, i, y の前】	: [ス]	ciel [シエル], cesser [セセ]
c【上記以外】	: [ク]	colline [コリヌ], cuire [キュイール]
ç	: [ス]	ça [サ], façon [ファソン]
g【e, i, y の前】	: [ジュ]	ange [アンジュ], gens [ジャン]
g【上記以外】	: [グ]	garçon [ガルソン], gomme [ゴム]
h	: 発音しない	hier [イエール], hôtel [オテル]
ch	: [シュ]	chat [シャ], chic [シック]
gn	: [ニュ]	agneau [アニョ], ligne [リーニュ]
th	: [トゥ]	thé [テ], thon [トン]
ph	: [フ]	photo [フォト], physique [フィジック]
qu	: [ク]	quai [ケ], que [ク]
il, ill	: [イユ]	réveil [レヴェイユ], fille [フィーユ]
s【下記以外】	: [ス]	assez [アセ], sel [セル]
s【母音＋s＋母音】	: [ズ]	maison [メゾン]

■リエゾン（liaison）
普通は発音しない語末の子音字を，次の語の初めの母音字と連続させて読む．

  un homme [アンノム] nous avons [ヌザヴォン]

■アンシェヌマン（enchaînement）
語の末尾の子音字と，次の語の初めの母音字を切らずに続けて読む．

  il aime [イレーム] avec eux [アヴェクー]

■エリジオン（élision）
母音で始まる語の前で，語の末尾の母音字を省略し，代わりにアポストロフをつける．

  ce + est → c'est [セ] la + école → l'école [レコル]

Daily
Japanese-French-English
Dictionary

デイリー
日仏英
辞典 [カジュアル版]

三省堂編修所 [編]

三省堂

© Sanseido Co., Ltd. 2017
Printed in Japan

[装画] 青山タルト
[装丁] 三省堂デザイン室

まえがき

　近年，日本アニメのブームがわき起こったり，和食が世界遺産に登録されたりと，日本の文化・芸術が世界的に注目を集めています。それに伴い，海外からの観光客や日本での留学・就労をもとめる外国人が増えています。そして，2020年の東京オリンピック・パラリンピックをきっかけとして，多くの日本人がさまざまな言語や文化背景をもつ人たちをおもてなしの心で迎え入れようとしています。

　2002年より刊行を開始した「デイリー3か国語辞典」シリーズは，ハンディかつシンプルで使いやすいとのご好評をいただき，増刷を重ねてまいりました。このたび，より気軽にご利用いただけるよう，『デイリー日仏英辞典 カジュアル版』を刊行いたします。これは，同シリーズの『デイリー日仏英・仏日英辞典』より「日仏英部分」を独立させ内容を見直し，付録として「日常会話」や「分野別単語集」を盛りこんだものです。

　本書の構成は次の通りです。くわしくは「この辞書の使い方」をごらんください。

◇日仏英辞典…
　日本語に対応するフランス語がひと目でわかります。分野別単語集と合わせ約1万3千項目収録しました。見出しの日本語には「ふりがな」に加え「ローマ字」も示し，語義が複数にわたるものには（　　）で中見出しを設けました。フランス語と英語にはシンプルなカタカナ発音を示しました。

◇日常会話…
　場面や状況別に，よく使われるごく基本的な表現をまとめました。フランス語と英語の音声は無料ウェブサービスで聴くことができます。

◇分野別単語集…
　「職業」「病院」など，分野別に関連する基本的な単語をまとめました。

　おもてなしにもご旅行にも，シンプルで引きやすい『デイリー日仏英辞典 カジュアル版』が，読者のみなさまのコミュニケーションに役立つよう，心より願っています。

　　2017年初夏

　　　　　　　　　　　　　　　　　　　　　　　　三省堂編修所

この辞書の使い方

【日仏英辞典】
○日本語見出し
- 日常よく使われる日本語を五十音順に配列した
- 長音「ー」は直前の母音に置き換えて配列した

    例： **アーチ** → ああち　**チーム** → ちいむ

- 見出し上部にふりがなを付け，常用漢字以外の漢字も用いた
- 見出し下部にローマ字を付けた

    例： **長所** → chousho　**上達する** → joutatsusuru

- 語義が複数あるものには（　　）で中見出しを設けた
- 熟語見出しについては見出しを~で省略した

○フランス語
- 見出しの日本語に対応するフランス語の代表的な語句を示した
- フランス語にはシンプルなカタカナ発音を示した
- 性による変化形はつぎのように示した

    例： **charmant(e)** シャルマン(ト)　**joyeux(se)** ジョワイユー(ズ)
    positif(ve) ポジティフ(-ヴ)

- 名詞の性数はつぎのように略語で示した

    m. 男性名詞　*f.* 女性名詞　*pl.* 複数形

    例： **ami(e)** *m.f.* アミ　**vacances** *f.pl.* ヴァカンス

- 可変要素はイタリック体で示し，カナ発音は割愛した

    例： **de toutes** *ses* **forces** ドゥトゥット フォルス

- 結びつきの強い前置詞はイタリック体で示した

    例： **tomber amoureux(se)** *de* トンベアムルー(ズ) ドゥ

○英語
- 見出しの日本語に対応する英語の代表的な語句を示した
- 原則的にアメリカ英語とし，イギリス英語には British の略記号 Ⓑ を付けた
- 冠詞・複数形などの詳細な表記は原則的に割愛した
- 英語にはシンプルなカタカナ発音を示した
- カタカナ発音ではアクセント位置は太字で示した

【日常会話】
- 「あいさつ」「食事」「買い物」「トラブル・緊急事態」の４つの場面別に，よく使われる日常会話表現をまとめた
- 日仏英の順に配列し，同じ意味を表す別の表現は / で区切って併記した

【分野別単語集】
- 分野別によく使われる語句をまとめた
- 日仏英の順に配列し，英語はⒺで示した
- フランス語のカタカナ発音・略記号などは日仏英辞典に準じた

日	仏	英

あ, ア

アーモンド
aamondo
amande *f.*
アマンド
almond
アーモンド

愛
ai
amour *m.*
アムール
love
ラヴ

合い鍵
aikagi
double de clef *m.*
ドゥブル ドゥ クレ
duplicate key
デュープリケト **キー**

相変わらず
aikawarazu
comme d'habitude
コム ダビテュード
as usual
アズ **ユー**ジュアル

愛嬌のある
aikyounoaru
charmant(e)
シャルマン(ト)
charming
チャーミング

愛国心
aikokushin
patriotisme *m.*
パトリオティスム
patriotism
ペイトリオティズム

アイコン
aikon
icône *f.*
イコヌ
icon
アイカン

挨拶
aisatsu
salut *m.*
サリュ
greeting
グリーティング

〜する
saluer
サリュエ
greet, salute
グリート, **サ**ルート

アイシャドー
aishadoo
ombre à paupières *f.*
オンブル ア ポピエール
eye shadow
アイ **シャ**ドウ

愛称
aishou
surnom *m.*
シュルノン
nickname
ニクネイム

愛情
aijou
amour *m.*, **affection** *f.*
アムール, アフェクシオン
love, affection
ラヴ, ア**フェ**クション

合図
aizu
signal *m.*, **signe** *m.*
シニャル, シーニュ
signal, sign
スィグナル, **サ**イン

アイスクリーム
aisukuriimu
glace *f.*
グラス
ice cream
アイス ク**リー**ム

日	仏	英
あ あいすこーひー **アイスコーヒー** aisukoohii	**café glacé** *m.* カフェ グラセ	iced coffee **ア**イスト **コ**ーフィ
あいすてぃー **アイスティー** aisutii	**thé glacé** *m.* テ グラセ	iced tea **ア**イスト **テ**ィー
あいすほっけー **アイスホッケー** aisuhokkee	**hockey sur glace** *m.* オケ シュール グラス	ice hockey **ア**イス **ハ**キ
あいすらんど **アイスランド** aisurando	**Islande** *f.* イスランド	Iceland **ア**イスランド
あいする **愛する** aisuru	**aimer** エメ	love **ラ**ヴ
あいそがつきる **愛想が尽きる** aisogatsukiru	**se fatiguer** *de* ス ファティゲ ドゥ	(get) fed up with (ゲト) **フ**ェド アプ**ウ**ィズ
あいそのよい **愛想のよい** aisonoyoi	**aimable, abordable** エマーブル, アボルダブル	affable, approachable **ア**ファブル, アプ**ロ**ウチャブル
あいた **空いた** aita	**libre, inoccupé(e)** リーブル, イノキュペ	empty, vacant **エ**ンプティ, **ヴェ**イカント
あいだ **間** (時間) aida	**intervalle** *m.* アンテルヴァル	interval **イ**ンタヴァル
(距離)	**distance** *f.* ディスタンス	distance **デ**ィスタンス
(空間)	**espace** *m.* エスパス	space ス**ペ**イス
あいて **相手** aite	**autre** *m.f.* オートル	other person **ア**ザ パーソン
(敵)	**rival(e)** *m.f.* リヴァル	opponent オ**ポ**ウネント
あいでぃあ **アイディア** aidia	**idée** *f.* イデ	idea アイ**デ**ィーア

日	仏	英
あいてぃー **IT** aitii	**informatique** *f.* アンフォルマティック	information technology インフォメイション テクノロジ
あいている **開いている** aiteiru	**ouvert(e)** ウヴェール(・ヴェルト)	open **オ**ウプン
あいている **空いている** aiteiru	**vacant(e)** ヴァカン(ト)	vacant **ヴェ**イカント
（自由だ）	**libre** リーブル	free フリー
あいどる **アイドル** aidoru	**idole** *f.* イドル	idol **ア**イドル
あいま **合間** aima	**intervalle** *m.*, **période** *f.* アンテルヴァル, ペリオド	interval **イ**ンタヴァル
あいまいな **曖昧な** aimaina	**vague, ambigu(ë)** ヴァーグ, アンビギュ	vague, ambiguous **ヴェ**イグ, アン**ビ**ギュアス
あいるらんど **アイルランド** airurando	**Irlande** *f.* イルランド	Ireland **ア**イアランド
あいろん **アイロン** airon	**fer** *m.*, **fer à repasser** *m.* フェール, フェール ア ルパセ	iron **ア**イアン
あう **会う** au	**voir, retrouver** ヴォワール, ルトゥルヴェ	see, meet **ス**イー, **ミ**ート
（約束して）	**rencontrer** ランコントレ	meet **ミ**ート
あう **合う** （一致する） au	**coïncider** *avec*, **correspondre** *à* コワンシデ アヴェク, コレスポンドル ア	match with, conform to **マ**チ ウィズ, コン**フォ**ーム トゥ
（正確）	**(être) correct(e)** (エートル) コレクト	(be) correct (ビ) コ**レ**クト
あうとぷっと **アウトプット** autoputto	**sortie** *f.* ソルティ	output **ア**ウトプト

日	仏	英
あうとらいん **アウトライン** autorain	**plan** *m.*, **résumé** *m.* プラン, レジュメ	outline **ア**ウトライン
あえる **和える** aeru	**assaisonner ...** *avec* アセゾネ アヴェク	dress with **ド**レス **ウィ**ズ
あお **青** ao	**bleu** *m.* ブルー	blue ブルー
あおい **青い** aoi	**bleu(e)** ブルー	blue ブルー
(顔色などが)	**pâle** パール	pale **ペ**イル
あおぐ **扇ぐ** aogu	**éventer** エヴァンテ	fan **ファ**ン
あおじろい **青白い** aojiroi	**pâle, blême** パール, ブレム	pale, wan **ペ**イル, **ワ**ン
あか **赤** aka	**rouge** *m.* ルージュ	red **レ**ド
あかい **赤い** akai	**rouge** ルージュ	red **レ**ド
あかくなる **赤くなる** akakunaru	**rougir** ルジール	turn red **ター**ン **レ**ド
あかじ **赤字** akaji	**déficit** *m.* デフィシット	deficit **デ**フィスィト
あかちゃん **赤ちゃん** akachan	**bébé** *m.* ベベ	baby **ベ**イビ
あかみ **赤身** (肉の) akami	**viande maigre** *f.* ヴィアンド メーグル	lean **リ**ーン
あかり **明かり** akari	**lumière** *f.*, **lampe** *f.* リュミエール, ランプ	light, lamp **ラ**イト, **ラ**ンプ
あがる **上がる** (上に行く) agaru	**monter, s'élever** モンテ, セルヴェ	go up, rise **ゴ**ウ **ア**プ, **ラ**イズ

日	仏	英
（増加する）	**monter, augmenter** モンテ, オグマンテ	increase, rise インクリース, ライズ
（興奮する・緊張する）	**perdre** *son* **sang-froid** ペルドル サンフロワ	(get) nervous (ゲト) ナーヴァス
あかるい **明るい** akarui	**clair(e), éclairé(e)** クレール, エクレレ	bright ブライト
（性格が）	**gai(e), joyeux(se)** ゲ, ジョワイユー(ズ)	cheerful チアフル
あかわいん **赤ワイン** akawain	**vin rouge** *m.* ヴァン ルージュ	red wine レド ワイン
あき **空き** （透き間） aki	**vide** *m.* ヴィッド	opening, gap オウプニング, ギャプ
（余地）	**espace vide** *m.* エスパス ヴィッド	room, space ルーム, スペイス
あき **秋** aki	**automne** *m.* オトヌ	fall, Ⓑautumn フォール, オータム
あきかん **空き缶** akikan	**canette vide** *f.* カネット ヴィッド	empty can エンプティ キャン
あきち **空き地** akichi	**terrain vague** *m.* テラン ヴァーグ	vacant land ヴェイカント ランド
あきびん **空きびん** akibin	**bouteille vide** *f.* ブテイユ ヴィッド	empty bottle エンプティ バトル
あきべや **空き部屋** akibeya	**chambre vacante** *f.*, **chambre libre** *f.* シャンブル ヴァカント, シャンブル リーブル	vacant room ヴェイカント ルーム
あきらかな **明らかな** akirakana	**clair(e), évident(e)** クレール, エヴィダン(ト)	clear, evident クリア, エヴィデント
あきらかに **明らかに** akirakani	**clairement** クレールマン	clearly クリアリ

日	仏	英
あきらめる **諦める** akirameru	**renoncer** *à*, **abandonner** ルノンセア, アバンドネ	give up, abandon **ギヴ アプ**, **アバンドン**
あきる **飽きる** akiru	**se lasser** *de*, **se fatiguer** *de* ス ラセ ドゥ, ス ファティゲ ドゥ	(get) tired of (ゲト) **タ**イアド オヴ
あきれすけん **アキレス腱** akiresuken	**tendon d'Achille** *m.* タンドン ダシル	Achilles' tendon アキリーズ **テ**ンドン
あきれる **呆れる** akireru	**(être) stupéfait(e)** *de* (エートル) ステュペフェ(ット) ドゥ	(be) bewildered by (ビ) ビウィルダド バイ
あく **悪** aku	**mal** *m.*, **vice** *m.* マル, ヴィス	evil, vice **イ**ーヴィル, **ヴァ**イス
あく **開く** aku	**s'ouvrir** スヴリール	open **オ**ウプン
あく **空く** aku	**se libérer** ス リベレ	(become) vacant (ビカム) **ヴェ**イカント
あくい **悪意** akui	**malveillance** *f.* マルヴェイヤンス	malice **マ**リス
あくじ **悪事** akuji	**mauvaise action** *f.* モヴェーズ アクシオン	evil deed **イ**ーヴィル **ディ**ード
あくしつな **悪質な** akushitsuna	**malfaisant(e)** マルフザン(ト)	vicious, vile **ヴィ**シャス, **ヴァ**イル
あくしゅ **握手** akushu	**poignée de main** *f.* ポワニェ ドゥ マン	handshake **ハ**ンドシェイク
あくせいの **悪性の** akuseino	**malveillant(e)** マルヴェイアン(ト)	malignant **マ**リグナント
あくせさりー **アクセサリー** akusesarii	**accessoires** *m.pl.* アクセソワール	accessories アク**セ**ソリズ
あくせす **アクセス** akusesu	**accès** *m.* アクセ	access **ア**クセス

日	仏	英
あくせる **アクセル** akuseru	**accélérateur** *m.* アクセララトゥール	accelerator アクセラレイタ
あくせんと **アクセント** akusento	**accent** *m.* アクサン	accent アクセント
あくび **あくび** akubi	**bâillement** *m.* バイユマン	yawn ヨーン
あくま **悪魔** akuma	**diable** *m.* ディアーブル	devil デヴィル
あくむ **悪夢** akumu	**cauchemar** *m.* コシュマール	nightmare ナイトメア
あくめい **悪名** akumei	**mauvaise réputation** *f.* モヴェーズ レピュタシオン	bad reputation バド レピュテイション
あくようする **悪用する** akuyousuru	**abuser** アビュゼ	abuse, misuse アビューズ, ミスユーズ
あくりょく **握力** akuryoku	**poigne** *f.* ポワニュ	grip strength グリプ ストレングス
あくりる **アクリル** akuriru	**acrylique** *m.* アクリリック	acrylic アクリリク
あけがた **明け方** akegata	**point du jour** *m.*, **aube** *f.* ポワン デュ ジュール, オーブ	daybreak デイブレイク
あける **開ける** akeru	**ouvrir** ウーヴリール	open オウプン
あける **空ける** akeru	**vider** ヴィデ	empty エンプティ
あげる **上げる** ageru	**lever, soulever** ルヴェ, スルヴェ	raise, lift レイズ, リフト
(与える)	**donner, offrir** ドネ, オフリール	give, offer ギヴ, オファ
あげる **揚げる** ageru	**frire** フリール	deep-fry ディープフライ

日	仏	英
あご **顎** ago	**mâchoire** *f.*, **menton** *m.* マショワール, マントン	jaw, chin **チョー**, **チン**
あこがれ **憧れ** akogare	**aspiration** *f.*, **désir** *m.* アスピラシオン, デジール	yearning **ヤ**ーニング
あこがれる **憧れる** akogareru	**aspirer** *à*, **rêver** *de* アスピレ ア, レヴェ ドゥ	aspire to, long for アス**パ**イア トゥ, **ロ**ーング フォ
あさ **朝** asa	**matin** *m.* マタン	morning **モ**ーニング
あさ **麻** asa	**chanvre** *m.* シャンヴル	hemp **ヘ**ンプ
(布)	**tissu de lin** *m.* ティシュ ドゥ ラン	linen **リ**ネン
あさい **浅い** asai	**peu profond(e)** プー プロフォン(ド)	shallow **シャ**ロウ
あさがお **朝顔** asagao	**volubilis** *m.* ヴォリュビリス	morning glory **モ**ーニング **グ**ローリ
あさって **あさって** asatte	**après-demain** アプレドゥマン	day after tomorrow **デ**イ アフタ トゥ**モ**ーロウ
あさひ **朝日** asahi	**soleil du matin** *m.* ソレイユ デュ マタン	morning sun **モ**ーニング **サ**ン
あさましい **浅ましい** asamashii	**honteux(se)** オントゥー(ズ)	shameful **シェ**イムフル
あざむく **欺く** azamuku	**tromper, duper** トロンペ, デュペ	cheat **チ**ート
あざやかな **鮮やかな** azayakana	**vif(ve)** ヴィフ(・ヴ)	vivid **ヴィ**ヴィド
(手際が)	**formidable** フォルミダーブル	splendid, masterful スプ**レ**ンディド, **マ**スタフル

日	仏	英
あざらし **海豹** azarashi	**phoque** *m.* フォック	seal **スィ**ール
あざわらう **あざ笑う** azawarau	**se moquer** *de* ス モケ ドゥ	ridicule リ**ディ**キュール
あし **足** (足首から先) ashi	**pied** *m.* ピエ	foot **フ**ト
～首	**cheville** *f.* シュヴィーユ	ankle **ア**ンクル
あし **脚** ashi	**jambe** *f.* ジャンブ	leg **レ**グ
あじ **味** aji	**goût** *m.* グー	taste **テ**イスト
(風味)	**saveur** *f.* サヴール	flavor, Ⓑflavour フ**レ**イヴァ, フ**レ**イヴァ
あじあ **アジア** ajia	**Asie** *f.* アジ	Asia **エ**イジャ
～の	**asiatique** アジアティック	Asian **エ**イジャン
あじけない **味気ない** ajikenai	**inintéressant(e)** イナンテレサン(ト)	uninteresting アニン**タ**レスティング
あした **明日** ashita	**demain** ドゥマン	tomorrow トゥ**モ**ーロウ
あじつけする **味付けする** ajitsukesuru	**assaisonner ... *avec*** アセゾネ アヴェク	season with **スィ**ーズン **ウィ**ズ
あしば **足場** ashiba	**échafaudage** *m.* エシャフォダージュ	scaffold ス**キャ**フォルド
あじみする **味見する** ajimisuru	**goûter, déguster** グテ, デギュステ	taste **テ**イスト
あじわう **味わう** ajiwau	**déguster, savourer** デギュステ, サヴレ	taste, relish **テ**イスト, **レ**リシュ

日	仏	英
あずかる **預かる** azukaru	**s'occuper** *de*, **prendre soin** *de* ソキュペ ドゥ, プランドル ソワン ドゥ	look after ルク アフタ
あずき **小豆** azuki	**haricot rouge** *m.* アリコ ルージュ	red bean レド ビーン
あずける **預ける** azukeru	**laisser en dépôt, confier** レセ アン デポ, コンフィエ	leave, deposit リーヴ, ディパズィット
あすぱらがす **アスパラガス** asuparagasu	**asperge** *f.* アスペルジュ	asparagus アスパラガス
あすぴりん **アスピリン** asupirin	**aspirine** *f.* アスピリヌ	aspirin アスピリン
あせ **汗** ase	**sueur** *f.* シュウール	sweat スウェト
あせも **あせも** asemo	**boutons de chaleur** *m.pl.* ブトン ドゥ シャルール	heat rash ヒート ラシュ
あせる **焦る** aseru	**s'impatienter** サンパシアンテ	(be) impatient (ビ) インペイシェント
あそこ **あそこ** asoko	**là-bas, là** ラバ, ラ	over there オウヴァ ゼア
あそび **遊び** asobi	**jeu** *m.* ジュー	play プレイ
（娯楽）	**amusement** *m.* アミュズマン	amusement アミューズメント
（気晴らし）	**divertissement** *m.* ディヴェルティスマン	diversion ディヴァージョン
あそぶ **遊ぶ** asobu	**jouer** ジュエ	play プレイ
あたい **価** （価値） atai	**valeur** *f.* ヴァルール	value, worth ヴァリュ, ワース

日	仏	英
（値段）	**prix** *m.*, **coût** *m.* プリ, クー	price, cost プライス, コスト
あたえる **与える** ataeru	**donner** ドネ	give, present ギヴ, プリゼント
（被害を）	**causer, infliger** コーゼ, アンフリジェ	cause, inflict コーズ, インフリクト
あたたかい **暖かい** atatakai	**chaud(e)** ショー(ド)	warm ウォーム
あたたかい **温かい**（心が） atatakai	**cordial(e)** コルディアル	genial ヂーニャル
あたたまる **暖まる** atatamaru	**chauffer, se chauffer** ショフェ, ス ショフェ	(get) warm (ゲト) ウォーム
あたためる **暖める** atatameru	**chauffer, réchauffer** ショフェ, レショフェ	warm (up), heat ウォーム (アプ), ヒート
あだな **あだ名** adana	**surnom** *m.* シュルノン	nickname ニクネイム
あたま **頭** atama	**tête** *f.* テット	head ヘド
（頭脳）	**esprit** *m.*, **intelligence** *f.* エスプリ, アンテリジャンス	brains, intellect ブレインズ, インテレクト
あたらしい **新しい** atarashii	**neuf(ve), nouveau(elle)** ヌフ(・ヴ), ヌーヴォー(・ヴェル)	new ニュー
（最新の）	**récent(e)** レサン(ト)	recent リースント
（新鮮な）	**frais(fraîche)** フレ(フレッシュ)	fresh フレシュ
あたり **当たり**（球などの） atari	**coup réussi** *m.* クー レユシ	hit, strike ヒト, ストライク
（事業などの）	**succès** *m.* シュクセ	success サクセス

日	仏	英
あたり **辺り** atari	**environs** *m.pl.* アンヴィロン	vicinity ヴィス**ィ**ニティ
あたりまえの **当たり前の** atarimaeno	**normal(e), ordinaire** ノルマル, オルディネール	common, ordinary **カ**モン, **オ**ーディネリ
あたる **当たる** 　　　（ボールなどが） ataru	**frapper** フラペ	hit, strike **ヒ**ト, スト**ラ**イク
（事業などが）	**réussir** レユシール	hit, succeed **ヒ**ト, サク**スィ**ード
あちこち **あちこち** achikochi	**çà et là** サエラ	here and there **ヒ**ア アンド **ゼ**ア
あちら **あちら** achira	**là, là-bas** ラ, ラバ	(over) there （**オ**ウヴァ）**ゼ**ア
あつい **熱[暑]い** atsui	**chaud(e)** ショー(ド)	hot **ハ**ト
あつい **厚い** atsui	**épais(se)** エペ(ス)	thick ス**ィ**ク
あつかい **扱い** atsukai	**traitement** *m.* トレトマン	treatment, handling ト**リ**ートメント, **ハ**ンドリング
あつかう **扱う** atsukau	**manier, manipuler** マニエ, マニピュレ	handle **ハ**ンドル
（担当する）	**gérer, s'occuper** *de* ジェレ, ソキュペ ドゥ	manage, deal with **マ**ニヂ, **ディ**ール **ウィ**ズ
（待遇する）	**traiter** トレテ	treat, deal with ト**リ**ート, **ディ**ール **ウィ**ズ
あっかする **悪化する** akkasuru	**se détériorer** ス デテリオレ	grow worse グ**ロ**ウ **ワ**ース
あつかましい **厚かましい** atsukamashii	**effronté(e), insolent(e)** エフロンテ, アンソラン(ト)	impudent **イ**ンピュデント

日	仏	英
あつぎする **厚着する** atsugisuru	**s'habiller chaudement** サビエ ショードマン	dress warmly ドレス **ウォー**ムリ
あつくるしい **暑苦しい** atsukurushii	**lourd(e), étouffant(e)** ルール(ルルド), エトゥファン(ト)	sultry, stuffy **サル**トリ, **スタ**フィ
あつさ **厚さ** atsusa	**épaisseur** *f.* エペスール	thickness **スィク**ネス
あつさ **暑さ** atsusa	**chaleur** *f.* シャルール	heat **ヒー**ト
あっさり **あっさり** assari	**simplement** サンプルマン	simply, plainly **スィン**プリ, **プレイン**リ
〜した	**simple** サンプル	simple, plain **スィン**プル, **プレイン**
あっしゅくする **圧縮する** asshukusuru	**comprimer** コンプリメ	compress **カン**プレス
あつでの **厚手の** atsudeno	**épais(se)** エペ(ス)	thick **スィク**
あっとうする **圧倒する** attousuru	**écraser, accabler** エクラゼ, アカブレ	overwhelm オウヴァ(ホ)**ウェ**ルム
あっとまーく **アットマーク** attomaaku	**arobase** *f.* アロバーズ	at sign, @ **アト サイン**
あっぱくする **圧迫する** appakusuru	**opprimer, faire pression** オプリメ, フェール プレシオン	oppress, press オ**プレ**ス, **プレ**ス
あつまり **集まり** (会合) atsumari	**assemblée** *f.*, **réunion** *f.* アサンブレ, レユニオン	gathering, meeting **ギャ**ザリング, **ミー**ティング
(多数集まったもの)	**foule** *f.*, **attroupement** *m.* フール, アトルプマン	crowd, gathering クラウド, **ギャ**ザリング
あつまる **集まる** (会合する) atsumaru	**se réunir, s'assembler** ス レユニール, ササンブレ	meet, assemble **ミー**ト, ア**セン**ブル
(群がる)	**s'attrouper, se grouper** サトルペ, ス グルペ	gather **ギャ**ザ

日	仏	英
あつみ **厚み** atsumi	**épaisseur** *f.* エペスール	thickness **スィ**クネス
あつめる **集める** atsumeru	**réunir, rassembler** レユニール, ラサンブレ	gather, collect **ギャ**ザ, コレクト
あつらえる **誂える** atsuraeru	**commander** コマンデ	order **オー**ダ
あつりょく **圧力** atsuryoku	**pression** *f.*, **poussée** *f.* プレシオン, プーセ	pressure **プレ**シャ
あてさき **宛て先** atesaki	**adresse** *f.* アドレス	address アドレス
あてな **宛て名** atena	**destinataire** *m.f.*, **adresse** *f.* デスティナテール, アドレス	addressee アドレ**スィー**
あてはまる **当てはまる** atehamaru	**s'appliquer** *à* サプリケ ア	apply to, (be) true of アプ**ラ**イ トゥ, (ビ) トルー オヴ
あてる **充てる** ateru	**assigner, attribuer** アシニェ, アトリビュエ	assign, allot ア**サ**イン, ア**ラ**ト
あてる （ぶつける） **当てる** ateru	**atteindre, toucher** アタンドル, トゥシェ	hit, strike **ヒ**ト, スト**ラ**イク
（推測する）	**deviner** ドゥヴィネ	guess **ゲ**ス
（成功する）	**réussir** レユシール	succeed サク**スィー**ド
あと **跡** ato	**marque** *f.*, **trace** *f.* マルク, トラス	mark, trace **マー**ク, ト**レ**イス
あとあし **後足** atoashi	**patte arrière** *f.*, **membre** **postérieur** *m.* パット アリエール, マンブル ポステリユール	hind leg **ハ**インド レグ
あどけない **あどけない** adokenai	**innocent(e)** イノサン(ト)	innocent **イ**ノセント

日	仏	英
あとしまつする **後始末する** atoshimatsusuru	**arranger, régler** アランジェ, レグレ	settle セトル
あとつぎ **跡継ぎ** atotsugi	**successeur** *m.* シュクセスール	successor サクセサ
あとで **後で** atode	**plus tard, après** プリュ タール, アプレ	later, after レイタ, アフタ
あとの **後の** atono	**suivant(e), dernier(ère)** スイヴァン(ト), デルニエ(-ル)	next, latter ネクスト, ラタ
あどばいす **アドバイス** adobaisu	**conseil** *m.* コンセイユ	advice アドヴァイス
あどれす **アドレス** adoresu	**adresse** *f.* アドレス	address アドレス
あな **穴** ana	**trou** *m.* トルー	hole, opening ホウル, オウプニング
あなうんさー **アナウンサー** anaunsaa	**speaker(ine)** *m.f.*, **présentateur(trice)** *m.f.* スピクール(-クリヌ), プレザンタトゥール(-トリス)	announcer アナウンサ
あなうんす **アナウンス** anaunsu	**annonce** *f.* アノンス	announcement アナウンスメント
あなた **あなた** anata	**tu, vous** テュ, ヴー	you ユー
あなどる **侮る** anadoru	**sous-estimer** スゼスティメ	underestimate, make light of アンダレスティメイト, メイク ライト オヴ
あなろぐの **アナログの** anaroguno	**analogique** アナロジック	analog, ⒝analogue アナローグ, アナローグ
あに **兄** ani	**frère aîné** *m.*, **grand frère** *m.* フレール エネ, グラン フレール	(older) brother (オウルダ) ブラザ
あにめ **アニメ** anime	**dessin animé** *m.* デッサン アニメ	animation アニメイション

日	仏	英
あね **姉** ane	**sœur aînée** *f.*, **grande sœur** *f.* スール エネ, グランド スール	(older) sister (**オ**ウルダ) ス**ィ**スタ
あの **あの** ano	**ce(cette)** ス(セット)	that **ザ**ト
あのころ **あの頃** anokoro	**en ce temps-là** アン ス タンラ	in those days イン **ゾ**ウズ **デ**イズ
あぱーと **アパート** apaato	**appartement** *m.* アパルトマン	apartment, Ⓑflat ア**パ**ートメント, フ**ラ**ト
あばく **暴く** abaku	**révéler** レヴェレ	disclose ディスク**ロ**ウズ
あばれる **暴れる** abareru	**se comporter violemment** ス コンポルテ ヴィオラマン	behave violently ビ**ヘ**イヴ **ヴァ**イオレントリ
あびせる **浴びせる** abiseru	**verser** *sur* ヴェルセ シュール	pour on **ポ**ー オン
あひる **家鴨** ahiru	**canard blanc** *m.*, **cane blanche** *f.* カナール ブラン, カヌ ブランシュ	(domestic) duck (ド**メ**スティク) **ダ**ク
あふがにすたん **アフガニスタン** afuganisutan	**Afghanistan** *m.* アフガニスタン	Afghanistan アフ**ギャ**ニスタン
あふたーけあ **アフターケア** afutaakea	**postcure** *f.*, **surveillance médicale** *f.* ポストキュル, シュルヴェイヤンス メディカル	aftercare **ア**フタケア
あふたーさーびす **アフターサービス** afutaasaabisu	**service après-vente** *m.* セルヴィス アプレヴァント	after-sales service **ア**フタセイルズ **サ**ーヴィス
あぶない **危ない** abunai	**dangereux(se)**, **risqué(e)** ダンジュルー(ズ), リスケ	dangerous, risky **デ**インチャラス, **リ**スキ
あぶら **脂** abura	**graisse** *f.* グレス	grease, fat グ**リ**ース, **ファ**ト
あぶら **油** abura	**huile** *f.* ユイル	oil **オ**イル

日	仏	英
あぶらえ **油絵** aburae	**peinture à l'huile** *f.* パンテュール ア リュイル	oil painting **オ**イル **ペ**インティング
あぶらっこい **油っこい** aburakkoi	**huileu***x*(***se***)**, gras(*se*)** ユイルー(ズ), グラ(ス)	oily **オ**イリ
あふりか **アフリカ** afurika	**Afrique** *f.* アフリック	Africa **ア**フリカ
～の	**africain(*e*)** アフリカン(-ケヌ)	African **ア**フリカン
あぶる **あぶる** aburu	**rôtir** ロティール	roast **ロ**ウスト
あふれる **あふれる** afureru	**déborder, inonder** デボルデ, イノンデ	overflow, flood オウヴァフ**ロ**ウ, フ**ラ**ド
あべこべの **あべこべの** abekobeno	**inverse, contraire** アンヴェルス, コントレール	contrary, reverse **カ**ントレリ, リ**ヴァ**ース
あぼかど **アボカド** abokado	**avocat** *m.* アヴォカ	avocado アヴォ**カ**ードウ
あまい **甘い** amai	**dou***x*(***ce***)**, sucré(*e*)** ドゥー(ス), シュクレ	sweet ス**ウィ**ート
(物事に対して)	**indulgent(*e*)** アンデュルジャン(ト)	indulgent イン**ダ**ルヂェント
あまえる **甘える** amaeru	**se comporter de manière infantile** ス コンポルテ ドゥ マニエール アンファンティル	behave like a baby ビ**ヘ**イヴ ライク ア **ベ**イビ
あまくちの **甘口の** amakuchino	**dou***x*(***ce***)**, sucré(*e*)** ドゥー(ス), シュクレ	sweet ス**ウィ**ート
あまずっぱい **甘酸っぱい** amazuppai	**aigre-dou***x*(***ce***) エーグルドゥー(ス)	bittersweet **ビ**タスウィート
あまちゅあ **アマチュア** amachua	**ama***teur*(***trice***) *m.f.* アマトゥール(-トリス)	amateur **ア**マチャ

日	仏	英
あまど **雨戸** amado	**volet** *m.* ヴォレ	(sliding) shutter (スライディング) **シャ**タ
あまやかす **甘やかす** amayakasu	**gâter** ガテ	spoil スポイル
あまり **余り** amari	**reste** *m.* レスト	rest, remainder **レ**スト, リ**マ**インダ
あまる **余る** amaru	**rester** レステ	remain リ**メ**イン
あまんじる **甘んじる** amanjiru	**se contenter** *de* ス コンタンテ ドゥ	(be) contented with (ビ) コン**テ**ンテド ウィズ
あみ **網** ami	**filet** *m.* フィレ	net **ネ**ト
あみのさん **アミノ酸** aminosan	**acide aminé** *m.* アシッド アミネ	amino acid ア**ミ**ーノウ **ア**スィド
あみもの **編物** amimono	**tricot** *m.* トリコ	knitting **ニ**ティング
あむ **編む** amu	**tricoter** トリコテ	knit **ニ**ト
あめ **飴** ame	**bonbon** *m.* ボンボン	candy, Ⓑsweets **キャ**ンディ, ス**ウィ**ーツ
あめ **雨** ame	**pluie** *f.* プリュイ	rain **レ**イン
あめりか **アメリカ** amerika	**Amérique** *f.* アメリック	America ア**メ**リカ
〜合衆国	**États-Unis (d'Amérique)** *m.pl.* エタジュニ (ダメリック)	United States (of America) ユ**ナ**イテッド ス**テ**イツ (オヴ ア**メ**リカ)
〜人	**Américain(e)** *m.f.* アメリカン(‐ケヌ)	American ア**メ**リカン

日	仏	英

〜の

américain(e) アメリカン(-ケヌ)	American アメリカン

あやしい
怪しい
ayashii

douteux(se), suspect(e) ドゥトゥー(ズ), シュスペ(-ペクト)	doubtful, suspicious ダウトフル, サスピシャス

あやまち
過ち
ayamachi

faute *f.*, **erreur** *f.* フォット, エルール	fault, error フォルト, エラ

あやまり
誤り
ayamari

faute *f.*, **erreur** *f.* フォット, エルール	mistake, error ミステイク, エラ

あやまる
誤る
ayamaru

se tromper, échouer ストロンペ, エシュエ	mistake, fail in ミステイク, フェイル イン

あやまる
謝る
ayamaru

demander pardon *à* ドゥマンデ パルドン ア	apologize to アパロヂャイズ トゥ

あゆみ
歩み
ayumi

marche *f.*, **pas** *m.* マルシュ, パ	walking, step ウォーキング, ステプ

あゆむ
歩む
ayumu

marcher マルシェ	walk ウォーク

あらあらしい
荒々しい
araarashii

violent(e), brutal(e) ヴィオラン(ト), ブリュタル	wild, brutal ワイルド, ブルートル

あらい
粗い
arai

rêche, grossier(ère) レッシュ, グロシエ(-ール)	rough, coarse ラフ, コース

あらう
洗う
arau

laver, nettoyer ラヴェ, ネトワイエ	wash, cleanse ワシュ, クレンズ

あらかじめ
あらかじめ
arakajime

en avance, à l'avance アン ナヴァンス, ア ラヴァンス	in advance, beforehand イン アドヴァンス, ビフォーハンド

あらし
嵐
arashi

orage *m.*, **tempête** *f.* オラージュ, タンペート	storm, tempest ストーム, テンペスト

あらす
荒らす
arasu

endommager アンドマジェ	damage ダミヂ

日	仏	英
あらそい **争い** arasoi	**querelle** *f.* クレル	quarrel クウォレル
（口論）	**dispute** *f.* ディスピュット	dispute ディスピュート
あらそう **争う** （けんかする） arasou	**se disputer, se quereller** ス ディスピュテ, ス クレレ	fight, quarrel ファイト, クウォレル
（口論する）	**se disputer** *avec* ス ディスピュテ アヴェク	dispute with ディスピュート ウィズ
あらたまる **改まる** （新しくなる） aratamaru	**se renouveler** ス ルヌヴレ	(be) renewed (ビ) リニュード
（変わる）	**changer** シャンジェ	change チェインヂ
（改善される）	**modifier, améliorer** モディフィエ, アメリオレ	reform, improve リフォーム, インプルーヴ
（儀式ばる）	**(être) cérémonieux(se)** (エートル) セレモニユー(ズ)	(be) formal (ビ) フォーマル
あらためる **改める** （新しくする） aratameru	**renouveler, réviser** ルヌヴレ, レヴィゼ	renew, revise リニュー, リヴァイズ
（変える）	**changer** シャンジェ	change チェインヂ
あらびあ **アラビア** arabia	**Arabie** *f.* アラビ	Arabia アレイビア
〜語	**arabe** *m.* アラブ	Arabic アラビク
〜数字	**chiffres arabes** *m.pl.* シッフル アラブ	Arabic numerals アラビク ヌメラルズ
あらぶしゅちょうこくれんぽう **アラブ首長国連邦** arabushuchoukoku renpou	**Émirats arabes unis** *m.pl.* エミラ アラブ ジュニ	UAE, United Arab Emirates ユーエイイー, ユナイテド アラブ イミレツ

日	仏	英
あらぶの **アラブの** arabuno	**arabe** アラブ	Arabian アレイビアン
あらゆる **あらゆる** arayuru	**tout(e)** トゥ(ット)	all, every オール, エヴリ
あらわす **表す** arawasu	**montrer, manifester** モントレ, マニフェステ	show, manifest ショウ, マニフェスト
あらわれる **現れる** arawareru	**se montrer, apparaître** ス モントレ, アパレートル	come out, appear カム アウト, アピア
あり **蟻** ari	**fourmi** *f.* フルミ	ant アント
ありうる **有り得る** ariuru	**possible** ポシーブル	possible パスィブル
ありえない **有り得ない** arienai	**impossible** アンポシーブル	impossible インパスィブル
ありがたい **有り難い** arigatai	**reconnaissant(e)** ルコネサン(ト)	thankful サンクフル
ありのままの **ありのままの** arinomamano	**fran*c*(*che*), tel(*le*) quel(*le*)** フラン(シュ), テル ケル	frank, plain フランク, プレイン
ありふれた **ありふれた** arifureta	**commun(e), ordinaire** コマン(コミュヌ), オルディネール	common, ordinary カモン, オーディネリ
ある　　（存在する） **ある** aru	**il y a, être** イリヤ, エートル	there is, be ゼア イズ, ビー
（位置する）	**se situer, se trouver** ス シチュエ, ストルヴェ	(be) situated (ビ) スィチュエイテド
（持っている）	**avoir, posséder** アヴォワール, ポセデ	have, possess ハヴ, ポゼス
あるいは **あるいは** aruiwa	**ou, soit ... soit** ウ, ソワ ソワ	(either) or (イーザ) オー
あるかり **アルカリ** arukari	**alcali** *m.* アルカリ	alkali アルカライ

日	仏	英
あるく **歩く** aruku	**marcher, aller à pied** マルシェ, アレ ア ピエ	walk, go on foot **ウォ**ーク, **ゴ**ウ オン フト
あるこーる **アルコール** arukooru	**alcool** *m.* アルコル	alcohol **ア**ルコホール
あるじぇりあ **アルジェリア** arujeria	**Algérie** *f.* アルジェリ	Algeria アル**チ**アリア
あるぜんちん **アルゼンチン** aruzenchin	**Argentine** *f.* アルジャンティヌ	Argentina アーヂェン**ティ**ーナ
あるついはいまーびょう **アルツハイマー病** arutsuhaimaabyou	**maladie d'Alzheimer** *f.* マラディ ダルザイメール	Alzheimer's disease **ア**ールツハイマズ ディ**ズ**ィーズ
あるばいと **アルバイト** arubaito	**travail à temps partiel** *m.* トラヴァイユ ア タン パルシエル	part-time job パートタイム **チ**ョブ
あるばむ **アルバム** arubamu	**album** *m.* アルボム	album **ア**ルバム
あるみにうむ **アルミニウム** aruminiumu	**aluminium** *m.* アリュミニオム	aluminum ア**ル**ーミナム
あれ **あれ** are	**ce, cela** ス, スラ	that, it **ザ**ト, **イ**ト
あれから **あれから** arekara	**depuis** ドゥピュイ	since then スィンス **ゼ**ン
あれほど **あれほど** arehodo	**tellement, tant** テルマン, タン	so (much) **ソ**ウ (**マ**チ)
あれらの **あれらの** arerano	**ces** セ	those **ゾ**ウズ
あれる **荒れる** （天候が） areru	**faire rage** フェール ラージュ	(be) rough, deteriorate (ビ) **ラ**フ, ディ**ティ**アリオレイト
（肌が）	**devenir rugueux(se)** ドゥヴニール リュグー(ズ)	(get) rough (ゲト) **ラ**フ

日	仏	英
(荒廃する)	**se délabrer** ス デラブレ	(be) ruined (ビ) ルインド
あれるぎー **アレルギー** arerugii	**allergie** *f.* アレルジ	allergy **ア**ラヂ
あれんじする **アレンジする** arenjisuru	**arranger** アランジェ	arrange ア**レ**インヂ
あわ **泡** awa	**bulle** *f.*, **mousse** *f.* ビュル, ムース	bubble, foam **バ**ブル, **フォ**ウム
あわせる **合わせる** awaseru	**joindre, unir** ジョワンドル, ユニール	put together, unite **プ**ト トゲザ, ユー**ナ**イト
(照合する)	**comparer** コンパレ	compare コン**ペ**ア
(設定・調整する)	**ajuster** アジュステ	set, adjust **セ**ト, ア**ヂャ**スト
あわただしい **慌ただしい** awatadashii	**précipité(e), à la hâte** プレシピテ, ア ラ アート	hurried **ハ**ーリド
あわだつ **泡立つ** awadatsu	**mousser, écumer** ムセ, エキュメ	bubble, foam **バ**ブル, **フォ**ウム
あわてる **慌てる** (急ぐ) awateru	**se précipiter** ス プレシピテ	(be) hurried, (be) rushed (ビ) **ハ**ーリド, (ビ) **ラ**シュト
(動転する)	**se démonter** ス デモンテ	(be) upset (ビ) アプ**セ**ト
あわれな **哀れな** awarena	**triste, pauvre** トリスト, ポーヴル	sad, poor **サ**ド, **プ**ア
あわれむ **哀れむ** awaremu	**plaindre, avoir pitié** *de* プランドル, アヴォワール ピティエ ドゥ	pity, feel pity for **ピ**ティ, **フィ**ール ピティ フォ
あん **案** (計画) an	**plan** *m.*, **projet** *m.* プラン, プロジェ	plan **プ**ラン

日	仏	英
（提案）	**suggestion** *f.* シュグジェスティオン	suggestion サグ**チェ**スチョン
あんいな **安易な** an-ina	**facile, aisé(e)** ファシル, エゼ	easy **イー**ズィ
あんきする **暗記する** ankisuru	**apprendre par cœur** アプランドル パール クール	memorize, learn by heart **メ**モライズ, **ラ**ーン バイ **ハ**ート
あんけーと **アンケート** ankeeto	**questionnaire** *m.* ケスティオネール	questionnaire クウェスチョ**ネ**ア
あんごう **暗号** angou	**chiffre** *m.*, **code** *m.* シフル, コード	cipher, code **サ**イファ, **コ**ウド
あんこーる **アンコール** ankooru	**bis** *m.* ビス	encore **ア**ーンコー
あんさつ **暗殺** ansatsu	**assassinat** *m.* アサシナ	assassination アサスィ**ネ**イション
あんざん **暗算** anzan	**calcul mental** *m.* カルキュル マンタル	mental arithmetic **メ**ンタル ア**リ**スメティク
あんじ **暗示** anji	**allusion** *f.*, **suggestion** *f.* アリュジオン, シュグジェスティオン	hint, suggestion **ヒ**ント, サグ**チェ**スチョン
あんしょうする **暗唱する** anshousuru	**réciter** レシテ	recite リ**サ**イト
あんしょうばんごう **暗証番号** anshoubangou	**code secret** *m.* コード スクレ	code number **コ**ウド **ナ**ンバ
あんしんする **安心する** anshinsuru	**se rassurer, se tranquil-liser** ス ラシュレ, ストランキリゼ	feel relieved **フ**ィール リ**リ**ーヴド
あんず **杏** anzu	**abricot** *m.* アプリコ	apricot **ア**プリカト
あんせい **安静** ansei	**repos** *m.* ルポ	rest **レ**スト

日	仏	英
あんぜん **安全** anzen	**sécurité** *f.*, **sûreté** *f.* セキュリテ，シュルテ	security スィ**キュ**アリティ
〜な	**sûr(e)** シュール	safe, secure **セ**イフ，スィ**キュ**ア
あんてい **安定** antei	**stabilité** *f.*, **équilibre** *m.* スタビリテ，エキリーブル	stability, balance スタ**ビ**リティ，**バ**ランス
あんてぃーく **アンティーク** antiiku	**objet ancien** *m.*, **antiquité** *f.* オブジェ アンシアン，アンティキテ	antique アン**ティ**ーク
あんてな **アンテナ** antena	**antenne** *f.* アンテヌ	antenna, aerial アン**テ**ナ，**エ**アリアル
あんな **あんな** anna	**tel(le)**, **pareil(le)** テル，パレイユ	such, like that **サ**チ，ライク **ザ**ト
あんない **案内** annai	**conduite** *f.* コンデュイット	guidance **ガ**イダンス
〜する	**guider**, **conduire** ギデ，コンデュイール	guide, show **ガ**イド，**ショ**ウ
(通知)	**avis** *m.*, **notification** *f.* アヴィ，ノティフィカシオン	information, notification インフォ**メ**イション，ノウティ フィ**ケ**イション
〜する	**aviser** アヴィゼ	notify **ノ**ウティファイ
あんに **暗に** anni	**tacitement** タシトマン	tacitly **タ**スィトリ
あんばらんす **アンバランス** anbaransu	**déséquilibre** *m.* デゼキリーブル	imbalance イン**バ**ランス
あんぺあ **アンペア** anpea	**ampère** *m.* アンペール	ampere **ア**ンピア
あんもくの **暗黙の** anmokuno	**tacite** タシト	tacit **タ**スィト

日	仏	英

あんもにあ
アンモニア
anmonia

ammoniac *m.*
アモニアック

ammonia
アモウニャ

い, イ

い
胃
i

estomac *m.*
エストマ

stomach
スタマク

いい
いい
ii

bon(ne), excellent(e)
ボン(ヌ), エクセラン(ト)

good, fine, nice
グド, ファイン, ナイス

いいあらそう
言い争う
iiarasou

se disputer *avec*
ス ディスピュテ アヴェク

quarrel with
クウォレル ウィズ

いいえ
いいえ
iie

non
ノン

no
ノウ

いいかえす
言い返す
iikaesu

répliquer
レプリケ

answer back
アンサ バク

いいかげんな
いい加減な
（無計画な）
iikagenna

bâclé(e)
バクレ

haphazard
ハプハザド

（無責任な）

irresponsable
イレスポンサーブル

irresponsible
イリスパンスィブル

いいすぎ
言い過ぎ
iisugi

exagération *f.*
エグザジェラシオン

exaggeration
イグザチャレイション

いいつけ
言い付け
iitsuke

ordre *m.*
オルドル

order, instruction
オーダ, インストラクション

いいつたえ
言い伝え
iitsutae

tradition *f.*, **légende** *f.*
トラディシオン, レジャンド

tradition, legend
トラディション, レデェンド

いいのがれる
言い逃れる
iinogareru

s'excuser
セクスキュゼ

excuse oneself
イクスキューズ

いいふらす
言いふらす
iifurasu

répandre
レパンドル

spread
スプレド

日	仏	英
いいぶん **言い分** iibun	**avis** m., **opinion** f. アヴィ, オピニオン	say, opinion セイ, オピニオン
いーゆー **EU** iiyuu	**Union européenne** f., **UE** f. ユニオン ウロペエンヌ, ユウ	EU イーユー
いいわけ **言い訳** iiwake	**excuse** f., **prétexte** m. エクスキューズ, プレテクスト	excuse, pretext イクス**キュ**ース, プリーテクスト
いいん **委員** iin	**membre d'un comité** m. マンブル ダン コミテ	member of a committee メンバ オヴァ コミティ
～会	**comité** f. コミテ	committee コ**ミ**ティ
いう **言う** iu	**dire** ディール	say, tell セイ, テル
（称する）	**appeler** アプレ	call, name コール, ネイム
いえ **家**　（住居） ie	**maison** f. メゾン	house ハウス
（自宅）	**foyer** m. フォワイエ	home ホウム
（家族）	**famille** f. ファミーユ	family **ファ**ミリ
いえでする **家出する** iedesuru	**faire une fugue** フェール ユヌ フュグ	run away from home ラン ア**ウェ**イ フラム **ホ**ウム
いおう **硫黄** iou	**soufre** m. スフル	sulfur **サ**ルファ
いおん **イオン** ion	**ion** m. イオン	ion **ア**イオン
いか **以下**　（そこから後） ika	**ci-dessous, suivant(e)** シドゥスー, スイヴァン(ト)	(the) following (ザ) **フォ**ロウイング

日	仏	英
（それより少ない）	**moins** *de*, **en dessous** *de* モワン ドゥ, アン ドゥスー ドゥ	less than, under レス ザン, アンダ
いか 烏賊 ika	**seiche** *f.*, **calmar** *m.* セッシュ, カルマール	squid, cuttlefish スク**ウィ**ード, **カ**トルフィシュ
いがい 以外 igai	**excepté, sauf** エクセプテ, ソフ	except, excepting イク**セ**プト, イク**セ**プティング
いがいな 意外な igaina	**inattendu(e), imprévu(e)** イナタンデュ, アンプレヴュ	unexpected アニクス**ペ**クテド
いかいよう 胃潰瘍 ikaiyou	**ulcère à l'estomac** *m.* ユルセール ア レストマ	gastric ulcer, stom-ach ulcer **ギャ**ストリク **ア**ルサ, ス**タ**マク **ア**ルサ
いかがわしい いかがわしい （疑わしい） ikagawashii	**douteux(se)** ドゥトゥー(ズ)	doubtful **ダ**ウトフル
（わいせつな）	**obscène** オプセーヌ	indecent イン**ディ**ーセント
いがく 医学 igaku	**médecine** *f.* メドゥシヌ	medical science **メ**ディカル **サ**イエンス
いかす 生かす　（命を保つ） ikasu	**maintenir en vie** マントゥニール アン ヴィ	keep alive **キ**ープ ア**ラ**イヴ
（活用する）	**mettre ... à profit** メットル ア プロフィ	put to good use **プ**ト トゥ **グ**ド **ユ**ース
いかすい 胃下垂 ikasui	**ptose gastrique** *f.* プトーズ ガストリック	gastroptosis ガストラプ**ト**ウスィス
いかめしい 厳めしい ikameshii	**solennel(le)** ソラネル	solemn, stern **サ**レム, ス**タ**ーン
いかり 怒り ikari	**colère** *f.*, **rage** *f.* コレール, ラージュ	anger, rage **ア**ンガ, **レ**イヂ
いき 息 iki	**souffle** *m.* スフル	breath ブレス

日	仏	英
いぎ **意義** igi	**signification** *f.*, **sens** *m.* シニフィカシオン, サンス	significance スィグニフィカンス
いぎ **異議** igi	**objection** *f.* オブジェクシオン	objection オブ**チェ**クション
いきいきした **生き生きした** ikiikishita	**vivant(e), vif(ve)** ヴィヴァン(ト), ヴィフ(・ヴ)	lively, fresh **ラ**イヴリ, フレシュ
いきおい **勢い** ikioi	**élan** *m.* エラン	momentum モウ**メ**ンタム
いきかえる **生き返る** ikikaeru	**revenir à la vie** ルヴニール ア ラ ヴィ	come back to life **カ**ム バック トゥ ライフ
いきかた **生き方** ikikata	**mode de vie** *m.*, **style de vie** *m.* モード ドゥ ヴィ, スティル ドゥ ヴィ	lifestyle **ラ**イフスタイル
いきさき **行き先** ikisaki	**destination** *f.* デスティナシオン	destination デスティ**ネ**イション
いきさつ　　（事情） **いきさつ** ikisatsu	**circonstances** *f.pl.* シルコンスタンス	circumstances **サ**ーカムスタンセズ
（詳細）	**détails** *m.pl.* デタイユ	details **ディ**ーテイルズ
いきている **生きている** ikiteiru	**vivant(e)** ヴィヴァン(ト)	alive, living ア**ラ**イヴ, **リ**ヴィング
いきどまり **行き止まり** ikidomari	**impasse** *f.* アンパス	dead end **デ**ド エンド
いきなり **いきなり** ikinari	**soudainement, brusque-ment** スデヌマン, ブリュスクマン	suddenly, abruptly **サ**ドンリ, ア**ブ**ラプトリ
いきぬき **息抜き** ikinuki	**repos** *m.* ルポ	rest, breather レスト, **ブ**リーザ
いきのこる **生き残る** ikinokoru	**survivre** シュルヴィーヴル	survive サ**ヴァ**イヴ

日	仏	英
いきもの **生き物** ikimono	**être vivant** *m.* エートル ヴィヴァン	living thing リヴィング スィング
いぎりす **イギリス** igirisu	**Angleterre** *f.*, **Grande-Bre-tagne** *f.* アングルテール，グランドブルターニュ	England, Great Britain イングランド，グレイト ブリトン
〜人	**Anglais(e)** *m.f.* アングレー(ズ)	English (person) イングリッシュ (パーソン)
いきる **生きる** ikiru	**vivre** ヴィーヴル	live, (be) alive ライヴ, (ビ) アライヴ
いく **行く** iku	**aller** アレ	go ゴウ
(去る)	**partir** パルティール	leave リーヴ
いくじ **育児** ikuji	**soins de bébé** *m.pl.* ソワン ドゥ ベベ	childcare チャイルドケア
いくつ **いくつ** ikutsu	**combien** *de* コンビアン ドゥ	how many ハウ メニ
(年齢が)	**quel âge** ケラージュ	how old ハウ オウルド
いくつか **いくつか** ikutsuka	**quelques, plusieurs** ケルク，プリュジュール	some, several サム, セヴラル
いけ **池** ike	**mare** *f.*, **étang** *m.* マール，エタン	pond, pool パンド, プール
いけいれん **胃痙攣** ikeiren	**crampe d'estomac** *f.* クランプ デストマ	stomach cramps スタマク クランプス
いけない **いけない** (悪い) ikenai	**mauvais(e), méchant(e)** モヴェ(・ヴェーズ)，メシャン(ト)	bad, naughty バド, ノーティ
(してはならない)	**il ne faut pas** イル ヌ フォー パ	must not do マストナト

日	仏	英
いけん **意見** （考え） iken	**opinion** *f.* オピニオン	opinion, idea オピニオン, アイ**ディ**ーア
（忠告）	**conseil** *m.* コンセイユ	advice アド**ヴァ**イス
いげん **威厳** igen	**dignité** *f.* ディニテ	dignity **ディ**グニティ
いご **以後** （今後） igo	**désormais, à l'avenir** デゾルメ, ア ラヴニール	from now on フラム **ナ**ウ **オ**ン
（その後）	**après, depuis** アプレ, ドゥピュイ	after, since **ア**フタ, **ス**ィンス
いこう **意向** ikou	**intention** *f.* アンタンシオン	intention インテンション
いこうする **移行する** ikousuru	**déplacer** デプラセ	move, shift **ムー**ヴ, **シ**フト
いざかや **居酒屋** izakaya	**bar** *m.* バール	pub **パ**ブ
いざこざ **いざこざ** izakoza	**conflit** *m.* コンフリ	dispute, quarrel ディス**ピュ**ート, ク**ウォ**レル
いさましい **勇ましい** isamashii	**courageux(se)** クラジュー(ズ)	brave, courageous ブ**レ**イヴ, カ**レ**イヂャス
いさめる **諫める** isameru	**réprimander** レプリマンデ	remonstrate リ**マ**ンストレイト
いさん **遺産** isan	**héritage** *m.*, **patrimoine** *m.* エリタージュ, パトリモワヌ	inheritance, legacy イン**ヘ**リタンス, **レ**ガスィ
いし **意志** ishi	**volonté** *f.* ヴォロンテ	will, volition **ウィ**ル, ヴォウ**リ**ション
いし **意思** ishi	**intention** *f.* アンタンシオン	intention インテンション

日	仏	英
いし **石** ishi	**pierre** *f.*, **caillou** *m.* ピエール, カイユ	stone ストウン
いじ **意地** iji	**entêtement** *m.* アンテットマン	obstinacy **ア**ブスティナスィ
いしき **意識** ishiki	**conscience** *f.* コンシアンス	consciousness **カ**ンシャスネス
〜**する**	**(avoir) conscience** *de* (アヴォワール) コンシアンス ドゥ	(be) conscious of (ビ) **カ**ンシャス オヴ
いしつの **異質の** ishitsuno	**hétérogène** エテロジェヌ	heterogeneous ヘテロ**チ**ーニアス
いじめる **いじめる** ijimeru	**tourmenter, persécuter** トゥルマンテ, ペルセキュテ	bully, torment **ブ**リ, ト**ー**メント
いしゃ **医者** isha	**médecin** *m.*, **docteur** *m.* メドゥサン, ドクトゥール	doctor **ダ**クタ
いしゃりょう **慰謝料** isharyou	**indemnité** *f.*, **dommages- intérêts** *m.pl.* アンデムニテ, ドマージュアンテレ	compensation カンペン**セ**イション
いじゅう **移住** （他国からの) ijuu	**immigration** *f.* イミグラシオン	immigration イミグ**レ**イション
（他国への)	**émigration** *f.* エミグラシオン	emigration エミグ**レ**イション
いしゅく **萎縮** ishuku	**atrophie** *f.* アトロフィ	atrophy **ア**トロフィ
いしょ **遺書** isho	**testament** *m.* テスタマン	will, testament **ウ**ィル, **テ**スタメント
いしょう **衣装** ishou	**vêtements** *m.pl.*, **costume** *m.* ヴェトマン, コステューム	clothes, costume ク**ロ**ウズ, **カ**ステューム
いじょう **以上** ijou	**plus** *de*, **au-dessus** *de* プリュドゥ, オドゥシュ ドゥ	more than, over **モ**ー ザン, **オ**ウヴァ

日	仏	英
いじょうな **異常な** ijouna	**anormal(e), inhabituel(le)** アノルマル, イナビテュエル	abnormal アブノーマル
いしょく **移植** ishoku	**transplantation** *f.*, **greffe** *f.* トランスプランタシオン, グレフ	transplantation, transplant トランスプランテイション, トランスプラント
いしょくの **異色の** ishokuno	**unique** ユニック	unique ユーニーク
いじる **いじる** ijiru	**toucher, manier** トゥシェ, マニエ	finger, fumble with フィンガ, ファンブル ウィズ
いじわるな **意地悪な** ijiwaruna	**méchant(e), malveillant(e)** メシャン(ト), マルヴェイヤン(ト)	ill-natured, nasty イルネイチャド, ナスティ
いじん **偉人** ijin	**grand personnage** *m.* グラン ペルソナージュ	great person グレイト パーソン
いす **椅子** isu	**chaise** *f.*, **tabouret** *m.* シェーズ, タブレ	chair, stool チェア, ストゥール
いすらえる **イスラエル** isuraeru	**Israël** *m.* イスラエル	Israel イズリエル
いすらむきょう **イスラム教** isuramukyou	**islam** *m.*, **islamisme** *m.* イスラム, イスラミスム	Islam イスラーム
〜徒	**musulman(e)** *m.f.* ミュジュルマン(ヌ)	Muslim マズリム
いずれ **いずれ** （そのうち） izure	**un de ces jours** アン ドゥ セ ジュール	someday サムデイ
いせい **異性** isei	**l'autre sexe** *m.* ロートル セックス	opposite sex アポズィト セックス
いせき **遺跡** iseki	**ruines** *f.pl.* リュイヌ	ruins ルーインズ
いぜん **以前** izen	**avant, auparavant** アヴァン, オパラヴァン	ago, before アゴウ, ビフォー

日	仏	英
い いぜんとして **依然として** izentoshite	**encore, toujours** アンコール, トゥジュール	still スティル
いそがしい **忙しい** isogashii	**(être) occupé(e)** *à* (エートル) オキュペア	(be) busy (ビ) ビズィ
いそぐ **急ぐ** isogu	**se dépêcher, se presser** ス デペシェ, ス プレッセ	hurry, hasten ハーリ, ヘイスン
いぞく **遺族** izoku	**famille d'un défunt(e)** *f.* ファミーユ ダン デファン(ト)	bereaved family ビリーヴド ファミリ
いそんする **依存する** isonsuru	**dépendre** *de* デパンドル ドゥ	depend on ディペンド オン
いた **板**　　(木などの) ita	**planche** *f.* プランシュ	board ボード
(金属の)	**plaque** *f.* プラック	plate プレイト
いたい **遺体** itai	**corps** *m.*, **cadavre** *m.* コール, カダーヴル	dead body デド バディ
いたい **痛い** itai	**douloureux(*se*)** ドゥルルー(ズ)	painful ペインフル
いだいな **偉大な** idaina	**grand(e), grandiose** グラン(ド), グランディオーズ	great, grand グレイト, グランド
いだく **抱く** idaku	**avoir, porter** アヴォワール, ポルテ	have, bear ハヴ, ベア
いたくする **委託する** itakusuru	**confier, consigner** コンフィエ, コンシニェ	entrust, consign イントラスト, コンサイン
いたずら **いたずら** itazura	**espièglerie** *f.*, **farce** *f.* エスピエグルリ, ファルス	mischief, trick ミスチフ, トリク
〜な	**malin(*maligne*), espiègle** マラン(マリニュ), エスピエーグル	naughty ノーティ
いただく **頂く**　　(もらう) itadaku	**recevoir** ルスヴォワール	receive リスィーヴ

日	仏	英
いたみ 痛み itami	**douleur** *f.*, **souffrance** *f.* ドゥルール, スフランス	pain, ache **ペ**イン, **エ**イク
いたむ 痛む itamu	**avoir mal** *à* アヴォワール マル ア	ache, hurt **エ**イク, ハート
いたむ 傷む （壊れる） itamu	**se détériorer** ス デテリオレ	(become) damaged (ビカム) **ダ**ミヂド
（腐る）	**pourrir** プリール	rot, go bad ラト, **ゴ**ウ バド
いためる 炒める itameru	**frire** フリール	fry フ**ラ**イ
いたりあ イタリア itaria	**Italie** *f.* イタリ	Italy **イ**タリ
〜語	**italien** *m.* イタリアン	Italian イ**タ**リャン
いたりっく イタリック itarikku	**italique** *m.* イタリック	italics イ**タ**リクス
いたる 至る itaru	**arriver** *à*, **atteindre** アリヴェ ア, アタンドル	arrive at ア**ラ**イヴ アト
いたるところに 至る所に itarutokoroni	**partout** パルトゥ	everywhere **エ**ヴリ(ホ)ウェア
いたわる 労る itawaru	**prendre soin** *de* プランドル ソワン ドゥ	take care of, show kindness to **テ**イク **ケ**ア オヴ, **ショ**ウ **カ**インドネス トゥ
いち 一 ichi	**un** アン	one **ワ**ン
いち 位置 ichi	**position** *f.*, **situation** *f.* ポジシオン, シテュアシオン	position ポ**ズィ**ション
いち 市 ichi	**foire** *f.*, **marché** *m.* フォワール, マルシェ	fair, market **フェ**ア, **マ**ーケト

日	仏	英
いちおう **一応** ichiou	**en général** アン ジェネラル	generally **ヂェ**ネラリ
いちおく **一億** ichioku	**cent millions** サン ミリオン	one hundred million **ワン ハンドレド ミ**リョン
いちがつ **一月** ichigatsu	**janvier** *m.* ジャンヴィエ	January **ヂャ**ニュエリ
いちげき **一撃** ichigeki	**coup** *m.* クー	single strike **スィ**ングル スト**ラ**イク
いちご **苺** ichigo	**fraise** *f.* フレーズ	strawberry スト**ロー**ベリ
いちじく **無花果** ichijiku	**figue** *f.* フィグ	fig **フィ**グ
いちじの **一次の** ichijino	**primaire, premier(ère)** プリメール, プルミエ(-エール)	primary, first **プラ**イメリ, **ファー**スト
いちじるしい **著しい** ichijirushii	**remarquable, notable** ルマルカーブル, ノターブル	remarkable, marked リ**マー**カブル, **マー**クト
いちど **一度** ichido	**une fois** *f.* ユヌ フォワ	once, one time **ワ**ンス, **ワン タ**イム
いちどう **一同** ichidou	**tous(*toutes*)** *m.f.pl.* トゥス(トゥット)	all, everyone **オー**ル, **エ**ヴリワン
いちどに **一度に** ichidoni	**à la fois** ア ラ フォワ	at the same time アト ザ **セイム タ**イム
いちにち **一日** ichinichi	**un jour** *m.* アン ジュール	(a) day, one day (ア) **デ**イ, **ワン デ**イ
〜おきに	**tous les deux jours** トゥ レ ドゥー ジュール	every other day **エ**ヴリ **ア**ザ **デ**イ
いちにちじゅう **一日中** ichinichijuu	**toute la journée** トゥット ラ ジュルネ	all day (long) **オー**ル **デ**イ (**ロー**ング)

日	仏	英
いちねん **一年** ichinen	**un an** *m.*, **une année** *f.* アン ナン，ユヌ アネ	(a) year, one year (ア) イア，ワン イア
いちねんじゅう **一年中** ichinenjuu	**toute l'année** トゥット ラネ	all (the) year オール (ザ) イア
いちば **市場** ichiba	**marché** *m.* マルシェ	market マーケト
いちばん **一番** ichiban	**premie*r*(*ère*)** *m.f.*, **numéro un** *m.* プルミエ(-エール)，ニュメロ アン	first, No.1 ファースト，ナンバ ワン
(最も)	**le(la) plus,** **le(la) meilleur(e)** ル(ラ) プリュ，ル(ラ) メイユール	most, best モウスト，ベスト
いちぶ **一部** ichibu	**une partie** *f.*, **une portion** *f.* ユヌ パルティ，ユヌ ポルシオン	(a) part (ア) パート
いちまん **一万** ichiman	**dix mille** ディ ミル	ten thousand テン サウザンド
いちめん **一面** (一つの面) ichimen	**une face** *f.* ユヌ ファス	one side ワン サイド
(全面)	**toute la surface** *f.* トゥット ラ シュルファス	whole surface ホウル サーフェス
いちょう **銀杏** ichou	**ginkgo** *m.* ジャンコ	ginkgo ギンコウ
いちりゅうの **一流の** ichiryuuno	**de premier rang** ドゥ プルミエ ラン	first-class ファーストクラス
いつ **いつ** itsu	**quand** カン	when (ホ)ウェン
いつう **胃痛** itsuu	**douleur gastrique** *f.* ドゥルール ガストリック	stomachache スタマケイク
いっか **一家** ikka	**famille** *f.* ファミーユ	family ファミリ

日	仏	英
いつか **いつか** itsuka	**un jour, un de ces jours** アン ジュール, アン ドゥ セ ジュール	some time サム **タ**イム
いっかい **一階** ikkai	**rez-de-chaussée** *m.* レ ドゥ ショセ	first floor, Ⓑground floor **ファ**ースト フロー, グラウンド フロー
いっきに **一気に** ikkini	**d'un trait** ダン トレ	in one try, Ⓑin one go イン **ワ**ン トライ, イン **ワ**ン ゴ ウ
いっけん **一見** ikken	**en apparence** アン ナパランス	apparently ア**パ**レントリ
いっこ **一個** ikko	**un(e)** *m.f.* アン(ユヌ)	one, (a) piece **ワ**ン, (ア) **ピ**ース
いっこう **一行** ikkou	**groupe** *m.*, **troupe** *f.* グループ, トループ	party, suite **パ**ーティ, ス**ウィ**ート
いっさんかたんそ **一酸化炭素** issankatanso	**monoxyde de carbone** *m.* モノクシッド ドゥ カルボヌ	carbon monoxide **カ**ーボン モ**ナ**クサイド
いっしき **一式** isshiki	**lot complet** *m.* ロ コンプレ	complete set コンプリート **セ**ト
いっしゅ **一種** isshu	**une sorte** *f.*, **une espèce** *f.* ユヌ ソルト, ユヌ エスペス	a kind, a sort ア **カ**インド, ア **ソ**ート
いっしゅん **一瞬** isshun	**un instant** *m.*, **un moment** *m.* アン ナンスタン, アン モマン	(a) moment (ア) **モ**ウメント
いっしょう **一生** isshou	**vie** *f.* ヴィ	life, whole life **ラ**イフ, **ホ**ウル ライフ
いっしょうけんめい **一生懸命** isshoukenmei	**de toutes** *ses* **forces** ドゥ トゥット フォルス	with all one's might ウィズ **オ**ール **マ**イト
いっしょに **一緒に** isshoni	**ensemble, avec** アンサンブル, アヴェク	together, with トゲ**ザ**, **ウィ**ズ
いっせいに **一斉に** isseini	**simultanément** シミュルタネマン	all at once **オ**ール アト **ワ**ンス

日	仏	英
いっそう **一層** issou	**encore plus, davantage** アンコール プリュ, ダヴァンタージュ	much more マチ モー
いったいとなって **一体となって** ittaitonatte	**tous ensemble** トゥス アンサンブル	together, as one トゲザ, アズ ワン
いっちする **一致する** icchisuru	**s'accorder** *avec*, **coïncider** *avec* サコルデ アヴェク, コワンシデ アヴェク	coincide with コウインサイド ウィズ
いっちょくせんに **一直線に** icchokusenni	**en ligne droite** アン リーニュ ドロワット	in a straight line イン ア ストレイト ライン
いっついの **一対の** ittsuino	**une paire** *de*, **un couple** *de* ユヌ ペール ドゥ, アン クープル ドゥ	a pair of ア ペア オヴ
いっていの **一定の** itteino	**fixe, constant(e)** フィクス, コンスタン(ト)	fixed フィクスト
いつでも **いつでも** itsudemo	**toujours** トゥジュール	always オールウェイズ
いっとう **一等** (賞) ittou	**premier prix** *m.* プルミエ プリ	first prize ファースト プライズ
(一番良い等級)	**première classe** *f.* プルミエール クラース	first class ファースト クラス
いっぱい **一杯** (満杯) ippai	**plein(e)** *de* プラン(・レヌ) ドゥ	full of フル オヴ
〜の	**plein(e), rempli(e)** プラン(・レヌ), ランプリ	full フル
いっぱん **一般** ippan	**généralité** *f.* ジェネラリテ	generality ヂェネラリティ
〜的な	**général(e), courant(e)** ジェネラル, クーラン(ト)	general, common ヂェネラル, カモン
〜に	**en général, généralement** アン ジェネラル, ジェネラルマン	generally ヂェネラリ

日	仏	英
いっぽう **一方** （一方面） ippou	**un sens** *m.*, **une direction** *f.* アン サンス, ユヌ ディレクシオン	one side, direction **ワン サイド**, ディ**レ**クション
～通行	**circulation à sens unique** *f.* シルキュラシオン ア サンス ユニック	one-way traffic **ワンウェイ ト**ラフィク
～的な	**unilatéral(e)** ユニラテラル	one-sided **ワン**サイデド
（他方では）	**tandis que, alors que** タンディ ク, アロール ク	on the other hand, meanwhile オン ズィ **ア**ザ **ハ**ンド, **ミー**ン (ホ)ワイル
いつまでも **いつまでも** itsumademo	**à jamais, pour toujours** ア ジャメ, プール トゥジュール	forever フォ**レ**ヴァ
いつも **いつも** itsumo	**toujours, habituellement** トゥジュール, アビテュエルマン	always **オー**ルウェイズ
いつわり **偽り** itsuwari	**mensonge** *m.* マンソンジュ	lie, falsehood **ラ**イ, **フォー**ルスフド
いつわる **偽る** itsuwaru	**mentir, tromper** マンティール, トロンペ	lie, deceive **ラ**イ, ディ**スィー**ヴ
いてざ **射手座** iteza	**Sagittaire** *m.* サジテール	Archer, Sagittarius **アー**チャ, サヂ**テ**アリアス
いてん **移転** iten	**transfert** *m.* トランスフェール	relocation リーロウ**ケ**イション
いでん **遺伝** iden	**hérédité** *f.* エレディテ	heredity ヒ**レ**ディティ
～子	**gène** *m.* ジェヌ	gene **チー**ン
～子組み換え	**recombinaison génétique** *f.* ルコンビネゾン ジェネティック	gene recombination **チー**ン リーカンビ**ネ**イション
いと **糸** ito	**fil** *m.*, **corde** *f.* フィル, コルド	thread, yarn ス**レ**ド, **ヤー**ン

日	仏	英
いど **井戸** ido	**puits** *m.* ピュイ	well ウェル
いどう **移動** idou	**mouvement** *m.* ムヴマン	movement ムーヴメント
〜する	**bouger** ブジェ	move ムーヴ
いとこ **従兄弟・従姉妹** itoko	**cousin(e)** *m.f.* クザン(-ジン)	cousin カズン
いどころ **居所** idokoro	**endroit** *m.* アンドロワ	whereabouts (ホ)ウェラバウツ
いとなむ **営む** itonamu	**mener, poursuivre** ムネ, プルスイーヴル	conduct, carry on コンダクト, キャリ オン
いどむ **挑む** idomu	**provoquer, défier** プロヴォケ, デフィエ	challenge チャレンヂ
いない **以内** inai	**moins** *de* モワン ドゥ	within, less than ウィズィン, レス ザン
いなか **田舎** inaka	**campagne** *f.* カンパーニュ	countryside カントリサイド
いなずま **稲妻** inazuma	**éclair** *m.* エクレール	lightning ライトニング
いにんする **委任する** ininsuru	**charger, déléguer** シャルジェ, デレゲ	entrust, leave イントラスト, リーヴ
いぬ **犬** inu	**chien(ne)** *m.f.* シアン(シエヌ)	dog ドーグ
いね **稲** ine	**riz** *m.* リ	rice ライス
いねむり **居眠り** inemuri	**sieste** *f.,* **somme** *m.* シエスト, ソム	nap, doze ナプ, ドウズ
いのち **命** inochi	**vie** *f.* ヴィ	life ライフ

日	仏	英
いのり **祈り** inori	**prière** *f.* プリエール	prayer プレア
いのる **祈る** inoru	**prier** プリエ	pray to プレイトゥ
(望む)	**souhaiter** スエテ	wish **ウィ**シュ
いばる **威張る** ibaru	**prendre de grands airs** プランドル ドゥ グラン ゼール	(be) haughty, swagger (ビ) **ホー**ティ, ス**ワ**ガ
いはん **違反** ihan	**violation** *f.* ヴィオラシオン	violation ヴァイオ**レ**イション
いびき **いびき** ibiki	**ronflement** *m.* ロンフルマン	snore ス**ノー**
いびつな **歪な** ibitsuna	**déformé(e)** デフォルメ	distorted ディス**トー**テド
いべんと **イベント** ibento	**événement** *m.* エヴェヌマン	event イ**ヴェ**ント
いほうの **違法の** ihouno	**illégal(e)** イレガル	illegal イ**リー**ガル
いま **今** ima	**maintenant** マントナン	now **ナ**ウ
いまいましい **忌々しい** imaimashii	**agaçant(e)** アガサン(ト)	annoying ア**ノ**イイング
いまごろ **今頃** imagoro	**à cette heure-là** ア セット ウールラ	at this time アト **ズィ**ス **タ**イム
いまさら **今更** imasara	**maintenant, à présent** マントナン, ア プレザン	now, at this time **ナ**ウ, アト **ズィ**ス **タ**イム
いみ **意味** imi	**sens** *m.*, **signification** *f.* サンス, シニフィカシオン	meaning, sense **ミー**ニング, **セ**ンス

日	仏	英
〜**する**	**signifier, vouloir dire** シニフィエ, ヴロワール ディール	mean, signify **ミ**ーン, ス**ィ**グニファイ
いみてーしょん **イミテーション** imiteeshon	**imitation** f. イミタシオン	imitation イミ**テ**イション
いみん **移民**　（他国からの） imin	**immigrant(e)** m.f. イミグラン(ト)	immigrant **イ**ミグラント
（他国への）	**émigrant(e)** m.f. エミグラン(ト)	emigrant **エ**ミグラント
いめーじ **イメージ** imeeji	**image** f. イマージュ	image **イ**ミヂ
いもうと **妹** imouto	**sœur cadette** f., **petite sœur** f. スール カデット, プティット スール	(younger) sister (**ヤ**ンガ) ス**ィ**スタ
いやいや **いやいや** iyaiya	**à regret, à contrecœur** ア ルグレ, ア コントルクール	reluctantly, unwillingly リ**ラ**クタントリ, アン**ウィ**リングリ
いやがらせ **嫌がらせ** iyagarase	**harcèlement** m. アルセルマン	harassment, abuse ハ**ラ**スメント, ア**ビュ**ース
いやくきん **違約金** iyakukin	**dédit** m. デディ	penalty **ペ**ナルティ
いやしい **卑しい** iyashii	**bas(se), ignoble** バ(ス), イニョブル	low, humble **ロ**ウ, **ハ**ンブル
いやす **癒す** iyasu	**apaiser, guérir** アペゼ, ゲリール	heal, cure **ヒ**ール, **キュ**ア
いやな **嫌な** iyana	**écœurant(e), dégoûtant(e)** エクラン(ト), デグタン(ト)	disgusting ディス**ガ**スティング
いやほん **イヤホン** iyahon	**écouteur** m. エクトゥール	earphone **イ**アフォウン
いやらしい **いやらしい** iyarashii	**désagréable** デザグレアーブル	disagreeable ディサグ**リ**ーアブル

日	仏	英
い いやりんぐ **イヤリング** iyaringu	**boucles d'oreille** *f.pl.* ブクル ドレイユ	earring **イ**アリング
いよいよ **いよいよ** （ついに） iyoiyo	**enfin** アンファン	at last アト **ラ**スト
（ますます）	**de plus en plus** ドゥ プリュ ザン プリュ	more and more **モ**ー アンド **モ**ー
いよく **意欲** iyoku	**motivation** *f.* モティヴァシオン	volition, desire ヴォウ**リ**ション, ディ**ザ**イア
いらい **以来** irai	**depuis** ドゥピュイ	since, after that ス**ィ**ンス, アフタ **ザ**ト
いらい **依頼** irai	**demande** *f.* ドゥマンド	request リク**ウェ**スト
～する	**demander** *à* ドゥマンデ ア	ask, request **ア**スク, リク**ウェ**スト
いらいらする **いらいらする** irairasuru	**s'irriter, s'énerver** シリテ, セネルヴェ	(be) irritated （ビ）**イ**リテイテド
いらく **イラク** iraku	**Irak** *m.*, **Iraq** *m.* イラク, イラク	Iraq イ**ラ**ーク
いらすと **イラスト** irasuto	**illustration** *f.* イリュストラシオン	illustration イラスト**レ**イション
いらすとれーたー **イラストレーター** irasutoreetaa	**illustrateur(trice)** *m.f.* イリュストラトゥール(- トリス)	illustrator **イ**ラストレイタ
いらん **イラン** iran	**Iran** *m.* イラン	Iran イ**ラ**ン
いりぐち **入り口** iriguchi	**entrée** *f.* アントレ	entrance **エ**ントランス
いりょう **医療** iryou	**traitement médical** *m.* トレトマン メディカル	medical treatment **メ**ディカル ト**リ**ートメント
いりょく **威力** iryoku	**pouvoir** *m.*, **puissance** *f.* プヴォワール, ピュイサンス	power, might **パ**ウア, **マ**イト

日	仏	英
いる **居る** iru	**être, se trouver** エートル, ストルヴェ	be, there is, there are ビー, ゼアイズ, ゼアアー
いる **要る** iru	**avoir besoin** *de* アヴォワール ブゾワン ドゥ	need, want ニード, ワント
いるか **海豚** iruka	**dauphin** *m.* ドファン	dolphin ダルフィン
いれいの **異例の** ireino	**exceptionnel(*le*)** エクセプシオネル	exceptional イクセプショナル
いれかえる **入れ替える** irekaeru	**remplacer** ランプラセ	replace リプレイス
いれずみ **入れ墨** irezumi	**tatouage** *m.* タトゥワージュ	tattoo タトゥー
いれば **入れ歯** ireba	**prothèse dentaire** *f.* プロテーズ ダンテール	false teeth フォールス ティース
いれもの **入れ物** iremono	**récipient** *m.* レシピアン	receptacle リセプタクル
いれる **入れる** （中に） ireru	**mettre ...** *dans* メットル ダン	put in プト イン
（人を）	**faire entrer** フェール アントレ	let into, admit into レト イントゥ, アドミト イントゥ
（受け入れる）	**accepter, suivre** アクセプテ, スイーヴル	accept, take アクセプト, テイク
いろ **色** iro	**couleur** *f.* クルール	color, ⑧colour カラ, カラ
いろいろな **色々な** iroirona	**varié(e), divers(e)** ヴァリエ, ディヴェール(- ヴェルス)	various ヴェアリアス
いろけ **色気** iroke	**sex-appeal** *m.* セクサピル	sex appeal セクス アピール

日	仏	英
いろん **異論** iron	**objection** *f.* オブジェクシオン	objection オブ**チェ**クション
いわ **岩** iwa	**roche** *f.*, **rocher** *m.* ロシュ, ロシェ	rock **ラ**ク
いわう **祝う** iwau	**fêter** フェテ	celebrate **セ**レブレイト
いわし **鰯** iwashi	**sardine** *f.* サルディヌ	sardine サー**ディ**ーン
いわゆる **いわゆる** iwayuru	**soi-disant** ソワディザン	so-called **ソ**ウコールド
いわれ **いわれ** iware	**raison** *f.*, **origine** *f.* レゾン, オリジヌ	reason, origin **リ**ーズン, **オ**ーリヂン
いんかん **印鑑** inkan	**sceau** *m.*, **cachet** *m.* ソー, カシェ	stamp, seal ス**タ**ンプ, ス**イ**ール
いんきな **陰気な** inkina	**sombre, lugubre** ソンブル, リュギューブル	gloomy グ**ルー**ミ
いんく **インク** inku	**encre** *f.* アンクル	ink **イ**ンク
いんけんな **陰険な** inkenna	**sournois(e), rusé(e)** スルノワ(-ワーズ), リュゼ	crafty, insidious ク**ラ**フティ, イン**スィ**ディアス
いんこ **インコ** inko	**perruche** *f.* ペリュシュ	parakeet **パ**ラキート
いんさつ **印刷** insatsu	**impression** *f.*, **presse** *f.* アンプレシオン, プレス	printing プ**リ**ンティング
〜する	**imprimer** アンプリメ	print プ**リ**ント
いんし **印紙** inshi	**timbre fiscal** *m.* タンブル フィスカル	revenue stamp **レ**ヴェニュー ス**タ**ンプ
いんしゅりん **インシュリン** inshurin	**insuline** *f.* アンシュリヌ	insulin **イ**ンシュリン

日	仏	英
いんしょう **印象** inshou	**impression** *f.* アンプレシオン	impression イン**プレ**ション
いんすたんとの **インスタントの** insutantono	**instantané(e)** アンスタンタネ	instant **イン**スタント
いんすとーるする **インストールする** insutoorusuru	**installer** アンスタレ	install インス**トー**ル
いんすとらくたー **インストラクター** insutorakutaa	**moniteur(trice)** *m.f.*, **enseignant(e)** *m.f.* モニトゥール(・トリス), アンセニャン(ト)	instructor インスト**ラ**クタ
いんすぴれーしょん **インスピレーション** insupireeshon	**inspiration** *f.* アンスピラシオン	inspiration インスピ**レ**イション
いんぜい **印税** inzei	**droits d'auteur** *m.pl.* ドロワ ドトゥール	royalty **ロ**イアルティ
いんそつする **引率する** insotsusuru	**conduire, accompagner** コンデュイール, アコンパニェ	lead **リ**ード
いんたーちぇんじ **インターチェンジ** intaachenji	**échangeur** *m.* エシャンジュール	(travel) interchange (ト**ラ**ブル) **イ**ンタチェインヂ
いんたーねっと **インターネット** intaanetto	**Internet** *m.* アンテルネット	Internet **イ**ンタネット
いんたーふぇろん **インターフェロン** intaaferon	**interféron** *m.* アンテルフェロン	interferon インタ**フィ**ラン
いんたい **引退** intai	**retraite** *f.* ルトレット	retirement リ**タ**イアメント
～する	**prendre** *sa* **retraite** プランドル ルトレット	retire リ**タ**イア
いんたびゅー **インタビュー** intabyuu	**interview** *f.* アンテルヴィユー	interview **イ**ンタヴュー
いんち **インチ** inchi	**pouce** *m.* プス	inch **イ**ンチ

日	仏	英
う いんてりあ **インテリア** interia	**décoration d'intérieur** *f.* デコラシオン ダンテリユール	interior design インテリアリア ディザイン
いんど **インド** indo	**Inde** *f.* アンド	India インディア
〜の	**indien(*ne*)** アンディアン(・ディエンヌ)	Indian インディアン
いんとねーしょん **イントネーション** intoneeshon	**intonation** *f.* アントナシオン	intonation イントネイション
いんどねしあ **インドネシア** indoneshia	**Indonésie** *f.* アンドネジ	Indonesia インドニージャ
いんぷっと **インプット** inputto	**entrée** *f.* アントレ	input インプト
いんふるえんざ **インフルエンザ** infuruenza	**grippe** *f.* グリップ	influenza インフルエンザ
いんふれ **インフレ** infure	**inflation** *f.* アンフラシオン	inflation インフレイション
いんぼう **陰謀** inbou	**complot** *m.*, **intrigue** *f.* コンプロ, アントリグ	plot, intrigue プラト, イントリーグ
いんよう **引用** in-you	**citation** *f.* シタシオン	citation サイテイション
〜する	**citer** シテ	quote, cite クウォウト, サイト
いんりょく **引力** inryoku	**attraction** *f.*, **gravitation** *f.* アトラクシオン, グラヴィタシオン	attraction, gravitation アトラクション, グラヴィテイション

う, ウ

日	仏	英
ういすきー **ウイスキー** uisukii	**whisky** *m.* ウイスキ	whiskey, ®whisky (ホ)ウイスキ, ウイスキ

日	仏	英
ういるす **ウイルス** uirusu	**virus** *m.* ヴィリュス	virus **ヴァイアラス**
うーる **ウール** uuru	**laine** *f.* レヌ	wool **ウル**
うえ **上** （上方） ue	**dessus** *m.* ドゥシュ	upper part **アパパート**
（表面）	**surface** *f.* シュルファス	surface **サーフェス**
～に	**sur** シュール	on **アン**
うえいたー **ウエイター** ueitaa	**garçon** *m.*, **serveur** *m.* ガルソン, セルヴール	waiter **ウェイタ**
うえいとれす **ウエイトレス** ueitoresu	**serveuse** *f.* セルヴーズ	waitress **ウェイトレス**
うえすと **ウエスト** uesuto	**taille** *f.* タイユ	waist **ウェイスト**
うぇぶさいと **ウェブサイト** webusaito	**site web** *m.*, **site internet** *m.* シット ウェブ, シット アンテルネット	website **ウェブサイト**
うえる **植える** ueru	**planter** プランテ	plant **プラント**
うえる **飢える** ueru	**(être) affamé(e)** (エートル) アファメ	go hungry, starve **ゴウ ハングリ, スターヴ**
うぉーみんぐあっぷ **ウォーミングアップ** woominguappu	**échauffement** *m.* エショフマン	warm-up **ウォームアップ**
うおざ **魚座** uoza	**Poissons** *m.pl.* ポワソン	Fishes, Pisces **フィシェズ, パイスィーズ**
うがい **うがい** ugai	**gargarisme** *m.* ガルガリスム	gargling **ガーグリング**

日	仏	英
うかいする **迂回する** ukaisuru	**faire un détour** フェール アン デトゥール	take a roundabout way テイク ア ラウンダバウト ウェイ
うかがう **伺う** （尋ねる） ukagau	**demander** ドゥマンデ	ask アスク
（訪問する）	**rendre visite** *à* ランドル ヴィジット ア	visit ヴィズィト
うかつな **迂闊な** ukatsuna	**négligent(e), inattentif(ve)** ネグリジャン(ト), イナタンティフ(・ヴ)	careless ケアレス
うかぶ **浮かぶ** （水面に） ukabu	**flotter** フロテ	float フロウト
（心に）	**venir à l'esprit** *de* ヴニール ア レスプリ ドゥ	come to カム トゥ
うかる **受かる** ukaru	**(être) reçu(e)** *à* (エートル) ルシュア	pass パス
うき **浮き** uki	**flotteur** *m.* フロトゥール	float フロウト
うきぶくろ **浮き袋** ukibukuro	**bouée** *f.* ブエ	swimming ring スウィミング リング
（救命用の）	**bouée de sauvetage** *f.* ブエ ドゥ ソヴタージュ	life buoy ライフ ブイ
うく **浮く** （水面に） uku	**flotter** フロテ	float フロウト
（余る）	**rester** レステ	(be) left, (be) not spent (ビ) レフト, (ビ) ナト スペント
うけいれる **受け入れる** ukeireru	**recevoir, accepter** ルスヴォワール, アクセプテ	receive, accept リスィーヴ, アクセプト
うけおう **請け負う** ukeou	**prendre ... à forfait** プランドル ア フォルフェ	contract, undertake コントラクト, アンダテイク

日	仏	英
うけつぐ **受け継ぐ** （後を継ぐ） uketsugu	**succéder** *à* シュクセデア	succeed to サク**スィ**ード トゥ
（相続する）	**hériter** *de* エリテ ドゥ	inherit イン**ヘ**リト
うけつけ **受付** （受付所） uketsuke	**réception** *f.*, **bureau de** **renseignements** *m.* レセプシオン，ビュロー ドゥ ランセニュマン	information office, reception インフォ**メ**イション **オ**ーフィス， リ**セ**プション
（受領）	**réception** *f.* レセプシオン	receipt, acceptance リ**スィ**ート，アク**セ**プタンス
うけつける **受け付ける** uketsukeru	**recevoir, accepter** ルスヴォワール，アクセプテ	receive, accept リ**スィ**ーヴ，アク**セ**プト
うけとりにん **受取人** uketorinin	**destinataire** *m.f.* デスティナテール	receiver リ**スィ**ーヴァ
（受給者・受益者）	**preneur(se)** *m.f.* プルヌール(ズ)	recipient リ**スィ**ピアント
うけとる **受け取る** uketoru	**recevoir, accepter** ルスヴォワール，アクセプテ	receive, get リ**スィ**ーヴ，**ゲ**ト
うけみ **受け身** （受動態） ukemi	**voix passive** *f.*, **passif** *m.* ヴォワ パシヴ，パシフ	passive voice **パ**スィヴ **ヴォ**イス
（受動的態度）	**passivité** *f.* パシヴィテ	passivity パ**スィ**ヴィティ
うけもつ **受け持つ** ukemotsu	**se charger** *de* ス シャルジェ ドゥ	take charge of **テ**イク **チャ**ーヂ オヴ
うける **受ける** （物などを） ukeru	**recevoir** ルスヴォワール	receive, get リ**スィ**ーヴ，**ゲ**ト
（損害などを）	**souffrir** スフリール	suffer **サ**ファ
（試験を）	**passer** パセ	take **テ**イク

日	仏	英
うごかす **動かす** ugokasu	**remuer, bouger** ルミュエ, ブジェ	move ムーヴ
(機械を)	**faire marcher** フェール マルシェ	run, work, operate ラン, ワーク, アペレイト
(心を)	**émouvoir** エムヴォワール	move, touch ムーヴ, タチ
うごき **動き** ugoki	**mouvement** *m.* ムヴマン	movement, motion ムーヴメント, モウション
(活動)	**activité** *f.* アクティヴィテ	activity アクティヴィティ
(動向)	**tendance** *f.* タンダンス	trend トレンド
うごく **動く** ugoku	**bouger** ブジェ	move ムーヴ
(作動する)	**fonctionner** フォンクシオネ	run, work ラン, ワーク
(心が)	**(être) ému(e)** (エートル) エミュ	(be) moved (ビ) ムーヴド
うさぎ **兎** usagi	**lapin** *m.* ラパン	rabbit ラビト
うし **牛** ushi	**bœuf** *m.* ブフ	cattle キャトル
(子牛)	**veau** *m.* ヴォー	calf キャフ
(雄牛)	**taureau** *m.* トロー	bull, ox ブル, アクス
(雌牛)	**vache** *f.* ヴァッシュ	cow カウ
うしなう **失う** ushinau	**perdre, (être) privé(e)** *de* ペルドル, (エートル) プリヴェ ドゥ	lose, miss ルーズ, ミス

日	仏	英
うしろ 後ろ ushiro	**derrière** *m.*, **arrière** *m.* デリエール, アリエール	back, behind バク, ビハインド
うず 渦 uzu	**tourbillon** *m.* トゥルビオン	whirlpool (ホ)ワールプール
うすい 薄い （厚みが） usui	**mince** マンス	thin スィン
（色が）	**clair(e), pâle** クレール, パール	pale ペイル
（濃度が）	**faible** フェーブル	weak ウィーク
うずく 疼く uzuku	**faire mal** フェール マル	ache, hurt エイク, ハート
うすぐらい 薄暗い usugurai	**sombre, mal éclairé(e)** ソンブル, マル エクレレ	dim, dark, gloomy ディム, ダーク, グルーミ
うずまき 渦巻き uzumaki	**tourbillon** *m.* トゥルビオン	whirlpool (ホ)ワールプール
うすめる 薄める usumeru	**diluer** ディリュエ	thin, dilute スィン, ダイリュート
うせつする 右折する usetsusuru	**tourner à droite** トゥルネ ア ドロワット	turn right ターン ライト
うそ 嘘 uso	**mensonge** *m.* マンソンジュ	lie ライ
～つき	**menteur(se)** *m.f.* マントゥール(-ズ)	liar ライア
うた 歌 uta	**chanson** *f.* シャンソン	song ソーング
うたう 歌う utau	**chanter** シャンテ	sing スィング
うたがい 疑い （疑念） utagai	**doute** *m.* ドゥット	doubt ダウト

日	仏	英
（不信）	**méfiance** *f.* メフィアンス	distrust ディスト**ラ**スト
（容疑・嫌疑）	**soupçon** *m.* スプソン	suspicion サス**ピ**ション
うたがう **疑う** （疑念を抱く） utagau	**douter** *de* ドゥテ ドゥ	doubt **ダ**ウト
（嫌疑をかける）	**soupçonner** スプソネ	suspect サス**ペ**クト
（不審に思う）	**se méfier** *de* ス メフィエ ドゥ	distrust ディスト**ラ**スト
うたがわしい **疑わしい** utagawashii	**douteux(se)** ドゥトゥー(ズ)	doubtful **ダ**ウトフル
（不審な）	**suspect(e)** シュスペ(クト)	suspicious サス**ピ**シャス
うち **家** （家屋） uchi	**maison** *f.* メゾン	house **ハ**ウス
（家庭）	**famille** *f.*, **foyer** *m.* ファミーユ, フォワイエ	family, household **ファ**ミリ, **ハ**ウスホウルド
うち **内** uchi	**intérieur** *m.* アンテリユール	inside, interior イン**サ**イド, イン**ティ**アリア
うちあける **打ち明ける** uchiakeru	**confesser, avouer** コンフェセ, アヴエ	confess, confide コン**フェ**ス, コン**ファ**イド
うちあわせる **打ち合わせる** uchiawaseru	**arranger, concerter** アランジェ, コンセルテ	arrange ア**レ**インジ
うちがわ **内側** uchigawa	**intérieur** *m.* アンテリユール	inside イン**サ**イド
うちきな **内気な** uchikina	**timide** ティミッド	shy, timid **シャ**イ, **ティ**ミド
うちけす **打ち消す** uchikesu	**nier, démentir** ニエ, デマンティール	deny ディ**ナ**イ

日	仏	英
うちゅう **宇宙** uchuu	**univers** *m.* ユニヴェール	universe **ユー**ニ**ヴァー**ス
～飛行士	**astronaute** *m.f.* アストロノート	astronaut **ア**ストロ**ノー**ト
うつ **打つ** utsu	**frapper, battre** フラペ, バットル	strike, hit スト**ラ**イク, **ヒ**ト
うつ **撃つ** utsu	**tirer** ティレ	fire, shoot **ファ**イア, **シュー**ト
うっかりして **うっかりして** ukkarishite	**négligemment, sans soin** ネグリジャマン, サン ソワン	carelessly **ケ**アレスリ
うつくしい **美しい** utsukushii	**beau(*belle*)** ボー(ベル)	beautiful **ビュー**ティフル
うつす **写す** utsusu	**copier** コピエ	copy **カ**ピ
（写真を）	**prendre une photo** プランドル ユヌ フォト	take a photo **テ**イク ア **フォ**ウトウ
うつす **移す** utsusu	**déplacer, transférer** デプラセ, トランスフェレ	move, transfer **ムー**ヴ, ト**ラ**ンスファー
（病気を）	**donner, contaminer** ドネ, コンタミネ	give, infect **ギ**ヴ, イン**フェ**クト
うったえる **訴える** （裁判に） uttaeru	**poursuivre** プルスイーヴル	sue ス**ュー**
（世論に）	**en appeler** *à* アン ナプレ ア	appeal to ア**ピー**ル トゥ
（手段に）	**recourir** *à* ルクリール ア	resort to リ**ゾー**ト トゥ
うっとうしい **うっとうしい** uttoushii	**ennuyeux(*se*), fastidieux(*se*)** アンニュイユー(ズ), ファスティディユー(ズ)	bothersome **バ**ザサム

日	仏	英
うっとりする うっとりする uttorisuru	**(être) fasciné(e)** (エートル) ファシネ	(be) mesmerized (ビ) メズメライズド
うつむく うつむく utsumuku	**baisser la tête** ベセ ラ テット	hang one's head ハング ヘド
移る うつる utsuru	**passer, se déplacer** パセ, ス デプラセ	move ムーヴ
（病気が）	**attraper** アトラペ	catch キャチ
器 うつわ utsuwa	**récipient** *m.* レシピアン	vessel, container ヴェスル, コンテイナ
腕 うで ude	**bras** *m.* ブラ	arm アーム
～時計	**montre** *f.* モントル	wristwatch リストワチ
（技能）	**capacité** *f.* カパシテ	ability, skill アビリティ, スキル
鰻 うなぎ unagi	**anguille** *f.* アンギーユ	eel イール
うなずく うなずく unazuku	**donner un signe de tête** ドネ アン シーニュ ドゥ テット	nod ナド
唸る うなる unaru	**gémir, grogner** ジェミール, グロニェ	groan グロウン
（動物が）	**grogner** グロニェ	growl グラウル
（機械や虫が）	**ronfler, bourdonner** ロンフレ, ブルドネ	roar, buzz ロー, バズ
海胆 うに uni	**oursin** *m.* ウルサン	sea urchin スィー アーチン

日	仏	英
うぬぼれる **うぬぼれる** unuboreru	**(être) vaniteux(se), (être) prétentieux(se)** (エートル) ヴァニトゥー(ズ), (エートル) プレタンシュー(ズ)	(become) conceited (ビカム) コンス**ィー**テド
うは **右派** uha	**aile droite** *f.*, **droite** *f.* エル ドロワット, ドロワット	right wing ラ**イ**ト **ウィ**ング
うばう **奪う** （取り上げる・盗む） ubau	**prendre, voler** プランドル, ヴォレ	take away, rob テイク ア**ウェ**イ, ラブ
（剥奪する）	**priver, déposséder** プリヴェ, デポセデ	deprive ディプ**ラ**イヴ
うばぐるま **乳母車**　（箱形の） ubaguruma	**landau** *m.* ランド	baby carriage, Ⓑpram ベイビ **キャ**リヂ, プ**ラ**ム
（椅子形の）	**poussette** *f.* プセット	stroller, Ⓑpushchair スト**ロ**ウラ, プ**シュ**チェア
うぶな **初な** ubuna	**naïf(ve)** ナイフ(・ヴ)	innocent, naive **イ**ノセント, ナー**イ**ーヴ
うま **馬** uma	**cheval** *m.* シュヴァル	horse **ホ**ース
（子馬）	**poulain** *m.*, **pouliche** *f.* プラン, プリッシュ	foal, colt **フォ**ウル, **コ**ウルト
うまい　（おいしい） **うまい** umai	**bon(ne), délicieux(se)** ボン(ヌ), デリシュー(ズ)	good, delicious グド, ディ**リ**シャス
（上手だ）	**bon(ne), habile** ボン(ヌ), アビル	good, skillful グド, ス**キ**ルフル
うまる **埋まる** umaru	**(être) enfoui(e)** (エートル) アンフイ	(be) buried (ビ) ベリド
うまれる **生[産]まれる** umareru	**naître** ネートル	(be) born (ビ) **ボ**ーン
（生じる）	**venir au monde** ヴニール オ モンド	come into existence カム イントゥ イグ**ズィ**ステンス

日	仏	英
海 うみ umi	**mer** *f.* メール	sea スィー
生み出す うみだす umidasu	**produire** プロデュイール	produce プロ**デュ**ース
海辺 うみべ umibe	**plage** *f.* プラージュ	beach ビーチ
生[産]む うむ umu	**mettre au monde** メットル オ モンド	bear ベア
（生み出す）	**produire** プロデュイール	produce プロ**デュ**ース
うめく うめく umeku	**grogner, gémir** グロニエ, ジェミール	groan, moan グ**ロ**ウン, **モ**ウン
埋め立てる うめたてる umetateru	**remblayer, combler** ランブレイエ, コンブレ	fill up, reclaim フィル **ア**プ, リク**レ**イム
埋める うめる umeru	**enterrer** アンテレ	bury ベリ
（損失などを）	**dédommager, renflouer** デドマジェ, ランフルエ	cover **カ**ヴァ
（満たす）	**remplir** ランプリール	fill **フィ**ル
羽毛 うもう umou	**plumage** *m.*, **duvet** *m.* プリュマジュ, デュヴェ	feathers, down **フェ**ザズ, **ダ**ウン
敬う うやまう uyamau	**respecter, honorer** レスペクテ, オノレ	respect, honor, Ⓑhonour リス**ペ**クト, **ア**ナ, **ア**ナ
裏 うら （表面・正面に対する） ura	**arrière** *m.*, **dos** *m.* アリエール, ド	back バク
（反対側）	**envers** *m.*, **arrière** *m.* アンヴェール, アリエール	reverse リ**ヴァ**ース

日	仏	英
うらがえす **裏返す** uragaesu	**retourner** ルトゥルネ	turn over ターン オウヴァ
うらがわ **裏側** uragawa	**envers** *m.*, **dos** *m.* アンヴェール, ド	back, reverse side バク, リヴァース サイド
うらぎる **裏切る** uragiru	**trahir** トライール	betray ビトレイ
うらぐち **裏口** uraguchi	**porte de derrière** *f.* ポルト ドゥ デリエール	back door バク ドー
うらごえ **裏声** uragoe	**fausset** *m.* フォセ	falsetto フォールセトウ
うらじ **裏地** uraji	**doublure** *f.* ドゥブリュール	lining ライニング
うらづける **裏付ける** urazukeru	**prouver** プルヴェ	prove, confirm プルーヴ, コンファーム
うらどおり **裏通り** uradoori	**ruelle** *f.* リュエル	back street バク ストリート
うらない **占い** uranai	**divination** *f.* ディヴィナシオン	fortune-telling フォーチュンテリング
うらなう **占う** uranau	**dire la bonne aventure** *à* ディール ラ ボン ナヴァンテュール ア	tell a person's fortune テル フォーチュン
うらにうむ **ウラニウム** uraniumu	**uranium** *m.* ユラニオム	uranium ユアレイニアム
うらむ **恨む** uramu	**en vouloir** *à* アン ヴロワール ア	bear a grudge ベア ア グラヂ
うらやましい **羨ましい** urayamashii	**enviable** アンヴィアーブル	enviable エンヴィアブル
うらやむ **羨む** urayamu	**envier** アンヴィエ	envy エンヴィ

日	仏	英
うらん **ウラン** uran	**uranium** *m.* ユラニオム	uranium ユアレイニアム
うりあげ **売り上げ** uriage	**recette** *f.*, **ventes** *f.pl.* ルセット, ヴァント	amount sold アマウント ソウルド
うりきれる **売り切れる** urikireru	**(être) épuisé(e)** (エートル) エピュイゼ	(be) sold out (ビ) ソウルド アウト
うりだす **売り出す** uridasu	**mettre en vente** メットル アン ヴァント	put on sale プト オン セイル
うりば **売り場** uriba	**rayon** *m.* レイヨン	department ディパートメント
うる **売る** uru	**vendre** ヴァンドル	sell セル
うるうどし **閏年** uruudoshi	**année bissextile** *f.* アネ ビセクスティル	leap year リープ イア
うるおい **潤い** uruoi	**humidité** *f.* ユミディテ	moisture モイスチャ
うるおう **潤う** uruou	**s'humidifier** シュミディフィエ	(be) moistured, (be) moistened (ビ) モイスチャド, (ビ) モイスンド
うるぐあい **ウルグアイ** uruguai	**Uruguay** *m.* ユリュグウェ	Uruguay ユアラグワイ
うるさい **うるさい** urusai	**bruyant(e)** ブリュイアン(ト)	noisy ノイズィ
(しつこい)	**incessant(e), tenace** アンセサン(ト), トゥナス	pesky, persistent ペスキ, パスィステント
うるし **漆** urushi	**laque** *f.* ラク	(Japanese) lacquer (ヂャパニーズ) ラカ
うれしい **嬉しい** ureshii	**heureux(se), joyeux(se)** ウルー(ズ), ジョワイユー(ズ)	happy, delightful ハピ, ディライトフル

日	仏	英
うれる **売れる** ureru	se vendre bien ス ヴァンドル ビアン	sell well セル ウェル
うろたえる **うろたえる** urotaeru	(être) contrarié(e), (être) perturbé(e) (エートル) コントラリエ, (エートル) ペルテュルベ	(be) upset (ビ) アプセト
うわき **浮気** uwaki	infidélité f., liaison amoureuse f. アンフィデリテ, リエゾン アムルーズ	(love) affair (ラヴ) アフェア
うわぎ **上着** uwagi	veste f., manteau m. ヴェスト, マントー	jacket, coat ヂャケト, コウト
うわごと **うわごと** uwagoto	délire m. デリール	delirium ディリリアム
うわさ **噂** uwasa	rumeur f., bruit m. リュムール, ブリュイ	rumor, ⒷrumourР ルーマ, ルーマ
うわべ **上辺** uwabe	surface f., superficie f. シュルファス, シュペルフィシ	surface サーフェス
うわまわる **上回る** uwamawaru	excéder, dépasser エクセデ, デパセ	exceed イクスィード
うわやく **上役** uwayaku	supérieur(e) m.f. シュペリユール	superior, boss スーピアリア, ボス
うん **運** (運命) un	sort m., destin m. ソール, デスタン	fate, destiny フェイト, デスティニ
(幸運)	fortune f. フォルテュヌ	fortune, luck フォーチュン, ラク
うんえい **運営** un-ei	administration f., direction f. アドミニストラシオン, ディレクシオン	management マニヂメント
うんが **運河** unga	canal m. カナル	canal カナル
うんこう **運行** unkou	service m., trafic m. セルヴィス, トラフィック	service, operation サーヴィス, アペレイション

日	仏	英
うんざりする unzarisuru	**en avoir marre** *de* アン ナヴォワール マール ドゥ	(be) sick of (ビ) スィク オヴ
運勢 unsei	**destin** *m.*, **chance** *f.* デスタン, シャンス	fortune フォーチュン
運送 unsou	**transport** *m.* トランスポール	transportation トランスポーテイション
運賃 unchin	**prix du ticket** *m.* プリ デュ ティケ	fare フェア
運転 unten	**conduite** *f.* コンデュイット	driving ドライヴィング
〜手	**conduc*teur*(*trice*)** *m.f.* コンデュクトゥール(-トリス)	driver ドライヴァ
〜する	**conduire** コンデュイール	drive ドライヴ
〜免許証	**permis de conduire** *m.* ペルミ ドゥ コンデュイール	driver's license ドライヴァズ ライセンス
(機械の)	**manœuvre** *f.* マヌーヴル	operation アペレイション
〜する	**manœuvrer** マヌーヴレ	operate アペレイト
運動 undou	**exercice** *m.* エグゼルシス	exercise エクササイズ
〜する	**faire de l'exercice** フェール ドゥ レグゼルシス	exercise エクササイズ
(競技としての)	**sport** *m.* スポール	sports スポーツ
(行動)	**campagne** *f.* カンパーニュ	campaign キャンペイン
運命 unmei	**sort** *m.*, **destin** *m.* ソール, デスタン	fate, destiny フェイト, デスティニ

日	仏	英
うんゆ **運輸** un-yu	**transport** *m.* トランスポール	transportation トランス**ポー**テイション
うんよく **運よく** un-yoku	**par chance, heureusement** パール シャンス, ウルーズマン	fortunately **フォー**チュネトリ

え, エ

え **絵** e	**tableau** *m.*, **peinture** *f.* タブロー, パンテュール	picture **ピ**クチャ
え **柄** e	**poignée** *f.*, **manche** *m.* ポワニエ, マンシュ	handle **ハ**ンドル
えあこん **エアコン** eakon	**climatiseur** *m.* クリマティズール	air conditioner **エ**ア コン**ディ**ショナ
えいえんの **永遠の** eienno	**éternel**(*le*), **perpétuel**(*le*) エテルネル, ペルペテュエル	eternal イ**ター**ナル
えいが **映画** eiga	**film** *m.* フィルム	movie, film **ムー**ヴィ, **フィ**ルム
～館	**cinéma** *m.* シネマ	(movie) theater, Ⓑcinema (**ムー**ヴィ) **スィ**アタ, **スィ**ネマ
えいきゅうに **永久に** eikyuuni	**définitivement, pour toujours** デフィニティヴマン, プール トゥジュール	permanently **パー**マネントリ
えいきょう **影響** eikyou	**influence** *f.* アンフリュアンス	influence **イ**ンフルエンス
えいぎょう **営業** eigyou	**commerce** *m.*, **affaires** *f.pl.* コメルス, アフェール	business, trade **ビ**ズネス, ト**レ**イド
～する	**faire des affaires** フェール デ ザフェール	do business ドゥー **ビ**ズネス
えいご **英語** eigo	**anglais** *m.* アングレ	English **イ**ングリシュ

日	仏	英
え えいこう **栄光** eikou	**gloire** *f.* グロワール	glory グローリ
えいこく **英国** eikoku	**Angleterre** *f.*, **Grande-Bretagne** *f.* アングルテール, グランドブルターニュ	England, Great Britain イングランド, グレイト ブリトン
えいじゅうする **永住する** eijuusuru	**s'installer définitivement** サンスタレ デフィニティヴマン	reside permanently リザイド パーマネントリ
えいず **エイズ** eizu	**sida** *m.* シダ	AIDS エイヅ
えいせい **衛星** eisei	**satellite** *m.* サテリト	satellite サテライト
えいせいてきな **衛生的な** eiseitekina	**hygiénique** イジエニック	hygienic, sanitary ハイヂーニク, サニテリ
えいぞう **映像** eizou	**image** *f.* イマージュ	image イミヂ
えいてんする **栄転する** eitensuru	**(être) promu(e)** (エートル) プロミュ	(be) promoted (ビ) プロモウテド
えいゆう **英雄** eiyuu	**héros** *m.*, **héroïne** *f.* エロ, エロイヌ	hero, heroine ヒアロウ, ヘロウイン
えいよ **栄誉** eiyo	**honneur** *m.* オヌール	honor, Ⓑhonour アナ, アナ
えいよう **栄養** eiyou	**nutrition** *f.* ニュトリシオン	nutrition ニュートリション
えーかー **エーカー** eekaa	**acre** *f.* アクル	acre エイカ
えーじぇんと **エージェント** eejento	**agent** *m.* アジャン	agent エイヂェント
えーす **エース** eesu	**as** *m.* アス	ace エイス

日	仏	英
えがお **笑顔** egao	**visage souriant** *m.* ヴィザージュ スリアン	smiling face スマイリング **フェ**イス
えがく **描く** egaku	**dessiner, peindre** デシネ, パンドル	draw, paint ドロー, **ペ**イント
えき **駅** eki	**station** *f.*, **gare** *f.* スタシオン, ガール	station ス**テ**イション
えきしょう **液晶** ekishou	**cristal liquide** *m.* クリスタル リキッド	liquid crystal **リ**クウィド ク**リ**スタル
えきす **エキス** ekisu	**essence** *f.*, **extrait** *m.* エサンス, エクストレ	extract イクスト**ラ**クト
えきすとら **エキストラ** ekisutora	**extra** *m.f.*, **figurant(e)** *m.f.* エクストラ, フィギュラン(ト)	extra **エ**クストラ
えきぞちっくな **エキゾチックな** ekizochikkuna	**exotique** エグゾティック	exotic イグ**ザ**ティク
えきたい **液体** ekitai	**liquide** *m.* リキッド	liquid, fluid **リ**クウィド, フ**ル**ーイド
えくすたしー **エクスタシー** ekusutashii	**extase** *f.* エクスターズ	ecstasy **エ**クスタスィ
えぐぜくてぃぶ **エグゼクティブ** eguzekutibu	**cadre** *m.* カードル	executive イグ**ゼ**キュティヴ
えくぼ **えくぼ** ekubo	**fossette** *f.* フォセット	dimple **ディ**ンプル
えごいすと **エゴイスト** egoisuto	**égoïste** エゴイスト	egoist **イ**ーゴウイスト
えごいずむ **エゴイズム** egoizumu	**égoïsme** *m.* エゴイスム	egoism **イ**ーゴウイズム
えこのみーくらす **エコノミークラス** ekonomiikurasu	**classe économique** *f.* クラース エコノミック	economy class イ**カ**ノミ ク**ラ**ス
えこのみすと **エコノミスト** ekonomisuto	**économiste** エコノミスト	economist イ**カ**ノミスト

日	仏	英

え

えころじー
エコロジー
ekorojii
écologie *f.*
エコロジー
ecology
イーカロディ

えさ
餌
esa
nourriture pour animaux *f.*
ヌリテュール プール アニモ
pet food
ペト フード

(釣りなどの)
appât *m.*
アパ
bait
ベイト

えじき
餌食
ejiki
proie *f.*, victime *f.*
プロワ, ヴィクティム
prey, victim
プレイ, **ヴィ**クティム

えじぷと
エジプト
ejiputo
Égypte *f.*
エジプト
Egypt
イーヂプト

えしゃくする
会釈する
eshakusuru
saluer, s'incliner
サリュエ, サンクリネ
salute, bow
サ**ルー**ト, バウ

えすえふ
SF
esuefu
science-fiction *f.*
シアンスフィクシオン
science fiction
サイエンス **フィ**クション

えすかるご
エスカルゴ
esukarugo
escargot *m.*
エスカルゴ
escargot
エスカー**ゴ**ウ

えすかれーたー
エスカレーター
esukareetaa
escalier mécanique *m.*, escalator *m.*
エスカリエ メカニック, エスカラトール
escalator, Ⓑmoving staircase
エスカ**レイ**タ, **ムー**ヴィング ス**テ**アケイス

えだ
枝
eda
branche *f.*, rameau *m.*
ブランシュ, ラモ
branch, bough
ブランチ, バウ

えちおぴあ
エチオピア
echiopia
Éthiopie *f.*
エティオピ
Ethiopia
イースィ**オ**ウピア

えっせい
エッセイ
essei
essai *m.*
エッセ
essay
エセイ

えつらんする
閲覧する
etsuransuru
lire, consulter
リール, コンシュルテ
read, inspect
リード, インス**ペ**クト

えなめる
エナメル
enameru
émail *m.*, vernis *m.*
エマイユ, ヴェルニ
enamel
イナメル

日	仏	英
えねるぎー **エネルギー** enerugii	**énergie** *f.* エネルジー	energy **エ**ナヂ
えのぐ **絵の具** enogu	**couleurs** *f.pl.* クルール	paints, colors, Ⓑcolours ペインツ, **カ**ラズ, **カ**ラズ
えはがき **絵葉書** ehagaki	**carte postale illustrée** *f.* カルト ポスタル イリュストレ	picture postcard **ピ**クチャ **ポ**ウストカード
えび **海老** ebi	**crevette** *f.* クルヴェト	shrimp, prawn シュ**リ**ンプ, プ**ロ**ーン
（アカザエビ）	**langoustine** *f.* ラングスティヌ	Japanese lobster ヂャパ**ニ**ーズ **ラ**ブスタ
（ロブスター）	**homard** *m.*, **langouste** *f.* オマール, ラングスト	lobster **ラ**ブスタ
えぴそーど **エピソード** episoodo	**épisode** *m.* エピゾード	episode **エ**ピソウド
えぴろーぐ **エピローグ** epiroogu	**épilogue** *m.* エピログ	epilogue **エ**ピローグ
えぷろん **エプロン** epuron	**tablier** *m.* タブリエ	apron **エ**イプロン
えほん **絵本** ehon	**livre d'images** *m.* リーヴル ディマージュ	picture book **ピ**クチャ **ブ**ク
えめらるど **エメラルド** emerarudo	**émeraude** *f.* エムロード	emerald **エ**メラルド
えらー **エラー** eraa	**erreur** *f.* エルール	error **エ**ラ
えらい **偉い** erai	**grand(e)** グラン(ド)	great グ**レ**イト
えらぶ **選ぶ** erabu	**choisir, sélectionner** ショワジール, セレクシオネ	choose, select **チュ**ーズ, セ**レ**クト

日	仏	英
（選出する）	**élire** エリール	elect イレクト
えり **襟** eri	**col** *m.* コル	collar カラ
えりーと **エリート** eriito	**élite** *f.* エリート	elite エイリート
える **得る** eru	**gagner, obtenir** ガニェ，オプトゥニール	get, obtain ゲト，オブ**テ**イン
えれがんとな **エレガントな** eregantona	**élégant(e)** エレガン(ト)	elegant **エ**リガント
えれべーたー **エレベーター** erebeetaa	**ascenseur** *m.* アサンスール	elevator, ⑧lift **エ**レヴェイタ，**リ**フト
えん **円** （図形の） en	**cercle** *m.* セルクル	circle **サ**ークル
（通貨の）	**yen** *m.* イエヌ	yen **イ**ェン
えんかい **宴会** enkai	**banquet** *m.* バンケ	banquet バンク**ウェ**ト
えんかくの **遠隔の** enkakuno	**éloigné(e)** エロワニェ	remote, distant リ**モ**ウト，**デ**ィスタント
えんがん **沿岸** engan	**côte** *f.*, **littoral** *m.* コート，リトラル	coast **コ**ウスト
えんき **延期** enki	**ajournement** *m.* アジュルヌマン	postponement ポウスト**ポ**ウンメント
～する	**remettre, reporter** ルメットル，ルポルテ	postpone ポウスト**ポ**ウン
えんぎ **演技** engi	**jeu** *m.*, **interprétation** *f.* ジュー，アンテルプレタシオン	performance, acting パ**フォ**ーマンス，**ア**クティング
～する	**jouer** ジュエ	act, perform **ア**クト，パ**フォ**ーム

日	仏	英
えんきょくな **婉曲な** enkyokuna	**euphémique, indirect(e)** ウーフェミック, アンディレクト	euphemistic ユーフェミスティク
えんきんほう **遠近法** enkinhou	**perspective** *f.* ペルスペクティヴ	perspective パスペクティヴ
えんげい **園芸** engei	**jardinage** *m.*, **horticulture** *f.* ジャルディナージュ, オルティキュルテュール	gardening ガードニング
えんげき **演劇** engeki	**théâtre** *m.* テアートル	theater, drama, Ⓑtheatre スィアタ, ドラーマ, スィアタ
えんこ **縁故** enko	**relation** *f.* ルラシオン	relation リレイション
えんし **遠視** enshi	**hypermétropie** *f.* イペルメトロピー	farsightedness ファーサイテドネス
えんじにあ **エンジニア** enjinia	**ingénieur** *m.* アンジェニユール	engineer エンデニア
えんしゅう **円周** enshuu	**circonférence** *f.* シルコンフェランス	circumference サカムファレンス
えんしゅつ **演出** enshutsu	**mise en scène** *f.* ミーズ アン セーヌ	direction ディレクション
～家	**metteur en scène** *m.* メトゥール アン セーヌ	director ディレクタ
～する	**mettre en scène** メットル アン セーヌ	direct ディレクト
えんじょ **援助** enjo	**aide** *f.*, **assistance** *f.* エッド, アシスタンス	help, assistance ヘルプ, アスィスタンス
～する	**aider** エデ	help, assist ヘルプ, アスィスト
えんしょう **炎症** enshou	**inflammation** *f.* アンフラマシオン	inflammation インフラメイション

日	仏	英
えんじる **演じる** enjiru	**jouer** ジュエ	perform, play パフォーム, プレイ
えんじん **エンジン** enjin	**moteur** *m.* モトゥール	engine エンヂン
えんしんりょく **遠心力** enshinryoku	**force centrifuge** *f.* フォルス サントリフュージュ	centrifugal force セントリフュガル フォース
えんすい **円錐** ensui	**cône** *m.* コーヌ	cone コウン
えんすと **エンスト** ensuto	**calage** *m.* カラージュ	engine stall エンヂン ストール
えんせいする **遠征する** enseisuru	**faire une expédition** フェール ユヌ エクスペディシオン	make an expedi-tion メイク アン エクスペディション
えんぜつ **演説** enzetsu	**discours** *m.* ディスクール	speech スピーチ
えんそ **塩素** enso	**chlore** *m.* クロール	chlorine クローリーン
えんそう **演奏** ensou	**concert** *m.*, **interpréta-tion** *f.* コンセール, アンテルプレタシオン	musical perform-ance ミューズィカル パフォーマンス
～する	**jouer, interpréter** ジュエ, アンテルプレテ	play, perform プレイ, パフォーム
えんそく **遠足** ensoku	**excursion** *f.* エクスキュルシオン	excursion, field trip イクスカージョン, フィールド トリプ
えんたい **延滞** entai	**retard** *m.* ルタール	delay ディレイ
えんだか **円高** endaka	**hausse du yen** *f.* オース デュ イエヌ	strong yen rate ストローング イェン レイト
えんちゅう **円柱** enchuu	**colonne** *f.* コロヌ	column カラム

日	仏	英
<ruby>延長<rt>えんちょう</rt></ruby> enchou	**prolongement** *m.* プロロンジュマン	extension イクス**テ**ンション
〜する	**prolonger** プロロンジェ	prolong, extend プロ**ロ**ーング, イクス**テ**ンド
〜戦	**prolongations** *f.pl.* プロロンガシオン	overtime, Ⓑextra time **オ**ウヴァタイム, **エ**クストラ **タ**イム
<ruby>えんどう豆<rt>えんどうまめ</rt></ruby> endoumame	**pois** *m.* ポワ	(green) pea (グリーン) **ピ**ー
<ruby>煙突<rt>えんとつ</rt></ruby> entotsu	**cheminée** *f.* シュミネ	chimney **チ**ムニ
<ruby>鉛筆<rt>えんぴつ</rt></ruby> enpitsu	**crayon** *m.* クレイヨン	pencil **ペ**ンスル
<ruby>塩分<rt>えんぶん</rt></ruby> enbun	**sel** *m.*, **salinité** *f.* セル, サリニテ	salt (content) **ソ**ールト (**コ**ンテント)
<ruby>円満な<rt>えんまんな</rt></ruby> enmanna	**harmonieux(se)** アルモニユー(ズ)	harmonious ハー**モ**ウニアス
<ruby>円安<rt>えんやす</rt></ruby> en-yasu	**baisse du yen** *f.* ベス デュ イエヌ	weak yen rate **ウィ**ーク **イェ**ン **レ**イト
<ruby>遠洋<rt>えんよう</rt></ruby> en-you	**océan** *m.* オセアン	ocean **オ**ウシャン
<ruby>遠慮<rt>えんりょ</rt></ruby> (ためらい) enryo	**hésitation** *f.* エジタシオン	hesitation ヘズィ**テ**イション
(謙虚さ)	**modestie** *f.* モデスティ	modesty **マ**ディスティ
〜する	**se gêner, hésiter** *à* ス ジェネ, エジテ ア	(be) reserved, hold back (ビ) リ**ザ**ーヴド, **ホ**ウルド **バ**ク

日	仏	英

お, オ

お
尾
o
queue *f.*
クー
tail
テイル

おい
甥
oi
neveu *m.*
ヌヴー
nephew
ネフュー

おいかえす
追い返す
oikaesu
renvoyer
ランヴォワイエ
send away
センド アウェイ

おいかける
追いかける
oikakeru
courir *après*, **poursuivre**
クリール アプレ, プルスイーヴル
run after, chase
ラン アフタ, チェイス

おいこしきんし
追い越し禁止
oikoshikinshi
défense de doubler
デファンス ドゥ ドゥブレ
no passing
ノウ パスィング

おいこす
追い越す
oikosu
dépasser, doubler
デパセ, ドゥブレ
overtake
オウヴァテイク

おいしい
美味しい
oishii
bon(ne), délicieux(se)
ボン(ヌ), デリシユー(ズ)
nice, delicious
ナイス, ディリシャス

おいだす
追い出す
oidasu
chasser
シャセ
drive out
ドライヴ アウト

おいつく
追いつく
oitsuku
rattraper
ラトラペ
catch up
キャチ アプ

おいつめる
追い詰める
oitsumeru
acculer
アキュレ
drive into, corner
ドライヴ イントゥ, コーナ

おいはらう
追い払う
oiharau
chasser, disperser
シャセ, ディスペルセ
drive away, chase off
ドライヴ アウェイ, チェイス オーフ

おいる
オイル
oiru
huile *f.*
ユイル
oil
オイル

おいる
老いる
oiru
vieillir, prendre de l'âge
ヴィエイール, プランドル ドゥ ラージュ
grow old
グロウ オウルド

日	仏	英
おう **追う** ou	**poursuivre, chasser** プルスイーヴル, シャセ	run after, chase ラン アフタ, チェイス
（流行を）	**suivre** スイーヴル	follow ファロウ
おう **負う**　（背負う） ou	**porter sur** *son* **dos** ポルテ シュール ド	bear on one's back ベア オン バク
（責任・義務を）	**se charger** *de*, **assumer** ス シャルジェ ドゥ, アシュメ	take upon oneself テイク アパン
おう **王** ou	**roi** *m.* ロワ	king キング
おうえん **応援**　（声援） ouen	**encouragement** *m.* アンクラジュマン	cheering, rooting チアリング, ルーティング
～する	**encourager** アンクラジェ	cheer, root for チア, ルート フォ
おうかくまく **横隔膜** oukakumaku	**diaphragme** *m.* ディアフラグム	diaphragm ダイアフラム
おうかん **王冠** oukan	**couronne** *f.* クロンヌ	crown クラウン
おうきゅうてあて **応急手当** oukyuuteate	**premiers soins** *m.pl.* プルミエ ソワン	first aid ファースト エイド
おうこく **王国** oukoku	**royaume** *m.* ロワイヨーム	kingdom キングダム
おうじ **王子** ouji	**prince** *m.* プランス	prince プリンス
おうじ **皇子** ouji	**prince impérial** *m.* プランス アンペリアル	Imperial prince インピアリアル プリンス
おうしざ **牡牛座** oushiza	**Taureau** *m.* トロー	Bull, Taurus ブル, トーラス
おうじて **応じて** oujite	**selon, suivant** スロン, スイヴァン	according to アコーディング トゥ

日	仏	英
お おうしゅうする **押収する** oushuusuru	**saisir, confisquer** セジール, コンフィスケ	seize スィーズ
おうじょ **王女** oujo	**princesse** *f.* プランセス	princess プリンセス
おうじょ **皇女** oujo	**princesse impériale** *f.* プランセス アンペリアル	Imperial princess インピアリアル プリンセス
おうじる （応える） **応じる** oujiru	**répondre** *à* レポンドル ア	answer, reply to アンサ, リプライ トゥ
（受け入れる）	**accepter** アクセプテ	comply with, accept コンプライ ウィズ, アクセプト
おうせつしつ **応接室** ousetsushitsu	**salle de réception** *f.* サル ドゥ レセプシオン	reception room リセプション ルーム
おうだん **横断** oudan	**traversée** *f.* トラヴェルセ	crossing クロースィング
～する	**traverser** トラヴェルセ	cross クロース
～歩道	**passage clouté** *m.* パサージュ クルテ	crosswalk, Ⓑpedestrian crossing クロースウォーク, ペデストリアン クロースィング
おうとう **応答** outou	**réponse** *f.* レポンス	reply リプライ
おうねつびょう **黄熱病** ounetsubyou	**fièvre jaune** *f.* フィエーヴル ジョーヌ	yellow fever イェロウ フィーヴァ
おうひ **王妃** ouhi	**reine** *f.* レーヌ	queen クウィーン
おうふく **往復** oufuku	**aller** *m.* **et retour** *m.* アレ エ ルトゥール	round trip, to and from ラウンド トリプ, トゥー アンド フラム
～する	**aller et revenir** アレ エ ルヴニール	go to and back ゴウ トゥ アンド バク

日	仏	英
おうぼ **応募** oubo	**inscription** *f.*, **candidature** *f.* アンスクリプシオン, カンディダテュール	application アプリケイション
～する	**s'inscrire** *à*, **postuler** *à* サンスクリール ア, ポステュレ ア	apply, enter アプライ, エンタ
おうぼうな **横暴な** oubouna	**tyrannique**, **oppressant(e)** ティラニック, オプレサン(ト)	tyrannical, oppressive ティラニカル, オプレスィヴ
おうむ **鸚鵡** oumu	**perroquet** *m.* ペロケ	parrot パロト
おうよう **応用** ouyou	**mise en pratique** *f.* ミーズ アン プラティック	application, use アプリケイション, ユース
～する	**appliquer** アプリケ	apply アプライ
おうりょう **横領** ouryou	**détournement** *m.* デトゥルヌマン	embezzlement インベズルメント
おえる **終える** oeru	**finir**, **achever** フィニール, アシュヴェ	finish, complete フィニシュ, コンプリート
おおあめ **大雨** ooame	**forte pluie** *f.* フォルト プリュイ	heavy rain ヘヴィ レイン
おおい **多い** ooi	**abondant(e)** アボンダン(ト)	much マチ
(回数が)	**fréquent(e)** フレカン(ト)	frequent フリークウェント
(数が)	**nombreux(ses)** ノンブルー(ズ)	many メニ
おおい **覆い** ooi	**couverture** *f.*, **enveloppe** *f.* クーヴェルテュール, アンヴロップ	cover カヴァ
おおいに **大いに** ooini	**beaucoup**, **bien** ボクー, ビアン	greatly, very much グレイトリ, ヴェリ マチ

日	仏	英
覆う （かぶせる） oou	**couvrir, recouvrir** クヴリール, ルクヴリール	cover カヴァ
（隠す）	**cacher** カシェ	disguise ディスガイズ
おおがたの **大型の** oogatano	**grand(e), gros(se)** グラン(ド), グロ(ス)	large-scale ラーヂスケイル
おおかみ **狼** ookami	**loup** *m.* ルー	wolf ウルフ
おおきい **大きい** ookii	**grand(e), gros(se)** グラン(ド), グロ(ス)	big, large ビグ, ラーヂ
おおきくする **大きくする** ookikusuru	**agrandir** アグランディール	enlarge インラーヂ
おおきくなる **大きくなる** ookikunaru	**grandir** グランディール	(get) bigger, (get) larger (ゲト) ビガ, (ゲト) ラーヂャ
おおきさ **大きさ** ookisa	**grandeur** *f.* グランドゥール	size サイズ
おおきな **大きな** ookina	**grand(e)** グラン(ド)	big, large ビグ, ラーヂ
（巨大な・莫大な）	**immense, énorme** イマンス, エノルム	huge, enormous ヒューヂ, イノーマス
おーくしょん **オークション** ookushon	**vente aux enchères** *f.* ヴァント オ ザンシェール	auction オークション
おおぐまざ **大熊座** oogumaza	**Grande Ourse** *f.* グランド ウルス	Great Bear グレイト ベア
おおげさな **大袈裟な** oogesana	**exagéré(e)** エグザジェレ	exaggerated イグザヂェレイテド
おーけすとら **オーケストラ** ookesutora	**orchestre** *m.* オルケストル	orchestra オーケストラ

日	仏	英
おおごえ **大声** oogoe	**voix forte** *f.* ヴォワ フォルト	loud voice ラウド ヴォイス
おおざら **大皿** oozara	**plat** *m.* プラ	platter プラタ
おーじー **OG**　(卒業生) oojii	**diplômée** *f.* ディプロメ	graduate グラヂュエト
おーすとらりあ **オーストラリア** oosutoraria	**Australie** *f.* オストラリ	Australia オーストレイリャ
おーすとりあ **オーストリア** oosutoria	**Autriche** *f.* オトリシュ	Austria オーストリア
おおぜいの **大勢の** oozeino	**beaucoup** *de* ボクー ドゥ	(a) large number of (ア) ラーヂ ナンバ オヴ
おーそどっくすな **オーソドックスな** oosodokkusuna	**orthodoxe** オルトドクス	orthodox オーソダクス
おーでぃおの **オーディオの** oodiono	**audio, acoustique** オディオ, アクスティック	audio オーディオウ
おーでぃしょん **オーディション** oodishon	**audition** *f.* オディシオン	audition オーディション
おーでころん **オーデコロン** oodekoron	**eau de Cologne** *f.* オー ドゥ コローニュ	eau de cologne オウ デ コロウン
おおての **大手の** ooteno	**grand(e), important(e)** グラン(ド), アンポルタン(ト)	big, major ビグ, メイヂャ
おおどおり **大通り** oodoori	**boulevard** *m.*, **artère** *f.* ブルヴァール, アルテール	main road メイン ロウド
おーとばい **オートバイ** ootobai	**moto** *f.*, **motocyclette** *f.* モト, モトシクレット	motorcycle モウタサイクル
おーどぶる **オードブル** oodoburu	**hors-d'œuvre** *m.* オルドゥーヴル	hors d'oeuvre オー ダーヴル

日	仏	英
おーとまちっくの **オートマチックの** ootomachikkuno	**automatique** オートマティック	automatic オートマティク
おーとめーしょん **オートメーション** ootomeeshon	**automatisation** *f.* オートマティザシオン	automation オートメイション
おーなー **オーナー** oonaa	**propriétaire** *m.f.* プロプリエテール	owner オウナ
おーばー **オーバー** oobaa	**manteau** *m.* マントー	overcoat オウヴァコウト
おーびー **OB** (卒業生) oobii	**diplômé** *m.* ディプロメ	graduate グラヂュエト
おーぷにんぐ **オープニング** oopuningu	**ouverture** *f.* ウーヴェルテュール	opening オウプニング
おーぷん **オープン** oobun	**four** *m.* フール	oven アヴン
おーぷんな **オープンな** oopunna	**ouvert(e)** ウーヴェル(ト)	open オウプン
おーぼえ **オーボエ** ooboe	**hautbois** *m.* オーボワ	oboe オウボウ
おおみそか **大晦日** oomisoka	**Saint-Sylvestre** *f.* サンシルヴェストル	New Year's Eve ニュー イアズ イーヴ
おおもじ **大文字** oomoji	**majuscule** *f.* マジュスキュル	capital letter キャピトル レタ
おおや **大家** ooya	**propriétaire** プロプリエテール	owner オウナ
おおやけの **公の** (公共の) ooyakeno	**public(que)** ピュブリック	public パブリク
(公式の)	**officiel(le)** オフィシエル	official オフィシャル

日	仏	英
おおらかな **おおらかな** oorakana	**altruiste, généreux(se)** アルトリュイスト, ジェネルー(ズ)	bighearted, mag-nanimous ビグハーテド, マグ**ナ**ニマス
おかあさん **お母さん** okaasan	**mère** *f.*, **maman** *f.* メール, ママン	mother **マ**ザ
おかしい **おかしい** (こっけいな) okashii	**drôle, amusant(e)** ドロール, アミュザン(ト)	funny **ファ**ニ
(楽しい)	**amusant(e), divertis-sant(e)** アミュザン(ト), ディヴェルティサン(ト)	amusing アミュー**ズ**ィング
(奇妙な)	**étrange, bizarre** エトランジュ, ビザール	strange スト**レ**インヂ
おかす **犯す** (罪などを) okasu	**commettre** コメットル	commit コ**ミ**ト
(法律などを)	**enfreindre** アンフランドル	violate **ヴァ**イオレイト
(婦女を)	**violer** ヴィオレ	rape **レ**イプ
おかす **侵す** okasu	**violer** ヴィオレ	violate, infringe on **ヴァ**イオレイト, インフ**リ**ンヂ **オ**ン
おかす **冒す** okasu	**risquer** リスケ	run **ラ**ン
おかず **おかず** okazu	**accompagnement** *m.*, **garniture** *f.* アコンパニュマン, ガルニテュール	side dish, garnish **サ**イド **ディ**シュ, **ガ**ーニシュ
おかね **お金** okane	**argent** *m.* アルジャン	money **マ**ニ
おがわ **小川** ogawa	**ruisseau** *m.* リュイソー	brook, stream ブ**ル**ク, スト**リ**ーム
おかん **悪寒** okan	**frisson** *m.* フリソン	chill **チ**ル

日	仏	英
おき **沖** oki	**large** *m.*, **haute mer** *f.* ラルジュ, オート メール	offing **オ**ーフィング
おきあがる **起き上がる** okiagaru	**se lever** ス ルヴェ	get up **ゲ**ト **ア**プ
おきしだんと **オキシダント** okishidanto	**oxydant** *m.* オクシダン	oxidant **ア**クシダント
おぎなう **補う** oginau	**compenser** コンパンセ	make up for **メ**イク **ア**プ フォ
おきにいり **お気に入り** okiniiri	**préféré(e)** *m.f.*, **favori(te)** *m.f.* プレフェレ, ファヴォリ(ット)	favorite, Ⓑfavour- ite **フェ**イヴァリト, **フェ**イヴァリヽ
おきもの **置物** okimono	**ornement** *m.*, **décoration** *f.* オルヌマン, デコラシオン	ornament **オ**ーナメント
おきる **起きる** okiru	**se lever** ス ルヴェ	get up, rise **ゲ**ト **ア**プ, **ラ**イズ
(目を覚ます)	**se réveiller** ス レヴェイエ	wake up **ウェ**イク **ア**プ
(発生する)	**arriver** アリヴェ	happen, occur **ハ**プン, オ**カ**ー
おきわすれる **置き忘れる** okiwasureru	**oublier, laisser** ウブリエ, レセ	forget, leave フォ**ゲ**ト, **リ**ーヴ
おく **奥** oku	**fond** *m.* フォン	innermost, far back **イ**ナモウスト, **ファ**ー **バ**ク
おく **億** oku	**cent millions** サン ミリオン	one hundred mil- lion **ワ**ン **ハ**ンドレド **ミ**リョン
おく **置く** oku	**poser, placer** ポゼ, プラセ	put, place **プ**ト, **プレ**イス
おくがいの **屋外の** okugaino	**en extérieur** *m.*, **en plein** **air** *m.* アン ネクステリユール, アン プラン ネール	outdoor **ア**ウトドー

日	仏	英
おくさん **奥さん** okusan	**madame** *f.*, **femme** *f.* マダム, ファム	Mrs, wife ミスィズ, ワイフ
おくじょう **屋上** okujou	**toit** *m.* トワ	roof ルーフ
おくそく **憶測** okusoku	**supposition** *f.* シュポジシオン	supposition サポジション
おくないの **屋内の** okunaino	**en intérieur** *m.*, **en salle** *f.* アン ナンテリュール, アン サル	indoor インドー
おくびょうな **臆病な** okubyouna	**poltron(*ne*)**, **craintif(*ve*)** ポルトロン(ヌ), クランティフ(-ヴ)	cowardly, timid カウアドリ, ティミド
おくふかい **奥深い** okufukai	**profond(e)** プロフォン(ド)	deep, profound ディープ, プロファウンド
おくゆき **奥行き** okuyuki	**profondeur** *f.* プロフォンドゥール	depth デプス
おくりさき **送り先** (届け先) okurisaki	**destination** *f.* デスティナシオン	destination デスティネイション
おくりじょう **送り状** okurijou	**facture** *f.* ファクテュール	invoice インヴォイス
おくりぬし **送り主** okurinushi	**expédi*teur*(*trice*)** *m.f.* エクスペディトゥール(-トリス)	sender センダ
おくりもの **贈り物** okurimono	**cadeau** *m.* カドー	present, gift プレゼント, ギフト
おくる **送る** okuru	**envoyer, expédier** アンヴォワイエ, エクスペディエ	send センド
(見送る)	**raccompagner** ラコンパニェ	see off スィー オーフ
おくる **贈る** okuru	**offrir** オフリール	present プリゼント
(賞などを)	**décerner** デセルネ	award アウォード

日	仏	英
おくれる **遅れる** okureru	**(être) en retard** (エートル) アン ルタール	(be) late for (ビ) レイト フォ
おくれる **後れる** (時代などに) okureru	**(être) en retard** (エートル) アン ルタール	(be) behind (ビ) ビハインド
おこす **起こす** okosu	**relever** ルルヴェ	raise, set up レイズ, セト アプ
(目覚めさせる)	**réveiller** レヴェイエ	wake up ウェイク アプ
(引き起こす)	**causer** コゼ	cause コーズ
おこたる **怠る** okotaru	**négliger** ネグリジェ	neglect ニグレクト
おこない **行い** okonai	**acte** *m.*, **action** *f.* アクト, アクシオン	act, action アクト, アクション
(品行)	**conduite** *f.* コンデュイット	conduct カンダクト
おこなう **行う** okonau	**faire, agir** フェール, アジール	do, act ドゥー, アクト
(挙行する)	**organiser, célébrer** オルガニゼ, セレブレ	hold, celebrate ホウルド, セレブレイト
(実施する)	**mettre en pratique** メットル アン プラティック	put in practice プト イン プラクティス
おこる **起こる** okoru	**arriver, se passer** アリヴェ, ス パセ	happen, occur ハプン, オカー
(勃発する)	**éclater** エクラテ	break out ブレイク アウト
おこる **怒る** okoru	**se mettre en colère** ス メットル アン コレール	(get) angry (ゲト) アングリ
おごる **奢る** ogoru	**inviter** アンヴィテ	treat トリート

83

日	仏	英
おごる **驕る** ogoru	**(être) orgueilleux(se)** (エートル) オルグイユー(ズ)	(be) haughty (ビ) **ホー**ティ
おさえる **押さえる** osaeru	**tenir** トゥニール	hold down **ホ**ウルド **ダ**ウン
おさえる **抑える** （制圧する） osaeru	**réprimer** レプリメ	suppress サプ**レ**ス
（阻止する）	**entraver** アントラヴェ	check, inhibit **チェ**ク, イン**ヒ**ビト
（抑制・制御する）	**contrôler** コントロレ	control コント**ロ**ウル
おさない **幼い** osanai	**petit(e), jeune** プティ(ット), ジュヌ	infant, juvenile **イン**ファント, **チュ**ーヴェナイル
おさまる **治まる** （安定している） osamaru	**se stabiliser, s'apaiser** ス スタビリゼ, サペゼ	(be) settled, (be) stabilized (ビ) **セ**トルド, (ビ) ス**タ**ビライズド
（鎮まる）	**se calmer** ス カルメ	calm down, subside **カ**ーム **ダ**ウン, サブ**サ**イド
（元に戻る）	**(être) restauré(e)** (エートル) レストレ	(be) restored to (ビ) リス**ト**ード トゥ
おさまる **納まる** （入っている） osamaru	**(être) mis(e)** *dans* (エートル) ミ(ーズ) ダン	(be) put in, fit in (ビ) **プ**ト イン, **フィ**ト **イン**
（落着する）	**s'apaiser, se résoudre** サペゼ, ス レズードル	(be) settled (ビ) **セ**トルド
おさめる **治める** （鎮圧する） osameru	**réprimer** レプリメ	suppress サプ**レ**ス
（統治する）	**gouverner, régner** グーヴェルネ, レニェ	rule, govern **ル**ール, **ガ**ヴァン
おさめる **納める** （品物を） osameru	**fournir** フルニール	deliver ディ**リ**ヴァ

お

日	仏	英
（金を）	**payer** ペイエ	pay ペイ
おじ **伯[叔]父** oji	**oncle** *m.* オンクル	uncle アンクル
おしい **惜しい** oshii	**regrettable, déplorable** ルグレターブル, デプロラーブル	regrettable リグレタブル
おじいさん （祖父） ojiisan	**grand-père** *m.* グランペール	grandfather グランドファーザ
（老人）	**vieillard** *m.* ヴィエイヤール	old man オウルド マン
おしえ **教え** oshie	**leçon** *f.*, **enseignement** *m.* ルソン, アンセニュマン	lesson, teachings レスン, ティーチングズ
おしえる **教える** oshieru	**apprendre** *à*, **enseigner** アプランドル ア, アンセニェ	teach, instruct ティーチ, インストラクト
（告げる）	**dire** ディール	tell テル
（知らせる）	**informer** アンフォルメ	inform of インフォーム オヴ
おじぎ **お辞儀** ojigi	**salut** *m.*, **inclination** *f.* サリュ, アンクリナシオン	bow バウ
おしこむ **押し込む** oshikomu	**pousser** *dans* プセ ダン	push in, stuff into プシュ イン, スタフ イントゥ
おしつける **押しつける** （強制する） oshitsukeru	**imposer** アンポゼ	force フォース
おしべ **雄しべ** oshibe	**étamine** *f.* エタミヌ	stamen ステイメン
おしむ **惜しむ** （残念がる） oshimu	**regretter** ルグレッテ	regret リグレト

日	仏	英
（出し惜しむ）	**épargner** エパルニェ	spare スペア
（大切にする）	**estimer** エスティメ	value **ヴァ**リュ
おしゃべりな **お喋りな** oshaberina	**bavard(e)** バヴァール(･ヴァルド)	talkative **トー**カティヴ
おしゃれする **お洒落する** osharesuru	**se mettre sur** *son* **trente et un** ス メットル シュール トラン テ アン	dress up ドレス **ア**プ
おしゃれな **お洒落な** osharena	**élégant(e)** エレガン(ト)	stylish ス**タ**イリシュ
おじょうさん **お嬢さん** ojousan	**demoiselle** *f.*, **jeune fille** *f.* ドゥモワゼル, ジュヌ フィーユ	young lady **ヤ**ング レイディ
おしょく **汚職** oshoku	**corruption** *f.* コリュプシオン	corruption コ**ラ**プション
おす **押す** osu	**pousser, presser** プセ, プレセ	push, press **プ**シュ, **プ**レス
おす **雄** osu	**mâle** *m.* マール	male **メ**イル
おせじ **お世辞** oseji	**compliment** *m.*, **flatterie** *f.* コンプリマン, フラトリ	compliment, flattery **カ**ンプリメント, フ**ラ**タリ
おせっかいな **お節介な** osekkaina	**indiscret(ète)** アンディスクレ(ット)	meddlesome **メ**ドルサム
おせん **汚染** osen	**pollution** *f.*, **contamination** *f.* ポリュシオン, コンタミナシオン	pollution ポ**リュ**ーション
おそい **遅い** osoi	**tardif(ve)** タルディフ(･ヴ)	late **レ**イト
（速度が）	**lent(e)** ラン(ト)	slow ス**ロ**ウ

日	仏	英
おそう **襲う** osou	**attaquer** アタッケ	attack アタク
（天災などが）	**frapper, s'abattre** *sur* フラペ, サバットル シュール	hit, strike ヒト, ストライク
おそらく **恐らく** osoraku	**peut-être, probablement** プテートル, プロバーブルマン	perhaps パハプス
おそれ **おそれ**　（懸念） osore	**appréhension** *f.* アプレアンシオン	apprehension アプリヘンション
（恐怖）	**peur** *f.* プール	fear フィア
おそれる **恐れる** osoreru	**craindre, (avoir) peur** *de* クランドル, (アヴォワール) プール ドゥ	fear, (be) afraid of フィア, (ビ) アフレイド オヴ
おそろしい **恐ろしい** osoroshii	**effrayant(e), terrible** エフレイヤン(ト), テリーブル	fearful, awful フィアフル, オーフル
おそわる **教わる** osowaru	**apprendre** アプランドル	learn ラーン
おぞん **オゾン** ozon	**ozone** *m.* オゾヌ	ozone オウゾウン
おたがいに **お互いに** otagaini	**l'un l'autre** ラン ロートル	each other イーチ アザ
おたふくかぜ **おたふく風邪** otafukukaze	**oreillons** *m.pl.* オレイヨン	mumps マンプス
おだやかな **穏やかな**　（平穏な） odayakana	**calme, tranquille** カルム, トランキル	calm, tranquil カーム, トランクウィル
（温厚な）	**doux(ce), placide** ドゥー(ス), プラシッド	gentle, kind ヂェントル, カインド
おちいる **陥る** ochiiru	**tomber** *dans* トンベ ダン	fall into フォール イントゥ

日	仏	英
おちつく **落ち着く** ochitsuku	**se calmer** ス カルメ	(become) calm, calm down (ビカム) カーム, カーム ダウン
（定住する）	**s'installer** サンスタレ	settle down セトル ダウン
おちる **落ちる** ochiru	**tomber** トンベ	fall, drop フォール, ドラプ
（汚れ・しみが）	**s'effacer** セファセ	come off カム オーフ
（試験に）	**échouer** à エシュエ ア	fail フェイル
おっと **夫** otto	**mari** *m.*, **époux** *m.* マリ, エプー	husband ハズバンド
おつり **お釣り** otsuri	**monnaie** *f.* モネ	change チェインヂ
おでこ **おでこ** odeko	**front** *m.* フロン	forehead フォーレド
おと **音** oto	**son** *m.* ソン	sound サウンド
おとうさん **お父さん** otousan	**père** *m.*, **papa** *m.* ペール, パパ	father ファーザ
おとうと **弟** otouto	**frère cadet** *m.*, **petit frère** *m.* フレール カデ, プティ フレール	(younger) brother (ヤンガ) ブラザ
おどかす **脅かす** odokasu	**menacer** ムナセ	threaten, menace スレトン, メナス
おとこ **男** otoko	**homme** *m.* オム	man, male マン, メイル
おとこのこ **男の子** otokonoko	**garçon** *m.* ガルソン	boy ボイ

日	仏	英
おどし **脅し** odoshi	**menace** *f.* ムナス	threat, menace スレト, メナス
おとしだま **お年玉** otoshidama	**étrennes** *f.pl.* エトレンヌ	New Year's gift ニュー イアズ ギフト
おとす **落とす** otosu	**laisser tomber** レセ トンベ	drop, let fall ドラプ, レト フォール
(汚れを)	**enlever** アンルヴェ	remove リムーヴ
(信用・人気を)	**perdre** ペルドル	lose ルーズ
おどす **脅す** odosu	**menacer** ムナセ	threaten, menace スレトン, メナス
おとずれる **訪れる** otozureru	**visiter** ヴィジテ	visit ヴィズィト
おととい **一昨日** ototoi	**avant-hier** アヴァンティエール	day before yester- day デイ ビフォー イェスタディ
おととし **一昨年** ototoshi	**il y a deux ans** イリヤ ドゥー ザン	year before last イア ビフォー ラスト
おとな **大人** otona	**adulte** *m.f.* アデュルト	adult, grown-up アダルト, グロウナプ
おとなしい **おとなしい** otonashii	**gentil(*le*), tranquille** ジャンティ(ーユ), トランキル	quiet, docile クワイエト, ダスィル
おとめざ **乙女座** otomeza	**Vierge** *f.* ヴィエルジュ	Virgin, Virgo ヴァーヂン, ヴァーゴウ
おどり **踊り** odori	**danse** *f.* ダンス	dance ダンス
おとる **劣る** otoru	**(être) inférieur(e)** *à* (エートル) アンフェリユール ア	(be) inferior to (ビ) インフィアリア トゥ

日	仏	英
おどる **踊る** odoru	**danser** ダンセ	dance ダンス
おとろえる **衰える** （健康・人気が） otoroeru	**décliner** デクリネ	decline ディクライン
（人などが）	**faiblir** フェブリール	(become) weak （ビカム）**ウィー**ク
おどろかす **驚かす** odorokasu	**étonner, surprendre** エトネ, シュルプランドル	surprise, astonish サプ**ラ**イズ, アス**タ**ニシュ
おどろき **驚き** odoroki	**étonnement** *m.*, **surprise** *f.* エトヌマン, シュルプリーズ	surprise サプ**ラ**イズ
おどろく **驚く** odoroku	**s'étonner** *de* セトネ ドゥ	(be) surprised （ビ）サプ**ラ**イズド
おなか **お腹** onaka	**estomac** *m.*, **ventre** *m.* エストマ, ヴァントル	stomach ス**タ**マク
おなじ **同じ** （同一） onaji	**même** メーム	same **セ**イム
（等しい）	**égal(e), équivalent(e)** エガル, エキヴァラン(ト)	equal, equivalent **イー**クワル, イク**ウィ**ヴァレント
（同様）	**similaire** シミレール	similar ス**ィ**ミラ
（共通）	**commun(e)** コマン(コミュヌ)	common **カ**モン
おに **鬼** oni	**ogre(sse)** *m.f.*, **démon** *m.* オーグル(-レス), デモン	ogre, demon **オ**ウガ, **ディ**ーモン
（遊戯の）	**chat** *m.* シャ	it **イ**ト
～ごっこ	**chat perché** *m.* シャ ペルシェ	(game of) tag （**ゲ**イム オヴ）**タ**グ

日	仏	英
お おの **斧** ono	**hache** *f.* アシュ	ax, hatchet, Ⓑaxe **ア**クス, **ハ**チト, **ア**クス
おのおの **各々** onoono	**chacun(e)** シャッカン(・キュヌ)	each **イ**ーチ
おば **伯[叔]母** oba	**tante** *f.* タント	aunt **ア**ント
おばあさん **おばあさん**（祖母） obaasan	**grand-mère** *f.* グランメール	grandmother グ**ラ**ンドマザ
（老女）	**vieille femme** *f.* ヴィエイユ ファム	old woman **オ**ウルド **ウ**マン
おぱーる **オパール** opaaru	**opale** *f.* オパール	opal **オ**ウパル
おばけ **お化け** obake	**fantôme** *m.* ファントーム	ghost **ゴ**ウスト
おびえる **怯える** obieru	**(avoir) peur** *de* (アヴォワール) プール ドゥ	(be) frightened at (ビ) フ**ラ**イトンド アト
おひつじざ **牡羊座** ohitsujiza	**Bélier** *m.* ベリエ	Ram, Aries **ラ**ム, **エ**アリーズ
おぺら **オペラ** opera	**opéra** *m.* オペラ	opera **ア**パラ
おぺれーたー **オペレーター** opereetaa	**opéra*teur*(*trice*)** *m.f.* オペラトゥール(・トリス)	operator **ア**パレイタ
おぼえている **覚えている** oboeteiru	**se souvenir** *de* ス スヴニール ドゥ	remember リ**メ**ンバ
おぼえる **覚える** oboeru	**retenir, se souvenir** *de* ルトゥニール, ス スヴニール ドゥ	memorize **メ**モライズ
（習得する）	**apprendre** アプランドル	learn **ラ**ーン
おぼれる **溺れる** oboreru	**se noyer** ス ノワイエ	(be) drowned (ビ) ド**ラ**ウンド

日	仏	英
<ruby>おまけ<rt>おまけ</rt></ruby>**おまけ** （景品・割り増し） omake	**prime** *f.* プリム	premium プリーミアム
（付け足し）	**supplément gratuit** *m.* シュプレマン グラテュイ	bonus, extra ボーナス，エクストラ
〜する　（割引）	**réduire le prix** レデュイール ル プリ	discount ディスカウント
お守り omamori	**amulette** *f.*, **talisman** *m.* アミュレット，タリスマン	charm, talisman チャーム，タリスマン
お巡りさん omawarisan	**agent de police** *m.*, **poli-cier(ère)** *m.f.* アジャン ドゥ ポリス，ポリシエ(ール)	police officer, cop, policeman ポリース オーフィサ，カプ，ポリースマン
おむつ omutsu	**couche** *f.* クーシュ	diaper, ⑧nappy ダイアパ，ナピ
重い omoi	**lourd(e)** ルール(ルルド)	heavy ヘヴィ
（役割・責任が）	**important(e), grave** アンポルタン(ト)，グラーヴ	important, grave インポータント，グレイヴ
（病が）	**sérieux(se)** セリユー(ズ)	serious スィアリアス
思いがけない omoigakenai	**imprévu(e), inattendu(e)** アンプレヴュ，イナタンデュ	unexpected アニクスペクテド
思い切り omoikiri	**à volonté, jusqu'à plus soif** ア ヴォロンテ，ジュスカ プリュ ソワフ	to one's heart's content トゥ ハーツ コンテント
思い出す omoidasu	**se rappeler, se souvenir** *de* ス ラプレ，ス スヴニール ドゥ	remember, recall リメンバ，リコール
思いつく omoitsuku	**penser** *à* パンセ ア	think of スィンク オヴ
思い出 omoide	**souvenirs** *m.pl.* スヴニール	memories メモリズ

日	仏	英
思いやり おもいやり omoiyari	**prévenance** *f.* プレヴナンス	consideration コンシダレイション
思う おもう omou	**penser** パンセ	think スィンク
（見なす）	**considérer** コンシデレ	consider as コンスィダ アズ
（推測する）	**supposer** シュポゼ	suppose サポウズ
重さ おもさ omosa	**poids** *m.* ポワ	weight ウェイト
面白い おもしろい omoshiroi	**intéressant(e)** アンテレサン(ト)	interesting インタレスティング
（奇抜だ）	**curieux(se), drôle** キュリユー(ズ), ドロール	odd, novel アド, ナヴェル
玩具 おもちゃ omocha	**jouet** *m.* ジュエ	toy トイ
表 おもて omote （前面）	**devant** *m.* ドゥヴァン	front, face フラント, フェイス
（表面・正面）	**face** *f.*, **avant** *m.* ファス, アヴァン	face フェイス
（戸外）	**dehors** *m.* ドゥオール	outdoors アウトドーズ
主な おもな omona	**principal(e), important(e)** プランシパル, アンポルタン(ト)	main, principal メイン, プリンスィパル
主に おもに omoni	**principalement** プランシパルマン	mainly, mostly メインリ, モウストリ
趣 おもむき omomuki	**goût** *m.*, **finesse** *f.* グー, フィネス	taste, elegance テイスト, エリガンス
重り おもり omori	**poids** *m.*, **plomb** *m.* ポワ, プロン	weight, plumb ウェイト, プラム

日	仏	英
おもわく **思惑** omowaku	**pensée** *f.*, **intention** *f.* パンセ, アンタンシオン	intention, thought インテンション, ソート
おもんじる **重んじる** omonjiru	**donner de l'importance** *à* ドネ ドゥ ランポルタンス ア	place importance upon プレイス インポータンス アポン
（尊重する）	**estimer** エスティメ	value ヴァリュ
おや **親** oya	**père** *m.*, **mère** *f.* ペール, メール	parent ペアレント
（両親）	**parents** *m.pl.* パラン	parents ペアレンツ
おやつ **おやつ** oyatsu	**snack** *m.*, **en-cas** *m.* スナック, アンカ	snack スナク
おやゆび **親指** oyayubi	**pouce** *m.* プス	thumb サム
（足の）	**gros orteil** *m.* グロ ゾルティユ	big toe ビグ トウ
およぐ **泳ぐ** oyogu	**nager** ナジェ	swim スウィム
およそ **およそ** oyoso	**environ, à peu près** アンヴィロン, ア プー プレ	about, nearly アバウト, ニアリ
およぶ **及ぶ** oyobu	**atteindre, arriver** *à* アタンドル, アリヴェ ア	reach, amount to リーチ, アマウント トゥ
おらんだ **オランダ** oranda	**Pays-bas** *m.pl.* ペイバ	Netherlands ネザランヅ
おりーぶ **オリーブ** oriibu	**olive** *f.* オリーヴ	olive アリヴ
～油	**huile d'olive** *f.* ユイル ドリーヴ	olive oil アリヴ オイル

日	仏	英
おりおんざ **オリオン座** orionza	**Orion** *f.* オリオン	Orion オライオン
おりじなるの **オリジナルの** orijinaruno	**original(e)** オリジナル	original オリヂナル
おりたたむ **折り畳む** oritatamu	**plier** プリエ	fold up **フォ**ウルド **ア**プ
おりめ **折り目** orime	**pli** *m.* プリ	fold **フォ**ウルド
おりもの **織物** orimono	**tissu** *m.*, **étoffe** *f.* ティシュ, エトッフ	textile, fabrics **テ**クスタイル, **ファ**ブリクス
おりる **下りる** oriru	**descendre** デサンドル	come down **カ**ム **ダ**ウン
おりる **降りる** oriru	**descendre, débarquer** デサンドル, デバルケ	get off, get out of **ゲ**ト **オ**ーフ, **ゲ**ト **ア**ウト オヴ
おりんぴっく **オリンピック** orinpikku	**Jeux Olympiques** *m.pl.* ジュー ゾランピック	Olympic Games オ**リ**ンピク **ゲ**イムズ
おる **折る** oru	**plier** プリエ	bend **ベ**ンド
(切り離す)	**casser, rompre** カセ, ロンプル	break, snap **ブ**レイク, ス**ナ**プ
おる **織る** oru	**tisser** ティセ	weave **ウィ**ーヴ
おるがん **オルガン** orugan	**harmonium** *m.*, **orgue** *m.* アルモニオム, オルグ	organ **オ**ーガン
おれがの **オレガノ** oregano	**origan** *m.* オリガン	oregano オ**レ**ーガノウ
おれる **折れる** oreru	**se casser** ス カセ	break, snap **ブ**レイク, ス**ナ**プ
(譲歩する)	**céder** セデ	give in **ギ**ヴ **イ**ン

日	仏	英
おれんじ **オレンジ** orenji	**orange** *f.* オランジュ	orange **オ**リンヂ
おろかな **愚かな** orokana	**sot(*te*), stupide** ソ(ット), ステュピッド	foolish, silly **フー**リシュ, **スィ**リ
おろし **卸** oroshi	**vente en gros** *f.* ヴァント アン グロ	wholesale **ホ**ウルセイル
〜値	**prix de gros** *m.* プリ ドゥ グロ	wholesale price **ホ**ウルセイル プ**ラ**イス
おろす **降ろす** orosu	**déposer, descendre** デポゼ, デサンドル	drop off ド**ラ**プ **オ**ーフ
（積み荷を）	**décharger, débarquer** デシャルジェ, デバルケ	unload アン**ロ**ウド
おろす **下ろす** orosu	**descendre** デサンドル	take down **テ**イク **ダ**ウン
おわり **終わり** owari	**fin** *f.*, **terme** *m.* ファン, テルム	end, close **エ**ンド, ク**ロ**ウズ
おわる **終わる** owaru	**finir, se terminer** フィニール, ス テルミネ	end, close **エ**ンド, ク**ロ**ウズ
（完成する）	**terminer** テルミネ	finish **フィ**ニシュ
（完結する）	**conclure** コンクリュール	conclude コンク**ル**ード
おん **恩** on	**obligation** *f.* オブリガシオン	obligation, debt of gratitude アブリ**ゲ**イション, **デ**ト オヴ グ**ラ**ティテュード
おんかい **音階** onkai	**gamme** *f.* ガム	scale ス**ケ**イル
おんがく **音楽** ongaku	**musique** *f.* ミュジック	music **ミュー**ジク

お

日	仏	英
おんかん **音感** onkan	**oreille** *f.*, **audition** *f.* オレイユ, オディシオン	ear イア
おんきゅう **恩給** onkyuu	**pension** *f.*, **retraite** *f.* パンシオン, ルトレット	pension パーンスィアン
おんけい **恩恵** onkei	**faveur** *f.*, **grâce** *f.* ファヴール, グラース	favor, benefit, Ⓑfavour フェイヴァ, ベニフィト, フェ イヴァ
おんこうな **温厚な** onkouna	**gentil(le)** ジャンティ(ーユ)	gentle チェントル
おんしつ **温室** onshitsu	**serre** *f.* セール	greenhouse グリーンハウス
～効果	**effet de serre** *m.* エフェ ドゥ セール	greenhouse effect グリーンハウス イフェクト
おんじん **恩人** onjin	**bienfaiteur(trice)** *m.f.* ビアンフェトゥール(-トリス)	benefactor ベネファクタ
おんす **オンス** onsu	**once** *f.* オンス	ounce アウンス
おんすい **温水** onsui	**eau chaude** *f.* オー ショード	hot water ハト ウォータ
おんせい **音声** onsei	**voix** *f.* ヴォワ	voice ヴォイス
おんせつ **音節** onsetsu	**syllabe** *f.* シラブ	syllable スィラブル
おんせん **温泉** onsen	**eaux thermales** *f.pl.* オー テルマル	hot spring, spa ハト スプリング, スパー
おんたい **温帯** ontai	**zone tempérée** *f.* ゾーヌ タンペレ	temperate zone テンペレト ゾウン
おんだんな **温暖な** ondanna	**doux(ce)**, **tempéré(e)** ドゥー(ス), タンペレ	warm, mild ウォーム, マイルド

日	仏	英
おんど **温度** ondo	**température** *f.* タンペラテュール	temperature **テ**ンパラチャ
〜計	**thermomètre** *m.* テルモメートル	thermometer サ**マ**メタ
おんな **女** onna	**femme** *f.* ファム	woman **ウ**マン
おんなのこ **女の子** onnanoko	**fille** *f.* フィーユ	girl, daughter **ガ**ール, **ド**ータ
おんぷ **音符** onpu	**note** *f.* ノート	note **ノ**ウト
おんぶする **負んぶする** onbusuru	**porter sur** *son* **dos** ポルテ シュール ド	carry on one's back **キャ**リ オン **バ**ク
おんらいんの **オンラインの** onrainno	**en ligne** アン リーニュ	online **ア**ンライン

日	仏	英

か, カ

科 (学校・病院の)
ka
département *m.*
デパルトマン
department
ディパートメント

(学習上の)
cours *m.*
クール
course
コース

課 (教科書などの)
ka
leçon *f.*
ルソン
lesson
レスン

(組織の区分の)
section *f.*, **service** *m.*
セクシオン, セルヴィス
section, division
セクション, ディヴィジョン

蚊
ka
moustique *m.*
ムスティック
mosquito
モスキートウ

蛾
ga
papillon de nuit *m.*
パピヨン ドゥ ニュイ
moth
モース

カーソル
kaasoru
curseur *m.*
キュルスール
cursor
カーサ

カーディガン
kaadigan
cardigan *m.*
カルディガン
cardigan
カーディガン

カーテン
kaaten
rideau *m.*
リドー
curtain
カートン

カード
kaado
carte *f.*
カルト
card
カード

ガードマン
gaadoman
garde *m.*, **gardien** *m.*
ガルド, ガルディアン
guard
ガード

カートリッジ
kaatorijji
cartouche *f.*
カルトゥシュ
cartridge
カートリヂ

ガーナ
gaana
Ghana *m.*
ガナ
Ghana
ガーナ

カーネーション
kaaneeshon
œillet *m.*
ウイエ
carnation
カーネイション

日	仏	英

ガーネット がーねっと
gaanetto
grenat *m.*
グルナ
garnet
ガーネット

カーブ かーぶ
kaabu
courbe *f.*, **virage** *m.*
クルブ, ヴィラージュ
curve, turn
カーヴ, **ターン**

カーペット かーぺっと
kaapetto
tapis *m.*
タピ
carpet
カーペット

ガールフレンド がーるふれんど
gaarufurendo
copine *f.*, **petite amie** *f.*
コピヌ, プティット アミ
girlfriend
ガールフレンド

回 かい　（競技・ゲームの）
kai
manche *f.*
マンシュ
round, inning
ラウンド, **イ**ニング

　（回数）
fois *f.*
フォワ
time
タイム

会 かい　（集まり）
kai
réunion *f.*
レユニオン
meeting, party
ミーティング, **パ**ーティ

　（団体）
société *f.*
ソシエテ
society
ソ**サ**イエティ

貝 かい
kai
coquillage *m.*
コキヤージュ
shellfish
シェルフィシュ

害 がい
gai
dégât *m.*, **dommage** *m.*
デガ, ドマージュ
harm, damage
ハーム, **ダ**ミヂ

会員 かいいん
kaiin
membre *m.*, **adhérent(e)**
m.f.
マンブル, アデラン(ト)
member, member-
ship
メンバ, メン**バ**シプ

海王星 かいおうせい
kaiousei
Neptune *f.*
ネプテュヌ
Neptune
ネプ**テュ**ーン

外貨 がいか
gaika
devise *f.*, **monnaie étran-
gère** *f.*
ドゥヴィーズ, モネ エトランジェール
foreign money
フォーリン マ二

海外 かいがい
kaigai
pays étrangers *m.pl.*
ペイ ゼトランジェ
foreign countries
フォーリン **カ**ントリズ

日	仏	英
かいかく **改革** kaikaku	**réforme** *f.*, **innovation** *f.* レフォルム, イノヴァシオン	reform, innovation リ**フォ**ーム, イノ**ヴェ**イション
〜する	**réformer, rénover** レフォルメ, レノヴェ	reform, innovate リ**フォ**ーム, **イ**ノヴェイト
かいかつな **快活な** kaikatsuna	**gai(e), joyeux(se)** ゲ, ジョワイユー(ズ)	cheerful **チ**アフル
かいがら **貝殻** kaigara	**coquille** *f.*, **coquillage** *m.* コキーユ, コキヤージュ	shell **シェ**ル
かいがん **海岸** kaigan	**côte** *f.*, **littoral** *m.* コート, リトラル	coast, seashore **コウ**スト, **スィ**ーショー
がいかん **外観** gaikan	**apparence** *f.*, **aspect** *m.* アパランス, アスペ	appearance ア**ピ**アランス
かいぎ **会議** kaigi	**réunion** *f.*, **conférence** *f.* レユニオン, コンフェランス	meeting, conference **ミ**ーティング, **カン**ファレンス
かいきゅう **階級** kaikyuu	**classe** *f.*, **rang** *m.* クラース, ラン	class, rank ク**ラ**ス, **ラン**ク
かいきょう **海峡** kaikyou	**détroit** *m.*, **canal** *m.* デトロワ, カナル	strait, channel スト**レ**イト, **チャ**ネル
かいぎょう **開業** kaigyou	**création d'entreprise** *f.*, **fondation** *f.* クレアシオン ダントルプリーズ, フォンダシオン	starting a business ス**タ**ーティング ア ビズネス
かいぐん **海軍** kaigun	**marine** *f.* マリヌ	navy **ネ**イヴィ
かいけい **会計** (勘定) kaikei	**addition** *f.* アディシオン	check, ⑧bill, cheque **チェ**ク, **ビ**ル, **チェ**ク
(経済状況)	**comptabilité** *f.* コンタビリテ	accounting, finance ア**カ**ウンティング, フィ**ナ**ンス
〜士	**expert-comptable** *m.* エクスペールコンターブル	accountant ア**カ**ウンタント

日	仏	英
かいけつ **解決** kaiketsu	**résolution** f., **solution** f. レゾリュシオン, ソリュシオン	solution, settlement ソルーション, セトルメント
～する	**régler, résoudre** レグレ, レズードル	solve, resolve サルヴ, リザルヴ
かいけん **会見** kaiken	**entretien** m. アントルティアン	interview インタヴュー
がいけん **外見** gaiken	**apparence** f. アパランス	appearance アピアランス
かいげんれい **戒厳令** kaigenrei	**loi martiale** f. ロワ マルシアル	martial law マーシャル ロー
かいご **介護** kaigo	**soins** m.pl. ソワン	care ケア
かいごう **会合** kaigou	**réunion** f., **assemblée** f. レユニオン, アサンブレ	meeting, gathering ミーティング, ギャザリング
がいこう **外交** gaikou	**diplomatie** f. ディプロマシ	diplomacy ディプロウマスィ
～官	**diplomate** m. ディプロマット	diplomat ディプロマト
がいこく **外国** gaikoku	**pays étranger** m. ペイ エトランジェ	foreign country フォーリン カントリ
～人	**étranger(ère)** m.f. エトランジェ(-ジェール)	foreigner フォーリナ
～の	**étranger(ère)** エトランジェ(-ジェール)	foreign フォーリン
がいこつ **骸骨** gaikotsu	**squelette** m. スクレット	skeleton スケルトン
かいさいする **開催する** kaisaisuru	**tenir, ouvrir** トゥニール, ウヴリール	hold, open ホウルド, オウプン

日	仏	英
かいさつぐち **改札口** kaisatsuguchi	**accès aux quais** *m.* アクセ オ ケ	ticket gate **ティ**ケト **ゲ**イト
かいさん **解散** （議会などの） kaisan	**dissolution** *f.* ディソリュシオン	dissolution ディソ**ル**ーション
（集まりの）	**séparation** *f.* セパラシオン	breakup ブ**レ**イカプ
がいさん **概算** gaisan	**approximation** *f.* アプロクシマシオン	rough estimate **ラ**フ **エ**スティメト
かいさんぶつ **海産物** kaisanbutsu	**produits de la mer** *m.pl.* プロデュイ ドゥ ラ メール	marine products マ**リ**ーン プ**ラ**ダクツ
かいし **開始** kaishi	**commencement** *m.*, **début** *m.* コマンスマン, デビュー	start, beginning ス**タ**ート, ビ**ギ**ニング
～する	**commencer** コマンセ	begin, start ビ**ギ**ン, ス**タ**ート
かいしめる **買い占める** kaishimeru	**accaparer** アカパレ	buy up, corner **バ**イ ア**プ**, **コ**ーナ
かいしゃ **会社** kaisha	**compagnie** *f.*, **société** *f.* コンパニ, ソシエテ	company, firm **カ**ンパニ, **ファ**ーム
～員	**employé(e)** *m.f.* アンプロワイエ	office worker, employee **オ**ーフィス **ワ**ーカ, インプ**ロ**イイー
かいしゃく **解釈** kaishaku	**interprétation** *f.* アンテルプレタシオン	interpretation インター プリ**テ**イション
～する	**interpréter** アンテルプレテ	interpret イン**タ**ープリト
かいしゅう **回収** kaishuu	**récupération** *f.* レキュペラシオン	recovery, collection リ**カ**ヴァリ, コ**レ**クション
かいしゅう **改宗** kaishuu	**conversion** *f.* コンヴェルシオン	conversion コン**ヴァ**ーション

日	仏	英
がいしゅつする **外出する** gaishutsusuru	**sortir** ソルティール	go out ゴウ アウト
かいじょう **会場** kaijou	**site** *m.*, **lieu** *m.* シット, リユー	site, venue サイト, ヴェニュー
かいじょうの **海上の** kaijouno	**maritime** マリティム	marine マリーン
がいしょくする **外食する** gaishokusuru	**manger dehors** マンジェ ドゥオール	eat out イート アウト
かいじょする **解除する** kaijosuru	**annuler, résilier** アニュレ, レジリエ	cancel キャンセル
かいすい **海水** kaisui	**eau de mer** *f.* オー ドゥ メール	seawater スィーウォータ
〜浴	**bain de mer** *m.* バン ドゥ メール	sea bathing スィー ベイズィング
かいすうけん **回数券** kaisuuken	**carnet de tickets de transport** *m.* カルネ ドゥ ティケ ドゥ トランスポール	book of tickets, commutation tickets ブク オヴ ティケツ, カミュテイション ティケツ
がいする **害する** gaisuru	**blesser** ブレセ	injure インヂャ
かいせい **快晴** kaisei	**beau temps** *m.* ボー タン	fine weather ファイン ウェザ
かいせいする **改正する** kaiseisuru	**réviser, amender** レヴィゼ, アマンデ	revise, amend リヴァイズ, アメンド
かいせつ **解説** kaisetsu	**explication** *f.* エクスプリカシオン	explanation エクスプラネイション
〜する	**expliquer, commenter** エクスプリケ, コマンテ	explain, comment イクスプレイン, カメント
かいぜん **改善する** kaizen	**améliorer** アメリオレ	improve インプルーヴ

日	仏	英
かいそう **海草・海藻** kaisou	**algue** *f.* アルグ	seaweed スィーウィード
かいぞう **改造** kaizou	**rénovation** *f.*, **reconstruction** *f.* レノヴァシオン, ルコンストリュクシオン	reconstruction リーコンストラクション
かいそうする **回送する** kaisousuru	**renvoyer, faire suivre** ランヴォワイエ, フェール スィーヴル	send on, forward センド オン, フォーワド
かいぞく **海賊** kaizoku	**pirate** *m.* ピラット	pirate パイアレト
〜版	**copie pirate** *f.* コピ ピラット	pirated edition パイアレイテド イディション
かいたくする **開拓する** kaitakusuru	**défricher, exploiter** デフリシェ, エクスプロワテ	open up, develop オウプン アプ, ディヴェロプ
かいだん **会談** kaidan	**discours** *m.*, **conférence** *f.* ディスクール, コンフェランス	talk, conference トーク, カンファレンス
かいだん **階段** kaidan	**escalier** *m.* エスカリエ	stairs ステアズ
かいちく **改築** kaichiku	**reconstruction** *f.* ルコンストリュクシオン	rebuilding リービルディング
がいちゅう **害虫** gaichuu	**insecte nuisible** *m.*, **vermine** *f.* アンセクト ニュイジーブル, ヴェルミヌ	harmful insect, vermin ハームフル インセクト, ヴァーミン
かいちゅうでんとう **懐中電灯** kaichuudentou	**lampe de poche** *f.* ランプ ドゥ ポッシュ	flashlight, Ⓑtorch フラシュライト, トーチ
かいちょう **会長** kaichou	**président(e)** *m.f.* プレジダン(ト)	president, CEO, chairman プレズィデント, スィーイーオウ, チェアマン
かいつうする **開通する** kaitsuusuru	**entrer en service** アントレ アン セルヴィス	(be) opened to traffic (ビ) オウプンド トゥ トラフィク
かいて **買い手** kaite	**acheteur(se)** *m.f.* アシュトゥール(-ズ)	buyer バイア

日	仏	英
かいてい **海底** kaitei	**fond de la mer** *m.* フォン ドゥ ラ メール	bottom of the sea バトム オヴ ザ スィー
かいていする **改定する** kaiteisuru	**réviser, corriger** レヴィゼ, コリジェ	revise リヴァイズ
かいてきな **快適な** kaitekina	**agréable, confortable** アグレアーブル, コンフォルタブル	agreeable, comfortable アグリーアブル, カンフォタブル
かいてん **回転** kaiten	**tour** *m.*, **rotation** *f.* トゥール, ロタシオン	turning, rotation ターニング, ロウテイション
～する	**tourner, pivoter** トゥルネ, ピヴォテ	turn, rotate ターン, ロウテイト
かいてん **開店** kaiten	**ouverture d'un magasin** *f.* ウヴェルトゥール ダン マガザン	opening オウプニング
がいど **ガイド** gaido	**guide** *m.f.* ギッド	guide ガイド
～ブック	**guide** *m.* ギッド	guidebook ガイドブク
～ライン	**directives** *f.pl.* ディレクティヴ	guidelines ガイドラインズ
かいとう **解答** kaitou	**réponse** *f.*, **solution** *f.* レポンス, ソリュシオン	answer, solution アンサ, ソルーション
～する	**répondre, résoudre** レポンドル, レズドル	answer, solve アンサ, サルヴ
かいとう **回答** kaitou	**réponse** *f.* レポンス	reply リプライ
～する	**répondre** *à* レポンドル ア	reply to リプライ トゥ
かいどくする **解読する** kaidokusuru	**déchiffrer, décoder** デシフレ, デコデ	decipher, decode ディサイファ, ディコウド

日	仏	英
かいなんきゅうじょ **海難救助** kainankyuujo	**sauvetage en mer** m. ソヴタージュ アン メール	sea rescue, salvage **スィー** レスキュー, サルヴィヂ
かいにゅう **介入** kainyuu	**intervention** f. アンテルヴァンシオン	intervention インタ**ヴェ**ンション
～する	**intervenir** アンテルヴニール	intervene インタ**ヴィー**ン
がいねん **概念** gainen	**notion** f., **concept** m. ノシオン, コンセプト	notion, concept **ノウ**ション, **カ**ンセプト
かいはつ **開発** (商業的な) kaihatsu	**exploitation** f., **mise en valeur** f. エクスプロワタシオン, ミーズ アン ヴァルール	(business) exploita- tion (ビズネス) エクスプロイ**テイ** ション
(新製品などの)	**création** f., **développe-ment** m. クレアシオン, デヴロプマン	development ディ**ヴェ**ロプメント
～する	**développer, exploiter** デヴロペ, エクスプロワテ	develop, exploit ディ**ヴェ**ロプ, イクス**プロ**イト
～途上国	**pays en voie de déve-loppement** m. ペイ アン ヴォワ ドゥ デヴロプマン	developing coun- try ディ**ヴェ**ロピング **カ**ントリ
かいばつ **海抜** kaibatsu	**au-dessus du niveau de la mer** オドゥシュ デュ ニヴォー ドゥ ラ メール	above the sea アバヴ ザ **スィー**
かいひ **会費** kaihi	**cotisation** f. コティザシオン	fee, membership fee **フィー**, メンバシプ **フィー**
がいぶ **外部** gaibu	**partie extérieure** f., **exté-rieur** m. パルティ エクステリュール, エクステリュール	outer section, out- er part **アウタ セ**クション, **アウタ パー** ト
かいふくする **回復する** kaifukusuru	**récupérer, se rétablir** レキュペレ, ス レタブリール	recover, restore リ**カ**ヴァ, リス**トー**
かいほうする **解放する** kaihousuru	**libérer, délivrer** リベレ, デリヴレ	release, liberate リ**リー**ス, **リ**バレイト
かいぼう **解剖** kaibou	**dissection** f. ディセクシオン	dissection ディ**セ**クション

日	仏	英
かいほうする **開放する** kaihousuru	**ouvrir, laisser ouvert(e)** ウヴリール, レセ ウヴェール(ト)	keep open **キー**プ **オ**ウプン
かいまく **開幕** kaimaku	**ouverture** *f.* ウヴェルテュール	opening **オ**ウプニング
がいむ **外務** gaimu	**affaires étrangères** *f.pl.* アフェール ゼトランジェール	foreign affairs **フォ**ーリン ア**フェ**アズ
かいもの **買い物** kaimono	**achat** *m.* アシャ	shopping **シャ**ピング
かいやく **解約** kaiyaku	**annulation** *f.*, **résiliation** *f.* アニュラシオン, レジリアシオン	cancellation キャンセ**レ**イション
がいらいご **外来語** gairaigo	**mot d'origine étrangère** *m.*, **emprunt** *m.* モ ドリジヌ エトランジェール, アンプラン	loanword **ロ**ウンワード
かいりつ **戒律** kairitsu	**précepte** *m.*, **commandement** *m.* プレセプト, コマンドマン	commandment コ**マ**ンドメント
がいりゃく **概略** gairyaku	**résumé** *m.* レジュメ	outline, summary **ア**ウトライン, **サ**マリ
かいりゅう **海流** kairyuu	**courant marin** *m.* クラン マラン	sea current **スィ**ー **カ**ーレント
かいりょう **改良** kairyou	**amélioration** *f.*, **réforme** *f.* アメリオラシオン, レフォルム	improvement イン**プル**ーヴメント
かいろ **回路** kairo	**circuit électronique** *m.* シルキュイ エレクトロニック	(electronic) circuit (イレク**トラ**ニク) **サ**ーキット
かいわ **会話** kaiwa	**conversation** *f.*, **dialogue** *m.* コンヴェルサシオン, ディアローグ	conversation カンヴァ**セ**イション
かいん **下院** kain	**Assemblée nationale** *f.* アサンブレ ナシオナル	House of Representatives **ハ**ウス オヴ レプリ**ゼ**ンタティヴズ
かう **飼う** kau	**élever** エルヴェ	keep, raise **キ**ープ, **レ**イズ

日	仏	英
かう **買う** kau	**acheter** アシュテ	buy, purchase バイ, パーチェス
がうん **ガウン** gaun	**robe** *f.* ローブ	gown ガウン
かうんせらー **カウンセラー** kaunseraa	**conseiller(ère)** *m.f.* コンセイエ(-エール)	counselor カウンセラ
かうんせりんぐ **カウンセリング** kaunseringu	**conseil** *m.* コンセイユ	counseling カウンセリング
かうんたー **カウンター** kauntaa	**comptoir** *m.* コントワール	counter カウンタ
かえす **返す** kaesu	**rendre, renvoyer** ランドル, ランヴォワイエ	return, send back リターン, センド バク
かえり **帰り** kaeri	**retour** *m.* ルトゥール	way home ウェイ ホウム
かえりみる **顧みる** kaerimiru	**faire un retour** *sur* フェール アン ルトゥール シュール	look back, reflect on ルク バク, リフレクト オン
かえる **替[換]える** kaeru	**échanger** *contre* エシャンジェ コントル	exchange for イクスチェインヂ フォ
かえる **蛙** kaeru	**grenouille** *f.* グルヌイユ	frog フローグ
かえる **帰る** kaeru	**rentrer, revenir** ラントレ, ルヴニール	come home, go home カム ホウム, ゴウ ホウム
（去る）	**partir, s'en aller** パルティール, サン ナレ	leave リーヴ
かえる **変える** kaeru	**changer, modifier** シャンジェ, モディフィエ	change チェインヂ
かえる **返る** kaeru	**rentrer, revenir** ラントレ, ルヴニール	return, come back リターン, カム バク

日	仏	英
かお **顔** kao	**visage** *m.*, **figure** *f.* ヴィザージュ, フィギュール	face, look **フェ**イス, ル**ク**
かおり **香り** kaori	**senteur** *f.*, **parfum** *m.* サントゥール, パルファン	smell, fragrance ス**メ**ル, フ**レ**イグランス
がか **画家** gaka	**peintre** *m.* パントル	painter **ペ**インタ
かがいしゃ **加害者** kagaisha	**assaillant(e)** *m.f.*, **agresseur(se)** *m.f.* アサイヤン(ト), アグレスール(-ズ)	assailant ア**セ**イラント
かかえる **抱える** kakaeru	**tenir dans** *ses* **bras** トゥニール ダン ブラ	hold in one's arms **ホ**ウルド イン **ア**ームズ
かかく **価格** kakaku	**prix** *m.*, **valeur** *f.* プリ, ヴァルール	price, value プ**ラ**イス, **ヴァ**リュ
かがく **化学** kagaku	**chimie** *f.* シミー	chemistry **ケ**ミストリ
かがく **科学** kagaku	**science** *f.* シアンス	science **サ**イエンス
〜者	**scientifique** *m.f.* シアンティフィック	scientist **サ**イエンティスト
かかげる **掲げる** kakageru	**hisser** イセ	hoist, hold up **ホ**イスト, **ホ**ウルド **ア**プ
かかと **踵** kakato	**talon** *m.* タロン	heel **ヒ**ール
かがみ **鏡** kagami	**miroir** *m.*, **glace** *f.* ミロワール, グラス	mirror, glass **ミ**ラ, グ**ラ**ス
かがむ **かがむ** kagamu	**se courber, se baisser** ス クルベ, ス ベセ	stoop ス**トゥ**ープ
かがやかしい **輝かしい** kagayakashii	**brillant(e)**, **éclatant(e)** ブリアン(ト), エクラタン(ト)	brilliant ブ**リ**リアント

日	仏	英
かがやき **輝き** kagayaki	**brillance** *f.*, **éclat** *m.* ブリアンス, エクラ	brilliance ブリリャンス
かがやく **輝く** kagayaku	**briller, scintiller** ブリエ, サンティエ	shine, glitter **シャ**イン, グリタ
かかりいん **係員** kakariin	**préposé(e)** *m.f.* プレポゼ	person in charge of パーソン イン **チャ**ーヂ オヴ
かかる **掛かる** （物が） kakaru	**pendre, (être) suspen- du(e)** パンドル, (エートル) シュスパンデュ	hang from ハング フラム
（金が）	**coûter** クテ	cost コスト
（時間が）	**prendre** プランドル	take **テ**イク
かかわる **かかわる** kakawaru	**concerner** コンセルネ	(be) concerned in (ビ) コン**サ**ーンド イン
かき **牡蠣** kaki	**huître** *f.* ユイトル	oyster **オ**イスタ
かき **柿** kaki	**kaki** *m.* カキ	persimmon パー**ス**ィモン
かぎ **鍵** kagi	**clef** *f.*, **clé** *f.* クレ, クレ	key **キ**ー
かきかえる **書き換える** kakikaeru	**réécrire** レエクリール	rewrite リー**ラ**イト
かきとめる **書き留める** kakitomeru	**écrire, noter** エクリール, ノテ	write down **ラ**イト **ダ**ウン
かきとり **書き取り** kakitori	**dictée** *f.* ディクテ	dictation ディク**テ**イション
かきとる **書き取る** kakitoru	**prendre des notes** プランドル デ ノート	write down, jot down **ラ**イト **ダ**ウン, **チャ**ト **ダ**ウン

日	仏	英
かきなおす **書き直す** kakinaosu	**réécrire** レエクリール	rewrite リーライト
かきまぜる **掻き混ぜる** kakimazeru	**mélanger** メランジェ	mix up ミクス アプ
かきまわす **掻き回す** kakimawasu	**remuer** ルミュエ	stir スター
かきゅう **下級** kakyuu	**classe inférieure** *f.* クラース アンフェリユール	lower class ロウア クラス
かぎょう **家業** kagyou	**métier familial** *m.* メティエ ファミリアル	family business ファミリ ビズネス
かぎる **限る** kagiru	**limiter, borner** リミテ, ボルネ	limit, restrict リミト, リストリクト
かく **核** kaku	**noyau** *m.* ノワイヨー	core コー
（原子核）	**noyau atomique** *m.* ノワイヨー アトミック	nucleus ニュークリアス
～兵器	**arme nucléaire** *f.* アルム ニュクレエール	nuclear weapon ニュークリア ウェポン
かく **書く** kaku	**écrire** エクリール	write ライト
かく **掻く** kaku	**gratter** グラテ	scratch スクラチ
かぐ **家具** kagu	**meuble** *m.* ムーブル	furniture ファーニチャ
かぐ **嗅ぐ** kagu	**sentir, humer** サンティール, ユメ	smell, sniff スメル, スニフ
がく **額** gaku	**cadre** *m.* カードル	frame フレイム
がくい **学位** gakui	**diplôme** *m.* ディプローム	(university) degree (ユーニヴァースィティ) ディグリー

日	仏	英
かくうの **架空の** kakuuno	**imaginaire** イマジネール	imaginary イマジネリ
かくえきていしゃ **各駅停車** kakuekiteisha	**train local** *m.* トラン ロカル	local train ロウカル トレイン
がくげい **学芸** gakugei	**sciences** *f.pl.* **et arts** *m.pl.* シアンス エ アール	arts and sciences アーツ アンド サイエンセズ
かくげん **格言** kakugen	**maxime** *f.*, **proverbe** *m.* マクシム, プロヴェルブ	maxim マクスィム
かくご **覚悟** kakugo	**préparation** *f.*, **résolution** *f.* プレパラシオン, レゾリュシオン	preparedness プリペアドネス
〜する	**se préparer** *à* ス プレパレ ア	(be) prepared for (ビ) プリペアド フォ
かくさ **格差** kakusa	**différence** *f.* ディフェランス	difference, gap ディファレンス, ギャプ
かくじつな **確実な** kakujitsuna	**sûr(e)**, **certain(e)** シュール, セルタン(-テーヌ)	sure, certain シュア, サートン
がくしゃ **学者** gakusha	**érudit(e)** *m.f.*, **spécialiste** *m.f.* エリュディ(ット), スペシアリスト	scholar スカラ
がくしゅう **学習** gakushuu	**étude** *f.* エテュード	learning ラーニング
〜する	**étudier, apprendre** エテュディエ, アプランドル	study, learn スタディ, ラーン
がくじゅつ **学術** gakujutsu	**science** *f.*, **connaissance** *f.* シアンス, コネサンス	learning, science ラーニング, サイエンス
かくしん **確信** kakushin	**conviction** *f.* コンヴィクシオン	conviction コンヴィクション
〜する	**(être) convaincu(e)** *de* (エートル) コンヴァンキュ ドゥ	(be) convinced of (ビ) コンヴィンスト オヴ

日	仏	英
かくす **隠す** kakusu	**cacher, dissimuler** カシェ, ディシミュレ	hide, conceal ハイド, コンスィール
がくせい **学生** gakusei	**étudiant(e)** *m.f.* エテュディアン(ト)	student ステューデント
〜証	**carte d'étudiant** *f.* カルト デテュディアン	student ID card ステューデント アイディー カード
かくせいざい **覚醒剤** kakuseizai	**stimulant** *m.* スティミュラン	stimulant スティミュラント
がくせつ **学説** gakusetsu	**doctrine** *f.*, **théorie** *f.* ドクトリーヌ, テオリー	doctrine, theory ダクトリン, スィオリ
かくだいする **拡大する** kakudaisuru	**agrandir** アグランディール	magnify, enlarge マグニファイ, インラーヂ
かくちょう **拡張** kakuchou	**extension** *f.* エクスタンシオン	extension イクステンション
〜する	**étendre** エタンドル	extend イクステンド
がくちょう **学長** gakuchou	**président(e) d'université** *m.f.* プレジダン(ト) デュニヴェルシテ	president プレズィデント
かくづけ **格付け** kakuzuke	**classement** *m.* クラスマン	rating レイティング
かくていする **確定する** kakuteisuru	**déterminer** デテルミネ	decide ディサイド
かくてる **カクテル** kakuteru	**cocktail** *m.* コクテル	cocktail カクテイル
かくど **角度** kakudo	**angle** *m.* アングル	angle アングル
かくとう **格闘** kakutou	**lutte** *f.*, **corps à corps** *m.* リュット, コール ア コール	fight ファイト

日	仏	英
かくとくする **獲得する** kakutokusuru	**acquérir, obtenir** アケリール, オプトゥニール	acquire, obtain アク**ワ**イア, オプ**テ**イン
かくにんする **確認する** kakuninsuru	**confirmer** コンフィルメ	confirm コン**ファ**ーム
がくねん **学年** gakunen	**année scolaire** *f.* アネ スコレール	school year ス**ク**ール **イ**ア
がくひ **学費** gakuhi	**frais de scolarité** *m.pl.* フレ ドゥ スコラリテ	tuition, school expenses テュー**イ**ション, ス**ク**ール イク ス**ペ**ンセズ
がくふ **楽譜** (総譜) gakufu	**partition** *f.* パルティシオン	score ス**コ**ー
(譜面)	**musique** *f.* ミュジック	music **ミュ**ーズィク
がくぶ **学部** gakubu	**faculté** *f.* ファキュルテ	faculty, department **ファ**カルティ, ディ**パ**ートメン ト
かくほする **確保する** kakuhosuru	**assurer** アシュレ	secure スィ**キュ**ア
かくまく **角膜** kakumaku	**cornée** *f.* コルネ	cornea **コ**ーニア
かくめい **革命** kakumei	**révolution** *f.* レヴォリュシオン	revolution レヴォ**ル**ーション
がくもん **学問** gakumon	**science** *f.*, **étude** *f.* シアンス, エテュード	learning, study **ラ**ーニング, ス**タ**ディ
がくや **楽屋** gakuya	**loge** *f.* ロジュ	dressing room ド**レ**スィング **ル**ーム
かくりつ **確率** kakuritsu	**probabilité** *f.* プロバビリテ	probability プラバ**ビ**リティ
かくりつする **確立する** kakuritsusuru	**établir** エタブリール	establish イス**タ**ブリシュ

日	仏	英
かくりょう **閣僚** kakuryou	**ministre** *m.* ミニストル	cabinet minister キャビネト ミニスタ
がくりょく **学力** gakuryoku	**connaissances** *f.pl.* コネサンス	scholarship スカラシプ
がくれき **学歴** gakureki	**parcours universitaire** *m.* パルクール ユニヴェルシテール	academic background アカデミク バクグラウンド
かくれる **隠れる** kakureru	**se cacher** ス カシェ	hide oneself ハイド
がくわり **学割** gakuwari	**réduction pour les étudiants** *f.* レデュクシオン プール レ ゼテュディアン	student discount スチューデント ディスカウント
かけ **賭け** kake	**pari** *m.*, **jeu** *m.* パリ, ジュー	gambling ギャンブリング
かげ **陰** kage	**ombre** *f.* オンブル	shade シェイド
かげ **影** kage	**ombre** *f.*, **silhouette** *f.* オンブル, シルエット	shadow, silhouette シャドウ, スィルエト
がけ **崖** gake	**escarpement** *m.*, **falaise** *f.* エスカルプマン, ファレーズ	cliff クリフ
かけい **家計** kakei	**budget familial** *m.* ビュジェ ファミリアル	household budget ハウスホウルド バヂェト
かけざん **掛け算** kakezan	**multiplication** *f.* ミュルティプリカシオン	multiplication マルティプリケイション
かけつする **可決する** kaketsusuru	**approuver** アプルヴェ	approve アプルーヴ
かけひき **駆け引き** kakehiki	**tactique** *f.* タクティック	tactics タクティクス
かけぶとん **掛け布団** kakebuton	**couverture** *f.*, **couette** *f.* クヴェルテュール, クエット	quilt, comforter クウィルト, カンフォタ

日	仏	英
かけら **かけら** kakera	**morceau** *m.* モルソー	fragment フラグメント
かける **掛ける** kakeru	**pendre, suspendre** パンドル, シュスパンドル	hang, suspend ハング, サスペンド
(時間・金を)	**passer, dépenser** パセ, デパンセ	spend スペンド
(電話を)	**téléphoner** テレフォネ	call コール
(CD・レコードを)	**passer** パセ	play プレイ
(ラジオなどを)	**allumer, mettre en marche** アリュメ, メットル アン マルシュ	turn on ターン オン
かける **掛ける** (掛け算する) kakeru	**multiplier** ミュルティプリエ	multiply マルティプライ
かける **架ける** kakeru	**construire** *sur* コンストリュイール シュール	build over ビルド オウヴァ
かける **駆ける** kakeru	**courir** クリール	run ラン
かける **欠ける** (一部が取れる) kakeru	**se casser** ス カセ	break off ブレイク オーフ
(不足している)	**manquer** マンケ	lack ラク
かける **賭ける** kakeru	**parier** パリエ	bet on ベト オン
かげる **陰る** kageru	**s'assombrir** サソンブリール	darken ダークン
かこ **過去** kako	**passé** *m.* パセ	past パスト

日	仏	英
かご 籠 kago	**panier** *m.*, **corbeille** *f.* パニエ, コルベイユ	basket, cage バスケト, ケイヂ
かこう 加工 kakou	**traitement** *m.* トレトマン	processing プラセスィング
～する	**traiter, transformer** トレテ, トランスフォルメ	process プラセス
かごう 化合 kagou	**combinaison** *f.*, **combinaison chimique** *f.* コンビネゾン, コンビネゾン シミック	combination カンビネイション
～する	**se combiner** ス コンビネ	combine コンバイン
かこむ 囲む kakomu	**encercler** アンセルクレ	surround, enclose サラウンド, インクロウズ
かさ 傘 kasa	**parapluie** *m.* パラプリュイ	umbrella アンブレラ
かさい 火災 kasai	**incendie** *m.* アンサンディ	fire ファイア
～報知機	**alarme incendie** *f.* アラルム アンサンディ	fire alarm ファイア アラーム
～保険	**assurance contre l'incendie** *f.* アシュランス コントル ランサンディ	fire insurance ファイア インシュアランス
かさなる 重なる kasanaru	**se superposer** ス シュペルポゼ	(be) piled up, overlap (ビ) パイルド アプ, オウヴァラプ
（繰り返される）	**se répéter** ス レペテ	(be) repeated (ビ) リピーテド
（同じ時に起こる）	**arriver en même temps que, coïncider** *avec* アリヴェ アン メム タン ク, コアンシデ アヴェク	fall on, overlap フォール オン, オウヴァラプ
かさねる 重ねる （上に置く） kasaneru	**superposer** *à* シュペルポゼ ア	pile up パイル アプ

日		仏	英
	(繰り返す)	**répéter** レペテ	repeat リピート
かさばる **かさ張る** kasabaru		**(être) volumineux(se)** (エートル) ヴォリュミヌー(ズ)	(be) bulky (ビ) バルキ
かざり **飾り** kazari		**décoration** *f.*, **ornement** *m.* デコラシオン, オルヌマン	decoration, ornament デコレイション, **オ**ーナメント
かざる **飾る** kazaru	(装飾する)	**décorer, orner** デコレ, オルネ	decorate, adorn デコレイト, アドーン
	(陳列する)	**exposer** エクスポゼ	put on show, display プト オン ショウ, ディスプレイ
かざん **火山** kazan		**volcan** *m.* ヴォルカン	volcano ヴァル**ケ**イノウ
かし **華氏** kashi		**Fahrenheit** ファレナイト	Fahrenheit **ファ**レンハイト
かし **歌詞** kashi		**paroles** *f.pl.* パロル	words, lyrics ワーヅ, **リ**リクス
かし **菓子** kashi		**confiserie** *f.*, **gâteau** *m.* コンフィズリ, ガトー	sweets, confectionery ス**ウィ**ーツ, コン**フェ**クショネリ
かし **樫** kashi		**chêne** *m.* シェヌ	oak **オ**ウク
かし **貸し** kashi		**prêt** *m.* プレ	loan **ロ**ウン
かじ **家事** kaji		**ménage** *m.* メナージュ	housework **ハ**ウスワーク
かじ **火事** kaji		**incendie** *m.*, **feu** *m.* アンサンディ, フー	fire **ファ**イア
かしきりの **貸し切りの** kashikirino		**affrété(e)** アフレテ	chartered **チャ**ータド

日	仏	英
かしこい **賢い** kashikoi	**intelligent(e), sage** アンテリジャン(ト), サージュ	wise, clever **ワ**イズ, ク**レ**ヴァ
かしだし **貸し出し** kashidashi	**prêt** m. プレ	lending **レ**ンディング
かしつ **過失** kashitsu	**faute** f., **erreur** f. フォット, エルール	fault, error **フォ**ルト, **エ**ラ
かしつけ **貸し付け** kashitsuke	**prêt** m., **crédit** m. プレ, クレディ	loan, credit **ロ**ウン, ク**レ**ディト
かじの **カジノ** kajino	**casino** m. カジノ	casino カ**スィ**ーノウ
かしみや **カシミヤ** kashimiya	**cachemire** m. カシュミール	cashmere **キャ**ジュミア
かしや **貸家** kashiya	**maison à louer** f. メゾン ア ルエ	house for rent **ハ**ウス フォ **レ**ント
かしゃ **貨車** kasha	**wagon de marchandises** m. ヴァゴン ドゥ マルシャンディーズ	freight car フ**レ**イト **カ**ー
かしゅ **歌手** kashu	**chanteur(se)** m.f. シャントゥール(-ズ)	singer **スィ**ンガ
かじゅあるな **カジュアルな** kajuaruna	**décontracté(e)** デコントラクテ	casual **キャ**ジュアル
かじゅう **果汁** kajuu	**jus de fruit** m. ジュ ドゥ フリュイ	fruit juice フ**ルー**ト **チュー**ス
かじょう **過剰** kajou	**excès** m., **surplus** m. エクセ, シュルプリュ	excess, surplus イク**セ**ス, **サー**プラス
かしょくしょう **過食症** kashokushou	**boulimie** f. ブリミ	bulimia ビュ**リー**ミア
かしらもじ **頭文字** kashiramoji	**majuscule** f., **initiale** f. マジュスキュル, イニシアル	initial letter, ini- tials イ**ニ**シャル **レ**タ, イ**ニ**シャルズ

日	仏	英
かじる **かじる** kajiru	**grignoter, ronger** グリニョテ, ロンジェ	gnaw at, nibble at ノー アト, ニブル アト
かす **貸す** kasu	**prêter** プレテ	lend レンド
（家などを）	**louer** ルエ	rent レント
（土地などを）	**louer** ルエ	lease リース
かす **滓** kasu	**lie** *f.* リ	dregs ドレグズ
かず **数** kazu	**nombre** *m.*, **chiffre** *m.* ノンブル, シフル	number, figure ナンバ, フィギャ
がす **ガス** gasu	**gaz** *m.* ガーズ	gas ギャス
かすかな **かすかな** kasukana	**faible, léger(ère)** フェーブル, レジェ(·ジェール)	faint, slight フェイント, スライト
かすむ **霞む** kasumu	**(être) brumeux(se)** (エートル) ブリュムー(ズ)	(be) hazy (ビ) ヘイズィ
かすれる **掠れる**　（声などが） kasureru	**s'enrouer** サンルエ	(get) hoarse (ゲト) ホース
かぜ **風** kaze	**vent** *m.*, **brise** *f.* ヴァン, ブリーズ	wind, breeze ウィンド, ブリーズ
かぜ **風邪** kaze	**rhume** *m.*, **grippe** *f.* リュム, グリップ	cold, flu コウルド, フルー
かせい **火星** kasei	**Mars** *m.* マルス	Mars マーズ
かぜい **課税** kazei	**imposition** *f.* アンポジション	taxation タクセイション
かせき **化石** kaseki	**fossile** *m.* フォシル	fossil ファスィル

日	仏	英
かせぐ **稼ぐ** kasegu	**gagner** ガニェ	earn **ア**ーン
（時間を）	**gagner** ガニェ	gain **ゲ**イン
かせつ **仮説** kasetsu	**hypothèse** *f.* イポテーズ	hypothesis ハイ**パ**セスィス
かせつ **仮設** （一時的な） kasetsu	**provisoire** プロヴィゾワール	temporary **テ**ンポレリ
～住宅	**logement provisoire** *m.* ロジュマン プロヴィゾワール	temporary houses **テ**ンポレリ **ハ**ウゼズ
～する	**installer provisoirement** アンスタレ プロヴィゾワルマン	build temporarily **ビ**ルド テンポ**レ**リリ
かそう **仮装** kasou	**déguisement** *m.* デギズマン	disguise ディス**ガ**イズ
がぞう **画像** gazou	**image** *f.* イマージュ	picture, image **ピ**クチャ, **イ**ミヂ
かぞえる **数える** kazoeru	**compter, calculer** コンテ, カルキュレ	count, calculate **カ**ウント, **キャ**ルキュレイト
かぞく **家族** kazoku	**famille** *f.* ファミーユ	family **ファ**ミリ
かそくする **加速する** kasokusuru	**accélérer** アクセレレ	accelerate アク**セ**ラレイト
がそりん **ガソリン** gasorin	**essence** *f.* エサンス	gasoline, gas, Ⓑpetrol **ギャ**ソリーン, **ギャ**ス, **ペ**トロル
～スタンド	**station-service** *f.* スタシオンセルヴィス	gas station, filling station **ギャ**ス ス**テ**イション, **フィ**リング ス**テ**イション
かた **型** （鋳型） kata	**moule** *m.* ムール	mold, cast **モ**ウルド, **キャ**スト

日	仏	英
（様式）	**style** *m.*, **type** *m.* スティル，ティップ	style, mode, type スタイル，モウド，**タ**イプ
かた **形** （パターン） kata	**modèle** *m.* モデル	pattern パタン
（形式・形状）	**forme** *f.* フォルム	form, shape **フォ**ーム，**シェ**イプ
かた **肩** kata	**épaule** *f.* エポール	shoulder **ショ**ウルダ
かたい **固[堅・硬]い** katai	**dur(e), solide** デュール，ソリッド	hard, solid **ハ**ード，**サ**リド
（態度・状態が）	**rigide** リジッド	strong, firm **ストロ**ング，**ファ**ーム
かだい **課題** （任務） kadai	**tâche** *f.* タッシュ	task **タ**スク
（主題）	**sujet** *m.*, **thème** *m.* シュジェ，テーム	subject, theme **サ**ブヂクト，**スィ**ーム
かたがき **肩書** katagaki	**titre** *m.* ティートル	title **タ**イトル
かたがみ **型紙** katagami	**patron** *m.* パトロン	paper pattern **ペ**イパ **パ**タン
かたき **敵** kataki	**ennemi(e)** *m.f.*, **adver-saire** *m.f.* エヌミ，アドヴェルセール	enemy, opponent **エ**ネミ，オ**ポ**ネント
かたくちいわし **片口鰯** katakuchiiwashi	**anchois** *m.* アンショワ	anchovy **ア**ンチョウヴィ
かたち **形** katachi	**forme** *f.* フォルム	shape, form **シェ**イプ，**フォ**ーム
かたづく **片づく** （決着している） katazuku	**(être) arrangé(e)** (エートル) アランジェ	(be) settled (ビ) **セ**トルド

日	仏	英
（終了している）	**se terminer** ス テルミネ	(be) finished, (be) done （ビ）**フィ**ニシュト,（ビ）**ダ**ン
（整理される）	**(être) mis(e) en ordre** （エートル）ミ（ミーズ）アン ノルドル	(be) put in order （ビ）**プ**ト イン **オ**ーダ
かたづける **片づける** katazukeru	**ranger** ランジェ	put in order **プ**ト イン **オ**ーダ
（決着する）	**régler** レグレ	settle **セ**トル
（終了する）	**terminer** テルミネ	finish **フィ**ニシュ
かたな **刀** katana	**sabre** *m.*, **épée** *f.* サーブル, エペ	sword **ソ**ード
かたはば **肩幅** katahaba	**carrure** *f.* カリュール	shoulder length **ショ**ウルダ **レ**ングス
かたほう **片方** （もう一方） katahou	**(l')un(e)** *m.f.* ラン(リュヌ)	one of a pair **ワ**ン オヴ ア **ペ**ア
（片側）	**un côté** *m.* アン コテ	one side **ワ**ン **サ**イド
かたまり **塊** katamari	**bloc** *m.*, **masse** *f.* ブロック, マス	lump, mass **ラ**ンプ, **マ**ス
かたまる **固まる** （凝固する） katamaru	**se solidifier** ス ソリディフィエ	congeal, coagulate コン**チ**ール, コウ**ア**ギュレイト
（固くなる）	**durcir** デュルシール	harden **ハ**ードン
かたみち **片道** katamichi	**aller** *m.* アレ	one way **ワ**ン **ウェ**イ
かたむく **傾く** katamuku	**s'incliner, pencher** サンクリネ, パンシェ	lean, incline **リ**ーン, イン**ク**ライン

日	仏	英
かたむける **傾ける** katamukeru	**incliner, pencher** アンクリネ, パンシェ	tilt, bend **ティルト**, **ベンド**
かためる **固める**（凝固させる） katameru	**solidifier** ソリディフィエ	make congeal **メイク コンヂール**
（固くする）	**endurcir** アンデュルシール	harden **ハードン**
（強くする）	**renforcer, affermir** ランフォルセ, アフェルミール	strengthen, fortify **ストレングスン**, **フォーティファ イ**
かたよる **偏る** katayoru	**s'écarter du milieu** セカルテ デュ ミリユー	lean to, (be) biased **リーン トゥ**, (ビ) **バイアスト**
かたる **語る** kataru	**parler** パルレ	talk, speak **トーク**, **スピーク**
かたろぐ **カタログ** katarogu	**catalogue** *m.* カタログ	catalog, Ⓑcatalogue **キャタローグ**, **キャタログ**
かだん **花壇** kadan	**parterre** *m.*, **plate-bande** *f.* パルテール, プラットバンド	flowerbed **フラウアベド**
かち **価値** kachi	**valeur** *f.*, **prix** *m.* ヴァルール, プリ	value, worth **ヴァリュ**, **ワース**
かち **勝ち** kachi	**victoire** *f.*, **triomphe** *m.* ヴィクトワール, トリオンフ	victory, win **ヴィクトリ**, **ウィン**
かちく **家畜** kachiku	**bétail** *m.* ベタイユ	livestock **ライヴスタク**
かちょう **課長** kachou	**chef de service** *m.* シェフ ドゥ セルヴィス	section manager **セクション マニヂャ**
かつ **勝つ** katsu	**gagner** ガニェ	win **ウィン**
かつお **鰹** katsuo	**bonite** *f.* ボニット	bonito **ボニートゥ**

日	仏	英
学科 (大学の) gakka	section *f.* セクシオン	department ディパートメント
学課 gakka	leçon *f.* ルソン	lesson レスン
学会 gakkai	société académique *f.* ソシエテ アカデミック	academic society アカデミク ソサイエティ
がっかりする gakkarisuru	(être) déçu(e) (エートル) デシュ	(be) disappointed (ビ) ディサポインテド
活気 kakki	animation *f.*, vivacité *f.* アニマシオン, ヴィヴァシテ	liveliness, animation ライヴリネス, アニメイション
学期 gakki	trimestre *m.*, semestre *m.* トリメストル, スメストル	term, semester ターム, セメスタ
楽器 gakki	instrument *m.* アンストリュマン	musical instrument ミューズィカル インストルメント
画期的な kakkitekina	qui fait date キ フェ ダット	epochmaking エポクメイキング
学級 gakkyuu	classe *f.* クラース	(school) class (スクール) クラス
担ぐ katsugu	porter sur l'épaule ポルテ シュール レポール	shoulder ショウルダ
(だます)	tromper トロンペ	deceive ディスィーヴ
かっこいい kakkoii	super, cool シュペール, クール	neat, cool ニート, クール
格好 kakkou	figure *f.*, forme *f.* フィギュール, フォルム	shape, form シェイプ, フォーム
郭公 kakkou	coucou *m.* ククー	cuckoo ククー

日	仏	英
がっこう **学校** gakkou	**école** *f.* エコール	school スクール
かっさい **喝采** kassai	**applaudissements** *m.pl.* アプロディスマン	cheers, applause チアズ, アプローズ
がっしょう **合唱** gasshou	**chœur** *m.* クール	chorus コーラス
かっしょくの **褐色の** kasshokuno	**brun(e), marron** ブラン(-リュヌ), マロン	brown ブラウン
がっそう **合奏** gassou	**concert** *m.* コンセール	ensemble アーンサーンブル
かっそうろ **滑走路** kassouro	**piste** *f.* ピスト	runway ランウェイ
かつて **かつて** katsute	**une fois, avant** ユヌ フォワ, アヴァン	once, before ワンス, ビフォー
かってな **勝手な** kattena	**égoïste, individualiste** エゴイスト, アンディヴィデュアリスト	selfish セルフィシュ
かってに **勝手に** katteni	**arbitrairement** アルビトレールマン	arbitrarily アービトレリリ
かっとう **葛藤** kattou	**conflit** *m.* コンフリ	discord, conflict ディスコード, カンフリクト
かつどう **活動** katsudou	**activité** *f.* アクティヴィテ	activity アクティヴィティ
かっとなる **かっとなる** kattonaru	**entrer dans une colère noire** アントレ ダン ジュヌ コレール ノワール	fly into a rage フライ イントゥ ア レイヂ
かっぱつな **活発な** kappatsuna	**actif(ve), vif(ve)** アクティフ(-ヴ), ヴィフ(-ヴ)	active, lively アクティヴ, ライヴリ
かっぷ **カップ** kappu	**tasse** *f.* タス	cup カプ

日	仏	英
かっぷる **カップル** kappuru	**couple** *m.* クプル	couple **カ**プル
がっぺいする **合併する** gappeisuru	**fusionner** フュジオネ	merge **マ**ーヂ
かつやくする **活躍する** katsuyakusuru	**se montrer actif(ve)** ス モントレ アクティフ(・ヴ)	(be) active in (ビ) **ア**クティヴ イン
かつよう **活用** katsuyou	**utilisation pratique** *f.* ユティリザシオン プラティック	practical use, application プ**ラ**クティカル **ユ**ース, アプリ**ケ**イション
～する	**utiliser, mettre en pratique** ユティリゼ, メットル アン プラティック	put to practical use プト トゥ プ**ラ**クティカル **ユ**ース
（文法の）	**conjugaison** *f.* コンジュゲゾン	conjugation カンヂュ**ゲ**イション
かつら **かつら** katsura	**perruque** *f.* ペリュク	wig **ウィ**グ
かてい **仮定** katei	**supposition** *f.*, **hypothèse** *f.* シュポジシオン, イポテーズ	supposition, hypothesis サポ**ジ**ィション, ハイ**パ**セスィス
～する	**supposer** シュポゼ	assume, suppose ア**スュ**ーム, サ**ポ**ウズ
かてい **家庭** katei	**foyer** *m.* フォワイエ	home, family **ホ**ウム, **ファ**ミリ
かど **角** kado	**coin** *m.*, **virage** *m.* コワン, ヴィラージュ	corner, turn **コ**ーナ, **タ**ーン
かどう **稼動** kadou	**fonctionnement** *m.* フォンクシオヌマン	operation アペ**レ**イション
かとうな **下等な** katouna	**inférieur(e), bas(se)** アンフェリユール, バ(ス)	inferior, low イン**フィ**アリア, **ロ**ウ
かとりっく **カトリック** katorikku	**catholicisme** *m.* カトリシスム	Catholicism カ**サ**リスィズム

日	仏	英
かなあみ **金網** kanaami	**grillage** *m.* グリヤージュ	wire netting **ワイア ネ**ティング
かなしい **悲しい** kanashii	**triste, affligé(e)** トリスト, アフリジェ	sad, sorrowful **サ**ド, **サ**ロウフル
かなしみ **悲しみ** kanashimi	**tristesse** *f.*, **chagrin** *m.* トリステス, シャグラン	sorrow, sadness **サ**ロウ, **サ**ドネス
かなだ **カナダ** kanada	**Canada** *m.* カナダ	Canada **キャ**ナダ
かなづち **金槌** kanazuchi	**marteau** *m.* マルトー	hammer **ハ**マ
かなめ **要** kaname	**point décisif** *m.*, **pivot** *m.* ポワン デシジフ, ピヴォ	(essential) point (イ**セ**ンシャル) **ポ**イント
かならず　　（ぜひとも） **必ず** kanarazu	**à tout prix** ア トゥ プリ	by all means バイ **オ**ール ミーンズ
（間違いなく）	**sans faute** サン フォット	without fail ウィザウト **フェ**イル
（常に）	**toujours** トゥジュール	always **オ**ールウェイズ
かなり **かなり** kanari	**assez, plutôt** アセ, プリュトー	fairly, pretty **フェ**アリ, プ**リ**ティ
かなりあ **カナリア** kanaria	**canari** *m.* カナリ	canary カ**ネ**アリ
かなりの **かなりの** kanarino	**considérable, formidable** コンシデラーブル, フォルミダーブル	considerable コン**スィ**ダラブル
かに **蟹** kani	**crabe** *m.* クラブ	crab ク**ラ**ブ
〜座	**Cancer** *m.* カンセール	Crab, Cancer ク**ラ**ブ, **キャ**ンサ
かにゅうする **加入する** kanyuusuru	**adhérer, entrer** アデレ, アントレ	join, enter **チョ**イン, **エ**ンタ

日	仏	英
かぬー **カヌー** kanuu	**canoë** *m.* カノエ	canoe カヌー
かね **金** kane	**argent** *m.* アルジャン	money マニ
かね **鐘** kane	**cloche** *f.* クロシュ	bell ベル
かねつ **加熱** kanetsu	**chauffage** *m.* ショファージュ	heating ヒーティング
かねつ **過熱** kanetsu	**surchauffe** *f.* シュールショフ	overheating オウヴァヒーティング
かねもうけ **金儲け** kanemouke	**gain** *m.*, **profit** *m.* ガン, プロフィ	moneymaking マニメイキング
～する	**gagner de l'argent** ガニェ ドゥ ラルジャン	make money メイク マニ
かねもち **金持ち** kanemochi	**personne riche** *f.* ペルソヌ リッシュ	rich person リチ パーソン
かねる **兼ねる**（兼ね備える） kaneru	**combiner** *avec* コンビネ アヴェク	combine with コンバイン ウィズ
（兼務する）	**cumuler** キュミュレ	hold concurrently ホウルド コンカーレントリ
かのうせい **可能性** kanousei	**possibilité** *f.* ポシビリテ	possibility パスィビリティ
かのうな **可能な** kanouna	**possible** ポシーブル	possible パスィブル
かのじょ **彼女** kanojo	**elle** エル	she シー
（恋人）	**copine** *f.* コピヌ	girlfriend ガールフレンド
かば **河馬** kaba	**hippopotame** *m.* イポポタム	hippopotamus ヒポパタマス

日	仏	英
かばー **カバー** kabaa	**couverture** *f.* クヴェルテュール	cover カヴァ
〜する	**couvrir** クヴリール	cover カヴァ
かばう **かばう** kabau	**protéger** プロテジェ	protect プロテクト
かばん **鞄** kaban	**sac** *m.* サック	bag バグ
かはんすう **過半数** kahansuu	**majorité** *f.* マジョリテ	majority マチョーリティ
かび **かび** kabi	**moisissure** *f.*, **moisi** *m.* モワジシュール, モワジ	mold, mildew モウルド, ミルデュー
かびん **花瓶** kabin	**vase** *m.* ヴァーズ	vase ヴェイス
かぶ **蕪** kabu	**navet** *m.*, **rave** *f.* ナヴェ, ラーヴ	turnip ターニプ
かふぇ **カフェ** kafe	**café** *m.* カフェ	café, coffeehouse キャフェイ, コーフィハウス
かふぇいん **カフェイン** kafein	**caféine** *f.* カフェイヌ	caffeine キャフィーン
かふぇおれ **カフェオレ** kafeore	**café au lait** *m.* カフェ オ レ	café au lait キャフェイ オウ レイ
かぶけん **株券** kabuken	**certificat d'action** *m.* セルティフィカ ダクシオン	stock certificate スタク サティフィケト
かぶしき **株式** kabushiki	**actions** *f.pl.* アクシオン	stocks スタクス
〜会社	**société par actions** *f.* ソシエテ パール アクシオン	joint-stock corpo- ration チョイントスタク コーポレイ ション

日	仏	英
～市場	**Bourse** *f.*, **marché des valeurs** *m.* ブルス, マルシェ デ ヴァルール	stock market スタク マーケト
かふすぼたん **カフスボタン** kafusubotan	**bouton de manchette** *m.* ブトン ドゥ マンシェット	cuff link カフ リンクス
かぶせる **被せる** kabuseru	**couvrir** クヴリール	cover カヴァ
（罪などを）	**faire retomber la faute sur** フェール ルトンベ ラ フォット シュール	charge with チャーヂ ウィズ
かぶせる **カプセル** kapuseru	**capsule** *f.* カプシュル	capsule キャプスル
かぶぬし **株主** kabunushi	**actionnaire** *m.f.* アクシオネール	stockholder スタクホウルダ
かぶる **被る** kaburu	**mettre, porter** メットル, ポルテ	put on, wear プト オン, ウェア
かぶれ **かぶれ** kabure	**éruption cutanée** *f.* エリュプシオン キュタネ	rash ラシュ
かふん **花粉** kafun	**pollen** *m.* ポレヌ	pollen パルン
～症	**rhume des foins** *m.*, **allergie aux pollens** *f.* リュム デ フォワン, アレルジ オ ポレヌ	hay fever ヘイ フィーヴァ
かべ **壁** kabe	**mur** *m.*, **cloison** *f.* ミュール, クロワゾン	wall, partition ウォール, パーティション
～紙	**papier peint** *m.* パピエ パン	wallpaper ウォールペイパ
かぼちゃ **南瓜** kabocha	**citrouille** *f.*, **potiron** *m.* シトルイユ, ポティロン	pumpkin パンプキン
かま **釜** kama	**marmite** *f.* マルミット	iron pot アイアン パト

日	仏	英
かま 窯 kama	**four** *m.* フール	kiln キルン
かまう 構う （干渉する） kamau	**se mêler** *de* ス メレ ドゥ	meddle in メドル イン
（気にかける）	**se soucier** *de* ス スシエ ドゥ	care about, mind ケア アバウト, マインド
（世話する）	**s'occuper** *de* ソキュペ ドゥ	care for ケア フォ
がまんする 我慢する gamansuru	**supporter, tolérer** シュポルテ, トレレ	(be) patient (ビ) ペイシェント
かみ 紙 kami	**papier** *m.* パピエ	paper ペイパ
かみ 神 kami	**dieu** *m.* ディユー	god ガド
（女神）	**déesse** *f.* デエス	goddess ガデス
かみ 髪 kami	**cheveu** *m.* シュヴー	hair ヘア
かみそり かみそり kamisori	**rasoir** *m.* ラゾワール	razor レイザ
かみつな 過密な （人口が） kamitsuna	**surpeuplé(e)** シュールプープレ	overpopulated オウヴァパピュレイテド
（余裕がない）	**bondé(e), rempli(e)** ボンデ, ランプリ	tight, heavy タイト, ヘヴィ
かみなり 雷 kaminari	**foudre** *f.*, **tonnerre** *m.* フードル, トネール	thunder サンダ
かみん 仮眠 kamin	**somme** *m.* ソム	doze ドウズ
かむ 噛む kamu	**ronger, mordre** ロンジェ, モルドル	bite, chew バイト, チュー

日	仏	英
がむ **ガム** gamu	**chewing-gum** *m.* シュウインゴム	chewing gum **チューイング ガム**
かめ **亀** kame	**tortue** *f.* トルテュ	tortoise, turtle **ト**ータス，**タ**ートル
かめいする **加盟する** kameisuru	**s'affilier** *à* サフィリエ ア	(be) affiliated (ビ) ア**フィ**リエイテド
かめら **カメラ** kamera	**appareil photo** *m.*, **camé-ra** *f.* アパレイユ フォト，カメラ	camera **キャ**メラ
〜マン（写真家）	**photographe** *m.f.* フォトグラフ	photographer フォ**タ**グラファ
〜マン （映画・テレビなどの）	**cameraman** *m.*, **cadreu*r(se)*** *m.f.* カメラマン，カドルール(･ズ)	cameraman **キャ**メラマン
かめん **仮面** kamen	**masque** *m.* マスク	mask **マ**スク
がめん **画面** gamen	**écran** *m.* エクラン	screen, display スク**リ**ーン，ディス**プ**レイ
かも **鴨** kamo	**canard** *m.* カナール	duck **ダ**ク
かもく **科目** kamoku	**matière** *f.*, **cours** *m.* マティエール，クール	subject **サ**ブヂェクト
かもつ **貨物** kamotsu	**fret** *m.*, **marchandise** *f.* フレ，マルシャンディーズ	freight, goods フ**レ**イト，**グ**ヅ
〜船	**cargo** *m.* カルゴ	freighter フ**レ**イタ
〜列車	**train de marchandises** *m.* トラン ドゥ マルシャンディーズ	freight train フ**レ**イト トレイン
かもめ **鴎** kamome	**mouette** *f.* ムエット	seagull ス**ィ**ーガル

日	仏	英
かやく **火薬** kayaku	**poudre** *f.* プードル	gunpowder **ガ**ンパウダ
かゆい **痒い** kayui	**qui démange** キ デマンジュ	itchy **イ**チ
かよう **通う** （定期的に） kayou	**aller** *à* アレ ア	commute to, attend コ**ミュ**ート トゥ, ア**テ**ンド
（頻繁に）	**fréquenter** フレカンテ	visit frequently **ヴィ**ズィト フ**リ**ークウェントリ
かようび **火曜日** kayoubi	**mardi** *m.* マルディ	Tuesday **テュ**ーズディ
から **殻** （貝の） kara	**coquille** *f.*, **coquillage** *m.* コキーユ, コキヤージュ	shell **シェ**ル
（木の実の）	**coquille** *f.* コキーユ	shell **シェ**ル
（卵の）	**coquille** *f.* コキーユ	eggshell **エ**グシェル
がら **柄** gara	**dessin** *m.*, **motif** *m.* デッサン, モティフ	pattern, design **パ**タン, ディ**ザ**イン
からー **カラー** karaa	**couleur** *f.* クルール	color, ⒷColour **カ**ラ, **カ**ラ
～フィルム	**pellicule couleur** *f.*, **film en couleur** *m.* ペリキュル クルール, フィルム アン クルール	color film **カ**ラ **フィ**ルム
からい **辛い** karai	**piquant(e)**, **épicé(e)** ピカン(ト), エピセ	hot, spicy **ハ**ト, ス**パ**イスィ
（塩辛い）	**salé(e)** サレ	salty **ソ**ールティ
からかう **からかう** karakau	**se moquer** *de* ス モケ ドゥ	make fun of **メ**イク **ファ**ン オヴ

日	仏	英
がらくた **がらくた** garakuta	**camelote** *f.*, **bric-à-brac** *m.* カムロット，ブリカブラク	trash, garbage, Ⓑrubbish トラシュ, ガービヂ, ラビシュ
からくちの **辛口の** （酒など） karakuchino	**sec(sèche)** セック(セッシュ)	dry ドライ
（批評などが）	**sévère, acéré(e)** セヴェール，アセレ	harsh, sharp ハーシュ, シャープ
からす **カラス** karasu	**corbeau** *m.* コルボー	crow クロウ
がらす **ガラス** garasu	**verre** *m.* ヴェール	glass グラス
からだ **体** karada	**corps** *m.* コール	body バディ
（体格）	**physique** *m.*, **constitu-** **tion** *f.* フィジック，コンスティテュシオン	physique フィズィーク
からふるな **カラフルな** karafuruna	**multicolore** ミュルティコロール	colorful カラフル
かり **借り** kari	**dette** *f.*, **emprunt** *m.* デット，アンプラン	debt, loan デト, ロウン
かりいれ **借り入れ** kariire	**emprunt** *m.* アンプラン	borrowing バロウイング
かりうむ **カリウム** kariumu	**potassium** *m.* ポタシオム	potassium ポタスィアム
かりきゅらむ **カリキュラム** karikyuramu	**programme d'études** *m.* プログラム デテュード	curriculum カリキュラム
かりすま **カリスマ** karisuma	**charisme** *m.* カリスム	charisma カリズマ
かりの **仮の** karino	**temporaire, provisoire** タンポレール，プロヴィゾワール	temporary テンポレリ

日	仏	英
かりふらわー **カリフラワー** karifurawaa	**chou-fleur** *m.* シューフルール	cauliflower コーリフラウア
かりゅう **下流** karyuu	**aval** *m.*, **cours inférieur** *m.* アヴァル, クール アンフェリユール	downstream ダウンストリーム
かりる **借りる** kariru	**emprunter, louer** アンプランテ, ルエ	borrow, rent バロウ, レント
かる **刈る** （作物を） karu	**moissonner, récolter** モワソネ, レコルテ	reap, harvest リープ, ハーヴェスト
（髪を）	**couper, tailler** クペ, タイエ	cut, trim カト, トリム
かるい **軽い** karui	**léger(ère)** レジェ(-ジェール)	light, slight ライト, スライト
（気楽な）	**aisé(e), facile** エゼ, ファシル	easy イーズィ
かるしうむ **カルシウム** karushiumu	**calcium** *m.* カルシオム	calcium キャルスィアム
かるて **カルテ** karute	**fiche médicale** *f.* フィシュ メディカル	(medical) chart (メディカル) チャート
かるてっと **カルテット** karutetto	**quatuor** *m.* クワテュオール	quartet クウォーテト
かれ **彼** kare	**il** イル	he ヒー
（恋人）	**copain** *m.* コパン	boyfriend ボイフレンド
かれいな **華麗な** kareina	**magnifique, somp- tueux(se)** マニフィック, ソンプテュウー(ズ)	splendid, gorgeous スプレンディド, ゴーヂャス
かれー **カレー** karee	**curry** *m.*, **cari** *m.* キュリ, カリ	curry カーリ

日	仏	英
がれーじ **ガレージ** gareeji	**garage** *m.* ガラージュ	garage ガラージ
かれし **彼氏** kareshi	**copain** *m.* コパン	boyfriend ボイフレンド
かれら **彼ら** karera	**ils, eux** イル, ウー	they ゼイ
かれる **枯れる** kareru	**se flétrir** ス フレトリール	wither, die ウィザ, ダイ
かれんだー **カレンダー** karendaa	**calendrier** *m.* カランドリエ	calendar キャレンダ
かろう **過労** karou	**surmenage** *m.* シュールムナージュ	overwork オウヴァワーク
がろう **画廊** garou	**galerie d'art** *f.* ガルリ ダール	art gallery アート ギャラリ
かろうじて **辛うじて** karoujite	**à peine** ア ペーヌ	barely ベアリ
かろりー **カロリー** karorii	**calorie** *f.* カロリ	calorie キャロリ
かわ **川** kawa	**rivière** *f.*, **fleuve** *m.* リヴィエール, フルーヴ	river リヴァ
かわ **皮**　　（果皮） kawa	**pelure** *f.*, **épluchure** *f.* プリュール, エプリュシュール	peel ピール
（樹皮）	**écorce** *f.* エコルス	bark バーク
（皮膚）	**peau** *f.* ポー	skin スキン
（毛皮）	**fourrure** *f.* フリュール	fur ファー
かわ **革** kawa	**cuir** *m.* キュイール	leather レザ

日	仏	英
がわ **側** gawa	**côté** *m.* コテ	side **サ**イド
かわいい **可愛い** kawaii	**mignon(*ne*), joli(*e*)** ミニョン(·ヌ), ジョリ	cute **キュ**ート
かわいがる **可愛がる** kawaigaru	**aimer, chérir** エメ, シェリール	love, cherish **ラ**ヴ, **チェ**リシュ
かわいそうな **可哀相な** kawaisouna	**pauvre, pitoyable** ポーヴル, ピトワイヤーブル	poor, pitiable **プ**ア, **ピ**ティアブル
かわかす **乾かす** kawakasu	**sécher, dessécher** セシェ, デセシェ	dry ド**ラ**イ
かわく **乾く** kawaku	**sécher, se dessécher** セシェ, ス デセシェ	dry (up) ド**ラ**イ (**ア**プ)
かわく **渇く** （喉が） kawaku	**avoir soif** アヴォワール ソワフ	(become) thirsty (ビカム) **サ**ースティ
かわせ **為替** kawase	**mandat** *m.*, **virement** *m.* マンダ, ヴィルマン	money order **マ**ニ **オ**ーダ
～レート	**taux de change** *m.* トードゥ シャンジュ	exchange rate イクス**チェ**インヂ **レ**イト
かわりに **代わりに** kawarini	**à la place** *de* ア ラ プラス ドゥ	instead of, for インス**テ**ド オヴ, **フォ**ー
かわる **代わる** kawaru	**remplacer** ランプラセ	replace リプ**レ**イス
かわる **変わる** kawaru	**changer, devenir** シャンジェ, ドゥヴニール	change, turn into **チェ**インヂ, **タ**ーン イントゥ
かん **勘** kan	**intuition** *f.* アンテュイシオン	intuition インテュ**イ**ション
かん **缶** kan	**canette** *f.*, **boîte** *f.* カネット, ボワット	can, tin **キャ**ン, **ティ**ン
がん **癌** gan	**cancer** *m.* カンセール	cancer **キャ**ンサ

日	仏	英
かんえん **肝炎** kan-en	**hépatite** *f.* エパティト	hepatitis ヘパ**タ**イティス
がんか **眼科** ganka	**ophtalmologie** *f.* オフタルモロジー	ophthalmology アフサル**マ**ロヂ
かんがえ **考え** kangae	**pensée** *f.* パンセ	thought, thinking **ソ**ート, **ス**ィンキング
(アイディア)	**idée** *f.* イデ	idea アイ**ディ**ーア
(意見)	**avis** *m.*, **opinion** *f.* アヴィ, オピニオン	opinion オ**ピ**ニョン
かんがえる **考える** kangaeru	**penser** パンセ	think **ス**ィンク
かんかく **感覚** kankaku	**sens** *m.*, **sensation** *f.* サンス, サンサシオン	sense, feeling **セ**ンス, **フィ**ーリング
かんかく **間隔** kankaku	**espace** *m.*, **intervalle** *m.* エスパス, アンテルヴァル	space, interval スペイス, **イ**ンタヴァル
かんかつ **管轄** kankatsu	**ressort** *m.*, **juridiction** *f.* ルソール, ジュリディクシオン	jurisdiction of デュアリス**ディ**クション オヴ
かんがっき **管楽器** kangakki	**instrument à vent** *m.* アンストリュマン ア ヴァン	wind instrument **ウィ**ンド **イ**ンストルメント
かんきする **換気する** kankisuru	**ventiler, aérer** ヴァンティレ, アエレ	ventilate **ヴェ**ンティレイト
かんきつるい **柑橘類** kankitsurui	**agrume** *m.* アグリュム	citrus fruit **ス**ィトラス フ**ル**ート
かんきゃく **観客** kankyaku	**specta*teur*(*trice*)** *m.f.* スペクタトゥール(-トリス)	spectator スペク**テ**イタ
～席	**place assise** *f.*, **gradin** *m.* プラス アシーズ, グラダン	seat, stand ス**ィ**ート, ス**タ**ンド

日	仏	英
かんきょう **環境** kankyou	**environnement** *m.*, **milieu** *m.* アンヴィロヌマン, ミリユー	environment インヴァイアロンメント
かんきり **缶切り** kankiri	**ouvre-boîte** *m.* ウーヴルボワット	can opener **キャン** オウプナ
かんきん **監禁** kankin	**réclusion** *f.* レクリュジオン	confinement コンファインメント
がんきん **元金** gankin	**capital** *m.* カピタル	principal, capital プリンスィパル, **キャ**ピタル
かんけい **関係** kankei	**relation** *f.*, **rapport** *m.* ルラシオン, ラポール	relation, relation-ship リ**レ**イション, リ**レ**イションシプ
～する	**avoir un lien** *avec* アヴォワール アン リアン アヴェク	(be) related to (ビ) リ**レ**イテド トゥ
～する（かかわる）	**(être) impliqué(e)** *dans* (エートル) アンプリケ ダン	(be) involved in (ビ) イン**ヴァ**ルヴド イン
かんげいする **歓迎する** kangeisuru	**faire bon accueil** *à* フェール ボン ナクイユ ア	welcome **ウェ**ルカム
かんげきする **感激する** kangekisuru	**s'émouvoir** セムヴォワール	(be) deeply moved by (ビ) **ディ**ープリ **ム**ーヴド バイ
かんけつする **完結する** kanketsusuru	**s'achever** サシュヴェ	finish **フィ**ニシュ
かんけつな **簡潔な** kanketsuna	**concis(e)** コンシ(-シーズ)	brief, concise ブリーフ, コン**サ**イス
かんげんがく **管弦楽** kangengaku	**musique d'orchestre** *f.* ミュジック ドルケストル	orchestral music オー**ケ**ストラル **ミュ**ーズィク
かんご **看護** kango	**soin** *m.* ソワン	nursing **ナ**ースィング
～師	**infirmier(ère)** *m.f.* アンフィルミエ(-エール)	nurse **ナ**ース

日	仏	英
～する	soigner ソワニェ	nurse ナース
かんこう 観光 kankou	tourisme *m.* トゥーリスム	sightseeing サイトスィーイング
～客	touriste *m.f.* トゥーリスト	tourist トゥアリスト
かんこうちょう 官公庁 kankouchou	administration *f.* アドミニストラシオン	government offices ガヴァンメント オーフィセズ
かんこうへん 肝硬変 kankouhen	cirrhose *f.* シローズ	cirrhosis スィロウスィス
かんこく 韓国 kankoku	Corée du Sud *f.* コレ デュ シュッド	South Korea サウス コリーア
～語	coréen *m.* コレアン	Korean コリーアン
がんこな 頑固な gankona	têtu(e), obstiné(e) テテュ, オプスティネ	stubborn, obstinate スタボン, アブスティネト
かんさ 監査 kansa	inspection *f.* アンスペクシオン	inspection インスペクション
かんさつ 観察 kansatsu	observation *f.* オプセルヴァシオン	observation アブザヴェイション
～する	observer オプセルヴェ	observe オブザーヴ
かんさんする 換算する kansansuru	convertir コンヴェルティール	convert コンヴァート
かんし 冠詞 kanshi	article *m.* アルティクル	article アーティクル
かんし 監視 kanshi	surveillance *f.* シュルヴェイアンス	surveillance サヴェイランス

日	仏	英
感じ kanji	**sensation** *f.*, **sentiment** *m.* サンサシオン, サンティマン	feeling フィーリング
（印象）	**impression** *f.* アンプレシオン	impression インプレション
漢字 kanji	**caractère chinois** *m.*, **si-nogramme** *m.* カラクテール シノワ, シノグラム	Chinese character チャイニーズ キャラクタ
感謝 kansha	**remerciement** *m.* ルメルシマン	thanks, apprecia-tion サンクス, アプリーシエイション
～する	**remercier** ルメルシエ	thank サンク
患者 kanja	**patient(e)** *m.f.*, **malade** *m.f.* パシアン(ト), マラッド	patient, case ペイシェント, ケイス
観衆 kanshuu	**public** *m.*, **assistance** *f.* ピュブリック, アシスタンス	spectators, audi-ence スペクテイタズ, オーディエンス
感受性 kanjusei	**sensibilité** *f.* サンシビリテ	sensibility センスィビリティ
願書 gansho	**demande** *f.* ドゥマンド	application form アプリケイション フォーム
感傷 kanshou	**sentimentalisme** *m.* サンティマンタリスム	sentiment センティメント
感情 kanjou	**sentiment** *m.*, **émotion** *f.* サンティマン, エモシオン	feeling, emotion フィーリング, イモウション
（情熱）	**passion** *f.* パシオン	passion パション
勘定 kanjou （計算）	**compte** *m.*, **calcul** *m.* コント, カルキュル	calculation キャルキュレイション
（支払い）	**paiement** *m.* ペマン	payment ペイメント

日	仏	英
（請求書）	**addition** *f.* アディシオン	bill, check, Ⓑcheque ビル, チェク, チェク
かんしょうする **干渉する** kanshousuru	**intervenir, interférer** アンテルヴニール, アンテルフェレ	interfere インタフィア
かんしょうする **鑑賞する** kanshousuru	**apprécier, estimer** アプレシエ, エスティメ	appreciate アプリーシエイト
がんじょうな **頑丈な** ganjouna	**fort(e), robuste** フォール(フォルト), ロビュスト	strong, stout ストロング, スタウト
かんじる **感じる** kanjiru	**sentir, éprouver** サンティール, エプルヴェ	feel フィール
かんしん **関心** kanshin	**intérêt** *m.* アンテレ	concern, interest コンサーン, インタレスト
かんしんする **感心する** kanshinsuru	**admirer** アドミレ	admire アドマイア
かんしんな **感心な** kanshinna	**admirable** アドミラーブル	admirable アドミラブル
かんじんな **肝心な** kanjinna	**important(e), essentiel(le)** アンポルタン(ト), エサンシエル	important, essen- tial インポータント, イセンシャル
かんすう **関数** kansuu	**fonction** *f.* フォンクシオン	function ファンクション
かんせい **完成** kansei	**achèvement** *m.* アシェヴマン	completion コンプリーション
～する	**achever, accomplir** アシュヴェ, アコンプリール	complete, accom- plish コンプリート, アカンプリシュ
かんせい **歓声** kansei	**cri de joie** *m.* クリ ドゥ ジョワ	shout of joy シャウト オヴ チョイ
かんぜい **関税** kanzei	**douane** *f.* ドゥワーヌ	customs, duty カスタムズ, デューティ

日	仏	英
かんせつ **関節** kansetsu	**articulation** *f.* アルティキュラシオン	joint **チョ**イント
かんせつの **間接の** kansetsuno	**indirect(e)** アンディレクト	indirect インディ**レ**クト
かんせん **感染** kansen	**infection** *f.*, **contagion** *f.* アンフェクシオン, コンタジオン	infection, contagion イン**フェ**クション, コン**テ**イヂョン
かんせんする **観戦する** kansensuru	**assister à un match** アシステ ア アン マッチ	watch a game **ワ**チ ア **ゲ**イム
かんせんどうろ **幹線道路** kansendouro	**artère** *f.* アルテール	highway **ハ**イウェイ
かんぜんな **完全な** kanzenna	**parfait(e)** パルフェ(ット)	perfect **パ**ーフィクト
かんそう **感想** kansou	**pensée** *f.*, **impression** *f.* パンセ, アンプレシオン	thoughts, impressions **ソ**ーツ, インプ**レ**ションズ
かんぞう **肝臓** kanzou	**foie** *m.* フォワ	liver **リ**ヴァ
かんそうき **乾燥機** kansouki	**sèche-linge** *m.* セッシュランジュ	dryer **ド**ライア
かんそうきょく **間奏曲** kansoukyoku	**intermezzo** *m.* アンテルメゾ	intermezzo インタ**メ**ッツォウ
かんそうする **乾燥する** kansousuru	**sécher** セシェ	dry ド**ラ**イ
かんそく **観測** kansoku	**observation** *f.* オプセルヴァシオン	observation アブザ**ヴェ**イション
〜する	**observer** オプセルヴェ	observe オブ**ザ**ーヴ
かんそな **簡素な** kansona	**simple** サンプル	simple ス**ィ**ンプル

日	仏	英
かんだいな **寛大な** kandaina	**généreux(se)** ジェネルー(ズ)	generous チェネラス
がんたん **元旦** gantan	**jour de l'an** *m.* ジュール ドゥ ラン	New Year's Day ニュー イアズ デイ
かんたんする **感嘆する** kantansuru	**admirer** アドミレ	admire アドマイア
かんたんな **簡単な** kantanna	**simple, facile** サンプル, ファシル	simple, easy スィンプル, イーズィ
かんちがいする **勘違いする** kanchigaisuru	**confondre** コンフォンドル	mistake ミステイク
かんちょう **官庁** kanchou	**administration** *f.* アドミニストラシオン	government offices ガヴァンメント オーフィセズ
かんちょう **干潮** kanchou	**marée descendante** *f.* マレ デサンダント	low tide ロウ タイド
かんづめ **缶詰** kanzume	**conserve** *f.* コンセルヴ	canned food, ®tinned food キャンド フード, ティンド フード
かんてい **官邸** kantei	**résidence officielle** *f.* レジダンス オフィシエル	official residence オフィシャル レズィデンス
かんてい **鑑定** kantei	**expertise** *f.* エクスペルティズ	expert opinion エクスパート オピニョン
かんてん **観点** kanten	**point de vue** *m.* ポワン ドゥ ヴュ	viewpoint ヴューポイント
かんでんち **乾電池** kandenchi	**pile** *f.*, **pile saline** *f.* ピル, ピル サリヌ	dry cell, battery ドライ セル, バタリ
かんどう **感動** kandou	**impression** *f.*, **émotion** *f.* アンプレシオン, エモシオン	impression, emotion インプレション, イモウション
〜する	**(être) ému(e) par** (エートル) エミュ パール	(be) moved by (ビ) ムーヴド バイ

日	仏	英
〜的な	**impressionnant(e)** アンプレシオナン(ト)	impressive インプレスィヴ
かんとうし **間投詞** kantoushi	**interjection** *f.* アンテルジェクシオン	interjection インタチェクション
かんとく **監督**　（スポーツの） kantoku	**entraîneur(se)** *m.f.* アントレヌール(- ズ)	manager マニチャ
（映画の）	**réalisateur(trice)** *m.f.* レアリザトゥール(- トリス)	director ディレクタ
（取り締まること）	**surveillance** *f.* シュルヴェイアンス	supervision スーパヴィジャン
〜する	**surveiller, diriger** シュルヴェイエ, ディリジェ	supervise スーパヴァイズ
かんな **鉋** kanna	**rabot** *m.* ラボ	plane プレイン
かんにんぐ **カンニング** kanningu	**tricherie** *f.* トリシュリ	cheating チーティング
かんぬし **神主** kannushi	**prêtre shinto** *m.* プレトル シント	Shinto priest シントウ プリースト
かんねん **観念** kannen	**idée** *f.*, **concept** *m.* イデ, コンセプト	idea, conception アイディーア, コンセプション
かんぱ **寒波** kanpa	**vague de froid** *f.* ヴァーグ ドゥ フロワ	cold wave コウルド ウェイヴ
かんぱい **乾杯** kanpai	**toast** *m.* トースト	toast トウスト
かんばつ **干ばつ** kanbatsu	**sécheresse** *f.* セッシュレス	drought ドラウト
がんばる **頑張る** ganbaru	**travailler dur** トラヴァイエ デュール	work hard ワーク ハード
（持ちこたえる）	**tenir bon** トゥニール ボン	hold out ホウルド アウト

日	仏	英
(主張する)	**insister** *pour* アンシステ プール	insist on イン**スィ**スト **オ**ン
かんばん **看板** kanban	**enseigne** *f.* アンセーニュ	billboard, sign-board **ビ**ルボード, **サ**インボード
かんびょうする **看病する** kanbyousuru	**soigner, donner des soins** *à* ソワニェ, ドネ デ ソワン ア	nurse, look after **ナ**ース, **ル**ク **ア**フタ
かんぶ **幹部** kanbu	**direction** *f.* ディレクシオン	management **マ**ニヂメント
かんぺきな **完璧な** kanpekina	**parfait(e)** パルフェ(ット)	flawless, perfect **フ**ローレス, **パ**ーフェクト
がんぼう **願望** ganbou	**désir** *m.*, **souhait** *m.* デジール, スエ	wish, desire **ウィ**シュ, ディ**ザ**イア
かんぼじあ **カンボジア** kanbojia	**Cambodge** *m.* カンボジュ	Cambodia キャン**ボ**ウディア
かんゆうする **勧誘する** kan-yuusuru	**solliciter** ソリシテ	solicit, canvass ソ**リ**スィト, **キャ**ンヴァス
かんようく **慣用句** kan-youku	**locution** *f.*, **expression idiomatique** *f.* ロキュシオン, エクスプレシオン イディオマティク	idiom **イ**ディオム
かんような **寛容な** kan-youna	**tolérant(e), généreux(se)** トレラン(ト), ジェネルー(ズ)	tolerant, generous **タ**ララント, **ヂェ**ネラス
かんよする **関与する** kan-yosuru	**participer** *à* パルティシペ ア	participate パー**ティ**スィペイト
かんりする **管理する** (運営する) kanrisuru	**gérer** ジェレ	manage **マ**ニヂ
(統制する)	**contrôler** コントロレ	control コント**ロ**ウル
(保管する)	**se charger** *de* ス シャルジェ ドゥ	take charge of **テ**イク **チャ**ーヂ オヴ

日	仏	英
かんりゅう 寒流 kanryuu	**courant froid** *m*. クラン フロワ	cold current コウルド カーレント
かんりょう 完了 kanryou	**achèvement** *m*. アシェヴマン	completion コンプリーション
～する	**achever, accomplir** アシュヴェ, アコンプリール	finish, complete フィニシュ, コンプリート
（文法上の）	**parfait** *m*. パルフェ	perfect form パーフェクト フォーム
かんりょうしゅぎ 官僚主義 kanryoushugi	**bureaucratie** *f*. ビュロクラシ	bureaucratism ビュアロクラティズム
かんれい 慣例 kanrei	**coutume** *f*., **usage** *m*. クテューム, ユザージュ	custom, convention カスタム, コンヴェンション
かんれん 関連 kanren	**relation** *f*., **rapport** *m*. ルラシオン, ラポール	relation, connection リレイション, コネクション
～する	**avoir un lien** *avec* アヴォワール アン リアン アヴェク	(be) related to (ビ) リレイテド トゥ
かんろく 貫禄 kanroku	**dignité** *f*. ディニテ	dignity ディグニティ
かんわする 緩和する kanwasuru	**soulager, assouplir** スラジェ, アスプリール	ease, relieve イーズ, リリーヴ

き, キ

日	仏	英
き 木 ki	**arbre** *m*. アルブル	tree トリー
（木材）	**bois** *m*. ボワ	wood ウド
ぎあ ギア gia	**embrayage** *m*., **dérailleur** *m*. アンブレイアージュ, デライユール	gear ギア

日	仏	英

きあつ
気圧
kiatsu
pression atmosphérique *f.*
プレシオン アトモスフェリック
atmospheric pressure
アトモスフェリク プレシャ

きー
キー
kii
clé *f.*, **clef** *f.*
クレ, クレ
key
キー

きーぼーど
キーボード
kiiboodo
clavier *m.*
クラヴィエ
keyboard
キーボード

きーほるだー
キーホルダー
kiihorudaa
porte-clefs *m.*
ポルトクレ
key ring
キー リング

きいろ
黄色
kiiro
jaune *m.*
ジョーヌ
yellow
イェロウ

きーわーど
キーワード
kiiwaado
mot-clé *m.*
モクレ
key word
キー ワード

ぎいん
議員
giin
membre d'une assemblée *m.*
マンブル デュヌ アサンブレ
member of an assembly
メンバ オヴ アン アセンブリ

きえる
消える （消滅する）
kieru
disparaître
ディスパレートル
vanish, disappear
ヴァニシュ, ディサピア

（火や明かりが）
s'éteindre
セタンドル
go out
ゴウ アウト

ぎえんきん
義援金
gienkin
don *m.*
ドン
donation, contribution
ドウネイション, カントリビューション

きおく
記憶
kioku
mémoire *f.*, **souvenir** *m.*
メモワール, スヴニール
memory
メモリ

～する
retenir, se souvenir
ルトゥニール, ス スヴニール
memorize, remember
メモライズ, リメンバ

きおん
気温
kion
température *f.*
タンペラテュール
temperature
テンパラチャ

きか
幾何
kika
géométrie *f.*
ジェオメトリー
geometry
ヂーアメトリ

日	仏	英
きかい **機会** kikai	**occasion** *f.* オカジオン	opportunity, chance アポテューニティ, **チャ**ンス
きかい **機械** kikai	**machine** *f.*, **appareil** *m.* マシーヌ, アパレイユ	machine, apparatus マ**シー**ン, ア**パ**ラタス
～工学	**mécanique** *f.* メカニック	mechanical engineering ミ**キャ**ニカル エンヂ**ニ**アリング
ぎかい **議会** gikai	**assemblée** *f.*, **parlement** *m.* アサンブレ, パルルマン	Congress, ⑧Parliament **カ**ングレス, **パー**ラメント
きがえ **着替え** kigae	**changement de vêtements** *m.* シャンジュマン ドゥ ヴェトマン	change of clothes **チェ**インヂ オヴ ク**ロ**ウズ
きかく **企画** kikaku	**plan** *m.*, **projet** *m.* プラン, プロジェ	plan, project プ**ラ**ン, プ**ラ**ヂェクト
～する	**planifier** プラニフィエ	make a plan メイク ア プ**ラ**ン
きかざる **着飾る** kikazaru	**s'apprêter, se pomponner** サプレテ, ス ポンポネ	dress up ドレス **ア**プ
きがつく　（わかる） **気が付く** kigatsuku	**remarquer, se rendre compte** *de* ルマルケ, ス ランドル コント ドゥ	notice, become aware **ノ**ウティス, ビ**カ**ム ア**ウェ**ア
（意識が戻る）	**reprendre connaissance** ルプランドル コネサンス	come to oneself, regain consciousness カム トゥ, リ**ゲ**イン **カ**ンシャスネス
（注意が行き届く）	**(être) attentif(ve)** (エートル) アタンティフ(-ヴ)	(be) attentive (ビ) ア**テ**ンティヴ
きがるな **気軽な** kigaruna	**insouciant(e), léger(ère)** アンスシアン(ト), レジェ(-ジェール)	lighthearted **ラ**イトハーテド
きかん **期間** kikan	**période** *f.*, **durée** *f.* ペリオド, デュレ	period, term **ピ**アリオド, **ター**ム
きかん　（機械・装置） **機関** kikan	**moteur** *m.*, **machine** *f.* モトゥール, マシーヌ	engine, machine **エ**ンヂン, マ**シー**ン

日	仏	英
（組織・機構）	**organisation** *f.*, **institution** *f.* オルガニザシオン, アンスティテュシオン	organ, institution **オー**ガン, インスティ**テュー**ション
きかんし **気管支** kikanshi	**bronche** *f.* ブロンシュ	bronchus ブラン**カ**ス
〜炎	**bronchite** *f.* ブロンシット	bronchitis ブラン**カ**イティス
きかんしゃ **機関車** kikansha	**locomotive** *f.* ロコモティヴ	locomotive ロウコ**モ**ウティヴ
きかんじゅう **機関銃** kikanjuu	**mitrailleuse** *f.* ミトライユーズ	machine gun マ**シー**ン **ガ**ン
きき **危機** kiki	**crise** *f.* クリーズ	crisis ク**ラ**イスィス
ききめ **効き目** kikime	**effet** *m.*, **efficacité** *f.* エフェ, エフィカシテ	effect, efficacy イ**フェ**クト, **エ**フィカスィ
ききゅう **気球** kikyuu	**ballon** *m.*, **montgolfière** *f.* バロン, モンゴルフィエール	balloon バ**ルー**ン
きぎょう **企業** kigyou	**entreprise** *f.* アントルプリーズ	enterprise **エ**ンタプライズ
きぎょうか **起業家** kigyouka	**entrepreneur(se)** *m.f.* アントルプルヌール(- ズ)	entrepreneur アーントレプレ**ナ**ー
ぎきょく **戯曲** gikyoku	**pièce** *f.*, **drame** *m.* ピエス, ドラム	drama, play ド**ラ**ーマ, プ**レ**イ
ききん **基金** kikin	**fonds** *m.* フォン	fund **ファ**ンド
ききん **飢饉** kikin	**famine** *f.*, **disette** *f.* ファミーヌ, ディゼット	famine **ファ**ミン
ききんぞく **貴金属** kikinzoku	**métal précieux** *m.* メタル プレシュー	precious metals プ**レ**シャス **メ**トルズ

日	仏	英
<ruby>効<rt>きく</rt></ruby>く kiku	**faire effet, agir** *sur* フェール エフェ, アジール シュール	have an effect on ハヴ アン イフェクト オン
<ruby>聞<rt>きく</rt></ruby>く kiku	**entendre** アンタンドル	hear ヒア
（尋ねる）	**demander** ドゥマンデ	ask, inquire アスク, インクワイア
<ruby>聴<rt>きく</rt></ruby>く kiku	**écouter** エクテ	listen to リスン トゥ
<ruby>気配り<rt>きくばり</rt></ruby> kikubari	**prévenance** *f.*, **attention** *f.* プレヴナンス, アタンシオン	care, consideration ケア, コンスィダレイション
<ruby>喜劇<rt>きげき</rt></ruby> kigeki	**comédie** *f.* コメディー	comedy カメディ
<ruby>危険<rt>きけん</rt></ruby> kiken	**danger** *m.*, **risque** *m.* ダンジェ, リスク	danger, risk デインヂャ, リスク
〜な	**dangereux(se), risqué(e)** ダンジュルー(ズ), リスケ	dangerous, risky デインヂャラス, リスキ
<ruby>期限<rt>きげん</rt></ruby> kigen	**terme** *m.*, **date limite** *f.* テルム, ダット リミット	term, deadline ターム, デドライン
<ruby>機嫌<rt>きげん</rt></ruby> kigen	**humeur** *f.*, **disposition** *f.* ユムール, ディスポジシオン	humor, mood, ⑧humour ヒューマ, ムード, ヒューマ
<ruby>紀元<rt>きげん</rt></ruby> kigen	**ère** *f.* エール	era イアラ
<ruby>起源<rt>きげん</rt></ruby> kigen	**origine** *f.*, **source** *f.* オリジヌ, スルス	origin オーリヂン
<ruby>気候<rt>きこう</rt></ruby> kikou	**climat** *m.*, **temps** *m.* クリマ, タン	climate, weather クライメト, ウェザ
<ruby>記号<rt>きごう</rt></ruby> kigou	**marque** *f.*, **signe** *m.* マルク, シーニュ	mark, sign マーク, サイン

日	仏	英
きこえる **聞こえる** kikoeru	**entendre** アンタンドル	hear ヒア
きこく **帰国** kikoku	**retour au pays** *m.* ルトゥール オ ペイ	homecoming ホウムカミング
〜する	**rentrer au pays** ラントレ オ ペイ	return home リターン ホウム
ぎこちない **ぎこちない** gikochinai	**gauche, maladroit(*e*)** ゴーシュ, マラドロワ(ット)	awkward, clumsy オークワド, クラムズィ
きこんの **既婚の** kikonno	**marié(*e*)** マリエ	married マリド
ぎざぎざの **ぎざぎざの** gizagizano	**dentelé(*e*)** ダントレ	serrated サレイテド
きさくな **気さくな** kisakuna	**franc(*che*)** フラン(シュ)	frank フランク
きざし **兆し** kizashi	**signe** *m.*, **indice** *m.* シーニュ, アンディス	sign, indication サイン, インディケイション
きざな **きざな** kizana	**affecté(*e*)** アフェクテ	affected アフェクテド
きざむ **刻む** kizamu	**couper** クペ	cut カト
(肉・野菜を)	**hacher** アシェ	grind, mince グラインド, ミンス
きし **岸** kishi	**rive** *f.*, **côte** *f.* リーヴ, コート	bank, shore バンク, ショー
きじ **雉** kiji	**faisan(*e*)** *m.f.* フザン(·ヌ)	pheasant フェザント
きじ **記事** kiji	**article** *m.* アルティクル	article アーティクル
ぎし **技師** gishi	**ingénieur** *m.* アンジェニュール	engineer エンヂニア

日	仏	英
ぎじ **議事** giji	**débats** *m.pl.* デバ	proceedings プロスィーディングズ
ぎしき **儀式** gishiki	**cérémonie** *f.*, **rites** *m.pl.* セレモニ, リット	ceremony, rites セレモウニ, ライツ
きじつ **期日** kijitsu	**date** *f.*, **délai** *m.* ダット, デレ	date, time limit デイト, タイム リミト
きしゃ **汽車** kisha	**train** *m.* トラン	train トレイン
きしゅ **騎手** kishu	**cavalier(ère)** *m.f.*, **jockey** *m.* カヴァリエ(-エール), ジョケ	rider, jockey ライダ, チャキ
きじゅつ **記述** kijutsu	**description** *f.* デスクリプシオン	description ディスクリプション
～する	**décrire** デクリール	describe ディスクライブ
ぎじゅつ **技術** gijutsu	**technique** *f.*, **technologie** *f.* テクニック, テクノロジー	technique, tech-nology テクニーク, テクナロヂ
～提携	**coopération technique** *f.* コオペラシオン テクニック	technical coopera-tion テクニカル コウアペレイション
きじゅん **基準** kijun	**standard** *m.*, **critère** *m.* スタンダール, クリテール	standard, basis スタンダド, ベイスィス
きじゅん **規準** kijun	**norme** *f.*, **règle** *f.* ノルム, レーグル	standard スタンダド
きしょう **気象** kishou	**temps** *m.*, **météorologie** *f.* タン, メテオロロジー	weather, meteorol-ogy ウェザ, ミーティアラロヂ
きす **キス** kisu	**baiser** *m.* ベゼ	kiss キス
きず **傷** kizu	**blessure** *f.*, **plaie** *f.* ブレシュール, プレ	wound, injury ウーンド, インヂャリ

日	仏	英
（心の）	**traumatisme** *m.* トロマティスム	trauma トラウマ
（品物の）	**défaut** *m.* デフォー	flaw フロー
きすう **奇数** kisuu	**nombre impair** *m.* ノンブル アンペール	odd number アド ナンバ
きずく **築く** kizuku	**bâtir, construire** バティール, コンストリュイール	build, construct ビルド, コンストラクト
きずつく **傷付く** kizutsuku	**se blesser** ス ブレセ	(be) wounded (ビ) ウーンデド
きずつける **傷付ける** kizutsukeru	**blesser** ブレセ	wound, injure ウーンド, インヂャ
（心を）	**blesser** ブレセ	hurt ハート
きずな **絆** kizuna	**lien** *m.* リアン	bond, tie バンド, タイ
ぎせい **犠牲** gisei	**sacrifice** *m.* サクリフィス	sacrifice サクリファイス
～者	**victime** *f.* ヴィクティム	victim ヴィクティム
きせいちゅう **寄生虫** kiseichuu	**parasite** *m.* パラジット	parasite パラサイト
きせいの **既成の** kiseino	**accompli(e)** アコンプリ	accomplished アカンプリシュト
きせき **奇跡** kiseki	**miracle** *m.* ミラクル	miracle ミラクル
～的な	**miraculeux(se)** ミラキュルー(ズ)	miraculous ミラキュラス
きせつ **季節** kisetsu	**saison** *f.* セゾン	season スィーズン

日	仏	英
きぜつする **気絶する** kizetsusuru	**s'évanouir** セヴァヌイール	faint, swoon **フェ**イント, ス**ウー**ン
きせる **着せる** kiseru	**habiller** アビエ	dress ド**レ**ス
(罪を)	**imputer** à アンピュテ ア	lay on, accuse **レ**イ オン, ア**キュー**ズ
ぎぜん **偽善** gizen	**hypocrisie** *f.* イポクリジ	hypocrisy ヒ**パ**クリスィ
～的な	**hypocrite** イポクリト	hypocritical ヒポ**クリ**ティカル
きそ **基礎** kiso	**base** *f.*, **fondations** *f.pl.* バーズ, フォンダスィオン	base, foundation **ベ**イス, ファウン**デ**イション
～的な	**fondamental(e)** フォンダマンタル	fundamental, basic ファンダ**メ**ントル, **ベ**イスィク
きそ **起訴** kiso	**accusation** *f.* アキュザスィオン	prosecution プラスィ**キュー**ション
～する	**poursuivre** プルスイーヴル	prosecute **プラ**スィキュート
きそう **競う** kisou	**rivaliser** リヴァリゼ	compete コン**ピー**ト
きぞう **寄贈** kizou	**don** *m.* ドン	donation ドウ**ネ**イション
ぎそう **偽装** gisou	**camouflage** *m.* カムフラージュ	camouflage **キャ**モフラージュ
ぎぞうする **偽造する** gizousuru	**contrefaire** コントルフェール	forge **フォー**ヂ
きそく **規則** kisoku	**règle** *f.*, **règlement** *m.* レーグル, レグルマン	rule, regulations **ルー**ル, レギュ**レ**イションズ
～的な	**régulier(ère)** レギュリエ(- エール)	regular, orderly **レ**ギュラ, **オー**ダリ

日	仏	英
きぞく **貴族** kizoku	**noble** *m.f.*, **aristocrate** *m.f.* ノーブル，アリストクラット	noble, aristocrat ノウブル，アリストクラット
ぎそく **義足** gisoku	**jambe artificielle** *f.* ジャンブ アルティフィシエル	artificial leg アーティ**フィ**シャル **レ**グ
きた **北** kita	**nord** *m.* ノール	north ノース
〜側	**côté nord** *m.* コテ ノール	north side ノース サイド
ぎたー **ギター** gitaa	**guitare** *f.* ギタール	guitar ギ**ター**
きたあめりか **北アメリカ** kitaamerika	**Amérique du Nord** *f.* アメリック デュ ノール	North America ノース ア**メ**リカ
きたい **期待** kitai	**attente** *f.*, **espérance** *f.* アタント，エスペランス	expectation エクスペク**テ**イション
〜する	**s'attendre** *à*, **espérer** サタンドル ア，エスペレ	expect イクス**ペ**クト
きたい **気体** kitai	**corps gazeux** *m.*, **gaz** *m.* コール ガズー，ガーズ	gas, vapor **ギャ**ス，**ヴェ**イパ
ぎだい **議題** gidai	**ordre du jour** *m.* オルドル デュ ジュール	agenda ア**チェ**ンダ
きたえる **鍛える** kitaeru	**entraîner** アントレネ	train ト**レ**イン
きたくする **帰宅する** kitakusuru	**rentrer chez** *soi* ラントレ シェ	return home, get home リ**ター**ン **ホ**ウム，ゲト **ホ**ウム
きたちょうせん **北朝鮮** kitachousen	**Corée du Nord** *f.* コレ デュ ノール	North Korea ノース コ**リー**ア
きたない **汚い** kitanai	**sale** サル	dirty, soiled **ダー**ティ，**ソ**イルド

日	仏	英
（金銭に）	**avare** アヴァール	stingy スティンヂ
きたはんきゅう **北半球** kitahankyuu	**hémisphère Nord** *m.* エミスフェール ノール	Northern Hemisphere ノーザン ヘミスフィア
きち **基地** kichi	**base** *f.* バーズ	base ベイス
きちょう **機長** kichou	**commandant(e)** *m.f.* コマンダン(ト)	captain キャプテン
ぎちょう **議長** gichou	**président(e)** *m.f.* プレジダン(ト)	chairperson チェアパースン
きちょうな **貴重な** kichouna	**précieux(se), de valeur** プレシユー(ズ), ドゥ ヴァルール	precious, valuable プレシャス, ヴァリュアブル
きちょうひん **貴重品** kichouhin	**objet de valeur** *m.* オブジェ ドゥ ヴァルール	valuables ヴァリュアブルズ
きちょうめんな **几帳面な** kichoumenna	**exact(e), scrupuleux(se)** エグザクト, スクリュピュルー(ズ)	exact, methodical イグザクト, メサディカル
きちんと **きちんと** kichinto	**exactement, précisément** エグザクトマン, プレシゼマン	exactly, accurately イグザクトリ, アキュレトリ
きつい **きつい** （窮屈な） kitsui	**serré(e)** セレ	tight タイト
（厳しい・激しい）	**dur(e), sévère** デュール, セヴェール	strong, hard ストロング, ハード
きつえん **喫煙** kitsuen	**action de fumer** *f.* アクシオン ドゥ フュメ	smoking スモウキング
きづかう **気遣う** kizukau	**s'inquiéter** *de* サンキエテ ドゥ	mind, worry マインド, ワーリ
きっかけ **きっかけ** （機会） kikkake	**occasion** *f.*, **opportunité** *f.* オカジオン, オポルテュニテ	chance, opportunity チャンス, アパテューニティ

日	仏	英
（手がかり）	**indice** *m.*, **piste** *f.* アンディス，ピスト	clue, trail クルー，トレイル
きづく **気付く** kizuku	**remarquer, s'apercevoir** *de* ルマルケ，サペルスヴォワール ドゥ	notice ノウティス
きっさてん **喫茶店** kissaten	**café** *m.*, **salon de thé** *m.* カフェ，サロン ドゥ テ	coffee shop, tea-room コーフィ シャプ，ティールーム
きっちん **キッチン** kicchin	**cuisine** *f.* キュイジーヌ	kitchen キチン
きって **切手** kitte	**timbre** *m.* タンブル	(postage) stamp, Ⓑ(postal) stamp (ポウスティヂ) スタンプ, (ポウストル) スタンプ
きっと **きっと** kitto	**sûrement, certainement** シュールマン，セルテヌマン	surely, certainly シュアリ，サートンリ
きつね **狐** kitsune	**renard** *m.* ルナール	fox ファクス
きっぷ **切符** kippu	**ticket** *m.*, **billet** *m.* ティケ，ビエ	ticket ティケト
きてい **規定** kitei	**règle** *f.* レーグル	regulations レギュレイションズ
きどう **軌道** kidou	**orbite** *f.*, **voie** *f.* オルビット，ヴォワ	orbit オービト
きとくの **危篤の** kitokuno	**grave, critique** グラーヴ，クリティック	critical クリティクル
きどる **気取る** kidoru	**poser, faire des façons** ポゼ，フェール デ ファソン	(be) affected (ビ) アフェクテド
きにいる **気に入る** kiniiru	**plaire** *à* プレール ア	(be) pleased with (ビ) プリーズド ウィズ
きにする **気にする** kinisuru	**s'inquiéter** *de* サンキエテ ドゥ	worry about ワーリ アバウト

日	仏	英
きにゅうする **記入する** kinyuusuru	**remplir** ランプリール	fill out, write in **フィル アウト**, **ライト イン**
きぬ **絹** kinu	**soie** *f.* ソワ	silk **スィ**ルク
きねん **記念** kinen	**commémoration** *f.* コメモラシオン	commemoration コメモ**レ**イション
～碑	**monument** *m.* モニュマン	monument **マ**ニュメント
～日	**journée commémorative** *f.* ジュルネ コメモラティヴ	memorial day, anniversary メ**モー**リアル **デ**イ, アニ**ヴァー**サリ
きのう **機能** kinou	**fonction** *f.* フォンクシオン	function **ファ**ンクション
きのう **昨日** kinou	**hier** イエール	yesterday **イェ**スタディ
ぎのう **技能** ginou	**habileté** *f.*, **aptitude** *f.* アビルテ, アプティテュード	skill ス**キ**ル
きのこ **茸** kinoko	**champignon** *m.* シャンピニョン	mushroom **マ**シュルーム
きのどくな **気の毒な** kinodokuna	**pitoyable, pauvre** ピトワイヤーブル, ポーヴル	pitiable, poor **ピ**ティアブル, **プ**ア
きばつな **奇抜な** kibatsuna	**original(e)** オリジナル	novel, original **ナ**ヴェル, オ**リ**ジナル
きばらし **気晴らし** kibarashi	**passe-temps** *m.* パスタン	pastime, diversion **パ**スタイム, ディ**ヴァー**ジョン
きばん **基盤** kiban	**base** *f.*, **fondement** *m.* バーズ, フォンドマン	base, foundation **ベ**イス, ファウン**デ**イション
きびしい **厳しい** kibishii	**sévère, strict(e)** セヴェール, ストリクト	severe, strict スィ**ヴィ**ア, スト**リ**クト

日	仏	英
きひん **気品** kihin	**distinction** *f.*, **grâce** *f.* ディスタンクシオン, グラース	grace, dignity グレイス, ディグニティ
きびんな **機敏な** kibinna	**agile, alerte** アジル, アレルト	smart, quick スマート, クウィック
きふ **寄付** kifu	**don** *m.* ドン	donation ドウネイション
〜する	**faire don** *à* フェール ドン ア	donate, contribute ドウネイト, コントリビュート
ぎふ **義父** gifu	**beau-père** *m.* ボーペール	father-in-law ファーザリンロー
きぶん **気分** kibun	**humeur** *f.*, **sentiment** *m.* ユムール, サンティマン	mood, feeling ムード, フィーリング
きぼ **規模** kibo	**échelle** *f.* エシェル	scale, size スケイル, サイズ
ぎぼ **義母** gibo	**belle-mère** *f.* ベルメール	mother-in-law マザリンロー
きぼう **希望** kibou	**espoir** *m.*, **espérance** *f.* エスポワール, エスペランス	hope, wish ホウプ, ウィシュ
〜する	**espérer, souhaiter** エスペレ, スエテ	hope, wish ホウプ, ウィシュ
きぼりの **木彫りの** kiborino	**sculpté(e) sur bois** スキュルテ シュール ボワ	wood carved ウド カーヴド
きほん **基本** kihon	**base** *f.*, **fondement** *m.* バーズ, フォンドマン	basis, standard ベイスィス, スタンダド
〜的な	**fondamental(e)** フォンダマンタル	basic, fundamental ベイスィク, ファンダメントル
きまえのよい **気前のよい** kimaenoyoi	**généreux(se)** ジェネルー(ズ)	generous ヂェネラス
きまぐれな **気まぐれな** kimagurena	**capricieux(se)** カプリシユー(ズ)	capricious カプリシャス

日	仏	英
きままな **気ままな** kimamana	**insouciant(e)** アンスシアン(ト)	carefree ケアフリー
きまり **決まり** kimari	**règle** *f.*, **règlement** *m.* レーグル, レグルマン	rule, regulation ルール, レギュレイション
きまる **決まる** kimaru	**se régler, se décider** ス レグレ, ス デシデ	(be) decided (ビ) ディサイデド
きみつ **機密** kimitsu	**secret** *m.* スクレ	secrecy, secret スィークレスィ, スィークレト
きみどりいろ **黄緑色** kimidoriiro	**vert jaunâtre** *m.* ヴェール ジョナートル	pea green ピー グリーン
きみょうな **奇妙な** kimyouna	**étrange, bizarre** エトランジュ, ビザール	strange ストレインヂ
ぎむ **義務** gimu	**devoir** *m.*, **obligation** *f.* ドゥヴォワール, オブリガシオン	duty, obligation デューティ, アブリゲイション
〜**教育**	**scolarité obligatoire** *f.* スコラリテ オブリガトワール	compulsory education コンパルソリ エデュケイション
きむずかしい **気難しい** kimuzukashii	**exigeant(e)** エグジジャン(ト)	hard to please ハード トゥ プリーズ
ぎめい **偽名** gimei	**faux nom** *m.* フォー ノン	pseudonym スューダニム
きめる **決める** kimeru	**fixer, décider, déterminer** フィクセ, デシデ, デテルミネ	fix, decide on フィクス, ディサイド オン
きもち **気持ち** kimochi	**émotion** *f.*, **sentiment** *m.* エモシオン, サンティマン	feeling フィーリング
ぎもん **疑問** gimon	**question** *f.*, **doute** *m.* ケスティオン, ドゥット	question, doubt クウェスチョン, ダウト
きゃく **客** (顧客) kyaku	**client(e)** *m.f.* クリアン(ト)	customer カスタマ

日	仏	英
（招待客）	**invité(e)** *m.f.* アンヴィテ	guest **ゲ**スト
（訪問者）	**visiteur(se)** *m.f.* ヴィジトゥール(-ズ)	caller, visitor **コー**ラ，**ヴィ**ズィタ
きゃく **規約** kiyaku	**accord** *m.*, **contrat** *m.* アコール，コントラ	agreement, contract アグ**リー**メント，**カ**ントラクト
ぎゃく **逆** gyaku	**contraire** *m.*, **opposé** *m.* コントレール，オポゼ	(the) contrary (ザ) **カ**ントレリ
ぎゃぐ **ギャグ** gyagu	**gag** *m.*, **blague** *f.* ガグ，ブラグ	gag, joke **ギャ**グ，**チョ**ウク
ぎゃくさつ **虐殺** gyakusatsu	**massacre** *m.* マサクル	massacre **マ**サカ
きゃくしつじょうむいん **客室乗務員** kyakushitsujoumuin	**steward** *m.*, **hôtesse de l'air** *f.* ステュワルド，オテス ドゥ レール	flight attendant フ**ラ**イト ア**テ**ンダント
ぎゃくしゅう **逆襲** gyakushuu	**contre-attaque** *f.* コントラタック	counterattack **カ**ウンタラタク
きゃくせん **客船** kyakusen	**paquebot** *m.* パクボ	passenger boat **パ**センチャ **ボ**ウト
ぎゃくたい **虐待** gyakutai	**mauvais traitements** *m.pl.* モヴェ トレトマン	abuse ア**ビュー**ス
ぎゃくてんする **逆転する** gyakutensuru	**se renverser, tourner** ス ランヴェルセ，トゥルネ	(be) reversed (ビ) リ**ヴァー**スト
ぎゃくの **逆の** gyakuno	**contraire, opposé(e)** コントレール，オポゼ	reverse, contrary リ**ヴァー**ス，**カ**ントレリ
きゃくほん **脚本** kyakuhon	**pièce** *f.*, **scénario** *m.* ピエス，セナリオ	play, drama, scenario プ**レ**イ，ド**ラー**マ，スィ**ネ**アリオウ
きゃしゃな **華奢な** kyashana	**fin(e), délicat(e)** ファン(フィヌ)，デリカ(ット)	delicate **デ**リケト

日	仏	英
きゃすと **キャスト** kyasuto	**distribution** *f.* ディストリビュシオン	cast **キャスト**
きゃっかんてきな **客観的な** kyakkantekina	**objectif(ve)** オブジェクティフ(-ヴ)	objective オブ**チェ**クティヴ
きゃっしゅかーど **キャッシュカード** kyasshukaado	**carte bancaire** *f.* カルト バンケール	bank card **バ**ンク **カ**ード
きゃっちふれーず **キャッチフレーズ** kyacchifureezu	**slogan** *m.* スロガン	catchphrase **キャ**チフレイズ
ぎゃっぷ **ギャップ** gyappu	**décalage** *m.* デカラージュ	gap **ギャ**プ
きゃばれー **キャバレー** kyabaree	**cabaret** *m.* カバレ	cabaret キャバ**レ**イ
きゃびあ **キャビア** kyabia	**caviar** *m.* カヴィアール	caviar **キャ**ヴィア
きゃべつ **キャベツ** kyabetsu	**chou** *m.* シュー	cabbage **キャ**ビヂ
ぎゃら **ギャラ** gyara	**garantie** *f.* ガランティ	guarantee ギャラン**ティ**ー
きゃらくたー **キャラクター** kyarakutaa	**caractère** *m.* カラクテール	character **キャ**ラクタ
ぎゃらりー **ギャラリー** gyararii	**galerie** *f.* ガルリ	gallery **ギャ**ラリ
きゃりあ　（経歴） **キャリア** kyaria	**carrière** *f.* カリエール	career カ**リ**ア
ぎゃんぐ **ギャング** gyangu	**gang** *m.*, **gangster** *m.* ギャング, ギャングステール	gang, gangster **ギャ**ング, **ギャ**ングスタ
きゃんせるする **キャンセルする** kyanserusuru	**annuler** アニュレ	cancel **キャ**ンセル
きゃんせるまち **キャンセル待ち** kyanserumachi	**liste d'attente** *f.* リスト ダタント	standby ス**タ**ンドバイ

日	仏	英
きゃんぷ **キャンプ** kyanpu	**camping** *m.*, **camp** *m.* カンピング, カン	camp **キャ**ンプ
ぎゃんぶる **ギャンブル** gyanburu	**jeu** *m.*, **pari** *m.* ジュー, パリ	gambling **ギャ**ンブリング
きゃんぺーん **キャンペーン** kyanpeen	**campagne** *f.* カンパーニュ	campaign キャン**ペ**イン
きゅう **九** kyuu	**neuf** ヌフ	nine **ナ**イン
きゅう **級** kyuu	**classe** *f.*, **degré** *m.* クラース, ドゥグレ	class, grade ク**ラ**ス, グ**レ**イド
きゅうえん **救援** kyuuen	**secours** *m.*, **aide** *f.* スクール, エッド	rescue, relief **レ**スキュー, リ**リ**ーフ
〜物資	**matériel de secours** *m.* マテリエル ドゥ スクール	relief supplies リ**リ**ーフ サプ**ラ**イズ
きゅうか **休暇** kyuuka	**congé** *m.*, **vacances** *f.pl.* コンジェ, ヴァカンス	holiday **ハ**リデイ
きゅうかん **急患** kyuukan	**urgence médicale** *f.* ユルジャンス メディカル	emergency case イ**マ**ーデェンスィ **ケ**イス
きゅうぎ **球技** kyuugi	**jeu de ballon** *m.* ジュー ドゥ バロン	ball game **ボ**ール **ゲ**イム
きゅうきゅうしゃ **救急車** kyuukyuusha	**ambulance** *f.* アンビュランス	ambulance **ア**ンビュランス
きゅうぎょう **休業** kyuugyou	**fermeture** *f.* フェルムトゥール	closure ク**ロ**ウジャ
きゅうくつな **窮屈な** kyuukutsuna	**étroit(e)**, **serré(e)** エトロワ(ット), セレ	narrow, tight **ナ**ロウ, **タ**イト
（気詰まりな）	**gêné(e)**, **forcé(e)** ジェネ, フォルセ	uncomfortable, constrained アン**カ**ンフォタブル, コンスト**レ**インド

日	仏	英
きゅうけい **休憩** kyuukei	**pause** *f.*, **récréation** *f.* ポーズ, レクレアシオン	break ブレイク
〜する	**se reposer, prendre du repos** ス ルポゼ, プランドル デュ ルポ	take a break テイク ア ブレイク
きゅうげきな **急激な** kyuugekina	**brusque, soudain(e)** ブリュスク, スダン(-ダーヌ)	sudden, abrupt サドン, アブラプト
きゅうこうれっしゃ **急行列車** kyuukouressha	**express** *m.* エクスプレス	express train エクスプレス トレイン
きゅうさい **救済** kyuusai	**secours** *m.*, **aide** *f.* スクール, エッド	relief, aid リリーフ, エイド
きゅうしきの **旧式の** kyuushikino	**démodé(e)** デモデ	old-fashioned オウルドファッションド
きゅうじつ **休日** kyuujitsu	**jour de congé** *m.*, **jour férié** *m.* ジュール ドゥ コンジェ, ジュール フェリエ	holiday, day off ハリデイ, デイ オーフ
きゅうじゅう **九十** kyuujuu	**quatre-vingt-dix** カトルヴァンディス	ninety ナインティ
きゅうしゅうする **吸収する** kyuushuusuru	**absorber** アプソルベ	absorb アブソーブ
きゅうじょ **救助** kyuujo	**sauvetage** *m.*, **secours** *m.* ソヴタージュ, スクール	rescue, help レスキュー, ヘルプ
きゅうじん **求人** kyuujin	**offre d'emploi** *f.* オッフル ダンプロワ	job offer ヂャブ オーファ
きゅうしんてきな **急進的な** kyuushintekina	**radical(e)** ラディカル	radical ラディカル
きゅうすい **給水** kyuusui	**approvisionnement en eau** *m.* アプロヴィジオヌマン アン ノー	water supply ウォータ サプライ
きゅうせい **旧姓** （既婚女性の） kyuusei	**nom de jeune fille** *m.* ノン ドゥ ジュヌ フィーユ	maiden name メイドン ネイム

日	仏	英
きゅうせいの **急性の** kyuuseino	**aigu(ë)** エギュ	acute ア**キュー**ト
きゅうせん **休戦** kyuusen	**armistice** *m.* アルミスティス	armistice **アー**ミスティス
きゅうそくな **急速な** kyuusokuna	**rapide, prompt(e)** ラピッド，プロン(ト)	rapid, prompt **ラ**ピド，**プラ**ンプト
きゅうち **窮地** kyuuchi	**situation difficile** *f.* シテュアシオン ディフィシル	difficult situation **ディ**フィカルト スィチュ**エイ**ション
きゅうてい **宮廷** kyuutei	**cour** *f.* クール	court コート
きゅうでん **宮殿** kyuuden	**palais** *m.* パレ	palace **パ**レス
きゅうとうする **急騰する** kyuutousuru	**augmenter rapidement** オグマンテ ラピッドマン	sharply rise **シャー**プリ **ラ**イズ
ぎゅうにく **牛肉** gyuuniku	**bœuf** *m.* ブフ	beef ビーフ
ぎゅうにゅう **牛乳** gyuunyuu	**lait** *m.* レ	milk ミルク
きゅうびょう **急病** kyuubyou	**maladie subite** *f.* マラディ シュビット	sudden illness **サ**ドン **イ**ルネス
きゅうふ **給付** kyuufu	**prestation** *f.*, **allocation** *f.* プレスタシオン，アロカシオン	benefit **ベ**ネフィト
きゅうめい **救命** kyuumei	**sauvetage** *m.* ソヴタージュ	lifesaving **ラ**イフ**セ**イヴィング
～胴衣	**gilet de sauvetage** *m.* ジレ ドゥ ソヴタージュ	life jacket **ラ**イフ **ヂャ**ケト
きゅうやくせいしょ **旧約聖書** kyuuyakuseisho	**Ancien Testament** *m.* アンシアン テスタマン	Old Testament **オ**ウルド **テ**スタメント
きゅうゆ **給油** kyuuyu	**ravitaillement** *m.* ラヴィタイユマン	refueling リー**フュー**アリング

日	仏	英
きゅうゆう **旧友** kyuuyuu	**vieil(*le*) ami(e)** *m.f.* ヴィエイユ アミ	old friend **オ**ウルド フレンド
きゅうよう **急用** kyuuyou	**affaire urgente** *f.* アフェール ユルジャント	urgent business **アー**ヂェント ビズネス
きゅうようするる **休養する** kyuuyousuru	**se reposer** ス ルポゼ	take a rest **テ**イク ア レスト
きゅうり **胡瓜** kyuuri	**concombre** *m.* コンコンブル	cucumber **キュー**カンバ
きゅうりょう **給料** kyuuryou	**paye** *f.*, **salaire** *m.* ペュ, サレール	pay, salary **ペ**イ, **サ**ラリ
きよい **清い** kiyoi	**clair(e), pur(e)** クレール, ピュール	clean, pure **クリ**ーン, **ピュ**ア
きょう **今日** kyou	**aujourd'hui** オージュルデュイ	today トゥ**デ**イ
きょうい **驚異** kyoui	**merveille** *f.* メルヴェイユ	wonder **ワ**ンダ
きょういく **教育** kyouiku	**éducation** *f.* エデュカシオン	education エデュ**ケ**イション
〜する	**éduquer, instruire** エデュケ, アンストリュイール	educate **エ**デュケイト
きょういん **教員** kyouin	**enseignant(e)** *m.f.* アンセニャン(ト)	teacher **ティー**チャ
きょうか **強化** kyouka	**renforcement** *m.* ランフォルスマン	strengthening **ストレ**ングスニイング
〜する	**renforcer, fortifier** ランフォルセ, フォルティフィエ	strengthen **ストレ**ングスン
きょうか **教科** kyouka	**matière** *f.*, **discipline** *f.* マティエール, ディシプリヌ	subject **サ**ブヂクト

日	仏	英
きょうかい **協会** kyoukai	**association** *f.*, **société** *f.* アソシアシオン, ソシエテ	association, society アソウスィ**エ**イション, ソ**サ**イエティ
きょうかい **教会** kyoukai	**église** *f.* エグリーズ	church **チャ**ーチ
ぎょうかい **業界** gyoukai	**industrie** *f.* アンデュストリー	industry **イ**ンダストリ
きょうがく **共学** kyougaku	**enseignement mixte** *m.* アンセニュマン ミクスト	coeducation コウエデュ**ケ**イション
きょうかしょ **教科書** kyoukasho	**manuel scolaire** *m.* マニュエル スコレール	textbook **テ**クストブク
きょうかつ **恐喝** kyoukatsu	**chantage** *m.* シャンタージュ	threat, blackmail ス**レ**ト, ブ**ラ**クメイル
きょうかん **共感** kyoukan	**sympathie** *f.* サンパティ	sympathy **ス**ィンパスィ
きょうき **凶器** kyouki	**arme** *f.* アルム	weapon **ウェ**ポン
きょうぎ **競技** kyougi	**compétition** *f.* コンペティシオン	competition カンペ**ティ**ション
ぎょうぎ **行儀** gyougi	**comportement** *m.*, **manières** *f.pl.* コンポルトマン, マニエール	behavior, manners ビ**ヘ**イヴァ, **マ**ナズ
きょうきゅう **供給** kyoukyuu	**approvisionnement** *m.* アプロヴィジオヌマン	supply サプ**ラ**イ
〜する	**approvisionner, fournir** アプロヴィジオネ, フルニール	supply サプ**ラ**イ
きょうぐう **境遇** kyouguu	**circonstances** *f.pl.*, **situation** *f.* シルコンスタンス, シテュアシオン	circumstances **サ**ーカムスタンセズ
きょうくん **教訓** kyoukun	**leçon** *f.* ルソン	lesson **レ**スン

日	仏	英
きょうこう **恐慌** kyoukou	**panique** *f.*, **crise écono-mique** *f.* パニック, クリーズ エコノミック	panic パニク
きょうこう **教皇** kyoukou	**Pape** *m.* パップ	Pope ポウプ
きょうごうする **競合する** kyougousuru	**rivaliser** *avec* リヴァリゼ アヴェク	compete with コンピート ウィズ
きょうこく **峡谷** kyoukoku	**gorge** *f.*, **canyon** *m.* ゴルジュ, カニョン	canyon **キャ**ニョン
きょうこな **強固な** kyoukona	**ferme, fort(e)** フェルム, フォール(フォルト)	firm, solid **ファ**ーム, **サ**リド
きょうざい **教材** kyouzai	**matériel pédagogique** *m.* マテリエル ペダゴジック	teaching material **ティ**ーチング マ**ティ**アリアル
きょうさんしゅぎ **共産主義** kyousanshugi	**communisme** *m.* コミュニスム	communism **カ**ミュニズム
きょうし **教師** kyoushi	**professeur** *m.*, **ensei-gnant(e)** *m.f.* プロフェスール, アンセニャン(ト)	teacher, professor **ティ**ーチャ, プロ**フェ**サ
ぎょうじ **行事** gyouji	**fête** *f.*, **cérémonie** *f.* フェット, セレモニ	event, function イ**ヴェ**ント, **ファ**ンクション
きょうしつ **教室** kyoushitsu	**salle de classe** *f.* サル ドゥ クラース	classroom ク**ラ**スルーム
ぎょうしゃ **業者** gyousha	**commerçant(e)** *m.f.* コメルサン(ト)	vendor, trader **ヴェ**ンダ, ト**レ**イダ
きょうじゅ **教授** kyouju	**professeur** *m.* プロフェスール	professor プロ**フェ**サ
きょうしゅう **郷愁** kyoushuu	**nostalgie** *f.* ノスタルジー	nostalgia ナス**タ**ルヂャ
きょうせい **強制** kyousei	**contrainte** *f.* コントラント	compulsion コン**パ**ルション

日	仏	英
~する	**contraindre, forcer** コントランドル, フォルセ	compel, force コンペル, フォース
ぎょうせい **行政** gyousei	**administration** *f.* アドミニストラシオン	administration アドミニストレイション
~機関	**organe administratif** *m.* オルガン アドミニストラティフ	administrative organ アドミニストレイティヴ オーガン
ぎょうせき **業績** gyouseki	**réussite** *f.*, **résultats** *m.pl.* レユシット, レジュルタ	achievement, results アチーヴメント, リザルツ
きょうそう **競争** kyousou	**compétition** *f.*, **concurrence** *f.* コンペティシオン, コンキュランス	competition, contest カンペティション, カンテスト
~する	**entrer en concurrence** *avec* アントレ アン コンキュランス アヴェク	compete コンピート
~力	**compétitivité** *f.* コンペティティヴィテ	competitiveness コンペティティヴネス
きょうそう **競走** kyousou	**course** *f.* クルス	race レイス
きょうそうきょく **協奏曲** kyousoukyoku	**concerto** *m.* コンセルト	concerto コンチェアトウ
きょうそん **共存** kyouson	**coexistence** *f.* コエグジスタンス	coexistence コウイグズィステンス
~する	**coexister** コエグジステ	coexist コウイグズィスト
きょうだい **兄弟** kyoudai	**frères** *m.pl.* **et sœurs** *f.pl.*, **fratrie** *f.* フレール エ スール, フラトリ	siblings スィブリングズ
きょうちょうする **強調する** kyouchousuru	**accentuer, souligner** アクサンテュエ, スリニェ	emphasize, stress エンファサイズ, ストレス
きょうつうの **共通の** kyoutsuuno	**commun(e)** コマン(コミュヌ)	common カモン

日	仏	英
きょうてい **協定** kyoutei	**accord** *m.*, **convention** *f.* アコール, コンヴァンシオン	agreement, convention アグリーメント, コンヴェンション
きょうど **郷土** kyoudo	**terre natale** *f.* テール ナタル	native district ネイティヴ ディストリクト
きょうとう **教頭** kyoutou	**sous-direc*teur*(*trice*)** *m.f.* スディレクトゥール(-トリス)	vice-principal, Ⓑdeputy-head- teacher ヴァイスプリンスィパル, デ ピュティヘッドティーチャ
きょうどうくみあい **協同組合** kyoudoukumiai	**coopérative** *f.* コオペラティヴ	cooperative コウアペラティヴ
きょうどうの **共同の** kyoudouno	**commun(e)**, **collectif(ve)** コマン(コミュヌ), コレクティフ(-ヴ)	common, joint カモン, チョイント
きような **器用な** kiyouna	**habile**, **adroit(e)** アビル, アドロワ(ット)	skillful スキルフル
きょうばい **競売** kyoubai	**enchère** *f.* アンシェール	auction オークション
きょうはくする **脅迫する** kyouhakusuru	**menacer**, **faire chanter** ムナセ, フェール シャンテ	threaten, menace スレトン, メナス
きょうはん **共犯** kyouhan	**complicité** *f.* コンプリスィテ	complicity コンプリスィティ
～者	**complice** *m.f.* コンプリス	accomplice アカンプリス
きょうふ **恐怖** kyoufu	**peur** *f.*, **terreur** *f.* プール, テルール	fear, fright, terror フィア, フライト, テラ
きょうみ **興味** kyoumi	**intérêt** *m.* アンテレ	interest インタレスト
ぎょうむ **業務** gyoumu	**service** *m.*, **travail** *m.* セルヴィス, トラヴァイユ	business matter, task ビズネス マタ, タスク
きょうゆう **共有** kyouyuu	**copropriété** *f.* コプロプリエテ	joint-ownership チョイントオウナシプ

日	仏	英
きょうよう **教養** kyouyou	**culture** *f.*, **éducation** *f.* キュルテュール, エデュカシオン	culture, education カルチャ, エデュケイション
きょうりゅう **恐竜** kyouryuu	**dinosaure** *m.* ディノゾール	dinosaur ダイナソー
きょうりょく **協力** kyouryoku	**collaboration** *f.*, **coopération** *f.* コラボラシオン, コオペラシオン	cooperation コウアペレイション
～する	**collaborer** *avec*, **coopérer** *avec* コラボレ アヴェク, コオペレ アヴェク	cooperate with コウアペレイト ウィズ
きょうりょくな **強力な** kyouryokuna	**fort(e)**, **puissant(e)** フォール(フォルト), ピュイサン(ト)	strong, powerful ストロング, パウアフル
ぎょうれつ **行列** gyouretsu	**queue** *f.* クー	line, ⒷQueue ライン, キュー
(行進)	**défilé** *m.*, **parade** *f.* デフィレ, パラド	procession, parade プロセション, パレイド
きょうれつな **強烈な** kyouretsuna	**fort(e)**, **intense** フォール(フォルト), アンタンス	intense インテンス
きょえいしん **虚栄心** kyoeishin	**vanité** *f.* ヴァニテ	vanity ヴァニティ
きょか **許可** kyoka	**permission** *f.* ペルミシオン	permission パミション
～する	**permettre** ペルメットル	permit パミト
ぎょぎょう **漁業** gyogyou	**pêcherie** *f.* ペシュリ	fishery フィシャリ
きょく **曲** kyoku	**morceau de musique** *m.* モルソー ドゥ ミュジック	tune, piece テューン, ピース
きょくげん **極限** kyokugen	**limite** *f.*, **limitation** *f.* リミット, リミタシオン	limit リミト

日	仏	英
きょくせん **曲線** kyokusen	**courbe** *f.* クルブ	curve カーヴ
きょくたんな **極端な** kyokutanna	**extrême, excessif(ve)** エクストレーム, エクセシフ(・ヴ)	extreme, excessive イクストリーム, イクセスィヴ
きょくとう **極東** kyokutou	**Extrême-Orient** *m.* エクストレモリアン	Far East ファー イースト
きょこう **虚構** kyokou	**fiction** *f.* フィクシオン	fiction フィクション
ぎょこう **漁港** gyokou	**port de pêche** *m.* ポール ドゥ ペシュ	fishing port フィシング ポート
きょじゃくな **虚弱な** kyojakuna	**faible, fragile** フェーブル, フラジル	weak, delicate ウィーク, デリケト
きょじゅうしゃ **居住者** kyojuusha	**habitant(e)** *m.f.* アビタン(ト)	resident, inhabitant レズィデント, インハビタント
きょしょう **巨匠** kyoshou	**grand maître** *m.* グラン メートル	great master, maestro グレイト マスタ, マイストロウ
きょしょくしょう **拒食症** kyoshokushou	**anorexie** *f.* アノレクシ	anorexia アノレクスィア
きょぜつする **拒絶する** kyozetsusuru	**refuser, rejeter** ルフュゼ, ルジュテ	refuse, reject リフューズ, リヂェクト
ぎょせん **漁船** gyosen	**bateau de pêche** *m.* バトー ドゥ ペシュ	fishing boat フィシング ボウト
ぎょそん **漁村** gyoson	**village de pêcheurs** *m.* ヴィラージュ ドゥ ペシュール	fishing village フィシング ヴィリヂ
きょだいな **巨大な** kyodaina	**gigantesque, géant(e)** ジガンテスク, ジェアン(ト)	huge, gigantic ヒューヂ, ヂャイギャンティク
きょっかいする **曲解する** kyokkaisuru	**déformer, fausser** デフォルメ, フォセ	distort, misconstrue ディストート, ミスコンストルー

日	仏	英
きょてん **拠点** kyoten	**base** *f.*, **position** *f.* バーズ, ポジシオン	base, stronghold ベイス, ストローングホウルド
きょねん **去年** kyonen	**l'année dernière** *f.* ラネ デルニエール	last year ラスト イア
きょひ **拒否** kyohi	**refus** *m.*, **rejet** *m.* ルフュ, ルジェ	denial, rejection ディナイアル, リチェクション
～する	**refuser, rejeter** ルフュゼ, ルジュテ	deny, reject ディナイ, リチェクト
ぎょみん **漁民** gyomin	**pêcheur(se)** *m.f.* ペシュール(-ズ)	fisherman フィシャマン
ぎょらい **魚雷** gyorai	**torpille** *f.* トルピーユ	torpedo トーピードウ
きょり **距離** kyori	**distance** *f.* ディスタンス	distance ディスタンス
きらいな **嫌いな** kiraina	**détesté(e)** デテステ	disliked ディスライクト
きらきらする **きらきらする** kirakirasuru	**briller** ブリエ	glitter グリタ
きらくな **気楽な** kirakuna	**optimiste** オプティミスト	optimistic, easy アプティミスティク, イーズィ
きらめく **きらめく** kirameku	**briller, scintiller** ブリエ, サンティエ	glitter, sparkle グリタ, スパークル
きり **錐** kiri	**foret** *m.*, **perceuse** *f.* フォレ, ペルスーズ	drill, gimlet ドリル, ギムレト
きり **霧** kiri	**brouillard** *m.*, **brume** *f.* ブルイヤール, ブリュム	fog, mist フォーグ, ミスト
ぎり **義理** giri	**devoir** *m.*, **obligation** *f.* ドゥヴォワール, オブリガシオン	duty, obligation デューティ, アブリゲイション

176

日	仏	英
きりあげる **切り上げる** （端数を） kiriageru	**arrondir par excès** アロンディール パール エクセ	round up **ラ**ウンド **ア**プ
きりかえる **切り替える** kirikaeru	**changer** シャンジェ	change **チェ**インヂ
きりさめ **霧雨** kirisame	**bruine** *f.*, **pluie fine** *f.* ブリュイヌ, プリュイ フィヌ	drizzle **ド**リズル
ぎりしゃ **ギリシャ** girisha	**Grèce** *f.* グレス	Greece **グ**リース
～語	**grec** *m.* グレック	Greek **グ**リーク
きりすてる **切り捨てる** （端数を） kirisuteru	**arrondir par défaut** アロンディール パール デフォー	round down **ラ**ウンド **ダ**ウン
（不要な物を）	**tronquer** トロンケ	cut away **カ**ト ア**ウェ**イ
きりすと **キリスト** kirisuto	**Christ** *m.* クリスト	Christ ク**ラ**イスト
～教	**christianisme** *m.* クリスティアニスム	Christianity クリスチ**ア**ニティ
きりつ **規律** kiritsu	**discipline** *f.*, **ordre** *m.* ディシプリヌ, オルドル	discipline **ディ**スィプリン
きりつめる **切り詰める** kiritsumeru	**réduire, se restreindre** レデュイール, ス レストランドル	reduce, cut down リ**デュ**ース, **カ**ト **ダ**ウン
きりぬき **切り抜き** kirinuki	**découpage** *m.*, **coupure** *f.* デクパージュ, クピュール	clipping ク**リ**ピング
きりぬける **切り抜ける** kirinukeru	**survivre, se débrouiller** シュルヴィーヴル, ス デブルイエ	get through **ゲ**ト ス**ル**ー
きりはなす **切り離す** kirihanasu	**détacher, séparer** デタシェ, セパレ	cut off, separate **カ**ト **オ**ーフ, **セ**パレイト

き

日	仏	英
きりひらく **切り開く** kirihiraku	**défricher, ouvrir** デフリシェ, ウヴリール	cut open, cut out カト オウプン, カト アウト
きりふだ **切り札** kirifuda	**atout** *m.* アトゥ	trump トランプ
きりみ **切り身** kirimi	**tranche** *f.*, **filet** *m.* トランシュ, フィレ	slice, fillet スライス, フィレト
きりゅう **気流** kiryuu	**courant aérien** *m.* クラン アエリアン	air current エア カーレント
きりょく **気力** kiryoku	**énergie** *f.*, **moral** *m.* エネルジー, モラル	energy, vigor エナヂ, ヴィガ
きりん **麒麟** kirin	**girafe** *f.* ジラフ	giraffe ヂラフ
きる **切る** kiru	**couper, trancher** クペ, トランシェ	cut カト
（薄く）	**émincer** エマンセ	slice スライス
（鋸で）	**scier** シエ	saw ソー
（スイッチを）	**éteindre** エタンドル	turn off ターン オーフ
（電話を）	**raccrocher** ラクロシェ	hang up ハング アプ
きる **着る** kiru	**mettre, s'habiller** メットル, サビエ	put on プト オン
きれ **切れ** kire （布）	**étoffe** *f.*, **tissu** *m.* エトッフ, ティシュ	cloth クロース
（個・枚・片）	**morceau** *m.*, **part** *f.* モルソー, パール	piece, cut ピース, カト
きれいな **きれいな** kireina	**joli(e), beau(belle)** ジョリ, ボー(ベル)	pretty, beautiful プリティ, ビューティフル

日	仏	英
（清潔な）	**propre** プロプル	clean クリーン
きれいに kireini （完全に）	**complètement** コンプレットマン	completely コンプリートリ
（美しく）	**joliment** ジョリマン	beautifully ビューティフリ
きれつ **亀裂** kiretsu	**fente** *f.*, **fissure** *f.* ファント, フィシュール	crack, fissure クラク, フィシャ
きれる **切れる** （物が） kireru	**tranchant(e)** トランシャン(ト)	cut well カト ウェル
（電話が）	**(être) coupé(e)** (エートル) クペ	(be) cut off (ビ) カト オフ
（なくなる）	**manquer** *de* マンケ ドゥ	(be) out of (ビ) アウト オヴ
（頭が）	**intelligent(e)** アンテリジャン(ト)	brilliant, sharp ブリリアント, シャープ
きろく **記録** kiroku	**enregistrement** *m.*, **record** *m.* アンルジストルマン, ルコール	record レコード
～する	**enregistrer** アンルジストレ	record リコード
きろぐらむ **キログラム** kiroguramu	**kilogramme** *m.* キログラム	kilogram キログラム
きろめーとる **キロメートル** kiromeetoru	**kilomètre** *m.* キロメートル	kilometer キラミタ
きろりっとる **キロリットル** kirorittoru	**kilolitre** *m.* キロリトル	kiloliter キロリータ
きろわっと **キロワット** kirowatto	**kilowatt** *m.* キロワット	kilowatt キロワト

日	仏	英
ぎろん **議論** giron	**argument** *m.*, **débat** *m.* アルギュマン, デバ	argument **アー**ギュメント
ぎわく **疑惑** giwaku	**doute** *m.*, **soupçon** *m.* ドゥット, スプソン	doubt, suspicion **ダ**ウト, サス**ピ**ション
きわだつ **際立つ** kiwadatsu	**se détacher** ス デタシェ	stand out ス**タ**ンド **ア**ウト
きわどい **際どい** kiwadoi	**dangereux(se), risqué(e)** ダンジュルー(ズ), リスケ	dangerous, risky **デ**インヂャラス, **リ**スキ
きわめて **極めて** kiwamete	**très, extrêmement** トレ, エクストレームマン	very, extremely **ヴェ**リ, イクスト**リ**ームリ
きん **金** kin	**or** *m.* オール	gold **ゴ**ウルド
～色の	**doré(e)** ドレ	gold **ゴ**ウルド
ぎん **銀** gin	**argent** *m.* アルジャン	silver **ス**ィルヴァ
～色の	**argenté(e)** アルジャンテ	silver **ス**ィルヴァ
きんいつの **均一の** kin-itsuno	**uniforme** ユニフォルム	uniform **ユ**ーニフォーム
きんえん **禁煙** kin-en	**Défense de fumer.** デファンス ドゥ フュメ	No Smoking. ノウ ス**モ**ウキング
きんか **金貨** kinka	**pièce d'or** *f.* ピエス ドール	gold coin **ゴ**ウルド **コ**イン
ぎんか **銀貨** ginka	**pièce d'argent** *f.* ピエス ダルジャン	silver coin **ス**ィルヴァ **コ**イン
ぎんが **銀河** ginga	**Galaxie** *f.*, **Voie lactée** *f.* ガラクシ, ヴォワ ラクテ	Galaxy **ギャ**ラクスィ
きんかい **近海** kinkai	**zone littorale** *f.* ゾーヌ リトラル	coastal waters **コ**ウスタル **ウォ**ーターズ

日	仏	英
きんがく **金額** kingaku	**somme** *f.*, **montant** *m.* ソム, モンタン	sum, amount of money サム, アマウント オヴ マニ
きんがん **近眼** kingan	**myopie** *f.* ミヨピー	near-sightedness ニアサイテドネス
きんかんがっき **金管楽器** kinkangakki	**cuivres** *m.pl.* キュイーヴル	brass instrument ブラス インストルメント
きんきゅうの **緊急の** kinkyuuno	**urgent(e)** ユルジャン(ト)	urgent アーヂェント
きんこ **金庫** kinko	**coffre** *m.*, **coffre-fort** *m.* コフル, コフルフォール	safe, vault セイフ, ヴォールト
きんこう **均衡** kinkou	**équilibre** *m.* エキリーブル	balance バランス
ぎんこう **銀行** ginkou	**banque** *f.* バンク	bank バンク
～員	**employé(e) de banque** *m.f.* アンプロワイエ ドゥ バンク	bank clerk バンク クラーク
きんし **禁止** kinshi	**interdiction** *f.*, **défense** *f.* アンテルディクシオン, デファンス	prohibition, ban プロウヒビション, バン
～する	**interdire, défendre** アンテルディール, デファンドル	forbid, prohibit フォビド, プロヒビト
きんしゅ **禁酒** kinshu	**abstinence d'alcool** *f.* アプスティナンス ダルコル	abstinence from alcohol アブスティネンス フラム アルコホール
きんしゅく **緊縮** kinshuku	**réduction** *f.* レデュクシオン	retrenchment リトレンチメント
きんじょ **近所** kinjo	**voisinage** *m.* ヴォワジナージュ	neighborhood ネイバフド
きんじる **禁じる** kinjiru	**interdire, défendre** アンテルディール, デファンドル	forbid, prohibit フォビド, プロヒビト

日	仏	英
<ruby>近世<rt>きんせい</rt></ruby> kinsei	**début de l'époque moderne** *m.* デビュ ドゥ レポック モデルヌ	early modern ages **アーリ マダン エイヂズ**
<ruby>金星<rt>きんせい</rt></ruby> kinsei	**Vénus** *f.* ヴェニュス	Venus **ヴィーナス**
<ruby>金属<rt>きんぞく</rt></ruby> kinzoku	**métal** *m.* メタル	metal **メトル**
<ruby>近代<rt>きんだい</rt></ruby> kindai	**époque moderne** *f.* エポック モデルヌ	modern ages **マダン エイヂズ**
<ruby>緊張する<rt>きんちょうする</rt></ruby> kinchousuru	**(être) tendu(e)** (エートル) タンデュ	(be) tense (ビ) **テンス**
<ruby>近東<rt>きんとう</rt></ruby> kintou	**Proche-Orient** *m.* プロショリアン	Near East **ニア イースト**
<ruby>筋肉<rt>きんにく</rt></ruby> kinniku	**muscles** *m.pl.* ミュスクル	muscles **マスルズ**
<ruby>金髪<rt>きんぱつ</rt></ruby> kinpatsu	**cheveux blonds** *m.pl.* シュヴー ブロン	blonde hair, fair hair **ブランド ヘア, フェア ヘア**
<ruby>勤勉な<rt>きんべんな</rt></ruby> kinbenna	**travailleur(se), studieux(se)** トラヴァイユール(-ズ), ステュディユー(ズ)	industrious **インダストリアス**
<ruby>吟味する<rt>ぎんみする</rt></ruby> ginmisuru	**examiner, scruter** エグザミネ, スクリュテ	scrutinize **スクルーティナイズ**
<ruby>勤務<rt>きんむ</rt></ruby> kinmu	**service** *m.*, **fonction** *f.* セルヴィス, フォンクシオン	service, duty **サーヴィス, デューティ**
～する	**travailler** トラヴァイエ	serve, work **サーヴ, ワーク**
<ruby>金メダル<rt>きんめだる</rt></ruby> kinmedaru	**médaille d'or** *f.* メダイユ ドール	gold medal **ゴウルド メドル**
<ruby>銀メダル<rt>ぎんめだる</rt></ruby> ginmedaru	**médaille d'argent** *f.* メダイユ ダルジャン	silver medal **スィルヴァ メドル**

日	仏	英
きんゆう **金融** kin-yuu	**finance** *f.* フィナンス	finance フィナンス
きんようび **金曜日** kin-youbi	**vendredi** *m.* ヴァンドルディ	Friday フライディ
きんよくてきな **禁欲的な** kin-yokutekina	**stoïque, ascétique** ストイック，アセティック	ascetic, austere アセティク，オースティア
きんり **金利** kinri	**taux d'intérêt** *m.pl.* トー ダンテレ	interest rates インタレスト レイツ
きんりょく **筋力** kinryoku	**force musculaire** *f.* フォルス ミュスキュレール	muscular power マスキュラ パウア
きんろう **勤労** kinrou	**travail** *m.* トラヴァイユ	labor, work, Ⓔla- bour レイバ，ワーク，レイバ

く，ク

日	仏	英
く **区** ku	**arrondissement** *m.*, **quar-** **tier** *m.* アロンディスマン，カルティエ	ward, district ウォード，ディストリクト
ぐあい **具合** guai	**condition** *f.*, **état** *m.* コンディシオン，エタ	condition, state コンディション，ステイト
ぐあむ **グアム** guamu	**Guam** *f.* グワム	Guam グワーム
くい **悔い** kui	**regret** *m.*, **remords** *m.* ルグレ，ルモール	regret, remorse リグレト，リモース
くい **杭** kui	**pieu** *m.*, **piquet** *m.* ピュー，ピケ	stake, pile ステイク，パイル
くいき **区域** kuiki	**zone** *f.*, **région** *f.* ゾーヌ，レジオン	area, zone エアリア，ゾウン
くいず **クイズ** kuizu	**devinette** *f.*, **quiz** *m.* ドゥヴィネット，クイズ	quiz クウィズ

日	仏	英
くいちがう **食い違う** kuichigau	**(être) en désaccord** *avec,* **(être) en contradiction** *avec* (エートル) アン デザコール アヴェク, (エート ル) アン コントラディクシオン アヴェク	conflict with カンフリクト **ウィ**ズ
くいんてっと **クインテット** kuintetto	**quintette** *m.* クアンテット	quintet クウィン**テ**ト
くうぇーと **クウェート** kuweeto	**Koweït** *m.* コウェット	Kuwait ク**ウェ**イト
くうかん **空間** kuukan	**espace** *m.* エスパース	space, room ス**ペ**イス, **ルー**ム
くうき **空気** kuuki	**air** *m.* エール	air **エ**ア
くうきょ **空虚** kuukyo	**vide** *m.*, **vacuité** *f.* ヴィッド, ヴァキュイテ	emptiness **エ**ンプティネス
くうぐん **空軍** kuugun	**forces aériennes** *f.pl.* フォルス アエリエヌ	air force **エ**ア **フォ**ース
くうこう **空港** kuukou	**aéroport** *m.* アエロポール	airport **エ**アポート
くうしゅう **空襲** kuushuu	**attaque aérienne** *f.* アタック アエリエヌ	air raid **エ**ア **レ**イド
ぐうすう **偶数** guusuu	**nombre pair** *m.* ノンブル ペール	even number **イー**ヴン **ナ**ンバ
くうせき **空席** kuuseki	**place libre** *f.* プラス リーブル	vacant seat **ヴェ**イカント **スィー**ト
（ポストの）	**poste vacant** *m.* ポスト ヴァカン	vacant position **ヴェ**イカント ポ**ズィ**ション
ぐうぜん **偶然** guuzen	**hasard** *m.*, **accident** *m.* アザール, アクシダン	chance, accident **チャ**ンス, **ア**クスィデント
〜に	**par hasard** パール アザール	by chance バイ **チャ**ンス

日	仏	英
くうぜんの **空前の** kuuzenno	**inouï(e), sans précédent** イヌイ, サン プレセダン	unprecedented アンプレセデンテド
くうそう **空想** kuusou	**fantaisie** *f.*, **rêverie** *f.* ファンテジー, レヴリ	fantasy, daydream **ファン**タスィ, **デ**イドリーム
～する	**imaginer, rêver** イマジネ, レヴェ	imagine, fantasize イマヂン, **ファン**タサイズ
ぐうぞう **偶像** guuzou	**idole** *f.* イドル	idol **ア**イドル
くーでたー **クーデター** kuudetaa	**coup d'État** *m.* クー デタ	coup (d'état) **ク**ー (デイ**タ**ー)
くうはく **空白** kuuhaku	**blanc** *m.*, **vide** *m.* ブラン, ヴィッド	blank ブランク
くうふくである **空腹である** kuufukudearu	**avoir faim** アヴォワール ファン	(be) hungry (ビ) **ハン**グリ
くうゆ **空輸** kuuyu	**transport aérien** *m.* トランスポール アエリアン	air transport **エ**ア トランスポート
くーらー **クーラー** kuuraa	**climatiseur** *m.* クリマティズール	air conditioner **エ**ア コン**デ**ィショナ
くおーつ **クオーツ** kuootsu	**quartz** *m.* クワルツ	quartz ク**ウォ**ーツ
くかく **区画** kukaku	**division** *f.* ディヴィジョン	division ディ**ヴィ**ジョン
くがつ **九月** kugatsu	**septembre** *m.* セプタンブル	September セプ**テン**バ
くかん **区間** kukan	**section** *f.* セクシオン	section **セ**クション
くき **茎** kuki	**tige** *f.*, **queue** *f.* ティージュ, クー	stalk, stem ス**ト**ーク, ス**テ**ム
くぎ **釘** kugi	**clou** *m.* クルー	nail **ネ**イル

日	仏	英
くきょう **苦境** kukyou	**situation difficile** *f.* シテュアシオン ディフィシル	difficult situation **ディ**フィカルト スィチュ**エイ** ション
くぎり **区切り** kugiri	**pause** *f.* ポーズ	pause **ポ**ーズ
(終わり)	**fin** *f.* ファン	end **エ**ンド
くぎる **区切る** kugiru	**diviser** ディヴィゼ	divide ディ**ヴァ**イド
くさ **草** kusa	**herbe** *f.* エルブ	grass グ**ラ**ス
くさい **臭い** kusai	**malodorant(e), puant(e)** マロドラン(ト), ピュアン(ト)	smelly, stinking ス**メ**リ, ス**ティ**ンキング
くさり **鎖** kusari	**chaîne** *f.* シェヌ	chain **チェ**イン
くさる **腐る** kusaru	**pourrir** プリール	rot, go bad **ラ**ト, **ゴ**ウ **バ**ド
くし **櫛** kushi	**peigne** *m.* ペーニュ	comb **コ**ウム
くじ **くじ** kuji	**sort** *m.*, **loterie** *f.* ソール, ロトリ	lot, lottery **ラ**ト, **ラ**タリ
くじく **挫く** kujiku	**se fouler** ス フレ	sprain, wrench スプ**レ**イン, **レ**ンチ
(落胆させる)	**décourager** デクラジェ	discourage ディス**カ**ーリヂ
くじける **挫ける** kujikeru	**se décourager** ス デクラジェ	(be) discouraged (ビ) ディス**カ**ーリヂド
くじゃく **孔雀** kujaku	**paon** *m.* パン	peacock **ピ**ーカク
くしゃみ **くしゃみ** kushami	**éternuement** *m.* エテルニュマン	sneeze ス**ニ**ーズ

日	仏	英
くじょう 苦情 kujou	**plainte** *f.* プラント	complaint コンプレイント
くしょうする 苦笑する kushousuru	**rire jaune** リール ジョーヌ	force a smile フォース ア スマイル
くじら 鯨 kujira	**baleine** *f.* バレーヌ	whale (ホ)ウェイル
くしんする 苦心する kushinsuru	**s'efforcer** セフォルセ	take pains テイク ペインズ
くず 屑 kuzu	**déchets** *m.pl.*, **détritus** *m.* デシェ, デトリテュス	waste, rubbish ウェイスト, ラビシュ
ぐずぐずする ぐずぐずする guzuguzusuru	**traîner, hésiter** トレネ, エジテ	(be) slow, hesitate (ビ) スロウ, ヘズィテイト
くすぐったい くすぐったい kusuguttai	**chatouilleux(se)** シャトゥイユー(ズ)	ticklish ティクリシュ
くずす 崩す kuzusu	**démolir, abattre** デモリール, アバットル	pull down, break プル ダウン, ブレイク
（お金を）	**changer** シャンジェ	change チェインヂ
くすり 薬 kusuri	**médicament** *m.*, **remède** *m.* メディカマン, ルメード	medicine, drug メディスィン, ドラグ
～屋	**pharmacie** *f.* ファルマシー	pharmacy, drug-store ファーマスィ, ドラグストー
くすりゆび 薬指 kusuriyubi	**annulaire** *m.* アニュレール	ring finger リング フィンガ
くずれる 崩れる　　（形が） kuzureru	**se déformer** ス デフォルメ	get out of shape ゲト アウト オヴ シェイプ
（崩れ落ちる）	**crouler, s'écrouler** クルレ, セクルレ	crumble, collapse クランブル, コラプス

日	仏	英
くすんだ**くすんだ** kusunda	**sombre, mat(e)** ソンブル, マ(ット)	somber サンバ
くせ**癖** kuse	**habitude** *f.*, **manie** *f.* アビテュード, マニ	habit ハビト
ぐたいてきな**具体的な** gutaitekina	**concret(ète)** コンクレ(ット)	concrete カンクリート
くだく**砕く** kudaku	**casser, fracasser** カセ, フラカセ	break, smash ブレイク, スマシュ
くだける**砕ける** kudakeru	**se casser, se briser** ス カセ, ス ブリゼ	break, (be) broken ブレイク, (ビ) ブロウクン
くだもの**果物** kudamono	**fruit** *m.* フリュイ	fruit フルート
~店	**marchand de fruit** *m.* マルシャン ドゥ フリュイ	fruit store フルート ストー
くだらない**下らない** kudaranai	**futile, insignifiant(e)** フュティル, アンシニフィアン(ト)	trifling, trivial トライフリング, トリヴィアル
くだり**下り** kudari	**descente** *f.* デサント	descent ディセント
(下り列車)	**train au départ d'une capitale** *m.* トラン オ デパール デュヌ カピタル	down train ダウン トレイン
くだる**下る** kudaru	**descendre** デサンドル	go down, descend ゴウ ダウン, ディセンド
くち**口** kuchi	**bouche** *f.* ブーシュ	mouth マウス
ぐち**愚痴** guchi	**plainte** *f.* プラント	gripe, idle complaint グライプ, アイドル コンプレイント
くちげんか**口喧嘩** kuchigenka	**querelle** *f.*, **dispute** *f.* クレル, ディスピュット	quarrel クウォレル

日	仏	英
くちばし **嘴** kuchibashi	**bec** *m.* ベック	beak, bill ビーク, ビル
くちびる **唇** kuchibiru	**lèvre** *f.* レーヴル	lip リプ
くちぶえ **口笛** kuchibue	**sifflement** *m.* シフルマン	whistle (ホ)**ウィ**スル
くちべに **口紅** kuchibeni	**rouge à lèvres** *m.* ルージュ ア レーヴル	rouge, lipstick **ルージュ**, リプスティク
くちょう **口調** kuchou	**ton** *m.*, **accent** *m.* トン, アクサン	tone トウン
くつ **靴** kutsu	**chaussures** *f.pl.*, **souliers** *m.pl.* ショシュール, スリエ	shoes, boots シューズ, **ブ**ーツ
～ひも	**lacet** *m.* ラセ	shoestring **シュ**ーストリング
くつう **苦痛** kutsuu	**douleur** *f.*, **souffrance** *f.* ドゥルール, スフランス	pain, agony ペイン, **ア**ゴニ
くつがえす **覆す** kutsugaesu	**bouleverser**, **renverser** ブルヴェルセ, ランヴェルセ	upset, overthrow アプ**セ**ト, オウヴァス**ロ**ウ
くっきー **クッキー** kukkii	**gâteau sec** *m.*, **biscuit** *m.* ガトー セック, ビスキュイ	cookie, ®biscuit **ク**キ, **ビ**スキト
くつした **靴下** kutsushita	**chaussettes** *f.pl.*, **bas** *m.pl.* ショセット, バ	socks, stockings **サ**クス, ス**タ**キングズ
くっしょん **クッション** kusshon	**coussin** *m.* クサン	cushion **ク**ション
くっせつ **屈折** kussetsu	**réfraction** *f.* レフラクシオン	refraction リー**フラ**クション
くっつく **くっつく** kuttsuku	**coller** *à*, **adhérer** *à* コレ ア, アデレ ア	cling to, stick to ク**リ**ング トゥ, ス**ティ**ク トゥ

日	仏	英
くっつける **くっつける** kuttsukeru	**joindre, attacher** ジョワンドル, アタシェ	join, stick **チョ**イン, ス**ティ**ク
くつろぐ **寛ぐ** kutsurogu	**se mettre à l'aise** ス メットル ア レーズ	relax, make one- self at home リ**ラ**クス, **メ**イク アト **ホ**ウム
くどい **くどい**　(味が) kudoi	**lourd(e)** ルール(ルルド)	heavy, oily **ヘ**ヴィ, **オ**イリ
(話が)	**prolixe, bavard(e)** プロリクス, バヴァール(- ヴァルド)	verbose ヴァー**ボ**ウス
くとうてん **句読点** kutouten	**signe de ponctuation** _m._ シーニュ ドゥ ポンクテュアシオン	punctuation marks パンクチュ**エ**イション **マ**ークス
くどく **口説く**　(言い寄る) kudoku	**draguer, faire des avances** ドラゲ, フェール デ ザヴァンス	chat up **チャ**ト ア**プ**
(説得する)	**persuader** ペルシュアデ	persuade パス**ウェ**イド
くに **国** kuni	**pays** _m._ ペイ	country **カ**ントリ
(祖国)	**patrie** _f._ パトリ	home country, homeland, Ⓑfa- therland **ホ**ウム **カ**ントリ, **ホ**ウムランド, **ファ**ーザランド
(政治機構としての)	**État** _m._ エタ	state ス**テ**イト
くばる **配る**　(配達する) kubaru	**livrer** リヴレ	deliver ディ**リ**ヴァ
(配布する)	**distribuer** ディストリビュエ	distribute ディスト**リ**ビュート
くび **首** kubi	**cou** _m._ クー	neck **ネ**ク
(頭部)	**tête** _f._ テット	head **ヘ**ド

日		仏	英
	（免職）	**renvoi** *m.*, **licenciement** *m.* ランヴォワ, リサンシマン	dismissal ディスミサル
くふう **工夫** kufuu		**invention** *f.*, **idée** *f.* アンヴァンシオン, イデ	device, idea ディヴァイス, アイディーア
～する		**inventer** アンヴァンテ	devise, contrive ディヴァイズ, コントライヴ
くぶん **区分** kubun	（分割）	**division** *f.* ディヴィジオン	division ディヴィジョン
	（分類）	**classification** *f.* クラシフィカシオン	classification クラスィフィケイション
くべつ **区別** kubetsu		**distinction** *f.* ディスタンクシオン	distinction ディスティンクション
くぼみ **窪み** kubomi		**creux** *m.*, **cavité** *f.* クルー, カヴィテ	dent, hollow デント, ハロウ
くま **熊** kuma		**ours(e)** *m.f.* ウルス	bear ベア
くみ **組** kumi	（一対）	**paire** *f.* ペール	pair ペア
	（一揃い）	**assortiment** *m.* アソルティマン	set セト
	（グループ）	**groupe** *m.*, **équipe** *f.* グループ, エキップ	group, team グループ, ティーム
	（学級）	**classe** *f.* クラース	class クラス
くみあい **組合** kumiai		**association** *f.*, **syndicat** *m.* アソシアシオン, サンディカ	association, union アソウスィエイション, ユーニョン
くみあわせ **組み合わせ** kumiawase		**combinaison** *f.* コンビネゾン	combination カンビネイション

日	仏	英
くみたてる **組み立てる** kumitateru	**monter, assembler** モンテ, アサンブレ	put together, assemble **プ**トゲ**ザ**, ア**セ**ンブル
くむ **汲む** kumu	**puiser** ピュイゼ	draw ド**ロー**
くむ **組む** kumu	**s'unir** *à* シュニール ア	unite with ユー**ナ**イト ウィズ
くも **雲** kumo	**nuage** *m.* ニュアージュ	cloud ク**ラ**ウド
くも **蜘蛛** kumo	**araignée** *f.* アレニェ	spider ス**パ**イダ
くもり **曇り** kumori	**temps couvert** *m.* タン クヴェール	cloudy weather ク**ラ**ウディ ウェザ
〜の	**couvert(e), nuageux(se)** クヴェール(-ヴェルト), ニュアジュー(ズ)	cloudy ク**ラ**ウディ
くもる **曇る** kumoru	**se couvrir** ス クヴリール	(become) cloudy (ビカム) ク**ラ**ウディ
くやしい **悔しい** kuyashii	**contrariant(e), fâcheux(se)** コントラリアン(ト), ファシュー(ズ)	mortifying, frustrating **モ**ーティファイング, フ**ラ**ストレイティング
くやむ **悔やむ** kuyamu	**se repentir** *de*, **regretter** ス ルパンティール ドゥ, ルグレッテ	repent, regret リ**ペ**ント, リグ**レ**ト
くらい **暗い** kurai	**sombre, obscur(e)** ソンブル, オプスキュール	dark, gloomy **ダ**ーク, グ**ル**ーミ
ぐらいだー **グライダー** guraidaa	**planeur** *m.* プラヌール	glider グ**ラ**イダ
くらいまっくす **クライマックス** kuraimakkusu	**point culminant** *m.*, **apogée** *f.* ポワン キュルミナン, アポジェ	climax ク**ラ**イマクス
ぐらうんど **グラウンド** guraundo	**terrain de sport** *m.* テラン ドゥ スポール	ground, field グ**ラ**ウンド, **フ**ィールド

日	仏	英
くらし **暮らし** kurashi	**vie** *f.*, **existence** *f.* ヴィ, エグジスタンス	life, living ライフ, リヴィング
くらしっく **クラシック** kurashikku	**classique** *m.* クラシック	classic クラスィク
くらす **暮らす** kurasu	**vivre, gagner** *sa* **vie** ヴィーヴル, ガニェ ヴィ	live, make a living ライヴ, メイク ア リヴィング
ぐらす **グラス** gurasu	**verre** *m.* ヴェール	glass グラス
ぐらすふぁいばー **グラスファイバー** gurasufaibaa	**fibre de verre** *f.* フィーブル ドゥ ヴェール	glass fiber グラス ファイバ
くらっち **クラッチ** kuracchi	**embrayage** *m.* アンブレイアージュ	clutch クラチ
ぐらびあ **グラビア** gurabia	**photogravure** *f.* フォトグラヴュール	photogravure フォウトグラヴュア
くらぶ **クラブ** （同好会・集会所） kurabu	**club** *m.* クルブ	club クラブ
（ゴルフの）	**club de golf** *m.* クルブ ドゥ ゴルフ	club クラブ
ぐらふ **グラフ** gurafu	**graphique** *m.* グラフィック	graph グラフ
くらべる **比べる** kuraberu	**comparer** コンパレ	compare コンペア
ぐらむ **グラム** guramu	**gramme** *m.* グラム	gram, ⒷＧgramme グラム, グラム
くらやみ **暗闇** kurayami	**obscurité** *f.* オプスキュリテ	darkness, (the) dark ダークネス, (ザ) ダーク
くらりねっと **クラリネット** kurarinetto	**clarinette** *f.* クラリネット	clarinet クラリネト

日	仏	英
グランドピアノ gurandopiano	**piano à queue** *m.* ピアノ ア クー	grand piano グランド ピアーノウ
くり 栗 kuri	**châtaigne** *f.*, **marron** *m.* シャテーニュ, マロン	chestnut チェスナト
クリーニング kuriiningu	**lavage** *m.* ラヴァージュ	cleaning クリーニング
〜店	**blanchisserie** *f.* ブランシスリ	dry cleaner, laundry service ドライ クリーナ, ローンドリ サーヴィス
クリーム kuriimu	**crème** *f.* クレーム	cream クリーム
繰り返し kurikaeshi	**répétition** *f.*, **refrain** *m.* レペティシオン, ルフラン	repetition, refrain レペティション, リフレイン
繰り返す kurikaesu	**répéter** レペテ	repeat リピート
繰り越す kurikosu	**reporter** ルポルテ	carry forward キャリ フォーワド
クリスタル kurisutaru	**cristal** *m.* クリスタル	crystal クリスタル
クリスチャン kurisuchan	**chrétien(ne)** *m.f.* クレティアン(-エヌ)	Christian クリスチャン
クリスマス kurisumasu	**Noël** *m.* ノエル	Christmas クリスマス
〜イブ	**veille de Noël** *f.* ヴェイユ ドゥ ノエル	Christmas Eve クリスマス イーヴ
クリックする kurikkusuru	**cliquer** クリケ	click クリク
クリップ kurippu	**trombone** *m.* トロンボヌ	clip クリプ

日	仏	英
くりにっく **クリニック** kurinikku	**clinique** *f.* クリニック	clinic クリニク
くる **来る** kuru	**venir, arriver** ヴニール, アリヴェ	come, arrive カム, アライヴ
くるう **狂う** kuruu	**devenir** *fou(folle)* ドゥヴニール フ(フォル)	go insane ゴウ インセイン
（調子が）	**se dérégler, se détraquer** ス デレグレ, ス デトラケ	go wrong, go out of order ゴウ ローング, ゴウ アウト オ ヴ オーダ
（計画などが）	**(être) dérangé(e)** (エートル) デランジェ	(be) upset (ビ) アプセト
ぐるーぷ **グループ** guruupu	**groupe** *m.* グループ	group グループ
くるしい **苦しい** (苦痛である) kurushii	**douloureux(se), pénible** ドゥルルー(ズ), ペニーブル	painful, hard ペインフル, ハード
（困難な）	**dur(e), difficile** デュール, ディフィシル	hard, difficult ハード, ディフィカルト
くるしみ **苦しみ** kurushimi	**douleur** *f.*, **souffrance** *f.* ドゥルール, スフランス	pain, suffering ペイン, サファリング
くるしむ **苦しむ** (困る) kurushimu	**avoir de la peine** *à* アヴォワール ドゥ ラ ペーヌ ア	(be) troubled with (ビ) トラブルド ウィズ
（悩む）	**souffrir** *de* スフリール ドゥ	suffer from サファ フラム
くるしめる **苦しめる** kurushimeru	**faire souffrir, tourmenter** フェール スフリール, トゥルマンテ	torment トーメント
くるぶし **くるぶし** kurubushi	**cheville** *f.* シュヴィーユ	ankle アンクル
くるま **車** kuruma	**voiture** *f.* ヴォワテュール	car カー

日	仏	英
(車椅子)	**fauteuil roulant** *m.* フォトゥイユ ルラン	wheelchair (ホ)**ウィール**チェア
くるまえび **車海老** kurumaebi	**crevette grise** *f.* クルヴェット グリーズ	tiger prawn **タイガ** プローン
くるみ **胡桃** kurumi	**noix** *f.* ノワ	walnut **ウォール**ナト
くるむ **くるむ** kurumu	**envelopper** アンヴロペ	wrap up ラプ アプ
くれ **暮れ** kure	**fin de l'année** *f.* ファン ドゥ ラネ	year-end **イ**アレンド
(夕暮れ)	**nuit tombante** *f.* ニュイ トンバント	nightfall **ナイト**フォール
ぐれーぷふるーつ **グレープフルーツ** gureepufuruutsu	**pamplemousse** *m.* パンプルムス	grapefruit **グレイプ**フルート
くれーむ **クレーム** kureemu	**réclamation** *f.*, **plainte** *f.* レクラマシオン，プラント	claim, complaint **クレイム**，コン**プレイント**
くれーん **クレーン** kureen	**grue** *f.* グリュ	crane ク**レ**イン
くれじっと **クレジット** kurejitto	**crédit** *m.* クレディ	credit ク**レ**ディト
〜カード	**carte de crédit** *f.* カルト ドゥ クレディ	credit card ク**レ**ディト **カ**ード
くれそん **クレソン** kureson	**cresson** *m.* クレソン	watercress **ウォータ**クレス
くれよん **クレヨン** kureyon	**crayon de couleur** *m.* クレイヨン ドゥ クルール	crayon ク**レ**イアン
くれる **くれる** kureru	**donner** ドネ	give, present **ギ**ヴ，プリ**ゼ**ント
くれんざー **クレンザー** kurenzaa	**détergent** *m.* デテルジャン	cleanser ク**レ**ンザ

日	仏	英
くろ **黒** kuro	**noir** *m.* ノワール	black ブラク
くろい **黒い** kuroi	**noir(e)** ノワール	black ブラク
（日焼けして）	**bronzé(e)** ブロンゼ	suntanned サンタンド
くろうする **苦労する** kurousuru	**s'efforcer, se donner du mal** セフォルセ, ス ドネ デュ マル	suffer, work hard サファ, ワーク ハード
くろうと **玄人** kurouto	**expert(e)** *m.f.*, **profes-sionnel(le)** *m.f.* エクスペール(-ペルト), プロフェシオネル	expert, profession-al エクスパート, プロフェショナル
くろーく **クローク** kurooku	**vestiaire** *m.* ヴェスティエール	cloakroom クロウクルーム
くろーぜっと **クローゼット** kuroozetto	**armoire** *f.* アルモワール	closet, wardrobe クラーゼト, **ウォ**ードロウブ
くろーる **クロール** kurooru	**crawl** *m.* クロール	crawl クロール
くろじ **黒字** kuroji	**excédent** *m.* エクセダン	surplus, (the) black **サ**ープラス, (ザ) ブラク
くろすわーど **クロスワード** kurosuwaado	**mots croisés** *m.pl.* モ クロワゼ	crossword クロースワード
ぐろてすくな **グロテスクな** gurotesukuna	**grotesque** グロテスク	grotesque グロウ**テ**スク
くろの **黒の** kurono	**noir(e)** ノワール	black ブラク
くろまく **黒幕** kuromaku	**éminence grise** *f.* エミナンス グリーズ	wirepuller **ワ**イアプラ
くわえる **加える** kuwaeru	**ajouter** *à* アジュテ ア	add to **ア**ド トゥ

日	仏	英
くわしい **詳しい** kuwashii	**détaillé(e)** デタイエ	detailed ディテイルド
(よく知っている)	**(être) versé(e)** *dans* (エートル) ヴェルセ ダン	(become) acquainted with (ビカム) アクウェインテド ウィズ
くわだてる **企てる** kuwadateru	**entreprendre, projeter** アントルプランドル, プロジュテ	plan, plot プラン, プラト
くわわる **加わる** kuwawaru	**participer, se mêler** パルティシペ, ス メレ	join, enter ヂョイン, エンタ
ぐん **軍** gun	**armée** *f.*, **forces** *f.pl.* アルメ, フォルス	army, forces アーミ, フォーセズ
ぐん **郡** gun	**canton** *m.*, **région** *f.* カントン, レジオン	county カウンティ
ぐんかん **軍艦** gunkan	**navire de guerre** *m.* ナヴィール ドゥ ゲール	warship ウォーシプ
ぐんじ **軍事** gunji	**affaires militaires** *f.pl.* アフェール ミリテール	military affairs ミリテリ アフェアズ
ぐんしゅう **群衆** gunshuu	**foule** *f.* フール	crowd クラウド
ぐんしゅく **軍縮** gunshuku	**désarmement** *m.* デザルムマン	armaments reduction アーマメンツ リダクション
くんしょう **勲章** kunshou	**décoration** *f.* デコラシオン	decoration デコレイション
ぐんじん **軍人** gunjin	**militaire** *m.* ミリテール	soldier, serviceman ソウルヂャ, サーヴィスマン
くんせいの **燻製の** kunseino	**fumé(e)** フュメ	smoked スモウクト
ぐんたい **軍隊** guntai	**armée** *f.*, **troupe** *f.* アルメ, トループ	army, troops アーミ, トループス

日	仏	英
ぐんび **軍備** gunbi	**armement** *m.* アルムマン	armaments **ア**ーマメンツ
くんれん **訓練** kunren	**entraînement** *m.* アントレヌマン	training ト**レ**イニング
〜する	**entraîner, exercer** アントレネ, エグゼルセ	train, drill ト**レ**イン, ド**リ**ル

け, ケ

日	仏	英
け **毛** ke	**poil** *m.* ポワル	hair **ヘ**ア
(獣毛)	**fourrure** *f.* フリュール	fur **ファ**ー
(羊毛)	**laine** *f.* レヌ	wool **ウ**ル
けい **刑** kei	**peine** *f.*, **condamnation** *f.* ペーヌ, コンダナシオン	penalty, sentence **ペ**ナルティ, **セ**ンテンス
げい **芸** gei	**art** *m.* アール	art, accomplishments **ア**ート, アカンプリシュメンツ
けいえい **経営** keiei	**gestion** *f.*, **administration** *f.* ジェスティオン, アドミニストラシオン	management **マ**ニヂメント
〜者	**direc*teur*(*trice*)** *m.f.* ディレクトゥール(- トリス)	manager **マ**ニヂャ
〜する	**diriger, gérer** ディリジェ, ジェレ	manage, run **マ**ニヂ, **ラ**ン
けいか **経過** keika	**cours** *m.*, **marche** *f.* クール, マルシュ	progress プ**ラ**グレス
けいかい **警戒** keikai	**vigilance** *f.*, **précaution** *f.* ヴィジランス, プレコシオン	caution, precaution **コ**ーション, プリ**コ**ーション

日	仏	英
〜する	**prendre garde** *à* プランドル ガルド ア	guard against **ガ**ード ア**ゲ**ンスト
けいかいな **軽快な** keikaina	**lég*er*(*ère*), agile** レジェ(-ジェール), アジル	light, nimble **ラ**イト, **ニ**ンブル
けいかく **計画** keikaku	**projet** *m.*, **plan** *m.* プロジェ, プラン	plan, project **プ**ラン, **プ**ラヂェクト
〜する	**projeter** プロジュテ	plan, project **プ**ラン, プロ**ヂェ**クト
けいかん **警官** keikan	**agent** *m.*, **polici*er*(*ère*)** *m.f.* アジャン, ポリシエ(-エール)	police officer ポ**リ**ース **オ**ーフィサ
けいき **景気** （業績） keiki	**conjoncture** *f.* コンジョンクチュール	economic state イー**コ**ナミク ス**テ**イト
（市況）	**marché** *m.* マルシェ	market **マ**ーケト
けいけん **経験** keiken	**expérience** *f.* エクスペリアンス	experience イクス**ピ**アリアンス
〜する	**connaître, éprouver** コネートル, エプルヴェ	experience イクス**ピ**アリアンス
けいこ **稽古** （リハーサル） keiko	**répétition** *f.* レペティシオン	rehearsal リ**ハ**ーサル
（練習・訓練）	**exercice** *m.* エグゼルシス	practice, exercise プ**ラ**クティス, **エ**クササイズ
けいご **敬語** keigo	**formule de politesse** *f.* フォルミュル ドゥ ポリテス	honorific アナ**リ**フィク
けいこう **傾向** keikou	**tendance** *f.*, **inclination** *f.* タンダンス, アンクリナシオン	tendency **テ**ンデンスィ
けいこうぎょう **軽工業** keikougyou	**industrie légère** *f.* アンデュストリー レジェール	light industries **ラ**イト **イ**ンダストリズ
けいこうとう **蛍光灯** keikoutou	**lampe fluorescente** *f.* ランプ フリュオレサント	fluorescent lamp フルー**オ**レセント **ラ**ンプ

日	仏	英
けいこく **警告** keikoku	**avertissement** *m.* アヴェルティスマン	warning, caution **ウォ**ーニング，**コ**ーション
～する	**avertir** アヴェルティール	warn **ウォ**ーン
けいざい **経済** keizai	**économie** *f.*, **finance** *f.* エコノミー，フィナンス	economy, finance イ**カ**ノミ，フィ**ナ**ンス
～学	**sciences économiques** *f.pl.* シアンス エコノミック	economics イー**コ**ナミクス
～的な	**économique** エコノミック	economical イー**コ**ナミカル
けいさいする **掲載する** keisaisuru	**publier** ピュプリエ	publish **パ**ブリシュ
けいさつ **警察** keisatsu	**police** *f.* ポリス	police ポ**リ**ース
～官	**agent** *m.*, **policier(ère)** *m.f.* アジャン，ポリシエ(- エール)	police officer ポ**リ**ース **オ**ーフィサ
～署	**commissariat de police** *m.* コミッサリア ドゥ ポリス	police station ポ**リ**ース ス**テ**イション
けいさん **計算** keisan	**calcul** *m.*, **compte** *m.* カルキュル，コント	calculation キャルキュ**レ**イション
～機	**calculatrice** *f.* カルキュラトリス	calculator **キャ**ルキュレイタ
～する	**calculer, compter** カルキュレ，コンテ	calculate, count **キャ**ルキュレイト，**カ**ウント
けいじ **刑事** keiji	**inspec*teur*(*trice*)** *m.f.* アンスペクトゥール(- トリス)	detective ディ**テ**クティヴ
けいじ **掲示** keiji	**avis** *m.*, **affiche** *f.* アヴィ，アフィシュ	notice, bulletin **ノ**ウティス，**ブ**レティン

日	仏	英
〜板	**panneau d'affichage** *m.* パノー ダフィシャージュ	bulletin board ブレティン ボード
けいしき **形式** keishiki	**forme** *f.*, **formalité** *f.* フォルム, フォルマリテ	form, formality **フォ**ーム, フォー**マ**リティ
〜的な	**formel(le)** フォルメル	formal **フォ**ーマル
げいじゅつ **芸術** geijutsu	**art** *m.* アール	art **ア**ート
〜家	**artiste** *m.f.* アルティスト	artist **ア**ーティスト
けいしょうする **継承する** keishousuru	**succéder** *à* シュクセデア	succeed to サク**スィ**ード トゥ
けいしょく **軽食** keishoku	**repas léger** *m.* ルパ レジェ	light meal **ラ**イト ミール
けいず **系図** keizu	**généalogie** *f.* ジェネアロジー	genealogy デーニ**ア**ロヂ
けいせい **形成** keisei	**formation** *f.* フォルマシオン	formation フォー**メ**イション
けいぞくする **継続する** keizokusuru	**continuer** コンティニュエ	continue コン**ティ**ニュー
けいそつな **軽率な** keisotsuna	**imprudent(e), étourdi(e)** アンプリュダン(ト), エトゥルディ	careless, rash **ケ**アレス, **ラ**シュ
けいたい **形態** keitai	**forme** *f.* フォルム	form, shape **フォ**ーム, **シェ**イプ
けいたいでんわ **携帯電話** keitaidenwa	**téléphone portable** *m.* テレフォヌ ポルターブル	cellphone, ⑧mobile phone **セ**ルフォウン, **モ**ウバイル **フォ**ウン
けいと **毛糸** keito	**laine** *f.* レヌ	(woolen) yarn (**ウ**ルン) **ヤ**ーン

日	仏	英
けいとう **系統** keitou	**système** *m.* システム	system **ス**ィステム
げいにん **芸人** geinin	**humoriste** *m.f.* ユモリスト	variety entertainer ヴァ**ラ**イエティ エンタ**テ**イナ
げいのう **芸能** geinou	**arts du spectacle** *m.pl.* アール デュ スペクタークル	arts and entertain- ment **ア**ーツ アンド エンタ**テ**インメン ト
〜人	**célébrité** *f.* セレブリテ	entertainer エンタ**テ**イナ
けいば **競馬** keiba	**course de chevaux** *f.* クルス ドゥ シュヴォー	horse racing **ホ**ース **レ**イスィング
〜場	**champ de courses** *m.* シャン ドゥ クルス	race track **レ**イス **ト**ラク
けいはくな **軽薄な** keihakuna	**frivole** フリヴォル	frivolous フ**リ**ヴォラス
けいはつ **啓発** keihatsu	**éclaircissement** *m.* エクレルシスマン	enlightenment イン**ラ**イトンメント
〜する	**éclairer** エクレレ	enlighten イン**ラ**イトン
けいばつ **刑罰** keibatsu	**peine** *f.*, **pénalité** *f.* ペーヌ, ペナリテ	punishment **パ**ニシュメント
けいはんざい **軽犯罪** keihanzai	**contravention** *f.* コントラヴァンシオン	minor offense **マ**イナ オ**フェ**ンス
けいひ **経費** keihi	**dépense** *f.*, **frais** *m.pl.* デパンス, フレ	expenses イクス**ペ**ンセズ
けいび **警備** keibi	**garde** *f.*, **vigilance** *f.* ガルド, ヴィジランス	defense, guard ディ**フェ**ンス, **ガ**ード
〜する	**garder, surveiller** ガルデ, シュルヴェイエ	defend, guard ディ**フェ**ンド, **ガ**ード

日	仏	英
けいひん **景品** keihin	**prime** *f.* プリム	premium プリーミアム
けいべつする **軽蔑する** keibetsusuru	**mépriser, dédaigner** メプリゼ, デデーニェ	despise, scorn ディス**パ**イズ, ス**コ**ーン
けいほう **警報** keihou	**alerte** *f.*, **alarme** *f.* アレルト, アラルム	warning, alarm **ウォ**ーニング, ア**ラ**ーム
けいむしょ **刑務所** keimusho	**prison** *f.* プリゾン	prison プ**リ**ズン
けいやく **契約** keiyaku	**contrat** *m.* コントラ	contract **カ**ントラクト
～書	**contrat** *m.* コントラ	contract **カ**ントラクト
～する	**passer un contrat** *avec* パセ アン コントラ アヴェク	contract, sign a contract (with) コント**ラ**クト, **サ**イン ア **カ**ントラクト (ウィズ)
けいゆ **経由** keiyu	**en passant** *par*, **via** アン パサン パール, ヴィア	by way of, via バイ **ウェ**イ オヴ, **ヴァ**イア
けいようし **形容詞** keiyoushi	**adjectif** *m.* アドジェクティフ	adjective **ア**デクティヴ
けいり **経理** keiri	**comptabilité** *f.* コンタビリテ	accounting ア**カ**ウンティング
けいりゃく **計略** keiryaku	**stratagème** *m.* ストラタジェム	stratagem スト**ラ**タヂャム
けいりゅう **渓流** keiryuu	**ruisseau de montagne** *m.* リュイソー ドゥ モンターニュ	mountain stream **マ**ウンテン スト**リ**ーム
けいりょう **計量** keiryou	**mesure** *f.* ムジュール	measurement **メ**ジャメント
けいれき **経歴** keireki	**carrière** *f.* カリエール	one's career カ**リ**ア

日	仏	英
けいれん 痙攣 keiren	**spasme** *m.*, **crampe** *f.* スパスム, クランプ	spasm, cramp スパズム, クランプ
けいろ 経路 keiro	**voie** *f.*, **route** *f.* ヴォワ, ルート	course, route コース, ルート
けーき ケーキ keeki	**gâteau** *m.* ガトー	cake ケイク
けーす ケース (場合・事件) keesu	**cas** *m.* カ	case ケイス
(箱)	**caisse** *f.*, **porte-documents** *m.* ケス, ポルトドキュマン	case ケイス
げーと ゲート geeto	**entrée** *f.*, **porte** *f.* アントレ, ポルト	gate ゲイト
げーむ ゲーム geemu	**jeu** *m.* ジュー	game ゲイム
けおりもの 毛織物 keorimono	**lainage** *m.* レナージュ	woolen goods ウルン グヅ
けが 怪我 kega	**blessure** *f.* ブレシュール	wound, injury ウーンド, インヂャリ
～する	**se blesser** ス ブレセ	(get) hurt (ゲト) ハート
～人	**blessé(e)** *m.f.* ブレセ	injured person インヂャド パースン
げか 外科 geka	**chirurgie** *f.* シリュルジー	surgery サーヂャリ
～医	**chirurgien(*ne*)** *m.f.* シリュルジアン(-エヌ)	surgeon サーヂョン
けがす 汚す kegasu	**déshonorer** デゾノレ	disgrace ディスグレイス

日	仏	英
けがれ **汚れ** kegare	**souillure** *f.*, **impureté** *f.* スイユール, アンピュルテ	impurity インピュアリティ
けがわ **毛皮** kegawa	**fourrure** *f.* フリュール	fur ファー
げき **劇** geki	**pièce de théâtre** *f.* ピエス ドゥ テアートル	play プレイ
げきじょう **劇場** gekijou	**théâtre** *m.* テアートル	theater, ⒷtheatrE スィアタ, スィアタ
げきだん **劇団** gekidan	**troupe de théâtre** *f.* トループ ドゥ テアートル	theatrical company スィアトリカル カンパニ
げきれいする **激励する** gekireisuru	**encourager** アンクラジェ	encourage インカーリヂ
けさ **今朝** kesa	**ce matin** *m.* ス マタン	this morning ズィス モーニング
げざい **下剤** gezai	**purgatif** *m.*, **laxatif** *m.* ピュルガティフ, ラクサティフ	laxative, purgative ラクサティヴ, パーガティヴ
げし **夏至** geshi	**solstice d'été** *m.* ソルスティス デテ	summer solstice サマ サルスティス
けしいん **消印** keshiin	**cachet de la poste** *m.* カシェ ドゥ ラ ポスト	postmark ポウストマーク
けしき **景色** keshiki	**paysage** *m.*, **vue** *f.* ペイザージュ, ヴュ	scenery, view スィーナリ, ヴュー
けしごむ **消しゴム** keshigomu	**gomme** *f.* ゴム	eraser, Ⓑrubber イレイサ, ラバ
けじめ **けじめ** kejime	**distinction** *f.* ディスタンクシオン	distinction ディスティンクション
～をつける	**faire la distinction** *entre* フェール ラ ディスタンクシオン アントル	distinguish between ディスティングウィシュ ビトウィーン

日	仏	英
げしゃする **下車する** geshasuru	**descendre** デサンドル	get off ゲト オーフ
げじゅん **下旬** gejun	**fin du mois** *f.* ファン デュ モワ	end of the month エンド オヴ ザ マンス
けしょう **化粧** keshou	**maquillage** *m.* マキャージュ	makeup メイカプ
〜室	**toilettes** *f.pl.* トワレット	dressing room, bathroom ドレスィング ルーム, バスルーム
〜水	**lotion** *f.*, **eau de toilette** *f.* ロシオン, オードゥ トワレット	skin lotion スキン ロウション
〜する	**se maquiller** ス マキエ	put on makeup プト オン メイカプ
〜品	**produits de beauté** *m.pl.* プロデュイ ドゥ ボテ	cosmetics カズメティクス
けす **消す** （文字などを） kesu	**effacer** エファセ	erase イレイス
（明かり・火を）	**éteindre** エタンドル	put out プト アウト
（スイッチを）	**éteindre** エタンドル	turn off, switch off ターン オフ, スウィチ オーフ
げすい **下水** gesui	**eaux usées** *f.pl.* オー ジュゼ	sewage water スーイヂ ウォータ
〜道	**égout** *m.* エグー	drainage ドレイニヂ
けずる **削る** kezuru	**tailler** タイエ	shave, whittle シェイヴ, (ホ)ウィトル
（削減する）	**réduire** レデュイール	curtail カーテイル

日	仏	英
けた **桁** (数の) keta	**chiffre** *m.* シフル	figure, digit **フィ**ギャ, **ディ**ヂト
けちな **けちな** kechina	**avare, radin(e)** アヴァール, ラダン(-ディヌ)	stingy ス**ティ**ンヂ
けちゃっぷ **ケチャップ** kechappu	**ketchup** *m.* ケチュプ	catsup, ketchup **ケ**チャプ, **ケ**チャプ
けつあつ **血圧** ketsuatsu	**tension artérielle** *f.* タンシオン アルテリエル	blood pressure ブ**ラ**ド プ**レ**シャ
けつい **決意** ketsui	**résolution** *f.* レゾリュシオン	resolution レゾ**ルー**ション
～する	**se décider** ス デシデ	make up one's mind メイク **ア**プ **マ**インド
けつえき **血液** ketsueki	**sang** *m.* サン	blood ブ**ラ**ド
けつえん **血縁** ketsuen	**liens du sang** *m.pl.* リアン デュ サン	blood relation ブ**ラ**ド リ**レ**イション
けっか **結果** kekka	**résultat** *m.*, **conséquence** *f.* レジュルタ, コンセカンス	result リ**ザ**ルト
けっかく **結核** kekkaku	**tuberculose** *f.* テュベルキュローズ	tuberculosis テュバーキュ**ロ**ウスィス
けっかん **欠陥** kekkan	**déficience** *f.*, **défaut** *m.* デフィシアンス, デフォー	defect, fault ディ**フェ**クト, **フォ**ールト
けっかん **血管** kekkan	**vaisseau sanguin** *m.* ヴェソー サンガン	blood vessel ブ**ラ**ド **ヴェ**スル
げっかんし **月刊誌** gekkanshi	**revue mensuelle** *f.* ルヴュ マンシュエル	monthly (magazine) **マ**ンスリ (**マ**ガズィーン)
げっきゅう **月給** gekkyuu	**salaire mensuel** *m.* サレール マンシュエル	(monthly) salary (**マ**ンスリ) **サ**ラリ

日	仏	英
けっきょく **結局** kekkyoku	**après tout, finalement** アプレ トゥ, フィナルマン	after all, in the end アフタ **オー**ル, イン ズィ **エン**ド
けっきん **欠勤** kekkin	**absence** *f.* アプサンス	absence **ア**プセンス
けつごう **結合** ketsugou	**union** *f.*, **association** *f.* ユニオン, アソシアシオン	union, combination **ユー**ニョン, カンビ**ネ**イション
〜する	**s'unir, se combiner** シュニール, ス コンビネ	unite, combine ユー**ナ**イト, コン**バ**イン
けっこうな **結構な** kekkouna	**excellent(e), magnifique** エクセラン(ト), マニフィック	excellent, nice **エ**クセレント, **ナ**イス
けっこん **結婚** kekkon	**mariage** *m.* マリアージュ	marriage **マ**リヂ
〜式	**mariage** *m.* マリアージュ	wedding **ウェ**ディング
〜する	**(être) marié(e)** *avec* (エートル) マリエ アヴェク	(get) married (ゲト) **マ**リド
けっさく **傑作** kessaku	**chef-d'œuvre** *m.* シェドゥーヴル	masterpiece **マ**スタピース
けっさん **決算** kessan	**liquidation des comptes** *f.* リキダシオン デ コント	settlement of accounts **セ**トルメント オヴ ア**カ**ウンツ
けっして **決して** kesshite	**jamais** ジャメ	never **ネ**ヴァ
げっしゃ **月謝** gessha	**mensualité** *f.* マンシュアリテ	monthly fee **マ**ンスリ **フィ**ー
げっしゅう **月収** gesshuu	**revenu mensuel** *m.* ルヴニュ マンシュエル	monthly income **マ**ンスリ **イ**ンカム
けっしょう **決勝** kesshou	**finale** *f.* フィナル	final **ファ**イナル

日	仏	英
けっしょう **結晶** kesshou	**cristal** *m.* クリスタル	crystal クリスタル
げっしょく **月食** gesshoku	**éclipse de lune** *f.* エクリップス ドゥ リュヌ	eclipse of the moon イクリプス オヴ ザ ムーン
けっしん **決心** kesshin	**décision** *f.*, **détermination** *f.* デシジオン, デテルミナシオン	determination ディターミネイション
～する	**se décider** ス デシデ	make up one's mind メイク アプ マインド
けっせい **血清** kessei	**sérum** *m.* セロム	serum スィアラム
けっせき **欠席** kesseki	**absence** *f.* アプサンス	absence アプセンス
～する	**(être) absent(e) de** (エートル) アプサン(ト) ドゥ	(be) absent from (ビ) アプセント フラム
けつだん **決断** ketsudan	**décision** *f.* デシジオン	decision ディスィジョン
～する	**décider** デシデ	decide ディサイド
けってい **決定** kettei	**décision** *f.* デシジオン	decision ディスィジョン
～する	**décider, déterminer** デシデ, デテルミネ	decide ディサイド
けってん **欠点** ketten	**défaut** *m.*, **faiblesse** *f.* デフォー, フェブレス	fault, weak point フォールト, ウィーク ポイント
けっとう **血統** kettou	**sang** *m.*, **lignée** *f.* サン, リニェ	blood, lineage ブラド, リニイヂ
(動物の)	**pedigree** *m.* ペディグレ	pedigree ペディグリー

日	仏	英
けっぱく **潔白** keppaku	**innocence** *f.* イノサンス	innocence イノセンス
げっぷ **げっぷ** geppu	**rot** *m.* □	burp バープ
けっぺきな **潔癖な** keppekina	**maniaque de la propreté** マニアック ドゥ ラ プロプルテ	fastidious, clean ファスティディアス, クリーン
けつぼう **欠乏** ketsubou	**manque** *m.* マンク	lack, shortage ラク, ショーティデ
〜する	**manquer** マンケ	lack ラク
けつまつ **結末** ketsumatsu	**fin** *f.*, **résultat** *m.* ファン, レジュルタ	end, result エンド, リザルト
げつまつ **月末** getsumatsu	**fin du mois** *f.* ファン デュ モワ	end of the month エンド オヴ ザ マンス
げつようび **月曜日** getsuyoubi	**lundi** *m.* ランディ	Monday マンディ
けつれつ **決裂** ketsuretsu	**rupture** *f.* リュプテュール	rupture ラプチャ
けつろん **結論** ketsuron	**conclusion** *f.* コンクリュジオン	conclusion コンクルージョン
けなす **けなす** kenasu	**dire du mal** *de*, **insulter** ディール デュ マル ドゥ, アンシュルテ	speak ill of スピーク イル オヴ
けにあ **ケニア** kenia	**Kenya** *m.* ケニア	Kenya ケニャ
げねつざい **解熱剤** genetsuzai	**fébrifuge** *m.*, **antipyré- tique** *m.* フェブリフュージュ, アンティピレティック	antipyretic アンティパイレティク
けはい **気配** kehai	**signe** *m.*, **air** *m.* シーニュ, エール	sign, indication サイン, インディケイション

日	仏	英
けびょう **仮病** kebyou	**maladie feinte** *f.* マラディ ファント	feigned illness **フェインド イル**ネス
げひんな **下品な** gehinna	**vulgaire, grossier(ère)** ヴュルゲール, グロシエ(-エール)	vulgar, coarse **ヴァ**ルガ, **コ**ース
けむい **煙い** kemui	**enfumé(e)** アンフュメ	smoky ス**モウ**キ
けむし **毛虫** kemushi	**chenille** *f.* シュニーユ	caterpillar **キャ**タピラ
けむり **煙** kemuri	**fumée** *f.* フュメ	smoke ス**モウ**ク
げり **下痢** geri	**diarrhée** *f.* ディアレ	diarrhea ダイア**リ**ア
げりら **ゲリラ** gerira	**guérillero** *m.* ゲリエロ	guerrilla ゲ**リ**ラ
ける **蹴る** keru	**donner un coup de pied à** ドネ アン クードゥ ピエ ア	kick **キ**ク
げるまにうむ **ゲルマニウム** gerumaniumu	**germanium** *m.* ジェルマニオム	germanium チャー**メイ**ニアム
げれつな **下劣な** geretsuna	**méchant(e), mesquin(e)** メシャン(ト), メスカン(-キヌ)	mean, base **ミ**ーン, **ペ**イス
げれんで **ゲレンデ** gerende	**piste de ski** *f.* ピスト ドゥ スキー	(ski) slope (ス**キ**ー) ス**ロウ**プ
けわしい **険しい** kewashii	**raide, abrupt(e)** レッド, アブリュプト	steep ス**ティ**ープ
(顔つきが)	**dur(e), sévère** デュール, セヴェール	severe スィ**ヴィ**ア
けん **券** ken	**ticket** *m.*, **coupon** *m.* ティケ, クポン	ticket, coupon **ティ**ケト, **ク**ーパン

日	仏	英
けん **県** （日本の） ken	**préfecture** プレフェクチュール	prefecture プリーフェクチャ
（フランスの）	**département** *m.* デパルトマン	department ディパートメント
げん **弦** （楽器の） gen	**corde** *f.* コルド	string ストリング
（弓の）	**corde d'arc** *f.* コルド ダルク	bowstring ボウストリング
けんあくな **険悪な** ken-akuna	**menaçant(e)** ムナサン(ト)	threatening スレトニング
げんあん **原案** gen-an	**ébauche** *f.*, **brouillon** *m.* エボーシュ, ブルイオン	first draft ファースト ドラフト
けんい **権威** ken-i	**autorité** *f.*, **prestige** *m.* オトリテ, プレスティージュ	authority, prestige アソーリティ, プレスティージ
げんいん **原因** gen-in	**cause** *f.*, **origine** *f.* コーズ, オリジヌ	cause, origin コーズ, オーリヂン
げんえい **幻影** gen-ei	**illusion** *f.* イリュジオン	illusion イルージョン
けんえき **検疫** ken-eki	**quarantaine** *f.* カランテヌ	quarantine クウォランティーン
げんえき **現役** gen-eki	**service actif** *m.* セルヴィス アクティフ	active service アクティヴ サーヴィス
けんえつ **検閲** ken-etsu	**censure** *f.*, **inspection** *f.* サンシュール, アンスペクシオン	inspection, censor- ship インスペクション, センサシプ
けんか **喧嘩** （殴り合い） kenka	**bagarre** *f.* バガール	fight ファイト
（口論）	**querelle** *f.*, **dispute** *f.* クレル, ディスピュット	quarrel, dispute クウォレル, ディスピュート

日	仏	英
～する	se quereller *avec* ス クレレ アヴェク	quarrel with クウォレル ウィズ
げんか **原価** genka	**prix de revient** *m.* プリ ドゥ ルヴィアン	cost price コースト プライス
けんかい **見解** kenkai	**opinion** *f.*, **avis** *m.* オピニオン, アヴィ	opinion, view オピニオン, ヴュー
げんかい **限界** genkai	**limite** *f.*, **bornes** *f.pl.* リミット, ボルヌ	limit, bounds リミット, バウンツ
けんがくする **見学する** kengakusuru	**visiter** ヴィジテ	inspect, visit インスペクト, ヴィズィト
げんかくな **厳格な** genkakuna	**strict(e), rigoureux(se)** ストリクト, リグルー(ズ)	strict, rigorous ストリクト, リガラス
げんかしょうきゃく **減価償却** genkashoukyaku	**dépréciation** *m.* デプレシアシオン	depreciation ディプリーシエイション
げんがっき **弦楽器** gengakki	**instruments à cordes** *m.pl.* アンストリュマン ア コルド	stringed instruments ストリングド インストルメンツ
げんかん **玄関** genkan	**vestibule** *m.*, **entrée** *f.* ヴェスティビュル, アントレ	entrance エントランス
げんきな **元気な** genkina	**vigoureux(se), énergique** ヴィグルー(ズ), エネルジック	spirited, lively スピリテド, ライヴリ
けんきゅう **研究** kenkyuu	**étude** *f.*, **recherches** *f.pl.* エテュード, ルシェルシュ	study, research スタディ, リサーチ
～者	**chercheur(se)** *m.f.* シェルシュール(-ズ)	student, scholar ステューデント, スカラ
～所	**laboratoire** *m.*, **institut** *m.* ラボラトワール, アンスティテュ	laboratory ラボラトーリ
～する	**faire des recherches** *sur* フェール デ ルシェルシュ シュール	research, study リサーチ, スタディ

日	仏	英
けんきょな **謙虚な** kenkyona	**modeste** モデスト	modest マデスト
けんきん **献金** kenkin	**collecte** *f.*, **contribution** *f.* コレクト, コントリビュション	donation ドウネイション
げんきん **現金** genkin	**espèces** *f.pl.* エスペス	cash **キャ**シュ
げんきんする **厳禁する** genkinsuru	**interdire formellement** アンテルディール フォルメルマン	forbid strictly フォビド スト**リ**クトリ
げんけい **原型** genkei	**prototype** *m.* プロトティップ	prototype プ**ロ**ウトタイプ
げんけい **原形** genkei	**forme originale** *f.* フォルム オリジナル	original form オ**リ**ヂナル **フォ**ーム
けんけつ **献血** kenketsu	**don du sang** *m.* ドン デュ サン	blood donation ブ**ラ**ド ドウネイション
けんげん **権限** kengen	**compétence** *f.* コンペタンス	competence **カ**ンピテンス
げんご **言語** gengo	**langue** *f.* ラング	language **ラ**ングウィヂ
～学	**linguistique** *f.* ランギュイスティック	linguistics リング**ウィ**スティクス
けんこう **健康** kenkou	**santé** *f.* サンテ	health **ヘ**ルス
～な	**sain(e)** サン(セーヌ)	healthy, sound **ヘ**ルスィ, **サ**ウンド
げんこう **原稿** genkou	**manuscrit** *m.*, **copie** *f.* マニュスクリ, コピー	manuscript, draft **マ**ニュスクリプト, ド**ラ**フト
げんこうはん **現行犯** genkouhan	**flagrant délit** *m.* フラグラン デリ	red-handed レドハンデド
げんこく **原告** genkoku	**plaignant(e)** *m.f.* プレニャン(ト)	plaintiff プ**レ**インティフ

日	仏	英
けんさ **検査** kensa	**inspection** *f.*, **examen** *m.* アンスペクシオン, エグザマン	inspection インスペクション
～する	**examiner, contrôler** エグザミネ, コントロレ	inspect, examine インスペクト, イグザミン
げんざいの **現在の** genzaino	**présent(e)** プレザン(ト)	present プレズント
げんざいりょう **原材料** genzairyou	**matière première** *f.* マティエール プルミエール	raw material ロー マテァリアル
けんさく **検索** kensaku	**recherche** *f.* ルシェルシュ	search, retrieval サーチ, リトリーヴァル
～する	**chercher, rechercher** シェルシェ, ルシェルシェ	search, retrieve サーチ, リトリーヴ
げんさく **原作** gensaku	**original** *m.* オリジナル	original オリヂナル
げんさんち **原産地** gensanchi	**pays d'origine** *m.*, **provenance** *f.* ペイ ドリジヌ, プロヴァンス	place of origin プレイス オヴ オリヂン
けんじ **検事** kenji	**procureur** *m.* プロキュルール	public prosecutor パブリク プラスィキュータ
げんし **原子** genshi	**atome** *m.* アトム	atom アトム
～爆弾	**bombe atomique** *f.* ボンブ アトミック	atomic bomb アタミク バム
～力	**énergie atomique** *f.* エネルジー アトミック	nuclear power ニュークリア パウア
～炉	**réacteur nucléaire** *m.* レアクトゥール ニュクレエール	nuclear reactor ニュークリア リアクタ
げんじつ **現実** genjitsu	**réalité** *f.*, **actualité** *f.* レアリテ, アクテュアリテ	reality, actuality リアリティ, アクチュアリティ

日	仏	英
～の	**réel(le), actuel(le)** レエル, アクテュエル	real, actual リーアル, **ア**クチュアル
けんじつな **堅実な** kenjitsuna	**stable, sûr(e)** スターブル, シュール	steady ス**テ**ディ
げんしの **原始の** genshino	**primitif(ve)** プリミティフ(・ヴ)	primitive プリミティヴ
げんしゅ **元首** genshu	**chef d'État** *m.*, **souve-rain(e)** *m.f.* シェフ デタ, スヴラン(・レヌ)	sovereign **サ**ヴレン
けんしゅう **研修** kenshuu	**stage** *m.* スタージュ	study ス**タ**ディ
～生	**stagiaire** *m.f.* スタジエール	trainee トレイ**ニ**ー
けんじゅう **拳銃** kenjuu	**pistolet** *m.*, **arme de poing** *f.* ピストレ, アルム ドゥ ポワン	handgun, pistol ハンドガン, **ピ**ストル
げんじゅうしょ **現住所** genjuusho	**domicile actuel** *m.* ドミシル アクテュエル	present address プレズント ア**ド**レス
げんじゅうな **厳重な** genjuuna	**strict(e), sévère** ストリクト, セヴェール	strict, severe ストリクト, ス**ヴィ**ア
げんしゅくな **厳粛な** genshukuna	**grave, solennel(le)** グラーヴ, ソラネル	grave, solemn グレイヴ, **サ**レム
けんしょう **懸賞** kenshou	**prix** *m.* プリ	prize プ**ラ**イズ
げんしょう **現象** genshou	**phénomène** *m.* フェノメヌ	phenomenon フィ**ナ**メノン
げんじょう **現状** genjou	**état actuel** *m.* エタ アクテュエル	present condition プレズント コン**ディ**ション
げんしょうする **減少する** genshousuru	**diminuer** ディミニュエ	decrease, decline **ディ**ークリース, ディク**ラ**イン

日	仏	英
げんしょく **原色** genshoku	**couleur primitive** *f.* クルール プリミティヴ	primary color プ**ライ**メリ **カ**ラ
けんしん **検診** kenshin	**examen médical** *m.* エグザマン メディカル	medical examina- tion **メ**ディカル イグ**ザ**ミ**ネ**イション
けんしんてきに **献身的に** kenshintekini	**avec dévouement** アヴェク デヴマン	devotedly ディ**ヴォ**ウテドリ
げんぜい **減税** genzei	**réduction des impôts** *f.* レデュクシオン デ ザンポ	tax reduction **タ**クス リ**ダ**クション
げんせいりん **原生林** genseirin	**forêt vierge** *f.* フォレ ヴィエルジュ	primeval forest プライ**ミー**ヴァル **フォー**レスト
けんせつ **建設** kensetsu	**construction** *f.* コンストリュクシオン	construction コンスト**ラ**クション
〜する	**construire, bâtir** コンストリュイール，バティール	construct コンスト**ラ**クト
けんぜんな **健全な** kenzenna	**sain(e)** サン(セーヌ)	sound **サ**ウンド
げんそ **元素** genso	**élément** *m.* エレマン	element **エ**レメント
げんそう **幻想** gensou	**illusion** *f.*, **vision** *f.* イリュジオン，ヴィジョン	illusion, vision イ**ルー**ジョン，**ヴィ**ジョン
げんそく **原則** gensoku	**principe** *m.* プランシップ	principle プ**リ**ンスィプル
げんそくする **減速する** gensokusuru	**ralentir** ラランティール	slow down ス**ロ**ウ **ダ**ウン
けんそん **謙遜** kenson	**modestie** *f.*, **humilité** *f.* モデスティ，ユミリテ	modesty, humility **マ**デスティ，ヒュー**ミ**リティ
〜する	**(être) modeste** (エートル) モデスト	(be) modest (ビ) **マ**デスト

日	仏	英
げんだいの **現代の** gendaino	**moderne** モデルヌ	modern **マ**ダン
げんち **現地** genchi	**lieu** *m.* リユー	spot スパト
けんちく **建築** （建物） kenchiku	**construction** *f.* コンストリュクシオン	building **ビ**ルディング
（建築術）	**architecture** *f.* アルシテクテュール	architecture **アー**キテクチャ
〜家	**architecte** *m.f.* アルシテクト	architect **アー**キテクト
けんちょな **顕著な** kenchona	**remarquable** ルマルカーブル	remarkable リ**マー**カブル
げんてい **限定** gentei	**limitation** *f.* リミタシオン	limitation リミ**テ**イション
〜する	**limiter** *à* リミテ ア	limit to **リ**ミト トゥ
げんてん **原典** genten	**texte original** *m.* テクスト オリジナル	original text オ**リ**ヂナル **テ**クスト
げんてん **原点** genten	**point de départ** *m.* ポワン ドゥ デパール	starting point ス**ター**ティング **ポ**イント
げんてん **減点** genten	**point de pénalisation** *m.* ポワン ドゥ ペナリザシオン	demerit mark ディー**メ**リト **マー**ク
げんど **限度** gendo	**limite** *f.* リミット	limit **リ**ミト
けんとう **検討** kentou	**étude** *f.*, **débat** *m.* エテュード, デパ	examination, dis-cussion イグザミ**ネ**イション, ディス**カ**ション
〜する	**examiner**, **étudier** エグザミネ, エテュディエ	examine イグ**ザ**ミン

日	仏	英
けんとう **見当** (推測) kentou	**supposition** *f.* シュポジシオン	guess **ゲ**ス
(目標)	**but** *m.* ビュット	aim **エ**イム
げんどうりょく **原動力** gendouryoku	**force motrice** *f.* フォルス モトリス	motive power **モ**ウティヴ **パ**ウア
げんば **現場** genba	**lieu** *m.*, **endroit** *m.* リユー, アンドロワ	site, scene **サ**イト, **ス**ィーン
けんびきょう **顕微鏡** kenbikyou	**microscope** *m.* ミクロスコプ	microscope **マ**イクロスコウプ
けんぶつ **見物** kenbutsu	**visite** *f.* ヴィジット	sightseeing **サ**イトスィーイング
~する	**visiter** ヴィジテ	see, visit ス**ィ**ー, **ヴィ**ズィト
げんぶん **原文** genbun	**texte original** *m.* テクスト オリジナル	original text オ**リ**ヂナル **テ**クスト
けんぽう **憲法** kenpou	**constitution** *f.* コンスティテュシオン	constitution カンスティ**テュ**ーション
げんぽん **原本** genpon	**original** *m.* オリジナル	original オ**リ**ヂナル
げんみつな **厳密な** genmitsuna	**exact(e), précis(e)** エグザクト, プレシ(-シーズ)	strict, close スト**リ**クト, ク**ロ**ウス
けんめいな **賢明な** kenmeina	**sage, intelligent(e)** サージュ, アンテリジャン(ト)	wise, prudent **ワ**イズ, プ**ル**ーデント
けんめいに **懸命に** kenmeini	**de toutes** *ses* **forces** ドゥ トゥット フォルス	eagerly, hard **イ**ーガリ, **ハ**ード
けんもん **検問** kenmon	**contrôle** *m.* コントロール	inspection, examination インス**ペ**クション, イグザミ**ネ**イション

219

け

日	仏	英
けんやくする **倹約する** ken-yakusuru	**économiser, épargner** エコノミゼ, エパルニェ	economize イカノマイズ
げんゆ **原油** gen-yu	**pétrole brut** *m.* ペトロル ブリュト	crude oil ク**ル**ード **オ**イル
けんり **権利** kenri	**droit** *m.* ドロワ	right **ラ**イト
げんり **原理** genri	**principe** *m.* プランシップ	principle, theory プ**リ**ンスィプル, ス**ィ**オリ
げんりょう **原料** genryou	**matières premières** *f.pl.* マティエール プルミエール	raw materials **ロ**ー マ**ティ**アリアルズ
けんりょく **権力** kenryoku	**pouvoir** *m.*, **autorité** *f.* プヴォワール, オトリテ	power, authority **パ**ウア, オ**サ**リティ

こ, コ

日	仏	英
こ **子** ko	**enfant** *m.f.* アンファン	child, infant **チャ**イルド, **イ**ンファント
ご **五** go	**cinq** サンク	five **ファ**イヴ
ご **語** go	**mot** *m.*, **terme** *m.* モ, テルム	word, term **ワ**ード, **タ**ーム
こい **濃い** (色が) koi	**foncé(e), sombre** フォンセ, ソンブル	dark, deep **ダ**ーク, **ディ**ープ
(味が)	**fort(e), corsé(e)** フォール(フォルト), コルセ	strong ス**ト**ング
(密度が)	**épais(se), dense** エペ(ス), ダンス	dense **デ**ンス
こい **恋** koi	**amour** *m.* アムール	love **ラ**ヴ

日	仏	英
~する	**tomber amoureux(se)** de トンベ アムルー(ズ) ドゥ	fall in love (with) **フォ**ール イン **ラ**ヴ (**ウィ**ズ)
ごい **語彙** goi	**vocabulaire** *m.* ヴォカビュレール	vocabulary ヴォウ**キャ**ビュレリ
こいしい **恋しい** koishii	**soupirer** *pour* スピレ プール	miss, long for **ミ**ス, **ロ**ーング フォ
こいぬ **子犬** koinu	**chiot** *m.* シオ	puppy **パ**ピ
こいびと **恋人** koibito	**amoureux(se)** *m.f.* アムルー(ズ)	sweetheart, lover ス**ウィ**ートハート, **ラ**ヴァ
こいん **コイン** koin	**pièce** *f.* ピエス	coin **コ**イン
~ロッカー	**consigne automatique** *f.* コンシーニュ オトマティック	coin locker **コ**イン **ロ**カ
こうい **好意** koui	**bonne volonté** *f.* ボヌ ヴォロンテ	goodwill **グ**ドウィル
こうい **行為** koui	**action** *f.*, **conduite** *f.* アクシオン, コンデュイット	act, action, deed **ア**クト, **ア**クション, **ディ**ード
ごうい **合意** goui	**accord** *m.*, **consentement** *m.* アコール, コンサントマン	agreement ア**グリ**ーメント
こういしつ **更衣室** kouishitsu	**vestiaire** *m.* ヴェスティエール	changing room **チェ**インヂング **ル**ーム
こういしょう **後遺症** kouishou	**séquelles** *f.pl.* セケル	aftereffect **ア**フタリフェクト
ごうう **豪雨** gouu	**pluie diluvienne** *f.* プリュイ ディリュヴィエヌ	heavy rain **ヘ**ヴィ **レ**イン
こううん **幸運** kouun	**bonheur** *m.*, **chance** *f.* ボヌール, シャンス	fortune, luck **フォ**ーチュン, **ラ**ク

日	仏	英
こうえい **光栄** kouei	**honneur** *m.*, **gloire** *f.* オヌール, グロワール	honor, glory **ア**ナ, グ**ロー**リ
こうえん **公園** kouen	**parc** *m.*, **jardin** *m.* パルク, ジャルダン	park **パー**ク
こうえん **講演** kouen	**conférence** *f.* コンフェランス	lecture **レ**クチャ
～する	**faire une conférence** *sur* フェール ユヌ コンフェランス シュール	lecture on **レ**クチャ オン
こうおん **高音** kouon	**son aigu** *m.* ソン エギュ	high tone **ハ**イ **ト**ウン
ごうおん **轟音** gouon	**bruit assourdissant** *m.* ブリュイ タスルディサン	roar **ロー**
こうか **効果** kouka	**effet** *m.*, **efficacité** *f.* エフェ, エフィカシテ	effect, efficacy イ**フェ**クト, **エ**フィカスィ
こうかい **後悔** koukai	**regret** *m.*, **remords** *m.* ルグレ, ルモール	regret, remorse リ**グレ**ト, リ**モー**ス
～する	**regretter** ルグレッテ	regret リ**グレ**ト
こうかい **航海** koukai	**navigation** *f.* ナヴィガシオン	navigation ナヴィ**ゲ**イション
こうがい **公害** kougai	**nuisance** *f.*, **pollution** *f.* ニュイザンス, ポリュシオン	pollution ポ**リュー**ション
こうがい **郊外** kougai	**banlieue** *f.* バンリユー	suburbs **サ**バーブス
こうかいする **公開する** koukaisuru	**ouvrir ... au public** ウヴリール オ ピュブリック	open to the public **オ**ウプン トゥ ザ **パ**ブリク
こうがく **光学** kougaku	**optique** *f.* オプティック	optics **ア**プティクス
ごうかく **合格** goukaku	**succès** *m.* シュクセ	pass, success パス, サク**セ**ス

日	仏	英
～する	**réussir** レユシール	pass パス
こうかな **高価な** koukana	**cher(ère), coûteux(se)** シェール, クトゥー(ズ)	expensive, costly イクスペンスィヴ, コストリ
ごうかな **豪華な** goukana	**splendide, magnifique** スプランディッド, マニフィック	gorgeous, deluxe ゴーヂャス, デルクス
こうかん **交換** koukan	**échange** *m.* エシャンジュ	exchange イクスチェインヂ
～する	**échanger** エシャンジェ	exchange イクスチェインヂ
こうがんざい **抗癌剤** kouganzai	**anticancéreux** *m.* アンティカンセルー	anticancer agent アンティキャンサ エイヂェント
こうき **後期** (2学期制の) kouki	**deuxième semestre** *m.* ドゥジエム スメストル	second semester セカンド セメスタ
こうぎ **抗議** kougi	**protestation** *f.* プロテスタシオン	protest プロテスト
～する	**protester** *contre* プロテステ コントル	protest against プロテスト アゲンスト
こうぎ **講義** kougi	**cours magistral** *m.*, **conférence** *f.* クール マジストラル, コンフェランス	lecture レクチャ
～する	**donner un cours, donner une conférence** ドネ アン クール, ドネ ユヌ コンフェランス	lecture レクチャ
こうきあつ **高気圧** koukiatsu	**haute pression atmosphérique** *f.* オート プレシオン アトモスフェリック	high atmospheric pressure ハイ アトモスフェリク プレシャ
こうきしん **好奇心** koukishin	**curiosité** *f.* キュリオジテ	curiosity キュアリアスィティ
こうきな **高貴な** koukina	**noble** ノーブル	noble ノウブル

日	仏	英
こうきゅうな **高級な** koukyuuna	**supérieur(e), luxueux(se)** シュペリュール, リュクシェウー(ズ)	high-end, luxury ハイエンド, ラクシャリ
こうきょ **皇居** koukyo	**palais impérial** *m.* パレ ザンペリアル	Imperial Palace インピアリアル パレス
こうぎょう **工業** kougyou	**industrie** *f.* アンデュストリー	industry インダストリ
～地帯	**zone industrielle** *f.* ゾーヌ アンデュストリエル	industrial area インダストリアル エアリア
こうぎょう **鉱業** kougyou	**industrie minière** *f.* アンデュストリー ミニエール	mining マイニング
こうきょうきょく **交響曲** koukyoukyoku	**symphonie** *f.* サンフォニー	symphony スィンフォニ
こうきょうの **公共の** koukyouno	**public(que)** ピュブリック	public, common パブリク, カモン
ごうきん **合金** goukin	**alliage** *m.* アリアージュ	alloy アロイ
こうぐ **工具** kougu	**outil** *m.*, **instrument** *m.* ウティ, アンストリュマン	tool, implement トゥール, インプレメント
こうくうがいしゃ **航空会社** koukuugaisha	**compagnie d'aviation** *f.* コンパニ ダヴィアシオン	airline エアライン
こうくうき **航空機** koukuuki	**avion** *m.* アヴィオン	aircraft エアクラフト
こうくうけん **航空券** koukuuken	**billet d'avion** *m.* ビエ ダヴィオン	airline ticket エアライン ティケト
こうくうびん **航空便** koukuubin	**poste aérienne** *f.* ポスト アエリエヌ	airmail エアメイル
こうけい **光景** koukei	**spectacle** *m.*, **scène** *f.* スペクタークル, セーヌ	spectacle, scene スペクタクル, スィーン
こうげい **工芸** kougei	**artisanat** *m.* アルティザナ	craft クラフト

日	仏	英
ごうけい **合計** goukei	**somme** *f.*, **total** *m.* ソム, トタル	sum, total **サ**ム, **ト**ウタル
～する	**totaliser, faire le total** トタリゼ, フェール ル トタル	total, sum up **ト**ウタル, **サ**ム **ア**プ
こうけいき **好景気** koukeiki	**prospérité** *f.* プロスペリテ	prosperity, boom プロス**ペ**リティ, **ブ**ーム
こうけいしゃ **後継者** koukeisha	**successeur** *m.* シュクセスール	successor サク**セ**サ
こうげき **攻撃** kougeki	**attaque** *f.*, **assaut** *m.* アタック, アソー	attack, assault ア**タ**ク, ア**ソ**ールト
～する	**attaquer** アタッケ	attack, charge ア**タ**ク, **チャ**ーヂ
こうけつあつ **高血圧** kouketsuatsu	**hypertension** *f.* イペルタンシオン	high blood pressure ハイ ブ**ラ**ド プ**レ**シャ
こうげん **高原** kougen	**plateau** *m.* プラトー	plateau プラ**ト**ウ
こうけんする **貢献する** koukensuru	**contribuer** *à* コントリビュエ ア	contribute to コント**リ**ビュト **ト**ゥ
こうこう **高校** koukou	**lycée** *m.* リセ	high school **ハ**イ ス**ク**ール
～生	**lycéen(ne)** *m.f.* リセアン(-エヌ)	high school student **ハ**イ ス**ク**ール ス**テュ**ーデント
こうごう **皇后** kougou	**impératrice** *f.* アンペラトリス	empress **エ**ンプレス
こうこうする **孝行する** koukousuru	**faire preuve de piété filiale** フェール プルーヴ ドゥ ピエテ フィリアル	(be) good to one's parents (ビ) **グ**ド トゥ **ペ**アレンツ
こうこがく **考古学** koukogaku	**archéologie** *f.* アルケオロジー	archaeology アーキ**ア**ロヂ

日	仏	英
こうこく **広告** koukoku	**publicité** *f.* ピュブリシテ	advertisement アドヴァ**タ**イズメント
こうごに **交互に** kougoni	**alternativement** アルテルナティヴマン	alternately **オ**ールタネトリ
こうさ **交差** kousa	**croisement** *m.*, **intersec- tion** *f.* クロワズマン，アンテルセクシオン	crossing ク**ロ**ースィング
～する	**se croiser** ス クロワゼ	cross, intersect ク**ロ**ース，インタ**セ**クト
～点	**croisement** *m.*, **carrefour** *m.* クロワズマン，カルフール	crossing, cross- roads ク**ロ**ースィング，ク**ロ**ースロウ ヅ
こうざ **講座** kouza	**cours** *m.* クール	course **コ**ース
こうざ **口座** kouza	**compte** *m.* コント	account ア**カ**ウント
こうさい **交際** kousai	**compagnie** *f.* コンパニ	company **カ**ンパニ
～する	**avoir des relations** *avec* アヴォワール デ ルラシオン アヴェク	associate with ア**ソ**ウシエイト ウィズ
こうさく **工作** kousaku	**travail manuel** *m.* トラヴァイユ マニュエル	handicraft **ハ**ンディクラフト
～機械	**machine-outil** *f.* マシーヌティ	machine tool マ**シ**ーン ト**ゥ**ール
～する	**fabriquer à la main, faire à la main** ファブリケ ア ラ マン，フェール ア ラ マン	engineer, make エンデ**ニ**ア，**メ**イク
こうざん **鉱山** kouzan	**mine** *f.* ミヌ	mine **マ**イン
こうさんする **降参する** kousansuru	**se rendre** *à* ス ランドル ア	surrender to サ**レ**ンダ ト**ゥ**

日	仏	英
こうし **講師** koushi	**conférencier(ère)** *m.f.*, **chargé(e) de cours** *m.f.* コンフェランシエ(-エール), シャルジェ ドゥ クール	lecturer レク**チャ**ラ
こうじ **工事** kouji	**travaux** *m.pl.* トラヴォー	work, construction **ワ**ーク, コンスト**ラ**クション
こうしきの **公式の** koushikino	**officiel(le)** オフィシエル	official, formal オ**フィ**シャル, **フォ**ーマル
こうじつ **口実** koujitsu	**prétexte** *m.*, **excuse** *f.* プレテクスト, エクスキューズ	pretext, excuse **プリ**ーテクスト, イクス**キュ**ース
こうしゃ **後者** kousha	**celui-ci(celle-ci)** *m.f.* スリュイシ(セルシ)	latter **ラ**タ
こうしゃ **校舎** kousha	**école** *f.* エコール	schoolhouse ス**ク**ールハウス
こうしゅう **講習** koushuu	**cours** *m.* クール	course **コ**ース
こうしゅうの **公衆の** koushuuno	**public** *m.* ピュブリック	public **パ**ブリク
こうじゅつ **口述** koujutsu	**dictée** *f.* ディクテ	dictation ディク**テ**イション
～する	**dicter** ディクテ	dictate **ディ**クテイト
こうじょ **控除** koujo	**retenue** *f.*, **déduction** *f.* ルトゥニュ, デデュクシオン	deduction ディ**ダ**クション
～する	**déduire** デデュイール	deduct ディ**ダ**クト
こうしょう **交渉** koushou	**négociations** *f.pl.* ネゴシアシオン	negotiations ニゴウシ**エ**イションズ
～する	**négocier** *avec* ネゴシエ アヴェク	negotiate with ニ**ゴ**ウシエイト ウィズ

日	仏	英
こうじょう **工場** koujou	**fabrique** *f.*, **usine** *f.* ファブリック, ユジーヌ	factory, plant **ファ**クトリ, プラント
こうしょうな **高尚な** koushouna	**noble, raffiné(e)** ノーブル, ラフィネ	noble, refined **ノ**ウブル, リ**ファ**インド
ごうじょうな **強情な** goujouna	**obstiné(e)** オプスティネ	obstinate **ア**プスティネト
こうしょうにん **公証人** koushounin	**notaire** *m.* ノテール	notary **ノ**ウタリ
こうしょきょうふしょう **高所恐怖症** koushokyoufushou	**acrophobie** *f.* アクロフォビー	acrophobia, fear of heights アクロ**フォ**ウビア, **フィ**ア オヴ **ハ**イツ
こうしん **行進** koushin	**marche** *f.*, **défilé** *m.* マルシュ, デフィレ	march, parade **マ**ーチ, パ**レ**イド
～する	**marcher** マルシェ	march **マ**ーチ
こうしんりょう **香辛料** koushinryou	**épice** *f.* エピス	spices ス**パ**イセズ
こうすい **香水** kousui	**parfum** *m.* パルファン	perfume **パ**ーフューム
こうずい **洪水** kouzui	**inondation** *f.* イノンダシオン	flood, inundation フ**ラ**ド, イナン**デ**イション
こうせい **恒星** kousei	**étoile fixe** *f.* エトワル フィクス	fixed star **フィ**クスト ス**タ**
こうせい **構成** kousei	**composition** *f.* コンポジシオン	composition カンポ**ズィ**ション
～する	**composer, constituer** コンポゼ, コンスティテュエ	compose コン**ポ**ウズ
ごうせい **合成** gousei	**synthèse** *f.* サンテーズ	synthesis **スィ**ンセシス

日	仏	英

～樹脂
résine synthétique *f.*
レジーヌ サンテティック
synthetic resin
スィンセティク レズィン

～する
synthétiser
サンテティゼ
synthesize
スィンセサイズ

こうせいな
公正な
kouseina
impartial(e), équitable
アンパルシアル, エキターブル
just, fair
ヂャスト, フェア

こうせいぶっしつ
抗生物質
kouseibusshitsu
antibiotique *m.*
アンティビオティック
antibiotic
アンティバイアティク

こうせき
鉱石
kouseki
minerai *m.*
ミヌレ
ore
オー

こうせん
光線
kousen
rayon *m.*
レイオン
ray, beam
レイ, ビーム

こうぜんと
公然と
kouzento
ouvertement, publique-ment
ウヴェルトマン, ピュブリックマン
openly, publicly
オウプンリ, パブリクリ

こうそ
控訴
kouso
appel *m.*
アペール
appeal
アピール

こうそう
構想
kousou
plan *m.*, **conception** *f.*
プラン, コンセプシオン
plan, conception
プラン, コンセプション

こうそう
香草
kousou
fines herbes *f.pl.*
フィナ ゼルブ
herb
アーブ

こうぞう
構造
kouzou
structure *f.*
ストリュクテュール
structure
ストラクチャ

こうそうけんちく
高層建築
kousoukenchiku
immeuble *m.*, **tour** *f.*
イムーブル, トゥール
high-rise
ハイライズ

こうそく
高速
kousoku
grande vitesse *f.*
グランド ヴィテス
high speed
ハイ スピード

～道路
autoroute *f.*
オトルート
expressway, free-way, Ⓑmotorway
イクスプレスウェイ, フリーウェイ, モウタウェイ

日	仏	英
こうたいし **皇太子** koutaishi	**prince héritier** *m.* プランス エリティエ	Crown Prince クラウン プリンス
こうたいする **交替[代]する** koutaisuru	**remplacer, alterner** ランプラセ, アルテルネ	take turns テイク ターンズ
こうだいな **広大な** koudaina	**vaste, immense** ヴァスト, イマンス	vast, immense ヴァスト, イメンス
こうたく **光沢** koutaku	**lustre** *m.*, **poli** *m.* リュストル, ポリ	luster, gloss ラスタ, グロス
こうちゃ **紅茶** koucha	**thé** *m.* テ	(black) tea (ブラク) ティー
こうちょう **校長** kouchou	**direc*teur*(*trice*)** *m.f.* ディレクトゥール(- トリス)	principal, ⑧head- master プリンスィパル, ヘドマスタ
こうちょうな **好調な** kouchouna	**en bon état** アン ボン ネタ	in good condition イング グド コンディション
こうつう **交通** (往来) koutsuu	**circulation** *f.*, **trafic** *m.* シルキュラシオン, トラフィック	traffic トラフィク
(輸送)	**transport** *m.* トランスポール	transport トランスポート
〜事故	**accident de la route** *m.* アクシダン ドゥ ラ ルート	traffic accident トラフィク アクスィデント
こうてい **皇帝** koutei	**empereur** *m.* アンプルール	emperor エンペラ
こうていする **肯定する** kouteisuru	**affirmer** アフィルメ	affirm アファーム
こうていぶあい **公定歩合** kouteibuai	**taux d'escompte** *m.* トー デスコント	bank rate バンク レイト
こうてきな **公的な** koutekina	**officiel(*le*), public(*que*)** オフィシエル, ピュブリック	official, public オフィシャル, パブリク

日	仏	英
こうてつ **鋼鉄** koutetsu	**acier** *m.* アシエ	steel スティール
こうてんする **好転する** koutensuru	**s'améliorer** サメリオレ	turn for the better ターン フォ ザ ベター
こうど **高度** koudo	**altitude** *f.* アルティテュード	altitude アルティテュード
こうとう **高騰** koutou	**hausse subite** *f.* オース シュビット	sudden rise サドン ライズ
～する	**grimper, monter en flèche** グランペ, モンテ アン フレッシュ	rise sharply ライズ シャープリ
こうどう **行動** koudou	**action** *f.,* **conduite** *f.* アクシオン, コンデュイット	action, conduct アクション, カンダクト
～する	**agir, se conduire** アジール, ス コンデュイール	act アクト
こうどう **講堂** koudou	**salle de conférences** *f.* サル ドゥ コンフェランス	hall, auditorium ホール, オーディトーリアム
ごうとう **強盗** goutou	**bandit** *m.* バンディ	robber, burglar ラバ, バーグラ
ごうどう **合同** goudou	**union** *f.,* **association** *f.* ユニオン, アソシアシオン	union ユーニョン
こうとうな **高等な** koutouna	**supérieur(e), haut(e)** シュペリユール, オー(ト)	advanced, high-grade アドヴァンスト, ハイグレイド
こうとうがっこう **高等学校** koutougakkou	**lycée** *m.* リセ	high school ハイスクール
こうとうさいばんしょ **高等裁判所** koutousaibansho	**cour d'appel** *f.* クール ダペル	high court ハイ コート
こうとうの **口頭の** koutouno	**oral(e), verbal(e)** オラル, ヴェルバル	oral, verbal オーラル, ヴァーバル

日	仏	英
こうどくりょう **購読料** koudokuryou	**tarif d'abonnement** *m.* タリフ ダボヌマン	subscription charge サブスクリプション **チャ**ーヂ
こうないえん **口内炎** kounaien	**stomatite** *f.* ストマティット	mouth ulcer, stomatitis **マ**ウス **ア**ルサ, ストウマ**タ**イティス
こうにゅうする **購入する** kounyuusuru	**acheter** アシュテ	purchase, buy **パ**ーチェス, **バ**イ
こうにん **後任** kounin	**successeur** *m.* シュクセスール	successor サク**セ**サ
こうにんの **公認の** kouninno	**approuvé(e), agréé(e)** アプルヴェ, アグレエ	official, approved オ**フィ**シャル, アプ**ルー**ヴド
こうねん **光年** kounen	**année-lumière** *f.* アネリュミエール	light-year **ラ**イトイヤー
こうはい **後輩** kouhai	**cadet(te)** *m.f.* カデ(ット)	junior **ヂュー**ニア
こうばしい **香ばしい** koubashii	**sentir bon** サンティール ボン	fragrant フ**レ**イグラント
こうはん **後半** kouhan	**seconde moitié** *f.* スゴンド モワティエ	latter half **ラ**タ ハフ
こうばん **交番** kouban	**poste de police** *m.* ポスト ドゥ ポリス	(small) police station, ⑧police box (ス**モー**ル) ポ**リー**ス ス**テ**イション, ポ**リー**ス **ボ**クス
こうひょうの **好評の** kouhyouno	**populaire** ポピュレール	popular **パ**ピュラ
こうふく **幸福** koufuku	**bonheur** *m.* ボヌール	happiness **ハ**ピネス
〜な	**heureux(se)** ウルー(ズ)	happy **ハ**ピ
こうぶつ **好物** koubutsu	**plat favori** *m.* プラ ファヴォリ	favorite food **フェ**イヴァリト **フー**ド

日	仏	英
こうぶつ **鉱物** koubutsu	**minéral** *m.* ミネラル	mineral ミネラル
こうふん **興奮** koufun	**excitation** *f.* エクシタシオン	excitement イク**サ**イトメント
～する	**s'exciter** セクシテ	(be) excited (ビ) イク**サ**イテド
こうぶん **構文** koubun	**construction** *f.* コンストリュクシオン	construction コンストラクション
こうぶんしょ **公文書** koubunsho	**document officiel** *m.* ドキュマン オフィシエル	official document オ**フィ**シャル **ダ**キュメント
こうへいな **公平な** kouheina	**juste, impartial(e)** ジュスト, アンパルシアル	fair, impartial **フェ**ア, インパーシャル
ごうべんじぎょう **合弁事業** goubenjigyou	**entreprise commune** *f.*, **partenariat commercial** *m.* アントルプリーズ コミュヌ, パルトナリア コメルシアル	joint venture **ヂョ**イント **ヴェ**ンチャ
こうほ **候補** kouho	**candidat** *m.* カンディダ	candidate **キャ**ンディデイト
～者	**candidat(e)** *m.f.* カンディダ(ット)	candidate **キャ**ンディデイト
こうぼ **酵母** koubo	**levure** *f.*, **levain** *m.* ルヴュール, ルヴァン	yeast, leaven **イ**ースト, **レ**ヴン
こうほう **広報** kouhou	**bulletin officiel** *m.* ビュルタン オフィシエル	public information **パ**ブリク インフォメイション
ごうほうてきな **合法的な** gouhoutekina	**légal(e)** レガル	legal **リ**ーガル
ごうまんな **傲慢な** goumanna	**orgueilleux(se)** オルグイユー(ズ)	haughty **ホ**ーティ
こうみゃく **鉱脈** koumyaku	**filon** *m.*, **veine** *f.* フィロン, ヴェーヌ	vein of ore **ヴェ**イン オヴ **オ**ー

日	仏	英
こうみょうな **巧妙な** koumyouna	**habile, adroit(e)** アビル, アドロワ(ット)	skillful, dexterous ス**キ**ルフル, **デ**クストラス
こうむ **公務** koumu	**affaires publiques** *f.pl.* アフェール ピュブリック	official duties オ**フ**ィシャル **デュ**ーティズ
〜員	**fonctionnaire** *m.f.* フォンクシオネール	public official **パ**ブリック オ**フ**ィシャル
こうむる **被る** koumuru	**recevoir, subir** ルスヴォワール, シュビール	receive, incur リ**ス**ィーヴ, イン**カ**ー
こうもく **項目** koumoku	**article** *m.* アルティクル	item, clause **ア**イテム, ク**ロ**ーズ
こうもん **校門** koumon	**porte de l'école** *f.* ポルト ドゥ レコール	school gate ス**ク**ール **ゲ**イト
ごうもん **拷問** goumon	**torture** *f.*, **supplice** *m.* トルテュール, シュプリス	torture **ト**ーチャ
こうや **荒野** kouya	**terre sauvage** *f.* テール ソヴァージュ	wilds **ワ**イルズ
こうらく **行楽** kouraku	**excursion** *f.* エクスキュルシオン	outing **ア**ウティング
〜客	**touriste** *m.f.*, **excursion-niste** *m.f.* トゥーリスト, エクスキュルシオニスト	vacationer, Ⓑholi-daymaker ヴェイ**ケ**イショナ, **ホ**リデイメイカ
こうり **小売り** kouri	**détail** *m.*, **débit** *m.* デタイユ, デビ	retail リー**テ**イル
〜する	**vendre au détail** ヴァンドル オ デタイユ	retail リー**テ**イル
ごうりか **合理化** gourika	**rationalisation** *f.* ラシオナリザシオン	rationalization ラショナリ**ゼ**イション
こうりつ **効率** kouritsu	**efficacité** *f.* エフィカシテ	efficiency イ**フ**ィシェンスィ

日	仏	英
〜的な	**efficace** エフィカス	efficient イ**フィ**シェント
ごうりてきな **合理的な** gouritekina	**rationnel(le)** ラシオネル	rational **ラ**ショナル
こうりゅう **交流** kouryuu	**échange** *m.* エシャンジュ	exchange イクス**チェ**インヂ
〜する	**échanger** エシャンジェ	exchange イクス**チェ**インヂ
（電流の）	**courant alternatif** *m.* クラン アルテルナティフ	alternating current **オー**ルタネイティング **カ**ーレント
ごうりゅう **合流** gouryuu	**convergence** *f.*, **confluence** *f.* コンヴェルジャンス, コンフリュアンス	confluence **カ**ンフルーエンス
〜点	**confluent** *m.*, **carrefour** *m.* コンフリュアン, カルフール	point of confluence, meeting point **ポ**イント オヴ **カ**ンフルーエンス, **ミ**ーティング **ポ**イント
こうりょうとした **荒涼とした** kouryoutoshita	**désert(e), désolé(e)** デゼール(-ゼルト), デゾレ	desolate **デ**ソレト
こうりょく **効力**（効果・効能） kouryoku	**effet** *m.*, **efficacité** *f.* エフェ, エフィカシテ	effect, efficacy イ**フェ**クト, **エ**フィカスィ
こうりょする **考慮する** kouryosuru	**considérer** コンシデレ	consider コン**スィ**ダ
こうれい **高齢** kourei	**grand âge** *m.* グラン タージュ	advanced age アド**ヴァ**ンスト **エ**イヂ
〜化社会	**vieillissement de la population** *m.* ヴィエイイスマン ドゥ ラ ポピュラシオン	aging society **エ**イヂング ソ**サ**イエティ
こえ **声** koe	**voix** *f.* ヴォワ	voice **ヴォ**イス
こえる **越える** koeru	**franchir, traverser** フランシール, トラヴェルセ	go over, cross **ゴ**ウ **オ**ウヴァ, ク**ロ**ース

日	仏	英
こえる **超える** koeru	**passer, dépasser** パセ, デパセ	exceed, pass イクス**イ**ード, パス
ご―ぐる **ゴーグル** googuru	**lunettes** *f.pl.*, **lunettes de protection** *f.pl.* リュネット, リュネット ドゥ プロテクシオン	goggles **ガ**グルズ
こ―ち **コーチ** koochi	**entraîneur(se)** *m.f.* アントレヌール(-ズ)	coach, trainer **コ**ウチ, ト**レ**イナ
こ―と **コート** （球技の） kooto	**court** *m.* クール	court **コ**ート
（洋服の）	**manteau** *m.* マントー	coat **コ**ウト
こ―ど **コード** （暗号） koodo	**code** *m.* コード	code **コ**ウド
（電線）	**fil** *m.* フィル	cord **コ**ード
こ―な― **コーナー** koonaa	**coin** *m.* コワン	corner **コ**ーナ
こ―ひ― **コーヒー** koohii	**café** *m.* カフェ	coffee **コ**ーフィ
〜ショップ	**café** *m.* カフェ	coffee shop **コ**ーフィ **シャ**プ
こ―ら **コーラ** koora	**coca** *m.* コカ	Coke, cola **コ**ウク, **コ**ウラ
こ―らす **コーラス** koorasu	**chœur** *m.* クール	chorus **コ**ーラス
こおり **氷** koori	**glace** *f.* グラス	ice **ア**イス
こおる **凍る** kooru	**geler** ジュレ	freeze フ**リ**ーズ

237

日	仏	英
ゴール gooru	**but** *m.*, **ligne d'arrivée** *f.* ビュット, リーニュ ダリヴェ	goal ゴウル
～キーパー	**gardien de but** *m.* ガルディアン ドゥ ビュット	goalkeeper ゴウルキーパ
～キック	**coup de pied de but** *m.* クー ドゥ ピエ ドゥ ビュット	goal kick ゴウル キク
誤解 gokai	**malentendu** *m.* マランタンデュ	misunderstanding ミスアンダスタンディング
～する	**mal comprendre** マル コンプランドル	misunderstand ミスアンダスタンド
子会社 kogaisha	**filiale** *f.* フィリアル	subsidiary サブスィディエリ
コカイン kokain	**cocaïne** *f.* コカイヌ	cocaine コウケイン
語学 gogaku	**étude de langues** *f.* エテュード ドゥ ラング	language study ラングウィヂ スタディ
五角形 gokakukei	**pentagone** *m.* パンタゴヌ	pentagon ペンタガン
焦がす kogasu	**brûler, roussir** ブリュレ, ルシール	burn, scorch バーン, スコーチ
小型の kogatano	**de petit format, compact** ドゥ プティ フォルマ, コンパクト	small, compact スモール, コンパクト
五月 gogatsu	**mai** *m.* メ	May メイ
五感 gokan	**cinq sens** *m.pl.* サン サンス	(the) five senses (ザ) ファイヴ センセズ
互換性のある gokanseinoaru	**compatible** コンパティーブル	compatible コンパティブル
小切手 kogitte	**chèque** *m.* シェック	check, ⒷCheque チェク, チェク

日	仏	英
ごきぶり **ゴキブリ** gokiburi	**cafard** *m.*, **blatte** *f.* カファール, ブラット	cockroach カクロウチ
こきゃく **顧客** kokyaku	**client(e)** *m.f.* クリアン(ト)	customer, client カスタマ, クライエント
こきゅう **呼吸** kokyuu	**respiration** *f.* レスピラシオン	respiration レスピレイション
～する	**respirer** レスピレ	breathe ブリーズ
こきょう **故郷** kokyou	**pays natal** *m.*, **terre natale** *f.* ペイ ナタル, テール ナタル	home town, home ホウム タウン, ホウム
こぐ **漕ぐ** kogu	**ramer** ラメ	row ラウ
ごく **語句** goku	**mots** *m.pl.* モ	words ワーヅ
こくえいの **国営の** kokueino	**nationalisé(e)** ナシオナリゼ	state-run, Ⓑgovernment-run ステイトラン, ガヴァメントラン
こくおう **国王** kokuou	**roi** *m.*, **monarque** *m.* ロワ, モナルク	king, monarch キング, マナク
こくがいに **国外に** kokugaini	**à l'étranger** ア レトランジェ	abroad アブロード
こくぎ **国技** kokugi	**sport national** *m.* スポール ナシオナル	national sport ナショナル スポート
こくさいけっこん **国際結婚** kokusaikekkon	**mariage international** *m.* マリアージュ アンテルナシオナル	international marriage インタナショナル マリヂ
こくさいせん **国際線** kokusaisen	**ligne aérienne internationale** *f.* リーニュ アエリエヌ アンテルナシオナル	international airline インタナショナル エアライン
こくさいてきな **国際的な** kokusaitekina	**international(e)** アンテルナシオナル	international インタナショナル

日	仏	英
こくさいでんわ **国際電話** kokusaidenwa	**appel international** *m.* アペル アンテルナシオナル	international tele- phone call インタ**ナ**ショナル **テ**レフォウン **コ**ール
こくさいほう **国際法** kokusaihou	**droit international** *m.* ドロワ アンテルナシオナル	international law インタ**ナ**ショナル **ロ**ー
こくさんの **国産の** kokusanno	**national(e)** ナショナル	domestically pro- duced ドメスティカリ プロ**デュ**ースト
こくせき **国籍** kokuseki	**nationalité** *f.* ナショナリテ	nationality ナショ**ナ**リティ
こくそする **告訴する** kokusosuru	**accuser** アキュゼ	accuse ア**キュ**ーズ
こくちする **告知する** kokuchisuru	**notifier** ノティフィエ	notify **ノ**ウティファイ
こくどう **国道** kokudou	**route nationale** *f.* ルート ナシオナル	national highway **ナ**ショナル **ハ**イウェイ
こくないせん **国内線** kokunaisen	**ligne intérieure** *f.* リーニュ アンテリユール	domestic ド**メ**スティク
こくないの **国内の** kokunaino	**domestique, intérieur(e)** ドメスティック, アンテリユール	domestic ド**メ**スティク
こくはくする **告白する** kokuhakusuru	**avouer** アヴエ	confess コン**フェ**ス
こくはつする **告発する** kokuhatsusuru	**accuser** アキュゼ	accuse ア**キュ**ーズ
こくふくする **克服する** kokufukusuru	**surmonter, vaincre** シュルモンテ, ヴァンクル	conquer, overcome **カ**ンカ, オウヴァ**カ**ム
こくべつしき **告別式** kokubetsushiki	**cérémonie mortuaire** *f.*, **funérailles** *f.pl.* セレモニ モルテュエール, フュネライユ	farewell service フェア**ウェ**ル **サ**ーヴィス
こくほう **国宝** kokuhou	**trésor national** *m.* トレゾール ナシオナル	national treasure **ナ**ショナル ト**レ**ジャ

日	仏	英
こくぼう **国防** kokubou	**défense nationale** *f.* デファンス ナシオナル	national defense **ナ**ショナル ディ**フェ**ンス
こくみん **国民** kokumin	**nation** *f.*, **peuple** *m.* ナシオン, プープル	nation, people **ネ**イション, **ピ**ープル
～の	**national(e)** ナショナル	national **ナ**ショナル
こくもつ **穀物** kokumotsu	**céréales** *f.pl.* セレアル	grain, corn **グ**レイン, **コ**ーン
こくゆうの **国有の** kokuyuuno	**national(e)** ナショナル	national **ナ**ショナル
こくりつの **国立の** kokuritsuno	**national(e)**, **public(que)** ナショナル, ピュブリック	national, state **ナ**ショナル, ス**テ**イト
こくれん **国連** kokuren	**O.N.U.** *f.*, **Organisation des Nations Unies** *f.* オニュ, オルガニザシオン デ ナシオン ジュニ	UN, United Nations **ユ**ー**エ**ン, ユー**ナ**イテド ネイションズ
こけ **苔** koke	**mousse** *f.* ムース	moss **モ**ス
こげる **焦げる** kogeru	**brûler** ブリュレ	burn **バ**ーン
ここ **ここ** koko	**ici** イシ	here, this place **ヒ**ア, **ズ**ィス プ**レ**イス
こご **古語** kogo	**archaïsme** *m.* アルカイスム	archaic words アー**ケ**イイク **ワ**ーヅ
ごご **午後** gogo	**après-midi** *m.* アプレミディ	afternoon アフタ**ヌ**ーン
ここあ **ココア** kokoa	**cacao** *m.*, **chocolat** *m.* カカオ, ショコラ	cocoa **コ**ウコウ
こごえる **凍える** kogoeru	**geler** ジュレ	freeze フ**リ**ーズ

日	仏	英
ここちよい **心地よい** kokochiyoi	**agréable, confortable** アグレアーブル, コンフォルターブル	comfortable カンフォタブル
こごと **小言** kogoto	**gronderie** *f.*, **réprimande** *f.* グロンドリ, レプリマンド	scolding スコウルディング
ここなつ **ココナツ** kokonatsu	**noix de coco** *f.* ノワ ドゥ ココ	coconut コウコナト
こころ **心** (意向) kokoro	**intention** *f.*, **volonté** *f.* アンタンシオン, ヴォロンテ	intention, will インテンション, ウィル
(感情)	**sentiment** *m.* サンティマン	feeling フィーリング
(心情)	**cœur** *m.*, **âme** *f.* クール, アーム	mind, heart マインド, ハート
(精神)	**esprit** *m.* エスプリ	spirit スピリト
こころえる **心得る** kokoroeru	**comprendre** コンプランドル	know, understand ノウ, アンダスタンド
こころがける **心がける** kokorogakeru	**garder à l'esprit, tenir** **compte** *de* ガルデア レスプリ, トゥニール コント ドゥ	bear in mind ベア イン マインド
こころがまえ **心構え** kokorogamae	**préparation psycholo-** **gique** *f.* プレパラシオン プシコロジック	preparation プレパレイション
こころざし **志** kokorozashi	**intention** *f.*, **dessein** *m.* アンタンシオン, デッサン	will, intention ウィル, インテンション
こころざす **志す** kokorozasu	**se destiner** *à* ス デスティネ ア	intend, aim インテンド, エイム
こころぼそい **心細い** kokorobosoi	**inquiet(ète)** アンキエ(ット)	forlorn, disheart- ening フォローン, ディスハートニン グ
こころみる **試みる** kokoromiru	**essayer, tenter** エセイエ, タンテ	try, attempt トライ, アテンプト

日	仏	英
こころよい **快い** kokoroyoi	**plaisant(e), agréable** プレザン(ト), アグレアーブル	pleasant, agreeable プレザント, アグリーアブル
こころよく **快く** kokoroyoku	**volontiers** ヴォロンティエ	with pleasure ウィズ プレジャ
こさめ **小雨** kosame	**pluie fine** *f.* プリュイ フィヌ	light rain ライト レイン
こざら **小皿** kozara	**petite assiette** *f.* プティット アシエット	small plate スモール プレイト
ごさん **誤算** gosan	**erreur de calcul** *f.*, **mé- prise** *f.* エルール ドゥ カルキュル, メプリーズ	misjudgment ミスヂャヂメント
こし **腰** koshi	**taille** *f.*, **hanches** *f.pl.* タイユ, アンシュ	waist ウェイスト
こじ **孤児** koji	**orphelin(e)** *m.f.* オルフラン(-リヌ)	orphan オーファン
こしかける **腰掛ける** koshikakeru	**s'asseoir** サスワール	sit, sit down スィト, スィト ダウン
こしつ **個室** koshitsu	**chambre individuelle** *f.* シャンブル アンディヴィデュエル	private room プライヴェト ルーム
ごしっくようしき **ゴシック様式** goshikkuyoushiki	**gothique** *m.* ゴティック	Gothic ガスィク
こしつする **固執する** koshitsusuru	**persister** ペルシステ	persist パスィスト
ごじゅう **五十** gojuu	**cinquante** サンカント	fifty フィフティ
こしょう **胡椒** koshou	**poivre** *m.* ポワーヴル	pepper ペパ
こしょうする **故障する** koshousuru	**tomber en panne, se casser** トンベ アン パヌ, ス カセ	break down ブレイク ダウン

日	仏	英
こじん **個人** kojin	**individu** *m.* アンディヴィデュ	individual インディ**ヴィ**デュアル
～主義	**individualisme** *m.* アンディヴィデュアリスム	individualism インディ**ヴィ**デュアリズム
～的な	**individuel(*le*), personnel(*le*)** アンディヴィデュエル, ペルソネル	individual, personal インディ**ヴィ**デュアル, **パ**ーソナル
こす **越[超]す** kosu	**dépasser, franchir** デパセ, フランシール	exceed, pass イク**スィ**ード, パス
こすと **コスト** kosuto	**coût** *m.*, **frais** *m.pl.* クー, フレ	cost **コ**スト
こする **擦る** kosuru	**frotter** フロテ	rub **ラ**ブ
こせい **個性** kosei	**personnalité** *f.*, **caractère** *m.* ペルソナリテ, カラクテール	individuality, characteristics インディヴィデュ**ア**リティ, キャラクタ**リ**スティク
～的な	**original(*e*), particulier(*ère*)** オリジナル, パルティキュリエ(-エール)	unique, distinctive ユー**ニ**ーク, ディス**ティ**ンクティヴ
こせき **戸籍** koseki	**état civil** *m.* エタ シヴィル	family register **ファ**ミリ **レ**ヂスタ
こぜに **小銭** kozeni	**monnaie** *f.* モネ	change, coins チェインヂ, **コ**インズ
～入れ	**porte-monnaie** *m.* ポルトモネ	coin purse, ⒷBpurse **コ**イン パース, **パ**ース
ごぜん **午前** gozen	**matin** *m.* マタン	morning **モ**ーニング
～中	**dans la matinée** ダン ラ マティネ	during the morning デュアリング ザ **モ**ーニング
こたい **固体** kotai	**solide** *m.* ソリッド	solid **サ**リド

日	仏	英
こだい **古代** kodai	**antiquité** *f.* アンティキテ	antiquity アン**ティ**クウィティ
～の	**antique, ancien(*ne*)** アンティック，アンシアン(-エヌ)	ancient **エ**インシェント
こたえ **答え** （解答） kotae	**solution** *f.* ソリュシオン	solution ソ**ルー**ション
（回答・返事）	**réponse** *f.* レポンス	answer, reply **ア**ンサ，リプ**ラ**イ
こたえる **応える** （応じる） kotaeru	**satisfaire, exaucer** サティスフェール，エグゾセ	respond to, meet リス**パ**ンド トゥ，**ミ**ート
（反応する）	**répondre** レポンドル	respond リス**パ**ンド
こたえる **答える** kotaeru	**répondre** レポンドル	answer, reply **ア**ンサ，リプ**ラ**イ
こだわる **こだわる** kodawaru	**tenir *à*, insister** トゥニール ア，アンシステ	(be) particular about (ビ) パ**ティ**キュラ ア**バ**ウト
こちょう **誇張** kochou	**exagération** *f.* エグザジェラシオン	exaggeration イグ**ザ**ジャ**レ**イション
～する	**exagérer** エグザジェレ	exaggerate イグ**ザ**ジャレイト
こつ **こつ** （要領） kotsu	**truc** *m.*, **technique** *f.* トリュック，テクニック	knack **ナ**ク
こっか **国家** kokka	**État** *m.*, **nation** *f.* エタ，ナシオン	state ス**テ**イト
こっか **国歌** kokka	**hymne national** *m.* イムヌ ナシオナル	national anthem **ナ**ショナル **ア**ンセム
こっかい **国会** kokkai	**Parlement** *m.*, **Diète** *f.* パルルマン，ディエット	Parliament, Diet **パ**ーラメント，**ダ**イエット

日	仏	英
こづかい **小遣い** kozukai	**argent de poche** *m.* アルジャン ドゥ ポッシュ	pocket money パケト マニ
こっかく **骨格** kokkaku	**constitution** *f.* コンスティテュシオン	frame, build フレイム, ビルド
こっき **国旗** kokki	**drapeau national** *m.* ドラポー ナシオナル	national flag **ナ**ショナル フ**ラ**グ
こっきょう **国境** kokkyou	**frontière** *f.* フロンティエール	frontier フロン**ティ**ア
こっく **コック** kokku	**cuisinier(ère)** *m.f.* キュイジニエ(-エール)	cook **ク**ク
こっこう **国交** kokkou	**relations diplomatiques** *f.pl.* ルラシオン ディプロマティック	diplomatic relations ディプロ**マ**ティク リ**レ**イションズ
ごつごつした **ごつごつした** gotsugotsushita	**rugueux(se)** リュグー(ズ)	rugged, rough **ラ**ゲド, **ラ**フ
こつずい **骨髄** kotsuzui	**moelle** *f.* ムワル	bone marrow ボウン マロウ
こっせつ **骨折** kossetsu	**fracture** *f.* フラクテュール	fracture フ**ラ**クチャ
～する	**se casser** ス カセ	break a bone, fracture a bone ブレイク ア **ボ**ウン, フ**ラ**クチャ ア **ボ**ウン
こっそり **こっそり** kossori	**en cachette** アン カシェット	quietly, in secret ク**ワ**イエトリ, イン ス**ィ**ークレト
こづつみ **小包** kozutsumi	**paquet** *m.*, **colis** *m.* パケ, コリ	parcel **パ**ースル
こっとうひん **骨とう品** kottouhin	**curiosité** *f.*, **antiquité** *f.* キュリオジテ, アンティキテ	curio, antique **キュ**アリオウ, アン**ティ**ーク
こっぷ **コップ** koppu	**verre** *m.* ヴェール	glass グ**ラ**ス

日	仏	英
こていする **固定する** koteisuru	**fixer** フィクセ	fix **フィ**クス
こてん **古典** koten	**classique** *m.* クラシック	classic **ク**ラスィク
～的な	**classique** クラシック	classic **ク**ラスィク
こと **事** koto	**fait** *m.*, **chose** *f.* フェ, ショーズ	matter, thing, af- fair **マ**タ, **ス**ィング, ア**フェ**ア
こどく **孤独** kodoku	**solitude** *f.*, **isolement** *m.* ソリテュード, イゾルマン	solitude **サ**リテュード
～な	**solitaire** ソリテール	solitary **サ**リテリ
ことし **今年** kotoshi	**cette année** *f.* セ タネ	this year **ズ**ィス **イ**ア
ことづけ **言付け** kotozuke	**message** *m.*, **commission** *f.* メサージュ, コミシオン	message **メ**スィヂ
ことなる **異なる** kotonaru	**différer** *de* ディフェレ ドゥ	differ from **ディ**ファ フラム
ことば **言葉** kotoba	**langage** *m.*, **parole** *f.* ランガージュ, パロル	speech ス**ピ**ーチ
（言語）	**langue** *f.* ラング	language **ラ**ングウィヂ
（単語）	**mot** *m.* モ	word **ワ**ード
こども **子供** kodomo	**enfant** *m.f.* アンファン	child **チャ**イルド
ことわざ **ことわざ** kotowaza	**proverbe** *m.*, **dicton** *m.* プロヴェルブ, ディクトン	proverb プ**ラ**ヴァブ

日	仏	英
ことわる **断る** kotowaru	**refuser, rejeter** ルフュゼ, ルジュテ	refuse レ**フュー**ズ
こな **粉** kona	**poudre** *f.* プードル	powder **パ**ウダ
（穀類の）	**farine** *f.* ファリーヌ	flour フ**ラ**ウア
こなごなに **粉々に** konagonani	**en pièces, en poussière** アン ピエス, アン プシエール	to pieces トゥ **ピー**セズ
こにゃっく **コニャック** konyakku	**cognac** *m.* コニャック	cognac **コ**ウニャク
こね **コネ** kone	**relation** *f.*, **piston** *m.* ルラシオン, ピストン	connections コ**ネ**クションズ
こねこ **子猫** koneko	**chaton** *m.* シャトン	kitten **キ**トン
こねる **こねる** koneru	**pétrir** ペトリール	knead **ニー**ド
この **この** kono	**ce(*cette*)** ス(セット)	this **ズィ**ス
このあいだ **この間** konoaida	**l'autre jour** *m.* ロートル ジュール	(the) other day (ズィ) **ア**ザ **デ**イ
このごろ **このごろ** konogoro	**ces derniers temps** セ デルニエ タン	now, these days **ナ**ウ, **ズィー**ズ **デ**イズ
このましい **好ましい**（よりよい） konomashii	**préférable** プレフェラーブル	preferable プ**レ**ファラブル
（感じのよい）	**agréable** アグレアーブル	agreeable ア**グ**リーアブル
（望ましい）	**désirable** デジラーブル	desirable ディ**ザ**イアラブル
このみ **好み** konomi	**goût** *m.*, **préférence** *f.* グー, プレフェランス	preference, taste プ**レ**ファランス, **テ**イスト

日	仏	英
こはく **琥珀** kohaku	**ambre** *m.* アンブル	amber **ア**ンバ
こばむ **拒む** kobamu	**refuser** ルフュゼ	refuse レ**フュ**ーズ
こはん **湖畔** kohan	**rive** *f.*, **rive d'un lac** *f.* リーヴ, リーヴ ダン ラック	lakeside **レ**イクサイド
ごはん **御飯** gohan	**repas** *m.* ルパ	meal **ミ**ール
（米飯）	**riz** *m.* リ	rice **ラ**イス
こぴー **コピー** kopii	**photocopie** *f.*, **copie** *f.* フォトコピー, コピー	photocopy, copy **フォ**ウトカピ, **カ**ピ
～機	**photocopieur** *m.* フォトコピユール	copier **カ**ピア
～する	**photocopier** フォトコピエ	copy **カ**ピ
こひつじ **子羊** kohitsuji	**agn***eau***(***elle***)** *m.f.* アニョ(-・ニエル)	lamb **ラ**ム
こぶ **こぶ** kobu	**bosse** *f.* ボス	lump, bump **ラ**ンプ, **バ**ンプ
（木の）	**nœud** *m.* ヌー	(tree) knot (**トリ**ー) **ナ**ト
こぶし **拳** kobushi	**poing** *m.* ポワン	fist **フィ**スト
こふん **古墳** kofun	**tumulus** *m.* テュミュリュス	tumulus **テュ**ーミュラス
こぶん **子分** kobun	**acolyte** *m.* アコリット	follower, hench- man **ファ**ロウア, **ヘ**ンチマン

日	仏	英
ごぼう **牛蒡** gobou	**bardane** *f.* バルダヌ	burdock バーダーク
こぼす **こぼす** kobosu	**répandre, renverser** レパンドル, ランヴェルセ	spill スピル
こぼれる **こぼれる** koboreru	**se répandre, couler** ス レパンドル, クレ	fall, drop, spill フォール, ドラプ, スピル
こま **独楽** koma	**toupie** *f.* トゥピ	top タプ
ごま **胡麻** goma	**sésame** *m.* セザム	sesame セサミ
こまーしゃる **コマーシャル** komaasharu	**publicité** *f.* ピュブリシテ	commercial コマーシャル
こまかい **細かい** (小さい) komakai	**petit(e), fin(e)** プティ(ット), ファン(フィヌ)	small, fine スモール, ファイン
(詳細だ)	**détaillé(e)** デタイエ	detailed ディテイルド
ごまかす **ごまかす** gomakasu	**tricher, escroquer** トリシェ, エスクロケ	cheat, swindle チート, スウィンドル
こまく **鼓膜** komaku	**tympan** *m.* タンパン	eardrum イアドラム
こまらせる **困らせる** komaraseru	**embarrasser, gêner** アンバラセ, ジェネ	embarrass, annoy インバラス, アノイ
こまる **困る** komaru	**(être) embarrassé(e), (être) ennuyé(e)** (エートル) アンバラセ, (エートル) アンニュイエ	(be) embarrassed (ビ) インバラスト
(悩む)	**avoir des difficultés** アヴォワール デ ディフィキュルテ	have trouble ハヴ トラブル
ごみ **ごみ** gomi	**ordures** *f.pl.*, **déchets** *m. pl.* オルデュール, デシェ	garbage, trash, ⑧rubbish ガービヂ, トラシュ, ラビシュ

日	仏	英
～箱	**poubelle** *f.* プベル	garbage can, trash can, ⑧dustbin ガービヂ キャン, トラシュ キャン, ダストビン
こみゅにけーしょん **コミュニケーション** komyunikeeshon	**communication** *f.* コミュニカシオン	communication コミューニ**ケ**イション
こむ **込む** komu	**(être) bondé(e)** (エートル) ボンデ	(be) jammed, (be) crowded (ビ) **ヂャ**ムド, (ビ) ク**ラ**ウデド
ごむ **ゴム** gomu	**caoutchouc** *m.* カウチュー	rubber **ラ**バ
こむぎ **小麦** komugi	**blé** *m.* ブレ	wheat (ホ)**ウィ**ート
～粉	**farine** *f.* ファリーヌ	flour フ**ラ**ウア
こめ **米** kome	**riz** *m.* リ	rice **ラ**イス
こめでぃ **コメディ** komedi	**comédie** *f.* コメディー	comedy **カ**メディ
こめる **込める** komeru	**charger** シャルジェ	charge, load **チャ**ーヂ, **ロ**ウド
こめんと **コメント** komento	**commentaire** *m.* コマンテール	comment **カ**メント
こもじ **小文字** komoji	**minuscule** *f.* ミニュスキュル	lowercase letter **ロ**ウアケイス **レ**タ
こもり **子守** komori	**baby-sitter** *m.f.* ベビシトゥール	babysitter **ベ**イビスィタ
こもん **顧問** komon	**conseiller(ère)** *m.f.* コンセイエ(-エール)	adviser, consultant アド**ヴァ**イザ, コン**サ**ルタント
こや **小屋** koya	**cabane** *f.* カバヌ	hut, shed **ハ**ト, **シ**ード

日	仏	英
ごやく **誤訳** goyaku	**erreur de traduction** *f.* エルール ドゥ トラデュクシオン	mistranslation ミストランスレイション
こゆうの **固有の** koyuuno	**particulier(ère)** *à*, **propre** *à* パルティキュリエ(-エール) ア, プロプル ア	peculiar to ピキューリア トゥ
こゆうめいし **固有名詞** koyuumeishi	**nom propre** *m.* ノン プロプル	proper noun プラパ ナウン
こゆび **小指** (手の) koyubi	**petit doigt** *m.* プティ ドワ	little finger リトル フィンガ
(足の)	**petit orteil** *m.* プティ トルテイユ	little toe リトル トゥ
こよう **雇用** koyou	**emploi** *m.* アンプロワ	employment インプロイメント
～する	**employer, engager** アンプロワイエ, アンガジェ	employ インプロイ
こらえる **こらえる** (耐える) koraeru	**supporter, endurer** シュポルテ, アンデュレ	bear, endure ベア, インデュア
(抑える)	**contrôler, retenir** コントロレ, ルトゥニール	control, suppress コントロウル, サプレス
ごらく **娯楽** goraku	**divertissement** *m.* ディヴェルティスマン	amusement アミューズメント
こらむ **コラム** koramu	**entrefilet** *m.* アントルフィレ	column カラム
こりつする **孤立する** koritsusuru	**(être) isolé(e), s'isoler** (エートル) イゾレ, シゾレ	(be) isolated (ビ) アイソレイテド
ごりら **ゴリラ** gorira	**gorille** *m.* ゴリーユ	gorilla ゴリラ
こりる **懲りる** koriru	**en avoir assez** *de* アン ナヴォワール アッセ ドゥ	have had enough of ハヴ ハド イナフ オヴ

日	仏	英
こる **凝る** (硬直する) koru	**s'ankyloser** サンキロゼ	grow stiff グロウ スティフ
(熱中する)	**(être) plongé(e)** *dans* (エートル) プロンジェ ダン	(be) absorbed in (ビ) アブソーブド イン
こるく **コルク** koruku	**liège** *m.* リエージュ	cork コーク
～抜き	**tire-bouchon** *m.* ティールブション	corkscrew コークスクルー
ごるふ **ゴルフ** gorufu	**golf** *m.* ゴルフ	golf ガルフ
～場	**terrain de golf** *m.* テラン ドゥ ゴルフ	golf links ガルフ リンクス
これ **これ** kore	**cela, ça** スラ, サ	this ズィス
これから **これから** korekara	**désormais** デゾルメ	after this, hereafter アフタ ズィス, ヒアラフタ
これくしょん **コレクション** korekushon	**collection** *f.* コレクシオン	collection コレクション
これくとこーる **コレクトコール** korekutokooru	**P.C.V.** *m.* ペセヴェ	collect call コレクト コール
これすてろーる **コレステロール** koresuterooru	**cholestérol** *m.* コレステロール	cholesterol コレスタロウル
これら **コレラ** korera	**choléra** *m.* コレラ	cholera カレラ
これらの **これらの** korerano	**ces** セ	these ズィーズ
ころがる **転がる** (回る) korogaru	**rouler** ルレ	roll ロウル
(倒れる)	**tomber** トンベ	fall over フォール オウヴァ

日	仏	英
ころす **殺す** korosu	**tuer, assassiner** テュエ, アサシネ	kill, murder **キ**ル, **マ**ーダ
ころぶ **転ぶ** korobu	**tomber** トンベ	tumble down **タ**ンブル **ダ**ウン
こわい **怖い** kowai	**terrible, affreux(*se*)** テリーブル, アフルー(ズ)	terrible, fearful **テ**リブル, **フィ**アフル
こわがる **怖がる** kowagaru	**avoir peur *de*, redouter** アヴォワール プール ドゥ, ルドゥテ	fear, (be) afraid **フィ**ア, (ビ) アフ**レ**イド
こわす **壊す** kowasu	**casser, détruire** カセ, デトリュイール	break, destroy ブ**レ**イク, ディスト**ロ**イ
こわれる **壊れる** kowareru	**se casser, se détruire** ス カセ, ス デトリュイール	break, (be) broken ブ**レ**イク, (ビ) ブ**ロ**ウクン
こんいろ **紺色** kon-iro	**bleu foncé** *m.* ブルー フォンセ	dark blue **ダ**ーク ブ**ル**ー
こんき **根気** konki	**patience** *f.*, **persévérance** *f.* パシアンス, ペルセヴェランス	perseverance, patience パースィ**ヴィ**アランス, **ペ**イシェンス
こんきょ **根拠** konkyo	**base** *f.*, **fondement** *m.* バーズ, フォンドマン	ground グ**ラ**ウンド
こんくーる **コンクール** konkuuru	**concours** *m.* コンクール	contest **カ**ンテスト
こんくりーと **コンクリート** konkuriito	**béton** *m.* ベトン	concrete **カ**ンクリート
こんげつ **今月** kongetsu	**ce mois-ci** ス モワシ	this month **ズィ**ス **マ**ンス
こんご **今後** kongo	**désormais, à l'avenir** デゾルメ, ア ラヴニール	from now on フラム **ナ**ウ **オ**ン
こんごうする **混合する** kongousuru	**mélanger** メランジェ	mix, blend **ミ**クス, ブ**レ**ンド

日	仏	英
こんごきょうわこく **コンゴ共和国** kongokyouwakoku	**République du Congo** *f.* レピュブリック デュ コンゴ	Republic of Congo リパブリク オヴ **カ**ンゴウ
こんさーと **コンサート** konsaato	**concert** *m.* コンセール	concert **カ**ンサト
こんざつする **混雑する** konzatsusuru	**(être) encombré(e)** *de* (エートル) アンコンブレ ドゥ	(be) congested with (ビ) コン**チェ**ステド ウィズ
こんさるたんと **コンサルタント** konsarutanto	**conseil** *m.*, **conseiller(ère)** *m.f.* コンセイユ, コンセイエ(-エール)	consultant コン**サ**ルタント
こんしゅう **今週** konshuu	**cette semaine** *f.* セット スメーヌ	this week **ズ**ィス **ウ**ィーク
こんじょう **根性**　　（気概） konjou	**détermination** *f.* デテルミナシオン	spirit, grit ス**ピ**リト, グ**リ**ト
（性質）	**caractère** *m.* カラクテール	nature **ネ**イチャ
こんぜつする **根絶する** konzetsusuru	**éradiquer** エラディケ	eradicate イ**ラ**ディケイト
こんせぷと **コンセプト** konseputo	**concept** *m.* コンセプト	concept **カ**ンセプト
こんせんさす **コンセンサス** konsensasu	**consensus** *m.* コンサンシュス	consensus コン**セ**ンサス
こんせんと **コンセント** konsento	**prise** *f.* プリーズ	outlet, socket **ア**ウトレト, **サ**ケト
こんそめ **コンソメ** konsome	**consommé** *m.* コンソメ	consommé コンソ**メ**イ
こんたくとれんず **コンタクトレンズ** kontakutorenzu	**verre de contact** *m.* ヴェール ドゥ コンタクト	contact lenses **カ**ンタクト **レ**ンゼズ
こんだんかい **懇談会** kondankai	**pot** *m.* ポ	round-table conference **ラ**ウンドテーブル **カ**ンファレンス

日	仏	英
こんちゅう **昆虫** konchuu	**insecte** *m.* アンセクト	insect **イ**ンセクト
こんでぃしょん **コンディション** kondishon	**condition** *f.* コンディシオン	condition コンディション
こんてすと **コンテスト** kontesuto	**concours** *m.* コンクール	contest **コ**ンテスト
こんてな **コンテナ** kontena	**conteneur** *m.* コントゥヌール	container コン**テ**イナ
こんでんさー **コンデンサー** kondensaa	**condensateur** *m.* コンダンサトゥール	condenser コン**デ**ンサ
こんど **今度** kondo	**cette fois** セット フォワ	this time **ズ**ィス **タ**イム
こんどうする **混同する** kondousuru	**confondre** コンフォンドル	confuse コン**フ**ューズ
こんどーむ **コンドーム** kondoomu	**préservatif** *m.* プレゼルヴァティフ	condom **カ**ンダム
こんどみにあむ **コンドミニアム** kondominiamu	**appartement** *m.*, **résidence** *f.* アパルトマン, レジダンス	condominium コンド**ミ**ニアム
ごんどら **ゴンドラ** gondora	**gondole** *f.* ゴンドル	gondola **ガ**ンドラ
こんとらすと **コントラスト** kontorasuto	**contraste** *m.* コントラスト	contrast **カ**ントラスト
こんとろーる **コントロール** kontorooru	**contrôle** *m.* コントロール	control コント**ロ**ウル
～する	**maîtriser, contrôler** メトリゼ, コントロレ	control コント**ロ**ウル
こんとん **混沌** konton	**chaos** *m.*, **désordre** *m.* カオ, デゾルドル	chaos **ケ**イアス

日	仏	英
こんな **こんな** konna	**tel(le)** テル	such サチ
こんなん **困難** konnan	**difficulté** f., **peine** f. ディフィキュルテ, ペーヌ	difficulty ディフィカルティ
〜な	**difficile, dur(e)** ディフィシル, デュール	difficult, hard ディフィカルト, ハード
こんにち **今日** konnichi	**aujourd'hui** オージュルデュイ	today トゥデイ
こんぱーとめんと **コンパートメント** konpaatomento	**compartiment** m. コンパルティマン	compartment コンパートメント
こんぱくとな **コンパクトな** konpakutona	**compact(e)** コンパクト	compact コンパクト
こんばん **今晩** konban	**ce soir** m. ス ソワール	this evening ズィス イーヴニング
こんび **コンビ** konbi	**combinaison** f. コンビネゾン	combination コンビネイション
こんびーふ **コンビーフ** konbiifu	**corned-beef** m. コルネッドビーフ	corned beef コーンド ビーフ
こんびなーと **コンビナート** konbinaato	**complexe industriel** m. コンプレックス アンデュストリエル	industrial complex インダストリアル カンプレクス
こんびに **コンビニ** konbini	**supérette** f. シュペレット	convenience store カンヴィーニェンス ストー
こんびねーしょん **コンビネーション** konbineeshon	**combinaison** f. コンビネゾン	combination コンビネイション
こんぴゅーたー **コンピューター** konpyuutaa	**ordinateur** m. オルディナトゥール	computer コンピュータ
こんぶ **昆布** konbu	**laminaire** f., **algue** m. ラミネール, アルグ	kelp, seaweed ケルプ, スィーウィード
こんぷれっくす **コンプレックス** konpurekkusu	**complexe** m. コンプレクス	complex カンプレクス

日	仏	英
こんぽう **梱包** konpou	**emballage** *m.* アンバラージュ	packing パキング
〜する	**emballer** アンバレ	pack up パク アプ
こんぽん **根本** konpon	**base** *f.*, **fondement** *m.* バーズ, フォンドマン	foundation ファウンデイション
こんま **コンマ** konma	**virgule** *f.* ヴィルギュル	comma カマ
こんや **今夜** kon-ya	**ce soir** *m.*, **cette nuit** *f.* ス ソワール, セット ニュイ	tonight トゥナイト
こんやく **婚約** kon-yaku	**fiançailles** *f.pl.* フィアンサイユ	engagement インゲイヂメント
〜者	**fiancé(e)** *m.f.* フィアンセ	fiancé, fiancée フィーアーンセイ, フィーアーンセイ
〜する	**se fiancer** *avec* ス フィアンセ アヴェク	(be) engaged to (ビ) インゲイヂド トゥ
こんらん **混乱** konran	**confusion** *f.*, **désordre** *m.* コンフュジォン, デゾルドル	confusion コンフュージョン
〜する	**s'embrouiller** サンブルイエ	(be) confused (ビ) コンフューズド
こんわく **困惑** konwaku	**embarras** *m.*, **confusion** *f.* アンバラ, コンフュジォン	embarrassment インバラスメント

日	仏	英

さ, サ

さ **差** sa	**différence** *f.* ディフェランス	difference ディファレンス
さーかす **サーカス** saakasu	**cirque** *m.* シルク	circus サーカス
さーきっと **サーキット** saakitto	**circuit** *m.* シルキュイ	circuit サーキト
さーちえんじん **サーチエンジン** saachienjin	**moteur de recherche** *m.* モトゥール ドゥ ルシェルシュ	search engine サーチ エンヂン
さーちらいと **サーチライト** saachiraito	**projecteur** *m.* プロジェクトゥール	searchlight サーチライト
さーばー **サーバー** saabaa	**serveur** *m.* セルヴール	server サーヴァ
さーびす **サービス** saabisu	**service** *m.* セルヴィス	service サーヴィス
〜料	**service** *m.* セルヴィス	service charge サーヴィス チャーヂ
さーぶ **サーブ** saabu	**service** *m.* セルヴィス	serve, service サーヴ, サーヴィス
さーふぁー **サーファー** saafaa	**surfeu*r*(*se*)** *m.f.* シュルフール(- ズ)	surfer サーファ
さーふぃん **サーフィン** saafin	**surf** *m.* シュルフ	surfing サーフィング
さーもん **サーモン** saamon	**saumon** *m.* ソモン	salmon サモン
さいあくの **最悪の** saiakuno	***le*(*la*) pire** ル(ラ) ピール	worst ワースト
さいがい **災害** saigai	**calamité** *f.*, **désastre** *m.* カラミテ, デザストル	calamity, disaster カラミティ, ディザスタ

259

日	仏	英
財界 ざいかい zaikai	**monde financier** *m.* モンド フィナンシエ	financial world フィナンシャル ワールド
再開する さいかいする saikaisuru	**rouvrir, reprendre** ルヴリール, ルプランドル	reopen リーオウプン
最近 さいきん saikin	**récemment** レサマン	recently リーセントリ
細菌 さいきん saikin	**bactérie** *f.*, **microbe** *m.* バクテリ, ミクロブ	bacteria, germs バクティアリア, チャームズ
細工 さいく saiku	**travail** *m.*, **façonnage** *m.* トラヴァイユ, ファソナージュ	work, workman-ship ワーク, ワークマンシプ
採掘する さいくつする saikutsusuru	**exploiter, extraire** エクスプロワテ, エクストレール	mine マイン
サイクリング さいくりんぐ saikuringu	**cyclisme** *m.* シクリスム	cycling サイクリング
サイクル さいくる saikuru	**cycle** *m.* シクル	cycle サイクル
採決 さいけつ saiketsu	**vote** *m.* ヴォート	vote ヴォウト
採血 さいけつ saiketsu	**prise de sang** *f.* プリーズ ドゥ サン	drawing blood ドローイング ブラド
債券 さいけん saiken	**obligation** *f.* オブリガシオン	bond バンド
財源 ざいげん zaigen	**ressources financières** *f.pl.* ルスルス フィナンシエール	funds ファンヅ
再検討する さいけんとうする saikentousuru	**réviser, revoir** レヴィゼ, ルヴォワール	reexamine リーイグザミン
最期 さいご saigo	**mort** *f.*, **fin** *f.* モール, ファン	death, last moment デス, ラスト モウメント

さ

日	仏	英
さいご **最後** saigo	**fin** *f.*, **terme** *m.* ファン, テルム	last, end **ラスト**, **エンド**
〜の	**dernier(ère), ultime** デルニエ(-エール), ユルティム	last, final **ラスト**, **ファイナル**
ざいこ **在庫** zaiko	**stock** *m.* ストック	stocks **スタクス**
さいこうの **最高の** saikouno	**le(la) meilleur(e)** ル(ラ) メイユール	best **ベスト**
さいころ **さいころ** saikoro	**dé** *m.* デ	dice **ダイス**
さいさん **採算** saisan	**rentabilité** *f.* ランタビリテ	profit, gain **プラフィト**, **ゲイン**
ざいさん **財産** zaisan	**bien** *m.*, **fortune** *f.* ビアン, フォルテュヌ	estate, fortune **イステイト**, **フォーチュン**
さいじつ **祭日** saijitsu	**jour de fête** *m.* ジュール ドゥ フェット	festival day **フェ**スティヴァル **デイ**
ざいしつ **材質** zaishitsu	**qualité des matériaux** *f.* カリテ デ マテリオー	quality of materials **クワ**リティ オヴ マ**ティ**アリアルズ
さいしゅうする **採集する** saishuusuru	**collectionner, ramasser** コレクシオネ, ラマセ	collect, gather コレクト, **ギャザ**
さいしゅうの **最終の** saishuuno	**dernier(ère), final(e)** デルニエ(-エール), フィナル	last **ラスト**
さいしゅつ **歳出** saishutsu	**dépenses annuelles** *f.pl.* デパンス アニュエル	annual expenditure **ア**ニュアル イクス**ペ**ンディチァ
さいしょ **最初** saisho	**commencement** *m.* コマンスマン	beginning ビ**ギ**ニング
〜の	**premier(ère), initial(e)** プルミエ(-エール), イニシアル	first, initial **ファ**ースト, イ**ニ**シャル

261

日	仏	英
さいしょうげん **最小限** saishougen	**minimum** *m.* ミニモム	minimum ミニマム
さいじょうの **最上の** saijouno	**le(la) meilleur(e)** ル(ラ) メイユール	best ベスト
さいしょくしゅぎしゃ **菜食主義者** saishokushugisha	**végétarien(ne)** *m.f.* ヴェジェタリアン(-エヌ)	vegetarian ヴェチ**テ**アリアン
さいしんの **最新の** saishinno	**nouveau(elle),** **dernier(ère)** ヌヴォー(-・ヴェル)、デルニエ(-・エール)	latest, up-to-date **レ**イテスト、**ア**プトゥデイト
さいしんの **細心の** saishinno	**minutieux(se),** **prudent(e)** ミニュシユー(ズ)、プリュダン(ト)	careful, prudent **ケ**アフル、プ**ルー**デント
さいず **サイズ** saizu	**taille** *f.*, **mesure** *f.* タイユ、ムジュール	size **サ**イズ
ざいせい **財政** zaisei	**finances** *f.pl.* フィナンス	finances フィ**ナ**ンセズ
さいせいき **最盛期** saiseiki	**apogée** *m.* アポジェ	prime プ**ラ**イム
さいせいする **再生する** saiseisuru	**régénérer** ス レジェネレ	regenerate リ**チェ**ネレイト
（録音したものを）	**reproduire** ル プロデュイール	play back プレイ **バ**ク
さいぜんせん **最前線** saizensen	**avant-garde** *f.*, **pointe** *f.* アヴァンガルド、ポワント	cutting edge, fore- front **カ**ティング **エ**ヂ、**フォー**フラン ト
さいそくする **催促する** saisokusuru	**réclamer, presser** レクラメ、プレセ	press, urge プレス、**ア**ーヂ
さいだいげん **最大限** saidaigen	**maximum** *m.* マクシモム	maximum **マ**クスィマム
さいだいの **最大の** saidaino	**maximum** マクシモム	maximum **マ**クスィマム

さ

日	仏	英
さいたく **採択** saitaku	**adoption** *f.* アドプシオン	adoption, choice アダプション，**チョ**イス
ざいだん **財団** zaidan	**fondation** *f.* フォンダシオン	foundation ファウン**デ**イション
さいていの **最低の** saiteino	**minimum** ミニモム	minimum **ミ**ニマム
さいてきな **最適な** saitekina	**le(la) plus approprié(e)** ル(ラ) プリュ アプロプリエ	most suitable **モ**ウスト **ス**ータブル
さいてんする **採点する** saitensuru	**donner une note, corriger** ドネ ユヌ ノート，コリジェ	mark, grade **マ**ーク，グ**レ**イド
さいと **サイト** saito	**site** *m.* シット	site **サ**イト
さいど **サイド** saido	**côté** *m.* コテ	side **サ**イド
さいなん **災難** sainan	**malchance** *f.*, **désastre** *m.* マルシャンス，デザストル	misfortune, calamity ミス**フォ**ーチュン，カ**ラ**ミティ
さいのう **才能** sainou	**talent** *m.*, **faculté** *f.* タラン，ファキュルテ	talent, ability **タ**レント，ア**ビ**リティ
さいばい **栽培** saibai	**culture** *f.* キュルテュール	cultivation, culture カルティ**ヴェ**イション，**カ**ルチャ
〜**する**	**cultiver** キュルティヴェ	cultivate, grow **カ**ルティヴェイト，グ**ロ**ウ
さいはつする **再発する** saihatsusuru	**récidiver** レシディヴェ	relapse リ**ラ**プス
さいばん **裁判** saiban	**justice** *f.*, **jugement** *m.* ジュスティス，ジュジュマン	justice, trial **チャ**スティス，ト**ラ**イアル
〜**官**	**juge** *m.f.* ジュージュ	judge **チャ**ヂ

日	仏	英
〜所	**tribunal** *m.* トリビュナル	court of justice コート オヴ **ヂャ**スティス
さいふ **財布** saifu	**porte-monnaie** *m.*, **porte-feuille** *m.* ポルトモネ, ポルトフイユ	purse, wallet パース, **ワ**レト
さいほう **裁縫** saihou	**couture** *f.* クテュール	needlework ニードルワーク
さいぼう **細胞** saibou	**cellule** *f.* セリュル	cell **セ**ル
さいみんじゅつ **催眠術** saiminjutsu	**hypnotisme** *m.* イプノティスム	hypnotism **ヒ**プノティズム
さいむ **債務** saimu	**dette** *f.* デット	debt **デ**ト
ざいむ **財務** zaimu	**finances** *f.pl.* フィナンス	financial affairs ファイ**ナ**ンシャル ア**フェ**アズ
ざいもく **材木** zaimoku	**bois** *m.* ボワ	wood, lumber **ウ**ド, **ラ**ンバ
さいようする **採用する**　（案を） saiyousuru	**adopter** アドプテ	adopt ア**ダ**プト
（従業員を）	**employer, engager** アンプロワイエ, アンガジェ	employ イン**プロ**イ
ざいりゅうほうじん **在留邦人** zairyuuhoujin	**résident(e)s japonais(es)** *m.f.pl.* レジダン(ト) ジャポネ(ーズ)	Japanese residents ヂャパ**ニ**ーズ **レ**ズィデンツ
さいりょう **裁量** sairyou	**jugement** *m.*, **décision** *f.* ジュジュマン, デシジオン	judgment **ヂャ**ヂメント
さいりょう **再利用** sairiyou	**recyclage** *m.* ルシクラージュ	recycling リー**サ**イクリング
ざいりょう **材料** zairyou	**matériel** *m.* マテリエル	materials マ**ティ**アリアルズ

日	仏	英
さいりょうの **最良の** sairyouno	*le(la)* **meilleur(e)** ル(ラ) メイユール	best ベスト
ざいりょく **財力** zairyoku	**pouvoir financier** *m.* プヴォワール フィナンシエ	financial power フィナンシャル パウア
さいれん **サイレン** sairen	**sirène** *f.* シレーヌ	siren サイアレン
さいわい **幸い** saiwai	**bonheur** *m.* ボヌール	happiness ハピネス
〜な	**heureux(se), chanceux(se)** ウルー(ズ), シャンスー(ズ)	happy, fortunate ハピ, フォーチュネト
さいん **サイン** sain	**signature** *f.* シニャテュール	signature スィグナチャ
さうじあらびあ **サウジアラビア** saujiarabia	**Arabie saoudite** *f.* アラビ サウディット	Saudi Arabia サウディ アレイビア
さうな **サウナ** sauna	**sauna** *m.* ソナ	sauna サウナ
さえぎる **遮る** saegiru	**interrompre, empêcher** アンテロンプル, アンペシェ	interrupt, obstruct インタラプト, オブストラクト
さえる **冴える** saeru	**(être) brillant(e)** (エートル) ブリアン(ト)	(be) bright (ビ) ブライト
さか **坂** saka	**pente** *f.* パント	slope, hill スロウプ, ヒル
さかい **境** sakai	**limite** *f.*, **frontière** *f.* リミット, フロンティエール	boundary, border バウンダリ, ボーダ
さかえる **栄える** sakaeru	**prospérer** プロスペレ	prosper プラスパ
さがす **探[捜]す** sagasu	**chercher, rechercher** シェルシェ, ルシェルシェ	seek for, look for スィーク フォ, ルク フォ

日	仏	英
（辞書などで）	**chercher** シェルシェ	look up ルク アプ
（捜し出す）	**trouver** トルヴェ	look out ルク アウト
さかずき **杯** sakazuki	**coupe** *f.*, **verre** *m.* クープ，ヴェール	cup, glass カプ，グラス
さかだちする **逆立ちする** sakadachisuru	**faire le poirier** フェール ル ポワリエ	do a handstand ドゥー ア ハンドスタンド
さかな **魚** sakana	**poisson** *m.* ポワソン	fish フィシュ
〜屋	**poissonnerie** *f.* ポワソヌリ	fish shop フィシュ シャプ
さかのぼる **遡る** sakanoboru	**remonter** ルモンテ	go back ゴウ バク
さかや **酒屋** sakaya	**magasin de vins et spiri- tueux** *m.* マガザン ドゥ ヴァン エ スピリテュウー	liquor store, Ⓑoff-licence リカ ストー，オフライセンス
さからう **逆らう** sakarau	**s'opposer** *à*, **résister** *à* ソポゼ ア，レジステ ア	oppose, go against オポウズ，ゴウ アゲンスト
さかり **盛り**　（全盛期）	**fleur de l'âge** *f.* フルール ドゥ ラージュ	prime プライム
（頂点）	**apogée** *m.* アポジェ	height ハイト
さがる **下がる**　（下へ動く） sagaru	**baisser, descendre** ベセ，デサンドル	fall, drop フォール，ドラプ
（垂れ下がる）	**pendre** パンドル	hang down ハング ダウン
さかんな **盛んな**　（活発な） sakanna	**actif(ve)** アクティフ(・ヴ)	active アクティヴ

日	仏	英
（繁栄している）	**prospère** プロスペール	prosperous プラスペラス
さき **先** saki （先端）	**pointe** *f.* ポワント	point, tip **ポ**イント, **ティ**プ
（先頭）	**tête** *f.* テット	head, top **ヘ**ド, **タ**プ
（続き）	**suite** *f.* スイット	sequel **スィ**ークウェル
（未来）	**avenir** *m.*, **futur** *m.* アヴニール, フュテュール	future **フュ**ーチャ
さぎ **詐欺** sagi	**fraude** *f.*, **escroquerie** *f.* フロード, エスクロクリ	fraud フロード
～師	**escroc** *m.* エスクロ	swindler ス**ウィ**ンドラ
さきおととい **一昨々日** sakiototoi	**il y a trois jours** イリ ヤ トロワ ジュール	three days ago ス**リ**ー **デ**イズ ア**ゴ**ウ
さきそふぉん **サキソフォン** sakisofon	**saxophone** *m.* サクソフォヌ	saxophone **サ**クソフォウン
さきものとりひき **先物取引** sakimonotorihiki	**opérations à terme** *f.pl.* オペラシオン ア テルム	futures trading **フュ**ーチャズ ト**レ**イディング
さぎょう **作業** sagyou	**travail** *m.*, **opération** *f.* トラヴァイユ, オペラシオン	work, operations **ワ**ーク, ア**ペ**レイションズ
～する	**travailler, fonctionner** トラヴァイエ, フォンクシオネ	work, operate **ワ**ーク, **ア**ペレイト
さく **柵** saku	**barrière** *f.*, **grille** *f.* バリエール, グリーユ	fence **フェ**ンス
さく **割く** saku	**consacrer** コンサクレ	spare ス**ペ**ア
さく **咲く** saku	**s'épanouir, fleurir** セパヌイール, フルリール	bloom, come out ブ**ル**ーム, **カ**ム **ア**ウト

日	仏	英
さく **裂く** saku	**déchirer, séparer** デシレ, セパレ	rend, tear, sever レンド, テア, セヴァ
さくいん **索引** sakuin	**index** *m.* アンデクス	index インデクス
さくげん **削減** sakugen	**réduction** *f.*, **diminution** *f.* レデュクシオン, ディミニュシオン	reduction, cut リダクション, カト
さくしする **作詞する** sakushisuru	**écrire les paroles** エクリール レ パロル	write the lyrics ライト ザ リリクス
さくじつ **昨日** sakujitsu	**hier** イエール	yesterday イェスタディ
さくしゃ **作者** sakusha	**auteur** *m.* オトゥール	writer, author ライタ, オーサ
さくしゅする **搾取する** sakushusuru	**exploiter** エクスプロワテ	squeeze スクウィーズ
さくじょする **削除する** sakujosuru	**supprimer** シュプリメ	delete ディリート
さくせいする **作成する** sakuseisuru	**rédiger, établir** レディジェ, エタブリール	draw up, make out ドロー アプ, メイク アウト
さくせん **作戦** sakusen	**opérations** *f.pl.*, **tactique** *f.* オペラシオン, タクティック	operations アペレイションズ
さくねん **昨年** sakunen	**l'année dernière** *f.* ラネ デルニエール	last year ラスト イア
さくひん **作品** sakuhin	**œuvre** *f.*, **ouvrage** *m.*, **pièce** *f.* ウーヴル, ウヴラージュ, ピエス	work, piece ワーク, ピース
さくぶん **作文** sakubun	**composition** *f.* コンポジシオン	essay エセイ
さくもつ **作物** sakumotsu	**produits agricoles** *m.pl.* プロデュイ アグリコル	crops クラプス

日	仏	英
さくや **昨夜** sakuya	**hier soir, la nuit dernière** *f.* イエール ソワール, ラ ニュイ デルニエール	last night **ラ**スト **ナ**イト
さくら **桜** sakura	**fleurs de cerisier** *f.pl.* フルール ドゥ スリジエ	cherry blossoms **チェ**リ ブ**ラ**ソムズ
(の木)	**cerisier** *m.* スリジエ	cherry tree **チェ**リ ト**リ**ー
さくらそう **桜草** sakurasou	**primevère** *f.* プリムヴェール	primrose プ**リ**ムロウズ
さくらんぼ **桜桃** sakuranbo	**cerise** *f.* スリーズ	cherry **チェ**リ
さぐりだす **探り出す** saguridasu	**dévoiler, découvrir** デヴォワレ, デクヴリール	find out **ファ**インド **ア**ウト
さくりゃく **策略** sakuryaku	**ruse** *f.*, **artifice** *m.* リューズ, アルティフィス	plan, plot プ**ラ**ン, プ**ラ**ト
さぐる **探る** (手探りで) saguru	**tâtonner** タトネ	feel for **フィ**ール フォ
(物や場所などを)	**fouiller** *dans* フイエ ダン	search, look for **サ**ーチ, ル**ク** フォ
(動向を)	**espionner** エスピオネ	spy ス**パ**イ
ざくろ **石榴** zakuro	**grenade** *f.* グルナド	pomegranate **パ**ムグラネト
さけ **鮭** sake	**saumon** *m.* ソモン	salmon **サ**モン
さけ **酒** sake	**alcool** *m.*, **boisson alcoolisée** *f.* アルコル, ボワソン アルコリゼ	alcohol **ア**ルコホール
(日本酒)	**saké** *m.* サケ	sake, rice wine **サ**キー, **ラ**イス **ワ**イン

日	仏	英
さけぶ **叫ぶ** sakebu	**crier** クリエ	shout, cry **シャ**ウト, ク**ラ**イ
さける **避ける** sakeru	**éviter** エヴィテ	avoid ア**ヴォ**イド
さける **裂ける** sakeru	**se fendre, se déchirer** ス ファンドル, ス デシレ	split ス**プ**リト
さげる **下げる** sageru	**baisser** ベセ	lower, drop **ラ**ウア, ド**ラ**プ
さこつ **鎖骨** sakotsu	**clavicule** *f.* クラヴィキュル	collarbone, clavicle **カ**ラボウン, ク**ラ**ヴィクル
ささいな **些細な** sasaina	**insignifiant(e)** アンシニフィアン(ト)	trifling, trivial ト**ラ**イフリング, ト**リ**ヴィアル
ささえる **支える** sasaeru	**supporter, appuyer** シュポルテ, アピュイエ	support, maintain サ**ポ**ート, メイン**テ**イン
ささげる **捧げる** sasageru	**se vouer** *à* ス ヴエ ア	devote oneself to ディ**ヴォ**ウト トゥ
さざなみ **さざ波** sazanami	**rides** *f.pl.* リッド	ripples **リ**プルズ
ささやく **ささやく** sasayaku	**chuchoter, murmurer** シュショテ, ミュルミュレ	whisper (ホ)**ウィ**スパ
ささる **刺さる** sasaru	**s'enfoncer** サンフォンセ	stick ス**ティ**ク
さしえ **挿絵** sashie	**illustration** *f.* イリュストラシオン	illustration イラスト**レ**イション
さしこむ **差し込む**（プラグを） sashikomu	**brancher** ブランシェ	plug in プ**ラ**グ **イ**ン
	（光が）**pénétrer, illuminer** ペネトレ, イリュミネ	shine in **シャ**イン **イ**ン

日	仏	英
（挿入する）	**insérer** アンセレ	insert インサート
さしずする **指図する** sashizusuru	**donner des instructions** *à* ドネ デ ザンストリュクシオン ア	direct, instruct ディレクト，インストラクト
さしだしにん **差出人** sashidashinin	**expédi*teur*(*trice*)** *m.f.* エクスペディトゥール(-トリス)	sender, remitter センダ，リミタ
さしひく **差し引く** sashihiku	**déduire** *de* デデュイール ドゥ	deduct from ディダクト フラム
さしょう **査証** sashou	**visa** *m.* ヴィザ	visa ヴィーザ
ざしょうする **座礁する** zashousuru	**échouer** エシュエ	go aground ゴウ アグラウンド
さす **さす**　（光が） sasu	**éclairer** エクレレ	shine シャイン
（水を）	**verser** ヴェルセ	pour ポー
さす **刺す**　（蚊・蜂が） sasu	**piquer** ピケ	bite, sting バイト，スティング
（尖ったもので）	**percer, perforer** ペルセ，ペルフォレ	pierce, stab ピアス，スタブ
さす **差す** sasu	**insérer** アンセレ	insert インサート
（傘を）	**ouvrir le parapluie** ウヴリール ル パラプリュイ	put up an umbrella プト アプ アン アンブレラ
さす **指す** sasu	**indiquer, montrer** アンディケ，モントレ	point to ポイント トゥ
（指名する）	**nommer, désigner** ノメ，デジニェ	nominate, name ナミネイト，ネイム
さすぺんす **サスペンス** sasupensu	**suspense** *m.* シュスパンス	suspense サスペンス

日	仏	英
さすらう **さすらう** sasurau	**errer** エレ	wander ワンダ
さする **擦る** sasuru	**frotter** フロテ	rub ラブ
ざせき **座席** zaseki	**place** *f.*, **siège** *m.* プラス, シエージュ	seat スィート
ざせつする **挫折する** zasetsusuru	**se briser, (être) frustré(e)** ス ブリゼ, (エートル) フリュストレ	(be) frustrated (ビ) フラストレイテド
させる **させる** (してもらう) saseru	**faire** フェール	have a person do ハヴ
(やらせておく)	**laisser** レセ	let a person do レト
(やらせる)	**faire** フェール	make a person do メイク
さそい **誘い** (招待) sasoi	**invitation** *f.* アンヴィタシオン	invitation インヴィテイション
(誘惑)	**tentation** *f.* タンタシオン	temptation テンプテイション
さそう **誘う** (招く) sasou	**inviter** アンヴィテ	invite インヴァイト
(誘惑する)	**tenter** タンテ	tempt テンプト
さそり **蠍** sasori	**scorpion** *m.* スコルピオン	scorpion スコーピアン
～座	**Scorpion** *m.* スコルピオン	Scorpion, Scorpio スコーピアン, スコーピオウ
さだめる **定める** sadameru	**décider, fixer** デシデ, フィクセ	decide on, fix ディサイド オン, フィクス
さつ **冊** satsu	**exemplaire** *m.*, **volume** *m.* エグサンプレール, ヴォリューム	volume, copy ヴァリュム, カピ

日	仏	英
さつ **札** satsu	**billet** *m.* ビエ	bill, paper money, Ⓑnote ビル, ペイパ マニ, ノウト
〜入れ	**portefeuille** *m.* ポルトフイユ	wallet ワレト
さつえい **撮影** satsuei	**photographie** *f.*, **prise de vues** *f.* フォトグラフィ, プリーズ ドゥ ヴュ	photographing フォウトグラフィング
〜する	**photographier, filmer** フォトグラフィエ, フィルメ	photograph, film フォウトグラフ, フィルム
ざつおん **雑音** zatsuon	**bruit** *m.* ブリュイ	noise ノイズ
さっか **作家** sakka	**écrivain** *m.*, **auteur** *m.* エクリヴァン, オトゥール	writer, author ライタ, オーサ
さっかー **サッカー** sakkaa	**football** *m.* フットボル	soccer, Ⓑfootball サカ, フトボール
さっかく **錯覚** sakkaku	**illusion** *f.* イリュジオン	illusion イルージョン
さっき **さっき** sakki	**tout à l'heure, récemment** トゥ タ ルール, レサマン	now, just now ナウ, ヂャスト ナウ
さっきょく **作曲** sakkyoku	**composition musicale** *f.* コンポジシオン ミュジカル	composition カンポズィション
〜する	**composer** コンポゼ	compose コンポウズ
さっきん **殺菌** sakkin	**stérilisation** *f.*, **pasteurisation** *f.* ステリリザシオン, パストゥリザシオン	sterilization ステリリゼイション
ざっし **雑誌** zasshi	**revue** *f.*, **magazine** *m.* ルヴュ, マガジヌ	magazine マガズィーン
ざっしゅ **雑種** zasshu	**hybride** *m.*, **croisement** *m.* イブリド, クロワズマン	crossbreed, hybrid クロースブリード, ハイブリド

日	仏	英
さつじん **殺人** satsujin	**homicide** *m.*, **meurtre** *m.* オミシッド, ムルトル	homicide, murder ハミサイド, マーダ
〜犯	**meurtrier(ère)** *m.f.* ムルトリエ(-エール)	murderer, killer マーダラ, キラ
さっする **察する** sassuru	**imaginer, supposer** イマジネ, シュポゼ	guess, imagine ゲス, イマヂン
ざっそう **雑草** zassou	**mauvaise herbe** *f.* モヴェーズ エルプ	weeds ウィーヅ
さっそく **早速** sassoku	**tout de suite** トゥ ドゥ スイット	immediately イミーディエトリ
ざつだん **雑談** zatsudan	**bavardage** *m.* バヴァルダージュ	gossip, chat ガスィプ, チャト
さっちゅうざい **殺虫剤** sacchuuzai	**insecticide** *m.* アンセクティシッド	insecticide インセクティサイド
さっとうする **殺到する** sattousuru	**se ruer** ス リュエ	rush ラシュ
ざつな **雑な** zatsuna	**grossier(ère)** グロシエ(-エール)	rough, rude ラフ, ルード
ざっぴ **雑費** zappi	**frais divers** *m.pl.* フレ ディヴェール	miscellaneous expenses ミセレイニアス イクスペンスィヅ
さつまいも **さつま芋** satsumaimo	**patate douce** *f.* パタト ドゥース	sweet potato スウィート ポテイトウ
ざつむ **雑務** zatsumu	**petits travaux** *m.pl.* プティ トラヴォー	small jobs スモール ヂャブズ
さてい **査定** satei	**estimation** *f.* エスティマシオン	assessment アセスメント
さとう **砂糖** satou	**sucre** *m.* シュクル	sugar シュガ

日	仏	英
さどう **茶道** sadou	**cérémonie du thé** *f.* セレモニ デュテ	tea ceremony **ティ**ー **セ**レモウニ
さとる **悟る** satoru	**réaliser, se rendre compte** *de* レアリゼ, ス ランドル コント ドゥ	realize, notice リーア**ラ**イズ, **ノ**ウティス
さは **左派** saha	**gauche** *f.* ゴーシュ	left wing **レ**フト **ウィ**ング
さば **鯖** saba	**maquereau** *m.* マクロー	mackerel **マ**クレル
さばいばる **サバイバル** sabaibaru	**survie** *f.* シュルヴィ	survival サ**ヴァ**イヴァル
さばく **砂漠** sabaku	**désert** *m.* デゼール	desert **デ**ザト
さび **錆** sabi	**rouille** *f.* ルイユ	rust **ラ**スト
さびしい **寂しい** sabishii	**solitaire, désolé(e)** ソリテール, デゾレ	lonely, desolate **ロ**ウンリ, **デ**ゾルト
さびる **錆びる** sabiru	**se rouiller** ス ルイエ	rust **ラ**スト
さふぁいあ **サファイア** safaia	**saphir** *m.* サフィール	sapphire **サ**ファイア
さべつ **差別** sabetsu	**discrimination** *f.* ディスクリミナシオン	discrimination ディスクリミ**ネ**イション
〜する	**discriminer** ディスクリミネ	discriminate ディス**クリ**ミネイト
さほう **作法** sahou	**manières** *f.pl.* マニエール	manners **マ**ナズ
さぽーたー **サポーター** （サッカーなどの） sapootaa	**supporteur(trice)** *m.f.* シュポルトゥール(- トリス)	supporter サ**ポ**ータ

日	仏	英
様々な samazamana	**varié(e), divers(e)** ヴァリエ, ディヴェール(・ヴェルス)	various, diverse ヴェアリアス, ダイヴァース
冷ます samasu	**refroidir** ルフロワディール	cool クール
(気持ちを)	**gâcher le plaisir** *de* ガシェ ル プレジール ドゥ	spoil one's pleasure スポイル プレジャ
覚ます samasu	**réveiller** レヴェイエ	awaken アウェイクン
妨げる samatageru	**empêcher, gêner** アンペシェ, ジェネ	disturb, interfere with ディスターブ, インタフィア ウィズ
さまよう samayou	**errer** エレ	wander around ワンダ アラウンド
サミット samitto	**sommet** *m.* ソメ	summit サミト
寒い samui	**froid(e)** フロワ(ド)	cold, chilly コウルド, チリ
寒さ samusa	**froid** *m.* フロワ	cold コウルド
鮫 same	**requin** *m.* ルカン	shark シャーク
冷める sameru	**se refroidir** ス ルフロワディール	cool down クール ダウン
(気持ちが)	**se rafraîchir, se refroidir** ス ラフレシール, ス ルフロワディール	cool down クール ダウン
座薬 zayaku	**suppositoire** *m.* シュポジトワール	suppository サポズィトーリ
作用 sayou	**action** *f.*, **fonction** *f.* アクシオン, フォンクシオン	action, function アクション, ファンクション

日	仏	英
〜する	**agir** *sur*, **influencer** アジール シュール, アンフリュアンセ	act upon, affect **ア**クト ア**ポン**, ア**フェ**クト
さら 皿 sara	**plat** *m.*, **assiette** *f.* プラ, アシエット	plate, dish プレイト, **ディ**シュ
さらいしゅう 再来週 saraishuu	**dans quinze jours** ダン カンズ ジュール	week after next **ウィ**ーク アフタ **ネ**クスト
さらいねん 再来年 sarainen	**dans deux ans** ダン ドゥー ザン	year after next **イ**ア アフタ **ネ**クスト
さらう さらう sarau	**voler, kidnapper** ヴォレ, キドナペ	kidnap **キ**ドナプ
ざらざらの ざらざらの zarazarano	**rude, rugueux(se)** リュド, リュグー(ズ)	rough, coarse **ラ**フ, **コ**ース
さらす さらす sarasu	**exposer** エクスポゼ	expose イクス**ポ**ウズ
さらだ サラダ sarada	**salade** *f.* サラッド	salad **サ**ラド
さらに 更に sarani	**davantage, encore** ダヴァンタージュ, アンコール	still more, further ス**ティ**ル **モ**ー, **ファ**ーザ
さらりーまん サラリーマン sarariiman	**salarié(e)** *m.f.* サラリエ	office worker **オ**ーフィス **ワ**ーカ
さりげない さりげない sarigenai	**naturel(le)** ナチュレル	natural, casual **ナ**チュラル, **キャ**ジュアル
さる 猿 saru	**singe** *m.*, **guenon** *f.* サンジュ, グノン	monkey, ape **マ**ンキ, **エ**イプ
さる 去る saru	**quitter, partir** キテ, パルティール	quit, leave ク**ウィ**ト, **リ**ーヴ
さるもねらきん サルモネラ菌 sarumonerakin	**salmonelle** *f.* サルモネル	salmonella サルモ**ネ**ラ
さわ 沢 sawa	**marais** *m.*, **marécage** *m.* マレ, マレカージュ	swamp, marsh ス**ワ**ンプ, **マ**ーシュ

日	仏	英
さわがしい **騒がしい** sawagashii	**bruyant(e), tapageur(se)** ブリュイアン(ト)，タパジュール(·ズ)	noisy ノイズィ
さわぎ **騒ぎ** sawagi	**clameur** *f.* クラムール	clamor クラマ
（騒動）	**tumulte** *m.*, **agitation** *f.* テュミュルト，アジタシオン	disturbance ディスターバンス
さわぐ **騒ぐ** sawagu	**faire du bruit** フェール デュ ブリュイ	make noise メイク ノイズ
（騒動を起こす）	**s'agiter, causer une agi-tation** サジテ，コーゼ ユヌ アジタシオン	make a disturb-ance メイク ア ディスターバンス
さわやかな **爽やかな** sawayakana	**rafraîchissant(e)** ラフレシサン(ト)	refreshing リフレシング
さわる **触る** sawaru	**toucher** トゥシェ	touch, feel タチ，フィール
さん **三** san	**trois** トロワ	three スリー
さん **酸** san	**acide** *m.* アシッド	acid アスィド
サンオイル san-oiru	**huile solaire** *f.* ユイル ソレール	suntan oil サンタン オイル
ざんがい **残骸** zangai	**débris** *m.pl.* デブリ	remains, wreckage リメインズ，レキヂ
さんかく **三角** sankaku	**triangle** *m.* トリアングル	triangle トライアングル
さんかする **参加する** sankasuru	**participer** *à*, **prendre part** *à* パルティシペ ア，プランドル パール ア	participate, join パーティスィペイト，ヂョイン
さんがつ **三月** sangatsu	**mars** *m.* マルス	March マーチ

日	仏	英
さんかんする **参観する** sankansuru	**visiter, aller voir** ヴィジテ, アレ ヴォワール	visit, inspect **ヴィ**ズィト, イン**スペ**クト
さんきゃく **三脚** sankyaku	**trépied** *m.* トレピエ	tripod ト**ラ**イパド
ざんぎゃくな **残虐な** zangyakuna	**cruel(le), atroce** クリュエル, アトロス	atrocious, brutal アト**ロ**ウシャス, ブ**ルー**トル
さんぎょう **産業** sangyou	**industrie** *f.* アンデュストリー	industry **イ**ンダストリ
ざんぎょう **残業** zangyou	**heures supplémentaires** *f.pl.* ウール シュプレマンテール	overtime work **オ**ウヴァタイム **ワ**ーク
サングラス **サングラス** sangurasu	**lunettes de soleil** *f.pl.* リュネット ドゥ ソレイユ	sunglasses **サ**ングラセズ
ざんげ **懺悔** zange	**confession** *f.* コンフェシオン	confession, repentance コン**フェ**ション, リ**ペ**ンタンス
さんご **珊瑚** sango	**corail** *m.* コライユ	coral **カ**ラル
～礁	**récif corallien** *m.* レシフ コラリアン	coral reef **カ**ラル **リ**ーフ
さんこう **参考** sankou	**référence** *f.* レフェランス	reference **レ**ファレンス
ざんこくな **残酷な** zankokuna	**cruel(le), impitoyable** クリュエル, アンピトワイヤーブル	cruel, merciless ク**ル**エル, **マ**ースィレス
さんじゅう **三十** sanjuu	**trente** トラント	thirty **サ**ーティ
さんしょう **参照** sanshou	**référence** *f.* レフェランス	reference **レ**ファレンス
～する	**se référer** *à* ス レフェレ ア	refer to リ**ファ**ートゥ

日	仏	英
ざんしんな **斬新な** zanshinna	**nouveau(elle)** ヌヴォー(-・ヴェル)	new, novel ニュー, **ナ**ヴェル
さんすう **算数** sansuu	**arithmétique** *f.* アリトメティック	arithmetic ア**リ**スメティク
さんする **産する** sansuru	**produire** プロデュイール	produce プロ**デュ**ース
さんせい **賛成** sansei	**approbation** *f.* アプロバシオン	approval ア**プ**ルーヴァル
〜する	**approuver, (être) d'ac-cord** *avec* アプルヴェ, (エートル) ダコー アヴェク	approve of ア**プ**ルーヴ オヴ
さんせい **酸性** sansei	**acidité** *f.* アシディテ	acidity ア**ス**ィディティ
〜雨	**pluie acide** *f.* プリュイ アシッド	acid rain **ア**スィド **レ**イン
さんそ **酸素** sanso	**oxygène** *m.* オクシジェーヌ	oxygen **ア**クスィヂェン
〜マスク	**masque à oxygène** *m.* マスク ア オクシジェーヌ	oxygen mask **ア**クスィヂェン **マ**スク
ざんだか **残高** zandaka	**solde** *m.* ソルド	balance **バ**ランス
さんたくろーす **サンタクロース** santakuroosu	**Père Noël** *m.* ペール ノエル	Santa Claus, Ⓑ Father Christmas **サ**ンタ ク**ロ**ーズ, **ファ**ーザ ク**リ**スマス
さんだる **サンダル** sandaru	**sandales** *f.pl.* サンダル	sandals **サ**ンダルズ
さんだんとび **三段跳び** sandantobi	**triple saut** *m.* トリプル ソー	triple jump ト**リ**プル **チャ**ンプ
さんち **産地** sanchi	**lieu de production** *m.* リユー ドゥ プロデュクシオン	place of production プ**レ**イス オヴ プロ**ダ**クション

日	仏	英
さんちょう **山頂** sanchou	**sommet (d'une montagne)** *m.* ソメ (デュヌ モンターニュ)	summit サミト
ざんねんな **残念な** zannenna	**regrettable** ルグレターブル	regrettable リグレタブル
さんばい **三倍** sanbai	**triple** トリプル	triple トリプル
さんばし **桟橋** sanbashi	**appontement** *m.*, **quai** *m.* アポントマン, ケ	pier ピア
さんぱつ **散髪** sanpatsu	**coupe de cheveux** *f.* クープ ドゥ シュヴー	haircut ヘアカト
さんびか **賛美歌** sanbika	**hymne** *f.* イムヌ	hymn ヒム
さんふじんか **産婦人科** sanfujinka	**gynécologie obstétrique** *f.* ジネコロジー オプステトリック	obstetrics and gynecology オプステトリクス アンド ガイナカロディ
さんぶつ **産物** sanbutsu	**produit** *m.* プロデュイ	product, produce プラダクト, プロデュース
さんぷる **サンプル** sanpuru	**échantillon** *m.* エシャンティヨン	sample サンプル
さんぶん **散文** sanbun	**prose** *f.* プローズ	prose プロウズ
さんぽ **散歩** sanpo	**promenade** *f.* プロムナード	walk ウォーク
～する	**se promener** ス プロムネ	take a walk テイク ア ウォーク
さんまんな **散漫な** sanmanna	**distrait(e)** ディストレ(ット)	loose, slipshod ルース, スリプシャド
さんみ **酸味** sanmi	**acidité** *f.* アシディテ	acidity アスィディティ

281

日	仏	英
さんみゃく **山脈** sanmyaku	**chaîne de montagnes** *f.* シェーヌ ドゥ モンターニュ	mountain range マウンテン レインヂ
さんらんする **散乱する** sanransuru	**s'éparpiller** セパルピエ	(be) dispersed (ビ) ディスパーストゥ
さんらんする **産卵する** sanransuru	**pondre, frayer** ポンドル, フレイエ	lay eggs レイ エグズ
さんりゅうの **三流の** sanryuuno	**au troisième rang, médiocre** オ トロワジエム ラン, メディオクル	third-class, third-rate サードクラス, サードレイト
さんれつする **参列する** sanretsusuru	**assister** *à* アシステ ア	attend アテンド

し, シ

日	仏	英
し **四** shi	**quatre** カトル	four フォー
し **市** shi	**ville** *f.*, **municipalité** *f.* ヴィル, ミュニシパリテ	city, town スィティ, タウン
し **死** shi	**mort** *f.* モール	death デス
し **詩** shi	**poésie** *f.*, **poème** *m.* ポエジー, ポエム	poetry, poem ポウイトリ, ポウイム
じ **字** ji	**lettre** *f.*, **caractère** *m.* レットル, カラクテール	letter, character レタ, キャラクタ
じ **時** ji	**heure** *f.* ウール	hour, time アウア, タイム
じ **痔** ji	**hémorroïdes** *f.pl.* エモロイヅ	hemorrhoids, piles ヘモロイヅ, パイルズ
しあい **試合** shiai	**partie** *f.*, **match** *m.* パルティ, マッチ	game, match ゲイム, マチ

日	仏	英
しあがる **仕上がる** shiagaru	**(être) achevé(e)** (エートル) アシュヴェ	(be) completed (ビ) コンプリーテド
しあげる **仕上げる** shiageru	**finir, achever** フィニール, アシュヴェ	finish, complete フィニシュ, コンプリート
しあさって **しあさって** shiasatte	**dans trois jours** ダン トロワ ジュール	two days after to- morrow トゥー デイズ アフタ トモーロ ウ
しあわせ **幸せ** shiawase	**bonheur** m. ボヌール	happiness ハピネス
〜な	**heureux(se), chanceux(se)** ウルー(ズ), シャンスー(ズ)	happy, fortunate ハピ, フォーチュネト
しいく **飼育** shiiku	**élevage** m. エルヴァージュ	breeding ブリーディング
じいしき **自意識** jiishiki	**conscience de soi** f. コンシアンス ドゥ ソワ	self-consciousness セルフカンシャスネス
しーずん **シーズン** shiizun	**saison** f. セゾン	season スィーズン
しーつ **シーツ** shiitsu	**drap (de lit)** m. ドラ (ドゥ リ)	sheet, bedsheet シート, ベドシート
しーでぃー **CD** shiidii	**disque compact** m. ディスク コンパクト	compact disk カンパクト ディスク
しーてぃーすきゃん **CTスキャン** shiitiisukyan	**scanographie** f., **tomo- graphie par ordinateur** f. スカノグラフィ, トモグラフィ パール オルディ ナトゥール	CT scanning スィーティー スキャニング
じーでぃーぴー **GDP** jiidiipii	**produit intérieur brut** m., **P.I.B.** m. プロデュイ アンテリユール ブリュト, ペイベ	gross domestic product グロウス ドメスティク プラダク ト
しーと **シート** shiito	**siège** m., **banquette** f. シエージュ, バンケット	seat スィート
〜ベルト	**ceinture de sécurité** f. サンテュール ドゥ セキュリテ	seatbelt スィートベルト

日	仏	英
しーふーど **シーフード** shiifuudo	**fruits de mer** *m.pl.* フリュイ ドゥ メール	seafood ス**ィー**フード
しいる **強いる** shiiru	**forcer** フォルセ	force, compel **フォ**ース, コン**ペ**ル
しーる **シール** shiiru	**cachet** *m.*, **étiquette** *f.* カシェ, エティケット	seal, sticker ス**ィ**ール, ス**ティ**カ
しいれ **仕入れ** shiire	**stock** *m.* ストック	stocking ス**タ**キング
しいん **子音** shiin	**consonne** *f.* コンソヌ	consonant **カ**ンソナント
しーん **シーン** shiin	**scène** *f.* セーヌ	scene ス**ィ**ーン
じいん **寺院** jiin	**temple bouddhiste** *m.* タンプル ブディスト	Buddhist temple **ブ**ディスト **テ**ンプル
じーんず **ジーンズ** jiinzu	**jean** *m.* ジーン	jeans **チ**ーンズ
しぇあ **シェア** shea	**part** *f.*, **part de marché** *f.* パール, パール ドゥ マルシェ	share シ**ェ**ア
じえい **自衛** jiei	**autodéfense** *f.* オトデファンス	self-defense セルフディ**フェ**ンス
しえいの **市営の** shieino	**municipal(e)** ミュニシパル	municipal ミュー**ニ**スィパル
しぇーびんぐくりーむ **シェービングクリーム** sheebingukuriimu	**crème à raser** *f.* クレーム ア ラゼ	shaving cream シ**ェ**イヴィング ク**リ**ーム
じぇすちゃー **ジェスチャー** jesuchaa	**geste** *m.* ジェスト	gesture **チ**ェスチャ
じぇっとき **ジェット機** jettoki	**jet** *m.* ジェット	jet plane **チ**ェト プ**レ**イン

日	仏	英
しぇふ **シェフ** shefu	**chef** *m.* シェフ	chef シェフ
しぇるたー **シェルター** sherutaa	**abri** *m.* アブリ	shelter シェルタ
しえん **支援** shien	**aide** *f.*, **appui** *m.* エッド，アピュイ	support サポート
しお **塩** shio	**sel** *m.* セル	salt ソールト
しお **潮** shio	**marée** *f.* マレ	tide タイド
〜風	**brise de mer** *f.* ブリーズ ドゥ メール	sea breeze スィー ブリーズ
しおからい **塩辛い** shiokarai	**salé(e)** サレ	salty ソールティ
しおづけ **塩漬け** shiozuke	**salaison** *f.* サレゾン	salt pickling ソールト ピクリング
しおどき **潮時** shiodoki	**bon moment** *m.*, **moment opportun** *m.* ボン モマン，モマン オポルタン	right time, opportune time ライト タイム，アポテューン タイム
しおみず **塩水** shiomizu	**eau salée** *f.* オー サレ	saltwater ソールトウォータ
しおり **しおり** shiori	**marque-page** *m.* マルクパージュ	bookmark ブクマーク
しおれる **萎れる** shioreru	**se flétrir, se faner** ス フレトリール，ス ファネ	droop, wither ドループ，ウィザ
しか **歯科** shika	**odontologie** *f.* オドントロジー	dentistry デンティストリ
〜医	**dentiste** *m.f.* ダンティスト	dentist デンティスト

日	仏	英
しか **鹿** shika	**cerf** *m.*, **biche** *f.* セール, ビッシュ	deer **ディ**ア
じか **時価** jika	**prix actuel** *m.* プリ アクテュエル	current price **カー**レント プ**ラ**イス
じが **自我** jiga	**moi** *m.*, **ego** *m.* モワ, エゴ	self, ego **セ**ルフ, **エ**ゴウ
しかい **視界** shikai	**champ visuel** *m.* シャン ヴィジュエル	sight, field of vi- sion **サ**イト, **フィ**ールド オヴ **ヴィ** ジョン
しがい **市外** shigai	**banlieue** *f.* バンリュー	suburbs **サ**バーブズ
しかいしゃ **司会者** shikaisha	**président(e)** *m.f.* プレジダン(ト)	chairperson **チェ**アパースン
（テレビ・イベントの）	**anima***teur***(***trice***)** *m.f.*, **présenta***teur***(***trice***)** *m.f.* アニマトゥール(-トリス), プレザンタトゥール (-トリス)	MC エム**スィ**ー
しかいする **司会する** shikaisuru	**présider** プレジデ	preside at プリ**ザ**イド アト
しがいせん **紫外線** shigaisen	**ultraviolets** *m.pl.* ユルトラヴィオレ	ultraviolet rays アルトラ**ヴァ**イオレト **レ**イズ
しかえしする **仕返しする** shikaeshisuru	**se venger** *de* ス ヴァンジェ ドゥ	avenge oneself ア**ヴェ**ンヂ
しかく **四角** shikaku	**quadrangle** *m.* カドラングル	square スク**ウェ**ア
しかく **資格** shikaku	**diplôme** *m.*, **qualification** *f.* ディプローム, カリフィカシオン	qualification クワリフィ**ケ**イション
しかく **視覚** shikaku	**vue** *f.*, **vision** *f.* ヴュ, ヴィジオン	sight **サ**イト
じかく **自覚** jikaku	**conscience** *f.* コンシアンス	consciousness **カ**ンシャスネス

日	仏	英
〜する	prendre conscience *de* プランドル コンシアンス ドゥ	(be) conscious of (ビ) カンシャス オヴ
しかけ 仕掛け shikake	mécanisme *m.*, dispositif *m.* メカニスム, ディスポジティフ	device, mechanism ディヴァイス, メカニズム
しかし しかし shikashi	mais, cependant メ, スパンダン	but, however バト, ハウエヴァ
じかせいの 自家製の jikaseino	fait(e) maison フェ(ット) メゾン	homemade ホウムメイド
じがぞう 自画像 jigazou	autoportrait *m.* オトポルトレ	self-portrait セルフポートレト
しかたがない 仕方がない shikataganai	c'est inévitable. セティネヴィターブル	it can't be helped イト キャント ビ ヘルプト
しがつ 四月 shigatsu	avril *m.* アヴリル	April エイプリル
じかつする 自活する jikatsusuru	gagner *sa* vie ガニェ ヴィ	support oneself サポート
しがみつく しがみつく shigamitsuku	s'accrocher *à* サクロシェ ア	cling to クリング トゥ
しかも しかも shikamo	de plus, en plus ドゥ プリュス, アン プリュス	moreover, besides モーロウヴァ, ビサイヅ
しかる 叱る shikaru	gronder グロンデ	scold, reprove スコウルド, リプルーヴ
じかん 時間 jikan	temps *m.*, heure *f.* タン, ウール	time, hour タイム, アウア
しがんする 志願する （願い出る） shigansuru	désirer, aspirer *à* デジレ, アスピレ ア	desire, aspire to ディザイア, アスパイア トゥ
（申し込む）	postuler *à*, poser *sa* candidature *à* ポステュレ ア, ポゼ カンディダテュール ア	apply for アプライ フォ

日	仏	英
しき **指揮** shiki	**commandement** *m.* コマンドマン	command コマンド
〜者	**chef d'orchestre** *m.* シェフ ドルケストル	conductor コンダクタ
しき **式** （儀式・式典） shiki	**cérémonie** *f.*, **rites** *m.pl.* セレモニ, リット	ceremony セレモウニ
（形式）	**style** *m.*, **forme** *f.* スティル, フォルム	style, form スタイル, フォーム
（数式）	**formule** *f.*, **expression** *f.* フォルミュル, エクスプレシオン	formula, expression フォーミュラ, イクスプレショ ン
（方式）	**méthode** *f.*, **système** *m.* メトッド, システム	method, system メソッド, スィステム
じき **時期** jiki	**époque** *f.*, **saison** *f.* エポック, セゾン	time, season タイム, スィーズン
じき **磁気** jiki	**magnétisme** *m.* マニェティスム	magnetism マグネティズム
しきいし **敷石** shikiishi	**pavé** *m.*, **dalle** *f.* パヴェ, ダル	pavement ペイヴメント
しききん **敷金** shikikin	**acompte** *m.*, **caution** *f.* アコント, コシオン	deposit ディパズィット
しきさい **色彩** shikisai	**couleur** *f.*, **teinte** *f.* クルール, タント	color, tint, Ⓑcolour カラ, ティント, カラ
しきじょう **式場** shikijou	**salle de cérémonie** *f.* サル ドゥ セレモニ	ceremonial hall セレモウニアル ホール
しきそ **色素** shikiso	**pigment** *m.* ピグマン	pigment ピグメント
しきちょう **色調** shikichou	**ton** *m.*, **nuance** *f.* トン, ニュアンス	tone, hue トウン, ヒュー

日	仏	英
じきひつ **直筆** jikihitsu	**autographe** *m.* オトグラフ	autograph **オー**トグラフ
しきべつする **識別する** shikibetsusuru	**distinguer, différencier** ディスタンゲ, ディフェランシエ	discern, distinguish ディ**サー**ン, ディス**ティ**ングウィシュ
しきもの **敷物** shikimono	**tapis** *m.* タピ	carpet, rug **カー**ペト, **ラ**グ
しきゅう **子宮** shikyuu	**utérus** *m.* ユテリュス	uterus, womb **ユー**テラス, **ウー**ム
じきゅう **時給** jikyuu	**salaire horaire** *m.* サレール オレール	hourly wage **ア**ウアリ **ウェ**イヂ
じきゅうじそく **自給自足** jikyuujisoku	**autonomie** *f.* オトノミ	self-sufficiency セルフサ**フィ**シェンスィ
しきょう **司教** shikyou	**évêque** *m.* エヴェック	bishop **ビ**ショプ
しきょう **市況** shikyou	**marché** *m.*, **situation du marché** *f.* マルシェ, シテュアシオン デュ マルシェ	market **マー**ケト
じきょう **自供** jikyou	**confession** *f.* コンフェシオン	confession コン**フェ**ション
じぎょう **事業** jigyou	**affaire** *f.*, **entreprise** *f.* アフェール, アントルプリーズ	enterprise, undertaking **エ**ンタプライズ, **ア**ンダ**テ**イキング
しきり **仕切り** shikiri	**cloison** *f.* クロワゾン	partition パー**ティ**ション
しきん **資金** shikin	**capitaux** *m.pl.*, **fonds** *m.pl.* カピトー, フォン	capital, funds **キャ**ピタル, **ファ**ンヅ
しく **敷く** shiku	**étendre** エタンドル	lay, spread **レ**イ, ス**プレ**ド
じく **軸** jiku	**axe** *m.* アックス	axis, shaft **ア**クスィス, **シャ**フト

日	仏	英
じぐざぐ **ジグザグ** jiguzagu	**zigzag** *m.* ジグザグ	zigzag ズィグザグ
しくみ **仕組み** shikumi	**mécanisme** *m.* メカニスム	mechanism メカニズム
しけ **時化** shike	**temps orageux** *m.*, **mauvais temps** *m.* タン オラジュー, モヴェ タン	stormy weather ストーミ ウェザ
しけい **死刑** shikei	**peine de mort** *f.* ペーヌ ドゥ モール	capital punishment キャピタル パニシュメント
しげき **刺激** shigeki	**stimulation** *f.*, **impulsion** *f.* スティミュラシオン, アンピュルシオン	stimulus, impulse スティミュラス, インパルス
～する	**stimuler, exciter** スティミュレ, エクシテ	stimulate, excite スティミュレイト, イクサイト
しげる **茂る** shigeru	**devenir touffu(e)** ドゥヴニール トゥフュ	grow thick グロウ スィク
しけん **試験** shiken	**examen** *m.*, **épreuve** *f.* エグザマン, エプルーヴ	examination, test イグザミネイション, テスト
しげん **資源** shigen	**ressources** *f.pl.* ルスルス	resources リーソーセズ
じけん **事件** jiken	**affaire** *f.*, **cas** *m.* アフェール, カ	event, incident, case イヴェント, インスィデント, ケイス
じげん **次元** jigen	**dimension** *f.* ディマンシオン	dimension ディメンション
じこ **事故** jiko	**accident** *m.* アクシダン	accident アクスィデント
じこ **自己** jiko	**soi** *m.f.*, **soi-même** *m.f.* ソワ, ソワメーム	self, ego セルフ, エゴウ
じこう **時効** jikou	**prescription** *f.* プレスクリプシオン	prescription プリスクリプション

290

日	仏	英
時刻 じこく jikoku	heure *f.* ウール	time, hour **タ**イム, **ア**ウア
～表	horaire *m.* オレール	timetable **タ**イムテイブル
地獄 じごく jigoku	enfer *m.* アンフェール	hell, inferno ヘル, イン**ファ**ーノウ
仕事 しごと shigoto	travail *m.*, affaire *f.* トラヴァイユ, アフェール	work, business, task ワーク, **ビ**ズネス, **タ**スク
仕込む しこむ (教える) shikomu	former, dresser フォルメ, ドレセ	train, teach ト**レ**イン, **ティ**ーチ
(仕入れておく)	approvisionner アプロヴィジオネ	stock, prepare ス**タ**ク, プリ**ペ**ア
示唆 しさ shisa	suggestion *f.* シュグジェスティオン	suggestion サグ**チェ**スチョン
～する	suggérer シュグジェレ	suggest サグ**チェ**スト
時差 じさ jisa	décalage horaire *m.* デカラージュ オレール	difference in time **ディ**ファレンス イン **タ**イム
～ぼけ	décalage horaire *m.* デカラージュ オレール	jet lag **チェ**ト **ラ**グ
司祭 しさい shisai	prêtre *m.* プレートル	priest プ**リ**ースト
視察 しさつ shisatsu	inspection *f.* アンスペクシオン	inspection インス**ペ**クション
～する	faire une inspection フェール ユヌ アンスペクシオン	inspect, visit インス**ペ**クト, **ヴィ**ズィト
自殺する じさつする jisatsusuru	se suicider, se tuer ス シュイシデ, ス テュエ	commit suicide コ**ミ**ト ス**ー**イサイド

日	仏	英
資産 (しさん) shisan	**biens** *m.pl.*, **fortune** *f.* ビアン, フォルテュヌ	property, fortune プラパティ, **フォ**ーチュン
持参する (じさんする) jisansuru	**apporter** アポルテ	take with oneself テイク ウィズ
指示 (しじ) shiji	**indication** *f.* アンディカシオン	indication インディ**ケ**イション
〜する	**indiquer** アンディケ	indicate **イ**ンディケイト
支持 (しじ) shiji	**appui** *m.* アピュイ	support, backing サ**ポ**ート, **バ**キング
〜する	**soutenir, appuyer** ストゥニール, アピュイエ	support, back up サ**ポ**ート, バク **ア**プ
時事 (じじ) jiji	**actualité** *f.* アクチュアリテ	current events **カ**ーレント イ**ヴェ**ンツ
獅子座 (ししざ) shishiza	**Lion** *m.* リオン	Lion, Leo **ラ**イオン, **レ**オ
資質 (ししつ) shishitsu	**nature** *f.*, **tempérament** *m.* ナテュール, タンペラマン	nature, temperament **ネ**イチャ, **テ**ンペラメント
事実 (じじつ) jijitsu	**fait** *m.*, **vérité** *f.* フェ, ヴェリテ	fact **ファ**クト
支社 (ししゃ) shisha	**succursale** *f.* シュキュルサル	branch ブ**ラ**ンチ
死者 (ししゃ) shisha	**mort(e)** *m.f.*, **tué(e)** *m.f.* モール(モルト), テュエ	dead person, (the) dead **デ**ド **パ**ースン, (ザ) **デ**ド
磁石 (じしゃく) jishaku	**aimant** *m.* エマン	magnet **マ**グネト
四捨五入する (ししゃごにゅうする) shishagonyuusuru	**arrondir** アロンディール	round up ラウンド **ア**プ

日	仏	英
ししゅう **刺繍** shishuu	**broderie** *f.* ブロドリ	embroidery インブロイダリ
しじゅう **四十** shijuu	**quarante** カラント	forty フォーティ
じしゅする **自首する** jishusuru	**se dénoncer à la police** ス デノンセ ア ラ ポリス	turn oneself in to the police ターン イン トゥ ザ ポリース
ししゅつ **支出** shishutsu	**dépense** *f.* デパンス	expenses, expendi- ture イクスペンセズ，イクスペン ディチャ
じしゅてきな **自主的な** jishutekina	**volontaire** ヴォロンテール	voluntary **ヴァ**ランテリ
ししゅんき **思春期** shishunki	**adolescence** *f.*, **puberté** *f.* アドレサンス，ピュベルテ	adolescence, pu- berty アド**レ**センス，**ピュー**バティ
ししょ **司書** shisho	**bibliothécaire** *m.f.* ビブリオテケール	librarian ライブ**レ**アリアン
じしょ **辞書** jisho	**dictionnaire** *m.* ディクシオネール	dictionary **ディ**クショネリ
じじょ **次女** jijo	**deuxième fille** *f.* ドゥジエーム フィーユ	second daughter **セ**コンド **ド**ータ
しじょう **市場** shijou	**marché** *m.* マルシェ	market **マ**ーケット
じじょう **事情**　　　（状況） jijou	**circonstances** *f.pl.* シルコンスタンス	circumstances **サ**ーカムスタンセズ
（理由・背景）	**raison** *f.* レゾン	reasons **リ**ーズンズ
ししょく **試食** shishoku	**dégustation** *f.* デギュスタシオン	tasting, sampling **テ**イスティング，**サ**ンプリング
じしょくする **辞職する** jishokusuru	**démissionner** デミシオネ	resign リ**ザ**イン

日	仏	英
じじょでん **自叙伝** jijoden	**autobiographie** *f.* オトビオグラフィー	autobiography オートバイアグラフィ
ししょばこ **私書箱** shishobako	**boîte postale** *f.* ボワット ポスタル	post-office box, PO box ポウストオーフィス バクス, ピーオウ バクス
しじん **詩人** shijin	**poète(*poétesse*)** *m.f.* ポエット(ポエテス)	poet, poetess ポウイト, ポウイテス
じしん **自信** jishin	**confiance** *f.* コンフィアンス	confidence カンフィデンス
じしん **自身** jishin	**soi-même** ソワメーム	self, oneself セルフ, ワンセルフ
じしん **地震** jishin	**tremblement de terre** *m.*, **séisme** *m.* トランブルマン ドゥ テール, セイスム	earthquake アースクウェイク
じすいする **自炊する** jisuisuru	**se faire la cuisine** ス フェール ラ キュイジヌ	cook for oneself クク フォ
しすう **指数** shisuu	**indice** *m.*, **indicateur** *m.* アンディス, アンディカトゥール	index number インデクス ナンバ
しずかな **静かな** shizukana	**silencieux(*se*), calme** シランシユー(ズ), カルム	silent, still, calm サイレント, スティル, カーム
しずく **滴** shizuku	**goutte** *f.* グット	drop ドラプ
しずけさ **静けさ** shizukesa	**calme** *m.*, **silence** *m.* カルム, シランス	silence, stillness サイレンス, スティルネス
しすてむ **システム** shisutemu	**système** *m.* システム	system スィステム
じすべり **地滑り** jisuberi	**glissement de terrain** *m.* グリスマン ドゥ テラン	landslide ランドスライド
しずまる **静まる** shizumaru	**se calmer, s'apaiser** ス カルメ, サペゼ	(become) quiet, calm down (ビカム) クワイエト, カーム ダウン

日	仏	英
しずむ **沈む** shizumu	**couler, plonger** クレ, プロンジェ	sink, go down ス**ィ**ンク, **ゴ**ウ ダウン
（太陽などが）	**se coucher** ス クシェ	set セト
しずめる **鎮める** shizumeru	**calmer, apaiser** カルメ, アペゼ	quell ク**ウェ**ル
しせい **姿勢** shisei	**posture** *f.*, **position** *f.* ポステュール, ポジション	posture, pose **パ**スチャ, **ポ**ウズ
じせいする **自制する** jiseisuru	**se maîtriser** ス メトリゼ	control oneself コント**ロ**ウル
しせき **史跡** shiseki	**site historique** *m.* シット イストリック	historic site ヒスト**リ**ク **サ**イト
しせつ **施設** shisetsu	**institution** *f.*, **établisse-ment** *m.* アンスティテュシオン, エタブリスマン	facility, institution ファス**ィ**リティ, インスティ**テュ**ーション
しせん **視線** shisen	**regard** *m.* ルガール	glance, gaze グ**ラ**ンス, **ゲ**イズ
しぜん **自然** shizen	**nature** *f.* ナテュール	nature **ネ**イチャ
～科学	**sciences naturelles** *f.pl.* シアンス ナテュレル	natural science **ナ**チュラル **サ**イエンス
～に	**naturellement** ナテュレルマン	naturally **ナ**チュラリ
じぜん **慈善** jizen	**charité** *f.*, **bienfaisance** *f.* シャリテ, ビアンフザンス	charity, benevo-lence **チャ**リティ, ベ**ネ**ヴォレンス
しそう **思想** shisou	**pensée** *f.*, **idée** *f.* パンセ, イデ	thought, idea **ソ**ート, アイ**ディ**ーア
じそく **時速** jisoku	**vitesse horaire** *f.* ヴィテス オレール	miles per hour, speed per hour **マ**イルズ パー **ア**ウア, ス**ピ**ード パー **ア**ウア

日	仏	英
じぞくする **持続する** jizokusuru	**continuer, durer** コンティニュエ, デュレ	continue コンティニュー
しそん **子孫** shison	**descendant(e)** *m.f.*, **postérité** *f.* デサンダン(ト), ポステリテ	descendant, posterity ディセンダント, パステリティ
じそんしん **自尊心** jisonshin	**amour-propre** *m.*, **orgueil** *m.* アムールプロプル, オルグイユ	pride, self-respect プライド, セルフリスペクト
した **下** shita	**bas** *m.*, **dessous** *m.* バ, ドゥスー	lower part ロウア パート
(低い所)	**dessous, ci-dessous** ドゥスー, シドゥスー	below ビロウ
した **舌** shita	**langue** *f.* ラング	tongue タング
じたい **事態** jitai	**situation** *f.* シテュアシオン	situation スィチュエイション
じだい **時代** jidai	**période** *f.*, **époque** *f.* ペリオド, エポック	time, period, era タイム, ピアリオド, イアラ
じたいする **辞退する** jitaisuru	**décliner, refuser** デクリネ, ルフュゼ	decline, refuse ディクライン, レフューズ
しだいに **次第に** shidaini	**graduellement** グラデュエルマン	gradually グラデュアリ
したう **慕う** shitau	**s'attacher** *à* サタシェ ア	yearn after, long for ヤーン アフタ, ローング フォ
したうけ **下請け** shitauke	**sous-traitance** *f.* ストレタンス	subcontract サブカントラクト
したがう (ついて行く) **従う** shitagau	**suivre, accompagner** スイーヴル, アコンパニェ	follow, accompany ファロウ, アカンパニ
(逆らわない)	**obéir** オベイール	obey オベイ

日	仏	英
したがき **下書き** shitagaki	**ébauche** *f.*, **brouillon** *m.* エボーシュ, ブルイヨン	draft ドラフト
したぎ **下着** shitagi	**sous-vêtement** *m.* スヴェトマン	underwear アンダウェア
したくする **支度する** shitakusuru	**se préparer** *pour* ス プレパレ プール	prepare for プリペア フォ
したじ **下地** shitaji	**base** *f.* バーズ	groundwork グラウンドワーク
したしい **親しい** shitashii	**intime, familier(ère)** アンティム, ファミリエ(-エール)	close, familiar クロウス, ファミリア
したしらべ **下調べ** shitashirabe	**enquête préliminaire** *f.* アンケット プレリミネール	preliminary inqui- ry プリリミネリ インクワイアリ
したたる **滴る** shitataru	**goutter** グテ	drop, drip ドラプ, ドリプ
したっぱ **下っ端** shitappa	**subordonné(e)** *m.f.*, **su- balterne** *m.f.* シュボルドネ, シュバルテルヌ	underling アンダリング
したどり **下取り** shitadori	**reprise** *f.* ルプリーズ	trade-in トレイディン
したぬり **下塗り** shitanuri	**première couche** *f.* プルミエール クシュ	undercoating アンダコウティング
したびらめ **舌平目** shitabirame	**sole** *f.* ソル	sole ソウル
したみ **下見** shitami	**inspection préalable** *f.* アンスペクシオン プレアラーブル	preliminary in- spection プリリミネリ インスペクション
じだん **示談** jidan	**compromis** *m.* コンプロミ	private settlement プライヴェト セトルメント
しち **七** shichi	**sept** セット	seven セヴン

日	仏	英
じち **自治** jichi	**autonomie** *f.* オトノミ	autonomy オータノミ
しちがつ **七月** shichigatsu	**juillet** *m.* ジュイエ	July デュライ
しちじゅう **七十** shichijuu	**soixante-dix** ソワサントディス	seventy セヴンティ
しちめんちょう **七面鳥** shichimenchou	**dindon** *m.*, **dinde** *f.* ダンドン, ダンド	turkey ターキ
しちや **質屋** shichiya	**mont-de-piété** *m.* モンドゥピエテ	pawnshop ポーンシャプ
しちゃくする **試着する** shichakusuru	**essayer** エセイエ	try on トライ オン
シチュー **シチュー** shichuu	**ragoût** *m.* ラグー	stew ステュー
しちょう **市長** shichou	**maire**(*sse*) *m.f.* メール(メレス)	mayor メイア
しちょうしゃ **視聴者** shichousha	**téléspecta*teur*(*trice*)** *m.f.* テレスペクタトゥール(·トリス)	TV audience ティーヴィー オーディエンス
しつ **質** shitsu	**qualité** *f.*, **nature** *f.* カリテ, ナテュール	quality クワリティ
しつう **歯痛** shitsuu	**mal de dents** *m.* マル ドゥ ダン	toothache トゥーセイク
じっか **実家** jikka	**maison parentale** *f.* メゾン パランタル	parents' home ペアレンツ ホウム
しっかくする **失格する** shikkakusuru	**(être) disqualifié(e)** (エートル) ディスカリフィエ	(be) disqualified (ビ) ディスクワリファイド
しっかりする **しっかりする** （頑丈になる） shikkarisuru	**devenir fort(e)** ドゥヴニール フォール(フォルト)	(become) strong (ビカム) ストローング

日	仏	英
（元気を出す）	**prendre courage, tenir bon** プランドル クラージュ, トゥニール ボン	take courage テイク カーリヂ
しつぎおうとう **質疑応答** shitsugioutou	**questions** *f.pl.* **et réponses** *f.pl.* ケスティオン エ レポンス	questions and answers クウェスチョンズ アンド アンサズ
しつぎょう **失業** shitsugyou	**chômage** *m.* ショマージュ	unemployment アニンプロイメント
～者	**chômeur(se)** *m.f.* ショムール(-ズ)	unemployed アニンプロイド
～する	**perdre** *son* **travail** ペルドル トラヴァイユ	lose one's job ルーズ ワンズ ヂョブ
じつぎょうか **実業家** jitsugyouka	**homme d'affaires** *m.* オム ダフェール	businessman ビズネスマン
じっきょうちゅうけい **実況中継** jikkyouchuukei	**retransmission en direct** *f.* ルトランスミシオン アン ディレクト	live broadcast ライヴ ブロードキャスト
しっけ **湿気** shikke	**humidité** *f.* ユミディテ	moisture モイスチャ
しつけ **躾** shitsuke	**éducation** *f.* エデュカシオン	training, discipline トレイニング, ディスィプリン
じっけん **実験** jikken	**expérience** *f.*, **expérimentation** *f.* エクスペリアンス, エクスペリマンタシオン	experiment イクスペリメント
じつげんする **実現する** jitsugensuru	**(se) réaliser** ス レアリゼ	realize, come true リーアライズ, カム トルー
しつこい （執念深い） shitsukoi	**persévérant(e), tenace** ペルセヴェラン(ト), トゥナス	obstinate, persistent アブスティネト, パスィステント
（味などがきつい）	**lourd(e)** ルール(ルルド)	heavy ヘヴィ
しっこう **失効** shikkou	**expiration** *f.* エクスピラシオン	lapse, expiry ラプス, イクスパイアリ

日	仏	英
じっこうする **実行する** jikkousuru	**accomplir, exécuter** アコンプリール, エグゼキュテ	carry out, practice キャリ アウト, プラクティス
じつざい **実在** jitsuzai	**existence réelle** *f.* エグジスタンス レエル	actual existence アクチュアル イグズィステンス
じっさいに **実際に** jissaini	**en réalité** アン レアリテ	actually, really アクチュアリ, リーアリ
じっしする **実施する** jisshisuru	**exécuter, mettre en application** エグゼキュテ, メットル アン ナプリカシオン	enforce インフォース
じっしつ **実質** jisshitsu	**substance** *f.* シュプスタンス	substance サプスタンス
じっしゅう **実習** jisshuu	**stage** *m.,* **formation** *f.* スタージュ, フォルマシオン	practice, training プラクティス, トレイニング
〜生	**stagiaire** *m.f.* スタジエール	trainee トレイニー
じつじょう **実情** jitsujou	**situation actuelle** *f.* シテュアシオン アクチュエル	actual circumstance, state of affairs アクチュアル サーカムスタンス, ステイト オヴ アフェアズ
しっしん **湿疹** shisshin	**eczéma** *m.* エグゼマ	eczema エクセマ
しっしんする **失神する** shisshinsuru	**s'évanouir** セヴァヌイール	faint, swoon フェイント, スウーン
じっせき **実績** jisseki	**résultats** *m.pl.* レジュルタ	results, achievements リザルツ, アチーヴメンツ
しっそうする **失踪する** shissousuru	**disparaître** ディスパレートル	disappear ディサピア
しっそな **質素な** shissona	**simple** サンプル	plain, simple プレイン, スィンプル
じったい **実態** jittai	**réalité** *f.* レアリテ	actual condition, realities アクチュアル コンディション, リアリティーズ

日	仏	英
しっと **嫉妬** shitto	**jalousie** *f.* ジャルジー	jealousy **ヂェ**ラスィ
〜する	**(être) jaloux(se)** *de*, **envier** (エートル) ジャルー(ズ) ドゥ, アンヴィエ	(be) jealous of, envy (ビ) **ヂェ**ラス オヴ, **エ**ンヴィ
しつど **湿度** shitsudo	**humidité** *f.* ユミディテ	humidity ヒュー**ミ**ディティ
しつないで **室内で** shitsunaide	**à l'intérieur** ア ランテリユール	indoors イン**ドー**ズ
しっぱい **失敗** shippai	**échec** *m.* エシェク	failure **フェ**イリュア
〜する	**échouer** *à*, **rater** エシュエ ア, ラテ	fail in **フェ**イル イン
しっぷ **湿布** shippu	**compresse** *f.* コンプレス	compress **カ**ンプレス
じつぶつ **実物** jitsubutsu	**objet même** *m.* オブジェ メーム	real thing **リ**ーアル **ス**ィング
しっぽ **尻尾** shippo	**queue** *f.* クー	tail **テ**イル
しつぼうする **失望する** shitsubousuru	**(être) déçu(e)** (エートル) デシュ	(be) disappointed (ビ) ディサ**ポ**インテド
じつむ **実務** jitsumu	**exercice d'un métier** *m.* エグゼルシス ダン メティエ	practical business プ**ラ**クティカル **ビ**ズネス
しつもん **質問** shitsumon	**question** *f.* ケスティオン	question ク**ウェ**スチョン
〜する	**poser une question** *à* ポゼ ユヌ ケスティオン ア	ask a question **ア**ースク ア ク**ウェ**スチョン
じつりょく **実力** jitsuryoku	**capacité** *f.*, **compétence** *f.* カパシテ, コンペタンス	ability ア**ビ**リティ

日	仏	英
じつれい **実例** jitsurei	**exemple** *m.* エグザンプル	example イグ**ザ**ンプル
しつれいな **失礼な** shitsureina	**impoli(e)** アンポリ	rude, impolite **ル**ード, イン**ポ**ライト
しつれんする **失恋する** shitsurensuru	**subir un échec amoureux** シュビール アン ネシェク アムールー	(be) disappointed in love (ビ) ディサ**ポ**インテド イン **ラ**ヴ
じつわ **実話** jitsuwa	**histoire vraie** *f.* イストワール ヴレ	true story ト**ル**ー ス**ト**ーリ
してい **指定** shitei	**désignation** *f.* デジニャシオン	designation デズィグ**ネ**イション
〜する	**indiquer, désigner** アンディケ, デジニェ	appoint, designate ア**ポ**イント, **デ**ズィグネイト
〜席	**place réservée** *f.* プラス レゼルヴェ	reserved seat リ**ザ**ーヴド ス**ィ**ート
してきする **指摘する** shitekisuru	**faire remarquer, indiquer** フェール ルマルケ, アンディケ	point out, indicate **ポ**イント **ア**ウト, **イ**ンディケイト
してきな **私的な** shitekina	**privé(e), personnel(le)** プリヴェ, ペルソネル	private, personal プ**ラ**イヴェト, **パ**ーソナル
してつ **私鉄** shitetsu	**chemin de fer privé** *m.* シュマン ドゥ フェール プリヴェ	private railroad プ**ラ**イヴェト **レ**イルロウド
してん **支店** shiten	**succursale** *f.* シュキュルサル	branch ブ**ラ**ンチ
じてん **辞典** jiten	**dictionnaire** *m.* ディクシオネール	dictionary **デ**ィクショネリ
じてんしゃ **自転車** jitensha	**vélo** *m.*, **bicyclette** *f.* ヴェロ, ビシクレット	bicycle **バ**イスィクル
しどう **指導** shidou	**conduite** *f.*, **direction** *f.* コンデュイット, ディレクシオン	guidance, direction **ガ**イダンス, ディ**レ**クション

日	仏	英
〜する	**guider, diriger** ギデ, ディリジェ	guide, lead, coach **ガ**イド, **リ**ード, **コ**ーチ
じどう **児童** jidou	**enfant** *m.f.* アンファン	child **チャ**イルド
じどうし **自動詞** jidoushi	**verbe intransitif** *m.* ヴェルブ アントランジティフ	intransitive verb イント**ラ**ンスィティヴ **ヴァ**ーブ
じどうしゃ **自動車** jidousha	**voiture** *f.*, **automobile** *f.* ヴォワチュール, オトモビル	car, automobile **カ**ー, オート**モ**ビール
〜事故	**accident de voiture** *m.* アクシダン ドゥ ヴォワチュール	car accident **カ**ー **ア**クスィデント
じどうてきに **自動的に** jidoutekini	**automatiquement** オトマティックマン	automatically オート**マ**ティカリ
じどうどあ **自動ドア** jidoudoa	**porte automatique** *f.* ポルト オトマティック	automatic door オート**マ**ティク **ド**ー
じどうはんばいき **自動販売機** jidouhanbaiki	**distributeur (automatique)** *m.* ディストリビュトゥール (オトマティック)	vending machine **ヴェ**ンディング マ**シ**ーン
しなぎれ **品切れ** shinagire	**épuisé(e)** エピュイゼ	sold out ソウルド **ア**ウト
しなびる **しなびる** shinabiru	**se flétrir, se faner** ス フレトリール, ス ファネ	wither **ウィ**ザ
しなもの **品物** shinamono	**article** *m.*, **marchandise** *f.* アルティクル, マルシャンディーズ	article, goods **ア**ーティクル, **グ**ヅ
しなやかな **しなやかな** shinayakana	**souple, flexible** スープル, フレクシブル	flexible フ**レ**クスィブル
しなりお **シナリオ** shinario	**scénario** *m.* セナリオ	scenario, script スィ**ネ**アリオウ, スク**リ**プト
じなん **次男** jinan	**deuxième fils** *m.* ドゥジエーム フィス	second son **セ**カンド **サ**ン

日	仏	英
じにんする **辞任する** jininsuru	**démissionner** デミシオネ	resign リザイン
しぬ **死ぬ** shinu	**mourir, décéder** ムリール, デセデ	die ダイ
じぬし **地主** jinushi	**propriétaire** *m.f.* プロプリエテール	landowner ランドオウナ
しのぐ　　（勝る） shinogu	**dépasser, surpasser** デパセ, シュルパセ	exceed, surpass イクスィード, サーパス
（切り抜ける）	**se débrouiller** ス デブルイエ	tide over タイド オウヴァ
（耐える）	**supporter, endurer** シュポルテ, アンデュレ	endure, bear インデュア, ベア
しはい **支配** shihai	**domination** *f.* ドミナシオン	management, control マニヂメント, コントロウル
～する	**dominer** ドミネ	manage, control マニヂ, コントロウル
～人	**direc*teur*(*trice*)** *m.f.* ディレクトゥール(-トリス)	manager マニヂャ
しばい **芝居** shibai	**théâtre** *m.* テアートル	play, drama プレイ, ドラーマ
じはく **自白** jihaku	**confession** *f.* コンフェシオン	self confession セルフ コンフェション
じばさんぎょう **地場産業** jibasangyou	**industrie locale** *f.* アンデュストリー ロカル	local industry ロウカル インダストリ
しばしば **しばしば** shibashiba	**souvent, fréquemment** スヴァン, フレカマン	often オーフン
じはつてきな **自発的な** jihatsutekina	**spontané(e), volontaire** スポンタネ, ヴォロンテール	spontaneous, voluntary スパンテイニアス, ヴァランテリ

日	仏	英
しはつでんしゃ **始発電車** shihatsudensha	**premier train** *m.* プルミエ トラン	first train **ファースト トレイン**
しばふ **芝生** shibafu	**pelouse** *f.*, **gazon** *m.* プルーズ, ガゾン	lawn **ローン**
しはらい **支払い** shiharai	**paiement** *m.* ペマン	payment **ペイメント**
しはらう **支払う** shiharau	**payer** ペイエ	pay **ペイ**
しばらく **しばらく** （ある程度長く） shibaraku	**pendant longtemps** パンダン ロンタン	for a long time フォア **ローング タイム**
（長くない）	**pendant quelques ins-tants** パンダン ケルク ザンスタン	for a while フォア (ホ)**ワイル**
しばる **縛る** shibaru	**lier, attacher** リエ, アタシェ	bind **バインド**
じばん **地盤** （地面） jiban	**sol** *m.* ソル	ground **グラウンド**
（土台・基礎）	**fondement** *m.*, **base** *f.* フォンドマン, バーズ	foundation, base ファウン**デイ**ション, **ベイ**ス
しはんの **市販の** shihanno	**en vente** アン ヴァント	on the market オン ザ **マ**ーケト
じびいんこうか **耳鼻咽喉科** jibiinkouka	**oto-rhino-laryngologie** *f.* オトリノラランゴロジー	otorhinolaryngolo-gy オウトウライノウラリン**ガ**ロヂ
しひで **私費で** shihide	**à** *ses* **frais** ア フレ	at one's own ex-pense アト **オ**ウン イクス**ペ**ンス
しひょう **指標** shihyou	**indice** *m.* アンディス	index **イ**ンデクス
じひょう **辞表** jihyou	**lettre de démission** *f.* レットル ドゥ デミシオン	resignation レズィグ**ネ**イション

日	仏	英
じびょう **持病** jibyou	**maladie chronique** *f.* マラディ クロニック	chronic disease ク**ラ**ニク ディ**ズィ**ーズ
しびれる **痺れる** shibireru	**(être) engourdi(e)** (エートル) アングルディ	(become) numb (ビカム) **ナ**ム
しぶい **渋い** （好みが） shibui	**sobre, de bon goût** ソーブル, ドゥ ボン グー	tasteful, sober **テ**イストフル, **ソ**ウバ
（味が）	**amer(ère)** アメール	astringent, bitter アスト**リ**ンジェント, **ビ**タ
しぶき **しぶき** shibuki	**éclaboussure** *f.* エクラブシュール	spray, splash スプ**レ**イ, スプ**ラ**シュ
しぶしぶ **しぶしぶ** shibushibu	**à regret, à contrecœur** ア ルグレ, ア コントルクール	reluctantly リ**ラ**クタントリ
しぶとい **しぶとい** shibutoi	**tenace, obstiné(e)** トゥナス, オプスティネ	tenacious, obstinate ティ**ネ**イシャス, **ア**プスティネト
しぶる **渋る** shiburu	**(être) réticent(e)** (エートル) レティサン(ト)	hesitate, show reluctance **ヘ**ズィテイト, **ショ**ウ リ**ラ**クタンス
じぶん **自分** jibun	**soi** *m.f.*, **soi-même** *m.f.* ソワ, ソワメーム	self **セ**ルフ
しへい **紙幣** shihei	**billet** *m.* ビエ	bill, note **ビ**ル, **ノ**ウト
しほう **四方** shihou	**tous les côtés** トゥ レ コテ	every direction **エ**ヴリ ディ**レ**クション
しぼう **脂肪** shibou	**graisse** *f.* グレス	fat, grease **ファ**ト, グ**リ**ース
じほう **時報** jihou	**signal horaire** *m.* シニャル オレール	time signal **タ**イム ス**イ**グナル
しほうけん **司法権** shihouken	**juridiction** *f.* ジュリディクシオン	jurisdiction デュアリス**ディ**クション

日	仏	英
しぼうする **志望する** shibousuru	**vouloir, désirer** ヴロワール, デジレ	wish, desire **ウィ**シュ, ディ**ザ**イア
しぼむ **しぼむ** shibomu	**se faner, se dégonfler** ス ファネ, ス デゴンフレ	wither, fade **ウィ**ザ, **フェ**イド
しぼる **搾る** shiboru	**presser, tordre** プレセ, トルドル	press, wring, squeeze プレス, **リ**ング, スク**ウィ**ーズ
しほん **資本** shihon	**capital** *m.* カピタル	capital **キャ**ピタル
～家	**capitaliste** *m.f.* カピタリスト	capitalist **キャ**ピタリスト
～金	**capital** *m.*, **capital social** *m.* カピタル, カピタル ソシアル	capital **キャ**ピタル
～主義	**capitalisme** *m.* カピタリスム	capitalism **キャ**ピタリズム
しま **縞** shima	**raies** *f.pl.*, **rayures** *f.pl.* レ, レイユール	stripes スト**ラ**イプス
しま **島** shima	**île** *f.*, **îlot** *m.* イル, イロ	island **ア**イランド
しまい **姉妹** shimai	**sœurs** *f.pl.* スール	sisters **スィ**スタズ
しまう **しまう** shimau	**mettre, ranger** メットル, ランジェ	put away プト ア**ウェ**イ
じまく **字幕** jimaku	**sous-titres** *m.pl.* スティートル	subtitles **サ**ブタイトルズ
しまつ **始末** shimatsu	(結果) **résultat** *m.* レジュルタ	result リ**ザ**ルト
	(処分) **élimination** *f.*, **disposi-** **tion** *f.* エリミナシオン, ディスポジション	disposal ディス**ポ**ウザル

307

日	仏	英
しまる **閉まる** shimaru	**(se) fermer** (ス) フェルメ	shut, (be) closed シャト, (ビ) クロウズド
じまん **自慢** jiman	**orgueil** *m.*, **vanité** *f.* オルグイユ, ヴァニテ	boast, vanity ボウスト, ヴァニティ
～する	**se vanter** *de* ス ヴァンテ ドゥ	boast of, (be) proud of ボウスト オヴ, (ビ) プラウド オ ヴ
じみな **地味な** jimina	**sobre, discret(ète)** ソーブル, ディスクレ(ット)	plain, quiet プレイン, クワイアト
しみゅれーしょん **シミュレーション** shimyureeshon	**simulation** *f.* シミュラシオン	simulation スィミュレイション
しみる **染みる** shimiru	**pénétrer, imprégner** ペネトレ, アンプレニェ	penetrate, soak ペネトレイト, ソウク
しみん **市民** shimin	**citoyen(ne)** *m.f.* シトワイアン(-エヌ)	citizen スィティズン
じむ **事務** jimu	**travail de bureau** *m.* トラヴァイユ ドゥ ビュロー	business, affairs ビズネス, アフェアズ
～員	**employé(e) de bureau** *m.f.* アンプロワイエ ドゥ ビュロー	clerk, office work- er クラーク, オーフィス ワーカ
～的な	**administratf(ve)** アドミニストラティフ(-ヴ)	businesslike ビズネスライク
しめい **氏名** shimei	**nom** *m.* **et prénom** *m.* ノン エ プレノン	name ネイム
しめい **使命** shimei	**mission** *f.* ミシオン	mission ミション
しめいする **指名する** shimeisuru	**désigner** デジニェ	name, nominate ネイム, ナミネイト
しめきり **締め切り** shimekiri	**terme** *m.*, **échéance** *f.* テルム, エシェアンス	deadline デドライン

し

日	仏	英
しめきる **締め切る** shimekiru	**clôturer, fermer** クロテュレ, フェルメ	close クロウズ
じめじめした **じめじめした** jimejimeshita	**humide** ユミッド	damp, moist ダンプ, モイスト
しめす **示す** shimesu	**montrer** モントレ	show, indicate ショウ, インディケイト
しめだす **締め出す** shimedasu	**fermer** *sa* **porte** *à* フェルメ ポルト ア	shut out シャト アウト
じめつする **自滅する** jimetsusuru	**courir à** *sa* **perte** クリール ア ペルト	ruin oneself ルーイン
しめる **絞める** shimeru	**serrer** セレ	tighten タイトン
しめる **湿る** shimeru	**s'humidifier** シュミディフィエ	dampen ダンプン
しめる **占める** shimeru	**occuper, obtenir** オキュペ, オプトゥニール	occupy アキュパイ
しめる **閉める** shimeru	**fermer** フェルメ	shut, close シャト, クロウズ
じめん **地面** jimen	**terre** *f.*, **sol** *m.* テール, ソル	earth, ground アース, グラウンド
しも **霜** shimo	**gelée blanche** *f.*, **givre** *m.* ジュレ ブランシュ, ジーヴル	frost フロースト
じもとの **地元の** jimotono	**du pays, local(e)** デュ ペイ, ロカル	local ロウカル
しもん **指紋** shimon	**empreinte digitale** *f.* アンプラント ディジタル	fingerprint フィンガプリント
しや **視野** shiya	**champ visuel** *m.* シャン ヴィジュエル	field of vision フィールド オヴ ヴィジョン
じゃーじ **ジャージ** jaaji	**survêtement** *m.* シュルヴェトマン	tracksuit トラクスート

日	仏	英
じゃーなりすと **ジャーナリスト** jaanarisuto	**journaliste** *m.f.* ジュルナリスト	journalist **ヂャ**ーナリスト
じゃーなりずむ **ジャーナリズム** jaanarizumu	**journalisme** *m.* ジュルナリスム	journalism **ヂャ**ーナリズム
しゃーぷぺんしる **シャープペンシル** shaapupenshiru	**porte-mine** *m.* ポルトミーヌ	mechanical pencil メ**キャ**ニカル **ペ**ンスル
しゃーべっと **シャーベット** shaabetto	**sorbet** *m.* ソルベ	sherbet **シャ**ーベト
しゃいん **社員** shain	**employé(e)** *m.f.*, **person-** **nel** *m.* アンプロワイエ, ペルソネル	employee, staff イン**プ**ロイイー, ス**タ**フ
しゃかい **社会** shakai	**société** *f.* ソシエテ	society ソ**サ**イエティ
～学	**sociologie** *f.* ソシオロジー	sociology ソウスィ**ア**ロヂィ
～主義	**socialisme** *m.* ソシアリスム	socialism **ソ**ウシャリズム
じゃがいも **じゃが芋** jagaimo	**pomme de terre** *f.* ポム ドゥ テール	potato ポ**テ**イトウ
しゃがむ **しゃがむ** shagamu	**s'accroupir** サクルピール	squat down スク**ワ**ト **ダ**ウン
しやくしょ **市役所** shiyakusho	**mairie** *f.*, **hôtel de ville** *m.* メリー, オテル ドゥ ヴィル	city hall ス**ィ**ティ **ホ**ール
じゃぐち **蛇口** jaguchi	**robinet** *m.* ロビネ	faucet, Ⓑtap **フ**ォーセト, **タ**プ
じゃくてん **弱点** jakuten	**point faible** *m.* ポワン フェーブル	weak point **ウ**ィーク **ポ**イント
しゃくど **尺度** shakudo	**mesure** *f.*, **échelle** *f.* ムジュール, エシェル	measure, scale **メ**ジャ, ス**ケ**イル

日	仏	英
しゃくほうする **釈放する** shakuhousuru	**délivrer, libérer** デリヴレ, リベレ	set free セト フリー
しゃくめいする **釈明する** shakumeisuru	**expliquer, justifier** エクスプリケ, ジュスティフィエ	explain, vindicate イクスプレイン, **ヴィ**ンディケ イト
しゃくや **借家** shakuya	**maison louée** *f.* メゾン ルエ	rented house レンテド ハウス
しゃげき **射撃** shageki	**tir** *m.*, **feu** *m.* ティール, フー	shooting, firing **シュー**ティング, **ファ**イアリン グ
じゃけっと **ジャケット** jaketto	**veste** *f.* ヴェスト	jacket **チャ**ケト
しゃこ **車庫** shako	**garage** *m.* ガラージュ	garage ガ**ラー**ジ
しゃこうかい **社交界** shakoukai	**haute société** *f.* オート ソシエテ	high society ハイ ソ**サイ**エティ
しゃこうだんす **社交ダンス** shakoudansu	**danse de salon** *f.* ダンス ドゥ サロン	social dance **ソウ**シャル **ダ**ンス
しゃざい **謝罪** shazai	**excuses** *f.pl.* エクスキューズ	apology ア**パ**ロヂ
〜する	**présenter des excuses** プレザンテ デ ゼクスキューズ	apologize ア**パ**ロヂャイズ
しゃじつしゅぎ **写実主義** shajitsushugi	**réalisme** *m.* レアリスム	realism **リー**アリズム
しゃしょう **車掌** shashou	**contrôleur(euse)** *m.f.* コントロルール(·ズ)	conductor コン**ダ**クタ
しゃしん **写真** shashin	**photo** *f.*, **photographie** *f.* フォト, フォトグラフィ	photograph **フォウ**トグラフ
〜家	**photographe** *m.f.* フォトグラフ	photographer フォ**タ**グラファ
じゃず **ジャズ** jazu	**jazz** *m.* ジャズ	jazz **チャ**ズ

311

日	仏	英
しゃせい **写生** shasei	**dessin** *m.*, **esquisse** *f.* デッサン, エスキス	sketch スケチ
しゃせつ **社説** shasetsu	**éditorial** *m.* エディトリアル	editorial エディトーリアル
しゃせん **車線** shasen	**voie** *f.* ヴォワ	lane レイン
しゃたく **社宅** shataku	**logement de fonction** *m.* ロジュマン ドゥ フォンクシオン	company house カンパニ ハウス
しゃだんする **遮断する** shadansuru	**interrompre** アンテロンプル	block, intercept ブラク, インタセプト
しゃちょう **社長** shachou	**président(e)** *m.f.*, **directeur(trice)** *m.f.* プレジダン(ト), ディレクトゥール(-トリス)	president プレズィデント
しゃつ **シャツ** （下着の） shatsu	**maillot de corps** *m.* マイヨ ドゥ コール	undershirt, Ⓑvest アンダシャート, **ヴェ**スト
（洋服の）	**chemise** *f.* シュミーズ	(dress) shirt (ド**レ**ス) **シャー**ト
しゃっかん **借款** shakkan	**emprunt** *m.* アンプラン	loan ロウン
じゃっき **ジャッキ** jakki	**vérin** *m.* ヴェラン	jack チャク
しゃっきん **借金** shakkin	**dette** *f.*, **emprunt** *m.* デット, アンプラン	debt, loan デト, ロウン
しゃっくり **しゃっくり** shakkuri	**hoquet** *m.* オケ	hiccup ヒカプ
しゃったー **シャッター** （カメラの） shattaa	**obturateur** *m.* オプテュラトゥール	shutter シャタ
（玄関・窓の）	**volet** *m.* ヴォレ	shutter シャタ

し

日	仏	英
しゃどう **車道** shadou	**chaussée** *f.* ショッセ	roadway ロゥドウェイ
しゃぶる **しゃぶる** shaburu	**sucer, téter** シュセ, テテ	suck, suckle サク, サクル
しゃべる **シャベル** shaberu	**pelle** *f.* ペル	shovel シャヴル
しゃほん **写本** shahon	**manuscrit** *m.* マニュスクリ	manuscript マニュスクリプト
じゃま **邪魔** jama	**empêchement** *m.*, **obsta-cle** *m.* アンペシュマン, オプスタクル	hindrance, obsta-cle ヒンドランス, アプスタクル
～する	**empêcher, faire obstacle à** アンペシェ, フェール オプスタクル ア	disturb, hinder ディスターブ, ハインダ
～な	**gênant(e)** ジェナン(ト)	obstructive オプストラクティヴ
じゃむ **ジャム** jamu	**confiture** *f.* コンフィテュール	jam ヂャム
しゃめん **斜面** shamen	**pente** *f.* パント	slope スロゥプ
しゃもじ **杓文字** shamoji	**cuillère à riz** *f.* キュイエール ア リ	rice paddle ライス パドル
じゃり **砂利** jari	**gravier** *m.* グラヴィエ	gravel グラヴェル
しゃりょう **車両** sharyou	**véhicules** *m.pl.*, **voitures** *f.pl.* ヴェイキュル, ヴォワテュール	vehicles, cars ヴィーイクルズ, カーズ
しゃりん **車輪** sharin	**roue** *f.* ルー	wheel (ホ)ウィール
しゃれ **しゃれ** share	**bon mot** *m.*, **jeux de mots** *m.pl.* ボン モ, ジュドゥ モ	joke, witticism ヂョゥク, ウィティシズム

日	仏	英
しゃれい **謝礼** sharei	**rémunération** *f.* レミュネラシオン	remuneration リミューナ**レ**イション
しゃれた **しゃれた** （おしゃれな） shareta	**chic, élégant(e)** シック，エレガン(ト)	chic, elegant **シ**ーク，**エ**リガント
（気の利いた）	**spirituel(le), intelligent(e)** スピリチュエル，アンテリジャン(ト)	witty, smart **ウィ**ティ，ス**マ**ート
しゃわー **シャワー** shawaa	**douche** *f.* ドゥーシュ	shower **シャ**ウア
じゃんぱー **ジャンパー** janpaa	**coupe-vent** *m.* クープヴァン	windbreaker **ウィ**ンドブレイカ
しゃんぱん **シャンパン** shanpan	**champagne** *m.* シャンパーニュ	champagne シャン**ペ**イン
しゃんぷー **シャンプー** shanpuu	**shampoing** *m.* シャンポワン	shampoo シャン**プ**ー
じゃんる **ジャンル** janru	**genre** *m.* ジャンル	genre **ジャ**ーンル
しゅい **首位** shui	**première place** *f.* プルミエール プラス	leading position **リ**ーディング ポ**ジ**ション
しゅう **州** shuu	**province** *f.*, **état** *m.* プロヴァンス，エタ	state, province ス**テ**イト，プ**ラ**ヴィンス
しゅう **週** shuu	**semaine** *f.* スメーヌ	week **ウィ**ーク
じゅう **十** juu	**dix** ディス	ten **テ**ン
じゅう **銃** juu	**arme à feu** *f.* アルム ア フー	gun **ガ**ン
じゆう **自由** jiyuu	**liberté** *f.* リベルテ	freedom, liberty フ**リ**ーダム，**リ**バティ

日	仏	英
しゅうい **周囲** （円周・外周） shuui	**circonférence** *f.*, **péri-phérie** *f.* シルコンフェランス, ペリフェリ	circumference サーカムフェレンス
（環境・状況）	**environnement** *m.*, **environs** *m.pl.* アンヴィロヌマン, アンヴィロン	surroundings サラウンディングズ
じゅうい **獣医** juui	**vétérinaire** *m.f.* ヴェテリネール	veterinarian ヴェテリネアリアン
じゅういち **十一** juuichi	**onze** オーンズ	eleven イレヴン
じゅういちがつ **十一月** juuichigatsu	**novembre** *m.* ノヴァンブル	November ノウヴェンバ
しゅうえき **収益** shuueki	**profits** *m.pl.*, **gains** *m.pl.* プロフィ, ガン	profits, gains プラフィツ, ゲインズ
じゅうおく **十億** juuoku	**milliard** *m.* ミリアール	billion ビリョン
しゅうかい **集会** shuukai	**réunion** *f.*, **assemblée** *f.* レユニオン, アサンブレ	meeting, gathering ミーティング, ギャザリング
しゅうかく **収穫** shuukaku	**récolte** *f.*, **moisson** *f.* レコルト, モワソン	crop, harvest クラプ, ハーヴェスト
〜する	**récolter, moissonner** レコルテ, モワソネ	harvest, reap ハーヴェスト, リープ
しゅうがくりょこう **修学旅行** shuugakuryokou	**voyage scolaire** *m.* ヴォワィヤージュ スコレール	school trip スクール トリプ
じゆうがた **自由形** jiyuugata	**nage libre** *f.* ナージュ リーブル	freestyle swimming フリースタイル スウィミング
じゅうがつ **十月** juugatsu	**octobre** *m.* オクトーブル	October アクトウバ
しゅうかん **習慣** shuukan	**habitude** *f.*, **coutume** *f.* アビテュード, クテューム	habit, custom ハビト, カスタム

日	仏	英

しゅうかんし
週刊誌
shuukanshi

hebdomadaire *m.*
エブドマデール

weekly
ウィークリ

しゅうき
周期
shuuki

période *f.*, **cycle** *m.*
ペリオド, シクル

cycle, period
サイクル, ピアリオド

しゅうきゅう
週休
shuukyuu

congé hebdomadaire *m.*
コンジェ エブドマデール

weekly holiday
ウィークリ ハリデイ

しゅうきゅう
週給
shuukyuu

salaire hebdomadaire *m.*
サレール エブドマデール

weekly pay
ウィークリ ペイ

じゅうきゅう
十九
juukyuu

dix-neuf
ディズヌフ

nineteen
ナインティーン

じゅうきょ
住居
juukyo

domicile *m.*, **résidence** *f.*
ドミシル, レジダンス

dwelling
ドゥェリング

しゅうきょう
宗教
shuukyou

religion *f.*
ルリジオン

religion
リリヂョン

じゅうぎょういん
従業員
juugyouin

employé(e) *m.f.*
アンプロワイエ

employee, worker
インプロイイー, ワーカ

じゅうきんぞく
重金属
juukinzoku

métal lourd *m.*
メタル ルール

heavy metal
ヘヴィ メトル

しゅーくりーむ
シュークリーム
shuukuriimu

chou à la crème *m.*
シュー ア ラ クレーム

cream puff
クリーム パフ

しゅうけいする
集計する
shuukeisuru

totaliser
トタリゼ

total
トゥトル

しゅうげき
襲撃
shuugeki

attaque *f.*, **assaut** *m.*
アタック, アソー

attack, assault
アタク, アソールト

じゅうご
十五
juugo

quinze
カーンズ

fifteen
フィフティーン

じゅうこうぎょう
重工業
juukougyou

industrie lourde *f.*
アンデュストリー ルルド

heavy industries
ヘヴィ インダストリズ

日	仏	英
じゅーさー **ジューサー** juusaa	**presse-agrumes** *m.*, **mixer** *m.* プレサグリュム, ミクスール	juicer ヂューサ
しゅうさい **秀才** shuusai	**brillant(e) élève** *m.f.* ブリヤン(ト) エレーヴ	brilliant scholar ブリリャント スカラ
しゅうざいさん **私有財産** shiyuuzaisan	**biens privés** *m.pl.* ビアン プリヴェ	private property プライヴェト プラパティ
じゅうさつする **銃殺する** juusatsusuru	**fusiller, tuer par balles** フュジエ, テュエ パール バル	shoot dead, gun down シュート デド, ガン ダウン
じゅうさん **十三** juusan	**treize** トレーズ	thirteen サーティーン
しゅうし **修士** shuushi	**master** *m.* マステール	master マスタ
〜課程	**cours de master** *m.* クール ドゥ マステール	master's course マスタズ コース
〜号	**grade de master** *m.* グラード ドゥ マステール	master's degree マスタズ ディグリー
じゅうし **十四** juushi	**quatorze** カトルズ	fourteen フォーティーン
じゅうじ **十字** juuji	**croix** *f.* クロワ	cross クロース
じゅうじか **十字架** juujika	**croix** *f.* クロワ	cross クロース
しゅうじがく **修辞学** shuujigaku	**rhétorique** *f.* レトリック	rhetoric レトリク
じゅうしする **重視する** juushisuru	**attacher de l'importance à** アタシェ ドゥ ランポルタンス ア	attach importance to アタチ インポータンス トゥ
じゅうしち **十七** juushichi	**dix-sept** ディセット	seventeen セヴンティーン

日	仏	英
じゅうじつする **充実する** juujitsusuru	**enrichir, compléter** アンリシール，コンプレテ	fulfill, complete フル**フィ**ル，コンプ**リー**ト
しゅうしふ **終止符** shuushifu	**point final** *m.* ポワン フィナル	period, Ⓑfull stop **ピ**アリオド，**フ**ル ス**タ**プ
しゅうしゅう **収集** shuushuu	**collection** *f.* コレクシオン	collection コレ**ク**ション
〜する	**collectionner** コレクシオネ	collect コレ**ク**ト
しゅうしゅく **収縮** shuushuku	**contraction** *f.* コントラクシオン	contraction コントラ**ク**ション
じゅうじゅんな **従順な** juujunna	**docile, obéissant(e)** ドシール，オベイサン(ト)	obedient オ**ピー**ディエント
じゅうしょ **住所** juusho	**adresse** *f.* アドレス	address ア**ド**レス
じゅうしょう **重傷** juushou	**blessure grave** *f.* ブレシュール グラーヴ	serious wound **スィ**アリアス **ウー**ンド
しゅうしょくする **就職する** shuushokusuru	**trouver un emploi** トルヴェ アン ナンプロワ	find employment **ファ**インド インプ**ロ**イメント
じゅうじろ **十字路** juujiro	**carrefour** *m.*, **croisement** *m.* カルフール，クロワズマン	crossroads ク**ロー**スロウヅ
じゅうしん **重心** juushin	**centre de gravité** *m.* サントル ドゥ グラヴィテ	center of gravity **セ**ンタ オヴ グ**ラ**ヴィティ
しゅうしんけい **終身刑** shuushinkei	**condamnation à perpé- tuité** *f.* コンダナシオン ア ペルペテュイテ	life imprisonment **ラ**イフ インプ**リ**ズンメント
じゅーす **ジュース** juusu	**jus** *m.* ジュ	juice **チュー**ス
しゅうせい **習性** shuusei	**mœurs** *f.pl.*, **habitude** *f.* ムール，アビテュード	habit **ハ**ビト

日	仏	英
しゅうせいする **修正する** shuuseisuru	**modifier, corriger** モディフィエ, コリジェ	amend, revise アメンド, リヴァイズ
じゆうせき **自由席** jiyuuseki	**place libre** *f.* プラス リーブル	nonreserved seat ナンリザーヴド スィート
しゅうせん **終戦** shuusen	**fin de la guerre** *f.* ファン ドゥ ラ ゲール	end of war エンド オヴ ウォー
しゅうぜんする **修繕する** shuuzensuru	**réparer** レパレ	repair, mend リペア, メンド
じゅうたい **渋滞** juutai	**embouteillage** *m.* アンブテイヤージュ	(traffic) jam (トラフィク) チャム
じゅうたい **重体** juutai	**état grave** *m.* エタ グラーヴ	serious condition スィアリアス コンディション
じゅうだい **十代** juudai	**adolescents** *m.pl.* アドレサン	teens ティーンズ
しゅうたいせい **集大成** shuutaisei	**recueil** *m.* ルクイユ	compilation コンピレイション
じゅうだいな **重大な** juudaina	**grave, sérieux(se)** グラーヴ, セリユー(ズ)	grave, serious グレイヴ, スィアリアス
じゅうたく **住宅** juutaku	**maison** *f.*, **logement** *m.* メゾン, ロジュマン	house, housing ハウス, ハウズィング
しゅうだん **集団** shuudan	**groupe** *m.* グループ	group, body グループ, バディ
じゅうだんする **縦断する** juudansuru	**traverser** トラヴェルセ	traverse トラヴァース
しゅうちしん **羞恥心** shuuchishin	**pudeur** *f.* ピュドゥール	sense of shame センス オヴ シェイム
しゅうちゃくえき **終着駅** shuuchakueki	**terminus** *m.* テルミニュス	terminus, terminal ターミナス, ターミナル

日	仏	英
しゅうちゃくする **執着する** shuuchakusuru	**tenir** *à*, **s'accrocher** *à* トゥニール ア，サクロシェ ア	(be) fixated on, adhere to (ビ) **フィ**クセイテド オン，アド **ヒ**ア トゥ
しゅうちゅうする **集中する** shuuchuusuru	**concentrer** コンサントレ	concentrate **カ**ンセントレイト
しゅうてん **終点** shuuten	**terminus** *m.* テルミニュス	end of a line **エ**ンド オヴ ア **ラ**イン
しゅうでん **終電** shuuden	**dernier train** *m.* デルニエ トラン	last train (of the day) **ラ**スト **ト**レイン (オヴ ザ デイ)
じゅうてん **重点** juuten	**point principal** *m.*, **essen- tiel** *m.* ポワン プランシパル，エサンシエル	emphasis, impor- tance **エ**ンファスィス，イン**ポ**ータン ス
じゅうでんする **充電する** juudensuru	**charger** シャルジェ	charge **チャ**ーヂ
しゅーと **シュート** shuuto	**tir** *m.*, **frappe** *f.* ティール，フラップ	shot **シャ**ト
しゅうどういん **修道院** shuudouin	**monastère** *m.*, **couvent** *m.* モナステール，クーヴァン	monastery, con- vent **マ**ナステリ，**カ**ンヴェント
しゅうどうし **修道士** shuudoushi	**moine** *m.* モワヌ	monk **マ**ンク
しゅうどうじょ **修道女** shuudoujo	**religieuse** *f.*, **nonne** *f.* ルリジューズ，ノヌ	nun, sister **ナ**ン，**ス**ィスタ
じゆうな **自由な** jiyuuna	**libre, libéral(e)** リーブル，リベラル	free, liberal **フ**リー，**リ**ベラル
じゅうなんな **柔軟な** juunanna	**souple, flexible** スープル，フレクシブル	flexible, supple フレ**ク**スィブル，**サ**プル
じゅうに **十二** juuni	**douze** ドゥーズ	twelve ト**ウェ**ルヴ
じゅうにがつ **十二月** juunigatsu	**décembre** *m.* デサンブル	December ディ**セ**ンバ

日	仏	英
じゅうにしちょう **十二指腸** juunishichou	**duodénum** *m.* デュオデノム	duodenum デューアディーナム
しゅうにゅう **収入** shuunyuu	**revenu** *m.* ルヴニュ	income インカム
しゅうにん **就任** shuunin	**investiture** *f.* アンヴェスティテュール	inauguration イノーギュレイション
しゅうのう **収納** shuunou	**emmagasinage** *m.* アンマガジナージュ	storage ストーリヂ
しゅうは **宗派** shuuha	**secte** *f.* セクト	sect セクト
しゅうはすう **周波数** shuuhasuu	**fréquence** *f.* フレカンス	frequency フリークウェンスィ
じゅうはち **十八** juuhachi	**dix-huit** ディジュイット	eighteen エイティーン
じゅうびょう **重病** juubyou	**maladie grave** *f.* マラディ グラーヴ	serious illness スィアリアス イルネス
しゅうふくする **修復する** shuufukusuru	**restaurer** レストレ	restore リストー
しゅうぶん **秋分** shuubun	**équinoxe d'automne** *m.* エキノクス ドートヌ	autumnal equinox オータムナル イークウィナス
じゅうぶんな **十分な** juubunna	**suffisant(e), assez** *de* シュフィザン(ト), アセ ドゥ	sufficient, enough サフィシェント, イナフ
しゅうへん **周辺** shuuhen	**alentours** *m.pl.*, **environs** *m.pl.* アントゥール, アンヴィロン	vicinity (of), area (of) ヴィスィニティ (オヴ), エアリア (オヴ)
～機器	**périphériques** *m.pl.* ペリフェリック	peripherals プリフェラルズ
じゆうぼうえき **自由貿易** jiyuuboueki	**libre-échange** *m.* リーブレシャンジュ	free trade フリー トレイド

日	仏	英
しゅうまつ **週末** shuumatsu	**week-end** *m.* ウイケンド	weekend **ウィ**ーケンド
じゅうまん **十万** juuman	**cent mille** サン ミル	one hundred thousand ワン ハンドレト **サ**ウザンド
じゅうみん **住民** juumin	**habitant(e)** *m.f.*, **population** *f.* アビタン(ト), ポピュラシオン	inhabitants, residents インハビタンツ, レズィデンツ
じゅうやく **重役** juuyaku	**directeur(trice)** *m.f.* ディレクトゥール(・トリス)	executive, director イグ**ゼ**キュティヴ, ディ**レ**クタ
じゅうゆ **重油** juuyu	**huile lourde** *f.* ユイル ルルド	heavy oil **ヘ**ヴィ **オ**イル
しゅうゆう **周遊** shuuyuu	**circuit touristique** *m.*, **excursion** *f.* シルキュイ トゥーリスティック, エクスキュルシオン	tour, round trip ト**ゥ**ア, **ラ**ウンド ト**リ**プ
しゅうようする **収容する** shuuyousuru	**accueillir, recevoir** アクイール, ルスヴォワール	admit, accommodate アド**ミ**ト, ア**カ**モデイト
じゅうような **重要な** juuyouna	**important(e), essentiel(le)** アンポルタン(ト), エサンシエル	important, principal イン**ポ**ータント, プ**リ**ンスィパル
しゅうり **修理** shuuri	**réparation** *f.* レパラシオン	repair, mend リ**ペ**ア, **メ**ンド
～する	**réparer** レパレ	repair, mend リ**ペ**ア, **メ**ンド
じゅうりょう **重量** juuryou	**poids** *m.* ポワ	weight **ウェ**イト
～挙げ	**haltérophilie** *f.* アルテロフィリ	weightlifting **ウェ**イトリフティング
しゅうりょうする **終了する** shuuryousuru	**finir, se terminer** フィニール, ス テルミネ	finish, end, close **フィ**ニシュ, **エ**ンド, ク**ロ**ウズ
じゅうりょく **重力** juuryoku	**gravitation** *f.*, **gravité** *f.* グラヴィタシオン, グラヴィテ	gravity, gravitation グ**ラ**ヴィティ, グラヴィ**テ**イション

日	仏	英
しゅうろく **収録** shuuroku	**enregistrement** *m.* アンルジストルマン	recording リコーディング
じゅうろく **十六** juuroku	**seize** セーズ	sixteen スィクス**ティー**ン
しゅうわい **収賄** shuuwai	**corruption** *f.* コリュプスィオン	bribery, corruption ブ**ライ**バリ, コ**ラ**プション
しゅえい **守衛** shuei	**gardien(***ne***)** *m.f.*, **garde** *m.* ガルディアン(-エヌ), ガルド	guard **ガ**ード
しゅえん **主演** shuen	**rôle principal** *m.* ロール プランシパル	leading role **リー**ディング **ロ**ウル
～俳優	**acteur principal** *m.* アクトゥール プランシパル	leading actor **リー**ディング **ア**クタ
しゅかん **主観** shukan	**subjectivité** *f.* シュブジェクティヴィテ	subjectivity サブ**ヂェ**ク**ティ**ヴィティ
～的な	**subjectif(***ve***)** シュブジェクティフ(-ヴ)	subjective サブ**ヂェ**クティヴ
しゅぎ **主義** shugi	**principe** *m.*, **doctrine** *f.* プランシップ, ドクトリーヌ	principle, doctrine プ**リ**ンスィプル, **ダ**クトリン
しゅぎょう **修行** shugyou	**apprentissage** *m.*, **novi-** **ciat** *m.* アプランティサージュ, ノヴィシア	apprenticeship ア**プレ**ンティスシプ
じゅきょう **儒教** jukyou	**confucianisme** *m.* コンフュシアニスム	Confucianism コン**フュ**ーシャニズム
じゅぎょう **授業** jugyou	**cours** *m.*, **leçon** *f.* クール, ルソン	class, lesson ク**ラ**ス, **レ**スン
じゅく **塾** juku	**cours privé** *m.* クール プリヴェ	juku, private af- ter-school class **ジュ**ク, プ**ライ**ヴェト アフタス **クー**ル ク**ラ**ス
しゅくがかい **祝賀会** shukugakai	**cérémonie** *f.* セレモニ	formal celebration **フォー**マル セレブ**レ**イション

日	仏	英
じゅくご **熟語** jukugo	**locution** *f.*, **idiotisme** *m.* ロキュシオン, イディオティスム	idiom, phrase **イ**ディオム, フ**レ**イズ
しゅくじつ **祝日** shukujitsu	**fête** *f.*, **jour férié** *m.* フェット, ジュール フェリエ	public holiday, festival **パ**ブリク **ハ**リデイ, **フェ**スティヴァル
しゅくしゃ **宿舎** shukusha	**hébergement** *m.*, **logement** *m.* エベルジュマン, ロジュマン	lodging **ラ**ヂング
しゅくしょうする **縮小する** shukushousuru	**réduire, diminuer** レデュイール, ディミニュエ	reduce, curtail リ**デュ**ース, カー**テ**イル
じゅくする **熟する** jukusuru	**mûrir** ミュリール	(become) ripe, mature (ビカム) **ラ**イプ, マ**チュ**ア
しゅくだい **宿題** shukudai	**devoir** *m.* ドゥヴォワール	homework **ホ**ウムワーク
じゅくねん **熟年** jukunen	**âge mûr** *m.* アージュ ミュール	mature aged マ**チュ**ア **エ**イヂド
しゅくはくする **宿泊する** shukuhakusuru	**loger, séjourner** ロジェ, セジュルネ	lodge, stay **ラ**ヂ, ス**テ**イ
じゅくれん **熟練** jukuren	**maîtrise** *f.* メトリーズ	skill ス**キ**ル
～する	**acquérir des compétences** アケリール デ コンペタンス	(become) skilled (ビカム) ス**キ**ルド
しゅげい **手芸** shugei	**artisanat** *m.* アルティザナ	handicraft **ハ**ンディクラフト
しゅけん **主権** shuken	**souveraineté** *f.* スヴレヌテ	sovereignty **サ**ヴレンティ
じゅけんする **受験する** jukensuru	**passer un examen** パセ アン ネグザマン	take an examination **テ**イク アン エグザミ**ネ**イション
しゅご **主語** shugo	**sujet** *m.* シュジェ	subject **サ**ブヂクト

日	仏	英
しゅさいする **主催する** shusaisuru	**organiser** オルガニゼ	host, organize **ホ**ウスト，**オ**ーガナイズ
しゅざいする **取材する** shuzaisuru	**recueillir des renseigne-ments** ルクイール デ ランセニュマン	gather information **ギャ**ザ インフォ**メ**イション
しゅじゅつ **手術** shujutsu	**opération** *f.* オペラシオン	operation アペ**レ**イション
～する	**opérer** オペレ	operate, perform surgery **ア**ペレイト，パ**フォ**ーム **サ**ージャリ
しゅしょう **主将** shushou	**capitaine** *m.* カピテーヌ	captain **キャ**プテン
しゅしょう **首相** shushou	**premie*r(ère)* ministre** *m.f.* プルミエ(-エール) ミニストル	prime minister プ**ラ**イム **ミ**ニスタ
じゅしょうしゃ **受賞者** jushousha	**lauréat(e)** *m.f.* ロレア(ト)	prize winner プ**ラ**イズ **ウィ**ナ
じゅしょうする **受賞する** jushousuru	**recevoir un prix** ルスヴォワール アン プリ	win a prize **ウィ**ン ア プ**ラ**イズ
じゅしょうする **授賞する** jushousuru	**décerner un prix** *à* デセルネ アン プリ ア	award a prize to ア**ウォ**ード ア プ**ラ**イズ トゥ
しゅしょく **主食** shushoku	**aliment principal** *m.* アリマン プランシパル	staple food ス**テ**イプル **フ**ード
しゅじん （一家の主） **主人** shujin	**chef de famille** *m.* シェフ ドゥ ファミーユ	head of a family **ヘ**ド オヴ ア **ファ**ミリ
（所有者）	**propriétaire** *m.f.* プロプリエテール	proprietor プロプ**ラ**イアタ
（夫）	**mari** *m.* マリ	husband **ハ**ズバンド
じゅしん **受信** jushin	**réception** *f.* レセプシオン	reception リ**セ**プション

日	仏	英
〜する	**recevoir, capter** ルスヴォワール, カプテ	receive リ**スィ**ーヴ
しゅじんこう **主人公** shujinkou	**protagoniste** *m.f.* プロタゴニスト	protagonist プロウ**タ**ガニスト
しゅせき **首席** shuseki	**premier(ère)** *m.f.* プルミエ(-エール)	head, top of the class ヘド, **タ**プ オヴ ザ **クラ**ス
しゅだい **主題** shudai	**sujet** *m.*, **thème** *m.* シュジェ, テーム	subject, theme **サ**ブヂェクト, **スィ**ーム
しゅだん **手段** shudan	**moyen** *m.*, **mesure** *f.* モワイアン, ムジュール	means, way **ミ**ーンズ, **ウェ**イ
しゅちょう **主張** shuchou	**assertion** *f.*, **réclamation** *f.* アセルシオン, レクラマシオン	assertion, claim ア**サ**ーション, ク**レ**イム
〜する	**réclamer, prétendre** レクラメ, プレタンドル	assert, claim ア**サ**ート, ク**レ**イム
しゅつえんする **出演する** shutsuensuru	**paraître en scène** パレートル アン セーヌ	appear on stage ア**ピ**ア オン ス**テ**イヂ
しゅっか **出荷** shukka	**expédition de marchan- dises** *f.* エクスペディシオン ドゥ マルシャンディーズ	shipment, for- warding **シ**プメント, **フォ**ーワディング
しゅっきんする **出勤する** shukkinsuru	**aller au travail** アレ オ トラヴァイユ	go to work **ゴ**ウ トゥ **ワ**ーク
しゅっけつ **出血** shukketsu	**hémorragie** *f.* エモラジ	hemorrhage **ヘ**モリヂ
〜する	**saigner** セニエ	bleed ブ**リ**ード
しゅつげん **出現** shutsugen	**apparition** *f.* アパリシオン	appearance ア**ピ**アランス
〜する	**apparaître** アパレートル	appear ア**ピ**ア

日	仏	英
じゅつご **述語** jutsugo	**prédicat** *m.* プレディカ	predicate プレディケト
しゅっこくする **出国する** shukkokusuru	**quitter un pays** キテ アン ペイ	leave a country リーヴ ア カントリ
しゅっさん **出産** shussan	**accouchement** *m.* アクシュマン	birth, delivery バース, ディリヴァリ
～する	**accoucher, mettre au monde** アクシェ, メットル オ モンド	give birth to ギヴ バース トゥ
しゅっし **出資** shusshi	**investissement** *m.* アンヴェスティスマン	investment インヴェストメント
しゅつじょう **出場** shutsujou	**participation** *f.* パルティシパシオン	participation パーティスィペイション
～する	**participer** *à* パルティシペ ア	participate in パーティスィペイト イン
しゅっしんち **出身地** shusshinchi	**ville natale** *f.* ヴィル ナタル	home town ホウム タウン
しゅっせいりつ **出生率** shusseiritsu	**natalité** *f.* ナタリテ	birthrate バースレイト
しゅっせき **出席** shusseki	**assistance** *f.*, **présence** *f.* アシスタンス, プレザンス	attendance, presence アテンダンス, プレズンス
～者	**assistant(e)** *m.f.* アシスタン(ト)	attendee アテンディー
～する	**assister** *à* アシステ ア	attend, (be) present at アテンド, (ビ) プレズント アト
しゅっせする **出世する** shussesuru	**faire carrière** フェール カリエール	make a career メイク ア カリア
しゅっちょう **出張** shucchou	**voyage d'affaires** *m.* ヴォワイヤージュ ダフェール	business trip ビズネス トリプ

日	仏	英
しゅっぱつ **出発** shuppatsu	**départ** *m.* デパール	departure ディパーチャ
～する	**partir** パルティール	start, depart ス**タ**ート, ディ**パ**ート
しゅっぱん **出版** shuppan	**publication** *f.*, **édition** *f.* ピュブリカシオン, エディシオン	publication パブリ**ケ**イション
～社	**maison d'édition** *f.* メゾン デディシオン	publishing company **パ**ブリシング **カ**ンパニ
～する	**publier, éditer** ピュブリエ, エディテ	publish, issue **パ**ブリシュ, **イ**シュー
～物	**publication** *f.* ピュブリカシオン	publication パブリ**ケ**イション
しゅっぴ **出費** shuppi	**dépense** *f.* デパンス	expenses イクス**ペ**ンセズ
しゅつりょくする **出力する** shutsuryokusuru	**sortir** ソルティール	output **ア**ウトプト
しゅと **首都** shuto	**capitale** *f.* カピタル	capital city **キャ**ピトル ス**ィ**ティ
しゅどうけん **主導権** shudouken	**initiative** *f.* イニシアティヴ	initiative イ**ニ**シャティヴ
じゅどうたい **受動態** judoutai	**voix passive** *f.* ヴォワ パシヴ	passive voice **パ**スィヴ **ヴォ**イス
しゅどうの **手動の** shudouno	**manuel(*le*)** マニュエル	hand-operated, manual **ハ**ンドアパレイテド, **マ**ニュアル
しゅとくする **取得する** shutokusuru	**obtenir, acquérir** オプトゥニール, アケリール	acquire, obtain アク**ワ**イア, オブ**テ**イン
じゅなん **受難** junan	**épreuve** *f.*, **peine** *f.* エプルーヴ, ペーヌ	sufferings **サ**ファリングズ

日	仏	英
じゅにゅうする **授乳する** junyuusuru	**allaiter** アレテ	nurse, feed **ナ**ース, **フィ**ード
しゅにん **主任** shunin	**chef** *m.* シェフ	chief, head **チ**ーフ, **ヘ**ド
しゅのう **首脳** shunou	**chef** *m.*, **leader** *m.* シェフ, リドゥール	head, leader **ヘ**ド, **リ**ーダ
しゅの‐ける **シュノーケル** shunookeru	**tuba** *m.* テュバ	snorkel ス**ノ**ーケル
しゅび **守備** shubi	**défense** *f.* デファンス	defense, ⑧defence ディ**フェ**ンス, ディ**フェ**ンス
しゅひん **主賓** shuhin	**invité(e) d'honneur** *m.f.* アンヴィテ ドヌール	guest of honor **ゲ**スト オヴ **ア**ナ
しゅふ **主婦** shufu	**femme au foyer** *f.* ファム オ フォワイエ	housewife **ハ**ウスワイフ
しゅみ **趣味** shumi	**goût** *m.*, **passe-temps** *m.* グー, パスタン	taste, hobby **テ**イスト, **ハ**ビ
じゅみょう **寿命** jumyou	**durée de la vie** *f.* デュレ ドゥ ラ ヴィ	life span **ラ**イフ ス**パ**ン
しゅもく **種目**　（競技の） shumoku	**épreuve** *f.* エプルーヴ	event イ**ヴェ**ント
（項目）	**article** *m.* アルティクル	item **ア**イテム
しゅやく **主役** shuyaku	**rôle principal** *m.* ロール プランシパル	leading part **リ**ーディング **パ**ート
しゅよう **腫瘍** shuyou	**tumeur** *f.* テュムール	tumor **テュ**ーマ
じゅよう **需要** juyou	**demande** *f.*, **besoin** *m.* ドゥマンド, ブゾワン	demand ディ**マ**ンド
しゅような **主要な** shuyouna	**principal(e)** プランシパル	principal, main プ**リ**ンスィパル, **メ**イン

日	仏	英
じゅりつする **樹立する** juritsusuru	**établir** エタブリール	establish イス**タ**ブリシュ
しゅりゅうだん **手榴弾** shuryuudan	**grenade à main** *f.* グルナド ア マン	hand grenade ハンド グリ**ネ**イド
しゅりょう **狩猟** shuryou	**chasse** *f.* シャス	hunting **ハ**ンティング
じゅりょうしょう **受領証** juryoushou	**reçu** *m.* ルシュ	receipt リ**スィ**ート
しゅりょく **主力** shuryoku	**force principale** *f.* フォルス プランシパル	main force **メ**イン **フォ**ース
しゅるい **種類** shurui	**espèce** *f.*, **sorte** *f.* エスペス, ソルト	kind, sort **カ**インド, **ソ**ート
しゅわ **手話** shuwa	**langage des signes** *m.* ランガージュ デ シーニュ	sign language **サ**イン **ラ**ングウィヂ
じゅわき **受話器** juwaki	**récepteur** *m.* レセプトゥール	receiver リ**スィ**ーヴァ
じゅん **順** jun	**ordre** *m.*, **tour** *m.* オルドル, トゥール	order, turn **オ**ーダ, **タ**ーン
じゅんい **順位** jun-i	**rang** *m.*, **classement** *m.* ラン, クラスマン	grade, ranking **グ**レイド, **ラ**ンキング
じゅんえき **純益** jun-eki	**bénéfice net** *m.* ベネフィス ネット	net profit **ネ**ト プ**ラ**フィト
しゅんかん **瞬間** shunkan	**moment** *m.*, **instant** *m.* モマン, アンスタン	moment **モ**ウメント
じゅんかんする **循環する** junkansuru	**circuler, tourner** シルキュレ, トゥルネ	circulate, rotate **サ**ーキュレイト, **ロ**ウテイト
じゅんきょうしゃ **殉教者** junkyousha	**martyr(e)** *m.f.* マルティール	martyr **マ**ータ
じゅんきょうじゅ **准教授** junkyouju	**maître de conférences** *m.* メートル ドゥ コンフェランス	associate professor ア**ソ**ウシエイト プロ**フェ**サ

日	仏	英
じゅんきん **純金** junkin	**or pur** *m.* オール ピュール	pure gold **ピュア ゴ**ウルド
じゅんけつ **純潔** junketsu	**pureté** *f.*, **chasteté** *f.* ピュルテ, シャストゥテ	purity, chastity **ピュ**アリティ, **チャ**スティティ
じゅんけっしょう **準決勝** junkesshou	**demi-finale** *f.* ドゥミフィナル	semifinals セミ**ファ**イナルズ
じゅんじゅんけっしょう **準々決勝** junjunkesshou	**quart de finale** *m.* カール ドゥ フィナル	quarterfinals クウォータ**ファ**イナルズ
じゅんしんな **純真な** junshinna	**naïf(ve), innocent(e)** ナイフ(-ヴ), イノサン(ト)	naive, innocent ナー**イ**ーヴ, **イ**ノセント
じゅんすいな **純粋な** junsuina	**pur(e), authentique** ピュール, オータンティック	pure, genuine **ピュ**ア, **チェ**ニュイン
じゅんちょうな **順調な** junchouna	**régulier(ère), favorable** レギュリエ(-エール), ファヴォラーブル	smooth, favorable, favourable ス**ムー**ズ, **フェ**イヴァラブル, **フェ**イヴァラブル
じゅんのうする **順応する** junnousuru	**s'adapter** *à* サダプテ ア	adapt oneself ア**ダ**プト
じゅんばん **順番** junban	**ordre** *m.*, **tour** *m.* オルドル, トゥール	order, turn **オ**ーダ, **タ**ーン
じゅんび **準備** junbi	**préparation** *f.* プレパラシオン	preparation プレパ**レ**イション
〜する	**préparer** プレパレ	prepare プリ**ペ**ア
しゅんぶん **春分** shunbun	**équinoxe de printemps** *m.* エキノクス ドゥ プランタン	spring equinox ス**プ**リング **イ**ークウィナクス
じゅんれい **巡礼** junrei	**pèlerinage** *m.* ペルリナージュ	pilgrimage **ピ**ルグリミヂ
〜者	**pèlerin(e)** *m.f.* ペルラン(-リヌ)	pilgrim **ピ**ルグリム

日	仏	英
じゅんろ **順路** junro	**itinéraire** *m.* イティネレール	route **ルー**ト
しよう **使用** shiyou	**emploi** *m.*, **usage** *m.* アンプロワ, ユザージュ	use **ユー**ス
〜料	**tarif** *m.* タリフ	fee **フィー**
しよう **私用** shiyou	**affaire privée** *f.* アフェール プリヴェ	private business プラ**イ**ヴェト **ビ**ズネス
しょう **省** shou	**ministère** *m.* ミニステール	ministry **ミ**ニストリ
しょう **章** shou	**chapitre** *m.* シャピートル	chapter **チャ**プタ
しょう **賞** shou	**prix** *m.*, **récompense** *f.* プリ, レコンパンス	prize, award プ**ラ**イズ, ア**ウォ**ード
じょういん **上院** jouin	**Sénat** *m.*, **Chambre haute** *f.* セナ, シャンブル オート	upper house, Senate **ア**パ **ハ**ウス, **セ**ナト
じょうえいする **上映する** joueisuru	**présenter un film, projeter** プレザンテ アン フィルム, プロジュテ	put on, show プ**ト** オン, **ショ**ウ
しょうエネ **省エネ** shouene	**conservation de l'énergie** *f.* コンセルヴァシオン ドゥ レネルジー	energy conservation **エ**ナヂ コンサ**ヴェ**イション
じょうえんする **上演する** jouensuru	**représenter** ルプレザンテ	perform パ**フォ**ーム
しょうか **消化** shouka	**digestion** *f.* ディジェスティオン	digestion ディ**ヂェ**スチョン
〜する	**digérer** ディジェレ	digest **ダ**イヂェスト
しょうか **消火** shouka	**extinction d'un feu** *f.* エクスタンクシオン ダン フー	fire fighting **ファ**イア **ファ**イティング

日	仏	英
〜器	**extincteur** *m.* エクスタンクトゥール	extinguisher イクス**ティ**ングウィシャ
しょうが **生姜** shouga	**gingembre** *m.* ジャンジャンブル	ginger **ヂ**ンヂャ
しょうがい **傷害** shougai	**blessure** *f.* ブレシュール	injury **イ**ンヂャリ
しょうがい **障害** shougai	**obstacle** *m.*, **infirmité** *f.* オプスタクル，アンフィルミテ	obstacle **ア**ブスタクル
〜物競走	**course d'obstacles** *f.* クルス ドプスタクル	obstacle race **ア**ブスタクル **レ**イス
しょうがい **生涯** shougai	**vie** *f.*, **toute la vie** ヴィ，トゥット ラ ヴィ	lifetime **ラ**イフタイム
しょうかいする **紹介する** shoukaisuru	**présenter** *à*, **introduire** プレザンテ ア，アントロデュイール	introduce イントロ**デュ**ース
しょうがくきん **奨学金** shougakukin	**bourse d'études** *f.* ブルス デテュード	scholarship ス**カ**ラシプ
しょうがくせい **奨学生** shougakusei	**boursier(ère)** *m.f.* ブルシエ(-エール)	scholarship stu- dent, scholar ス**カ**ラシプ ス**テュ**ーデント，ス**カ**ラ
しょうがくせい **小学生** shougakusei	**écolier(ère)** *m.f.* エコリエ(-エール)	schoolchild ス**ク**ールチャイルド
しょうがつ **正月** shougatsu	**nouvel an** *m.* ヌヴェル アン	New Year **ニュ**ー **イ**ア
しょうがっこう **小学校** shougakkou	**école primaire** *f.* エコール プリメール	elementary school エレメンタリ ス**ク**ール
じょうき **蒸気** jouki	**vapeur** *f.* ヴァプール	vapor, steam **ヴェ**イパ，ス**ティ**ーム
じょうぎ **定規** jougi	**règle** *f.* レーグル	ruler **ル**ーラ

日	仏	英
じょうきゃく **乗客** joukyaku	**passager(ère)** *m.f.* パサジェ(-ジェール)	passenger パセンヂャ
じょうきゅうの **上級の** joukyuuno	**supérieur(e)** シュペリユール	higher, advanced ハイヤ, アド**ヴァ**ンスト
しょうぎょう **商業** shougyou	**commerce** *m.* コメルス	commerce **カ**マス
じょうきょう **状況** joukyou	**situation** *f.* シテュアシオン	situation スィチュ**エ**イション
しょうきょくてきな **消極的な** shoukyokutekina	**passif(ve), négatif(ve)** パシフ(-ヴ), ネガティフ(-ヴ)	negative, passive **ネ**ガティヴ, **パ**スィヴ
しょうぐん **将軍** shougun	**général** *m.* ジェネラル	general **ヂェ**ネラル
じょうけい **情景** joukei	**spectacle** *m.* スペクタークル	spectacle, sight ス**ペ**クタクル, **サ**イト
しょうげき **衝撃** shougeki	**choc** *m.*, **impact** *m.* ショック, アンパクト	shock, impact **シャ**ク, **イ**ンパクト
じょうげする **上下する** jougesuru	**monter et descendre** モンテ エ デサンドル	rise and fall **ラ**イズ アンド **フォ**ール
しょうけん **証券** shouken	**titre** *m.*, **valeurs** *f.pl.* ティートル, ヴァルール	bond, securities **バ**ンド, スィ**キュ**アリティズ
しょうげん **証言** shougen	**témoignage** *m.* テモワニャージュ	testimony **テ**スティモウニ
～する	**témoigner** テモワニェ	testify **テ**スティファイ
じょうけん **条件** jouken	**condition** *f.* コンディシオン	condition, terms コン**ディ**ション, **タ**ームズ
しょうこ **証拠** shouko	**preuve** *f.* プルーヴ	proof, evidence プ**ルー**フ, **エ**ヴィデンス
しょうご **正午** shougo	**midi** *m.* ミディ	noon **ヌ**ーン

日	仏	英
じょうこく **上告** joukoku	**pourvoi en cassation** *m.* プールヴォワ アン カサシオン	(final) appeal （**ファイナル**）ア**ピ**ール
しょうさい **詳細** shousai	**détail** *m.* デタイユ	details **ディ**ーテイルズ
じょうざい **錠剤** jouzai	**comprimé** *m.* コンプリメ	pill, tablet **ピ**ル, **タ**ブレト
しょうさいな **詳細な** shousaina	**détaillé(e)** デタイエ	detailed ディ**テ**イルド
じょうし **上司** joushi	**supérieur(e)** *m.f.* シュペリユール	superior, boss スー**ピ**アリア, **バ**ス
じょうしき **常識** joushiki	**sens commun** *m.* サンス コマン	common sense **カ**モン **セ**ンス
しょうじきな **正直な** shoujikina	**honnête** オネト	honest **ア**ネスト
じょうしつの **上質の** joushitsuno	**de bonne qualité** ドゥ ボヌ カリテ	of fine quality オヴ **ファ**イン ク**ワ**リティ
しょうしゃ **商社** shousha	**société commerciale** *f.* ソシエテ コメルシアル	trading company ト**レ**イディング **カ**ンパニ
じょうしゃけん **乗車券** joushaken	**billet** *m.* ビエ	ticket **ティ**ケト
じょうしゃする **乗車する** joushasuru	**monter** *dans*, **prendre** モンテ ダン, プランドル	board, take, get in **ボ**ード, **テ**イク, **ゲ**ト **イ**ン
しょうしゅうする **召集する** （会議などを） shoushuusuru	**convoquer** コンヴォケ	convene, call コン**ヴィ**ーン, **コ**ール
（兵隊を）	**appeler, rassembler** アプレ, ラサンブレ	muster, call out **マ**スタ, **コ**ール **ア**ウト
じょうじゅん **上旬** joujun	**dix premiers jours du mois** *m.pl.* ディ プルミエ ジュール デュ モワ	first ten days of a month **ファ**ースト **テ**ン **デ**イズ オヴ ア **マ**ンス

日	仏	英
しょうしょ **証書** shousho	**acte** *m.*, **certificat** *m.* アクト, セルティフィカ	bond, deed バンド, ディード
しょうじょ **少女** shoujo	**petite fille** *f.*, **fillette** *f.* プティット フィーユ, フィエット	girl ガール
しょうじょう **症状** shoujou	**symptôme** *m.* サンプトーム	symptom スィンプトム
しょうじょう **賞状** shoujou	**certificat de mérite** *m.* セルティフィカ ドゥ メリット	certificate of merit サティフィケト オヴ メリト
じょうしょうする **上昇する** joushousuru	**monter, s'élever** モンテ, セルヴェ	rise, go up ライズ, ゴウ アプ
しょうじる **生じる** shoujiru	**se produire, arriver** ス プロデュイール, アリヴェ	happen, take place ハプン, テイク プレイス
しょうしんする **昇進する** shoushinsuru	**avancer, monter** アヴァンセ, モンテ	(be) promoted (ビ) プロモウテド
しょうすう **小数** shousuu	**décimale** *f.* デシマル	decimal デスィマル
しょうすう **少数** shousuu	**minorité** *f.* ミノリテ	minority ミノーリティ
じょうずな **上手な** jouzuna	**habile, adroit(e)** アビル, アドロワ(ット)	skillful スキルフル
しようする **使用する** shiyousuru	**employer, utiliser** アンプロワイエ, ユティリゼ	use ユーズ
じょうせい **情勢** jousei	**situation** *f.* シテュアシオン	situation スィチュエイション
しょうせつ **小説** shousetsu	**roman** *m.*, **nouvelle** *f.* ロマン, ヌヴェル	novel ナヴェル
〜家	**romancier(ère)** *m.f.* ロマンシエ(-エール)	novelist ナヴェリスト

日	仏	英
じょうせつの **常設の** jousetsuno	**permanent(e)** ペルマナン(ト)	standing, permanent スタンディング, パーマネント
しょうぞう **肖像** shouzou	**portrait** *m.* ポルトレ	portrait ポートレイト
じょうぞう **醸造** jouzou	**vinification** *f.*, **fermentation** *f.* ヴィニフィカシオン, フェルマンタシオン	brewing ブルーイング
しょうそく **消息** shousoku	**nouvelles** *f.pl.* ヌヴェル	news ニュース
しょうたい **招待** shoutai	**invitation** *f.* アンヴィタシオン	invitation インヴィテイション
〜する	**inviter** アンヴィテ	invite インヴァイト
じょうたい **状態** joutai	**état** *m.*, **situation** *f.* エタ, シテュアシオン	state, situation ステイト, スィチュエイション
しょうだくする **承諾する** shoudakusuru	**consentir** *à*, **accepter** コンサンティール ア, アクセプテ	consent, accept コンセント, アクセプト
じょうたつする **上達する** joutatsusuru	**progresser** プログレセ	make progress, improve メイク プラグレス, インプルーヴ
しょうだん **商談** shoudan	**négociation commerciale** *f.* ネゴシアシオン コメルシアル	business talk ビズネス トーク
じょうだん **冗談** joudan	**plaisanterie** *f.* プレザントリ	joke, jest チョウク, チェスト
しょうちする **承知する** shouchisuru	**accepter, consentir** アクセプテ, コンサンティール	agree, consent アグリー, コンセント
しょうちゅう **焼酎** shouchuu	**eau de vie japonaise** *f.*, **shôchû** *m.* オードゥ ヴィ ジャポネーズ, ショーチュー	shochu, spirits ショウチュウ, スピリツ
しょうちょう **小腸** shouchou	**intestin grêle** *m.* アンテスタン グレル	small intestine スモール インテスティン

日	仏	英
しょうちょう **象徴** shouchou	**symbole** *m.* サンボル	symbol **ス**ィンボル
～する	**symboliser** サンボリゼ	symbolize **ス**ィンボライズ
しょうてん **焦点** shouten	**foyer** *m.* フォワイエ	focus **フォ**ウカス
しょうどうてきな **衝動的な** shoudoutekina	**impulsif(ve)** アンピュルシフ(・ヴ)	impulsive インパルスィヴ
じょうとうの **上等の** joutouno	**bon(ne), de qualité su- périeure** ボン(ヌ), ドゥ カリテ シュペリユール	good, superior **グ**ド, スー**ピ**アリア
しょうどく **消毒** shoudoku	**désinfection** *f.* デザンフェクシオン	disinfection ディスイン**フェ**クション
～する	**désinfecter** デザンフェクテ	disinfect ディスイン**フェ**クト
～薬	**désinfectant** *m.* デザンフェクタン	disinfectant ディスイン**フェ**クタント
じょうとする **譲渡する** joutosuru	**transmettre** トランスメットル	transfer ト**ラ**ンスファ
しょうとつする **衝突する** shoutotsusuru	**heurter** ウルテ	collide with コ**ラ**イド ウィズ
しょうにか **小児科** shounika	**pédiatrie** *f.* ペディアトリ	pediatrics ピーディア**ト**リクス
～医	**pédiatre** *m.f.* ペディアトル	pediatrician ピーディアト**リ**シャン
しょうにん **商人** shounin	**commerçant(e)** *m.f.* コメルサン(ト)	merchant **マ**ーチャント
しょうにん **証人** shounin	**témoin** *m.* テモワン	witness **ウィ**トネス

日	仏	英
しょうにん **使用人** shiyounin	**employé(e)** *m.f.* アンプロワイエ	employee インプロイイー
しょうにんする **承認する** shouninsuru	**approuver** アプルヴェ	approve アプルーヴ
じょうにんの **常任の** jouninno	**permanent(e)** ペルマナン(ト)	standing, regular スタンディング, レギュラ
じょうねつ **情熱** jounetsu	**passion** *f.* パシオン	passion パション
しょうねん **少年** shounen	**garçon** *m.* ガルソン	boy ボイ
じょうば **乗馬** jouba	**équitation** *f.* エキタシオン	(horse) riding (ホース) ライディング
しょうはい **勝敗** shouhai	**la victoire** *f.* **ou la défaite** *f.* ラ ヴィクトワール ウラ デフェット	victory or defeat ヴィクトリ オ ディフィート
しょうばい **商売** shoubai	**affaires** *f.pl.*, **commerce** *m.* アフェール, コメルス	trade, business トレイド, ビズネス
じょうはつする **蒸発する** jouhatsusuru	**s'évaporer** セヴァポレ	evaporate イヴァポレイト
じょうはんしん **上半身** jouhanshin	**torse** *m.*, **buste** *m.* トルス, ビュスト	upper half of body アパ ハフ オヴ バディ
しょうひ **消費** shouhi	**consommation** *f.* コンソマシオン	consumption コンサンプション
～者	**consomma*teur*(*trice*)** *m.f.* コンソマトゥール(-トリス)	consumer コンシューマ
～する	**consommer, dépenser** コンソメ, デパンセ	consume, spend コンシューム, スペンド
～税	**impôts sur la consom-** **mation** *m.pl.*, **taxe sur la** **valeur ajoutée** *f.*, **TVA** *f.* アンポ シュール ラ コンソマシオン, タクス シュール ラ ヴァルール アジュテ, テヴェア	consumption tax コンサンプション タクス

日	仏	英
しょうひょう **商標** shouhyou	**marque** *f.* マルク	trademark, brand トレイドマーク，ブランド
しょうひん **商品** shouhin	**article** *m.*, **marchandise** *f.* アルティクル，マルシャンディーズ	commodity, goods コマディティ，グヅ
しょうひん **賞品** shouhin	**prix** *m.* プリ	prize プライズ
じょうひんな **上品な** jouhinna	**élégant(e), distingué(e)** エレガン(ト)，ディスタンゲ	elegant, refined エリガント，リファインド
しょうぶ **勝負** shoubu	**partie** *f.*, **match** *m.* パルティ，マッチ	game, match ゲイム，マチ
〜する	**disputer, faire une partie** *de* ディスピュテ，フェール ユヌ パルティ ドゥ	contest, fight コンテスト，ファイト
じょうぶな **丈夫な** joubuna	**fort(e), robuste** フォール(フォルト)，ロビュスト	strong, robust ストロング，ロウバスト
しょうほう **商法** shouhou	**droit commercial** *m.* ドロワ コメルシアル	commercial law, Ⓑcommercial code コマーシャル ロー，コマーシャ ル コウド
しょうぼう **消防** shoubou	**lutte contre l'incendie** *f.* リュット コントル ランサンディ	fire fighting ファイア ファイティング
〜士	**pompier** *m.* ポンピエ	fire fighter ファイア ファイタ
〜車	**camion de pompiers** *m.* カミオン ドゥ ポンピエ	fire engine ファイア エンヂン
〜署	**caserne des sapeurs-** **pompiers** *f.* カゼルヌ デ サプールポンピエ	fire station ファイア ステイション
じょうほう **情報** jouhou	**information** *f.* アンフォルマシオン	information インフォメイション
じょうほする **譲歩する** jouhosuru	**concéder, céder** コンセデ，セデ	concede コンスィード

日	仏	英
しょうみの **正味の** shoumino	**net(te)** ネット	net ネト
じょうみゃく **静脈** joumyaku	**veine** *f.* ヴェーヌ	vein **ヴェ**イン
じょうむいん **乗務員** joumuin	**membre d'équipage** *m.f.* マンブル デキパージュ	crew member ク**ルー メ**ンバ
しょうめい **照明** shoumei	**illumination** *f.*, **éclairage** *m.* イリュミナシオン, エクレラージュ	illumination イルー**ミ**ネイシォン
しょうめい **証明** shoumei	**preuve** *f.* プルーヴ	proof, evidence プ**ルー**フ, **エ**ヴィデンス
〜書	**certificat** *m.* セルティフィカ	certificate サ**ティ**フィケト
〜する	**prouver, vérifier** プルヴェ, ヴェリフィエ	prove, verify プ**ルー**ヴ, **ヴェ**リファイ
しょうめん **正面** shoumen	**face** *f.*, **front** *m.* ファス, フロン	front フ**ラ**ント
じょうやく **条約** jouyaku	**traité** *m.*, **pacte** *m.* トレテ, パクト	treaty, pact ト**リー**ティ, **パ**クト
しょうゆ **醤油** shouyu	**sauce de soja** *f.* ソース ドゥ ソジャ	soy sauce **ソ**イ **ソ**ース
しょうよ **賞与** shouyo	**prime** *f.*, **gratification** *f.* プリム, グラティフィカシオン	bonus **ボ**ウナス
じょうようする **常用する** jouyousuru	**se servir habituellement** *de* ス セルヴィール アビテュエルマン ドゥ	use habitually **ユー**ズ ハビ**チュ**アリ
しょうらい **将来** shourai	**avenir** *m.*, **futur** *m.* アヴニール, フュテュール	future **フュー**チャ
しょうり **勝利** shouri	**victoire** *f.* ヴィクトワール	victory **ヴィ**クトリ

日	仏	英
じょうりく **上陸** jouriku	débarquement *m.*, atterrissage *m.* デバルクマン, アテリサージュ	landing **ラ**ンディング
しょうりつ **勝率** shouritsu	pourcentage de victoires *m.* プルサンタージュ ドゥ ヴィクトワール	winning percentage **ウィ**ニング パ**セ**ンティヂ
しょうりゃくする **省略する** shouryakusuru	omettre, abréger オメットル, アブレジェ	omit, abridge オ**ミ**ト, ア**ブ**リヂ
じょうりゅう **上流** jouryuu	amont *m.* アモン	upstream, Ⓑupper stream **ア**プストリーム, **ア**パ スト**リ**ーム
じょうりゅう **蒸留** jouryuu	distillation *f.* ディスティラシオン	distillation ディスティ**レ**イション
〜酒	alcool *m.*, eau-de-vie *f.* アルコル, オードゥヴィ	distilled liquor ディス**ティ**ルド リカ
しょうりょうの **少量の** shouryouno	un peu *de* アン プー ドゥ	(a) little (ア) **リ**トル
じょうれい **条例** jourei	règlement *m.* レグルマン	regulations, rules レギュ**レ**イションズ, **ル**ールズ
しょうれいする **奨励する** shoureisuru	encourager アンクラジェ	encourage インカーリヂ
じょうれん **常連** jouren	habitué(e) *m.f.* アビテュエ	regular **レ**ギュラ
しょー **ショー** shoo	spectacle *m.* スペクタークル	show ショウ
じょおう **女王** joou	reine *f.* レーヌ	queen ク**ウィ**ーン
しょーういんどー **ショーウインドー** shoouindoo	vitrine *f.* ヴィトリヌ	display window ディスプレイ **ウィ**ンドウ
しょーつ **ショーツ** shootsu	culotte *f.* キュロット	shorts **ショ**ーツ

日	仏	英
しょーとぱんつ **ショートパンツ** shootopantsu	**short** *m.* ショルト	short pants, shorts ショート パンツ，ショーツ
しょーる **ショール** shooru	**châle** *m.* シャール	shawl ショール
しょか **初夏** shoka	**début de l'été** *m.* デュ ドゥ レテ	early summer アーリ サマ
じょがいする **除外する** jogaisuru	**excepter, exclure** エクセプテ，エクスクリュール	exclude, except イクスクルード，イクセプト
しょがくしゃ **初学者** shogakusha	**débutant(e)** *m.f.* デビュタン(ト)	beginner ビギナ
しょき **初期** shoki	**premier stade** *m.* プルミエ スタード	initial stage イニシャル ステイヂ
しょき **書記** shoki	**secrétaire** *m.f.* スクレテール	clerk, secretary クラーク，セクレテリ
しょきゅう **初級** shokyuu	**cours pour débutants** *m.* クール プール デビュタン	beginners' class ビギナズ クラス
じょきょ **除去** jokyo	**enlèvement** *m.* アンレヴマン	removal リムーヴァル
〜する	**enlever, éliminer** アンルヴェ，エリミネ	remove, eliminate リムーヴ，イリミネイト
じょぎんぐ **ジョギング** jogingu	**jogging** *m.* ジョギング	jogging ヂャギング
しょく **職** shoku	**emploi** *m.*, **poste** *m.* アンプロワ，ポスト	job, work, position ヂャブ，ワーク，ポズィション
しょくいん **職員** shokuin	**personnel** *m.* ペルソネル	staff スタフ
しょくぎょう **職業** shokugyou	**occupation** *f.*, **métier** *m.* オキュパシオン，メティエ	occupation アキュペイション
しょくご **食後** shokugo	**après le repas** アプレ ル ルパ	after a meal アフタ ア ミール

日	仏	英
しょくじ **食事** shokuji	**repas** *m.* ルパ	meal ミール
しょくぜん **食前** shokuzen	**avant le repas** アヴァン ル ルパ	before a meal ビフォア ミール
しょくちゅうどく **食中毒** shokuchuudoku	**intoxication alimentaire** *f.* アントクシカシオン アリマンテール	food poisoning フード ポイズニング
しょくつう **食通** shokutsuu	**gourmet** *m.*, **gastronome** *m.f.* グルメ, ガストロノム	gourmet グァメイ
しょくどう **食堂** shokudou	**restaurant** *m.* レストラン	restaurant レストラント
～車	**wagon-restaurant** *m.* ヴァゴンレストラン	dining car ダイニング カー
しょくどう **食道** shokudou	**œsophage** *m.* エゾファージュ	esophagus, gullet イサファガス, ガレット
しょくにん **職人** shokunin	**artisan** *m.*, **homme de** **métier** *m.* アルティザン, オム ドゥ メティエ	workman, artisan ワークマン, アーティザン
しょくば **職場** shokuba	**lieu de travail** *m.*, **bureau** *m.* リユー ドゥ トラヴァイユ, ビュロー	place of work プレイス オヴ ワーク
しょくひ **食費** shokuhi	**frais de nourriture** *m.pl.* フレ ドゥ ヌリテュール	food expenses フード イクスペンセズ
しょくひん **食品** shokuhin	**aliment** *m.* アリマン	food フード
～添加物	**additif alimentaire** *m.* アディティフ アリマンテール	food additives フード アディティヴズ
しょくぶつ **植物** shokubutsu	**plante** *f.*, **végétation** *f.* プラント, ヴェジェタシオン	plant, vegetation プラント, ヴェヂテイション
～園	**jardin botanique** *m.* ジャルダン ボタニック	botanical garden ボタニカル ガーデン

日	仏	英
しょくみんち **植民地** shokuminchi	**colonie** *f.* コロニー	colony **カ**ロニ
しょくむ **職務** shokumu	**fonction** *f.*, **devoir** *m.* フォンクシオン, ドゥヴォワール	duty, work **デュー**ティ, **ワー**ク
しょくもつ **食物** shokumotsu	**nourriture** *f.*, **aliment** *m.* ヌリテュール, アリマン	food **フー**ド
しょくようの **食用の** shokuyouno	**comestible** コメスティーブル	edible **エ**ディブル
しょくよく **食欲** shokuyoku	**appétit** *m.* アペティ	appetite **ア**ペタイト
しょくりょう **食糧** shokuryou	**vivres** *m.pl.* ヴィーヴル	food, provisions **フー**ド, プロ**ヴィ**ジョンズ
しょくりょうひんてん **食料品店** shokuryouhinten	**épicerie** *f.* エピスリ	grocery, Ⓑgreen-grocer's グロウサリ, グリーングロウサ ズ
じょげん **助言** jogen	**conseil** *m.*, **avis** *m.* コンセイユ, アヴィ	advice, counsel アド**ヴァ**イス, **カ**ウンスル
〜する	**donner un conseil, con-seiller** ドネ アン コンセイユ, コンセイエ	advise, counsel アド**ヴァ**イズ, **カ**ウンスル
じょこうする **徐行する** jokousuru	**aller lentement** アレ ラントマン	go slow **ゴ**ウ ス**ロ**ウ
しょざいち **所在地** shozaichi	**siège** *m.* シエージュ	location ロウ**ケ**イション
しょしき **書式** shoshiki	**forme** *f.*, **format** *m.* フォルム, フォルマ	form, format **フォー**ム, **フォー**マト
じょしゅ **助手** joshu	**assistant(e)** *m.f.* アシスタン(ト)	assistant ア**シ**スタント
しょじょ **処女** shojo	**vierge** *f.* ヴィエルジュ	virgin, maiden **ヴァー**ヂン, **メ**イドン

日	仏	英
じょじょに **徐々に** jojoni	**lentement, petit à petit** ラントゥマン, プティ タ プティ	gradually, slowly グラデュアリ, スロウリ
しょしんしゃ **初心者** shoshinsha	**débutant(e)** *m.f.* デビュタン(ト)	beginner ビギナ
じょすう **序数** josuu	**nombre ordinal** *m.* ノンブル オルディナル	ordinal オーディナル
じょせい **女性** josei	**femme** *f.* ファム	woman, lady ウマン, レイディ
じょそう **助走** josou	**course d'élan** *f.* クルス デラン	run up ラン アプ
しょぞくする **所属する** shozokusuru	**appartenir** *à* アパルトゥニール ア	belong to ビローング トゥ
しょたい **所帯** shotai	**ménage** *m.* メナージュ	household, family ハウスホウルド, ファミリ
じょたいする **除隊する** jotaisuru	**(être) libéré(e) du service militaire** (エートル) リベレ デュ セルヴィス ミリテール	(be) discharged from military service (ビ) ディスチャーヂド フラム ミリテリ サーヴィス
しょたいめん **初対面** shotaimen	**première rencontre** *f.* プルミエール ランコントル	first meeting ファースト ミーティング
しょち **処置** (治療) shochi	**traitement** *m.* トレトマン	treatment トリートメント
(措置・対策)	**dispositions** *f.pl.*, **mesures** *f.pl.* ディスポジシオン, ムジュール	disposition, measure ディスポズィション, メジャ
〜する (治療する)	**traiter** トレテ	treat トリート
(処理する)	**arranger, régler** アランジェ, レグレ	take measure, administer テイク メジャ, アドミニスタ
しょちょう **所長** shochou	**chef** *m.f.*, **direc*teur*(*trice*)** *m.f.* シェフ, ディレクトゥール(・トリス)	head, director ヘド, ディレクタ

日	仏	英
しょちょう **署長** shochou	**chef** *m.f.* シェフ	head ヘド
しょっかく **触覚** shokkaku	**toucher** *m.* トゥシエ	sense of touch センス オヴ **タ**チ
しょっき **食器** shokki	**vaisselle** *f.* ヴェセル	tableware **テ**イブルウェア
〜洗い機	**lave-vaisselle** *m.* ラーヴヴェセル	dishwasher **ディ**シュウ**オ**シャ
〜棚	**vaisselier** *m.*, **buffet** *m.* ヴェスリエ, ビュフェ	cupboard **カ**バド
じょっき **ジョッキ** jokki	**chope** *f.* ショップ	jug, mug **チャ**グ, **マ**グ
しょっく **ショック** shokku	**choc** *m.*, **coup** *m.* ショック, クー	shock **シャ**ク
しょっぱい **しょっぱい** shoppai	**salé(e)** サレ	salty **ソ**ールティ
しょてん **書店** shoten	**librairie** *f.* リブレリー	bookstore **ブ**クストー
しょとうきょういく **初等教育** shotoukyouiku	**enseignement primaire** *m.* アンセーニュマン プリメール	elementary educa- tion エレ**メ**ンタリ エデュ**ケ**イション
しょとく **所得** shotoku	**revenu** *m.* ルヴニュ	income **イ**ンカム
〜税	**impôt sur le revenu** *m.* アンポ シュール ル ルヴニュ	income tax **イ**ンカム **タ**クス
しょばつする **処罰する** shobatsusuru	**punir** ピュニール	punish **パ**ニシュ
じょばん **序盤** joban	**début** *m.* デビュー	early stage **ア**ーリ ス**テ**イヂ

日	仏	英
しょひょう **書評** shohyou	**critique littéraire** *f.* クリティック リテレール	book review **ブ**ク リ**ヴュ**ー
しょぶん **処分** shobun	**élimination** *f.* エリミナシオン	disposal ディス**ポ**ウザル
～する	**se débarrasser** *de* ス デバラセ ドゥ	dispose of ディス**ポ**ウズ オヴ
じょぶん **序文** jobun	**préface** *f.*, **avant-propos** *m.* プレファス, アヴァンプロポ	preface **プレ**ファス
しょほ **初歩** shoho	**rudiments** *m.pl.* リュディマン	rudiments **ル**ーディメンツ
しょほうせん **処方箋** shohousen	**ordonnance** *f.* オルドナンス	prescription プリスク**リ**プション
しょみんてきな **庶民的な** shomintekina	**populaire** ポピュレール	popular **パ**ピュラ
しょめい **署名** shomei	**signature** *f.* シニャテュール	signature **ス**ィグナチャ
～する	**signer** シニェ	sign **サ**イン
じょめいする **除名する** jomeisuru	**expulser** エクスピュルセ	strike off a list スト**ラ**イク オフ ア **リ**スト
しょゆう **所有** shoyuu	**possession** *f.* ポセシオン	possession, ownership ポ**ゼ**ション, **オ**ウナシプ
～権	**propriété** *f.* プロプリエテ	ownership, title **オ**ウナシプ, **タ**イトル
～者	**propriétaire** *m.f.* プロプリエテール	owner, proprietor **オ**ウナ, プロプ**ラ**イアタ
～する	**avoir, posséder** アヴォワール, ポセデ	have, possess, own **ハ**ヴ, ポ**ゼ**ス, **オ**ウン

日	仏	英
じょゆう **女優** joyuu	**actrice** *f.* アクトリス	actress **ア**クトレス
しょり **処理** shori	**traitement** *m.* トレトマン	disposition ディスポ**ズィ**ション
〜する	**arranger, régler** アランジェ, レグレ	dispose of, treat ディス**ポ**ウズ オヴ, ト**リ**ート
じょりょく **助力** joryoku	**aide** *f.*, **assistance** *f.* エッド, アシスタンス	help, aid **ヘ**ルプ, **エ**イド
しょるい **書類** shorui	**documents** *m.pl.*, **papiers** *m.pl.* ドキュマン, パピエ	documents, papers **ダ**キュメンツ, **ペ**イパズ
しょるだーばっぐ **ショルダーバッグ** shorudaabaggu	**sac à bandoulière** *m.* サック ア バンドゥリエール	shoulder bag **ショ**ウルダ バグ
じらい **地雷** jirai	**mine** *f.* ミヌ	(land) mine (**ラ**ンド) **マ**イン
しらが **白髪** shiraga	**cheveu blanc** *m.* シュヴー ブラン	gray hair グ**レ**イ **ヘ**ア
しらけさせる **白けさせる** shirakesaseru	**refroidir, jeter un froid** ルフロワディール, ジュテ アン フロワ	chill **チ**ル
しらじらしい **白々しい** shirajirashii	**impudent(e)** アンピュダン(ト)	transparent トランス**ペ**アレント
しらせ **知らせ** (案内) shirase	**avis** *m.*, **information** *f.* アヴィ, アンフォルマシオン	notice, information **ノ**ウティス, インフォ**メ**イション
(前兆)	**signe** *m.*, **présage** *m.* シーニュ, プレザージュ	omen, sign **オ**ウメン, **サ**イン
しらせる **知らせる** shiraseru	**informer, annoncer** アンフォルメ, アノンセ	inform, tell, report イン**フォ**ーム, **テ**ル, リ**ポ**ート
しらばくれる **しらばくれる** shirabakureru	**faire l'ignorant(e)** フェール リニョラン(ト)	feign ignorance **フェ**イン **イ**グノランス

日	仏	英
しらふ **しらふ** shirafu	**sobriété** *f.* ソブリエテ	soberness ソウバネス
しらべる **調べる** shiraberu	**examiner** エグザミネ	examine, check up イグ**ザ**ミン, **チェ**ク **ア**プ
しらみ **虱** shirami	**pou** *m.* プー	louse **ラ**ウス
しり **尻** shiri	**fesses** *f.pl.* フェス	buttocks, behind **バ**トクス, ビ**ハ**インド
しりあ **シリア** shiria	**Syrie** *f.* シリ	Syria **ス**ィリア
しりあい **知り合い** shiriai	**connaissance** *f.* コネサンス	acquaintance アク**ウェ**インタンス
しりあう **知り合う** shiriau	**faire connaissance** *avec* フェール コネサンス アヴェク	get to know **ゲ**ト トゥ **ノ**ウ
しりある **シリアル** shiriaru	**céréales** *f.pl.* セレアル	cereal **ス**ィアリアル
しりーず **シリーズ** shiriizu	**série** *f.* セリ	series **ス**ィリーズ
しりこん **シリコン** shirikon	**silicium** *m.* シリシオム	silicon **ス**ィリコン
しりぞく **退く** shirizoku	**reculer, se retirer** ルキュレ, ス ルティレ	retreat, go back リト**リ**ート, **ゴ**ウ **バ**ク
しりぞける **退ける**（下がらせる） shirizokeru	**repousser** ルプセ	drive back ド**ラ**イヴ **バ**ク
（受け入れない）	**refuser, rejeter** ルフュゼ, ルジュテ	reject, refuse リ**ヂェ**クト, レ**フュ**ーズ
じりつ **自立** jiritsu	**indépendance** *f.* アンデパンダンス	independence インディ**ペ**ンデンス

日	仏	英
〜する	prendre *son* indépendance プランドル アンデパンダンス	(become) independent (ビカム) インディペンデント
しりつの 市立の shiritsuno	municipal(e) ミュニシパル	municipal ミューニスィパル
しりつの 私立の shiritsuno	privé(e) プリヴェ	private プライヴェト
しりゅう 支流 shiryuu	affluent *m.* アフリュアン	tributary, branch トリビュテリ, ブランチ
しりょ 思慮 shiryo	réflexion *f.*, considération *f.* レフレクシオン, コンシデラシオン	consideration, discretion コンスィデレイション, ディスクレション
〜深い	prudent(e) プリュダン(ト)	prudent プルーデント
しりょう 資料 shiryou	matériaux *m.pl.*, données *f.pl.* マテリオ, ドネ	materials, data マティアリアルズ, デイタ
しりょく 視力 shiryoku	vue *f.* ヴュ	sight, vision サイト, ヴィジョン
じりょく 磁力 jiryoku	magnétisme *m.* マニェティスム	magnetism マグネティズム
しる 知る shiru (学ぶ)	apprendre アプランドル	learn ラーン
(気づく)	s'apercevoir *de* サペルスヴォワール ドゥ	(be) aware of (ビ) アウェア オヴ
(認識する・理解する)	savoir, connaître サヴォワール, コネートル	know ノウ
しるく シルク shiruku	soie *f.* ソワ	silk スィルク
しるし 印 shirushi	marque *f.*, signe *m.* マルク, シーニュ	mark, sign マーク, サイン

日	仏	英
しるす **記す** shirusu	**écrire, noter** エクリール, ノテ	write down ライト ダウン
しれい **司令** shirei	**commandement** *m.* コマンドマン	command コマンド
～官	**commandant** *m.* コマンダン	commander コマンダ
～塔 (チームの中心選手)	**meneur(se) de jeu** *m.f.* ムヌール(-ズ) ドゥ ジュー	playmaker プレイメイカ
～部	**quartier général** *m.* カルティエ ジェネラル	headquarters ヘドクウォータズ
じれい **辞令** jirei	**nomination par écrit** *f.* ノミナシオン パール エクリ	written appointment リトン アポイントメント
しれわたる **知れ渡る** shirewataru	**se répandre, (être) diffusé(e)** ス レパンドル, (エートル) ディフュゼ	(be) known to all (ビ) ノウントゥ オール
しれん **試練** shiren	**épreuve** *f.* エプルーヴ	trial, ordeal トライアル, オーディール
じれんま **ジレンマ** jirenma	**dilemme** *m.* ディレム	dilemma ディレマ
しろ **城** shiro	**château** *m.* シャトー	castle キャスル
しろ **白** shiro	**blanc** *m.* ブラン	white (ホ)ワイト
しろうと **素人** shirouto	**ama*teur*(*trice*)** *m.f.* アマトゥール(-トリス)	amateur アマチャ
しろっぷ **シロップ** shiroppu	**sirop** *m.* シロ	syrup スィラプ
しろわいん **白ワイン** shirowain	**vin blanc** *m.* ヴァン ブラン	white wine (ホ)ワイト ワイン

日	仏	英
しわ（皮膚の） **しわ** shiwa	**rides** *f.pl.* リッド	wrinkles リンクルズ
（物の）	**plis** *m.pl.*, **fronces** *f.pl.* プリ, フロンス	creases クリーセズ
しわける **仕分ける** shiwakeru	**classer, classifier** クラッセ, クラシフィエ	classify, sort クラスィファイ, ソート
しわざ **仕業** shiwaza	**acte** *m.*, **œuvre** *f.* アクト, ウーヴル	act, deed アクト, ディード
しん（鉛筆の） **芯** shin	**mine de crayon** *f.* ミヌ ドゥ クレイヨン	pencil lead ペンスル リード
しんい **真意** shin-i	**véritable intention** *f.* ヴェリターブル アンタンシオン	real intention リーアル インテンション
じんいてきな **人為的な** jin-itekina	**artificiel(*le*)** アルティフィシエル	artificial アーティフィシャル
じんいん **人員** jin-in	**personnel** *m.* ペルソネル	staff スタフ
しんか **進化** shinka	**évolution** *f.* エヴォリュシオン	evolution エヴォルーション
しんがいする **侵害する** shingaisuru	**enfreindre** アンフランドル	infringe インフリンヂ
じんかく **人格** jinkaku	**personnalité** *f.*, **indivi-dualité** *f.* ペルソナリテ, アンディヴィデュアリテ	personality, indi-viduality パーソナリティ, インディヴィデュアリティ
しんがくする **進学する** shingakusuru	**entrer** *dans* アントレ ダン	academic advance-ment アカデミク アドヴァンスメント
しんかする **進化する** shinkasuru	**évoluer** エヴォリュエ	evolve イヴァルヴ
しんがた **新型** shingata	**nouveau modèle** *m.* ヌヴォー モデル	new model ニュー マドル

日	仏	英
しんがっき **新学期** shingakki	**rentrée scolaire** *f.* ラントレ スコレール	new school term ニュー スクール **タ**ーム
しんがぽーる **シンガポール** shingapooru	**Singapour** *m.* サンガプール	Singapore ス**ィ**ンガポー
しんかん **新刊** shinkan	**nouvelle publication** *f.* ヌヴェル ピュブリカシオン	new publication ニュー パブリ**ケ**イション
しんぎ **審議** shingi	**discussion** *f.*, **délibération** *f.* ディスキュシオン, デリベラシオン	discussion, deliberation ディス**カ**ション, ディリバ**レ**イション
～する	**délibérer** *sur*, **discuter** デリベレ シュール, ディスキュテ	discuss ディス**カ**ス
しんきの **新規の** shinkino	**nouv*eau*(*elle*)** ヌヴォー(-・ヴェル)	new, fresh **ニ**ュー, フ**レ**シュ
しんきょう **心境** shinkyou	**état d'esprit** *m.* エタ デスプリ	frame of mind フ**レ**イム オヴ **マ**インド
しんきろう **蜃気楼** shinkirou	**mirage** *m.* ミラージュ	mirage ミ**ラ**ージュ
しんきろく **新記録** shinkiroku	**nouveau record** *m.* ヌヴォー ルコール	new record **ニ**ュー **レ**コド
しんきんかん **親近感** shinkinkan	**sympathie** *f.* サンパティ	affinity ア**フィ**ニティ
しんぐ **寝具** shingu	**literie** *f.* リトリ	bedding **ベ**ディング
しんくう **真空** shinkuu	**vide** *m.* ヴィッド	vacuum **ヴァ**キュアム
じんくす **ジンクス** jinkusu	**malédiction** *f.* マレディクシオン	jinx **ヂ**ンクス
しんくたんく **シンクタンク** shinkutanku	**groupe de réflexion** *m.* グループ ドゥ レフレクシオン	think tank ス**ィ**ンク **タ**ンク

日	仏	英
しんぐるす **シングルス** shingurusu	**simple** *m.* サンプル	singles **スィ**ングルズ
しんぐるるーむ **シングルルーム** shingururuumu	**chambre simple** *f.* シャンブル サンプル	single room **スィ**ングル (**ルー**ム)
しんくろないずどすいみんぐ **シンクロナイズド** **スイミング** shinkuronaizudosui mingu	**natation synchronisée** *f.* ナタシオン サンクロニゼ	synchronized swimming **スィ**ンクラナイズド **スウィ**ミン グ
しんけい **神経** shinkei	**nerf** *m.* ネール	nerve **ナー**ヴ
～痛	**névralgie** *f.* ネヴラルジー	neuralgia ニュア**ラ**ルヂャ
しんげつ **新月** shingetsu	**nouvelle lune** *f.* ヌヴェル リュヌ	new moon **ニュー ムー**ン
しんげん **震源** shingen	**hypocentre** *m.* イポサントル	seismic center, hy- pocenter **サ**イズミク **セ**ンタ, **ハ**イポセン タ
じんけん **人権** jinken	**droits de l'homme** *m.pl.* ドロワ ドゥ ロム	human rights **ヒュー**マン **ラ**イツ
しんけんな **真剣な** shinkenna	**sérieux(se)** セリユー(ズ)	serious, earnest **スィ**アリアス, **アー**ネスト
じんけんひ **人件費** jinkenhi	**frais de personnel** *m.pl.* フレ ドゥ ペルソネル	personnel expens- es **パー**ソネル イクス**ペ**ンセズ
しんこう **信仰** shinkou	**foi** *f.*, **croyance** *f.* フォワ, クロワイヤンス	faith, belief **フェ**イス, ビ**リー**フ
～する	**croire** *en* クロワール アン	believe in ビ**リー**ヴ イン
しんこう **進行** shinkou	**avancement** *m.*, **marche** *f.* アヴァンスマン, マルシュ	progress **プラ**グレス
～する	**avancer** アヴァンセ	progress, advance **プラ**グレス, アド**ヴァ**ンス

日	仏	英
しんごう **信号** shingou	**signal** *m.* シニャル	signal スィグナル
じんこう **人口** jinkou	**population** *f.* ポピュラシオン	population パピュレイション
じんこうえいせい **人工衛星** jinkoueisei	**satellite artificiel** *m.* サテリト アルティフィシエル	artificial satellite アーティフィシャル サテライト
じんこうこきゅう **人工呼吸** jinkoukokyuu	**respiration artificielle** *f.* レスピラシオン アルティフィシエル	artificial respiration アーティフィシャル レスピレイション
じんこうてきな **人工的な** jinkoutekina	**artificiel(*le*)** アルティフィシエル	artificial アーティフィシャル
しんきゅう **深呼吸** shinkokyuu	**respiration profonde** *f.* レスピラシオン プロフォンド	deep breathing ディープ ブリーズィング
しんこく **申告** shinkoku	**déclaration** *f.* デクララシオン	report リポート
～する	**déclarer** デクラレ	report, declare リポート, ディクレア
しんこくな **深刻な** shinkokuna	**sérieux(*se*), grave** セリユー(ズ), グラーヴ	serious, grave スィアリアス, グレイヴ
しんこん **新婚** shinkon	**jeunes mariés** *m.pl.* ジュヌ マリエ	newlyweds ニューリウェヅ
～旅行	**voyage de noces** *m.* ヴォワイヤージュ ドゥ ノース	honeymoon ハニムーン
しんさ **審査** shinsa	**examen** *m.*, **inspection** *f.* エグザマン, アンスペクシオン	inspection, examination インスペクション, イグザミネイション
しんさい **震災** shinsai	**désastre sismique** *m.* デザストル シスミク	earthquake, disaster アースクウェイク, ディザスタ
じんざい **人材** jinzai	**personne douée** *f.* ペルソヌ ドゥエ	talented person タレンテド パースン

日	仏	英
しんさつ **診察** shinsatsu	**consultation médicale** *f.* コンシュルタシオン メディカル	medical examination メディカル イグザミネイション
～室	**cabinet de consultation** *m.* カビネ ドゥ コンシュルタシオン	consulting room コンサルティング ルーム
～する	**examiner** エグザミネ	examine イグザミン
しんし **紳士** shinshi	**gentleman** *m.* ジェントルマン	gentleman チェントルマン
じんじ **人事** jinji	**gestion des ressources humaines** *f.* ジェスティオン デ ルスルス ジュメヌ	personnel matters パーソネル マタズ
しんじけーと **シンジケート** shinjikeeto	**syndicat** *m.* サンディカ	syndicate スィンディケト
しんしつ **寝室** shinshitsu	**chambre à coucher** *f.* シャンブル ア クシェ	bedroom ベドルーム
しんじつ **真実** shinjitsu	**vérité** *f.* ヴェリテ	truth トルース
～の	**vrai(e), véritable** ヴレ, ヴェリターブル	true, real トルー, リーアル
しんじゃ **信者** shinja	**croyant(e)** *m.f.*, **fidèle** *m.f.* クロワイアン(ト), フィデル	believer ビリーヴァ
じんじゃ **神社** jinja	**temple shintô** *m.* タンプル シントー	Shinto shrine シントウ シュライン
しんじゅ **真珠** shinju	**perle** *f.* ペルル	pearl パール
じんしゅ **人種** jinshu	**race** *f.* ラス	race レイス
～差別	**discrimination raciale** *f.* ディスクリミナシオン ラシアル	racial discrimination レイシャル ディスクリミネイション

日	仏	英
しんしゅつ **進出** shinshutsu	**expansion** *f.*, **progression** *f.* エクスパンシオン, プログレシオン	advancement, foray アド**ヴァ**ンスメント, **フォー**レイ
～する	**s'avancer** *vers* サヴァンセ ヴェール	advance アド**ヴァ**ンス
しんじょう **信条** shinjou	**croyance** *f.*, **principe** *m.* クロワイアンス, プランシップ	belief, principle ビリーフ, プリンスィプル
しんしょくする **侵食する** shinshokusuru	**éroder** エロデ	erode イ**ロ**ウド
しんじる **信じる** shinjiru	**croire** クロワール	believe ビ**リー**ヴ
（信頼する）	**avoir confiance** *en* アヴォワール コンフィアンス アン	trust ト**ラ**スト
しんじん **新人** shinjin	**nouvelle tête** *f.*, **débutant(e)** *m.f.* ヌヴェル テット, デビュタン(ト)	new face **ニュー フェ**イス
しんすいする **浸水する** shinsuisuru	**s'inonder** シノンデ	(be) flooded (ビ) フ**ラ**デド
じんせい **人生** jinsei	**vie** *f.* ヴィ	life **ラ**イフ
しんせいじ **新生児** shinseiji	**nouveau-né(e)** *m.f.* ヌヴォーネ	newborn baby **ニュー**ボーン **ベ**イビ
しんせいする **申請する** shinseisuru	**faire une demande** *de* フェール ユヌ ドゥマンド ドゥ	apply for ア**プラ**イ フォ
しんせいな **神聖な** shinseina	**sacré(e)** サクレ	holy, sacred **ホ**ウリ, **セ**イクレド
しんせさいざー **シンセサイザー** shinsesaizaa	**synthétiseur** *m.* サンテティズール	synthesizer **スィ**ンセサイザ
しんせつな **親切な** shinsetsuna	**gentil(***le***), aimable** ジョンティ(-ティーユ), エマーブル	kind **カ**インド

日	仏	英
しんぜん **親善** shinzen	**amitié** *f.* アミティエ	friendship フレンドシプ
しんせんな **新鮮な** shinsenna	**frais(*fraîche*)** フレ(フレッシュ)	fresh, new フレシュ, ニュー
しんそう **真相** shinsou	**vérité** *f.*, **fait** *m.* ヴェリテ, フェ	truth トルース
しんぞう **心臓** shinzou	**cœur** *m.* クール	heart ハート
〜病	**maladie de cœur** *f.* マラディ ドゥ クール	heart disease ハート ディズィーズ
〜発作	**crise cardiaque** *f.* クリーズ カルディアック	heart attack ハート アタク
〜麻痺	**paralysie cardiaque** *f.* パラリジ カルディアック	heart failure ハート フェイリャ
じんぞう **腎臓** jinzou	**rein** *m.* ラン	kidney キドニ
しんぞく **親族** shinzoku	**parent(e)** *m.f.* パラン(ト)	relative レラティヴ
じんそくな **迅速な** jinsokuna	**prompt(e)** プロン(ト)	rapid, prompt ラピド, プランプト
じんたい **人体** jintai	**corps humain** *m.* コール ユマン	human body ヒューマン バディ
しんたいしょうがいしゃ **身体障がい者** shintaishougaisha	**handicapé(e)** *m.f.* アンディカペ	disabled (person) ディセイブルド (パースン)
しんたいそう **新体操** shintaisou	**gymnastique rythmique et sportive** *f.* ジムナスティック リトミック エ スポルティヴ	rhythmic gymnastics リズミク ヂムナスティクス
しんたく **信託** shintaku	**fiducie** *f.* フィデュシ	trust トラスト

日	仏	英
しんだん **診断** shindan	**diagnostic** *m.* ディアグノスティック	diagnosis ダイアグノウスィス
～書	**certificat médical** *m.* セルティフィカ メディカル	medical certificate メディカル サティフィケト
じんち **陣地** jinchi	**position** *f.* ポジション	(military) position (ミリテリ) ポズィション
しんちゅう **真鍮** shinchuu	**cuivre jaune** *m.* キュイーヴル ジョーヌ	brass ブラス
しんちょう **身長** shinchou	**taille** *f.* タイユ	stature スタチャ
しんちょうな **慎重な** shinchouna	**prudent(e)** プリュダン(ト)	cautious, prudent コーシャス, プルーデント
しんちんたいしゃ **新陳代謝** shinchintaisha	**métabolisme** *m.* メタボリスム	metabolism メタボリズム
しんつう **心痛** shintsuu	**angoisse** *f.* アンゴワス	anguish アングウィシュ
じんつう **陣痛** jintsuu	**douleurs de l'accouchement** *f.pl.* ドゥルール ドゥ ラクシュマン	labor (pains) レイバ (ペインズ)
しんてん **進展** shinten	**développement** *m.* デヴロプマン	development, progress ディヴェロプメント, プラグレス
～する	**se développer** ス デヴロペ	develop, progress ディヴェロプ, プラグレス
しんでん **神殿** shinden	**sanctuaire** *m.* サンクテュエール	shrine シュライン
しんでんず **心電図** shindenzu	**électrocardiogramme** *m.* エレクトロカルディオグラム	electrocardiogram イレクトロウカーディオグラム
しんど **震度** shindo	**intensité sismique** *f.* アンタンシテ シスミック	seismic intensity サイズミク インテンスィティ

日	仏	英
しんとう **神道** shintou	**shintoïsme** *m.* シントイスム	Shinto **シ**ントウ
しんどう **振動** shindou	**vibration** *f.* ヴィブラシオン	vibration ヴァイブ**レ**イション
〜する	**vibrer** ヴィブレ	vibrate **ヴァ**イブレイト
じんどう **人道** jindou	**humanité** *f.* ユマニテ	humanity ヒュー**マ**ニティ
〜主義	**humanisme** *m.* ユマニスム	humanitarianism ヒューマニ**テ**アリアニズム
〜的な	**humain(e)** ユマン(- メヌ)	humane ヒュー**メ**イン
しんどろーむ **シンドローム** shindoroomu	**syndrome** *m.* サンドローム	syndrome **ス**ィンドロウム
しんなー **シンナー** shinnaa	**diluant** *m.* ディリュアン	(paint) thinner (ペイント) **ス**ィナ
しんにゅう **侵入** shinnyuu	**invasion** *f.*, **envahisse- ment** *m.* アンヴァジオン, アンヴァイスマン	invasion イン**ヴェ**イジョン
〜する	**envahir** アンヴァイール	invade イン**ヴェ**イド
しんにゅうせい **新入生** shinnyuusei	**nouvel(le) élève** *m.f.* ヌヴェル エレーヴ	new student **ニュ**ー ス**テュ**ーデント
しんにん **信任** shinnin	**confiance** *f.* コンフィアンス	confidence **カ**ンフィデンス
〜投票	**vote de confiance** *m.* ヴォート ドゥ コンフィアンス	vote of confidence **ヴォ**ウト オヴ **カ**ンフィデンス
しんねん **新年** shinnen	**nouvelle année** *f.*, **nou- vel an** *m.* ヌヴェル アネ, ヌヴェル アン	new year **ニュ**ー **イ**ア

361

日	仏	英
しんぱい **心配** shinpai	**anxiété** *f.*, **souci** *m.* アンクシエテ, スシ	anxiety, worry アング**ザ**イエティ, **ワ**ーリ
～する	**s'inquiéter** *de* サンキエテ ドゥ	(be) anxious about (ビ) ア**ンク**シャス アバウト
しんばる **シンバル** shinbaru	**cymbales** *f.pl.* サンバル	cymbals **ス**ィンバルズ
しんぱん **審判** (判断・判定) shinpan	**jugement** *m.* ジュジュマン	judgment **チャ**ヂメント
（人）	**arbitre** *m.f.* アルビトル	umpire, referee **ア**ンパイア, レフェ**リ**ー
しんぴてきな **神秘的な** shinpitekina	**mystérieux(se)** ミステリユー(ズ)	mysterious ミス**ティ**アリアス
しんぴょうせい **信憑性** shinpyousei	**authenticité** *f.* オタンティシテ	authenticity オーセン**ティ**スィティ
しんぴん **新品** shinpin	**neuf** *m.* ヌフ	new article **ニュ**ー **ア**ーティクル
しんぷ **新婦** shinpu	**mariée** *f.* マリエ	bride ブ**ラ**イド
しんぷ **神父** shinpu	**père** *m.* ペール	father **ファ**ーザ
じんぶつ **人物** jinbutsu	**personne** *f.* ペルソヌ	person **パ**ースン
（性格・人柄）	**caractère** *m.*, **personnalité** *f.* カラクテール, ペルソナリテ	character, personality **キャ**ラクタ, パーソ**ナ**リティ
しんぶん **新聞** shinbun	**journal** *m.*, **presse** *f.* ジュルナル, プレス	newspaper, (the) press **ニュ**ーズペイパ, (ザ) プ**レ**ス
～記者	**journaliste** *m.f.*, **reporter** *m.* ジュルナリスト, ルポルテール	reporter, ⒷpressÂman リ**ポ**ータ, プ**レ**スマン

し

日	仏	英
〜社	**bureau du journal** *m.* ビュロー デュ ジュルナル	newspaper publishing company ニューズペイパ パブリシング カンパニ
じんぶんかがく **人文科学** jinbunkagaku	**sciences humaines** *f.pl.* シアンス ジュメヌ	humanities ヒューマニティズ
しんぽ **進歩** shinpo	**progrès** *m.*, **avance** *f.* プログレ, アヴァンス	progress, advance プラグレス, アドヴァンス
〜する	**faire des progrès, avancer** フェール デ プログレ, アヴァンセ	make progress, advance メイク プラグレス, アドヴァンス
〜的な	**avancé(e), progressif(ve)** アヴァンセ, プログレシフ(・ヴ)	advanced, progressive アドヴァンスト, プログレスィヴ
じんぼう **人望** jinbou	**popularité** *f.* ポピュラリテ	popularity パピュラリティ
しんぽうしゃ **信奉者** shinpousha	**croyant(e)** *m.f.*, **partisan(e)** *m.f.* クロワイアン(ト), パルティザン(・ヌ)	believer, follower ビリーヴァ, ファロウア
しんぼうする **辛抱する** shinbousuru	**prendre patience** プランドル パシアンス	endure, bear インデュア, ベア
しんぼく **親睦** shinboku	**amitié** *f.* アミティエ	friendship フレンドシプ
しんぽじうむ **シンポジウム** shinpojiumu	**symposium** *m.* サンポジオム	symposium スィンポウズィアム
しんぼる **シンボル** shinboru	**symbole** *m.* サンボル	symbol スィンボル
しんまい **新米** shinmai	**riz nouveau** *m.* リ ヌーヴォー	new rice ニュー ライス
（初心者）	**débutant(e)** *m.f.*, **nouveau(elle)** *m.f.* デビュタン(ト), ヌヴォー(・ヴェル)	novice, newcomer ナヴィス, ニューカマ
じんましん **じんましん** jinmashin	**urticaire** *f.* ユルティケール	nettle rash, hives ネトル ラシュ, ハイヴズ

日	仏	英
しんみつな **親密な** shinmitsuna	**intime** アンティム	close, intimate クロウス, **イ**ンティメト
じんみゃく **人脈** jinmyaku	**relations** *f.pl.* ルラシオン	connections コネクションズ
じんめい **人名** jinmei	**nom** *m.* ノン	name of a person **ネ**イム オヴ ア **パ**ースン
じんもん **尋問** jinmon	**interrogatoire** *m.*, **enquête** *f.* アンテロガトワール, アンケート	interrogation インテロ**ゲ**イション
しんや **深夜** shin-ya	**minuit** *m.* ミニュイ	midnight **ミ**ドナイト
しんやくせいしょ **新約聖書** shin-yakuseisho	**Nouveau Testament** *m.* ヌヴォー テスタマン	New Testament **ニ**ュー **テ**スタメント
しんゆう **親友** shin-yuu	**ami(e) intime** *m.f.* アミ アンティム	close friend クロウス フレンド
しんよう **信用** shin-you	**confiance** *f.* コンフィアンス	reliance, trust リ**ラ**イアンス, ト**ラ**スト
～する	**avoir confiance** *en* アヴォワール コンフィアンス アン	trust, believe in ト**ラ**スト, ビ**リ**ーヴ イン
しんようじゅ **針葉樹** shin-youju	**conifère** *m.* コニフェール	conifer **カ**ニファ
しんらいする **信頼する** shinraisuru	**avoir confiance** *en* アヴォワール コンフィアンス アン	trust, rely ト**ラ**スト, リ**ラ**イ
しんらつな **辛辣な** shinratsuna	**mordant(e)** モルダン(ト)	biting **バ**イティング
しんり **心理** shinri	**psychologie** *f.* プシコロジー	mental state **メ**ンタル ス**テ**イト
～学	**psychologie** *f.* プシコロジー	psychology サイ**カ**ロヂィ

日	仏	英
～学者	**psychologue** *m.f.* プシコローグ	psychologist サイカロヂスト
侵略 shinryaku	**invasion** *f.* アンヴァジオン	invasion インヴェイジョン
～する	**envahir** アンヴァイール	invade, raid インヴェイド, レイド
診療所 shinryoujo	**clinique** *f.* クリニック	clinic クリニク
森林 shinrin	**forêt** *f.*, **bois** *m.pl.* フォレ, ボワ	forest, woods **フォ**ーレスト, **ウ**ヅ
親類 shinrui	**parent(e)** *m.f.* パラン(ト)	relative **レ**ラティヴ
人類 jinrui	**genre humain** *m.*, **huma-** **nité** *f.* ジャンル ユマン, ユマニテ	mankind マン**カ**インド
～学	**anthropologie** *f.* アントロポロジー	anthropology アンスロ**パ**ロヂ
進路 shinro	**chemin** *m.*, **passage** *m.* シュマン, パサージュ	course, way **コ**ース, **ウェ**イ
新郎 shinrou	**marié** *m.* マリエ	bridegroom ブ**ラ**イドグルーム
神話 shinwa	**mythe** *m.*, **mythologie** *f.* ミット, ミトロジー	myth, mythology **ミ**ス, ミ**サ**ロヂ

す, ス

巣 su	（蜘蛛の）	**toile** *f.* トワル	cobweb **カ**ブウェブ
	（鳥・昆虫の）	**nid** *m.* ニ	nest **ネ**スト

日	仏	英
（蜂の）	**ruche** *f.* リューシュ	beehive ビーハイヴ
す **酢** su	**vinaigre** *m.* ヴィネーグル	vinegar **ヴィ**ニガ
ず **図** zu	**dessin** *m.* デッサン	picture, figure **ピ**クチャ, **フィ**ギャ
ずあん **図案** zuan	**dessin** *m.* デッサン	design, sketch ディ**ザ**イン, ス**ケ**チ
すいい **推移** suii	**évolution** *f.*, **changement** *m.* エヴォリュシオン, シャンジュマン	change **チェ**インヂ
すいい **水位** suii	**niveau de l'eau** *m.* ニヴォー ドゥ ロー	water level **ウォー**タ **レ**ヴル
すぃーとぴー **スイートピー** suiitopii	**pois de senteur** *m.* ポワ ドゥ サントゥール	sweet pea ス**ウィー**ト ピー
すいえい **水泳** suiei	**natation** *f.*, **nage** *f.* ナタシオン, ナージュ	swimming ス**ウィ**ミング
すいおん **水温** suion	**température de l'eau** *f.* タンペラテュール ドゥ ロー	water temperature **ウォー**タ **テ**ンパラチャ
すいか **西瓜** suika	**pastèque** *f.* パステック	watermelon **ウォー**タメロン
すいがい **水害** suigai	**inondation** *f.* イノンダシオン	flood, flood disaster フ**ラ**ド, フ**ラ**ド ディ**ザ**スタ
すいぎん **水銀** suigin	**mercure** *m.* メルキュール	mercury **マー**キュリ
すいさいが **水彩画** suisaiga	**aquarelle** *f.* アクワレル	watercolor **ウォー**タカラ
すいさんぎょう **水産業** suisangyou	**industrie de la pêche** *f.* アンデュストリー ドゥ ラ ペシュ	fisheries **フィ**シャリズ

日	仏	英
すいさんぶつ **水産物** suisanbutsu	**produits de la mer** *m.pl.* プロデュイ ドゥ ラ メール	marine products マリーン プラダクツ
すいしつ **水質** suishitsu	**qualité de l'eau** *f.* カリテ ドゥ ロー	water quality **ウォー**タ ク**ワ**リティ
すいしゃ **水車** suisha	**moulin à eau** *m.* ムラン ナ オー	water mill **ウォー**タ ミル
すいじゃくする **衰弱する** suijakusuru	**s'affaiblir** サフェブリール	grow weak グロウ **ウィー**ク
すいじゅん **水準** suijun	**niveau** *m.* ニヴォー	level, standard **レ**ヴル, ス**タ**ンダド
すいしょう **水晶** suishou	**cristal** *m.* クリスタル	crystal ク**リ**スタル
すいじょうき **水蒸気** suijouki	**vapeur** *f.* ヴァプール	steam ス**ティー**ム
すいしんする **推進する** suishinsuru	**pousser, mener** プセ, ムネ	drive forward ド**ラ**イヴ **フォー**ワド
すいす **スイス** suisu	**Suisse** *f.* スイス	Switzerland ス**ウィ**ツァランド
すいせい **水星** suisei	**Mercure** *f.* メルキュール	Mercury **マー**キュリ
すいせん **推薦** suisen	**recommandation** *f.* ルコマンダシオン	recommendation レコメン**デ**イション
〜**する**	**recommander** ルコマンデ	recommend レコ**メ**ンド
すいせん **水仙** suisen	**narcisse** *m.* ナルシス	narcissus, daffodil ナー**シ**サス, **ダ**フォディル
すいそ **水素** suiso	**hydrogène** *m.* イドロジェヌ	hydrogen **ハ**イドロヂェン

日	仏	英
すいそう **水槽** suisou	**bassin d'eau** *m.*, **citerne** *f.* バッサン ドー, シテルヌ	water tank, cistern ウォータ タンク, スィスタン
（熱帯魚などの）	**aquarium** *m.* アクワリオム	aquarium アクウェアリアム
すいぞう **膵臓** suizou	**pancréas** *m.* パンクレアース	pancreas パンクリアス
すいそうがく **吹奏楽** suisougaku	**musique pour instruments à vent** *f.* ミュジック プル アンストゥルマン ア ヴァン	wind music ウィンド ミューズィク
すいそく **推測** suisoku	**conjecture** *f.*, **supposition** *f.* コンジェクテュール, シュポジシオン	guess, conjecture ゲス, コンチェクチャ
〜**する**	**conjecturer, supposer** コンジェクテュレ, シュポゼ	guess, conjecture ゲス, コンチェクチャ
すいぞくかん **水族館** suizokukan	**aquarium** *m.* アクワリオム	aquarium アクウェアリアム
すいたいする **衰退する** suitaisuru	**décliner** デクリネ	decline ディクライン
すいちょくな **垂直な** suichokuna	**vertical(e)** ヴェルティカル	vertical ヴァーティカル
すいっち **スイッチ** suicchi	**bouton** *m.*, **commutateur** *m.* ブトン, コミュタトゥール	switch スウィチ
すいていする **推定する** suiteisuru	**présumer** プレジュメ	presume プリジューム
すいでん **水田** suiden	**rizière** *f.* リジエール	rice paddy ライス パディ
すいとう **水筒** suitou	**gourde** *f.*, **bidon** *m.* グルド, ビドン	water bottle, canteen ウォータ バトル, キャンティーン
すいどう **水道** suidou	**approvisionnement en eau** *m.* アプロヴィジオヌマン アン ノー	water service ウォータ サーヴィス

日	仏	英
すいはんき **炊飯機** suihanki	**cuiseur de riz** *m.* キュイズール ドゥ リ	rice cooker **ラ**イス **ク**カ
ずいひつ **随筆** zuihitsu	**essai** *m.* エッセー	essay **エ**セイ
〜家	**essayiste** *m.* エセイスト	essayist **エ**セイイスト
すいぶん **水分** suibun	**eau** *f.*, **humidité** *f.* オー, ユミディテ	water, moisture **ウォ**ータ, **モ**イスチャ
ずいぶん **随分** zuibun	**assez, très** アセ, トレ	fairly, extremely **フェ**アリ, イクスト**リー**ムリ
すいへいせん **水平線** suiheisen	**horizon** *m.* オリゾン	horizon ホ**ラ**イズン
すいへいの **水平の** suiheino	**horizontal(e)** オリゾンタル	level, horizontal **レ**ヴル, ホーリ**ザ**ントル
すいみん **睡眠** suimin	**sommeil** *m.* ソメイユ	sleep ス**リー**プ
〜薬	**somnifère** *m.* ソムニフェール	sleeping drug ス**リー**ピング ド**ラ**グ
すいめん **水面** suimen	**surface de l'eau** *f.* シュルファス ドゥ ロー	surface of the water **サー**フェス オヴ ザ **ウォ**ータ
すいようび **水曜日** suiyoubi	**mercredi** *m.* メルクルディ	Wednesday **ウェ**ンズディ
すいり **推理** suiri	**raisonnement** *m.* レゾヌマン	reasoning, inference **リー**ズニング, **イ**ンファレンス
〜小説	**roman policier** *m.* ロマン ポリシエ	detective story ディ**テ**クティヴ ス**ト**ーリ
〜する	**raisonner** *sur*, **inférer** レゾネ シュール, アンフェレ	reason, infer **リー**ズン, イン**ファ**ー

日	仏	英
すいれん **睡蓮** suiren	**nénuphar** *m.* ネニュファール	water lily **ウォ**タ **リ**リ
すう **吸う** （液体を） suu	**boire, sucer** ボワール, シュセ	sip, suck **ス**イプ, **サ**ク
（煙草を）	**fumer** フュメ	smoke スモウク
（息を）	**aspirer, respirer** アスピレ, レスピレ	breathe in, inhale ブリーズ **イ**ン, イン**ヘ**イル
すうぇーでん **スウェーデン** suweeden	**Suède** *f.* シュエド	Sweden ス**ウィ**ードン
すうがく **数学** suugaku	**mathématiques** *f.pl.* マテマティック	mathematics マセ**マ**ティクス
すうこうな **崇高な** suukouna	**sublime** シュブリーム	sublime サブ**ラ**イム
すうじ **数字** suuji	**nombre** *m.*, **chiffre** *m.* ノンブル, シフル	figure, numeral **フィ**ギャ, **ニュ**ーメラル
すうしき **数式** suushiki	**formule** *f.*, **expression** *f.* フォルミュル, エクスプレシオン	formula, expression **フォ**ーミュラ, イクスプ**レ**ション
ずうずうしい **図々しい** zuuzuushii	**impudent(e),** **audacieux(se)** アンピュダン(ト), オダシユー(ズ)	impudent, audacious **イ**ンピュデント, オー**デ**イシャス
すーつ **スーツ** suutsu	**tailleur** *m.*, **complet** *m.* タイユール, コンプレ	suit **ス**ート
すーつけーす **スーツケース** suutsukeesu	**valise** *f.* ヴァリーズ	suitcase **ス**ートケイス
すうにん **数人** suunin	**plusieurs personnes** *f.pl.* プリュジュール ペルソヌ	several people **セ**ヴラル **ピ**ープル
すうねん **数年** suunen	**plusieurs années** *f.pl.* プリュジュール ザネ	several years **セ**ヴラル **イ**アズ

日	仏	英
すーぱーまーけっと **スーパーマーケット** suupaamaaketto	**supermarché** *m.* シュペルマルシェ	supermarket **スー**パーマケット
すうはいする **崇拝する** suuhaisuru	**adorer, vénérer** アドレ, ヴェネレ	worship, adore **ワー**シプ, ア**ドー**
すーぷ **スープ** suupu	**soupe** *f.* スープ	soup **スー**プ
すえーど **スエード** sueedo	**daim** *m.* ダン	suede ス**ウェ**イド
すえっこ **末っ子** suekko	**benjamin(e)** *m.f.*, **cadet(te)** *m.f.* バンジャマン(-ミヌ), カデ(ット)	youngest child **ヤ**ンゲスト **チャ**イルド
すえる **据える** sueru	**poser, placer** ポゼ, プラセ	place, lay, set プレイス, レイ, **セ**ト
すかーと **スカート** sukaato	**jupe** *f.* ジュプ	skirt ス**カー**ト
すかーふ **スカーフ** sukaafu	**foulard** *m.*, **écharpe** *f.* フラール, エシャルプ	scarf ス**カー**フ
ずがいこつ **頭蓋骨** zugaikotsu	**crâne** *m.* クラヌ	skull ス**カ**ル
すかいだいびんぐ **スカイダイビング** sukaidaibingu	**parachutisme** *m.* パラシュティスム	skydiving ス**カ**イダイヴィング
すかうと **スカウト** sukauto	**recruteur(se)** *m.f.* ルクリュトゥール(-ズ)	scout ス**カ**ウト
すがお **素顔** sugao	**visage sans fard** *m.* ヴィザージュ サン ファール	face without makeup **フェ**イス ウィザウト **メ**イカプ
すがすがしい **清々しい** sugasugashii	**frais(*fraîche*)** フレ(フレッシュ)	refreshing, fresh リフ**レ**シング, フ**レ**シュ
すがた **姿** sugata	**figure** *f.* フィギュール	figure, shape **フィ**ギャ, **シェ**イプ

日	仏	英
ずかん **図鑑** zukan	**livre illustré** *m.* リーヴル イリュストレ	illustrated book **イ**ラストレイテド **ブ**ク
すぎ **杉** sugi	**cèdre du Japon** *m.* セドル デュ ジャポン	Japanese cedar ヂャパニーズ **スィ**ーダ
すきー **スキー** sukii	**ski** *m.* スキー	skiing ス**キ**ーイング
すききらい **好き嫌い** sukikirai	**goût** *m.*, **préférence** *f.* グー, プレフェランス	likes and dislikes **ラ**イクス アンド **ディ**スライクス
すきとおった **透き通った** sukitootta	**transparent(e)** トランスパラン(ト)	transparent, clear トランス**ペ**アレント, **ク**リア
すきな **好きな** sukina	**préféré(e)**, **favori(te)** プレフェレ, ファヴォリ(ット)	favorite, Ⓑfavour- ite **フェ**イヴァリト, **フェ**イヴァリト
すきま **透き間** sukima	**interstice** *m.*, **fente** *f.* アンテルスティス, ファント	opening, gap **オ**ウプニング, **ギャ**プ
すきむみるく **スキムミルク** sukimumiruku	**lait écrémé** *m.* レ エクレメ	skim milk ス**キ**ム ミルク
すきゃなー **スキャナー** sukyanaa	**scanner** *m.* スカネール	scanner ス**キャ**ナ
すきゃんだる **スキャンダル** sukyandaru	**scandale** *m.* スカンダル	scandal ス**キャ**ンダル
すきゅーばだいびんぐ **スキューバダイビ ング** sukyuubadaibingu	**plongée sous-marine** *f.* プロンジェ スマリヌ	scuba diving ス**キュ**ーバ **ダ**イヴィング
すぎる **過ぎる** （期限が） sugiru	**expirer** エクスピレ	(be) out, expire (ビ) **ア**ウト, イクス**パ**イア
（更に先へ）	**passer, dépasser** パセ, デパセ	pass, go past パス, **ゴ**ウ パスト
（時が）	**passer, s'écouler** パセ, セクレ	pass, elapse パス, イ**ラ**プス

日	仏	英
（数量などが）	**passer, dépasser** パセ, デパセ	(be) over, exceed (ビ) **オ**ウヴァ, イク**スィ**ード
（程度を）	**dépasser** デパセ	go too far **ゴ**ウ **トゥ**ー **ファ**ー
すきんしっぷ **スキンシップ** sukinshippu	**contact physique** *m.* コンタクト フィジック	physical contact **フィ**ズィカル **カ**ンタクト
すきんだいびんぐ **スキンダイビング** sukindaibingu	**plongée sous-marine** *f.* プロンジェ スマリヌ	skin diving **スキ**ン **ダ**イヴィング
すく **空く**　（人が） suku	**se vider** ス ヴィデ	(become) less crowded (ビカム) **レ**ス ク**ラ**ウデド
（手が）	**(être) libre** (エートル) リーブル	(be) free (ビ) フ**リ**ー
（腹が）	**avoir faim** アヴォワール ファン	feel hungry **フィ**ール **ハ**ングリ
すくう **掬う** sukuu	**puiser, prendre** ピュイゼ, プランドル	scoop, ladle ス**ク**ープ, **レ**イドル
すくう **救う** sukuu	**sauver, secourir** ソヴェ, スクリール	rescue, save **レ**スキュー, **セ**イヴ
すくーたー **スクーター** sukuutaa	**scooter** *m.* スクトゥール	scooter ス**ク**ータ
すくない **少ない** sukunai	**peu** プー	few, little **フュ**ー, **リ**トル
すくなくとも **少なくとも** sukunakutomo	**au moins, au minimum** オ モワン, オ ミニモム	at least アト **リ**ースト
すぐに **直ぐに** suguni	**tout de suite, aussitôt** トゥ ドゥ スイット, オシト	at once, immedi- ately アト **ワ**ンス, イ**ミ**ーディエトリ
すくむ **すくむ** sukumu	**se faire tout(e) petit(e),** **trembler de peur** ス フェール トゥ(ット) プティ(ット), トランブ レ ドゥ プール	cower, cringe **カ**ウア, ク**リ**ンヂ

日	仏	英
すくらんぶるえっぐ **スクランブルエッグ** sukuranburueggu	**œufs brouillés** *m.pl.* ウー ブルイエ	scrambled eggs スクランブルド エッグズ
すくりーん **スクリーン** sukuriin	**écran** *m.* エクラン	screen スクリーン
すくりゅー **スクリュー** sukuryuu	**hélice** *f.* エリス	screw スクルー
すぐれた **優れた** sugureta	**excellent(e), éminent(e)** エクセラン(ト), エミナン(ト)	excellent, fine エクセレント, ファイン
すぐれる **優れる** sugureru	**exceller, surpasser** エクセレ, シュルパセ	(be) better, (be) superior to (ビ) ベタ, (ビ) スピアリア トゥ
すくろーる **スクロール** sukurooru	**défilement** *m.* デフィルマン	scroll スクロウル
ずけい **図形** zukei	**figure** *f.* フィギュール	figure, diagram フィギャ, ダイアグラム
すけーと **スケート** sukeeto	**patinage** *m.* パティナージュ	skating スケイティング
〜靴	**patins** *m.pl.* パタン	skates スケイツ
すけーる **スケール**　（規模） sukeeru	**envergure** *f.* アンヴェルギュール	scale スケイル
（尺度）	**échelle** *f.* エシェル	scale スケイル
すけじゅーる **スケジュール** sukejuuru	**plan** *m.*, **programme** *m.* プラン, プログラム	schedule スケデュル
すけっち **スケッチ** sukecchi	**croquis** *m.*, **esquisse** *f.* クロッキ, エスキス	sketch スケチ
すける **透ける** sukeru	**transparaître** トランスパレートル	(be) transparent (ビ) トランスペアラント

日	仏	英
すこあ **スコア** sukoa	**score** *m.* スコール	score スコー
～ボード	**tableau d'affichage** *m.* タブロー ダフィシャージュ	scoreboard スコーボード
すごい **すごい** sugoi	**merveilleux(se)** メルヴェイユー(ズ)	wonderful, great **ワ**ンダフル, グレイト
すこし **少し** sukoshi	**un peu, quelque peu** アン プー, ケルク プー	a few, a little ア **フ**ュー, ア **リ**トル
すごす **過ごす** sugosu	**passer, dépasser** パセ, デパセ	pass, spend パス, スペンド
すこっぷ **スコップ** sukoppu	**pelle** *f.* ペル	scoop, shovel スクープ, **シャ**ヴル
すこやかな **健やかな** sukoyakana	**sain(e)** サン(セーヌ)	healthy **ヘ**ルスィ
すさまじい **すさまじい** susamajii	**terrible, épouvantable** テリーブル, エプヴァンターブル	dreadful, terrible **ド**レドフル, **テ**リブル
ずさんな **杜撰な** zusanna	**négligé(e)** ネグリジェ	careless, slipshod **ケ**アレス, スリプシャド
すじ **筋** suji	**trait** *m.* トレ	line **ラ**イン
(物事の道理)	**raison** *f.* レゾン	reason, logic **リ**ーズン, **ラ**ヂク
(話のあらすじ)	**trame** *f.*, **intrigue** *f.* トラム, アントリグ	plot **プ**ラト
すじょう **素性** sujou	**naissance** *f.*, **origine** *f.* ネサンス, オリジヌ	birth, origin **バ**ース, **オ**ーリヂン
すず **錫** suzu	**étain** *m.* エタン	tin **テ**ィン
すず **鈴** suzu	**clochette** *f.*, **grelot** *m.* クロシェット, グルロ	bell **ベ**ル

日	仏	英
すすぐ **すすぐ** susugu	**rincer** ランセ	rinse リンス
すずしい **涼しい** suzushii	**frais(_fraîche_)** フレ(フレッシュ)	cool **ク**ール
すすむ **進む** susumu	**avancer, aller** アヴァンセ, アレ	go forward **ゴ**ウ **フォ**ーワド
	（物事が）**progresser** プログレセ	progress プラ**グ**レス
すずむ **涼む** suzumu	**prendre le frais** プランドル ル フレ	enjoy the cool air イン**チョ**イ ザ **ク**ール **エ**ア
すずめ **雀** suzume	**moineau(_elle_)** _m.f._ モワノー(-ネル)	sparrow ス**パ**ロウ
すすめる **勧める** susumeru	**conseiller** コンセイエ	advise アド**ヴァ**イズ
すすめる **進める** susumeru	**avancer, pousser** アヴァンセ, プセ	advance, push on アド**ヴァ**ンス, **プ**シュ **オ**ン
すすめる **薦める** susumeru	**recommander** ルコマンデ	recommend レコメンド
すずらん **鈴蘭** suzuran	**muguet** _m._ ミュゲ	lily of the valley **リ**リ **オ**ヴ ザ **ヴァ**リ
すする **啜る** susuru	**boire bruyamment** ボワール ブリュイヤマン	sip, slurp **ス**イプ, ス**ラ**ープ
	（鼻水を）**renifler** ルニフレ	sniff ス**ニ**フ
すそ **裾** suso	**pan** _m._, **traîne** _f._ パン, トレヌ	skirt, train ス**カ**ート, ト**レ**イン
すたー **スター** sutaa	**vedette** _f._, **star** _f._ ヴデット, スタール	star ス**タ**ー
すたーと **スタート** sutaato	**départ** _m._ デパール	start ス**タ**ート

す

日	仏	英
〜ライン	**ligne de départ** *f.* リーニュ ドゥ デパール	starting line スターティング ライン
すたいる **スタイル** sutairu	**silhouette** *f.* シルエット	figure フィギャ
（様式・やり方）	**style** *m.* スティル	style スタイル
すたじあむ **スタジアム** sutajiamu	**stade** *m.* スタッド	stadium ステイディアム
すたじお **スタジオ** sutajio	**studio** *m.* ステュディオ	studio ステューディオウ
すたっふ **スタッフ** sutaffu	**personnel** *m.* ペルソネル	staff スタフ
すたれる **廃れる** sutareru	**tomber en désuétude** トンベ アン デジュエテュド	go out of use ゴウ アウト オヴ ユース
すたんど **スタンド**　（観覧席） sutando	**tribune** *f.* トリビューヌ	grandstand グランドスタンド
（照明器具）	**lampe de bureau** *f.* ランプ ドゥ ビュロー	desk lamp デスク ランプ
すたんぷ **スタンプ** sutanpu	**timbre** *m.*, **tampon** *m.* タンブル, タンポン	stamp, postmark スタンプ, ポウストマーク
すちーむ **スチーム** suchiimu	**vapeur** *f.* ヴァプール	steam スティーム
ずつう **頭痛** zutsuu	**mal de tête** *m.* マル ドゥ テット	headache ヘデイク
すっかり **すっかり** sukkari	**tout à fait, entièrement** トゥ タ フェ, アンティエールマン	all, entirely オール, インタイアリ
すづけ **酢漬け** suzuke	**conserves au vinaigre** *f.pl.* コンセルヴ ゾ ヴィネーグル	pickling ピクリング

日	仏	英
すっぱい **酸っぱい** suppai	**acide, aigre** アシッド, エーグル	sour, acid **サ**ウア, **ア**スィド
すてーじ **ステージ** suteeji	**scène** *f.* セーヌ	stage ステイヂ
すてきな **素敵な** sutekina	**excellent(e), remarquable** エクセラン(ト), ルマルカーブル	great, fine グレイト, **ファ**イン
すてっぷ **ステップ** suteppu	**pas** *m.* パ	step ステプ
すでに **既に** sudeni	**déjà** デジャ	already オール**レ**ディ
すてる **捨てる** suteru	**jeter, déposer** ジュテ, デポゼ	throw away, dump スロウ ア**ウェ**イ, **ダ**ンプ
すてれお **ステレオ** sutereo	**stéréophonie** *f.*, **stéréo** *f.* ステレオフォニ, ステレオ	stereo ス**ティ**アリオウ
すてんどぐらす **ステンドグラス** sutendogurasu	**vitrail** *m.* ヴィトライユ	stained glass ステインド グ**ラ**ス
すとーかー **ストーカー** sutookaa	**rôdeur(se)** *m.f.* ロドゥール(-ズ)	stalker ス**ト**ーカ
すとーぶ **ストーブ** sutoobu	**poêle** *m.* ポワル	heater, stove **ヒ**ータ, ス**ト**ウヴ
すとーりー **ストーリー** sutoorii	**histoire** *f.* イストワール	story ス**ト**ーリ
すとーる **ストール** sutooru	**étole** *f.* エトール	stole ス**ト**ウル
すとっきんぐ **ストッキング** sutokkingu	**bas** *m.pl.* バ	stockings ス**タ**キングズ
すとっく **ストック** (スキーの) sutokku	**bâton** *m.* バトン	ski pole ス**キ**ー **ポ**ウル

す

日	仏	英
すとっぷうぉっち **ストップウォッチ** sutoppuwocchi	**chronomètre** *m.* クロノメートル	stopwatch スタプワチ
すとらいき **ストライキ** sutoraiki	**grève** *f.* グレーヴ	strike ストライク
すとらいぷ **ストライプ** sutoraipu	**raies** *f.pl.*, **rayures** *f.pl.* レ, レイユール	stripes ストライプス
すとれす **ストレス** sutoresu	**stress** *m.* ストレス	stress ストレス
すとれっち **ストレッチ** sutorecchi	**extension** *f.* エクスタンシオン	stretch ストレチ
すとろー **ストロー** sutoroo	**paille** *f.* パイユ	straw ストロー
すとろーく **ストローク** sutorooku	**brasse** *f.*, **coup** *m.* ブラス, クー	stroke ストロウク
すな **砂** suna	**sable** *m.* サーブル	sand サンド
すなおな **素直な** sunaona	**obéissant(e), docile** オベイサン(ト), ドシール	docile, obedient ダスィル, オビーディエント
すなっぷ **スナップ** sunappu	**bouton-pression** *m.* ブトンプレシオン	snap スナプ
すなわち **すなわち** sunawachi	**c'est-à-dire, à savoir** セタディール, ア サヴォワール	namely, that is ネイムリ, ザト イズ
すにーかー **スニーカー** suniikaa	**baskets** *f.pl.* バスケット	sneakers, Ⓑtrain- ers スニーカズ, トレイナズ
すね **脛** sune	**jambe** *f.*, **tibia** *m.* ジャンブ, ティビア	shin シン
すねる **すねる** suneru	**bouder** ブデ	sulk サルク

日	仏	英
ずのう **頭脳** zunou	**cerveau** *m.*, **tête** *f.* セルヴォー，テット	brains, head ブレインズ，ヘド
すのーぼーど **スノーボード** sunooboodo	**snowboard** *m.* スノボルド	snowboard スノウボード
すぱーくりんぐわいん **スパークリングワイン** supaakuringuwain	**vin mousseux** *m.* ヴァン ムスー	sparkling wine スパークリング **ワ**イン
すぱい **スパイ** supai	**espion(ne)** *m.f.* エスピオン(ヌ)	spy, secret agent スパイ，ス**ィ**ークレト **エ**イヂェント
すぱいす **スパイス** supaisu	**épice** *f.* エピス	spice スパイス
すぱげってぃ **スパゲッティ** supagetti	**spaghetti** *m.* スパゲティ	spaghetti スパ**ゲ**ティ
すばしこい **すばしこい** subashikoi	**agile** アジル	nimble, agile ニンブル，**ア**ヂル
すはだ **素肌** suhada	**peau nue** *f.* ポー ニュ	bare skin ベア スキン
すぱな **スパナ** supana	**clef** *f.*, **clé** *f.* クレ，クレ	wrench, spanner レンチ，スパナ
ずばぬけて **ずば抜けて** zubanukete	**largement, extraordinai-rement** ラルジュマン，エクストラオルディネールマン	by far, exception-ally バイ **ファ**ー，イクセプショナリ
すばやい **素早い** subayai	**agile, rapide** アジル，ラピッド	nimble, quick ニンブル，ク**ウィ**ク
すばらしい **素晴らしい** subarashii	**merveilleux(se)**, **ex-cellent(e)** メルヴェイユー(ズ)，エクセラン(ト)	wonderful, splen-did **ワ**ンダフル，スプレンディド
すぴーかー **スピーカー** supiikaa	**haut-parleur** *m.* オパルルール	speaker スピーカ
すぴーち **スピーチ** supiichi	**discours** *m.* ディスクール	speech スピーチ

日	仏	英
スピード すぴーど supiido	**vitesse** *f.* ヴィテス	speed スピード
図表 ずひょう zuhyou	**graphique** *m.*, **diagramme** *m.* グラフィック, ディアグラム	chart, diagram チャート, ダイアグラム
スプーン すぷーん supuun	**cuiller** *f.* キュイエール	spoon スプーン
スプリンクラー すぷりんくらー supurinkuraa	**arroseur automatique** *m.* アロズール オトマティック	sprinkler スプリンクラ
スプレー すぷれー supuree	**atomiseur** *m.*, **vaporisateur** *m.* アトミズール, ヴァポリザトゥール	spray スプレイ
スペイン すぺいん supein	**Espagne** *f.* エスパーニュ	Spain スペイン
～語	**espagnol** *m.* エスパニョル	Spanish スパニシュ
スペース すぺーす supeesu	**espace** *m.* エスパス	space スペイス
すべすべした すべすべした subesubeshita	**lisse, poli(e)** リス, ポリ	smooth, slippery スムーズ, スリパリ
すべての すべての subeteno	**tout(e)** トゥ(ット)	all, every, whole オール, エヴリ, ホウル
滑る すべる suberu	**glisser** グリセ	slip, slide スリプ, スライド
(床が)	**(être) glissant(e)** (エートル) グリサン(ト)	(be) slippery (ビ) スリパリ
(スケートで)	**patiner** パティネ	skate スケイト
スペル すぺる superu	**orthographe** *f.* オルトグラフ	spelling スペリング

日	仏	英
すぽーくすまん **スポークスマン** supookusuman	**porte-parole** *m.* ポルトパロル	spokesman スポウクスマン
すぽーつ **スポーツ** supootsu	**sport** *m.* スポール	sports スポーツ
ずぼん **ズボン** zubon	**pantalon** *m.* パンタロン	trousers トラウザズ
すぽんさー **スポンサー** suponsaa	**sponsor** *m.* スポンソール	sponsor スパンサ
すぽんじ **スポンジ** suponji	**éponge** *f.* エポンジュ	sponge スパンヂ
すまい **住まい** sumai	**maison** *f.* メゾン	house ハウス
すます **済ます** （終わらす） sumasu	**finir, achever** フィニール, アシュヴェ	finish フィニシュ
（代用する）	**se contenter** *de* ス コンタンテ ドゥ	substitute for サブスティテュート フォ
すみ **隅** sumi	**coin** *m.* コワン	nook, corner ヌク, コーナ
すみ **炭** sumi	**charbon** *m.* シャルボン	charcoal チャーコウル
すみ **墨** sumi	**encre de Chine** *f.* アンクル ドゥ シヌ	China ink チャイナ インク
すみれ **菫** sumire	**violette** *f.* ヴィオレット	violet ヴァイオレト
すむ **済む** sumu	**finir, se terminer** フィニール, ス テルミネ	(be) finished (ビ) フィニシュト
すむ **住む** sumu	**habiter** アビテ	live リヴ
すむ **澄む** sumu	**se clarifier** ス クラリフィエ	(become) clear (ビカム) クリア

日	仏	英
すもーくさーもん **スモークサーモン** sumookusaamon	**saumon fumé** *m.* ソーモン フュメ	smoked salmon スモウクト サモン
すもっぐ **スモッグ** sumoggu	**smog** *m.* スモッグ	smog スマグ
ずらす **ずらす** (物を) zurasu	**déplacer** デプラセ	shift, move シフト, ムーヴ
(時間を)	**décaler, échelonner** デカレ, エシュロネ	stagger スタガ
すらんぐ **スラング** surangu	**argot** *m.* アルゴ	slang スラング
すらんぷ **スランプ** suranpu	**marasme** *m.* マラスム	slump スランプ
すり **すり** suri	**pickpocket** *m.* ピクポケット	pickpocket ピクパケト
すりおろす **擦り下ろす** suriorosu	**râper** ラペ	grind, grate グラインド, グレイト
すりきず **擦り傷** surikizu	**éraflure** *f.*, **écorchure** *f.* エラフリュール, エコルシュール	abrasion アブレイジョン
すりきれる **擦り切れる** surikireru	**s'user, s'élimer** シュゼ, セリメ	wear out ウェア アウト
すりっと **スリット** suritto	**fente** *f.* ファント	slit スリト
すりっぱ **スリッパ** surippa	**pantoufles** *f.pl.* パントゥフル	slippers スリパズ
すりっぷ **スリップ** (下着) surippu	**combinaison** *f.* コンビネゾン	slip スリプ
すりっぷする **スリップする** surippusuru	**déraper** デラペ	slip, skid スリプ, スキド
すりむな **スリムな** surimuna	**élancé(e), svelte** エランセ, スヴェルト	slim スリム

日	仏	英
すりらんか **スリランカ** suriranka	**Sri Lanka** *m.* スリ ランカ	Sri Lanka スリー **ラ**ーンカ
すりる **スリル** suriru	**frisson** *m.* フリソン	thrill スリル
する **する** suru	**pratiquer, jouer** プラティケ, ジュエ	do, try, play **ドゥ**ー, **ト**ライ, **プ**レイ
する **擦る**　　（こする） suru	**frotter, limer, râper** フロテ, リメ, ラペ	rub, chafe **ラ**ブ, **チェ**イフ
ずるい **ずるい** zurui	**malin(*maligne*)** マラン(マリニュ)	sly ス**ラ**イ
ずるがしこい **ずる賢い** zurugashikoi	**rusé(e)** リュゼ	cunning **カ**ニング
するどい **鋭い** surudoi	**tranchant(e), aigu(ë)** トランシャン(ト), エギュ	sharp, pointed **シャ**ープ, **ポ**インテド
ずるやすみ **ずる休み** zuruyasumi	**école buissonnière** *f.*, **absentéisme** *m.* エコール ビュイソニエール, アプサンテイスム	truancy ト**ルー**アンスィ
すれちがう **擦れ違う** surechigau	**se croiser** ス クロワゼ	pass each other パス **イ**ーチ **ア**ザ
ずれる **ずれる**　　（逸脱する） zureru	**dévier** デヴィエ	deviate **ディ**ーヴィエイト
（移動する）	**se déplacer, glisser** ス デプラセ, グリセ	shift, deviate **シ**フト, **ディ**ーヴィエイト
すろーがん **スローガン** suroogan	**slogan** *m.* スロガン	slogan, motto ス**ロ**ウガン, **マ**トウ
すろーぷ **スロープ** suroopu	**côte** *f.*, **pente** *f.* コート, パント	slope ス**ロ**ウプ
すろーもーしょん **スローモーション** suroomooshon	**ralenti** *m.* ラランティ	slow motion ス**ロ**ウ **モ**ウション

日	仏	英
すろっとましん **スロットマシン** surottomashin	**machine à sous** *f.* マシーヌ ア スー	slot machine スラト マシーン
すろばきあ **スロバキア** surobakia	**Slovaquie** *f.* スロヴァキ	Slovakia スロウ**ヴァ**ーキア
すろべにあ **スロベニア** surobenia	**Slovénie** *f.* スロヴェニ	Slovenia スロウ**ヴィ**ーニア
すわる **座る** suwaru	**s'asseoir, prendre un siège** サソワール, プランドル アン シエージュ	sit down, take a seat **スィ**ト **ダ**ウン, **テ**イク ア **スィ**ート

せ, セ

日	仏	英
せ **背** se	**taille** *f.* タイユ	height **ハ**イト
せい **姓** sei	**nom de famille** *m.* ノン ドゥ ファミーユ	family name, surname **ファ**ミリ **ネ**イム, **サ**ーネイム
せい **性** sei	**sexe** *m.* セックス	sex **セ**クス
せい **生** sei	**vie** *f.***, existence** *f.* ヴィ, エグジスタンス	life, living **ラ**イフ, **リ**ヴィング
ぜい **税** zei	**impôt** *m.***, taxe** *f.* アンポ, タックス	tax **タ**クス
せいい **誠意** seii	**sincérité** *f.***, bonne foi** *f.* サンセリテ, ボヌ フォワ	sincerity スィン**セ**リティ
せいいっぱい **精一杯** seiippai	**de toutes** *ses* **forces** ドゥ トゥット フォルス	as hard as possible アズ **ハ**ード アズ **パ**スィブル
せいえん **声援** seien	**encouragement** *m.* アンクラジュマン	cheering **チ**アリング
～する	**encourager** アンクラジェ	cheer **チ**ア

日	仏	英
せいおう **西欧** seiou	**Europe occidentale** *f.* ウロップ オクシダンタル	West Europe **ウェ**スト **ユ**ロプ
せいか **成果** seika	**résultat** *m.*, **fruit** *m.* レジュルタ, フリュイ	result, (the) fruits リ**ザ**ルト, (ザ) フ**ルー**ツ
せいかい **政界** seikai	**monde politique** *m.* モンド ポリティック	political world ポ**リ**ティカル **ワー**ルド
せいかい **正解** seikai	**réponse correcte** *f.* レポンス コレクト	correct answer コ**レ**クト **ア**ンサ
せいかく **性格** seikaku	**caractère** *m.*, **nature** *f.* カラクテール, ナテュール	personality, nature パー**ソ**ナリティ, **ネ**イチャ
せいがく **声楽** seigaku	**musique vocale** *f.* ミュジック ヴォカル	vocal music **ヴォ**ウカル **ミュー**ズィク
せいかくな **正確な** seikakuna	**exact(e), correct(e)** エグザクト, コレクト	exact, correct イグ**ザ**クト, コ**レ**クト
せいかつ **生活** seikatsu	**vie** *f.*, **existence** *f.* ヴィ, エグジスタンス	life, livelihood **ラ**イフ, **ラ**イヴリフド
～する	**vivre** ヴィーヴル	live **ラ**イヴ
ぜいかん **税関** zeikan	**douane** *f.* ドゥワーヌ	customs, customs office **カ**スタムズ, **カ**スタムズ **オー**フィス
せいかんする **生還する** seikansuru	**revenir vivant(e)** ルヴニール ヴィヴァン(ト)	return alive リ**ター**ン ア**ラ**イヴ
せいかんする **静観する** seikansuru	**attendre de voir** アタンドル ドゥ ヴォワール	wait and see **ウェ**イト アンド **スィー**
せいき **世紀** seiki	**siècle** *m.* シエークル	century **セ**ンチュリ
せいぎ **正義** seigi	**justice** *f.* ジュスティス	justice **チャ**スティス

日	仏	英
せいきゅう 請求 seikyuu	demande *f.*, réclamation *f.* ドゥマンド, レクラマシオン	demand, claim ディマンド, クレイム
〜書	facture *f.*, note *f.* ファクチュール, ノート	bill, invoice ビル, インヴォイス
〜する	demander, réclamer ドゥマンデ, レクラメ	claim, demand クレイム, ディマンド
せいぎょ 制御 seigyo	maîtrise *f.*, contrôle *m.* メトリーズ, コントロール	control コントロウル
〜する	maîtriser メトリゼ	control コントロウル
せいきょく 政局 seikyoku	situation politique *f.* シテュアシオン ポリティック	political situation ポリティカル スィチュエイション
ぜいきん 税金 zeikin	impôt *m.*, taxe *f.* アンポ, タックス	tax タクス
せいくうけん 制空権 seikuuken	supériorité aérienne *f.* シュペリオリテ アエリエヌ	air superiority エア スピアリオーリティ
せいけい 生計 seikei	vie *f.* ヴィ	living リヴィング
せいけいげか 整形外科 seikeigeka	orthopédie *f.* オルトペディ	orthopedic surgery オーソピーディク サーヂャリ
せいけつな 清潔な seiketsuna	propre, net(*te*) プロプル, ネット	clean, neat クリーン, ニート
せいけん 政権 seiken	pouvoir politique *m.* プヴォワール ポリティック	political power ポリティカル パウア
せいげん 制限 seigen	limite *f.*, restriction *f.* リミット, レストリクシオン	restriction, limit リストリクション, リミト
〜する	limiter, restreindre リミテ, レストランドル	limit, restrict リミト, リストリクト

日	仏	英
せいこう **成功** seikou	**succès** *m.* シュクセ	success サク**セ**ス
～する	**réussir** *à* レユシール ア	succeed, succeed in サク**スィ**ード, サク**スィ**ード イン
ぜいこみ **税込み** zeikomi	**taxes incluses** タクス ザンクリュズ	including tax インク**ルー**ディング **タ**クス
せいざ **星座** seiza	**constellation** *f.* コンステラシオン	constellation カンステ**レ**イション
せいさい **制裁** seisai	**punition** *f.*, **sanction** *f.* ピュニシオン, サンクシオン	sanctions, punishment **サ**ンクションズ, **パ**ニシュメント
せいさく **制[製]作** seisaku	**production** *f.*, **fabrication** *f.* プロデュクシオン, ファブリカシオン	production, manufacture プロ**ダ**クション, マニュ**ファ**クチャ
～する	**fabriquer, produire** ファブリケ, プロデュイール	make, produce **メ**イク, プロ**デュ**ース
せいさく **政策** seisaku	**politique** *f.* ポリティック	policy **パ**リスィ
せいさん **生産** seisan	**production** *f.*, **rendement** *m.* プロデュクシオン, ランドマン	production, manufacture プロ**ダ**クション, マニュ**ファ**クチャ
～する	**produire, fabriquer** プロデュイール, ファブリケ	produce, manufacture プロ**デュ**ース, マニュ**ファ**クチャ
せいし **生死** seishi	**la vie** *f.* **et la mort** *f.* ラ ヴィ エ ラ モール	life and death **ラ**イフ アンド **デ**ス
せいし **静止** seishi	**arrêt** *m.*, **immobilité** *f.* アレ, イモビリテ	standstill, motionlessness ス**タ**ンドスティル, **モ**ウションレスネス
～する	**s'arrêter** サレテ	rest, stand still **レ**スト, ス**タ**ンド ス**ティ**ル

日	仏	英
せいじ **政治** seiji	**politique** *f.* ポリティック	politics パリティクス
〜家	**homme d'État** *m.*, **homme politique** *m.*, **femme politique** *f.* オム デタ, オム ポリティック, ファム ポリティック	statesman, politician ステイツマン, パリティシャン
せいしきな **正式な** seishikina	**officiel(le)**, **légal(e)** オフィシエル, レガル	formal, official フォーマル, オフィシャル
せいしつ **性質** seishitsu	**nature** *f.*, **tempérament** *m.* ナテュール, タンペラマン	nature, disposition ネイチャ, ディスポズィション
せいじつな **誠実な** seijitsuna	**sincère**, **honnête** サンセール, オネト	sincere, honest スィンスィア, アネスト
せいじゃく **静寂** seijaku	**silence** *m.*, **tranquillité** *f.* シランス, トランキリテ	silence, stillness サイレンス, スティルネス
せいしゅく **静粛** seishuku	**silence** *m.*, **calme** *m.* シランス, カルム	silence サイレンス
せいじゅくする **成熟する** seijukusuru	**mûrir** ミュリール	ripen, mature ライプン, マチュア
せいしゅん **青春** seishun	**jeunesse** *f.* ジュネス	youth ユース
せいしょ **聖書** seisho	**Bible** *f.* ビーブル	Bible バイブル
せいじょうな **正常な** seijouna	**normal(e)** ノルマル	normal ノーマル
せいしょうねん **青少年** seishounen	**adolescent(e)** *m.f.* アドレサン(ト)	younger generation ヤンガ ヂェネレイション
せいしょくしゃ **聖職者** seishokusha	**religieux(se)** *m.f.*, **ecclésiastique** *m.* ルリジュー(ズ), エクレシアスティック	clergy クラーヂ
せいしん **精神** seishin	**esprit** *m.* エスプリ	spirit, mind スピリト, マインド

日	仏	英
せいじん **成人** seijin	**adulte** *m.f.* アデュルト	adult, grown-up ア**ダ**ルト, グ**ロ**ウナプ
〜する	**devenir adulte, grandir** ドゥヴニール アデュルト, グランディール	grow up グ**ロ**ウ **ア**プ
せいじん **聖人** seijin	**saint(e)** *m.f.* サン(ト)	saint **セ**イント
せいしんか **精神科** seishinka	**psychiatrie** *f.* プシキアトリ	psychiatry サ**カ**イアトリ
〜医	**psychiatre** *m.f.* プシキアトル	psychiatrist サ**カ**イアトリスト
せいず **製図** seizu	**dessin** *m.*, **ébauche** *f.* デッサン, エボーシュ	drafting, drawing ド**ラ**フティング, ド**ロ**ーイング
せいすう **整数** seisuu	**nombre entier** *m.* ノンブル アンティエ	integer **イ**ンティヂャ
せいせき **成績** seiseki	**résultat** *m.*, **note** *f.* レジュルタ, ノート	result, record リ**ザ**ルト, リ**コ**ード
せいせんしょくりょうひん **生鮮食料品** seisenshokuryouhin	**denrées périssables** *f.pl.* ダンレ ペリサーブル	perishables **ペ**リシャブルズ
せいぜんと **整然と** seizento	**en ordre, régulièrement** アン ノルドル, レギュリエールマン	orderly, regularly **オ**ーダリ, **レ**ギュラリ
せいぞう **製造** seizou	**fabrication** *f.*, **production** *f.* ファブリカシオン, プロデュクシオン	manufacture, production マニュ**ファ**クチャ, プロ**ダ**クション
〜業	**industrie manufacturière** *f.* アンデュストリー マニュファクテュリエール	manufacturing industry マニュ**ファ**クチャリング **イ**ンダストリ
せいそうけん **成層圏** seisouken	**stratosphère** *f.* ストラトスフェール	stratosphere スト**ラ**トスフィア
せいそな **清楚な** seisona	**net(*te*), discret(*ète*)** ネット, ディスクレ(ット)	neat **ニ**ート

日	仏	英
せいぞん **生存** seizon	**existence** *f.*, **vie** *f.* エグジスタンス, ヴィ	existence, life イグ**ズィ**ステンス, **ラ**イフ
～する	**exister, survivre** エグジステ, シュルヴィーヴル	exist, survive イグ**ズィ**スト, サ**ヴァ**イヴ
せいたいがく **生態学** seitaigaku	**écologie** *f.* エコロジー	ecology イー**カ**ロディ
せいだいな **盛大な** seidaina	**prospère, magnifique** プロスペール, マニフィック	prosperous, grand プ**ラ**スペラス, グ**ラ**ンド
ぜいたく **贅沢** zeitaku	**luxe** *m.* リュクス	luxury **ラ**クシャリ
～な	**luxueux(se)** リュクシュウー(ズ)	luxurious ラグ**ジュ**アリアス
せいち **聖地** seichi	**terre sainte** *f.*, **lieu saint** *m.* テール サント, リュー サン	sacred ground **セ**イクリド グ**ラ**ウンド
せいちょう **成長** seichou	**croissance** *f.* クロワサンス	growth グ**ロ**ウス
～する	**grandir** グランディール	grow グ**ロ**ウ
せいてきな **静的な** seitekina	**statique** スタティック	static ス**タ**ティク
せいてつ **製鉄** seitetsu	**sidérurgie** *f.* シデリュルジー	iron manufactur- ing **ア**イアン マニュ**ファ**クチャリン グ
せいてん **晴天** seiten	**beau temps** *m.* ボー タン	fine weather **ファ**イン **ウェ**ザ
せいでんき **静電気** seidenki	**électricité statique** *f.* エレクトリシテ スタティック	static electricity ス**タ**ティク イレクト**リ**スィティ
せいと **生徒** seito	**étudiant(e)** *m.f.*, **élève** *m.f.* エテュディアン(ト), エレーヴ	student, pupil ス**テュ**ーデント, **ピュ**ーピル

日	仏	英
せいど **制度** seido	**système** *m.*, **institution** *f.* システム, アンスティテュシオン	system, institution ス**ィ**ステム, インスティ**テュ**ーション
せいとう **政党** seitou	**parti politique** *m.* パルティ ポリティック	political party ポ**リ**ティカル **パ**ーティ
せいとうな **正当な** seitouna	**juste, légitime** ジュスト, レジティム	just, proper, legal **チャ**スト, プ**ラ**パ, **リ**ーガル
せいとうぼうえい **正当防衛** seitoubouei	**légitime défense** *f.*, **auto-défense** *f.* レジティム デファンス, オトデファンス	self-defense セルフディ**フェ**ンス
せいとんする **整頓する** seitonsuru	**mettre en ordre** メットル アン ノルドル	put in order **プ**ト イン **オ**ーダ
せいなん **西南** seinan	**sud-ouest** *m.* シュドゥエスト	southwest サウス**ウェ**スト
せいねん **成年** seinen	**majorité** *f.* マジョリテ	adult age ア**ダ**ルト **エ**イヂ
せいねん **青年** seinen	**jeune** *m.f.* ジュヌ	young man, youth **ヤ**ング **マ**ン, **ユ**ース
せいねんがっぴ **生年月日** seinengappi	**date de naissance** *f.* ダット ドゥ ネサンス	date of birth **デ**イト オヴ **バ**ース
せいのう **性能** seinou	**capacité** *f.*, **rendement** *m.* カパシテ, ランドマン	performance, capability パ**フォ**ーマンス, ケイパ**ビ**リティ
せいはんたい **正反対** seihantai	**contre-pied** *m.* コントルピエ	exact opposite イグ**ザ**クト **ア**ポズィト
せいびする **整備する** seibisuru	**entretenir** アントルトゥニール	maintain, adjust メイン**テ**イン, ア**チャ**スト
せいびょう **性病** seibyou	**maladie vénérienne** *f.* マラディ ヴェネリエヌ	venereal disease ヴィ**ニ**アリアル ディ**ズ**ィーズ
せいひん **製品** seihin	**produit** *m.* プロデュイ	product プ**ラ**ダクト

日	仏	英
せいふ **政府** seifu	**gouvernement** *m.* グヴェルヌマン	government **ガ**ヴァンメント
せいぶ **西部** seibu	**ouest** *m.* ウエスト	western part **ウェ**スタン パート
せいふく **制服** seifuku	**uniforme** *m.* ユニフォルム	uniform **ユ**ーニフォーム
せいふくする **征服する** seifukusuru	**conquérir** コンケリール	conquer **カ**ンカ
せいぶつ **生物** seibutsu	**être vivant** *m.*, **organisme** *m.* エートル ヴィヴァン, オルガニスム	living thing, life **リ**ヴィング ス**ィ**ング, **ラ**イフ
～学	**biologie** *f.* ビオロジー	biology バイ**ア**ロディ
せいぶつが **静物画** seibutsuga	**nature morte** *f.* ナテュール モルト	still life ス**ティ**ル **ラ**イフ
せいぶん **成分** seibun	**composant** *m.*, **ingrédient** *m.* コンポザン, アングレディアン	ingredient イング**リ**ーディエント
せいべつ **性別** seibetsu	**distinction de sexe** *f.* ディスタンクシオン ドゥ セックス	gender distinction **チェ**ンダ ディス**ティ**ンクション
ぜいべつ **税別** zeibetsu	**hors taxes** オール タクス	without tax ウィ**ザ**ウト **タ**クス
せいほうけい **正方形** seihoukei	**carré** *m.* カレ	square スク**ウェ**ア
せいほく **西北** seihoku	**nord-ouest** *m.* ノルウエスト	northwest ノース**ウェ**スト
せいみつな **精密な** seimitsuna	**précis(e), minutieux(se)** プレシ(-シーズ), ミニュシユー(ズ)	precise, minute プリ**サ**イス, マイ**ニュ**ート
ぜいむしょ **税務署** zeimusho	**centre des impôts** *f.* サントル デ ザンポ	tax office **タ**クス **オ**ーフィス

日	仏	英
せいめい **姓名** seimei	**nom** *m.* **et prénom** *m.* ノン エ プレノン	(full) name (フル) **ネ**イム
せいめい **生命** seimei	**vie** *f.* ヴィ	life **ラ**イフ
～保険	**assurance-vie** *f.* アシュランスヴィ	life insurance **ラ**イフ インシュアランス
せいめい **声明** seimei	**déclaration** *f.*, **communi- qué** *m.* デクララシオン, コミュニケ	declaration デクラ**レ**イション
せいもん **正門** seimon	**porte principale** *f.* ポルト プランシパル	front gate フ**ラ**ント **ゲ**イト
せいやく **制約** seiyaku	**restriction** *f.*, **limitation** *f.* レストリクシオン, リミタシオン	restriction, limita- tion リスト**リ**クション, リミ**テ**イショ ン
せいやく **誓約** seiyaku	**serment** *m.* セルマン	oath, pledge **オ**ウス, プレヂ
せいよう **西洋** seiyou	**Occident** *m.* オクシダン	(the) West, (the) Occident (ザ) **ウェ**スト, (ズィ) アク**ス**ィ デント
せいようする **静養する** seiyousuru	**prendre du repos** プランドル デュ ルポ	take a rest **テ**イク ア **レ**スト
せいり **整理** seiri	**rangement** *m.* ランジュマン	arrangement ア**レ**インヂメント
～する	**ranger, arranger** ランジェ, アランジェ	put in order, ar- range プト イン **オ**ーダ, ア**レ**インヂ
せいり **生理**　(月経) seiri	**menstruation** *f.*, **règles** *f.pl.* マンストリュアシオン, レーグル	menstruation, pe- riod メンストル**エ**イション, **ピ**アリ オド
～痛	**douleur menstruelle** *f.* ドゥルール マンストリュエル	menstrual pain メンストルアル **ペ**イン
～用品	**serviette hygiénique** *f.* セルヴィエット イジエニック	sanitary napkin **サ**ニテリ **ナ**プキン

日	仏	英
（生命現象）	**physiologie** *f.* フィジオロジー	physiology フィズィアロヂ
～学	**physiologie** *f.* フィジオロジー	physiology フィズィアロヂ
ぜいりし **税理士** zeirishi	**consultant(e) fiscal(e)** *m.f.* コンシュルタン(ト) フィスカル	licensed tax accountant ライセンスト **タ**クス ア**カ**ウンタント
せいりつ **成立** seiritsu	**formation** *f.* フォルマシオン	formation フォー**メ**イション
～する	**(être) formé(e)** (エートル) フォルメ	(be) formed (ビ) **フォ**ームド
ぜいりつ **税率** zeiritsu	**taux de l'impôt** *m.* トー ドゥ ランポ	tax rates **タ**クス **レ**イツ
せいりょういんりょう **清涼飲料** seiryouinryou	**boisson rafraîchissante** *f.* ボワソン ラフレシサント	soft drink, beverage **ソ**フト **ド**リンク, **ベ**ヴァリヂ
せいりょく **勢力** seiryoku	**influence** *f.*, **puissance** *f.* アンフリュアンス, ピュイサンス	influence, power **イ**ンフルエンス, **パ**ウア
せいりょく **精力** seiryoku	**énergie** *f.*, **vitalité** *f.* エネルジー, ヴィタリテ	energy, vitality **エ**ナヂ, ヴァイ**タ**リティ
～的な	**énergique, vigoureux(se)** エネルジック, ヴィグルー(ズ)	energetic, vigorous エナ**チ**ェティク, **ヴィ**ゴラス
せいれき **西暦** seireki	**ère chrétienne** *f.* エール クレティエヌ	Christian Era, AD ク**リ**スチャン **イ**アラ, **エ**イ**ディ**ー
せいれつする **整列する** seiretsusuru	**aligner** アリニェ	form a line **フォ**ーム ア **ラ**イン
せーたー **セーター** seetaa	**tricot** *m.*, **pull-over** *m.* トリコ, ピュロヴェール	sweater, pullover, Ⓑjumper ス**ウェ**タ, プ**ロ**ウヴァ, **チャ**ンパ
せーる **セール** seeru	**soldes** *m.pl.* ソルド	sale **セ**イル

日	仏	英
せーるすまん **セールスマン** seerusuman	**représentant(e) de commerce** *m.f.* ルプレザンタン(ト) ドゥ コメルス	salesman **セイ**ルズマン
せおう **背負う** seou	**porter ... sur le dos** ポルテ シュール ル ド	carry on one's back **キャ**リ オン **バ**ク
せおよぎ **背泳ぎ** seoyogi	**dos crawlé** *m.* ド クロレ	backstroke **バ**クストロウク
せかい **世界** sekai	**monde** *m.* モンド	world **ワ**ールド
～遺産	**patrimoine mondial** *m.* パトリモワヌ モンディアル	World Heritage **ワ**ールド **ヘ**リテヂ
～史	**histoire universelle** *f.* イストワール ユニヴェルセル	world history **ワ**ールド **ヒ**ストリ
～的な	**mondial(e)** モンディアル	worldwide ワールド**ワ**イド
せかす **急かす** sekasu	**presser** プレセ	expedite, hurry **エ**クスペダイト, **ハ**ーリ
せき **咳** seki	**toux** *f.* トゥー	cough **コ**ーフ
～止め	**remède contre la toux** *m.* ルメード コントル ラ トゥー	cough remedy **コ**ーフ **レ**メディ
せき **席** seki	**siège** *m.*, **place** *f.* シエージュ, プラス	seat **ス**ィート
せきがいせん **赤外線** sekigaisen	**rayons infrarouges** *m.pl.* レイヨン アンフラルージュ	infrared rays インフラ**レ**ド **レ**イズ
せきじゅうじ **赤十字** sekijuuji	**Croix-Rouge** *f.* クロワルージュ	Red Cross **レ**ド ク**ロ**ース
せきずい **脊髄** sekizui	**moelle épinière** *f.* モワル エピニエール	spinal cord ス**パ**イナル **コ**ード

日	仏	英
せきたん **石炭** sekitan	**houille** *f.*, **charbon** *m.* ウイユ, シャルボン	coal コウル
せきどう **赤道** sekidou	**équateur** *m.* エクワトゥール	equator イクウェイタ
せきにん **責任** sekinin	**responsabilité** *f.* レスポンサビリテ	responsibility リスパンスィビリティ
せきぶん **積分** sekibun	**calcul intégral** *m.* カルキュル アンテグラル	integral (calculus), integration インテグラル (キャルキュラス), インテグレイション
せきゆ **石油** sekiyu	**pétrole** *m.* ペトロル	oil, petroleum オイル, ペトロウリアム
せきり **赤痢** sekiri	**dysenterie** *f.* ディサントリ	dysentery ディセンテアリ
せくしーな **セクシーな** sekushiina	**sexy** セクシー	sexy セクスィ
せくはら **セクハラ** sekuhara	**harcèlement sexuel** *m.* アルセルマン セクシュエル	sexual harassment セクシュアル ハラスメント
せけん **世間** seken	**société** *f.* ソシエテ	society ソサイエティ
せしゅう **世襲** seshuu	**hérédité** *f.* エレディテ	heredity ヘレディティ
ぜせいする **是正する** zeseisuru	**corriger** コリジェ	correct コレクト
せそう **世相** sesou	**mœurs** *f.pl.* ムール	social conditions ソウシャル コンディションズ
せだい **世代** sedai	**génération** *f.* ジェネラシオン	generation チェネレイション
せつ　(意見・見解) **説** setsu	**opinion** *f.*, **avis** *m.* オピニオン, アヴィ	opinion オピニオン

日	仏	英
（学説）	**théorie** *f.* テオリー	theory スィオリ
ぜつえんする **絶縁する** zetsuensuru	**couper les ponts** クペ レ ポン	break off relations ブレイク オフ リレイションズ
（電気を）	**isoler** イゾレ	insulate インシュレイト
せっかい **石灰** sekkai	**chaux** *f.* ショー	lime ライム
せっかく **折角** sekkaku	**malgré beaucoup d'efforts** マルグレ ボクー デフォール	in spite of all one's trouble イン スパイト オヴ オール トラブル
せっかちな **せっかちな** sekkachina	**pressé(e), impétueux(se)** プレセ, アンペテュー(ズ)	hasty, impetuous ヘイスティ, インペチュアス
せっきょうする **説教する** sekkyousuru	**sermonner** セルモネ	preach プリーチ
せっきょくせい **積極性** sekkyokusei	**dynamisme** *m.* ディナミスム	positiveness, proactiveness パズィティヴネス, プロアクティヴネス
せっきょくてきな **積極的な** sekkyokutekina	**positif(ve), actif(ve)** ポジティフ(·ヴ), アクティフ(·ヴ)	positive, active パズィティヴ, アクティヴ
せっきん **接近** sekkin	**approche** *f.* アプロシュ	approach アプロウチ
〜する	**approcher** *de* アプロシェ ドゥ	approach, draw near アプロウチ, ドロー ニア
せっくす **セックス** sekkusu	**sexe** *m.*, **rapports sexuels** *m.pl.* セックス, ラポール セクシュエル	sex セクス
せっけい **設計** sekkei	**plan** *m.*, **dessin** *m.* プラン, デッサン	plan, design プラン, ディザイン
〜図	**plan** *m.*, **tracé** *m.* プラン, トラセ	plan, blueprint プラン, ブループリント

日	仏	英
〜する	**planifier, faire un plan** プラニフィエ, フェール アン プラン	plan, design プラン, ディザイン
せっけっきゅう **赤血球** sekkekkyuu	**globules rouges** *m.pl.* グロビュル ルージュ	red blood cell レド ブラド セル
せっけん **石鹸** sekken	**savon** *m.* サヴォン	soap ソウプ
せっこう **石膏** sekkou	**gypse** *m.*, **plâtre** *m.* ジプス, プラートル	gypsum, plaster ヂプサム, プラスタ
ぜっこうする **絶交する** zekkousuru	**rompre** *avec* ロンプル アヴェク	cut contact with カト カンタクト ウィズ
ぜっこうの **絶好の** zekkouno	*le(la)* **meilleur(e), idéal(e)** ル(ラ) メイユール, イデアル	best, ideal ベスト, アイディーアル
ぜっさんする **絶賛する** zessansuru	**faire l'éloge** *de* フェール レロージュ ドゥ	extol イクストウル
せっしゅする **摂取する** sesshusuru	**assimiler** アシミレ	take in テイク イン
せっしょう **折衝** sesshou	**négociation** *f.* ネゴシアシオン	negotiation ニゴウシエイション
〜する	**négocier** ネゴシエ	negotiate ニゴウシエイト
せっしょく **接触** sesshoku	**contact** *m.* コンタクト	contact, touch カンタクト, タチ
〜する	**toucher, entrer en relation** *avec* トゥシエ, アントレ アン ルラシオン アヴェク	touch, make contact with タチ, メイク カンタクト ウィズ
せつじょく **雪辱** setsujoku	**revanche** *f.* ルヴァンシュ	revenge リヴェンヂ
ぜっしょく **絶食** zesshoku	**jeûne** *m.* ジューヌ	fasting, fast ファスティング, ファスト

日	仏	英
せっする **接する** sessuru	**toucher, entrer en contact** *avec* トゥシェ, アントレ アン コンタクト アヴェク	touch, come into contact with タチ, カム イントゥ カンタクト ウィズ
（隣接する）	**avoisiner** アヴォワジネ	adjoin アヂョイン
せっせい **節制** sessei	**tempérance** *f.* タンペランス	temperance テンペランス
～する	**s'abstenir** *de* サプストゥニール ドゥ	(be) moderate in (ビ) マダレト イン
せっせん **接戦** sessen	**lutte serrée** *f.* リュット セレ	close game クロウス ゲイム
せつぞく **接続** setsuzoku	**jonction** *f.*, **connexion** *f.* ジョンクシオン, コネクシオン	connection コネクション
～詞	**conjonction** *f.* コンジョンクシオン	conjunction コンヂャンクション
～する	**(se) joindre** (ス) ジョワンドル	join, connect with ヂョイン, カネクト ウィズ
せったい **接待** settai	**réception** *f.*, **accueil** *m.* レセプシオン, アクイユ	reception, welcome リセプション, ウェルカム
～する	**accueillir** アクイイール	entertain, host エンタテイン, ホウスト
ぜつだいな **絶大な** zetsudaina	**immense** イマンス	immeasurable イメジャラブル
ぜったいの **絶対の** zettaino	**absolu(e)** アプソリュ	absolute アプソリュート
せつだんする **切断する** setsudansuru	**couper** クペ	cut off カト オーフ
せっちゃくざい **接着剤** secchakuzai	**adhésif** *m.* アデジフ	adhesive アドヒースィヴ

日	仏	英
せっちゅうあん **折衷案** secchuuan	**accommodement** *m.* アコモドゥマン	compromise カンプロマイズ
ぜっちょう **絶頂** zecchou	**sommet** *m.*, **cime** *f.* ソメ, シム	summit, height サミト, ハイト
せってい **設定** settei	**fixation** *f.* フィクサシオン	setting up セティング アプ
～する	**fixer, poser** フィクセ, ポゼ	establish, set up イスタブリシュ, セト アプ
せってん **接点** setten	**point de contact** *m.* ポワン ドゥ コンタクト	point of contact ポイント オヴ カンタクト
せっと **セット** setto	**série** *f.*, **ensemble** *m.* セリ, アンサンブル	set セト
せつど **節度** setsudo	**mesure** *f.*, **modération** *f.* ムジュール, モデラシオン	moderation モデレイション
せっとくする **説得する** settokusuru	**persuader, convaincre** ペルシュアデ, コンヴァンクル	persuade パスウェイド
せっぱく **切迫** seppaku	**urgence** *f.* ユルジャンス	urgency アーヂェンスィ
せつび **設備** setsubi	**équipement** *m.* エキップマン	equipment イクウィプメント
～投資	**investissements d'équi-pement** *m.pl.* アンヴェスティスマン デキップマン	plant and equip-ment investment プラント アンド イクウィプメント インヴェストメント
ぜつぼう **絶望** zetsubou	**désespoir** *m.* デゼスポワール	despair ディスペア
～する	**désespérer** *de* デゼスペレ ドゥ	despair of ディスペア オヴ
～的な	**désespéré(e)** デゼスペレ	desperate デスパレト

日	仏	英
せつめい **説明** setsumei	**explication** *f.* エクスプリカシオン	explanation エクスプラ**ネ**イション
〜書	**guide de l'utilisateur** *m.* ギッド ドゥ リュティリザトゥール	explanatory note, instructions イクスプラ**ナ**トーリ **ノ**ウト, インストラ**ク**ションズ
〜する	**expliquer, commenter** エクスプリケ, コマンテ	explain イクスプ**レ**イン
ぜつめつ **絶滅** zetsumetsu	**extinction** *f.* エクスタンクシオン	extinction イクス**ティ**ンクション
〜する	**s'éteindre** セタンドル	(become) extinct (ビカム) イクス**ティ**ンクト
せつやく **節約** setsuyaku	**économie** *f.*, **épargne** *f.* エコノミー, エパルニュ	economy, saving イ**カ**ノミ, **セ**イヴィング
〜する	**économiser, épargner** エコノミゼ, エパルニェ	economize in, save イ**カ**ノマイズ イン, **セ**イヴ
せつりつする **設立する** setsuritsusuru	**fonder, constituer** フォンデ, コンスティテュエ	establish, found イス**タ**プリシュ, **ファ**ウンド
せなか **背中** senaka	**dos** *m.* ド	back **バ**ク
せねがる **セネガル** senegaru	**Sénégal** *m.* セネガル	Senegal セニ**ゴ**ール
せのびする **背伸びする** senobisuru	**se hausser sur la pointe des pieds** ス オセ シュール ラ ポワント デ ピエ	stand on tiptoe ス**タ**ンド オン **ティ**プトウ
せぴあいろ **セピア色** sepiairo	**brun foncé** *m.*, **couleur sépia** *f.* ブラン フォンセ, クルール セピア	sepia **ス**ィーピア
ぜひとも **是非とも** zehitomo	**à tout prix** ア トゥ プリ	by all means バイ **オ**ール **ミ**ーンズ
せびる **せびる** sebiru	**mendier, quémander** マンディエ, ケマンデ	scrounge, mooch スク**ラ**ウンデ, **ム**ーチ

日	仏	英
せばね **背骨** sebone	**colonne vertébrale** *f.* コロヌ ヴェルテブラル	backbone バクボウン
せまい **狭い** semai	**étroit(e), petit(e)** エトロワ(ト), プティ(ット)	narrow, small ナロウ, スモール
せまる **迫る**　(強いる) semaru	**presser, forcer** プレセ, フォルセ	press, urge プレス, アーヂ
（近づく）	**approcher** アプロシェ	approach アプロウチ
（切迫する）	**(être) au bord** *de* (エートル) オ ボール ドゥ	(be) on the verge of (ビ) オン ザ ヴァーヂ オヴ
せめる **攻める** semeru	**attaquer, assaillir** アタッケ, アサイール	attack, assault アタク, アソールト
せめる **責める** semeru	**reprocher, blâmer** ルプロシェ, ブラメ	blame, reproach ブレイム, リプロウチ
せめんと **セメント** semento	**ciment** *m.* シマン	cement セメント
ぜらちん **ゼラチン** zerachin	**gélatine** *f.* ジェラティヌ	gelatin ヂェラティン
せらぴすと **セラピスト** serapisuto	**thérapeute** *m.f.* テラプート	therapist セラピスト
せらみっく **セラミック** seramikku	**céramique** *f.* セラミック	ceramics セラミクス
ぜりー **ゼリー** zerii	**gelée** *f.* ジュレ	jelly ヂェリ
せりふ **せりふ** serifu	**texte** *m.*, **dialogue** *m.* テクスト, ディアローグ	speech, dialogue スピーチ, ダイアローグ
せるふさーびす **セルフサービス** serufusaabisu	**libre service** *m.* リーブル セルヴィス	self-service セルフサーヴィス

日	仏	英
ぜろ **ゼロ** (0) zero	**zéro** *m.* ゼロ	zero ズィアロウ
せろり **セロリ** serori	**céleri** *m.* セルリ	celery セラリ
せろん **世論** seron	**opinion publique** *f.* オピニオン ピュブリック	public opinion パブリク オピニョン
せわ **世話** sewa	**soin** *m.* ソワン	care, aid ケア，エイド
〜する	**s'occuper** *de* ソキュペ ドゥ	take care テイク ケア
せん **千** sen	**mille** ミル	(a) thousand (ア) サウザンド
せん **栓** sen	**bouchon** *m.*, **robinet** *m.* ブション，ロビネ	stopper, plug スタパ，プラグ
せん **線** sen	**ligne** *f.*, **trait** *m.* リーニュ，トレ	line ライン
ぜん **善** zen	**bien** *m.* ビアン	good, goodness グド，グドネス
ぜんあく **善悪** zen-aku	**le bien** *m.* **et le mal** *m.* ル ビアン エル マル	good and evil グド アンド イーヴル
せんい **繊維** sen-i	**fibre** *f.* フィーブル	fiber ファイバ
ぜんい **善意** zen-i	**bonne volonté** *f.* ボヌ ヴォロンテ	goodwill グドウィル
ぜんいん **全員** zen-in	**tous les membres** *m.pl.*, **tout le monde** *m.* トゥ レ マンブル，トゥ ル モンド	all members オール メンバズ
ぜんえい **前衛** zen-ei	**avant-garde** *f.* アヴァンガルド	vanguard, advance guard ヴァンガード，アドヴァンス ガード

日	仏	英
ぜんかい **前回** zenkai	**la dernière fois** *f.* ラ デルニエール フォワ	last time **ラ**スト **タ**イム
せんかん **戦艦** senkan	**cuirassé** *m.* キュイラセ	battleship **バ**トルシプ
ぜんき **前期** zenki	**première période** *f.* プルミエール ペリオド	first term **ファ**ースト **タ**ーム
せんきょ **選挙** senkyo	**élection** *f.* エレクシオン	election イ**レ**クション
〜する	**élire** エリール	elect イ**レ**クト
せんきょうし **宣教師** senkyoushi	**missionnaire** *m.* ミシオネール	missionary **ミ**ショネリ
せんくしゃ **先駆者** senkusha	**précurseur** *m.*, **pionnier** *m.* プレキュルスール, ピオニエ	pioneer パイオ**ニ**ア
せんげつ **先月** sengetsu	**le mois dernier** *m.* ル モワ デルニエ	last month **ラ**スト **マ**ンス
せんげん **宣言** sengen	**déclaration** *f.* デクララシオン	declaration デクラ**レ**イション
〜する	**déclarer, proclamer** デクラレ, プロクラメ	declare, proclaim ディク**レ**ア, プロク**レ**イム
せんご **戦後** sengo	**après-guerre** *m.* アプレゲール	after the war **ア**フタ ザ **ウォ**ー
ぜんご **前後** (位置の) zengo	**devant et derrière** ドゥヴァン エ デリエール	front and rear フ**ラ**ント アンド **リ**ア
(時間の)	**avant et après** アヴァン エ アプレ	before and after ビ**フォ**ー アンド **ア**フタ
(およそ)	**à peu près, environ** ア プー プレ, アンヴィロン	about, or so ア**バ**ウト, **オ**ー **ソ**ウ

日	仏	英
（順序）	**ordre** *m.* オルドル	order, sequence **オ**ーダ, **スィ**ークウェンス
せんこう **専攻** senkou	**spécialité** *f.* スペシアリテ	speciality スペシ**ア**リティ
～する	**se spécialiser** *en* ス スペシアリゼ アン	major in **メ**イヂャ イン
ぜんこく **全国** zenkoku	**tout le pays** *m.* トゥ ル ペイ	whole country **ホ**ウル **カ**ントリ
～的な	**national(e)** ナシオナル	national **ナ**ショナル
せんこくする **宣告する** senkokusuru	**déclarer, condamner** デクラレ, コンダネ	sentence **セ**ンテンス
せんさー **センサー** sensaa	**capteur** *m.* カプトゥール	sensor **セ**ンサ
せんさい **戦災** sensai	**dommages de guerre** *f.pl.* ドマージュ ドゥ ゲール	war damage **ウォ**ー **ダ**ミヂ
せんざい **洗剤** senzai	**lessive** *f.,* **détergent** *m.* レシヴ, デテルジャン	detergent, cleanser ディ**タ**ーヂェント, **ク**レンザ
ぜんさい **前菜** zensai	**hors-d'œuvre** *m.* オルドゥーヴル	hors d'oeuvre **オ**ー **ダ**ーヴル
せんさいな **繊細な** sensaina	**délicat(e), fin(e)** デリカ(ット), ファン(フィヌ)	delicate **デ**リケト
せんし **先史** senshi	**préhistoire** *f.* プレイストワール	prehistory プリ**ヒ**ストリ
せんし **戦死** senshi	**mort à la guerre** *f.* モール タ ラ ゲール	death in battle **デ**ス イン **バ**トル
せんじつ **先日** senjitsu	**l'autre jour** *m.* ロートル ジュール	(the) other day (ズィ) **ア**ザ **デ**イ

日	仏	英
ぜんじつ **前日** zenjitsu	**le jour précédent** *m.*, **la veille** *f.* ル ジュール プレセダン, ラ ヴェイユ	(the) day before (ザ) デイ ビ**フォ**ー
せんしゃ **戦車** sensha	**char d'assaut** *m.*, **tank** *m.* シャール ダソー, タンク	tank **タ**ンク
ぜんしゃ **前者** zensha	**premier(ère)** *m.f.*, **précédent(e)** *m.f.* プルミエ(-エール), プレセダン(ト)	former **フォ**ーマ
せんしゅ **選手** senshu	**athlète** *m.f.*, **joueur(se)** *m.f.* アトレット, ジュウール(-ズ)	athlete, player **ア**スリート, プレイア
～権	**championnat** *m.* シャンピオナ	championship **チャ**ンピオンシプ
せんしゅう **先週** senshuu	**la semaine dernière** *f.* ラ スメーヌ デルニエール	last week **ラ**スト **ウィ**ーク
せんじゅうみん **先住民** senjuumin	**aborigènes** *m.f.pl.* アボリジェヌ	indigenous peoples, aborigines イン**ディ**ヂェナス **ピ**ープルズ, アボリ**ヂ**ーニーズ
せんしゅつ **選出** senshutsu	**élection** *f.* エレクシオン	election イ**レ**クション
せんじゅつ **戦術** senjutsu	**tactique** *f.* タクティック	tactics **タ**クティクス
せんしゅつする **選出する** senshutsusuru	**élire** エリール	elect イ**レ**クト
ぜんじゅつの **前述の** zenjutsuno	**mentionné(e), ci-dessus** マンシオネ, シドゥシュ	above-mentioned ア**バ**ヴメンションド
せんじょう **戦場** senjou	**champ de bataille** *m.* シャン ドゥ バタイユ	battlefield **バ**トルフィールド
せんしょく **染色** senshoku	**teinture** *f.* タンテュール	dyeing **ダ**イング
～体	**chromosome** *m.* クロモゾム	chromosome ク**ロ**ウモソウム

日	仏	英
ぜんしん **前進** zenshin	**avance** *f.*, **progrès** *m.* アヴァンス, プログレ	progress, advance プラグレス, アド**ヴァ**ンス
ぜんしん **全身** zenshin	**tout le corps** *m.* トゥ ル コール	whole body **ホ**ウル **バ**ディ
せんしんこく **先進国** senshinkoku	**pays développés** *m.pl.* ペイ デヴロペ	developed countries ディ**ヴェ**ロップト **カ**ントリズ
ぜんしんする **前進する** zenshinsuru	**aller en avant**, **progresser** アレ アン ナヴァン, プログレッセ	advance アド**ヴァ**ンス
せんす **扇子** sensu	**éventail** *m.* エヴァンタイユ	folding fan **フォ**ウルディング **ファ**ン
せんすいかん **潜水艦** sensuikan	**sous-marin** *m.* スマラン	submarine **サ**ブマリーン
せんせい **先生** sensei	**professeur(e)** *m.f.*, **maître(sse) d'école** *m.f.* プロフェスール, メートル(メトレス) デコール	teacher, instructor **ティ**ーチャ, インスト**ラ**クタ
せんせい **専制** sensei	**despotisme** *m.*, **autocratie** *f.* デスポティズム, オトクラシー	despotism, autocracy **デ**スポティズム, オー**タ**クラスィ
ぜんせい **全盛** zensei	**période prospère** *f.* ペリオド プロスペール	height of prosperity **ハ**イト オヴ プラス**ペ**リティ
せんせいじゅつ **占星術** senseijutsu	**astrologie** *f.* アストロロジー	astrology アスト**ロ**ロディ
せんせいする **宣誓する** senseisuru	**prêter serment**, **jurer** プレテ セルマン, ジュレ	take an oath, swear **テ**イク アン **オ**ウス, ス**ウェ**ア
せんせーしょなるな **センセーショナルな** senseeshonaruna	**sensationnel(le)** サンサシオネル	sensational セン**セ**イショナル
せんせん **戦線** sensen	**front** *m.* フロン	front (line) フ**ラ**ント (**ラ**イン)
ぜんぜん **戦前** senzen	**avant-guerre** *m.f.* アヴァンゲール	prewar プ**リ**ーウォー

日	仏	英
ぜんせん **前線** （気象） zensen	**front** *m.* フロン	(weather) front (ウェザ) フラント
（軍事）	**front** *m.*, **front d'une ba-taille** *m.* フロン, フロン デュヌ バタイユ	front (line) フラント (ライン)
ぜんぜん **全然** zenzen	**pas du tout** パ デュ トゥ	not at all ナト アト オール
せんせんしゅう **先々週** sensenshuu	**il y a quinze jours** イリヤ カンズ ジュール	week before last ウィーク ビフォ ラスト
せんぞ **先祖** senzo	**ancêtre** *m.* アンセトル	ancestor アンセスタ
せんそう **戦争** sensou	**guerre** *f.* ゲール	war, warfare ウォー, ウォーフェア
ぜんそうきょく **前奏曲** zensoukyoku	**prélude** *m.*, **ouverture** *f.* プレリュード, ウヴェルテュール	overture, prelude オウヴァチャ, プレリュード
ぜんそく **喘息** zensoku	**asthme** *m.* アスム	asthma アズマ
ぜんたい **全体** zentai	**totalité** *f.* トタリテ	whole, entirety ホウル, インタイアティ
せんたく **洗濯** sentaku	**lavage** *m.*, **lessive** *f.* ラヴァージュ, レシヴ	wash, laundry ワシュ, ローンドリ
～機	**lave-linge** *f.*, **machine à laver** *f.* ラヴランジュ, マシン ア ラヴェ	washing machine ワシング マシーン
～する	**faire la lessive**, **laver** フェール ラ レシヴ, ラヴェ	wash ワシュ
せんたく **選択** sentaku	**choix** *m.*, **sélection** *f.* ショワ, セレクシオン	selection, choice セレクション, チョイス
せんたん **先端** sentan	**pointe** *f.*, **extrémité** *f.* ポワント, エクストレミテ	point, tip ポイント, ティプ

日	仏	英
せんちめーとる **センチメートル** senchimeetoru	**centimètre** *m.* サンティメートル	centimeter, Ⓑcentimetre センティミータ, センティミータ
せんちめんたるな **センチメンタルな** senchimentaruna	**sentimental(e)** サンティマンタル	sentimental センティメンタル
せんちょう **船長** senchou	**capitaine** *m.* カピテーヌ	captain キャプテン
ぜんちょう **前兆** zenchou	**présage** *m.,* **signe** *m.* プレザージュ, シーニュ	omen, sign, symptom オウメン, サイン, スィンプトム
ぜんてい **前提** zentei	**prémisse** *f.* プレミス	premise プレミス
せんでんする **宣伝する** sendensuru	**faire de la publicité** *pour* フェール ドゥ ラ ピュブリシテ プール	advertise アドヴァタイズ
ぜんと **前途** zento	**avenir** *m.,* **perspective** *f.* アヴニール, ペルスペクティヴ	future, prospects フューチャ, プラスペクツ
せんとう **先頭** sentou	**tête** *f.* テット	head, top ヘド, タプ
せんとうき **戦闘機** sentouki	**chasseur** *m.* シャスール	fighter ファイタ
せんどうする **扇動する** sendousuru	**exciter** エクシテ	stir up, agitate スター アプ, アデテイト
せんにゅうかん **先入観** sennyuukan	**idée préconçue** *f.* イデ プレコンシュ	preconception プリーコンセプション
ぜんにん **善人** zennin	**homme bien** *m.* オム ビアン	good man グド マン
ぜんにんしゃ **前任者** zenninsha	**prédécesseur** *m.* プレデセスール	predecessor プレデセサ
せんぬき **栓抜き** sennuki	**tire-bouchon** *m.* ティルブション	corkscrew, bottle opener コークスクルー, バトル オウプナ

日	仏	英
ぜんねん **前年** zennen	**l'année précédente** *f.* ラネ プレセダント	previous year プリーヴィアス **イ**ア
せんねんする **専念する** sennensuru	**se consacrer** *à* ス コンサクレ ア	devote oneself to ディ**ヴォ**ウト トゥ
せんのうする **洗脳する** sennousuru	**faire un lavage de cer- veau** フェール アン ラヴァージュ ドゥ セルヴォー	brainwash ブレインウォーシュ
せんばい **専売** senbai	**monopole** *m.* モノポル	monopoly モ**ナ**ポリ
せんぱい **先輩** senpai	**aîné(e)** *m.f.* エネ	senior, elder **スィ**ーニア，**エ**ルダ
ぜんはん **前半** zenhan	**première moitié** *f.* プルミエール モワティエ	first half **ファ**ースト ハフ
ぜんぱんの **全般の** zenpanno	**général(e)** ジェネラル	general **チェ**ネラル
ぜんぶ **全部** zenbu	**tout** *m.*, **totalité** *f.* トゥ，トタリテ	all, (the) whole **オ**ール，(ザ) **ホ**ウル
せんぷうき **扇風機** senpuuki	**ventilateur** *m.* ヴァンティラトゥール	electric fan イレクトリク **ファ**ン
せんぷくする **潜伏する** senpukusuru	**se cacher, se terrer** ス カシェ，ス テレ	lie hidden **ラ**イ **ヒ**ドン
ぜんぶん **全文** zenbun	**texte intégral** *m.*, **phrase complète** *f.* テクスト アンテグラル，フラーズ コンプレット	whole sentence **ホ**ウル **セ**ンテンス
せんぽう **先方** senpou	**partie intéressée** *f.* パルティ アンテレッセ	other party **ア**ザ **パ**ーティ
ぜんぽうの **前方の** zenpouno	**devant** ドゥヴァン	before, in front of ビ**フォ**ー，イン フ**ラ**ント オヴ
せんめいな **鮮明な** senmeina	**net(te), précis(e)** ネット，プレシ(- シーズ)	clear ク**リ**ア

日	仏	英
ぜんめつする **全滅する** zenmetsusuru	(être) anéanti(e) (エートル) アネアンティ	(be) annihilated (ビ) アナイアレイテド
せんめんじょ **洗面所** senmenjo	toilettes *f.pl.*, lavabo *m.* トワレット, ラヴァボ	washroom, bathroom, ⒷIavatory, toilet ワシュルーム, バスルーム, ラヴァトーリ, トイレト
せんめんだい **洗面台** senmendai	lavabo *m.* ラヴァボ	washbasin, Ⓑsink ワシュベイスン, スィンク
せんもん **専門** senmon	spécialité *f.* スペシアリテ	specialty スペシャルティ
〜家	spécialiste *m.f.* スペシアリスト	specialist スペシャリスト
〜学校	école professionnelle *f.* エコール プロフェシオネル	vocational school, Ⓑtechnical college ヴォケイショナル スクール, テクニカル カレヂ
〜的な	spécial(e) スペシアル	professional, special プロフェショナル, スペシャル
ぜんや **前夜** zen-ya	veille *f.*, nuit précédente *f.* ヴェイユ, ニュイ プレセダント	(the) previous night (ザ) プリーヴィアス ナイト
せんやく **先約** sen-yaku	engagement antérieur *m.* アンガージュマン アンテリユール	previous engagement プリーヴィアス インゲイヂメント
せんゆう **占有** sen-yuu	possession *f.* ポセシオン	possession, occupancy ポゼション, アキュパンスィ
〜する	posséder ポセデ	possess, occupy ポゼス, アキュパイ
せんようの **専用の** sen-youno	exclusif(ve) エクスクリュジフ(・ヴ)	exclusive イクスクルースィヴ
ぜんりつせん **前立腺** zenritsusen	prostate *f.* プロスタート	prostate プラステイト

日	仏	英
せんりゃく **戦略** senryaku	**stratégie** *f.* ストラテジー	strategy スト**ラ**テディ
せんりょう **占領** senryou	**occupation** *f.* オキュパシオン	occupation アキュ**ペ**イション
〜**する**	**occuper, prendre** オキュペ, プ랑ドル	occupy, capture **ア**キュパイ, **キャ**プチャ
ぜんりょうな **善良な** zenryouna	**bon(***ne***), honnête** ボン(ヌ), オネト	good, virtuous **グ**ド, **ヴァー**チュアス
ぜんりょく **全力** zenryoku	**toutes** *ses* **forces** トゥット フォルス	all one's strength **オー**ル スト**レ**ングス
せんれい **洗礼** senrei	**baptême** *m.* バテーム	baptism **バ**プティズム
ぜんれい **前例** zenrei	**précédent** *m.* プレセダン	precedent プ**レ**スィデント
せんれんされた **洗練された** senrensareta	**raffiné(e)** ラフィネ	refined リ**ファ**インド
せんれんする **洗練する** senrensuru	**raffiner** ラフィネ	refine リ**ファ**イン
せんろ **線路** senro	**voie ferrée** *f.*, **ligne de chemin de fer** *f.* ヴォワ フェレ, リーニュ ドゥ シュマン ドゥ フェール	railroad line, Ⓑrailway line **レ**イルロウド ライン, **レ**イルウェイ ライン

そ, ソ

そあくな **粗悪な** soakuna	**de mauvaise qualité** ドゥ モヴェーズ カリテ	crude, poor ク**ルー**ド, **プ**ア
そう **添う** sou	**accompagner** アコンパニェ	accompany ア**カ**ンパニ
ぞう **象** zou	**éléphant** *m.* エレファン	elephant **エ**レファント

日	仏	英
ぞう **像** zou	**image** *f.*, **statue** *f.* イマージュ, スタチュ	image, figure, statue イミヂ, フィギャ, スタチュー
そうい **相違** soui	**différence** *f.*, **variété** *f.* ディフェランス, ヴァリエテ	difference, variation ディファレンス, ヴェアリエイション
ぞうお **憎悪** zouo	**haine** *f.* エヌ	hatred ヘイトレド
そうおん **騒音** souon	**bruit** *m.*, **vacarme** *m.* ブリュイ, ヴァカルム	noise ノイズ
ぞうか **増加** zouka	**augmentation** *f.* オグマンタシオン	increase インクリース
〜**する**	**augmenter, s'accroître** オグマンテ, サクロワートル	increase, augment インクリース, オーグメント
そうかい **総会** soukai	**assemblée générale** *f.* アサンブレ ジェネラル	general meeting チェネラル ミーティング
そうがく **総額** sougaku	**total** *m.*, **montant** *m.* トタル, モンタン	total (amount) トウタル (アマウント)
そうがんきょう **双眼鏡** sougankyou	**jumelles** *f.pl.* ジュメル	binoculars バイナキュラズ
そうぎ **葬儀** sougi	**funérailles** *f.pl.* フュネライユ	funeral フューネラル
そうきん **送金** soukin	**envoi d'argent** *m.* アンヴォワ ダルジャン	remittance リミタンス
〜**する**	**envoyer de l'argent** アンヴォワイエ ドゥ ラルジャン	send money センド マニ
ぞうきん **雑巾** zoukin	**torchon** *m.*, **serpillière** *f.* トルション, セルピイエール	dustcloth, ⑧duster ダストクロース, ダスタ
ぞうげ **象牙** zouge	**ivoire** *m.* イヴォワール	ivory アイヴォリ

日	仏	英
そうけい **総計** soukei	**total** *m.*, **montant** *m.* トタル, モンタン	total amount ト**ウ**タル ア**マ**ウント
そうげん **草原** sougen	**prairie** *f.*, **pré** *m.* プレリ, プレ	plain, prairie プ**レ**イン, プ**レ**アリ
そうこ **倉庫** souko	**entrepôt** *m.*, **magasin** *m.* アントルポ, マガザン	warehouse **ウェ**アハウス
そうこうきょり **走行距離** soukoukyori	**parcours** *m.* パルクール	mileage **マ**イリヂ
そうごうする **総合する** sougousuru	**synthétiser** サンテティゼ	synthesize ス**ィ**ンセサイズ
そうごうてきな **総合的な** sougoutekina	**synthétique** サンテティック	synthetic, compre- hensive スィン**セ**ティク, カンプリ**ヘ**ン スィヴ
そうごんな **荘厳な** sougonna	**solennel(*le*)** ソラネル	solemn **サ**レム
そうさ **捜査** sousa	**enquête** *f.*, **recherche** *f.* アンケート, ルシェルシュ	investigation, search インヴェスティ**ゲ**イション, **サー** チ
〜する	**rechercher, enquêter** *sur* ルシェルシェ, アンケーテ シュール	investigate イン**ヴェ**スティゲイト
そうさ **操作** sousa	**opération** *f.*, **manœuvre** *f.* オペラシオン, マヌーヴル	operation アペ**レ**イション
〜する	**opérer, manier** オペレ, マニエ	operate **ア**ペレイト
そうさいする **相殺する** sousaisuru	**compenser** コンパンセ	offset, cancel out **オ**ーフセト, **キャ**ンセル **ア**ウト
そうさく **創作** sousaku	**création** *f.* クレアシオン	creation クリ**エ**イション
〜する	**créer, composer** クレエ, コンポゼ	create, compose クリ**エ**イト, コン**ポ**ウズ

日	仏	英
そうさくする **捜索する** sousakusuru	**rechercher** ルシェルシェ	search for **サ**ーチ フォ
そうじ **掃除** souji	**ménage** *m.* メナージュ	cleaning ク**リ**ーニング
〜機	**aspirateur** *m.* アスピラトゥール	vacuum cleaner **ヴァ**キュアム ク**リ**ーナ
〜する	**nettoyer, balayer** ネトワイエ, バレイエ	clean, sweep ク**リ**ーン, ス**ウィ**ープ
そうしゃ **走者** sousha	**coureur(se)** *m.f.* クルール(-ズ)	runner **ラ**ナ
そうじゅうする **操縦する** （乗り物・装置を） soujuusuru	**conduire, manier** コンデュイール, マニエ	handle, operate **ハ**ンドル, **ア**ペレイト
（飛行機を）	**piloter** ピロテ	pilot **パ**イロト
（船を）	**naviguer** ナヴィゲ	steer ス**ティ**ア
そうじゅくな **早熟な** soujukuna	**précoce** プレコス	precocious プリ**コ**ウシャス
そうしょく **装飾** soushoku	**décoration** *f.*, **ornement** *m.* デコラシオン, オルヌマン	decoration デコ**レ**イション
〜する	**décorer, orner** デコレ, オルネ	adorn, ornament ア**ド**ーン, **オ**ーナメント
そうしん **送信** soushin	**transmission** *f.* トランスミシオン	transmission トランス**ミ**ション
〜する	**transmettre** トランスメットル	transmit トランス**ミ**ト
ぞうぜい **増税** zouzei	**augmentation des impôts** *f.* オグマンタシオン デ ザンポ	tax increase **タ**クス インク**リ**ース

日	仏	英
そうせつする **創設する** sousetsusuru	**fonder** フォンデ	found **ファ**ウンド
ぞうせん **造船** zousen	**construction navale** *f.* コンストリュクシオン ナヴァル	shipbuilding **シ**ビルディング
そうぞう **創造** souzou	**création** *f.* クレアシオン	creation クリ**エ**イション
～する	**créer** クレエ	create クリ**エ**イト
～的な	**créatif(ve)** クレアティフ(-ヴ)	creative, original クリ**エ**イティヴ, オ**リ**ヂナル
そうぞう **想像** souzou	**imagination** *f.*, **fantaisie** *f.* イマジナシオン, ファンテジー	imagination, fancy イマヂ**ネ**イション, **ファ**ンスィ
～する	**imaginer, se figurer** イマジネ, ス フィギュレ	imagine, fancy イ**マ**ヂン, **ファ**ンスィ
そうぞうしい **騒々しい** souzoushii	**bruyant(e), tapageur(se)** ブリュイアン(ト), タパジュール(-ズ)	imagine, fancy イ**マ**ヂン, **ファ**ンスィ
そうぞく **相続** souzoku	**héritage** *m.*, **succession** *f.* エリタージュ, シュクセシオン	inheritance, succession イン**ヘ**リタンス, サク**セ**ション
～する	**hériter** エリテ	inherit, succeed イン**ヘ**リト, サク**スィ**ード
～税	**droits de succession** *m.pl.* ドロワ ドゥ シュクセシオン	inheritance tax イン**ヘ**リタンス **タ**クス
～人	**héritier(ère)** *m.f.* エリティエ(-エール)	heir, heiress **エ**ア, **エ**アレス
そうそふ **曾祖父** sousofu	**arrière-grand-père** *m.* アリエールグランペール	great-grandfather グレイト**グ**ランドファーザ
そうそぼ **曾祖母** sousobo	**arrière-grand-mère** *f.* アリエールグランメール	great-grandmother グレイト**グ**ランドマザ

日	仏	英
そうたいてきな **相対的な** soutaitekina	**relatif(ve)** ルラティフ(・ヴ)	relative レラティヴ
そうだいな **壮大な** soudaina	**grandiose, magnifique** グランディオーズ, マニフィック	magnificent, grand マグニフィセント, グランド
そうだん **相談** soudan	**consultation** *f.* コンシュルタシオン	consultation カンスルテイション
～する	**consulter** コンシュルテ	consult with コンサルト ウィズ
そうち **装置** souchi	**dispositif** *m.*, **mécanisme** *m.* ディスポジティフ, メカニスム	device, equipment ディヴァイス, イクウィプメント
そうちょう **早朝** souchou	**de bon matin** ドゥ ボン マタン	early in the morning アーリ イン ザ モーニング
そうどう **騒動** soudou	**tumulte** *m.*, **agitation** *f.* テュミュルト, アジタシオン	disturbance, confusion ディスターバンス, コンフュージョン
そうとうする **相当する** soutousuru	**correspondre** *à* コレスポンドル ア	correspond to, (be) fit for コーレスパンド トゥ, (ビ) フィト フォ
そうとうな **相当な** soutouna	**considérable** コンシデラーブル	considerable, fair コンスィダラブル, フェア
そうなん **遭難** sounan	**accident** *m.*, **naufrage** *m.* アクシダン, ノフラージュ	accident, disaster アクスィデント, ディザスタ
～者	**victime** *f.* ヴィクティム	victim, sufferer ヴィクティム, サファラ
そうにゅうする **挿入する** sounyuusuru	**insérer** アンセレ	insert インサート
そうば **相場** souba	**prix du marché** *m.* プリ デュ マルシェ	market price マーケト プライス
(投機的取引)	**spéculation** *f.* スペキュラシオン	speculation スペキュレイション

日	仏	英
そうび **装備** soubi	**équipement** *m.* エキップマン	equipment, outfit イク**ウィ**プメント，**ア**ウトフィット
〜**する**	**équiper** *de* エキッペ ドゥ	equip with イク**ウィ**プ ウィズ
そうふする **送付する** soufusuru	**envoyer** アンヴォワイエ	send **セ**ンド
そうべつかい **送別会** soubetsukai	**fête d'adieu** *f.* フェット ダディユー	farewell party フェ**ア**ウェル **パー**ティ
そうめいな **聡明な** soumeina	**intelligent(e), sage** アンテリジャン(ト)，サージュ	bright, intelligent ブ**ラ**イト，イン**テ**リヂェント
ぞうよぜい **贈与税** zouyozei	**taxe sur la donation** *f.* タックス シュール ラ ドナシオン	gift tax **ギ**フト **タ**クス
そうりだいじん **総理大臣** souridaijin	**Premier ministre** *m.* プルミエ ミニストル	Prime Minister プ**ラ**イム **ミ**ニスタ
そうりつしゃ **創立者** souritsusha	**fondateur(trice)** *m.f.* フォンダトゥール(-トリス)	founder **ファ**ウンダ
そうりつする **創立する** souritsusuru	**fonder, établir** フォンデ，エタブリール	found, establish **ファ**ウンド，イス**タ**ブリシュ
そうりょ **僧侶** souryo	**moine** *m.*, **bonze** *m.* モワヌ，ボーンズ	monk, priest **マ**ンク，プ**リ**ースト
そうりょう **送料** souryou	**port** *m.*, **affranchisse- ment** *m.* ポール，アフランシスマン	postage, carriage **ポ**ウスティヂ，**キャ**リヂ
そうりょうじ **総領事** souryouji	**consul général** *m.* コンシュル ジェネラル	consul general **カ**ンスル **チ**ェネラル
ぞうわい **贈賄** zouwai	**corruption** *f.* コリュプシオン	bribery ブ**ラ**イバリ
そえる **添える** soeru	**attacher** アタシェ	affix, attach ア**フィ**クス，ア**タ**チ

日	仏	英
そーす **ソース** soosu	**sauce** *f.* ソース	sauce ソース
そーせーじ **ソーセージ** sooseeji	**saucisse** *f.*, **saucisson** *m.* ソシス, ソシソン	sausage ソスィヂ
そーだ **ソーダ** sooda	**soude** *f.*, **soda** *m.* スード, ソーダ	soda ソウダ
ぞくご **俗語** zokugo	**argot** *m.* アルゴ	slang スラング
そくしする **即死する** sokushisuru	**(être) tué(e) sur le coup** (エートル) テュエ シュール ル クー	die instantly ダイ インスタントリ
そくしん **促進** sokushin	**promotion** *f.* プロモシオン	promotion プロモウション
〜する	**promouvoir** プロムヴォワール	promote プロモウト
ぞくする **属する** zokusuru	**appartenir** *à* アパルトゥニール ア	belong to ビローング トゥ
そくたつ **速達** sokutatsu	**exprès** *m.* エクスプレ	express mail, special delivery イクスプレス メイル, スペシャル デリヴァリ
そくてい **測定** sokutei	**mesure** *f.* ムジュール	measurement メジャメント
〜する	**mesurer** ムジュレ	measure メジャ
そくど **速度** sokudo	**vitesse** *f.*, **rapidité** *f.* ヴィテス, ラピディテ	speed, velocity スピード, ヴェラスィティ
〜計	**compteur de vitesse** *m.* コントゥール ドゥ ヴィテス	speedometer スピダメタ
〜制限	**limitation de vitesse** *f.* リミタシオン ドゥ ヴィテス	speed limit スピード リミト

日	仏	英
そくばい **即売** sokubai	**vente sur place** *f.* ヴァント シュール プラス	spot sale スパト セイル
そくばく **束縛** sokubaku	**contrainte** *f.* コントラント	restraint, restriction リストレイント, リストリクション
〜する	**contraindre** コントランドル	restrain, restrict リストレイン, リストリクト
そくほう **速報** sokuhou	**dernières nouvelles** *f.pl.*, **bulletin d'informations** *m.* デルニエール ヌヴェル, ビュルタン ダンフォルマシオン	newsflash, breaking news ニューズフラシュ, ブレイキング ニューズ
そくめん **側面** sokumen	**côté** *m.* コテ	side サイド
そくりょう **測量** sokuryou	**mesure** *f.* ムジュール	measurement メジャメント
〜する	**mesurer, arpenter** ムジュレ, アルパンテ	measure, survey メジャ, サーヴェイ
そくりょく **速力** sokuryoku	**vitesse** *f.*, **rapidité** *f.* ヴィテス, ラピディテ	speed, velocity スピード, ヴェラスィティ
そけっと **ソケット** soketto	**douille** *f.* ドゥイユ	socket サケト
そこ **底** (容器などの) soko	**fond** *m.* フォン	bottom バトム
(靴の)	**semelle** *f.* スメル	sole ソウル
そこく **祖国** sokoku	**patrie** *f.*, **pays natal** *m.* パトリ, ペイ ナタル	motherland, fatherland マザランド, ファーザランド
そこぢから **底力** sokojikara	**réserves de force** *f.pl.* レゼルヴ ドゥ フォルス	reserve strength リザーヴ ストレングス
そこなう **損なう** sokonau	**nuire, détériorer** ニュイール, デテリオレ	hurt, harm ハート, ハーム

日	仏	英
そざい **素材** sozai	**matière** *f.* マティエール	material マ**ティ**アリアル
そしき **組織** soshiki	**organisation** *f.* オルガニザシオン	organization オーガニ**ゼ**イション
そしする **阻止する** soshisuru	**entraver, empêcher** アントラヴェ, アンペシェ	hinder, obstruct **ハ**インダ, オブスト**ラ**クト
そしつ **素質** soshitsu	**talent** *m.*, **aptitude** *f.* タラン, アプティテュード	aptitude, gift **ア**プティテュード, **ギ**フト
そして **そして** soshite	**et, puis** エ, ピュイ	and, then **ア**ンド, **ゼ**ン
そしょう **訴訟** soshou	**procès** *m.*, **action** *f.* プロセ, アクシオン	lawsuit, action **ロ**ースート, **ア**クション
そしょく **粗食** soshoku	**repas frugal** *m.* ルパ フリュガル	simple diet **ス**インプル **ダ**イエト
そせん **祖先** sosen	**ancêtre** *m.f.* アンセトル	ancestor **ア**ンセスタ
そそぐ **注ぐ** sosogu	**verser** ヴェルセ	pour **ポ**ー
そそっかしい **そそっかしい** sosokkashii	**étourdi(e), distrait(e)** エトゥルディ, ディストレ(ット)	careless **ケ**アレス
そそのかす **唆す** sosonokasu	**tenter, inciter** タンテ, アンシテ	tempt, seduce **テ**ンプト, スィ**デュ**ース
そだつ **育つ** sodatsu	**grandir** グランディール	grow **グ**ロウ
そだてる **育てる** sodateru	**élever** エルヴェ	bring up ブリング **ア**プ
(動物を)	**élever** エルヴェ	rear, raise **リ**ア, **レ**イズ
(植物を)	**cultiver** キュルティヴェ	cultivate **カ**ルティヴェイト

日	仏	英
そち **措置** sochi	**mesure** *f.*, **disposition** *f.* ムジュール, ディスポジシオン	measure, step **メ**ジャ, ス**テ**プ
そちら **そちら** sochira	**là** ラ	that way, there **ザ**ト ウェイ, **ゼ**ア
そっき **速記** sokki	**sténographie** *f.*, **sténo** *f.* ステノグラフィ, ステノ	shorthand **ショ**ートハンド
そっきょう **即興** sokkyou	**improvisation** *f.* アンプロヴィザシオン	improvisation インプロヴィ**ゼ**イション
そつぎょう **卒業** sotsugyou	**fin d'études** *f.* ファン デテュード	graduation グラデュ**エ**イション
〜する	**finir** *ses* **études** フィニール エテュード	graduate from グラデュエイト フラム
〜生	**diplômé(e)** *m.f.* ディプロメ	graduate グラデュエト
そっくす **ソックス** sokkusu	**chaussettes** *f.pl.* ショセット	socks **サ**クス
そっくり **そっくり** sokkuri	**identique** *à* イダンティック ア	just like **ヂャ**スト ライク
（全部）	**entièrement, tout à fait** アンティエールマン, トゥ タ フェ	all, entirely **オ**ール, イン**タ**イアリ
そっけない **そっけない** sokkenai	**froid(e), brusque** フロワ(ド), ブリュスク	blunt, curt ブラント, **カ**ート
そっちょくな **率直な** socchokuna	**franc**(*franche*)**, ouvert(e)** フラン(フランシュ), ウヴェール(・ヴェルト)	frank, outspoken フランク, アウトス**ポ**ウクン
そっと **そっと** sotto	**doucement** ドゥスマン	quietly, softly ク**ワ**イエトリ, **ソ**ーフトリ
ぞっとする **ぞっとする** zottosuru	**frissonner, frémir** フリソネ, フレミール	shudder, shiver **シャ**ダ, **シ**ヴァ

日	仏	英
そつろん **卒論** sotsuron	**mémoire de fin d'études** *m.* メモワール ドゥ ファン デテュード	graduation thesis グラデュ**エ**イション **ス**ィースィス
そで **袖** sode	**manche** *f.* マンシュ	sleeve スリーヴ
そと **外** soto	**extérieur** *m.* エクステリユール	outside アウト**サ**イド
そとの **外の** sotono	**extérieur(e)** エクステリユール	outdoor, external **ア**ウトドー, エクス**タ**ーナル
そなえる **備える** （準備を整える） sonaeru	**se préparer** *à* ス プレパレ ア	prepare oneself for プリ**ペ**ア フォ
 （用意する）	**munir** *de*, **équiper** ミュニール ドゥ, エキペ	provide, equip プロ**ヴァ**イド, イク**ウィ**プ
そなた **ソナタ** sonata	**sonate** *f.* ソナト	sonata ソ**ナ**ータ
その **その** sono	**ce**(*cette*) ス(セット)	that **ザ**ト
そのうえ **その上** sonoue	**encore, de plus** アンコール, ドゥ プリュス	besides ビ**サ**イヅ
そのうち **その内** sonouchi	**d'ici peu, bientôt** ディシ プー, ビアント	soon **ス**ーン
そのかわり **その代わり** sonokawari	**plutôt, à la place** プリュトー, ア ラ プラス	instead インス**テ**ド
そのご **その後** sonogo	**depuis, après** ドゥピュイ, アプレ	after that アフタ **ザ**ト
そのころ **その頃** sonokoro	**alors, à cette époque** アロール, ア セット エポック	about that time ア**バ**ウト **ザ**ト **タ**イム
そのた **その他** sonota	**et cetera, etc.** エトセテラ, エトセテラ	et cetera, and so on イト **セ**テラ, アンド **ソ**ウ **オ**ン

日	仏	英
その時 **その時** sonotoki	**alors, à ce moment-là** アロール, ア ス モマンラ	then, at that time **ゼ**ン, アト **ザ**ト **タ**イム
そば **そば** (近く) soba	**côté** *m.* コテ	side **サ**イド
そばに **そばに** sobani	**près** *de*, **à côté** *de* プレ ドゥ, ア コテ ドゥ	by, beside **バ**イ, ビ**サ**イド
そびえる **そびえる** sobieru	**se dresser** ス ドレセ	tower, rise **タ**ウア, **ラ**イズ
そふ **祖父** sofu	**grand-père** *m.* グランペール	grandfather **グ**ランドファーザ
そふぁー **ソファー** sofaa	**canapé** *m.*, **divan** *m.* カナペ, ディヴァン	sofa **ソ**ウファ
そふとうぇあ **ソフトウェア** sofutowea	**logiciel** *m.* ロジシエル	software **ソ**ーフトウェア
そぷらの **ソプラノ** sopurano	**soprano** *m.* ソプラノ	soprano ソプ**ラ**ーノウ
そぶり **素振り** soburi	**attitude** *f.*, **comporte- ment** *m.* アティテュード, コンポルトマン	behavior, attitude ビ**ヘ**イヴァ, **ア**ティテュード
そぼ **祖母** sobo	**grand-mère** *f.* グランメール	grandmother **グ**ランドマザ
そぼくな **素朴な** sobokuna	**simple, naïf(ve)** サンプル, ナイフ(- ヴ)	simple, artless **ス**ィンプル, **ア**ートレス
そまつな **粗末な** somatsuna	**grossier(ère), humble** グロシエ(- エール), アンブル	coarse, humble **コ**ース, **ハ**ンブル
そむく **背く** somuku	**désobéir, trahir** デゾベイール, トライール	disobey, betray ディスオ**ベ**イ, ビト**レ**イ
そむける **背ける** somukeru	**se détourner, détourner (le regard)** ス デトゥルネ, デトゥルネ (ル ルガール)	avert, turn away ア**ヴァ**ート, **タ**ーン ア**ウェ**イ

日	仏	英
そむりえ **ソムリエ** somurie	**sommelier(ère)** *m.f.* ソムリエ(-エール)	sommelier サムリ**エイ**
そめる **染める** someru	**teindre, colorer** タンドル, コロレ	dye, color, ⓑcolour **ダイ**, **カ**ラ, **カ**ラ
そよかぜ **そよ風** soyokaze	**brise** *f.* ブリーズ	breeze ブリーズ
そら **空** sora	**ciel** *m.* シエル	sky ス**カイ**
そり **そり** sori	**traîneau** *m.*, **luge** *f.* トレノー, リュージュ	sled, sledge スレド, スレヂ
そる **剃る** soru	**se raser** ス ラゼ	shave **シェ**イヴ
それ **それ** sore	**cela, ça** スラ, サ	it, that **イ**ト, **ザ**ト
それから **それから** sorekara	**et, depuis** エ, ドゥピュイ	and, since then **ア**ンド, スィンス **ゼ**ン
それぞれ **それぞれ** sorezore	**respectivement** レスペクティヴマン	respectively リス**ペ**クティヴリ
それぞれの **それぞれの** sorezoreno	**chaque, respectif(ve)** シャック, レスペクティフ(-ヴ)	respective, each リス**ペ**クティヴ, **イ**ーチ
それまで **それまで** soremade	**jusqu'alors, d'ici là** ジュスカロール, ディシ ラ	till then ティル **ゼ**ン
それる **それる** soreru	**dévier, s'écarter** *de* デヴィエ, セカルテ ドゥ	deviate, veer off **ディ**ーヴィエイト, **ヴィ**ア オフ
そろう **揃う** (等しくなる) sorou	**(être) au même niveau, (être) équivalent(e)** (エートル) オ メム ニヴォー, (エートル) エキヴァラン(ト)	(be) even (ビ) **イ**ーヴン
(集まる)	**se rassembler** ス ラサンブレ	gather **ギャ**ザ

そ

425

日	仏	英
（整う）	**devenir comple*t(ète)*** ドゥヴニール コンプレ(ット)	(become) complete (ビカム) コンプリート
そろえる **揃える**（等しくする） soroeru	**égaliser** エガリゼ	make even メイク イーヴン
（まとめる）	**compléter** コンプレテ	complete, collect コンプリート, コレクト
（整える）	**ranger, mettre de l'ordre** ランジェ, メットル ドゥ ロルドル	arrange アレインジ
そろばん **算盤** soroban	**abaque** *m.* アバック	abacus アバカス
そわそわする **そわそわする** sowasowasuru	**(être) nerveu*x(se)*** (エートル) ネルヴー(ズ)	(be) nervous (ビ) ナーヴァス
そん **損** son	**perte** *f.*, **désavantage** *m.* ペルト, デザヴァンタージュ	loss, disadvantage ロース, ディサドヴァンティヂ
〜をする	**perdre** ペルドル	lose, suffer a loss ルーズ, サファ ア ロース
そんがい **損害** songai	**dommage** *m.* ドマージュ	damage, loss ダミヂ, ロース
そんけい **尊敬** sonkei	**respect** *m.* レスペ	respect リスペクト
〜する	**respecter, estimer** レスペクテ, エスティメ	respect, esteem リスペクト, イスティーム
そんげん **尊厳** songen	**dignité** *f.* ディニテ	dignity, prestige ディグニティ, プレスティーヂ
そんざい **存在** sonzai	**existence** *f.* エグジスタンス	existence イグズィステンス
〜する	**exister** エグジステ	exist, (be) existent イグズィスト, (ビ) イグズィステント
そんしつ **損失** sonshitsu	**perte** *f.*, **déficit** *m.* ペルト, デフィシット	loss ロース

日	仏	英
そんぞくする **存続する** sonzokusuru	**subsister** シュブジステ	continue コンティニュー
そんだいな **尊大な** sondaina	**arrogant(e)** アロガン(ト)	arrogant アロガント
そんちょう **尊重** sonchou	**respect** *m.*, **estime** *f.* レスペ, エスティーム	respect, esteem リスペクト, イスティーム
〜する	**respecter, estimer** レスペクテ, エスティメ	respect, esteem リスペクト, イスティーム
そんな **そんな** sonna	**tel(*le*), pareil(*le*)** テル, パレイユ	such サチ

そ

日	仏	英

た，タ

た **田** ta	**rizière** *f.* リジエール	rice field **ライス フィールド**
たーとるねっく **タートルネック** taatorunekku	**col roulé** *m.* コル ルレ	turtleneck **タートルネク**
たーぼ **ターボ** taabo	**turbo** *m.* テュルボ	turbo **ターボ**
たい **タイ** tai	**Thaïlande** *f.* タイランド	Thailand **タイランド**
たい **鯛** tai	**daurade** *f.*, **dorade** *f.* ドラド，ドラド	sea bream **スィー ブリーム**
だい **台** dai	**socle** *m.*, **piédestal** *m.* ソクル，ピエデスタル	stand, pedestal **スタンド，ペデストル**
たいあたりする **体当たりする** taiatarisuru	**se jeter** *contre* ス ジュテ コントル	tackle, ram **タクル，ラム**
たいあっぷ **タイアップ** taiappu	**coopération** *f.* コオペラシオン	tie-up **タイアプ**
たいいく **体育** taiiku	**éducation physique** *f.* エデュカシオン フィジック	physical education **フィズィカル エデュケイション**
だいいちの **第一の** daiichino	**premier(ère)** プルミエ(-エール)	first **ファースト**
たいいんする **退院する** taiinsuru	**sortir de l'hôpital** ソルティール ドゥ ロピタル	(be) discharged from hospital (ビ) ディスチャーヂド フラム ハスピトル
たいえきする **退役する** taiekisuru	**prendre** *sa* **retraite** プランドル ルトレット	retire **リタイア**
だいえっと **ダイエット** daietto	**régime** *m.*, **diète** *f.* レジーム，ディエット	diet **ダイエト**

日	仏	英
たいおうする **対応する** taiousuru	**correspondre** *à* コレスポンドル ア	correspond to コーレスパンド トゥ
だいおきしん **ダイオキシン** daiokishin	**dioxine** *f.* ディオクシヌ	dioxin ダイ**ア**クスィン
たいおん **体温** taion	**température** *f.* タンペラテュール	temperature **テ**ンペラチャ
〜計	**thermomètre** *m.* テルモメートル	thermometer サ**マ**メタ
たいか **大家** taika	**grand maître** *m.* グラン メートル	great master, authority グレイト **マ**スタ, オ**サ**リティ
たいかく **体格** taikaku	**constitution** *f.* コンスティテュシオン	physique, build フィ**ズ**ィーク, **ビ**ルド
だいがく **大学** daigaku	**université** *f.* ユニヴェルシテ	university, college ユーニ**ヴァ**ースィティ, **カ**リヂ
〜院	**école doctorale** *f.* エコール ドクトラル	graduate school グ**ラ**デュエト ス**ク**ール
〜生	**étudiant(e)** *m.f.* エテュディアン(ト)	university student ユーニ**ヴァ**ースィティ ス**テュ**ーデント
たいがくする **退学する** taigakusuru	**quitter l'école** キテ レコール	leave school リーヴ ス**ク**ール
たいき **大気** taiki	**air** *m.*, **atmosphère** *f.* エール, アトモスフェール	air, atmosphere **エ**ア, **ア**トモスフィア
〜汚染	**pollution atmosphérique** *f.* ポリュシオン アトモスフェリック	air pollution **エ**ア ポ**リ**ューション
〜圏	**atmosphère** *f.* アトモスフェール	atmosphere **ア**トモスフィア
だいきぼな **大規模な** daikibona	**de grande envergure** ドゥ グランド アンヴェルギュール	large-scale ラーデス**ケ**イル

日	仏	英
たいきゃくする **退却する** taikyakusuru	**se retirer** *de* ス ルティレ ドゥ	retreat from リトリート フラム
たいきゅうせい **耐久性** taikyuusei	**endurance** *f.*, **résistance** *f.* アンデュランス, レジスタンス	durability デュアラビリティ
だいきん **代金** daikin	**prix** *m.* プリ	price プライス
たいぐう **待遇** taiguu	**traitement** *m.*, **accueil** *m.* トレトマン, アクイユ	treatment トリートメント
たいくつ **退屈** taikutsu	**ennui** *m.* アンニュイ	boredom ボーダム
〜な	**ennuyeux(se), monotone** アンニュイユー(ズ), モノトヌ	boring, tedious ボーリング, **ティ**ーディアス
たいけい **体形** taikei	**silhouette** *f.* シルエット	figure **フィ**ギャ
たいけい **体系** taikei	**système** *m.* システム	system **ス**ィステム
たいけつする **対決する** taiketsusuru	**affronter, faire face** *à* アフロンテ, フェール ファス ア	confront コンフラント
たいけん **体験** taiken	**expérience** *f.* エクスペリアンス	experience イクスピアリアンス
〜する	**faire l'expérience** *de* フェール レクスペリアンス ドゥ	experience, go through イクスピアリアンス, **ゴ**ウ ス ルー
たいこうする **対抗する** taikousuru	**s'opposer** *à* ソポゼ ア	oppose, confront オポウズ, コンフラント
だいこうする **代行する** daikousuru	**remplacer, agir au nom** *de* ランプラセ, アジール オ ノン ドゥ	act for アクト **フォ**ー
だいごの **第五の** daigono	**cinquième** サンキエム	fifth **フィ**フス

日	仏	英
たいざいする **滞在する** taizaisuru	**séjourner** セジュルネ	stay ステイ
たいさく **対策** taisaku	**mesures** *f.pl.* ムジュール	measures メジャズ
だいさんの **第三の** daisanno	**troisième** トロワジエム	third サード
たいし **大使** taishi	**ambassa*deur*(*drice*)** *m.f.* アンバサドゥール(-ドリス)	ambassador アンバサダ
〜館	**ambassade** *f.* アンバサッド	embassy エンバスィ
たいしつ **体質** taishitsu	**constitution** *f.* コンスティテュシオン	constitution カンスティテューション
だいじな **大事な** daijina	**important(e),** **précieux(se)** アンポルタン(ト), プレシユー(ズ)	important, precious インポータント, プレシャス
だいじにする **大事にする** daijinisuru	**prendre soin** *de*, **faire attention** *à* プランドル ソワン ドゥ, フェール アタンシオン ア	take care of テイク ケア オヴ
たいしゅう **大衆** taishuu	**grand public** *m.* グラン ピュブリック	general public ヂェネラル パブリク
たいじゅう **体重** taijuu	**poids** *m.* ポワ	body weight バディ ウェイト
たいしょう **対照** taishou	**contraste** *m.*, **comparaison** *f.* コントラスト, コンパレゾン	contrast, comparison カントラスト, コンパリスン
〜する	**comparer, confronter** コンパレ, コンフロンテ	contrast, compare コントラスト, コンペア
たいしょう **対象** taishou	**objet** *m.* オブジェ	object アブヂクト
だいしょう **代償** daishou	**compensation** *f.* コンパンサシオン	compensation カンペンセイション

日	仏	英
たいじょうする **退場する** taijousuru	**sortir** ソルティール	leave, exit リーヴ, エグズィト
たいしょく **退職** taishoku	**retraite** *f.* ルトレット	retirement リタイアメント
～する	**prendre** *sa* **retraite** *de* プランドル ルトレット ドゥ	retire from リタイア
だいじん **大臣** daijin	**ministre** *m.* ミニストル	minister ミニスタ
たいしんの **耐震の** taishinno	**antisismique** アンチシスミック	earthquake-proof アースクウェイクプルーフ
だいず **大豆** daizu	**soja** *m.* ソジャ	soybean, Ⓑsoya-bean ソイビーン, ソヤビーン
たいすいの **耐水の** taisuino	**imperméable** アンペルメアブル	waterproof ウォータプルーフ
たいすう **対数** taisuu	**logarithme** *m.* ロガリトム	logarithm ロガリズム
だいすう **代数** daisuu	**algèbre** *f.* アルジェブル	algebra アルヂブラ
たいせい **体制** taisei	**organisation** *f.* オルガニザシオン	organization オーガニゼイション
たいせい **大勢** taisei	**tendance générale** *f.* タンダンス ジェネラル	general trend ヂェネラル トレンド
たいせいよう **大西洋** taiseiyou	**océan Atlantique** *m.* オセアン アトランティック	Atlantic Ocean アトランティク オーシャン
たいせき **体積** taiseki	**volume** *m.* ヴォリューム	volume ヴァリュム
たいせつな **大切な** taisetsuna	**important(e), précieux(se)** アンポルタン(ト), プレシユー(ズ)	important, pre-cious インポータント, プレシャス

日	仏	英
たいせんする **対戦する** taisensuru	**combattre, se battre** *avec* コンバットル, スバットル アヴェク	fight with **ファ**イト ウィズ
たいそう **体操** taisou	**gymnastique** *f.* ジムナスティック	gymnastics デム**ナ**スティクス
だいたい **大体** (およそ) daitai	**environ** アンヴィロン	about ア**バ**ウト
(概略)	**grandes lignes** *f.pl.* グランド リーニュ	outline, summary **ア**ウトライン, **サ**マリ
(大抵)	**en général** アン ジェネラル	generally **ヂェ**ネラリ
だいたすう **大多数** daitasuu	**grande majorité** *f.*, **plupart** *f.* グランド マジョリテ, プリュパール	large majority **ラ**ーヂ マ**ジョ**ーリティ
たいだな **怠惰な** taidana	**paresseux**(*se*) パレスー(ズ)	lazy **レ**イズィ
たいだん **対談** taidan	**entretien** *m.* アントルティアン	talk **ト**ーク
～**する**	**s'entretenir** *avec* サントルトゥニール アヴェク	have a talk with **ハ**ヴ ア **ト**ーク ウィズ
だいたんな **大胆な** daitanna	**hardi**(*e*), **audacieux**(*se*) アルディ, オダシュー(ズ)	bold, daring **ボ**ウルド, **デ**アリング
たいちょう **体調** taichou	**condition physique** *f.* コンディシオン フィジック	physical condition **フィ**ズィカル コン**ディ**ション
だいちょう **大腸** daichou	**gros intestin** *m.* グロ ザンテスタン	large intestine **ラ**ーヂ イン**テ**スティン
たいつ **タイツ** taitsu	**collant** *m.* コラン	tights **タ**イツ
たいてい **大抵** (大体) taitei	**d'habitude, en général** ダビテュード, アン ジェネラル	generally **ヂェ**ネラリ

日	仏	英
（大部分）	**presque** プレスク	almost **オー**ルモウスト
たいど **態度** taido	**attitude** *f.* アティテュード	attitude, manner **ア**ティテュード, **マ**ナ
たいとうの **対等の** taitouno	**égal(e)** エガル	equal, even **イー**クワル, **イー**ヴン
だいどうみゃく **大動脈** daidoumyaku	**aorte** *f.* アオルト	aorta エイ**オー**タ
だいとうりょう **大統領** daitouryou	**président(e) de la Répu-blique** *m.f.* プレジダン(ト) ドゥ ラ レピュブリック	president プレ**ズィ**デント
だいどころ **台所** daidokoro	**cuisine** *f.* キュイジーヌ	kitchen **キ**チン
だいとし **大都市** daitoshi	**grande ville** *f.* グランド ヴィル	big city **ビ**グ ス**ィ**ティ
たいとる **タイトル** taitoru	**titre** *m.* ティートル	title **タ**イトル
だいなみっくな **ダイナミックな** dainamikkuna	**dynamique** ディナミック	dynamic ダイ**ナ**ミク
だいにの **第二の** dainino	**second(e), deuxième** スゴン(ド), ドゥズィエム	second **セ**カンド
だいにんぐ **ダイニング** dainingu	**salle à manger** *f.* サル ア マンジェ	dining room **ダ**イニング **ルー**ム
たいねつの **耐熱の** tainetsuno	**résistant(e) à la chaleur** レジスタン(ト) ア ラ シャルール	heat resistant **ヒー**ト レ**ズィ**スタント
だいばー **ダイバー** daibaa	**plongeur(se)** *m.f.* プロンジュール(-ズ)	diver **ダ**イヴァ
たいばつ **体罰** taibatsu	**châtiment corporel** *m.* シャティマン コルポレル	corporal punish-ment **コー**ポラル **パ**ニシュメント

日	仏	英
たいはん **大半** taihan	**plupart** *de* プリュパール ドゥ	(the) greater part of (ザ) グレイタ パート オヴ
たいひ **堆肥** taihi	**compost** *m.* コンポスト	compost カンポウスト
だいひょう **代表** daihyou	**représentant(e)** *m.f.* ルプレザンタン(ト)	representative レプリゼンタティヴ
～する	**représenter** ルプレザンテ	represent レプリゼント
～的な	**représentatif(ve)** ルプレザンタティフ(・ヴ)	representative レプリゼンタティヴ
～取締役	**direc*teur*(*trice*) délégué(e)** *m.f.* ディレクトゥール(-トリス) デレゲ	CEO, company president スィーイーオウ, カンパニ プレズィデント
ダイビング **ダイビング** daibingu	**plongeon** *m.* プロンジョン	diving ダイヴィング
だいぶ **大分** daibu	**assez, beaucoup** アセ, ボクー	very, pretty ヴェリ, プリティ
たいふう **台風** taifuu	**typhon** *m.* ティフォン	typhoon タイフーン
たいへいよう **太平洋** taiheiyou	**océan Pacifique** *m.* オセアン パシフィック	Pacific Ocean パスィフィク オーシャン
たいへん **大変** taihen	**très, beaucoup** トレ, ボクー	very, extremely ヴェリ, イクストリームリ
だいべん **大便** daiben	**selles** *f.pl.*, **caca** *m.* セル, カカ	feces フィースィーズ
たいへんな **大変な** (すばらしい) taihenna	**merveilleux(se)** メルヴェイユー(ズ)	wonderful, splendid ワンダフル, スプレンディド
(やっかいな)	**dur(e), difficile** デュール, ディフィシル	troublesome, hard トラブルサム, ハード

日	仏	英
（重大な・深刻な）	**sérieux(se), grave** セリユー(ズ), グラーヴ	serious, grave スィアリアス, グレイヴ
たいほ **逮捕** taiho	**arrestation** *f.* アレスタスィオン	arrest, capture アレスト, キャプチャ
～する	**arrêter** アレテ	arrest, capture アレスト, キャプチャ
たいほう **大砲** taihou	**canon** *m.* カノン	cannon キャノン
たいぼうの **待望の** taibouno	**tant attendu(e)** タン アタンデュ	long-awaited ロングアウェイテド
だいほん **台本** （映画・劇の） daihon	**texte** *m.*, **scénario** *m.* テクスト, セナリオ	scenario, script サネアリオウ, スクリプト
（歌劇の）	**livret** *m.* リヴレ	libretto リブレトウ
たいま **大麻** taima	**marijuana** *f.* マリジュアナ	marijuana マリワーナ
たいまー **タイマー** taimaa	**minuteur** *m.* ミニュトゥール	timer タイマ
たいまんな **怠慢な** taimanna	**négligent(e)** ネグリジャン(ト)	negligent ネグリチェント
たいみんぐ **タイミング** taimingu	**moment** *m.*, **timing** *m.* モマン, タイミング	timing タイミング
だいめい **題名** daimei	**titre** *m.* ティートル	title タイトル
だいめいし **代名詞** daimeishi	**pronom** *m.* プロノン	pronoun プロウナウン
たいや **タイヤ** taiya	**pneu** *m.* プヌー	tire タイア
だいや **ダイヤ** （運行表） daiya	**horaire** *m.* オレール	timetable タイムテイブル

日	仏	英
だいやもんど **ダイヤモンド** daiyamondo	**diamant** *m.* ディアマン	diamond **ダ**イアモンド
たいよう **太陽** taiyou	**soleil** *m.* ソレイユ	sun **サ**ン
だいようする **代用する** daiyousuru	**substituer, remplacer** シュプスティテュエ, ランプラセ	substitute for **サ**ブスティテュート フォ
だいよんの **第四の** daiyonno	**quatrième** カトリエム	fourth **フォ**ース
たいらな **平らな** tairana	**plat(e), égal(e)** プラ(ット), エガル	even, level, flat **イ**ーヴン, **レ**ヴル, フ**ラ**ト
だいり **代理** dairi	**représentant(e)** *m.f.*, **rem-** **plaçant(e)** *m.f.* ルプレザンタン(ト), ランプラサン(ト)	representative, proxy レプリ**ゼ**ンタティヴ, プ**ラ**クスィ
〜店	**agence** *f.* アジャンス	agency **エ**イヂェンスィ
たいりく **大陸** tairiku	**continent** *m.* コンティナン	continent **カ**ンティネント
だいりせき **大理石** dairiseki	**marbre** *m.* マルブル	marble **マ**ーブル
たいりつ **対立** tairitsu	**opposition** *f.* オポジシオン	opposition アポ**ズィ**ション
〜する	**s'opposer** *à* ソポゼ ア	(be) opposed to (ビ) オ**ポ**ウズド トゥ
たいりょう **大量** tairyou	**grande quantité** *f.* グランド カンティテ	mass, large quanti- ties **マ**ス, **ラ**ーヂ ク**ワ**ンティティズ
〜生産	**fabrication en série** *f.* ファブリカシオン アン セリ	mass production **マ**ス プロ**ダ**クション
たいりょく **体力** tairyoku	**force physique** *f.* フォルス フィジック	physical strength **フィ**ズィカル スト**レ**ングス

日	仏	英
たいる **タイル** tairu	**carreau** *m.* カロー	tile **タ**イル
たいわする **対話する** taiwasuru	**dialoguer** ディアロゲ	have a dialogue ハヴ ア **ダ**イアローグ
たいわん **台湾** taiwan	**Taïwan** *f.* タイワン	Taiwan タイ**ワ**ーン
だうんじゃけっと **ダウンジャケット** daunjaketto	**doudoune** *f.* ドゥドゥヌ	down jacket **ダ**ウン **チ**ャケト
だうんろーどする **ダウンロードする** daunroodosuru	**télécharger** テレシャルジェ	download ダウン**ロ**ウド
たえず **絶えず** taezu	**toujours, tout le temps** トゥジュール, トゥ ル タン	always, all the time **オ**ールウェイズ, **オ**ール ザ **タ**イム
たえる **絶える** taeru	**finir, cesser** フィニール, セセ	cease, die out **ス**ィース, **ダ**イ **ア**ウト
たえる **耐える** （我慢する） taeru	**endurer, supporter** アンデュレ, シュポルテ	bear, stand **ベ**ア, ス**タ**ンド
（持ちこたえる）	**résister, supporter** レジステ, シュポルテ	withstand ウィズス**タ**ンド
だえん **楕円** daen	**ellipse** *f.*, **ovale** *m.* エリプス, オヴァール	ellipse, oval イ**リ**プス, **オ**ウヴァル
たおす **倒す** （打ち倒す） taosu	**faire tomber** フェール トンベ	knock down **ナ**ク **ダ**ウン
（相手を負かす）	**vaincre, battre** ヴァンクル, バットル	defeat, beat ディ**フィ**ート, **ビ**ート
（崩壊させる）	**renverser** ランヴェルセ	overthrow オウヴァス**ロ**ウ
たおる **タオル** taoru	**serviette** *f.* セルヴィエット	towel **タ**ウエル

日	仏	英
たおれる **倒れる** taoreru	**tomber, s'abattre** トンベ, サバットル	fall, collapse **フォール**, コラプス
たか **鷹** taka	**faucon** *m.* フォコン	hawk **ホーク**
たかい **高い** takai	**haut(e), élevé(e)** オー(ト), エルヴェ	high, tall **ハイ**, **トール**
（値段が）	**cher(ère)** シェール	expensive イクスペンスィヴ
だかいする **打開する** dakaisuru	**surmonter, sortir** *de* シュルモンテ, ソルティール ドゥ	break, make a breakthrough **ブレイク**, メイク ア **ブレイクス**ルー
たがいに **互いに** tagaini	**mutuellement** ミュテュエルマン	mutually **ミュー**チュアリ
たがいの **互いの** tagaino	**réciproque, mutuel(le)** レシプロック, ミュテュエル	mutual **ミュー**チュアル
だがっき **打楽器** dagakki	**instrument à percussion** *m.* アンストリュマン ア ペルキュシオン	percussion instrument パー**カ**ション **イ**ンストルメント
たかまる **高まる** （上昇する） takamaru	**s'élever, monter** セルヴェ, モンテ	rise **ラ**イズ
（高ぶる）	**s'exciter** セクシテ	(get) excited (ゲト) イク**サ**イテド
たかめる **高める** takameru	**élever, hausser** エルヴェ, オセ	raise, increase **レ**イズ, イン**ク**リース
たがやす **耕す** tagayasu	**cultiver, labourer** キュルティヴェ, ラブレ	cultivate, plow **カ**ルティヴェイト, **プ**ラウ
たから **宝** takara	**trésor** *m.* トレゾール	treasure **ト**レジャ
〜くじ	**loterie** *f.* ロトリ	lottery **ラ**タリ

日	仏	英
たかる **たかる** takaru	**extorquer** エクストルケ	extort イクスト**ート**
たき **滝** taki	**chute** f., **cascade** f. シュット, カスカード	waterfall, falls **ウォ**タフォール, **フォ**ールズ
だきょうする **妥協する** dakyousuru	**transiger** avec トランジジェ アヴェク	compromise with **カ**ンプロマイズ ウィズ
たく **炊く** taku	**faire cuire** フェール キュイール	cook, boil ク**ク**, ボイル
だく **抱く** daku	**embrasser, prendre dans** ses **bras** アンブラセ, プランドル ダン ブラ	embrace インプ**レ**イス
たくさんの **沢山の** takusanno	**beaucoup** ボクー	many, much **メ**ニ, **マ**チ
たくしー **タクシー** takushii	**taxi** m. タクシ	cab, taxi **キャ**ブ, **タ**クスィ
たくはい **宅配** takuhai	**livraison à domicile** f. リブレゾン ア ドミシル	door-to-door de-livery ド**ータド**ー ディ**リ**ヴァリ
たくましい **たくましい** takumashii	**vigoureux(se), robuste** ヴィグルー(ズ), ロビュスト	sturdy, stout ス**タ**ーディ, ス**タ**ウト
たくみな **巧みな** takumina	**adroit(e), habile** アドロワ(ット), アビル	skillful ス**キ**ルフル
たくらむ **企む** takuramu	**comploter, tramer** コンプロテ, トラメ	scheme, plot ス**キ**ーム, プ**ラ**ト
たくわえ **蓄え** takuwae	**réserve** f., **provision** f. レゼルヴ, プロヴィジオン	store, reserve スト**ー**, リ**ザ**ーヴ
	(貯金) **économies** f.pl. エコノミー	savings **セ**イヴィングズ
たくわえる **蓄える** takuwaeru	**réserver, garder** レゼルヴェ, ガルデ	store, keep スト**ー**, **キ**ープ

日	仏	英
（貯金する）	**épargner** エパルニェ	save セイヴ
だげき **打撃** dageki	**coup** *m.*, **choc** *m.* クー, ショック	blow, shock ブロウ, **シャ**ク
だけつする **妥結する** daketsusuru	**arriver à s'entendre, parvenir à un accord** アリヴェ ア サンタンドル, パルヴニール ア アン ナコール	reach an agreement **リー**チ アン アグ**リ**ーメント
たこ **凧** tako	**cerf-volant** *m.* セールヴォラン	kite **カ**イト
たこ **蛸** tako	**pieuvre** *f.*, **poulpe** *m.* ピユーヴル, プルプ	octopus **ア**クトパス
たこくせきの **多国籍の** takokusekino	**multinational(e)** ミュルティナシオナル	multinational マルティ**ナ**ショナル
たさいな **多彩な** tasaina	**multicolore, bariolé(e)** ミュルティコロール, バリオレ	colorful **カ**ラフル
ださんてきな **打算的な** dasantekina	**calcula*teur*(*trice*)** カルキュラトゥール(-トリス)	calculating **キャ**ルキュレイティング
たしか **確か** tashika	**probablement** プロバーブルマン	probably プ**ラ**バブリ
～な	**sûr(e), certain(e)** シュール, セルタン(-テーヌ)	sure, certain シュア, **サー**トン
～に	**certainement, sûrement** セルテヌマン, シュールマン	certainly **サー**トンリ
たしかめる **確かめる** tashikameru	**s'assurer** *de* サシュレ ドゥ	make sure of メイク **シュ**ア オヴ
たしざん **足し算** tashizan	**addition** *f.* アディシオン	addition ア**ディ**ション
たしなみ （素養・心得） tashinami	**culture** *f.*, **connaissance** *f.* キュルテュール, コネサンス	knowledge **ナ**リヂ

た

日	仏	英
（好み・趣味）	**goût** *m.* グー	taste テイスト
だじゃれ **駄洒落** dajare	**calembour** *m.*, **jeu de mots** *m.* カランブール, ジュー ドゥ モ	pun パン
だしんする **打診する** （意向を） dashinsuru	**sonder** ソンデ	sound out サウンド **ア**ウト
たす **足す** tasu	**ajouter** アジュテ	add **ア**ド
だす **出す** （中から） dasu	**sortir** ソルティール	take out **テ**イク **ア**ウト
（露出する）	**exposer** エクスポゼ	expose イクス**ポ**ウズ
（提出する）	**remettre** ルメットル	hand in **ハ**ンド **イ**ン
（手紙などを）	**envoyer** アンヴォワイエ	mail, Ⓑpost **メ**イル, **ポ**ウスト
（発行する）	**publier** ピュブリエ	publish **パ**ブリシュ
たすう **多数** tasuu	**majorité** *f.* マジョリテ	majority マ**ヂョ**ーリティ
〜決	**décision prise à la majo-rité** *f.* デシジオン プリーズ ア ラ マジョリテ	decision by major-ity ディ**ス**ィジョン バイ マ**ヂョ**リティ
〜の	**nombreux(se)** ノンブルー(ズ)	numerous, many **ニュ**ーメラス, **メ**ニ
たすかる **助かる** tasukaru	**(être) sauvé(e)** (エートル) ソヴェ	(be) rescued (ビ) **レ**スキュード
（助けになる）	**(être) utile** (エートル) ユティル	(be) helped (ビ) **ヘ**ルプト

日	仏	英
たすける **助ける** tasukeru	**sauver** ソヴェ	save セイヴ
（援助する）	**aider** エデ	help ヘルプ
たずねる **尋ねる** tazuneru	**demander** ドゥマンデ	ask アスク
たずねる **訪ねる** tazuneru	**aller voir, visiter** アレ ヴォワール, ヴィジテ	visit ヴィズィト
だせい **惰性** dasei	**inertie** *f.* イネルシ	inertia イナーシャ
たたえる **称える** tataeru	**louer, rendre hommage** *à* ルエ, ランドル オマージュ ア	praise プレイズ
たたかい **戦い** （戦争・紛争） tatakai	**guerre** *f.* ゲール	war ウォー
（戦闘）	**bataille** *f.* バタイユ	battle バトル
（けんか・抗争）	**lutte** *f.* リュット	fight ファイト
たたかう **戦う** tatakau	**combattre, lutter** コンバットル, リュテ	fight ファイト
たたく **叩く** tataku	**frapper, battre** フラペ, バットル	strike, hit, knock ストライク, ヒト, ナク
ただし **但し** tadashi	**mais, cependant** メ, スパンダン	but, however バト, ハウエヴァ
ただしい **正しい** tadashii	**juste, correct(e)** ジュスト, コレクト	right, correct ライト, コレクト
ただちに **直ちに** tadachini	**immédiatement, aussitôt** イメディアトマン, オシト	at once アト ワンス
ただの **ただの** （普通の） tadano	**ordinaire** オルディネール	ordinary オーディネリ

日	仏	英
（無料の）	**gratuit(e)** グラテュイ(ット)	free, gratis フリー，グラティス
たたむ **畳む** tatamu	**plier** プリエ	fold **フォ**ウルド
ただれる **ただれる** tadareru	**(être) enflammé(e)** (エートル) アンフラメ	(be) inflamed (ビ) インフ**レ**イムド
たちあがる **立ち上がる** tachiagaru	**se lever** ス ルヴェ	stand up ス**タン**ド ア**プ**
たちあげる **立ち上げる** tachiageru	**démarrer, installer** デマレ，アンスタレ	start up ス**ター**ト ア**プ**
たちいりきんし **立ち入り禁止** tachiirikinshi	**Entrée interdite.** *f.* アントレ アンテルディット	No Entry., Keep Out. ノウ **エ**ントリ，**キー**プ **ア**ウト
たちさる **立ち去る** tachisaru	**s'en aller** サン ナレ	leave **リー**ヴ
たちどまる **立ち止まる** tachidomaru	**s'arrêter** サレテ	stop, halt ス**タプ**，**ホー**ルト
たちなおる **立ち直る** tachinaoru	**se relever, récupérer** ス ルルヴェ，レキュペレ	get over, recover **ゲ**ト オウ**ヴァ**，リ**カ**ヴァ
たちのく **立ち退く** tachinoku	**déménager, quitter** デメナジェ，キテ	leave, move out **リー**ヴ，**ムー**ヴ **ア**ウト
たちば **立場** tachiba	**situation** *f.*, **position** *f.* シテュアシオン，ポジシオン	standpoint ス**タン**ドポイント
たつ **立つ** tatsu	**se lever, se mettre debout** ス ルヴェ，ス メットル ドゥブー	stand, rise ス**タン**ド，**ラ**イズ
たつ **経つ** tatsu	**passer, s'écouler** パセ，セクレ	pass, elapse **パ**ス，イ**ラ**プス
たつ **発つ** tatsu	**partir, quitter** パルティール，キテ	set out, depart **セ**ト **ア**ウト，ディ**パー**ト

445

日	仏	英
たつ **建つ** tatsu	**se dresser, s'élever** ス ドレセ, セルヴェ	(be) built (ビ) ビルト
たっきゅう **卓球** takkyuu	**tennis de table** *m.* テニス ドゥ ターブル	table tennis **テ**イブル **テ**ニス
だっこする **抱っこする** dakkosuru	**porter, prendre dans** *ses* **bras** ポルテ, プランドル ダン ブラ	carry **キャ**リ
たっしゃな　　(健康な) **達者な** tasshana	**sain(e)** サン(セーヌ)	healthy **ヘ**ルスィ
(上手な)	**doué(e), compétent(e)** ドゥエ, コンペタン(ト)	skilled, proficient ス**キ**ルド, プロ**フィ**シェント
だっしゅする **ダッシュする** dasshusuru	**s'élancer** セランセ	dash **ダ**シュ
だっしゅつする **脱出する** dasshutsusuru	**s'échapper** *de* セシャペ ドゥ	escape from イス**ケ**イプ フラム
たっする **達する** tassuru	**atteindre, arriver** *à* アタンドル, アリヴェ ア	reach, arrive at **リ**ーチ, ア**ラ**イヴ アト
だつぜい **脱税** datsuzei	**évasion fiscale** *f.*, **fraude fiscale** *f.* エヴァジオン フィスカル, フロード フィスカル	tax evasion **タ**クス イ**ヴェ**イジョン
～する	**frauder le fisc** フロデ ル フィスク	evade a tax イ**ヴェ**イド ア **タ**クス
たっせいする **達成する** tasseisuru	**accomplir, achever** アコンプリール, アシュヴェ	accomplish, achieve ア**カ**ンプリシュ, ア**チ**ーヴ
だっせんする **脱線する** dassensuru	**dérailler** デライエ	(be) derailed (ビ) ディ**レ**イルド
(話が)	**sortir du sujet** ソルティール デュ シュジェ	digress from ダイ**グ**レス フラム
たった **たった** tatta	**seulement, juste** スールマン, ジュスト	only, just **オ**ウンリ, **チャ**スト

日	仏	英
だったいする **脱退する** dattaisuru	**quitter, se retirer** *de* キテ, ス ルティレ ドゥ	withdraw from ウィズドロー フラム
たったいま **たった今** tattaima	**à l'instant** ア ランスタン	just now ヂャスト ナウ
たつまき **竜巻** tatsumaki	**tornade** *f.* トルナッド	tornado トーネイドウ
だつもう **脱毛** （除毛） datsumou	**épilation** *f.* エピラシオン	hair removal, de-pilation ヘア リムーヴァル, デピレイション
（毛が抜け落ちる）	**chute des cheveux** *f.* シュット デ シュヴー	hair loss ヘア ロース
だつらくする **脱落する** datsurakusuru	**(être) omis(e), traîner** (エートル) オミ(-ミーズ), トレネ	(be) omitted, fall off (ビ) オウミテド, フォール オーフ
たて **縦** tate	**longueur** *f.* ロングール	length レングス
たて **盾** tate	**bouclier** *m.* ブクリエ	shield シールド
たてまえ **建て前** tatemae	**intention déclarée** *f.* アンタンシオン デクラレ	professed inten-tion, official stance プロフェスト インテンション, オフィシャル スタンス
たてもの **建物** tatemono	**bâtiment** *m.*, **construc-tion** *f.* バティマン, コンストリュクシオン	building ビルディング
たてる **立てる** tateru	**dresser, mettre** ドレセ, メットル	stand, put up スタンド, プト アプ
（計画などを）	**planifier, prévoir** プラニフィエ, プレヴォワール	form, make フォーム, メイク
たてる **建てる** （建築する） tateru	**bâtir, construire** バティール, コンストリュイール	build, construct ビルド, コンストラクト
（設立する）	**fonder** フォンデ	establish, found イスタブリシュ, ファウンド

日	仏	英
たどうし **他動詞** tadoushi	**verbe transitif** *m.* ヴェルブ トランジティフ	transitive verb トランズィティヴ **ヴァー**ブ
だとうする **打倒する** datousuru	**battre, écraser** バットル，エクラゼ	defeat ディ**フィー**ト
だとうな **妥当な** datouna	**convenable, approprié(e)** コンヴナーブル，アプロプリエ	appropriate, proper ア**プロ**ウプリエト，プラパ
たとえば **例えば** tatoeba	**par exemple** パール エグザンプル	for example フォイグ**ザ**ンプル
たとえる **例える** tatoeru	**comparer** *à* コンパレ ア	compare to カン**ペ**ア トゥ
たどる **たどる** tadoru	**suivre** スイーヴル	follow, trace **ファ**ロウ，ト**レ**イス
たな **棚** tana	**étagère** *f.*, **rayon** *m.* エタジェール，レイヨン	shelf, rack **シェ**ルフ，**ラ**ク
たに **谷** tani	**vallée** *f.*, **vallon** *m.* ヴァレ，ヴァロン	valley **ヴァ**リ
だに **ダニ** dani	**tique** *f.* ティック	tick **ティ**ク
たにん **他人** tanin	**les autres** *m.pl.*, **autrui** レ ゾートル，オートリュイ	other people **ア**ザ **ピー**プル
（知らない人）	**étranger(ère)** *m.f.* エトランジェ(･ジェール)	stranger スト**レ**インヂャ
たね **種** tane	**semence** *f.*, **graine** *f.* スマンス，グラヌ	seed **スィー**ド
たのしい **楽しい** tanoshii	**joyeux(se), amusant(e)** ジョワイユー(ズ)，アミュザン(ト)	fun, enjoyable **ファ**ン，イン**ヂョ**イアブル
たのしみ **楽しみ** tanoshimi	**plaisir** *m.*, **agrément** *m.* プレジール，アグレマン	pleasure, joy プ**レ**ジャ，**ヂョ**イ
たのしむ **楽しむ** tanoshimu	**s'amuser, profiter** *de* サミュゼ，プロフィテ ドゥ	enjoy イン**ヂョ**イ

日	仏	英
たのみ **頼み** tanomi	**demande** *f.*, **prière** *f.* ドゥマンド, プリエール	request, favor, Ⓑfavour リク**ウェ**スト, **フェ**イヴァ, **フェ**イヴァ
たのむ **頼む** tanomu	**demander** ドゥマンデ	ask, request **ア**スク, リク**ウェ**スト
たのもしい **頼もしい** （信頼できる） tanomoshii	**digne de confiance, fiable** ディーニュ ドゥ コンフィアンス, フィアブル	reliable リ**ラ**イアブル
（有望な）	**prometteur(se)** プロメトゥール(・ズ)	promising プ**ラ**ミスィング
たば **束** taba	**liasse** *f.*, **fagot** *m.* リアス, ファゴ	bundle, bunch **バ**ンドル, **バ**ンチ
たばこ **煙草** tabako	**tabac** *m.*, **cigarette** *f.* タバ, シガレット	tobacco, cigarette ト**バ**コウ, スィ**ガ**レト
たび **旅** tabi	**voyage** *m.*, **tournée** *f.* ヴォワヤージュ, トゥルネ	travel, journey ト**ラ**ヴル, **チャ**ーニ
たびだつ **旅立つ** tabidatsu	**partir en voyage** パルティール アン ヴォワヤージュ	embark on a jour- ney イン**バ**ーク オン ア **チャ**ーニ
たびたび **度々** tabitabi	**souvent** スヴァン	often **オ**ーフン
たぶー **タブー** tabuu	**tabou** *m.* タブー	taboo タ**ブ**ー
だぶだぶの **だぶだぶの** dabudabuno	**trop large, trop ample** トロ ラルジュ, トロ アンプル	loose-fitting **ル**ース**フィ**ティング
たふな **タフな** tafuna	**dur(e), robuste** デュール, ロビュスト	tough, hardy **タ**フ, **ハ**ーディ
だぶる **ダブる** daburu	**se superposer** ス シュペルポゼ	overlap オウヴァ**ラ**プ
だぶるくりっくする **ダブルクリックする** daburukurikkusuru	**double-cliquer** ドゥブルクリケ	double-click **ダ**ブルクリク

日	仏	英
たぶん **多分** tabun	**peut-être, sans doute** プーテートル, サン ドゥット	perhaps, maybe パハプス, メイビ
たべもの **食べ物** tabemono	**nourriture** *f.*, **aliment** *m.* ヌリテュール, アリマン	food, provisions フード, プロヴィジョンズ
たべる **食べる** taberu	**manger** マンジェ	eat イート
たほう **他方** tahou	**d'autre part** ドートル パール	on the other hand オン ズィ アザ ハンド
たぼうな **多忙な** tabouna	**occupé(e)** オキュペ	busy ビズィ
だぼく **打撲** daboku	**contusion** *f.* コンテュジオン	blow ブロウ
たま **玉** tama	**bille** *f.* ビユ	bead, gem ビード, チェム
たま **球** tama	**balle** *f.*, **ballon** *m.* バル, バロン	ball, sphere ボール, スフィア
たま **弾** tama	**balle** *f.*, **projectile** *m.* バル, プロジェクティル	bullet, shell ブレト, シェル
たまご **卵** tamago	**œuf** *m.* ウフ	egg エグ
たましい **魂** tamashii	**âme** *f.*, **esprit** *m.* アーム, エスプリ	soul, spirit ソウル, スピリト
だます **騙す** damasu	**tromper** トロンペ	deceive, trick ディスィーヴ, トリク
だまって **黙って** （静かに） damatte	**en silence** アン シランス	silently サイレントリ
（無断で）	**sans permission** サン ペルミシオン	without leave ウィザウト リーヴ
たまに **たまに** tamani	**de temps en temps** ドゥ タン ザン タン	occasionally オケイジョナリ

日	仏	英
たまねぎ **玉葱** tamanegi	**oignon** *m.* オニョン	onion **ア**ニョン
たまる **溜まる** tamaru	**s'accumuler, s'amasser** サキュミュレ, サマセ	accumulate, gather ア**キュー**ミュレイト, **ギャ**ザ
だまる **黙る** damaru	**se taire** ステール	(become) silent (ビカム) **サ**イレント
だみー **ダミー** damii	**homme de paille** *m.*, **man-nequin** *m.* オム ドゥ パイユ, マヌカン	dummy **ダ**ミ
だむ **ダム** damu	**barrage** *m.* バラージュ	dam **ダ**ム
だめーじ **ダメージ** dameeji	**dommage** *m.* ドマージュ	damage **ダ**ミヂ
ためす **試す** tamesu	**essayer, éprouver** エセイエ, エプルヴェ	try, test ト**ラ**イ, **テ**スト
だめな **駄目な** damena	**vain(e), inutile** ヴァン(ヴェーヌ), イニュティル	useless, no use **ユー**スレス, **ノウ ユー**ス
ためになる **ためになる** tameninaru	**profitable** プロフィターブル	good for, profit-able **グ**ド フォ, プ**ラ**フィタブル
ためらう **ためらう** tamerau	**hésiter** エジテ	hesitate **ヘ**ズィテイト
ためる **貯める** tameru	**économiser, conserver** エコノミゼ, コンセルヴェ	save, store **セ**イヴ, ス**ト**ー
たもつ **保つ** tamotsu	**garder, conserver** ガルデ, コンセルヴェ	keep **キー**プ
たより **便り** (手紙) tayori	**lettre** *f.* レットル	letter **レ**タ
(知らせ)	**nouvelles** *f.pl.* ヌヴェル	news **ニュー**ズ

日	仏	英
たより **頼り** tayori	**appui** *m.*, **confiance** *f.* アピュイ, コンフィアンス	reliance, confidence リライアンス, **カ**ンフィデンス
たよる **頼る** tayoru	**compter** *sur*, **recourir** *à* コンテ シュール, ルクリール ア	rely on, depend on リライ **オ**ン, ディペンド **オ**ン
だらくする **堕落する** darakusuru	**se corrompre, dégénérer** *en* ス コロンプル, デジェネレ アン	degenerate into ディ**チ**ェネレイト イントゥ
だらしない **だらしない** darashinai	**négligent(e), relâché(e)** ネグリジャン(ト), ルラシェ	untidy, slovenly アン**タ**イディ, ス**ラ**ヴンリ
たらす **垂らす** （ぶら下げる） tarasu	**suspendre** シュスパンドル	hang down **ハ**ング **ダ**ウン
（こぼす）	**laisser couler, verser** レセ クレ, ヴェルセ	drop, spill ド**ラ**プ, ス**ピ**ル
たりない **足りない** tarinai	**manquer** マンケ	(be) short of (ビ) **ショ**ート オヴ
たりょうに **多量に** taryouni	**en abondance** アン ナボンダンス	abundantly ア**バ**ンダントリ
たりる **足りる** tariru	**suffire** シュフィール	(be) enough (ビ) イ**ナ**フ
だるい **だるい** darui	**se sentir lourd(e)** ス サンティール ルール(ルルド)	feel heavy, (be) dull **フ**ィール **ヘ**ヴィ, (ビ) **ダ**ル
たるむ **弛む** tarumu	**se détendre, se relâcher** ス デタンドル, ス ルラシェ	(be) loose, slacken (ビ) **ル**ース, ス**ラ**クン
だれ **誰** dare	**qui** キ	who **フ**ー
だれか **誰か** dareka	**quelqu'un** ケルカン	someone, somebody **サ**ムワン, **サ**ムバディ
たれる **垂れる** （ぶら下がる） tareru	**pendre** パンドル	hang, drop **ハ**ング, ド**ラ**プ

た

日	仏	英
（こぼれる）	**dégoutter** デグテ	drop, drip ドラプ，ドリプ
だれる **だれる** （だらける） dareru	**se relâcher** ス ルラシェ	dull **ダ**ル
たれんと **タレント** tarento	**personnalité** *f.*, **célébrité** *f.* ペルソナリテ，セレブリテ	personality パーソナリティ
たわむ **たわむ** tawamu	**ployer, plier** プロワイエ，プリエ	bend ベンド
たわむれる **戯れる** tawamureru	**jouer, s'amuser** ジュエ，サミュゼ	play プレイ
たん **痰** tan	**crachat** *m.* クラッシャ	phlegm, sputum フレム，スピュータム
だん **段** dan	**marche** *f.*, **échelon** *m.* マルシュ，エシュロン	step, stair ステプ，ステア
だんあつする **弾圧する** dan-atsusuru	**supprimer** シュプリメ	suppress サプレス
たんい **単位** tan-i	**unité** *f.* ユニテ	unit **ユ**ーニト
（履修単位）	**unité d'enseignement** *f.* ユニテ ダンセニュマン	credit クレディト
たんいつの **単一の** tan-itsuno	**seul(e), unique** スール，ユニック	single, sole **ス**イングル，**ソ**ウル
たんか **担架** tanka	**brancard** *m.* ブランカール	stretcher ストレチャ
たんかー **タンカー** tankaa	**pétrolier** *m.*, **tanker** *m.* ペトロリエ，タンケール	tanker **タ**ンカ
だんかい **段階** dankai	**degré** *m.*, **étape** *f.* ドゥグレ，エタップ	step, stage ステプ，ステイヂ

日	仏	英
だんがい **断崖** dangai	**précipice** *m.*, **falaise** *f.* プレシピス，ファレーズ	cliff クリフ
たんき **短期** tanki	**courte durée** *f.* クルト デュレ	short term ショート ターム
たんきな **短気な** tankina	**irritable, emporté(e)** イリターブル，アンポルテ	short-tempered, quick-tempered ショートテンパド，クウィクテンパド
たんきゅうする **探究する** tankyuusuru	**étudier, faire des recherches** エテュディエ，フェール デ ルシェルシュ	study, investigate スタディ，インヴェスティゲイト
たんきょりきょうそう **短距離競走** tankyorikyousou	**sprint** *m.*, **course de vitesse** *f.* スプリント，クルス ドゥ ヴィテス	short-distance race ショートディスタンス レイス
たんく **タンク** tanku	**réservoir** *m.* レゼルヴォワール	tank タンク
だんけつする **団結する** danketsusuru	**s'unir** シュニール	unite ユーナイト
たんけん **探検** tanken	**exploration** *f.* エクスプロラシオン	exploration エクスプロレイション
〜する	**explorer** エクスプロレ	explore イクスプロー
だんげんする **断言する** dangensuru	**affirmer** アフィルメ	assert, affirm アサート，アファーム
たんご **単語** tango	**mot** *m.* モ	word ワード
たんこう **炭坑** tankou	**mine de charbon** *f.* ミヌ ドゥ シャルボン	coal mine コウル マイン
だんごうする **談合する** dangousuru	**s'entendre, s'arranger** サンタンドル，サランジェ	rig a bid リグ ア ビド
だんさー **ダンサー** dansaa	**danseur(se)** *m.f.* ダンスール(·ズ)	dancer ダンサ

日	仏	英
たんさん 炭酸 tansan	acide carbonique *m.* アシド カルボニック	carbonic acid カーバニック **ア**スィド
～ガス	gaz carbonique *m.* ガズ カルボニック	carbonic acid gas カーバニック **ア**スィド **ギャ**ス
～水	eau gazeuse *f.* オー ガズーズ	soda water ソウダ **ウォ**ータ
たんしゅくする 短縮する tanshukusuru	raccourcir, diminuer ラクルシール, ディミニュエ	shorten, reduce **ショー**トン, リ**デュ**ース
たんじゅんな 単純な tanjunna	simple サンプル	plain, simple プレイン, **ス**ィンプル
たんしょ 短所 tansho	défaut *m.*, faible *m.* デフォー, フェーブル	shortcoming **ショー**トカミング
たんじょう 誕生 tanjou	naissance *f.* ネサンス	birth バース
～する	naître ネートル	(be) born (ビ) ボーン
～日	anniversaire *m.*, jour de naissance *m.* アニヴェルセール, ジュール ドゥ ネサンス	birthday バースデイ
たんす 箪笥 tansu	commode *f.*, armoire *f.* コモード, アルモワール	chest of drawers **チェ**スト オヴ ド**ロ**ーズ
だんす ダンス dansu	danse *f.* ダンス	dancing, dance **ダ**ンスィング, **ダ**ンス
たんすい 淡水 tansui	eau douce *f.* オー ドゥース	fresh water フレシュ **ウォ**ータ
たんすう 単数 tansuu	singulier *m.* サンギュリエ	singular **ス**ィンギュラ
だんせい 男性 dansei	homme *m.* オム	male メイル

日	仏	英
たんせき **胆石** tanseki	**calcul biliaire** *m.* カルキュル ビリエール	gallstone ゴールストゥーン
たんそ **炭素** tanso	**carbone** *m.* カルボヌ	carbon カーボン
だんそう **断層** dansou	**faille** *f.*, **cassure** *f.* ファイユ, カシュール	fault フォルト
たんだい **短大** tandai	**cursus universitaire en deux ans** *m.* キュルシュス ユニヴェルシテール アン ドゥー ザン	two-year college トゥーイア カリヂ
だんたい **団体** dantai	**organisation** *f.*, **association** *f.* オルガニザシオン, アソシアシオン	group, organization グループ, オーガニゼイション
だんだん **だんだん** dandan	**graduellement** グラデュエルマン	gradually グラデュアリ
だんち **団地** danchi	**cité** *f.*, **HLM** *f.* (*m.*) シテ, アシュエルエム	housing development ハウズィング ディヴェロプメント
たんちょう **短調** tanchou	**mode mineur** *m.* モード ミヌール	minor key マイナ キー
たんちょうな **単調な** tanchouna	**monotone** モノトヌ	monotonous, dull モノトナス, ダル
たんてい **探偵** tantei	**inspec*teur*(*trice*)** *m.f.*, **détective** *m.f.* アンスペクトゥール(-トリス), デテクティヴ	detective ディテクティヴ
たんとうする **担当する** tantousuru	**se charger** *de* ス シャルジェ ドゥ	take charge of テイク チャーヂ オヴ
たんどくの **単独の** tandokuno	**seul(e)**, **individuel(le)** スール, アンディヴィデュエル	sole, individual ソウル, インディヴィヂュアル
たんなる **単なる** tannaru	**simple** サンプル	mere, simple ミア, スィンプル
たんに **単に** tanni	**seulement**, **simplement** スールマン, サンプルマン	only, merely オウンリ, ミアリ

日	仏	英
だんねんする **断念する** dannensuru	**abandonner** アバンドネ	give up, abandon ギヴ アプ, アバンドン
たんのうする **堪能する** tannousuru	**(être) satisfait(e) de** (エートル) サティスフェ(ット) ドゥ	(be) satisfied with (ビ) サティスファイド ウィズ
たんのうな **堪能な** tannouna	**bon(ne), habile** ボン(ヌ), アビル	proficient, good プロフィシェント, グド
たんぱ **短波** tanpa	**ondes courtes** *f.pl.* オンド クルト	shortwave ショートウェイヴ
たんぱくしつ **たんぱく質** tanpakushitsu	**protéine** *f.* プロテイヌ	protein プロウティーン
たんぱくな **淡白な** tanpakuna	**lége*r*(*ère*)** レジェ(-ジェール)	light, simple ライト, スィンプル
(性格が)	**franc(*franche*), indiffé-rent(e)** フラン(フランシュ), アンディフェラン(ト)	frank, indifferent フランク, インディファレント
たんぺん **短編** tanpen	**nouvelle** *f.* ヌヴェル	short work ショート ワーク
だんぺん **断片** danpen	**fragment** *m.*, **morceau** *m.* フラグマン, モルソー	fragment フラグメント
たんぼ **田んぼ** tanbo	**rizière** *f.* リジエール	rice field ライス フィールド
たんぽ **担保** tanpo	**gage** *m.*, **garantie** *f.* ガージュ, ガランティ	security, mortgage スィキュアリティ, モーギヂ
だんぼう **暖房** danbou	**chauffage** *m.* ショファージュ	heating ヒーティング
だんぼーる **段ボール** danbooru	**carton ondulé** *m.* カルトン オンデュレ	corrugated paper コーラゲイテド ペイパ
たんぽん **タンポン** tanpon	**tampon** *m.* タンポン	tampon タンパン

日	仏	英
たんまつ **端末** tanmatsu	**terminal** *m.* テルミナル	terminal **ターミナル**
だんめん **断面** danmen	**section** *f.* セクシオン	cross section クロース **セ**クション
だんらく **段落** danraku	**paragraphe** *m.* パラグラフ	paragraph **パ**ラグラフ
だんりゅう **暖流** danryuu	**courant chaud** *m.* クラン ショー	warm current **ウォーム カ**レント
だんりょく **弾力** danryoku	**élasticité** *f.* エラスティシテ	elasticity イラス**ティ**スィティ
だんろ **暖炉** danro	**cheminée** *f.*, **foyer** *m.* シュミネ, フォワイエ	fireplace **ファ**イアプレイス
だんわ **談話** danwa	**entretien** *m.*, **conversation** *f.* アントルティアン, コンヴェルサシオン	talk, conversation **トー**ク, カンヴァ**セ**イション

ち, チ

日	仏	英
ち **血** chi	**sang** *m.* サン	blood ブ**ラ**ド
ちあのーぜ **チアノーゼ** chianooze	**cyanose** *f.* シアノーズ	cyanosis サイア**ノ**ウスィス
ちあん **治安** chian	**ordre public** *m.* オルドル ピュブリック	(public) peace, (public) order (**パ**ブリク) **ピ**ース, (**パ**ブリク) **オ**ーダ
ちい **地位** (階級・等級) chii	**rang** *m.* ラン	rank **ラ**ンク
(役職・立場)	**position** *f.* ポジシオン	position ポ**ズィ**ション
ちいき **地域** chiiki	**région** *f.*, **zone** *f.* レジオン, ゾーヌ	region, zone **リ**ーヂョン, **ゾ**ウン

日	仏	英
<ruby>小<rt>ちい</rt></ruby>さい chiisai	**petit(e)** プティ(ット)	small, little スモール, リトル
（微細な）	**menu(e), fin(e)** ムニュ, ファン(フィヌ)	minute, fine マイニュート, ファイン
（幼い）	**petit(e), jeune** プティ(ット), ジュヌ	little, young リトル, ヤング
<ruby>チーズ<rt>ちーず</rt></ruby> chiizu	**fromage** *m.* フロマージュ	cheese チーズ
<ruby>チーム<rt>ちーむ</rt></ruby> chiimu	**équipe** *f.* エキップ	team ティーム
～ワーク	**travail en équipe** *m.* トラヴァイユ アン ネキップ	teamwork ティームワーク
<ruby>知恵<rt>ちえ</rt></ruby> chie	**sagesse** *f.*, **intelligence** *f.* サジェス, アンテリジャンス	wisdom, intelligence ウィズダム, インテリヂェンス
<ruby>チェーン<rt>ちぇーん</rt></ruby> cheen	**chaîne** *f.* シェヌ	chain チェイン
～店	**chaîne de magasins** *f.* シェヌ ドゥ マガザン	chain store チェイン ストー
<ruby>チェコ<rt>ちぇこ</rt></ruby> cheko	**Tchèque** *f.* チェック	Czech Republic チェク リパブリク
<ruby>チェックする<rt>ちぇっくする</rt></ruby> chekkusuru	**vérifier, contrôler** ヴェリフィエ, コントロレ	check チェク
<ruby>チェロ<rt>ちぇろ</rt></ruby> chero	**violoncelle** *m.* ヴィオロンセル	cello チェロウ
<ruby>チェンバロ<rt>ちぇんばろ</rt></ruby> chenbaro	**clavecin** *m.* クラヴサン	cembalo チェンバロウ
<ruby>近<rt>ちか</rt></ruby>い chikai	**proche** *de*, **près** *de* プロッシュ ドゥ, プレ ドゥ	near, close to ニア, クロウス トゥ

日	仏	英
ちかい **地階** chikai	**sous-sol** *m.* スソル	basement ベイスメント
ちがい **違い** chigai	**différence** *f.*, **distinction** *f.* ディフェランス, ディスタンクシオン	difference ディフレンス
ちがいほうけん **治外法権** chigaihouken	**exterritorialité** *f.* エクステリトリアリテ	extraterritorial rights エクストラテリトーリアル ライツ
ちかう **誓う** chikau	**jurer, faire un serment** ジュレ, フェール アン セルマン	vow, swear ヴァウ, スウェア
ちがう **違う** chigau	**(être) différent(e)** *de* (エートル) ディフェラン(ト) ドゥ	differ from ディファ フラム
ちかく **知覚** chikaku	**perception** *f.* ペルセプシオン	perception パセプション
ちがく **地学** chigaku	**géographie physique** *f.* ジェオグラフィ フィジック	physical geography フィズィカル ヂアグラフィ
ちかごろ **近頃** chikagoro	**récemment, ces derniers temps** レサマン, セ デルニエ タン	recently, these days リーセントリ, ズィーズ デイズ
ちかしつ **地下室** chikashitsu	**sous-sol** *m.*, **cave** *f.* スソル, カーヴ	basement, cellar ベイスメント, セラ
ちかづく **近付く** chikazuku	**s'approcher** *de* サプロシェ ドゥ	approach アプロウチ
ちかてつ **地下鉄** chikatetsu	**métro** *m.* メトロ	subway, ⒷUnderground, Tube サブウェイ, アンダグラウンド, テューブ
ちかどう **地下道** chikadou	**passage souterrain** *m.* パサージュ ステラン	underpass, subway アンダパス, サブウェイ
ちかの **地下の** chikano	**souterrain(e)** ステラン(-レヌ)	underground, subterranean アンダグラウンド, サブタレイニアン

日	仏	英
ちかみち **近道** chikamichi	**raccourci** *m.* ラクルシ	shortcut ショートカト
ちかよる **近寄る** chikayoru	**s'approcher** *de* サプロシェ ドゥ	approach アプロウチ
ちから **力** （権力・活力） chikara	**force** *f.*, **puissance** *f.* フォルス, ピュイサンス	power, energy パウア, エナヂ
（能力）	**capacité** *f.*, **pouvoir** *m.* カパシテ, プヴォワール	ability, power アビリティ, パウア
ちきゅう **地球** chikyuu	**Terre** *f.* テール	earth アース
〜儀	**globe terrestre** *m.* グローブ テレストル	globe グロウブ
ちぎる **千切る** chigiru	**arracher, détacher** アラシェ, デタシェ	tear off テア オフ
ちく **地区** chiku	**quartier** *m.*, **zone** *f.* カルティエ, ゾーヌ	district, section ディストリクト, セクション
ちくさん **畜産** chikusan	**élevage** *m.* エルヴァージュ	stockbreeding スタクブリーディング
ちくせき **蓄積** chikuseki	**accumulation** *f.* アキュミュラシオン	accumulation アキューミュレイション
ちくのうしょう **蓄膿症** chikunoushou	**empyème** *m.* アンピエム	empyema エンピイーマ
ちけい **地形** chikei	**topographie** *f.* トポグラフィ	terrain, topography テレイン, トパグラフィ
ちけっと **チケット** chiketto	**ticket** *m.*, **billet** *m.* ティケ, ビエ	ticket ティケト
ちこくする **遅刻する** chikokusuru	**(être) en retard** *à* (エートル) アン ルタール ア	(be) late for (ビ) レイト フォ

日	仏	英
ちじ **知事** chiji	**gouverneur** *m.*, **préfet** *m.* グヴェルヌール, プレフェ	governor **ガ**ヴァナ
ちしき **知識** chishiki	**connaissance** *f.* コネサンス	knowledge **ナ**リヂ
ちしつ **地質** chishitsu	**nature d'un terrain** *f.* ナテュール ダン テラン	nature of the soil **ネ**イチャ オヴ ザ **ソ**イル
ちじょう **地上** chijou	**sol** *m.*, **surface de la terre** *f.* ソル, シュルファス ドゥ ラ テール	ground グ**ラ**ウンド
ちじん **知人** chijin	**connaissance** *f.* コネサンス	acquaintance アク**ウェ**インタンス
ちず **地図** chizu	**carte** *f.*, **atlas** *m.* カルト, アトラス	map, atlas **マ**プ, **ア**トラス
ちせい **知性** chisei	**intelligence** *f.* アンテリジャンス	intellect, intelligence **イ**ンテレクト, イン**テ**リヂェンス
ちそう **地層** chisou	**couche** *f.* クーシュ	stratum, layer スト**レ**イタム, **レ**イア
ちたい **地帯** chitai	**zone** *f.*, **région** *f.* ゾーヌ, レジオン	zone, region **ゾ**ウン, **リ**ーヂョン
ちたん **チタン** chitan	**titane** *m.* ティタヌ	titanium タイ**テ**イニアム
ちち **乳** chichi	（乳房）**seins** *m.pl.* サン	breasts ブレスツ
	（母乳）**lait maternel** *m.* レ マテルネル	mother's milk **マ**ザズ ミルク
ちち **父** chichi	**père** *m.* ペール	father **ファ**ーザ
～方	**du côté du père** デュ コテ デュ ペール	father's side **ファ**ーザズ **サ**イド

日	仏	英
ちぢまる **縮まる** chijimaru	**se réduire** ス レデュイール	(be) shortened (ビ) ショートンド
ちぢむ **縮む** chijimu	**se rétrécir, se contracter** ス レトレシール, ス コントラクテ	shrink シュリンク
ちぢめる **縮める** chijimeru	**réduire, abréger** レデュイール, アブレジェ	shorten, abridge ショートン, アブリヂ
ちちゅうかい **地中海** chichuukai	**Méditerranée** *f.* メディテラネ	Mediterranean メディタレイニアン
ちぢれる **縮れる** chijireru	**friser, frisotter** フリゼ, フリゾテ	(be) curled, wrin- kle (ビ) カールド, リンクル
ちつじょ **秩序** chitsujo	**ordre** *m.* オルドル	order オーダ
ちっそ **窒素** chisso	**azote** *m.* アゾート	nitrogen ナイトロヂェン
ちっそくする **窒息する** chissokusuru	**(être) étouffé(e)** (エートル) エトゥフェ	(be) suffocated (ビ) サフォケイテド
ちてきな **知的な** chitekina	**intellectuel(le)** アンテレクテュエル	intellectual インテレクチュアル
ちのう **知能** chinou	**intelligence** *f.* アンテリジャンス	intellect, intelli- gence インテレクト, インテリヂェン ス
ちぶさ **乳房** chibusa	**seins** *m.pl.* サン	breasts ブレスツ
ちへいせん **地平線** chiheisen	**horizon** *m.* オリゾン	horizon ホライズン
ちほう **地方** chihou	**région** *f.*, **province** *f.* レジョン, プロヴァンス	locality, (the) coun- try ロウキャリティ, (ザ) カントリ
ちみつな **緻密な** chimitsuna	**fin(e), détaillé(e)** ファン(フィヌ), デタイエ	minute, fine マイニュート, ファイン

日	仏	英
ちめい **地名** chimei	**nom de lieu** *m.* ノン ドゥ リュー	place-name プレイスネイム
ちめいど **知名度** chimeido	**célébrité** *f.* セレブリテ	recognizability レカグナイザビリティ
ちゃ **茶** cha	**thé** *m.* テ	tea **ティー**
ちゃーたーする **チャーターする** chaataasuru	**affréter** アフレテ	charter **チャータ**
ちゃーみんぐな **チャーミングな** chaaminguna	**charmant(e)** シャルマン(ト)	charming **チャーミング**
ちゃいろ **茶色** chairo	**brun** *m.*, **marron** *m.* ブラン, マロン	brown ブラウン
ちゃくじつな **着実な** chakujitsuna	**constant(e), régulier(ère)** コンスタン(ト), レギュリエ(-エール)	steady ステディ
ちゃくじつに **着実に** chakujitsuni	**régulièrement** レギュリエールマン	steadily ステディリ
ちゃくしょくする **着色する** chakushokusuru	**colorer** コロレ	color, paint **カラ**, ペイント
ちゃくせきする **着席する** chakusekisuru	**s'asseoir, prendre place** サスワール, プランドル プラス	sit down **スィト ダ**ウン
ちゃくちする **着地する** chakuchisuru	**atterrir, débarquer** アテリール, デバルケ	land **ランド**
ちゃくちゃくと **着々と** chakuchakuto	**progressivement** プログレシヴマン	steadily ステディリ
ちゃくばらい **着払い** chakubarai	**contre-remboursement** *m.* コントルランブルスマン	collect on delivery コレクト オン ディ**リ**ヴァリ
ちゃくようする **着用する** chakuyousuru	**porter, mettre** ポルテ, メットル	wear **ウェ**ア

日	仏	英
ちゃくりく **着陸** chakuriku	**atterrissage** *m.* アテリサージュ	landing **ラ**ンディング
〜する	**atterrir** アテリール	land ランド
ちゃりてぃー **チャリティー** charitii	**charité** *f.* シャリテ	charity **チャ**リティ
ちゃれんじする **チャレンジする** charenjisuru	**défier** デフィエ	challenge **チャ**レンヂ
ちゃわん **茶碗** chawan	**bol à riz** *m.* ボル ア リ	rice bowl **ラ**イス ボウル
ちゃんす **チャンス** chansu	**chance** *f.*, **occasion** *f.* シャンス, オカジオン	chance, opportuni-ty **チャ**ンス, アパ**テュー**ニティ
ちゃんと（きちんと） **ちゃんと** chanto	**avec soin** アヴェク ソワン	neatly **ニー**トリ
（正しく）	**correctement** コレクトマン	properly **プラ**パリ
（まちがいなく）	**à coup sûr, sans faute** ア クー シュール, サン フォット	without fail ウィザウト **フェ**イル
ちゃんねる **チャンネル** channeru	**chaîne** *f.* シェヌ	channel **チャ**ネル
ちゃんぴおん **チャンピオン** chanpion	**champion(*ne*)** *m.f.* シャンピオン(ヌ)	champion **チャ**ンピオン
ちゅうい **注意** （留意） chuui	**attention** *f.*, **soin** *m.* アタンシオン, ソワン	attention ア**テ**ンション
〜する （留意する）	**faire attention** *à* フェール アタンシオン ア	pay attention to ペイ ア**テ**ンション トゥ
（警告）	**avertissement** *m.* アヴェルティスマン	caution, warning **コー**ション, **ウォー**ニング

日	仏	英
～する (警告する)	**avertir** アヴェルティール	warn **ウォーン**
(忠告)	**conseil** *m.* コンセイユ	advice アド**ヴァ**イス
～する (忠告する)	**conseiller** コンセイエ	advise アド**ヴァ**イズ
ちゅうおう 中央 chuuou	**centre** *m.* サントル	center, Ⓑcentre **セ**ンタ, **セ**ンタ
ちゅうおうあめりか 中央アメリカ chuuouamerika	**Amérique centrale** *f.* アメリック サントラル	Central America **セ**ントラル ア**メ**リカ
ちゅうかい 仲介 chuukai	**médiation** *f.* メディアシオン	mediation ミーディ**エ**イション
～者	**intermédiaire** *m.f.* アンテルメディエール	mediator ミーディエイタ
～する	**faire l'intermédiaire** *entre* フェール ランテルメディエール アントル	mediate between **ミー**ディエイト ビトゥィーン
ちゅうがく 中学 chuugaku	**collège** *m.* コレージュ	junior high school **チュー**ニア **ハ**イ ス**クー**ル
～生	**collégien(ne)** *m.f.* コレジアン(・エヌ)	junior high school student **チュー**ニア **ハ**イ ス**クー**ル ス**テュー**デント
ちゅうかりょうり 中華料理 chuukaryouri	**cuisine chinoise** *f.* キュイジーヌ シヌワーズ	Chinese food **チャ**イニーズ **フー**ド
ちゅうかん 中間 chuukan	**milieu** *m.* ミリュー	middle **ミ**ドル
ちゅうきゅうの 中級の chuukyuuno	**moyen(ne)** モワイアン(・エヌ)	intermediate インタ**ミー**ディエト
ちゅうけい 中継 chuukei	**relais** *m.* ルレ	relay **リー**レイ

日	仏	英
～する	**relayer** ルレイエ	relay リーレイ
～放送	**retransmission** *f.* ルトランスミシオン	relay broadcast リーレイ ブロードキャスト
ちゅうこく **忠告** chuukoku	**conseil** *m.* コンセイユ	advice アド**ヴァ**イス
～する	**conseiller** コンセイエ	advise アド**ヴァ**イズ
ちゅうごく **中国** chuugoku	**Chine** *f.* シヌ	China **チャ**イナ
～語	**chinois** *m.* シノワ	Chinese チャイ**ニ**ーズ
ちゅうこの **中古の** chuukono	**d'occasion** ドカジオン	used, secondhand **ユ**ーズド, **セ**カンドハンド
ちゅうざい **駐在** chuuzai	**résidence** *f.* レジダンス	residence **レ**ズィデンス
ちゅうさいする **仲裁する** chuusaisuru	**arbitrer** アルビトレ	arbitrate **ア**ービトレイト
ちゅうし **中止** chuushi	**cessation** *f.*, **interruption** *f.* セサシオン, アンテリュプシオン	suspension, cancellation サス**ペ**ンション, キャンセ**レ**イション
～する	**cesser, suspendre** セセ, シュスパンドル	stop, suspend ス**タ**プ, サス**ペ**ンド
ちゅうじえん **中耳炎** chuujien	**otite moyenne** *f.* オティット モワイエヌ	otitis media オウ**タ**イティス **ミ**ーディア
ちゅうじつな **忠実な** chuujitsuna	**fidèle** フィデル	faithful **フェ**イスフル
ちゅうしゃ **注射** chuusha	**piqûre** *f.*, **injection** *f.* ピキュール, アンジェクシオン	injection, shot イン**ヂェ**クション, **シャ**ト

日	仏	英
ちゅうしゃ **駐車** chuusha	**stationnement** *m.*, **parking** *m.* スタシオヌマン, パルキング	parking パーキング
〜禁止	**stationnement interdit** *m.* スタシオヌマン アンテルディ	No Parking ノウ パーキング
〜場	**parc de stationnement** *m.*, **parking** *m.* パルク ドゥ スタシオヌマン, パルキング	parking lot パーキング ラト
ちゅうしゃく **注釈** chuushaku	**notes** *f.pl.*, **commentaire** *m.* ノート, コマンテール	notes, annotation ノウツ, アノテイション
ちゅうじゅん **中旬** chuujun	**milieu** *de* ミリユー ドゥ	middle of ミドル オヴ
ちゅうしょう **抽象** chuushou	**abstraction** *f.* アプストラクシオン	abstraction アプストラクション
〜画	**peinture abstraite** *f.* パンテュール アプストレット	abstract painting アブストラクト ペインティング
〜的な	**abstrait(e)** アプストレ(ット)	abstract アブストラクト
ちゅうしょうきぎょう **中小企業** chuushoukigyou	**petites et moyennes entreprises** *f.pl.* プティット エ モワイエヌ ザントルプリーズ	small and medium-sized business スモール アンド ミーディアムサイズド ビズネス
ちゅうしょうする **中傷する** chuushousuru	**médire** *de* メディール ドゥ	slander, speak ill of スランダ, スピーク イル オヴ
ちゅうしょく **昼食** chuushoku	**déjeuner** *m.* デジュネ	lunch ランチ
ちゅうしん **中心** chuushin	**centre** *m.*, **milieu** *m.* サントル, ミリユー	center, core, ⑧centre センタ, コー, センタ
ちゅうすいえん **虫垂炎** chuusuien	**appendicite** *f.* アパンディシット	appendicitis アペンディサイティス
ちゅうすう **中枢** chuusuu	**centre** *m.* サントル	center, ⑧centre センタ, センタ

日	仏	英
ちゅうせい **中世** chuusei	**Moyen Âge** *m.* モワイエ ナージュ	Middle Ages ミドル エイヂェズ
～の	**médiéval(e)** メディエヴァル	medieval メディイーヴァル
ちゅうせいし **中性子** chuuseishi	**neutron** *m.* ヌートロン	neutron ニュートラン
ちゅうぜつ **中絶** （妊娠の） chuuzetsu	**avortement** *m.* アヴォルトマン	abortion アボーション
ちゅうせん **抽選** chuusen	**tirage** *m.*, **loterie** *f.* ティラージュ, ロトリ	lottery ラタリ
ちゅうたいする **中退する** chuutaisuru	**abandonner** *ses* **études** アバンドネ エテュード	dropout, leave school ドラパウト, リーヴ スクール
ちゅうだんする **中断する** chuudansuru	**interrompre** アンテロンプル	interrupt インタラプト
ちゅうちょする **躊躇する** chuuchosuru	**hésiter** エジテ	hesitate ヘズィテイト
ちゅうとう **中東** chuutou	**Moyen-Orient** *m.* モワイエノリアン	Middle East ミドル イースト
ちゅうとうきょういく **中等教育** chuutoukyouiku	**enseignement secondaire** *m.* アンセニュマン スゴンデール	secondary education セカンデリ エデュケイション
ちゅうどく **中毒** chuudoku	**intoxication** *f.*, **empoisonnement** *m.* アントクシカシオン, アンポワゾヌマン	poisoning ポイズニング
ちゅうとで **中途で** chuutode	**à mi-chemin** ア ミシュマン	halfway ハフウェイ
ちゅーにんぐ **チューニング** chuuningu	**syntonisation** *f.*, **réglage** *m.* サントニザシオン, レグラージュ	tuning テューニング
ちゅうねん **中年** chuunen	**âge moyen** *m.* アージュ モワイアン	middle age ミドル エイヂ

日	仏	英
ちゅうもくする **注目する** chuumokusuru	**prêter attention** *à*, **observer** プレテ アタンシオン ア, オプセルヴェ	take notice of, pay attention to テイク ノウティス オヴ, ペイ アテンション トゥ
ちゅうもん **注文** chuumon	**commande** *f.*, **ordre** *m.* コマンド, オルドル	order オーダ
～する	**commander** コマンデ	order オーダ
ちゅうりつの **中立の** chuuritsuno	**neutre** ヌートル	neutral ニュートラル
ちゅうりゅうかいきゅう **中流階級** chuuryuukaikyuu	**classe moyenne** *f.* クラース モワイエヌ	middle classes ミドル クラセズ
ちゅうわする **中和する** chuuwasuru	**neutraliser** ヌートラリゼ	neutralize ニュートラライズ
ちゅにじあ **チュニジア** chunijia	**Tunisie** *f.* テュニジ	Tunisia テューニージャ
ちょう **腸** chou	**intestins** *m.pl.* アンテスタン	intestines インテスティンズ
ちょう **蝶** chou	**papillon** *m.* パピヨン	butterfly バタフライ
ちょういんする **調印する** chouinsuru	**signer** シニェ	sign サイン
ちょうえつする **超越する** chouetsusuru	**transcender** トランサンデ	transcend トランセンド
ちょうおんぱ **超音波** chouonpa	**ultrason** *m.* ユルトラソン	ultrasound アルトラサウンド
ちょうかく **聴覚** choukaku	**ouïe** *f.* ウイ	sense of hearing センス オヴ ヒアリング
ちょうかする **超過する** choukasuru	**excéder** エクセデ	exceed イクスィード

日	仏	英
ちょうかん **朝刊** choukan	**édition du matin** *f.* エディシオン デュ マタン	morning paper **モー**ニング **ペ**イパ
ちょうきの **長期の** choukino	**à long terme** ア ロン テルム	long term **ロー**ング **ター**ム
ちょうきょうする **調教する** choukyousuru	**dresser** ドレセ	train in, break in ト**レ**イン イン，ブ**レ**イク イン
ちょうきょり **長距離** choukyori	**longue distance** *f.* ロング ディスタンス	long distance **ロー**ング **ディ**スタンス
ちょうこう **聴講** choukou	**présence à un cours** *f.* プレザンス ア アン クール	auditing **オー**ディティング
～生	**audi*teur*(*trice*) libre** *m.f.* オディトゥール(-トリス) リーブル	auditor **オー**ディタ
ちょうごうする **調合する** chougousuru	**préparer** プレパレ	prepare, mix プリ**ペ**ア，**ミ**クス
ちょうこうそうびる **超高層ビル** choukousoubiru	**gratte-ciel** *m.*, **tour** *f.* グラットシエル，トゥール	skyscraper ス**カ**イスクレイパ
ちょうこく **彫刻** choukoku	**sculpture** *f.* スキュルテュール	sculpture ス**カ**ルプチャ
ちょうさする **調査する** chousasuru	**examiner, enquêter** エグザミネ，アンケテ	investigate, examine イン**ヴェ**スティゲイト，イグ**ザ**ミン
ちょうし （具合・加減） **調子** choushi	**condition** *f.* コンディシオン	condition コン**ディ**ション
（拍子）	**temps** *m.*, **rythme** *m.* タン，リトム	time, rhythm **タ**イム，**リ**ズム
ちょうしゅう **聴衆** choushuu	**public** *m.*, **assistance** *f.* ピュブリック，アシスタンス	audience **オー**ディエンス
ちょうしょ **長所** chousho	**mérite** *m.*, **qualité** *f.* メリット，カリテ	strong point, merit スト**ロー**ング **ポ**イント，**メ**リト

471

日	仏	英
ちょうじょ **長女** choujo	**aînée** *f.* エネ	oldest daughter **オ**ウルデスト **ド**ータ
ちょうじょう **頂上** choujou	**sommet** *m.*, **cime** *f.* ソメ, シム	summit **サ**ミト
ちょうしょうする **嘲笑する** choushousuru	**se moquer** ス モケ	laugh at, ridicule **ラ**フ **ア**ト, リ**ディ**キュール
ちょうしょく **朝食** choushoku	**petit déjeuner** *m.* プティ デジュネ	breakfast **ブレ**クファスト
ちょうせいする **調整する** chouseisuru	**ajuster, régler** アジュステ, レグレ	adjust ア**ヂャ**スト
ちょうせつ **調節** chousetsu	**réglage** *m.*, **contrôle** *m.* レグラージュ, コントロール	regulation, control レギュ**レ**イション, コント**ロ**ウル
〜**する**	**régler, contrôler** レグレ, コントロレ	regulate, control **レ**ギュレイト, コント**ロ**ウル
ちょうせん **挑戦** chousen	**défi** *m.*, **challenge** *m.* デフィ, シャランジュ	challenge **チャ**レンヂ
〜**者**	**rival(e)** *m.f.*, **challenger** *m.* リヴァル, シャランジェール	challenger **チャ**レンヂャ
〜**する**	**lancer un défi** ランセ アン デフィ	challenge **チャ**レンヂ
ちょうたつする **調達する** choutatsusuru	**fournir, approvisionner** フルニール, アプロヴィジオネ	supply, provide サプ**ライ**, プロ**ヴァ**イド
ちょうちふす **腸チフス** chouchifusu	**fièvre typhoïde** *f.*, **typhus** *m.* フィエーヴル ティフォイド, ティフュス	typhoid **タ**イフォイド
ちょうちょう **町長** chouchou	**maire(sse)** *m.f.* メール(メレス)	mayor **メ**イア
ちょうていする **調停する** chouteisuru	**arbitrer** アルビトレ	arbitrate **ア**ービトレイト

ち

日	仏	英
ちょうてん **頂点** chouten	**sommet** *m.*, **point culminant** *m.* ソメ, ポワン キュルミナン	peak ピーク
ちょうど **丁度** choudo	**juste, exactement** ジュスト, エグザクトマン	just, exactly ヂャスト, イグザクトリ
ちょうなん **長男** chounan	**aîné** *m.* エネ	oldest son オウルデスト サン
ちょうのうりょく **超能力** chounouryoku	**perception extrasensorielle** *f.* ペルセプシオン エクストラサンソリエル	extrasensory perception, ESP エクストラセンソリ パセプション, イーエスピー
ちょうふくする **重複する** choufukusuru	**se répéter** ス レペテ	(be) repeated (ビ) リピーテド
ちょうへい **徴兵** chouhei	**conscription** *f.*, **recrutement** *m.* コンスクリプシオン, ルクリュトマン	conscription, draft コンスクリプション, ドラフト
ちょうへんしょうせつ **長編小説** chouhenshousetsu	**long roman** *m.* ロン ロマン	long novel ロング ナヴェル
ちょうほうけい **長方形** chouhoukei	**rectangle** *m.* レクタングル	rectangle レクタングル
ちょうほうな **重宝な** chouhouna	**pratique, commode** プラティック, コモード	handy, convenient ハンディ, コンヴィーニェント
ちょうみりょう **調味料** choumiryou	**assaisonnement** *m.* アセゾヌマン	seasoning スィーズニング
ちょうやく **跳躍** chouyaku	**saut** *m.*, **bond** *m.* ソー, ボン	jump ヂャンプ
ちょうり **調理** chouri	**cuisine** *f.* キュイジーヌ	cooking クキング
～する	**cuisiner** キュイジネ	cook クク
ちょうりつ **調律** chouritsu	**accordage** *m.* アコルダージュ	tuning テューニング

日	仏	英
ちょうりゅう **潮流** chouryuu	**courant** *m.*, **marée** *f.* クラン, マレ	tide, tidal current **タ**イド, **タ**イダル **カ**ーレント
ちょうりょく **聴力** chouryoku	**acuité auditive** *f.* アキュイテ オディティヴ	listening ability **リ**スニング アビリティ
ちょうれい **朝礼** chourei	**réunion du matin** *f.* レユニオン デュ マタン	morning meeting **モ**ーニング **ミ**ーティング
ちょうわする **調和する** chouwasuru	**(être) en harmonie** *avec* (エートル) アン アルモニ アヴェク	(be) in harmony with (ビ) イン **ハ**ーモニ ウィズ
ちょきん **貯金** chokin	**économies** *f.pl.*, **épargne** *f.* エコノミー, エパルニュ	savings, deposit **セ**イヴィングズ, ディ**パ**ズィット
～する	**économiser** エコノミゼ	save **セ**イヴ
ちょくしんする **直進する** chokushinsuru	**aller droit** アレ ドロワ	go straight ahead **ゴ**ウ スト**レ**イト ア**ヘ**ッド
ちょくせつぜい **直接税** chokusetsuzei	**impôt direct** *m.* アンポ ディレクト	direct tax ディ**レ**クト **タ**クス
ちょくせつの **直接の** chokusetsuno	**direct(e)** ディレクト	direct ディ**レ**クト
ちょくせん **直線** chokusen	**ligne droite** *f.* リーニュ ドロワット	straight line スト**レ**イト **ラ**イン
ちょくちょう **直腸** chokuchou	**rectum** *m.* レクトム	rectum **レ**クタム
ちょくつうの **直通の** chokutsuuno	**direct(e)** ディレクト	direct, nonstop ディ**レ**クト, **ナ**ンスタプ
ちょくばい **直売** chokubai	**vente directe** *f.* ヴァント ディレクト	direct sales ディ**レ**クト **セ**イルズ
ちょくめんする **直面する** chokumensuru	**affronter** アフロンテ	face, confront **フェ**イス, コン**フ**ラント

日	仏	英
ちょくやく **直訳** chokuyaku	**traduction littérale** *f.* トラデュクシオン リテラル	literal translation リタラル トランスレイション
ちょくりつの **直立の** chokuritsuno	**droit(e), vertical(e)** ドロワ(ット), ヴェルティカル	vertical, erect **ヴァ**ーティカル, イレクト
ちょくりゅう **直流** chokuryuu	**courant continu** *m.* クラン コンティニュ	direct current, DC ディレクト **カ**ーレント, **ディー**スィー
ちょこれーと **チョコレート** chokoreeto	**chocolat** *m.* ショコラ	chocolate **チャ**コレト
ちょさくけん **著作権** chosakuken	**droit d'auteur** *m.* ドロワ ドトゥール	copyright **カ**ピライト
ちょしゃ **著者** chosha	**auteur** *m.* オトゥール	author, writer **オ**ーサ, **ラ**イタ
ちょすいち **貯水池** chosuichi	**réservoir** *m.* レゼルヴォワール	reservoir **レ**ザヴワー
ちょぞうする **貯蔵する** chozousuru	**conserver, emmagasiner** コンセルヴェ, アンマガジネ	store, keep スト**ー**, **キ**ープ
ちょちくする **貯蓄する** chochikusuru	**faire des économies** フェール デ ゼコノミー	save **セ**イヴ
ちょっかく **直角** chokkaku	**angle droit** *m.* アングル ドロワ	right angle **ラ**イト **ア**ングル
ちょっかん **直感** chokkan	**intuition** *f.* アンテュイシオン	intuition インテュ**イ**ション
〜的な	**intuitif(ve)** アンテュイティフ(・ヴ)	intuitive インテュ**ー**イティヴ
ちょっけい **直径** chokkei	**diamètre** *m.* ディアメートル	diameter ダイ**ア**メタ
ちょっこうする **直行する** chokkousuru	**aller directement** アレ ディレクトマン	go direct **ゴ**ウ ディ**レ**クト
ちょっと **ちょっと** (少し) chotto	**un peu** アン プー	a little ア **リ**トル

日	仏	英
（短い時間）	**un moment, un instant** アン モマン，アン ナンスタン	for a moment フォ ア **モ**ウメント
ちらかる **散らかる** chirakaru	**(être) éparpillé(e)** (エートル) エパルピエ	(be) scattered (ビ) ス**キャ**タド
ちり **地理** chiri	**géographie** *f.* ジェオグラフィ	geography デ**ア**グラフィ
ちり **チリ** chiri	**Chili** *m.* シリ	Chile **チ**リ
ちりょう **治療** chiryou	**traitement médical** *m.* トレトマン メディカル	medical treatment **メ**ディカル ト**リ**ートメント
〜する	**traiter** トレテ	treat, cure ト**リ**ート，**キュ**ア
ちんかする **沈下する** chinkasuru	**s'affaisser, s'enfoncer** サフェセ，サンフォンセ	sink ス**ィ**ンク
ちんぎん **賃金** chingin	**salaire** *m.*, **paye** *f.* サレール，ペユ	wages, pay **ウェ**イズ，**ペ**イ
ちんじゅつする **陳述する** chinjutsusuru	**exposer, déclarer** エクスポゼ，デクラレ	state ス**テ**イト
ちんじょう **陳情** chinjou	**pétition** *f.* ペティシオン	petition ピ**ティ**ション
ちんせいざい **鎮静剤** chinseizai	**calmant** *m.* カルマン	sedative **セ**ダティヴ
ちんたい **賃貸** chintai	**location** *f.*, **louage** *m.* ロカシオン，ルワジュ	rent **レ**ント
ちんつうざい **鎮痛剤** chintsuuzai	**analgésique** *m.* アナルジェジック	analgesic アナル**チ**ーズィク
ちんでんする **沈殿する** chindensuru	**se déposer** ス デポゼ	settle **セ**トル
ちんぱんじー **チンパンジー** chinpanjii	**chimpanzé** *m.* シャンパンゼ	chimpanzee チンパン**ズ**ィー

日	仏	英

ちんぼつする
沈没する
chinbotsusuru

s'enfoncer, couler
サンフォンセ, クレ

sink
スインク

ちんもく
沈黙
chinmoku

silence *m.*
シランス

silence
サイレンス

ちんれつする
陳列する
chinretsusuru

exposer, étaler
エクスポゼ, エタレ

exhibit, display
イグ**ズ**ィビト, ディス**プ**レイ

つ, ツ

つい
対
tsui

paire *f.,* **couple** *m.*
ペール, クープル

pair, couple
ペア, **カ**プル

ついか
追加
tsuika

addition *f.,* **supplément** *m.*
アディシオン, シュプレマン

addition
ア**デ**ィション

　　～**する**

ajouter *à*
アジュテ ア

add to
アド トゥ

ついきゅうする
追及する
tsuikyuusuru

mener un contre-interrogatoire
ムネ アン コントランテロガトワール

cross-examine
クロースイグ**ザ**ミン

ついきゅうする
追求する
tsuikyuusuru

poursuivre, rechercher
プルスイーヴル, ルシェルシェ

pursue, seek after
パ**ス**ー, **ス**ィーク アフタ

ついきゅうする
追究する
tsuikyuusuru

poursuivre, rechercher
プルスイーヴル, ルシェルシェ

investigate
イン**ヴェ**スティゲイト

ついせきする
追跡する
tsuisekisuru

poursuivre
プルスイーヴル

pursue, chase
パ**ス**ー, **チェ**イス

ついたち
一日
tsuitachi

premier jour du mois *m.*
プルミエ ジュール デュ モワ

first day of the month
ファースト **デ**イ オヴ ザ **マ**ンス

ついている
ついている
tsuiteiru

avoir de la chance
アヴォワール ドゥ ラ シャンス

(be) lucky
(ビ) **ラ**キ

ついとうする
追悼する
tsuitousuru

porter le deuil *de,* **déplorer la mort** *de*
ポルテ ル ドゥイユ ドゥ, デプロレ ラ モール ドゥ

mourn
モーン

日	仏	英
ついとつする **追突する** tsuitotsusuru	**heurter l'arrière** *de* ウルテ ラリエール ドゥ	crash into the rear of クラシュ イントゥ ザ リア オヴ
ついに **ついに** tsuini	**enfin, finalement** アンファン, フィナルマン	at last アト ラスト
ついほうする **追放する** tsuihousuru	**expulser, bannir** エクスピュルセ, バニール	banish, expel バニシュ, イクスペル
ついやす **費やす** tsuiyasu	**dépenser, consommer** デパンセ, コンソメ	spend スペンド
ついらくする **墜落する** tsuirakusuru	**s'écraser** セクラゼ	crash クラシュ
ついんるーむ **ツインルーム** tsuinruumu	**chambre à deux lits** *f.* シャンブル ア ドゥー リ	twin room トウィン ルーム
つうがくする **通学する** tsuugakusuru	**aller à l'école** アレ ア レコール	go to school ゴウ トゥ スクール
つうかする **通過する** tsuukasuru	**passer, traverser** パセ, トラヴェルセ	pass by パス バイ
つうきんする **通勤する** tsuukinsuru	**aller au travail** アレ オ トラヴァイユ	commute to work コミュート トゥ ワーク
つうこうにん **通行人** tsuukounin	**passant(e)** *m.f.* パサン(ト)	passer-by パサバイ
つうじょうの **通常の** tsuujouno	**ordinaire, normal(e)** オルディネール, ノルマル	usual, ordinary ユージュアル, オーディネリ
つうじる　（道などが） **通じる** tsuujiru	**mener** *à* ムネ ア	go to, lead to ゴウ トゥ, リード トゥ
（電話が）	**joindre, communiquer** *avec* ジョワンドル, コミュニケ アヴェク	get through to ゲト スルー トゥ
つうしん **通信** tsuushin	**communication** *f.* コミュニカシオン	communication コミューニケイション

日	仏	英
つうち **通知** tsuuchi	**annonce** *f.*, **avis** *m.* アノンス, アヴィ	notice, notification ノウティス, ノウティフィケイション
〜**する**	**informer, annoncer** アンフォルメ, アノンセ	inform, notify インフォーム, ノウティファイ
つうちょう **通帳** tsuuchou	**livret de banque** *m.* リヴレ ドゥ バンク	passbook パスブク
つうやく **通訳** tsuuyaku	**interprète** *m.f.* アンテルプレット	interpreter インタープリタ
〜**する**	**interpréter** アンテルプレテ	interpret インタープリト
つうようする **通用する** tsuuyousuru	**avoir cours, (être) va- lable** アヴォワール クール, (エートル) ヴァラーブル	pass for, (be) valid パス フォ, (ビ) ヴァリド
つうれつな **痛烈な** tsuuretsuna	**cruel(***le***)** クリュエル	severe, bitter スィヴィア, ビタ
つうろ **通路** tsuuro	**passage** *m.*, **chemin** *m.* パサージュ, シュマン	passage, path パスィヂ, パス
つえ **杖** tsue	**canne** *f.*, **bâton** *m.* カヌ, バトン	stick, cane スティク, ケイン
つかい　　(使者) **使い** tsukai	**messager(***ère***)** *m.f.* メサジェ(-ジェール)	messenger メスィンヂャ
つかいかた **使い方** tsukaikata	**mode d'emploi** *m.* モード ダンプロワ	how to use ハウ トゥ ユーズ
つかいこなす **使いこなす** tsukaikonasu	**savoir se servir** *de* サヴォワール ス セルヴィール ドゥ	have a good com- mand of ハヴ ア グド コマンド オヴ
つかう　　(使用する) **使う** tsukau	**utiliser, se servir** ユティリゼ, ス セルヴィール	use, employ ユーズ, インプロイ
(費やす)	**employer, dépenser** アンプロワイエ, デパンセ	spend スペンド

日	仏	英
つかえる **仕える** tsukaeru	**servir** セルヴィール	serve サーヴ
つかのまの **束の間の** tsukanomano	**momentané(e), passager(ère)** モマンタネ, パサジェ(·ジェール)	momentary モウメンテリ
つかまえる　（つかむ） **捕まえる** tsukamaeru	**saisir, prendre** セジール, プランドル	catch キャチ
（逮捕する）	**arrêter** アレテ	arrest アレスト
（捕獲する）	**attraper** アトラペ	capture キャプチャ
つかまる **掴まる** tsukamaru	**se tenir** *à* ス トゥニール ア	grasp, hold on to グラスプ, **ホ**ウルド **オ**ントゥ
つかむ **掴む** tsukamu	**saisir, empoigner** セジール, アンポワニェ	seize, catch **ス**ィーズ, **キャ**チ
つかれ **疲れ** tsukare	**fatigue** *f.*, **lassitude** *f.* ファティグ, ラシテュド	fatigue ファ**ティ**ーグ
つかれる **疲れる** tsukareru	**se fatiguer** ス ファティゲ	(be) tired (ビ) **タ**イアド
つき **月** tsuki	**lune** *f.* リュヌ	moon **ム**ーン
（暦の）	**mois** *m.* モワ	month **マ**ンス
つきあい **付き合い** tsukiai	**fréquentation** *f.*, **relations** *f.pl.* フレカンタシオン, ルラシオン	association アソウスィ**エ**イション
つきあう **付き合う** tsukiau	**(être) en couple** *avec*, **fréquenter** (エートル) アン クープル アヴェク, フレカンテ	keep company with **キ**ープ **カ**ンパニ **ウィ**ズ
つきあたり **突き当たり** tsukiatari	**fond** *m.*, **bout** *m.* フォン, ブー	end **エ**ンド

日	仏	英
つきそう **付き添う** tsukisou	**accompagner** アコンパニェ	attend on, accompany アテンド オン, アカンパニ
つぎたす **継ぎ足す** tsugitasu	**ajouter** *à* アジュテ ア	add to アド トゥ
つきづき **月々** tsukizuki	**tous les mois** トゥ レ モワ	every month エヴリ マンス
つぎつぎ **次々** tsugitsugi	**l'un(e) après l'autre** ラン(リュヌ) ナプレ(アプレ) ロートル	one after another ワン アフタ アナザ
つきとめる **突き止める** tsukitomeru	**découvrir, constater** デクヴリール, コンスタテ	find out, trace ファインド アウト, トレイス
つきなみな **月並みな** tsukinamina	**banal(e), commun(e)** バナル, コマン(コミュヌ)	common カモン
つぎに **次に** tsugini	**ensuite, puis** アンスイット, ピュイ	next, secondly ネクスト, セカンドリ
つぎの **次の** tsugino	**suivant(e)** スイヴァン(ト)	next, following ネクスト, ファロウイング
つきひ **月日** tsukihi	**jours** *m.pl.*, **temps** *m.* ジュール, タン	days, time デイズ, タイム
つきまとう **付きまとう** tsukimatou	**suivre, poursuivre** スイーヴル, プルスイーヴル	follow about ファロウ アバウト
つぎめ **継ぎ目** tsugime	**joint** *m.*, **jointure** *f.* ジョワン, ジョワンテュール	joint, juncture チョイント, チャンクチャ
つきよ **月夜** tsukiyo	**nuit de lune** *f.* ニュイ ドゥ リュヌ	moonlit night ムーンリト ナイト
つきる **尽きる** tsukiru	**s'épuiser, (être) épuisé(e)** セピュイゼ, (エートル) エピュイゼ	(be) exhausted, run out (ビ) イグゾーステド, ラン アウト
つく **付く** tsuku	**attacher** *à* アタシェ ア	stick to, attach to スティク トゥ, アタチ トゥ

日	仏	英
つく **突く** tsuku	**pousser, percer** プセ, ペルセ	thrust, pierce ス**ラ**スト, **ピ**アス
つく **着く** tsuku	**arriver** *à* アリヴェ ア	arrive at ア**ラ**イヴ アト
（席に）	**prendre place** プランドル プラス	take one's seat テイク ス**ィ**ート
つぐ **注ぐ** tsugu	**verser, remplir** ヴェルセ, ランプリール	pour **ポ**ー
つくえ **机** tsukue	**table** *f.*, **bureau** *m.* ターブル, ビュロー	desk, bureau デスク, **ピュ**アロウ
つくす **尽くす** tsukusu	**se consacrer** *à* ス コンサクレ ア	devote oneself ディ**ヴォ**ウト
つぐなう **償う** tsugunau	**compenser, dédomma-ger** コンパンセ, デドマジェ	compensate for カン**ペ**ンセイト フォ
つくりかた **作り方** tsukurikata	**manière de faire** *f.* マニエール ドゥ フェール	how to make ハウ トゥ メイク
つくりばなし **作り話** tsukuribanashi	**histoire inventée** *f.*, **fic-tion** *f.* イストワール アンヴァンテ, フィクシオン	made-up story メイダプ ス**ト**ーリ
つくる **作る** tsukuru	**faire** フェール	make メイク
（創作する）	**créer** クレエ	create クリ**エ**イト
（形成する）	**former, organiser** フォルメ, オルガニゼ	form **フォ**ーム
つくろう **繕う** tsukurou	**réparer, raccommoder** レパレ, ラコモデ	repair, mend リ**ペ**ア, **メ**ンド
（うわべを）	**sauver** ソヴェ	save **セ**イヴ

つ

日	仏	英
つけあわせ **付け合わせ** tsukeawase	**garniture** *f.* ガルニテュール	garnish **ガー**ニシュ
つけくわえる **付け加える** tsukekuwaeru	**ajouter** アジュテ	add **ア**ド
つけもの **漬物** tsukemono	**légumes en saumure** *m.pl.* レギュム アン ソミュール	pickles **ピ**クルズ
つける **付ける** tsukeru	**mettre, attacher** メットル, アタシェ	put, attach **プ**ト, ア**タ**チ
つける **着ける** tsukeru	**mettre, porter** メットル, ポルテ	put on, wear **プ**ト オン, **ウェ**ア
つける **点ける** tsukeru	**allumer** アリュメ	light, set fire **ラ**イト, **セ**ト **ファ**イア
つげる **告げる** tsugeru	**dire, annoncer** ディール, アノンセ	tell, inform **テ**ル, イン**フォ**ーム
つごう **都合** tsugou	**convenance** *f.* コンヴナンス	convenience カンヴィー**ニェ**ンス
～のよい	**commode, pratique** コモード, プラティック	convenient カンヴィー**ニェ**ント
つじつまがあう **辻褄が合う** tsujitsumagaau	**(être) cohérent(e)** (エートル) コエラン(ト)	(be) consistent with (ビ) コン**スィ**ステント ウィズ
つたえる **伝える** tsutaeru	**dire, transmettre** ディール, トランスメットル	tell, report **テ**ル, リ**ポ**ート
（伝授する）	**enseigner, initier** アンセニェ, イニシエ	teach, initiate **ティ**ーチ, イ**ニ**シエイト
（伝承する）	**transmettre** *à* トランスメットル ア	hand down to **ハ**ンド **ダ**ウン トゥ
つたわる **伝わる** tsutawaru	**(être) transmis(e)** (エートル) トランスミ(・ミーズ)	(be) conveyed (ビ) コン**ヴェ**イド

日	仏	英
（噂などが）	**se répandre** ス レパンドル	spread, pass スプレド, パス
（代々）	**se transmettre** de, **(être)** **hérité(e)** de ス トランスメットル ドゥ,(エートル) エリテ ドゥ	(be) handed down from (ビ) ハンデド ダウン フラム
つち 土 tsuchi	**terre** f., **sol** m. テール, ソル	earth, soil アース, ソイル
つづき 続き tsuzuki	**suite** f. スイット	sequel, continua-tion スィークウェル, コンティニュ エイション
つつく つつく tsutsuku	**toucher, tapoter** トゥシェ, タポテ	poke at ポウク
つづく 続く tsuzuku	**continuer, durer** コンティニュエ, デュレ	continue, last コンティニュー, ラスト
（後に）	**suivre** スイーヴル	follow, succeed to ファロウ, サクスィード トゥ
つづける 続ける tsuzukeru	**continuer, poursuivre** コンティニュエ, プルスイーヴル	continue カンティニュー
つっこむ 突っ込む tsukkomu	**enfoncer** dans アンフォンセ ダン	thrust into スラスト イントゥ
つつしむ 慎む tsutsushimu	**s'abstenir** de サプストゥニール ドゥ	refrain from リフレイン フラム
つつみ 包み tsutsumi	**paquet** m., **colis** m. パケ, コリ	parcel, package パースル, パキヂ
つつむ 包む tsutsumu	**envelopper** dans アンヴロペ ダン	wrap, envelop in ラプ, インヴェロプ イン
つづり 綴り tsuzuri	**orthographe** f. オルトグラフ	spelling スペリング
つとめ 勤め tsutome	**travail** m. トラヴァイユ	business, work ビズネス, ワーク

日	仏	英
つとめ **務め** tsutome	**devoir** *m.*, **tâche** *f.* ドゥヴォワール, タッシュ	duty, service デューティ, サーヴィス
つとめる **勤める** tsutomeru	**travailler** トラヴァイエ	work ワーク
つとめる **努める** tsutomeru	**s'efforcer** *de* セフォルセ ドゥ	try to トライ トゥ
つとめる **務める** tsutomeru	**servir** *de* セルヴィール ドゥ	serve サーヴ
つながる **繋がる** tsunagaru	**se lier** *à* スリエ ア	(be) connected with (ビ) コネクテド ウィズ
つなぐ **繋ぐ** tsunagu	**attacher, lier** アタシェ, リエ	tie, connect タイ, コネクト
つなみ **津波** tsunami	**tsunami** *m.*, **raz de marée** *m.* ツナミ, ラ ドゥ マレ	tsunami, tidal wave ツナーミ, タイドル ウェイヴ
つねに **常に** tsuneni	**toujours** トゥジュール	always オールウェイズ
つねる **つねる** tsuneru	**pincer** パンセ	pinch, nip ピンチ, ニプ
つの **角** tsuno	**corne** *f.*, **bois** *m.pl.* コルヌ, ボワ	horn ホーン
つば **唾** tsuba	**salive** *f.*, **crachat** *m.* サリーヴ, クラッシャ	spittle, saliva スピトル, サライヴァ
つばき **椿** tsubaki	**camélia** *m.* カメリア	camellia カミーリア
つばさ **翼** tsubasa	**aile** *f.* エル	wing ウィング
つばめ **燕** tsubame	**hirondelle** *f.* イロンデル	swallow スワロウ

日	仏	英
つぶ 粒 tsubu	**grain** *m.*, **goutte** *f.* グラン, グット	grain, drop グレイン, ドラプ
つぶす 潰す tsubusu	**écraser** エクラゼ	break, crush ブレイク, クラシュ
(暇・時間を)	**tuer** テュエ	kill キル
つぶやく つぶやく tsubuyaku	**murmurer** ミュルミュレ	murmur マーマ
つぶれる 潰れる tsubureru	**s'écraser** セクラゼ	break, (be) crushed ブレイク, (ビ) クラシュト
(店などが)	**faire faillite** フェール ファイイット	go bankrupt ゴウ バンクラプト
つま 妻 tsuma	**femme** *f.*, **épouse** *f.* ファム, エプーズ	wife ワイフ
つまさき 爪先 tsumasaki	**pointe des pieds** *f.* ポワント デ ピエ	tiptoe ティプトウ
つまずく つまずく tsumazuku	**trébucher**, **buter** トレビュシェ, ビュテ	stumble スタンブル
つまみ つまみ tsumami	**bouton** *m.*, **poignée** *f.* ブトン, ポワニェ	knob ナブ
(酒の)	**amuse-gueule** *m.*, **snack** *m.* アミューズグール, スナック	finger food, snacks フィンガ フード, スナクス
つまむ つまむ tsumamu	**pincer** パンセ	pick, pinch ピク, ピンチ
つまらない つまらない tsumaranai	**sans valeur** サン ヴァルール	worthless, trivial ワースレス, トリヴィアル
つまり つまり tsumari	**en bref** アン ブレフ	in short, that is to say イン ショート, ザト イズ トゥ セイ

日	仏	英
つまる **詰まる** tsumaru	**(être) rempli(e)** (エートル) ランプリ	(be) packed (ビ) パクト
つみ **罪** tsumi	**crime** *m.* クリム	criminal offense クリミナル **オフェ**ンス
つみかさねる **積み重ねる** tsumikasaneru	**entasser, empiler** アンタセ, アンピレ	pile up パイル **ア**プ
つみき **積み木** tsumiki	**cubes** *m.pl.*, **bloc de construction** *m.* キューブ, ブロック ドゥ コンストリュクシオン	toy blocks トイ **ブ**ラクス
つみたてる **積み立てる** tsumitateru	**déposer** デポゼ	deposit ディ**パ**ズィト
つむ **積む** tsumu	**entasser, accumuler** アンタセ, アキュミュレ	pile, lay パイル, レイ
（積載する）	**charger** シャルジェ	load ロウド
つむ **摘む** tsumu	**cueillir** クイイール	pick, pluck ピク, プラク
つめ **爪** tsume	**ongle** *m.* オングル	nail ネイル
（動物の）	**griffe** *f.*, **serre** *f.* グリフ, セール	claw クロー
〜切り	**coupe-ongles** *m.* クポングル	nail clipper ネイル ク**リ**パ
つめあわせ **詰め合わせ** tsumeawase	**assortiment** *m.* アソルティマン	assortment ア**ソ**ートメント
つめこむ **詰め込む** tsumekomu	**bourrer** *de*, **remplir** *de* ブレ ドゥ, ランプリール ドゥ	pack with, stuff パク ウィズ, スタフ
（知識を）	**bachoter, bûcher** バショテ, ビュッシェ	cram クラム

日	仏	英
つめたい **冷たい** tsumetai	**froid(e)** フロワ(ド)	cold, chilly コウルド, チリ
つめもの **詰め物** tsumemono	**farce** *f.* ファルス	stuffing スタフィング
つめる **詰める** tsumeru	**remplir, fourrer** ランプリール, フレ	stuff, fill スタフ, フィル
（席を）	**faire de la place** フェール ドゥ ラ プラス	move over, make room ムーヴ オウヴァ, メイク ルーム
つもる **積もる** tsumoru	**s'accumuler, s'entasser** サキュミュレ, サンタセ	accumulate アキューミュレイト
つや **艶** tsuya	**lustre** *m.*, **poli** *m.* リュストル, ポリ	gloss, luster グロス, ラスタ
つゆ **梅雨** tsuyu	**saison des pluies** *f.* セゾン デ プリュイ	rainy season レイニ スィーズン
つゆ **露** tsuyu	**rosée** *f.* ロゼ	dew, dewdrop デュー, デュードラプ
つよい **強い** tsuyoi	**fort(e), puissant(e)** フォール(フォルト), ピュイサン(ト)	strong, powerful ストロング, パウアフル
つよきの **強気の** tsuyokino	**ferme, agressif(ve)** フェルム, アグレッシフ(・ヴ)	strong, aggressive ストロング, アグレスィヴ
つよさ **強さ** tsuyosa	**force** *f.* フォルス	strength ストレングス
つよび **強火** tsuyobi	**feu vif** *m.* フー ヴィフ	high flame ハイ フレイム
つよみ **強み** tsuyomi	**point fort** *m.* ポワン フォール	strong point ストローング ポイント
つらい **辛い** tsurai	**dur(e), douloureux(se)** デュール, ドゥルルー(ズ)	hard, painful ハード, ペインフル

日	仏	英
つらなる **連なる** tsuranaru	**se prolonger** ス プロロンジェ	stretch, run ストレチ, ラン
つらぬく **貫く** tsuranuku	**traverser, transpercer** トラヴェルセ, トランスペルセ	pierce, penetrate ピアス, ペネトレイト
(一貫する)	**accomplir, atteindre** アコンプリール, アタンドル	accomplish, achieve アカンプリシュ, アチーヴ
つらら **氷柱** tsurara	**glaçon qui pend** *m.*, **givre** *m.* グラソン キ パン, ジーヴル	icicle アイスィクル
つり **釣り** tsuri	**pêche** *f.* ペシュ	fishing フィシング
つりあう **釣り合う** tsuriau	**s'équilibrer, s'harmoniser** セキリブレ, サルモニゼ	balance, match バランス, マチ
つる **釣る** tsuru	**pêcher** ペシェ	fish フィシュ
つる **鶴** tsuru	**grue** *f.* グリュ	crane クレイン
つるす **吊るす** tsurusu	**suspendre, pendre** シュスパンドル, パンドル	hang, suspend ハング, サスペンド
つれ **連れ** tsure	**compa*gnon*(*gne*)** *m.f.* コンパニョン(-ニュ)	companion コンパニオン
つれていく **連れて行く** tsureteiku	**emmener** アンムネ	take, bring along テイク, ブリング アロング
つわり **つわり** tsuwari	**malaise de la grossesse** *m.* マレーズ ドゥ ラ グロセス	morning sickness モーニング スィクネス

て, テ

日	仏	英
て **手** te	**main** *f.*, **bras** *m.* マン, ブラ	hand, arm ハンド, アーム

日	仏	英
（手段・方法）	**moyen** *m.* モワイアン	way, means ウェイ，ミーンズ
であう **出会う** deau	**rencontrer, tomber** *sur* ランコントレ，トンベ シュール	meet, come across ミート，カム アクロス
てあつい **手厚い** teatsui	**cordial(e), hospitalier(ère)** コルディアル，オスピタリエ(- エール)	cordial, warm コーヂャル，ウォーム
てあて **手当て** teate	**traitement médical** *m.* トレトマン メディカル	medical treatment メディカル トリートメント
ていあん **提案** teian	**proposition** *f.*, **offre** *f.* プロポジション，オッフル	proposal プロポウザル
〜する	**proposer** プロポゼ	propose, suggest プロポウズ，サグチェスト
でぃーづいでぃー **DVD** diivuidii	**DVD** *m.* デヴェデ	DVD ディーヴィーディー
てぃーしゃつ **ティーシャツ** tiishatsu	**T-shirt** *m.* ティシュルト	T-shirt ティーシャート
ていいん **定員** teiin	**capacité** *f.* カパシテ	capacity カパスィティ
ていか **定価** teika	**prix fixe** *m.* プリ フィクス	fixed price フィクスト プライス
ていかん **定款** teikan	**statuts** *m.pl.* スタテュ	articles of association アーティクルズ オヴ アソウスィエイション
ていかんし **定冠詞** teikanshi	**article défini** *m.* アルティクル デフィニ	definite article デフィニト アーティクル
ていぎ **定義** teigi	**définition** *f.* デフィニシオン	definition デフィニション
ていきあつ **低気圧** teikiatsu	**dépression barométrique** *f.* デプレシオン バロメトリック	low pressure, depression ロウ プレシャ，ディプレション

日	仏	英
ていきけん **定期券** teikiken	**carte de transport** *f.* カルト ドゥ トランスポール	commutation ticket カミュテイション **ティ**ケト
ていきてきな **定期的な** teikitekina	**régulier(ère)** レギュリエ(-エール)	regular, periodic **レ**ギュラ, ピアリ**ア**ディク
ていきゅうな **低級な** teikyuuna	**bas(se), vulgaire** バ(ス), ヴュルゲール	inferior, low イン**フィ**アリア, **ロ**ウ
ていきゅうび **定休日** teikyuubi	**jour de congé régulier** *m.* ジュール ドゥ コンジェ レギュリエ	regular holiday **レ**ギュラ **ハ**リデイ
ていきょうする **提供する** teikyousuru	**offrir, fournir** オフリール, フルニール	offer, supply **オ**ファ, サプ**ラ**イ
ていきよきん **定期預金** teikiyokin	**compte à terme** *m.* コント ア テルム	deposit account ディ**パ**ズィト ア**カ**ウント
ていけいする **提携する** teikeisuru	**coopérer** *avec* コオペレ アヴェク	cooperate with コウ**ア**ペレイト
ていけつあつ **低血圧** teiketsuatsu	**hypotension** *f.* イポタンシオン	low blood pressure **ロ**ウ ブラド プ**レ**シャ
ていこう **抵抗** teikou	**résistance** *f.* レジスタンス	resistance レ**ズィ**スタンス
～する	**résister, s'opposer** レジステ, ソポゼ	resist, oppose リ**ズィ**スト, オ**ポ**ウズ
ていさい **体裁** teisai	**apparence** *f.* アパランス	appearance ア**ピ**アランス
ていさつする **偵察する** teisatsusuru	**reconnaître** ルコネートル	reconnoiter リーコ**ノ**イタ
ていし **停止** teishi	**arrêt** *m.*, **suspension** *f.* アレ, シュスパンシオン	stop, suspension ス**タ**プ, サス**ペ**ンション
～する	**arrêter, stopper** アレテ, ストッペ	stop, suspend ス**タ**プ, サス**ペ**ンド

日	仏	英
ていしゃする **停車する** teishasuru	**s'arrêter, stopper** サレテ, ストッペ	stop ス**タ**プ
ていしゅ **亭主** teishu	**patron** *m.* パトロン	master, host **マ**スタ, **ホ**ウスト
(夫)	**mari** *m.*, **époux** *m.* マリ, エプー	husband **ハ**ズバンド
ていしゅつする **提出する** teishutsusuru	**présenter, produire** プレザンテ, プロデュイール	present, submit プリ**ゼ**ント, サブ**ミ**ト
ていしょうする **提唱する** teishousuru	**proposer, avancer** プロポゼ, アヴァンセ	advocate, propose **ア**ドヴォケイト, プロ**ポ**ウズ
ていしょく **定食** teishoku	**menu du jour** *m.* ムニュ デュ ジュール	set meal, table d'hote セト ミール, **テ**イブル **ド**ウト
ていすう **定数** teisuu	**nombre fixé** *m.* ノンブル フィクセ	fixed number **フィ**クスト **ナ**ンバ
でぃすかうんと **ディスカウント** disukaunto	**rabais** *m.* ラベ	discount **ディ**スカウント
でぃすく **ディスク** disuku	**disque** *m.* ディスク	disk **ディ**スク
でぃすぷれい **ディスプレイ** disupurei	**écran** *m.* エクラン	display ディス**プレ**イ
ていせいする **訂正する** teiseisuru	**corriger, réviser** コリジェ, レヴィゼ	correct, revise コ**レ**クト, リ**ヴァ**イズ
ていせつ **定説** teisetsu	**théorie admise** *f.* テオリー アドミーズ	established theory イス**タ**ブリシュト ス**ィ**オリ
ていせん **停戦** teisen	**trêve** *f.*, **cessez-le-feu** *m.* トレーヴ, セセルフー	cease-fire, truce ス**ィ**ースファイア, ト**ル**ース
ていぞくな **低俗な** teizokuna	**vulgaire** ヴュルゲール	vulgar, lowbrow **ヴァ**ルガ, **ロ**ウブラウ

日	仏	英
ていそする **提訴する** teisosuru	**intenter un procès** アンタンテ アン プロセ	file a suit **ファイル ア スー**ト
ていたいする **停滞する** teitaisuru	**stagner** スタグネ	stagnate スタグネイト
ていちゃくする **定着する** teichakusuru	**se fixer** ス フィクセ	fix **フィ**クス
ていちょうな **低調な** teichouna	**inactif(ve)** イナクティフ(・ヴ)	inactive, dull イ**ナ**クティヴ, **ダ**ル
ていっしゅ **ティッシュ** tisshu	**mouchoir en papier** m. ムシュワール アン パピエ	tissue **ティ**シュー
ていでん **停電** teiden	**panne d'électricité** f. パヌ デレクトリシテ	power failure **パ**ウア **フェ**イリュア
ていど **程度** teido	**degré** m., **niveau** m. ドゥグレ, ニヴォー	degree, grade ディ**グ**リー, グレイド
ていとう **抵当** teitou	**hypothèque** f., **gage** m. イポテック, ガージュ	mortgage **モ**ーギヂ
ていねいな **丁寧な** teineina	**poli(e), courtois(e)** ポリ, クルトワ(・ワーズ)	polite, courteous ポ**ラ**イト, **カ**ーティアス
ていねいに **丁寧に** teineini	**poliment, courtoisement** ポリマン, クルトワズマン	politely, courteously ポ**ラ**イトリ, **カ**ーティアスリ
ていねん **定年** teinen	**âge de la retraite** m. アージュ ドゥ ラ ルトレット	retirement age リ**タ**イアメント **エ**イヂ
ていはくする **停泊する** teihakusuru	**jeter l'ancre** ジュテ ランクル	anchor **ア**ンカ
ていぼう **堤防** teibou	**digue** f., **berge** f. ディグ, ベルジュ	bank, embankment **バ**ンク, イン**バ**ンクメント
ていめいする **低迷する** teimeisuru	**stagner, piétiner** スタグネ, ピエティネ	(be) sluggish (ビ) ス**ラ**ギシュ

日	仏	英
てぃり **定理** teiri	**théorème** *m.* テオレム	theorem スィオレム
ていれする **手入れする** teiresuru	**prendre soin** *de* プランドル ソワン ドゥ	take care of テイク ケア オヴ
てぃんぱにー **ティンパニー** tinpanii	**timbales** *f.pl.* タンバル	timpani ティンパニ
でーた **データ** deeta	**données** *f.pl.* ドネ	data デイタ
〜**ベース**	**base de données** *f.* バーズ ドゥ ドネ	database デイタベイス
でーと **デート** deeto	**rendez-vous** *m.*, **rendez-vous amoureux** *m.* ランデヴー, ランデヴー アムルー	date デイト
てーぷ **テープ** teepu	**bande** *f.*, **ruban** *m.* バンド, リュバン	tape テイプ
てーぶる **テーブル** teeburu	**table** *f.* ターブル	table テイブル
てーま **テーマ** teema	**thème** *m.*, **sujet** *m.* テーム, シュジェ	theme, subject スィーム, サブヂクト
てがかり **手掛かり** tegakari	**indice** *m.*, **clef** *f.* アンディス, クレ	clue, key クルー, キー
てがきの **手書きの** tegakino	**écrit(e) à la main, manuscrit(e)** エクリ タ ラ マン, マニュスクリ(ット)	handwritten ハンドリトン
でかける **出かける** dekakeru	**sortir, partir** ソルティール, パルティール	go out ゴウ アウト
てがみ **手紙** tegami	**lettre** *f.* レットル	letter レタ
てがら **手柄** tegara	**exploit** *m.*, **prouesse** *f.* エクスプロワ, プルエス	exploit, achievement イクスプロイト, アチーヴメント

日	仏	英
てがるな **手軽な** tegaruna	**simple, facile** サンプル, ファシル	easy, light **イー**ズィ, **ラ**イト
てき **敵** teki	**ennemi(e)** *m.f.*, **adver- saire** *m.f.* エヌミ, アドヴェルセール	enemy, opponent **エ**ネミ, オ**ポ**ウネント
できあいする **溺愛する** dekiaisuru	**idolâtrer, adorer** イドラトレ, アドレ	dote **ド**ウト
できあがる **出来上がる** dekiagaru	**(être) fini(e), s'achever** (エートル) フィニ, サシュヴェ	(be) completed (ビ) コン**プ**リーテド
てきい **敵意** tekii	**hostilité** *f.* オスティリテ	hostility ハス**ティ**リティ
てきおうする **適応する** tekiousuru	**s'adapter** *à*, **s'acclimater** *à* サダプテ ア, サクリマテ ア	adjust oneself to ア**チャ**スト トゥ
てきかくな **的確な** tekikakuna	**précis(e), exact(e)** プレシ(-シーズ), エグザクト	precise, exact プリ**サ**イス, イグ**ザ**クト
できごと **出来事** dekigoto	**événement** *m.*, **incident** *m.* エヴェヌマン, アンシダン	event, incident イ**ヴェ**ント, **イ**ンスィデント
てきしする **敵視する** tekishisuru	**(être) hostile** *à* (エートル) オスティル ア	(be) hostile to (ビ) **ハ**ストル トゥ
てきしゅつする **摘出する** tekishutsusuru	**extraire** エクストレール	remove, extract リ**ムー**ヴ, イクスト**ラ**クト
てきすと **テキスト** tekisuto	**texte** *m.* テクスト	text **テ**クスト
てきする **適する** tekisuru	**convenir** コンヴニール	fit, suit **フィ**ト, **ス**ート
てきせい **適性** tekisei	**aptitude** *f.*, **capacité** *f.* アプティテュード, カパシテ	aptitude **ア**プティテュード
てきせつな **適切な** tekisetsuna	**approprié(e)** アプロプリエ	proper, adequate プ**ラ**パ, **ア**ディクワト

日	仏	英
できだか **出来高** dekidaka	**production** *f.* プロデュクシオン	output, yield **ア**ウトプト, **イ**ールド
てきとうな **適当な** tekitouna	**convenable, approprié(e)** コンヴナーブル, アプロプリエ	fit for, suitable for **フ**ィト フォ, **ス**ータブル フォ
てきどの **適度の** tekidono	**modéré(e), mesuré(e)** モデレ, ムジュレ	moderate, temper- ate **マ**ダレト, **テ**ンパレト
てきぱきと **てきぱきと** tekipakito	**rapidement** ラピッドマン	promptly **プ**ランプトリ
てきようする **適用する** tekiyousuru	**appliquer** アプリケ	apply アプ**ラ**イ
できる **出来る** 　　（することができる） dekiru	**pouvoir** プヴォワール	can **キ**ャン
（可能である）	**(être) possible** （エートル）ポシーブル	(be) possible （ビ）**パ**シブル
（能力がある）	**capable** カパーブル	(be) able, (be) good （ビ）**エ**イブル, （ビ）**グ**ド
（形成される）	**(être) fait(e), se former** （エートル）フェ(ット), ス フォルメ	(be) made, (be) formed （ビ）**メ**イド, （ビ）**フ**ォームド
（生じる）	**naître, se former** ネートル, ス フォルメ	(be) born, form （ビ）**ボ**ーン, **フ**ォーム
（生産する・産出する）	**(être) produit(e)** （エートル）プロデュイ(ット)	(be) produced （ビ）プロ**デュ**ースト
てぎわのよい **手際のよい** tegiwanoyoi	**adroit(e)** アドロワ(ット)	skillful, deft **ス**キルフル, **デ**フト
でぐち **出口** deguchi	**sortie** *f.* ソルティ	exit **エ**グズィト
てくび **手首** tekubi	**poignet** *m.* ポワニェ	wrist **リ**スト

日	仏	英
てこ **てこ** teko	**levier** *m.* ルヴィエ	lever レヴァ
てごたえがある **手応えがある** tegotaegaaru	**avoir une réaction** アヴォワール ユヌ レアクシオン	have effect ハヴ イフェクト
でこぼこな **凸凹な** dekobokona	**inégal(e), raboteux(se)** イネガル, ラボトゥー(ズ)	uneven, bumpy アニーヴン, バンピ
てごろな **手頃な** tegorona	**pratique, raisonnable** プラティック, レゾナーブル	handy, reasonable ハンディ, リーズナブル
てごわい **手強い** tegowai	**dur(e), redoutable** デュール, ルドゥターブル	tough, formidable タフ, フォーミダブル
でざーと **デザート** dezaato	**dessert** *m.* デセール	dessert ディザート
でざいなー **デザイナー** dezainaa	**dessina*teur(trice)*** *m.f.* デシナトゥール(-トリス)	designer ディザイナ
でざいん **デザイン** dezain	**dessin** *m.*, **modèle** *m.* デッサン, モデル	design ディザイン
てさぐりする **手探りする** tesagurisuru	**tâtonner** タトネ	grope グロウプ
てざわり **手触り** tezawari	**toucher** *m.* トゥシェ	touch, feel タチ, フィール
でし **弟子** deshi	**élève** *m.f.*, **disciple** *m.* エレーヴ, ディシプル	pupil, disciple ピュービル, ディサイプル
てしごと **手仕事** teshigoto	**travail manuel** *m.* トラヴァイユ マニュエル	manual work マニュアル ワーク
でじたるの **デジタルの** dejitaruno	**digital(e), numérique** ディジタル, ニュメリック	digital ディヂタル
てじな **手品** tejina	**tour de magie** *m.* トゥール ドゥ マジ	magic tricks マヂク トリクス
でしゃばる **出しゃばる** deshabaru	**fourrer** *son* **nez partout** フレ ネ パルトゥ	butt in バト イン

日	仏	英
てじゅん **手順** tejun	**procédure** *f.* プロセデュール	order, process **オ**ーダ，プ**ラ**セス
てすう **手数** tesuu	**ennuis** *m.pl.*, **peine** *f.* アンニュイ，ペーヌ	trouble ト**ラ**ブル
〜料	**commission** *f.*, **droit** *m.* コミシオン，ドロワ	commission コ**ミ**ション
ですく **デスク** desuku	**bureau** *m.* ビュロー	desk **デ**スク
〜トップ	**ordinateur de bureau** *m.* オルディナトゥール ドゥ ビュロー	desktop **デ**スクタプ
〜ワーク	**travail de bureau** *m.* トラヴァイユ ドゥ ビュロー	desk work **デ**スク **ワ**ーク
てすと **テスト** tesuto	**examen** *m.*, **test** *m.* エグザマン，テスト	test **テ**スト
てすり **手摺り** tesuri	**rampe** *f.*, **garde-fou** *m.* ランプ，ガルドフー	handrail **ハ**ンドレイル
でたらめな **でたらめな** detaramena	**irresponsable** イレスポンサーブル	irresponsible イリス**パ**ンシブル
てちがい **手違い** techigai	**erreur** *f.*, **méprise** *f.* エルール，メプリーズ	mistake ミス**テ**イク
てつ **鉄** tetsu	**fer** *m.* フェール	iron **ア**イアン
てっかいする **撤回する** tekkaisuru	**se rétracter** ス レトラクテ	withdraw ウィズド**ロ**ー
てつがく **哲学** tetsugaku	**philosophie** *f.* フィロゾフィー	philosophy フィ**ラ**ソフィ
てづくりの **手作りの** tezukurino	**fait(e) à la main** フェ タ ラ マン	handmade **ハ**ンドメイド
てっこつ **鉄骨** tekkotsu	**charpente métallique** *f.* シャルパント メタリック	iron frame **ア**イアン フレイム

日	仏	英
でっさん **デッサン** dessan	**dessin** *m.*, **esquisse** *f.* デッサン, エスキス	sketch スケチ
てつだい **手伝い** tetsudai	**aide** *f.*, **assistance** *f.* エッド, アシスタンス	help ヘルプ
(人)	**aide** *m.f.*, **assistant(e)** *m.f.* エッド, アシスタン(ト)	helper, assistant ヘルパ, アシスタント
てったいする **撤退する** tettaisuru	**se retirer** ス ルティレ	withdraw, pull out ウィズドロー, プル アウト
てつだう **手伝う** tetsudau	**aider, assister** エデ, アシステ	help, assist ヘルプ, アシスト
てつづき **手続き** tetsuzuki	**procédure** *f.*, **formalité** *f.* プロセデュール, フォルマリテ	procedure プロスィーヂャ
てっていてきな **徹底的な** tetteitekina	**complet(ète)** コンプレ(ット)	thorough, complete サロ, コンプリート
てつどう **鉄道** tetsudou	**chemin de fer** *m.* シュマン ドゥ フェール	railroad, ⑧railway レイルロウド, レイルウェイ
てっぱん **鉄板** teppan	**plaque de fer** *f.* プラック ドゥ フェール	iron plate アイアン プレイト
てつぼう **鉄棒** tetsubou	**barre de fer** *f.* バール ドゥ フェール	iron bar アイアン バー
(体操の)	**barre fixe** *f.* バール フィクス	horizontal bar ホリザントル バー
てつや **徹夜** tetsuya	**veille** *f.* ヴェイユ	staying up all night ステイング アプ オール ナイト
～する	**veiller toute la nuit, passer une nuit blanche** ヴェイエ トゥット ラ ニュイ, パセ ユヌ ニュイ ブランシュ	stay up all night ステイ アプ オール ナイト
てなんと **テナント** tenanto	**locataire** *m.f.* ロカテール	tenant テナント

日	仏	英
てにす **テニス** tenisu	**tennis** *m.* テニス	tennis **テ**ニス
てにもつ **手荷物** tenimotsu	**bagage à main** *m.* バガージュ ア マン	baggage, hand luggage バギヂ, ハンド ラギヂ
てのーる **テノール** tenooru	**ténor** *m.* テノール	tenor **テ**ナ
てのひら **掌・手の平** tenohira	**paume** *f.* ポーム	palm of the hand パーム オヴ ザ ハンド
でのみねーしょん **デノミネーション** denomineeshon	**changement de désignation d'unité monétaire** *m.* シャンジュマン ドゥ デジニャシオン デュニテ モネテール	redenomination リーディナミ**ネ**イション
でぱーと **デパート** depaato	**grand magasin** *m.* グラン マガザン	department store ディ**パ**ートメント スト―
てはいする **手配する** tehaisuru	**arranger** アランジェ	arrange ア**レ**インヂ
てばなす **手放す** tebanasu	**se débarrasser** *de* ス デバラセ ドゥ	dispose of ディス**ポ**ウズ オヴ
でびゅー **デビュー** debyuu	**début** *m.* デビュー	debut デイ**ビュ**ー
てぶくろ **手袋** tebukuro	**gants** *m.pl.*, **moufles** *f.pl.* ガン, ムフル	gloves グ**ラ**ヴズ
でふれ **デフレ** defure	**déflation** *f.* デフラシオン	deflation ディフ**レ**イション
てほん **手本** tehon	**modèle** *m.*, **exemple** *m.* モデル, エグザンプル	example, model イグ**ザ**ンプル, **マ**ドル
てま **手間** tema	**temps** *m.* **et travail** *m.* タン エ トラヴァイユ	time and labor **タ**イム アンド **レ**イバ
でま **デマ** dema	**rumeur** *f.*, **bruit qui court** *m.* リュムール, ブリュイ キ クール	false rumor **フォ**ルス ル―マ

日	仏	英
でまえ **出前** demae	**service de livraison** *m.* セルヴィス ドゥ リヴレゾン	delivery service ディリヴァリ サーヴィス
でむかえる **出迎える** demukaeru	**aller chercher, accueillir** アレ シェルシェ, アクイイール	go and welcome ゴウ アンド ウェルカム
でも **デモ** demo	**démonstration** *f.* デモンストラシオン	demonstration デモンストレイション
でもくらしー **デモクラシー** demokurashii	**démocratie** *f.* デモクラシー	democracy ディマクラスィ
てもとに **手元に** temotoni	**sous la main** スラ マン	at hand アト ハンド
でゅえっと **デュエット** dyuetto	**duo** *m.* デュオ	duet デュエト
てら **寺** tera	**temple** *m.* タンプル	temple テンプル
てらす **照らす** terasu	**éclairer, illuminer** エクレレ, イリュミネ	light, illuminate ライト, イリューミネイト
でらっくすな **デラックスな** derakkusuna	**luxueux(se)** リュクシュウー(ズ)	deluxe デルクス
でりけーとな **デリケートな** derikeetona	**délicat(e)** デリカ(ット)	delicate デリケト
てりとりー **テリトリー** teritorii	**territoire** *m.* テリトワール	territory テリトーリ
でる **出る** (現れる) deru	**apparaître** アパレートル	come out, appear カム アウト, アピア
(出て行く)	**sortir** ソルティール	go out ゴウ アウト
(出席する・参加する)	**assister, participer** アシステ, パルティシペ	attend, join アテンド, チョイン
てれび **テレビ** terebi	**télévision** *f.* テレヴィジオン	television テレヴィジョン

日	仏	英
〜ゲーム	**jeu vidéo** *m.* ジュー ヴィデオ	video game **ヴィ**ディオウ **ゲ**イム
てれる **照れる** tereru	**(être) intimidé(e)** (エートル) アンティミデ	(be) shy, (be) em- barrassed (ビ) **シャ**イ, (ビ) インバラスト
てろ **テロ** tero	**terrorisme** *m.* テロリスム	terrorism **テ**ラリズム
てろりすと **テロリスト** terorisuto	**terroriste** *m.f.* テロリスト	terrorist **テ**ラリスト
てわたす **手渡す** tewatasu	**remettre, passer** ルメットル, パセ	hand ハンド
てん **天**　　　　(空) ten	**ciel** *m.* シエル	sky ス**カ**イ
(天国・神)	**ciel** *m.*, **Dieu** *m.* シエル, ディユー	Heaven, God **ヘ**ヴン, **ガ**ド
てん **点** ten	**point** *m.* ポワン	dot, point **ダ**ト, **ポ**イント
(点数)	**point** *m.*, **but** *m.* ポワン, ビュット	score, point ス**コ**ー, **ポ**イント
(品物の数)	**pièce** *f.* ピエス	piece, item **ピ**ース, **ア**イテム
でんあつ **電圧** den-atsu	**voltage** *m.* ヴォルタージュ	voltage **ヴォ**ウルティヂ
てんい **転移**　　　(医学) ten-i	**métastase** *f.* メタスターズ	metastasis メ**タ**スタスィス
〜する	**métastaser** メタスタゼ	metastasize メ**タ**スタサイズ
てんいん **店員** ten-in	**employé(e) de magasin** *m.f.* アンプロワイエ ドゥ マガザン	clerk, salesclerk ク**ラ**ーク, **セ**イルズクラーク

日	仏	英
でんか **電化** denka	**électrification** *f.* エレクトリフィカシオン	electrification イレクトリフィケイション
てんかい **展開** tenkai	**développement** *m.* デヴロプマン	development ディヴェロプメント
〜する	**se développer** ス デヴロペ	develop ディヴェロプ
てんかぶつ **添加物** tenkabutsu	**additif** *m.* アディティフ	additive アディティヴ
てんき **天気** tenki	**temps** *m.* タン	weather ウェザ
〜予報	**météo** *f.* メテオ	weather forecast ウェザ フォーキャスト
（晴天）	**beau temps** *m.* ボー タン	fine weather ファイン ウェザ
でんき **伝記** denki	**biographie** *f.* ビオグラフィー	biography バイアグラフィ
でんき **電気** denki	**électricité** *f.* エレクトリシテ	electricity イレクトリスィティ
（電灯）	**lumière électrique** *f.* リュミエール エレクトリック	electric light イレクトリク ライト
でんきゅう **電球** denkyuu	**ampoule** *f.* アンプル	lightbulb ライトバルブ
てんきん **転勤** tenkin	**changement de poste** *m.* シャンジュマン ドゥ ポスト	(job) transfer （チャブ）トランスファ
てんけいてきな **典型的な** tenkeitekina	**typique, modèle** ティピック, モデル	typical, ideal ティピカル, アイディーアル
でんげん **電源** dengen	**source d'énergie élec-** **trique** *f.* スルス デネルジー エレクトリック	power supply パウア サプライ

日	仏	英
てんけんする **点検する** tenkensuru	**inspecter, vérifier** アンスペクテ, ヴェリフィエ	inspect, check インスペクト, **チェ**ック
てんこう **天候** tenkou	**temps** *m.* タン	weather **ウェ**ザ
てんこう **転向** tenkou	**conversion** *f.* コンヴェルシオン	conversion コン**ヴァー**ション
～する	**se convertir** *à* ス コンヴェルティール ア	(be) converted to (ビ) コン**ヴァー**テド トゥ
でんこう **電光** denkou	**lumière électrique** *f.* リュミエール エレクトリック	flash of lightning フ**ラ**シュ オヴ **ライ**トニング
てんこうする **転校する** tenkousuru	**changer d'école** シャンジェ デコール	change one's school **チェ**インヂ ス**ク**ール
てんごく **天国** tengoku	**paradis** *m.*, **ciel** *m.* パラディ, シエル	heaven, paradise **ヘ**ヴン, **パ**ラダイス
でんごん **伝言** dengon	**message** *m.*, **commission** *f.* メサージュ, コミシオン	message **メ**スィヂ
てんさい **天才** tensai	**génie** *m.* ジェニー	genius **ヂー**ニアス
てんさい **天災** tensai	**catastrophe naturelle** *f.* カタストロフ ナテュレル	calamity, disaster カ**ラ**ミティ, ディ**ザ**スタ
てんさくする **添削する** tensakusuru	**corriger** コリジェ	correct コ**レ**クト
てんし **天使** tenshi	**ange** *m.* アンジュ	angel **エ**インヂェル
てんじ **展示** tenji	**exposition** *f.* エクスポジシオン	exhibition エクス**ィ**ビション
てんじ **点字** tenji	**braille** *m.* ブライユ	Braille ブ**レ**イル

日	仏	英
でんし **電子** denshi	**électron** *m.* エレクトロン	electron イレクトラン
～工学	**électronique** *f.* エレクトロニック	electronics イレクトラニクス
～レンジ	**four à micro-ondes** *m.* フール ア ミクロオンド	microwave oven マイクロウェイヴ アヴン
でんじしゃく **電磁石** denjishaku	**électro-aimant** *m.* エレクトロエマン	electromagnet イレクトロウマグネト
でんじは **電磁波** denjiha	**onde électromagnétique** *f.* オンド エレクトロマニェティック	electromagnetic wave イレクトロウマグネティク ウェイヴ
でんしゃ **電車** densha	**train** *m.* トラン	electric train イレクトリク トレイン
てんじょう **天井** tenjou	**plafond** *m.* プラフォン	ceiling スィーリング
でんしょう **伝承** denshou	**tradition** *f.* トラディシオン	tradition トラディション
てんじょういん **添乗員** tenjouin	**guide** *m.f.*, **accompagna-** ***teur**(**trice**) *m.f.* ギッド, アコンパニャトゥール(-トリス)	tour conductor トゥア コンダクタ
てんしょくする **転職する** tenshokusuru	**changer d'emploi** シャンジェ ダンプロワ	change one's occu- pation チェインヂ アキュペイション
てんすう **点数** tensuu	**points** *m.pl.*, **note** *f.* ポワン, ノート	marks, score マークス, スコー
てんせいの **天性の** tenseino	**naturel**(**le**) ナテュレル	natural ナチュラル
でんせつ **伝説** densetsu	**légende** *f.* レジャンド	legend レヂェンド
てんせん **点線** tensen	**ligne pointillée** *f.* リーニュ ポワンティエ	dotted line ダテド ライン

日	仏	英
でんせん **伝染** densen	**contagion** *f.*, **infection** *f.* コンタジオン, アンフェクシオン	contagion, infection コン**テ**イヂョン, イン**フェ**クション
～する	**contaminer** コンタミネ	infect イン**フェ**クト
～病	**maladie contagieuse** *f.* マラディ コンタジューズ	infectious disease イン**フェ**クシャス ディ**ズィ**ーズ
でんせん **電線** densen	**fil électrique** *m.* フィル エレクトリック	electric wire イ**レ**クトリク **ワ**イア
てんそうする **転送する** tensousuru	**réexpédier, transmettre** レエクスペディエ, トランスメットル	forward **フォ**ーワド
てんたい **天体** tentai	**corps céleste** *m.*, **astre** *m.* コール セレスト, アストル	heavenly body **ヘ**ヴンリ **バ**ディ
でんたく **電卓** dentaku	**calculatrice** *f.* カルキュラトリス	calculator **キャ**ルキュレイタ
でんたつする **伝達する** dentatsusuru	**transmettre, communiquer** トランスメットル, コミュニケ	communicate コ**ミュ**ーニケイト
でんち **電池** denchi	**pile** *f.*, **batterie** *f.* ピル, バトリ	battery, cell **バ**タリ, **セ**ル
でんちゅう **電柱** denchuu	**poteau télégraphique** *m.* ポトー テレグラフィック	utility pole ユー**ティ**リティ **ポ**ウル
てんてき **点滴** tenteki	**perfusion** *f.* ペルフュジオン	intravenous drip イントラ**ヴィ**ーナス **ド**リプ
てんと **テント** tento	**tente** *f.* タント	tent **テ**ント
でんとう **伝統** dentou	**tradition** *f.*, **coutume** *f.* トラディシオン, クテューム	tradition トラ**ディ**ション
～の	**traditionnel(le)** トラディシオネル	traditional トラ**ディ**ショナル

日	仏	英
でんどう **伝導** dendou	**conduction** *f.* コンデュクシオン	conduction コンダクション
でんどう **伝道** dendou	**œuvre missionnaire** *f.* ウーヴル ミシオネール	missionary work ミショネリ ワーク
てんねんの **天然の** tennenno	**naturel(le)** ナテュレル	natural ナチュラル
てんのう **天皇** tennou	**empereur du Japon** *m.* アンペルール デュ ジャポン	Emperor of Japan エンペラ オヴ ヂャパン
てんのうせい **天王星** tennousei	**Uranus** *f.* ユラニュス	Uranus ユアラナス
でんぱ **電波** denpa	**onde électrique** *f.* オンド エレクトリック	electric wave イレクトリク ウェイヴ
でんぴょう **伝票** denpyou	**note** *f.*, **facture** *f.* ノート, ファクテュール	(sales) slip (セイルズ) スリプ
てんびんざ **天秤座** tenbinza	**Balance** *f.* バランス	Scales, Libra スケイルズ, ライブラ
てんぷくする **転覆する** tenpukusuru	**se renverser** ス ランヴェルセ	turn over ターン オウヴァ
てんぷする **添付する** tenpusuru	**joindre, annexer** ジョワンドル, アネクセ	attach アタチ
てんぷふぁいる **添付ファイル** tenpufairu	**pièce jointe** *f.* ピエス ジョワント	attachment アタチメント
てんぼう **展望** tenbou	**vue** *f.*, **panorama** *m.* ヴュ, パノラマ	view, prospect ヴュー, プラスペクト
でんぽう **電報** denpou	**télégramme** *m.* テレグラム	telegram テレグラム
でんまーく **デンマーク** denmaaku	**Danemark** *m.* ダヌマルク	Denmark デンマーク
てんまつ **顛末** tenmatsu	**circonstances** *f.pl.* シルコンスタンス	whole story ホウル ストーリ

日	仏	英
てんめつする **点滅する** tenmetsusuru	**clignoter** クリニョテ	blink, flash ブリンク, フラシュ
てんもんがく **天文学** tenmongaku	**astronomie** *f.* アストロノミー	astronomy アスト**ラ**ノミ
てんもんだい **天文台** tenmondai	**observatoire** *m.* オプセルヴァトワール	astronomical observatory アストロ**ナ**ミカル オブ**ザ**ーヴァトリ
てんらくする **転落する** tenrakusuru	**tomber** トンベ	fall **フォ**ール
てんらんかい **展覧会** tenrankai	**exposition** *f.* エクスポジシオン	exhibition エクスィ**ビ**ション
でんりゅう **電流** denryuu	**courant électrique** *m.* クラン エレクトリック	electric current イレクトリク **カ**ーレント
でんりょく **電力** denryoku	**énergie électrique** *f.* エネルジー エレクトリック	electric power イレクトリク **パ**ウア
でんわ **電話** denwa	**téléphone** *m.* テレフォヌ	telephone **テ**レフォウン
〜する	**téléphoner, appeler** テレフォネ, アプレ	call **コ**ール
〜番号	**numéro de téléphone** *m.* ニュメロ ドゥ テレフォヌ	telephone number **テ**レフォウン **ナ**ンバ

と, ト

日	仏	英
と **戸** to	**porte** *f.* ポルト	door **ド**ー
とい **問い** toi	**question** *f.*, **interrogation** *f.* ケスティオン, アンテロガシオン	question ク**ウェ**スチョン
といあわせる **問い合わせる** toiawaseru	**demander** ドゥマンデ	inquire インク**ワ**イア

日	仏	英
ドイツ doitsu	**Allemagne** *f.* アルマーニュ	Germany **ヂ**ャーマニ
〜語	**allemand** *m.* アルマン	German **ヂ**ャーマン
トイレ toire	**toilettes** *f.pl.* トワレット	toilet **ト**イレト
トイレットペーパー toirettopeepaa	**papier hygiénique** *m.* パピエ イジエニック	toilet paper **ト**イレト **ペ**イパ
党 tou	**parti** *m.*, **parti politique** *m.* パルティ, パルティ ポリティック	(political) party (ポリティカル) **パ**ーティ
塔 tou	**tour** *f.* トゥール	tower **タ**ウア
等 (賞) tou	**prix** *m.* プリ	prize **プ**ライズ
(等級)	**classe** *f.*, **niveau** *m.* クラース, ニヴォー	grade, rank **グ**レイド, **ラ**ンク
銅 dou	**cuivre** *m.* キュイーヴル	copper **カ**パ
〜メダル	**médaille de bronze** *f.* メダイユ ドゥ ブロンズ	bronze medal **ブ**ランズ **メ**ドル
答案用紙 touan-youshi	**copie** *f.*, **copie d'examen** *f.* コピー, コピー デグザマン	(examination) paper (イグザミ**ネ**イション) **ペ**イパ
同意 doui	**consentement** *m.* コンサントマン	agreement ア**グ**リーメント
〜する	**consentir** *à* コンサンティール ア	agree with, consent ア**グ**リー ウィズ, コン**セ**ント
統一 touitsu	**unité** *f.*, **unification** *f.* ユニテ, ユニフィカシオン	unity, unification **ユ**ーニティ, ユーニフィ**ケ**イション

日	仏	英
〜する	**unifier, uniformiser** ユニフィエ, ユニフォルミゼ	unite, unify ユーナイト, ユーニファイ
どういつの **同一の** douitsuno	**même, identique** メーム, イダンティック	identical アイデンティカル
どういんする **動員する** douinsuru	**mobiliser** モビリゼ	mobilize モウビライズ
とうおう **東欧** touou	**Europe orientale** *f.* ウーロップ オリアンタル	East Europe イースト ユアロプ
どうかく **同格** doukaku	**même rang** *m.* メーム ラン	(the) same rank (ザ) セイム ランク
どうかする **同化する** doukasuru	**assimiler** アシミレ	assimilate アスィミレイト
とうがらし **唐辛子** tougarashi	**piment rouge** *m.* ピマン ルージュ	red pepper レド ペパ
どうかんである **同感である** doukandearu	**(être) d'accord** *avec* (エートル) ダコール アヴェク	agree with アグリー ウィズ
とうき **冬期** touki	**hiver** *m.* イヴェール	wintertime ウィンタタイム
とうき **投機** touki	**spéculation** *f.* スペキュラシオン	speculation スペキュレイション
とうき **陶器** touki	**faïence** *f.*, **céramique** *f.* ファイアンス, セラミック	earthenware, ceramics アースンウェア, スィラミクス
とうぎ **討議** tougi	**discussion** *f.* ディスキュシオン	discussion ディスカション
〜する	**discuter, débattre** ディスキュテ, デバットル	discuss ディスカス
どうき **動機** douki	**motif** *m.*, **mobile** *m.* モティフ, モビル	motive モウティヴ

日	仏	英
どうぎ **動議** dougi	**motion** *f.* モシオン	motion **モ**ウション
どうぎご **同義語** dougigo	**synonyme** *m.* シノニム	synonym **ス**ィノニム
とうきゅう **等級** toukyuu	**ordre** *m.*, **rang** *m.* オルドル, ラン	class, rank **ク**ラス, **ラ**ンク
とうぎゅう **闘牛** tougyuu	**corrida** *f.* コリーダ	bullfight **ブ**ルファイト
〜士	**torero** *m.*, **matador** *m.* トレロ, マタドール	bullfighter, mata- dor **ブ**ルファイタ, **マ**タドー
どうきゅうせい **同級生** doukyuusei	**camarade de classe** *m.f.* カマラッド ドゥ クラス	classmate **ク**ラスメイト
どうきょする **同居する** doukyosuru	**cohabiter** *avec* コアビテ アヴェク	live with **リ**ヴ ウィズ
どうぐ **道具** dougu	**instrument** *m.*, **outil** *m.* アンストリュマン, ウティ	tool **トゥ**ール
とうけい **統計** toukei	**statistique** *f.* スタティスティック	statistics スタ**ティ**スティクス
〜学	**statistique** *f.* スタティスティック	statistics スタ**ティ**スティクス
とうげい **陶芸** tougei	**céramique** *f.* セラミック	ceramics スィ**ラ**ミクス
とうけつする **凍結する** touketsusuru	**geler** ジュレ	freeze **フ**リーズ
（賃金・物価を）	**bloquer** ブロケ	freeze **フ**リーズ
とうごう **統合** tougou	**unité** *f.*, **unification** *f.* ユニテ, ユニフィカシオン	unity, unification **ユ**ーニティ, ユーニフィ**ケ**イション

日	仏	英
〜する	**unifier, unir** ユニフィエ, ユニール	unite, unify ユーナイト, ユーニファイ
どうこう **動向** doukou	**mouvement** *m.*, **tendance** *f.* ムヴマン, タンダンス	trend, tendency トレンド, テンデンスィ
とうこうする **登校する** toukousuru	**aller à l'école** アレ ア レコール	go to school ゴウ トゥ スクール
どうこうする **同行する** doukousuru	**accompagner** アコンパニェ	go together ゴウ トゲザ
どうさ **動作** dousa	**mouvement** *m.*, **action** *f.* ムヴマン, アクシオン	action アクション
どうさつりょく **洞察力** dousatsuryoku	**perspicacité** *f.* ペルスピカシテ	insight インサイト
とうざよきん **当座預金** touzayokin	**compte courant** *m.* コント クラン	current deposit カーレント ディパズィット
どうさん **動産** dousan	**mobilier** *m.*, **biens meubles** *m.pl.* モビリエ, ビアン ムーブル	movables ムーヴァブルズ
とうさんする **倒産する** tousansuru	**faire faillite** フェール ファイイット	go bankrupt ゴウ バンクラプト
とうし **投資** toushi	**investissement** *m.* アンヴェスティスマン	investment インヴェストメント
〜家	**investisseur(se)** *m.f.* アンヴェスティスール(-ズ)	investor インヴェスタ
〜する	**investir** アンヴェスティール	invest インヴェスト
とうし **闘志** toushi	**combativité** *f.* コンバティヴィテ	fighting spirit ファイティング スピリト
とうじ **冬至** touji	**solstice d'hiver** *m.* ソルスティス ディヴェール	winter solstice ウィンタ サルスティス

日	仏	英
とうじ **当時** touji	**alors, à cette époque-là** アロール, ア セット エポックラ	at that time アト ザト タイム
どうし **動詞** doushi	**verbe** *m.* ヴェルブ	verb ヴァーブ
どうし **同志** doushi	**camarades** *m.f.pl.* カマラッド	comrades カムラヅ
とうしする **凍死する** toushisuru	**mourir de froid** ムリール ドゥ フロワ	(be) frozen to death (ビ) フロウズン トゥ デス
どうじだいの **同時代の** doujidaino	**contemporain(e)** コンタンポラン(-レヌ)	contemporary コンテンポレリ
とうじつ **当日** toujitsu	**ce jour-là** *m.* ス ジュールラ	that day ザト デイ
どうしつの **同質の** doushitsuno	**homogène** オモジェヌ	homogeneous ホウモヂーニアス
どうして **どうして** (なぜ) doushite	**pourquoi** プルクワ	why ホワイ
(どのように)	**comment** コマン	how ハウ
どうしても **どうしても** doushitemo	**absolument, à tout prix** アプソリュマン, ア トゥ プリ	by all means バイ オール ミーンズ
どうじに **同時に** doujini	**en même temps** アン メーム タン	at the same time アト ザ セイム タイム
とうじの **当時の** toujino	**de l'époque** ドゥ レポック	of those days オヴ ゾウズ デイズ
とうじょう **搭乗** toujou	**embarquement** *m.* アンバルクマン	boarding ボーディング
～する	**monter, embarquer** モンテ, アンバルケ	board ボード

日	仏	英
どうじょう **同情** doujou	**compassion** *f.* コンパシオン	sympathy ス**ィ**ンパスィ
〜する	**avoir de la compassion** *pour* アヴォワール ドゥ ラ コンパシオン プール	sympathize with ス**ィ**ンパサイズ ウィズ
とうじょうする **登場する** toujousuru	**entrer, apparaître** アントレ, アパレートル	enter, appear **エ**ンタ, ア**ピ**ア
とうしょする **投書する** toushosuru	**collaborer** *à*, **écrire une lettre** *à* コラボレ ア, エクリール ユヌ レットル ア	write a letter to **ラ**イト ア **レ**タ トゥ
とうすいする **陶酔する** tousuisuru	**s'enivrer** *de* サンニヴレ ドゥ	(be) intoxicated with (ビ) インタクスィケイテド ウィズ
どうせ　(どのみち) douse	**de toute façon** ドゥ トゥット ファソン	anyway **エ**ニウェイ
（結局）	**après tout** アプレ トゥ	after all **ア**フタ **オ**ール
とうせい **統制** tousei	**contrôle** *m.*, **régulation** *f.* コントロール, レギュラシオン	control, regulation コント**ロ**ウル, レギュ**レ**イション
〜する	**contrôler, réglementer** コントロレ, レグルマンテ	control, regulate コント**ロ**ウル, **レ**ギュレイト
どうせい **同性** dousei	**même sexe** *m.* メーム セックス	same sex **セ**イム **セ**クス
どうせいする **同棲する** douseisuru	**vivre en concubinage** *avec* ヴィーヴル アン コンキュビナージュ アヴェック	cohabit with コウ**ハ**ビト ウィズ
とうぜん **当然** touzen	**naturellement, évidemment** ナテュレルマン, エヴィダマン	naturally **ナ**チュラリ
〜の	**naturel(***le***), juste** ナテュレル, ジュスト	natural, right **ナ**チュラル, **ラ**イト
とうせんする **当選する**　(賞に) tousensuru	**remporter le prix** ランポルテ ル プリ	win the prize **ウィ**ン ザ プ**ラ**イズ

日	仏	英
（選挙で）	**(être) élu(e)** (エートル) エリュ	(be) elected (ビ) イ**レ**クテド
どうぞ **どうぞ** douzo	**s'il vous plaît** シル ヴ プレ	please プ**リ**ーズ
とうそう **闘争** tousou	**lutte** *f.*, **combat** *m.* リュット, コンバ	fight, struggle **ファ**イト, スト**ラ**グル
どうぞう **銅像** douzou	**statue de bronze** *f.* スタテュ ドゥ ブロンズ	bronze statue ブランズ ス**タ**チュー
どうそうかい **同窓会** dousoukai	**réunion des anciens élèves** *f.* レユニオン デ ザンシアン ゼレーヴ	class reunion ク**ラ**ス リ**ー**ユーニャン
どうそうせい **同窓生** dousousei	**ancien(*ne*) camarade d'école** *m.f.* アンシアン(-エヌ) カマラッド デコール	alumni ア**ラ**ムナイ
とうだい **灯台** toudai	**phare** *m.* ファール	lighthouse **ラ**イトハウス
どうたい **胴体** doutai	**tronc** *m.* トロン	body, trunk **バ**ディ, ト**ラ**ンク
とうち **統治** touchi	**règne** *m.*, **gouvernement** *m.* レニュ, グヴェルヌマン	rule, reign **ル**ール, **レ**イン
〜する	**gouverner** グヴェルネ	govern **ガ**ヴァン
とうちゃく **到着** touchaku	**arrivée** *f.* アリヴェ	arrival ア**ラ**イヴァル
〜する	**arriver, parvenir** アリヴェ, パルヴニール	arrive at ア**ラ**イヴ アト
とうちょうする **盗聴する** touchousuru	**écouter clandestinement** エクテ クランデスティヌマン	wiretap, bug **ワ**イアタプ, バグ
とうてい **到底** toutei	**ne ... jamais** ヌ ジャメ	not at all **ナ**ト アト **オ**ール

日	仏	英
どうてん **同点** douten	**égalité de points** *f.* エガリテ ドゥ ポワン	tie, draw **タ**イ, ド**ロ**ー
とうとい **尊い** toutoi	**précieux(se)** プレシュー(ズ)	precious プ**レ**シャス
(身分の高い)	**respectable, noble** レスペクターブル, ノーブル	noble **ノ**ウブル
とうとう **とうとう** toutou	**enfin, finalement** アンファン, フィナルマン	at last アト **ラ**スト
どうどうと **堂々と** doudouto	**dignement** ディーニュマン	with great dignity ウィズ グ**レ**イト **ディ**グニティ
どうとうの **同等の** doutouno	**égal(e)** エガル	equal **イ**ークワル
どうとく **道徳** doutoku	**morale** *f.* モラル	morality モ**ラ**リティ
～的な	**moral(e)** モラル	moral **モ**ーラル
とうなん **東南** tounan	**sud-est** *m.* シュデスト	southeast **サ**ウスウェスト
とうなん **盗難** tounan	**vol** *m.* ヴォル	robbery **ラ**バリ
とうなんあじあ **東南アジア** tounan-ajia	**Asie du Sud-Est** *f.* アジ デュ シュデスト	Southeast Asia サウス**イ**ースト **エ**イジャ
どうにゅうする **導入する** dounyuusuru	**introduire** アントロデュイール	introduce イントロ**デュ**ース
とうにょうびょう **糖尿病** tounyoubyou	**diabète** *m.* ディアベット	diabetes ダイア**ビ**ーティーズ
どうねんぱいの **同年輩の** dounenpaino	**du même âge** デュ メーム アージュ	of the same age オヴ ザ **セ**イム **エ**イヂ
とうばん **当番** touban	**tour** *m.* トゥール	turn **タ**ーン

日	仏	英
どうはんする **同伴する** douhansuru	**accompagner** アコンパニェ	accompany ア**カ**ンパニ
とうひ **逃避** touhi	**fuite** *f.*, **évasion** *f.* フュイット, エヴァジオン	escape イス**ケ**イプ
とうひょう **投票** touhyou	**vote** *m.*, **scrutin** *m.* ヴォート, スクリュタン	voting **ヴォ**ウティング
～する	**voter** *pour* ヴォテ プール	vote for **ヴォ**ウト フォ
とうぶ **東部** toubu	**est** *m.* エスト	eastern part **イ**ースタン パート
どうふうする **同封する** doufuusuru	**inclure** アンクリュール	enclose インク**ロ**ウズ
どうぶつ **動物** doubutsu	**animal** *m.* アニマル	animal **ア**ニマル
～園	**jardin zoologique** *m.*, **zoo** *m.* ジャルダン ゾオロジック, ゾオ	zoo **ズ**ー
とうぶん **当分** toubun	**pour l'instant** プル ランスタン	for the time being フォ ザ **タ**イム **ビ**ーイング
とうぶん **糖分** toubun	**teneur en sucre** *f.* トゥヌール アン シュクル	sugar content **シュ**ガ コン**テ**ント
どうほう **同胞** douhou	**frères** *m.pl.*, **compagnons** *m.pl.* フレール, コンパニョン	countryman, compatriot **カ**ントリマン, コン**ペ**イトリオ〜
とうぼうする **逃亡する** toubousuru	**fuir** *de*, **s'évader** *de* フュイール ドゥ, セヴァデ ドゥ	escape from イス**ケ**イプ フラム
とうほく **東北** touhoku	**nord-est** *m.* ノレスト	northeast ノース**イ**ースト
どうみゃく **動脈** doumyaku	**artère** *f.* アルテール	artery **ア**ータリ

日	仏	英
とうみん **冬眠** toumin	**hibernation** *f.* イベルナシオン	hibernation ハイバネイション
どうめい **同盟** doumei	**alliance** *f.* アリアンス	alliance アライアンス
とうめいな **透明な** toumeina	**transparent(e)** トランスパラン(ト)	transparent トランスペアレント
とうめん **当面** toumen	**pour le moment** プル ル モマン	for the present フォ ザ プレズント
とうもろこし **玉蜀黍** toumorokoshi	**maïs** *m.* マイス	corn, maize コーン, メイズ
とうゆ **灯油** touyu	**kérosène** *m.* ケロゼヌ	kerosene, Ⓑparaf- fin ケロスィーン, パラフィン
とうよう **東洋** touyou	**Orient** *m.* オリアン	(the) East, (the) Orient (ズィ) イースト, (ズィ) オーリ エント
どうようする **動揺する** douyousuru	**s'agiter** サジテ	(be) agitated (ビ) アヂテイテド
どうように **同様に** douyouni	**de même** ドゥ メーム	in the same way イン ザ セイム ウェイ
どうようの **同様の** douyouno	**similaire, pareil(le)** シミレール, パレイユ	similar, like スィミラ, ライク
どうらく **道楽** douraku	**passe-temps** *m.* パスタン	hobby, pastime ハビ, パスタイム
どうり **道理** douri	**raison** *f.* レゾン	reason リーズン
どうりょう **同僚** douryou	**collègue** *m.f.* コレグ	colleague カリーグ
どうりょく **動力** douryoku	**force motrice** *f.* フォルス モトリス	power, motive power パウア, モウティヴ パウア

日	仏	英
どうろ **道路** douro	**route** *f.* ルート	road ロウド
とうろくする **登録する** tourokusuru	**enregistrer** アンルジストレ	register, enter in レヂスタ, エンタ イン
とうろん **討論** touron	**discussion** *f.* ディスキュシオン	discussion ディスカション
〜する	**discuter** ディスキュテ	discuss ディスカス
どうわ **童話** douwa	**conte de fées** *m.* コント ドゥ フェ	fairy tale フェアリ テイル
とうわくする **当惑する** touwakusuru	**(être) embarrassé(e)** (エートル) アンバラッセ	(be) embarrassed (ビ) インバラスト
とおい **遠い** tooi	**loin, lointain(e)** ロワン, ロワンタン(-テヌ)	far, distant ファー, ディスタント
とおくに **遠くに** tookuni	**loin** ロワン	far away ファーアウェイ
とおざかる **遠ざかる** toozakaru	**s'éloigner** *de* セロワニェ ドゥ	go away ゴウ アウェイ
とおざける **遠ざける** toozakeru	**éloigner, écarter** エロワニェ, エカルテ	keep away キープ アウェイ
とおす **通す** (人・乗り物などを) toosu	**laisser passer** レセ パセ	let through レト スルー
(部屋に)	**faire entrer** フェール アントレ	show in ショウ イン
とーすと **トースト** toosuto	**toast** *m.*, **pain grillé** *m.* トースト, パン グリエ	toast トウスト
とーなめんと **トーナメント** toonamento	**tournoi** *m.* トゥルノワ	tournament トゥアナメント

日	仏	英
どーぴんぐ **ドーピング** doopingu	**dopage** *m.* ドパージュ	doping ドウピング
とおまわしに **遠回しに** toomawashini	**indirectement** アンディレクトマン	indirectly インディレクトリ
とおまわり **遠回り** toomawari	**détour** *m.* デトゥール	detour ディートゥア
～する	**faire un détour** フェール アン デトゥール	make a detour メイク ア ディートゥア
どーむ **ドーム** doomu	**dôme** *m.* ドーム	dome ドウム
とおり **通り** toori	**route** *f.*, **rue** *f.* ルート, リュ	road, street ロウド, ストリート
とおりかかる **通り掛かる** toorikakaru	**passer par hasard** パセ パール アザール	happen to pass ハプン トゥ パス
とおりすぎる **通り過ぎる** toorisugiru	**passer, dépasser** パセ, デパセ	pass by パス バイ
とおりぬける **通り抜ける** toorinukeru	**passer à travers, traverser** パセ ア トラヴェール, トラヴェルセ	go through, cut through ゴウ スルー, カト スルー
とおりみち **通り道** toorimichi	**passage** *m.*, **chemin** *m.* パサージュ, シュマン	way to ウェイ トゥ
とおる **通る** tooru	**passer, traverser** パセ, トラヴェルセ	pass パス
とかい **都会** tokai	**ville** *f.* ヴィル	city, town スィティ, タウン
とかげ **蜥蜴** tokage	**lézard** *m.* レザール	lizard リザド
とかす **梳かす** tokasu	**se peigner** ス ペニェ	comb コウム

日	仏	英
とかす **溶かす** tokasu	**fondre, dissoudre** フォンドル, ディスードル	melt, dissolve メルト, ディザルヴ
とがった **尖った** togatta	**pointu(e)** ポワンテュ	pointed ポインテド
とがめる **とがめる** togameru	**blâmer, reprocher** ブラメ, ルプロシェ	blame ブレイム
とき **時** toki	**temps** *m.*, **heure** *f.* タン, ウール	time, hour タイム, アウア
どぎつい **どぎつい** dogitsui	**voyant(e)** ヴォワイアン(ト)	loud, gaudy ラウド, ゴーディ
どきっとする **どきっとする** dokittosuru	**sursauter, avoir un choc** シュルソテ, アヴォワール アン ショック	(be) shocked (ビ) シャクト
ときどき **時々** tokidoki	**de temps en temps** ドゥ タン ザン タン	sometimes サムタイムズ
どきどきする **どきどきする** dokidokisuru	**battre, palpiter** バットル, パルピテ	beat, throb ビート, スラブ
どきゅめんたりー **ドキュメンタリー** dokyumentarii	**documentaire** *m.* ドキュマンテール	documentary ダキュメンタリ
どきょう **度胸** dokyou	**courage** *m.* クラージュ	courage, bravery カーリデ, ブレイヴァリ
とぎれる **途切れる** togireru	**s'interrompre** サンテロンプル	break, stop ブレイク, スタプ
とく **解く**　（ほどく） toku	**dénouer** デヌエ	untie, undo アンタイ, アンドゥー
（解除する）	**annuler, résoudre** アニュレ, レズードル	cancel, release キャンセル, リリース
（解答する）	**résoudre, répondre** レズードル, レポンドル	solve, answer サルヴ, アンサ
とく **得**　（儲け） toku	**profit** *m.*, **gain** *m.* プロフィ, ガン	profit, gains プラフィト, ゲインズ

日	仏	英
（有利）	**avantage** *m.*, **bénéfice** *m.* アヴァンタージュ, ベネフィス	advantage, benefit アド**ヴァ**ンティヂ, **ベ**ニフィト
とぐ **研ぐ** togu	**aiguiser, affûter** エギゼ, アフュテ	grind, whet グ**ラ**インド, (ホ)**ウェ**ト
どく **退く** doku	**se pousser, s'écarter** ス プセ, セカルテ	get out of the way **ゲ**ト **ア**ウト オヴ ザ **ウェ**イ
どく **毒** doku	**poison** *m.* ポワゾン	poison **ポ**イズン
とくい **得意** tokui	（得手）| **point fort** *m.* ポワン フォル	forte, specialty **フォ**ート, ス**ペ**シャルティ
～先	**client(e)** *m.f.*, **clientèle** *f.* クリアン(ト), クリアンテル	customer, patron **カ**スタマ, **ペ**イトロン
～である	**(être) fort(e)** *à*, **(être) bon(ne)** *à* (エートル) フォール(フォルト) ア, (エートル) ボン(ヌ) ア	(be) good at (ビ) **グ**ド **ア**ト
とくいな **特異な** tokuina	**particulier(ère)** パルティキュリエ(- エール)	peculiar ピ**キュ**ーリア
どくがす **毒ガス** dokugasu	**gaz toxique** *m.* ガーズ トクシック	poison gas **ポ**イズン **ギャ**ス
とくぎ **特技** tokugi	**spécialité** *f.* スペシアリテ	specialty ス**ペ**シャルティ
どくさい **独裁** dokusai	**dictature** *f.* ディクタテュール	dictatorship ディク**テ**イタシプ
～者	**dicta*teur*(*trice*)** *m.f.* ディクタトゥール(- トリス)	dictator ディク**テ**イタ
とくさつ **特撮** tokusatsu	**effets spéciaux** *m.pl.* エフェ スペシオ	special effects ス**ペ**シャル イ**フェ**クツ
とくさんひん **特産品** tokusanhin	**produit spécial** *m.* プロデュイ スペシアル	special product ス**ペ**シャル プ**ラ**ダクト

日	仏	英
どくじの **独自の** dokujino	**original(e), unique** オリジナル, ユニック	original, unique オリヂナル, ユーニーク
どくしゃ **読者** dokusha	**lec*teur(trice)* *m.f.*** レクトゥール(-トリス)	reader リーダ
とくしゅう **特集** tokushuu	**article de fond *m.*, dossier *m.*** アルティクル ドゥ フォン, ドシエ	feature articles フィーチャ アーティクルズ
とくしゅな **特殊な** tokushuna	**particulier(ère), spécial(e)** パルティキュリエ(-エール), スペシアル	special, unique スペシャル, ユーニーク
どくしょ **読書** dokusho	**lecture *f.*** レクテュール	reading リーディング
とくしょく **特色** tokushoku	**caractéristique *f.*** カラクテリスティック	characteristic キャラクタリスティック
どくしんの **独身の** dokushinno	**célibataire** セリバテール	unmarried, single アンマリド, スィングル
どくぜつ **毒舌** dokuzetsu	**langue de vipère *f.*** ラング ドゥ ヴィペール	spiteful tongue スパイトフル タング
どくせんする **独占する** dokusensuru	**accaparer, monopoliser** アカパレ, モノポリゼ	monopolize モナポライズ
どくそうてきな **独創的な** dokusoutekina	**original(e)** オリジナル	original オリヂナル
とくそくする **督促する** tokusokusuru	**sommer, pousser** ソメ, プセ	press, urge プレス, アーヂ
どくだんで **独断で** dokudande	**arbitrairement** アルビトレールマン	on one's own judgment オン オウン チャヂメント
とくちょう **特徴** tokuchou	**caractéristique *f.*** カラクテリスティック	characteristic キャラクタリスティック
とくちょう **特長** (長所) tokuchou	**qualité *f.*, point fort *m.*** カリテ, ポワン フォール	merit, strong point メリト, ストローング ポイント

日	仏	英
とくていの **特定の** tokuteino	**déterminé(e), fixe** デテルミネ, フィクス	specific, specified スピスィフィク, スペスィファイド
とくてん **得点** tokuten	**points** *m.pl.*, **score** *m.* ポワン, スコール	score, points スコー, ポインツ
どくとくの **独特の** dokutokuno	**particulier(ère), unique** パルティキュリエ(-エール), ユニック	unique, peculiar ユニーク, ピキューリア
とくに **特に** tokuni	**surtout, spécialement** シュルトゥー, スペシアルマン	especially イスペシャリ
とくはいん **特派員** tokuhain	**envoyé(e) spécial(e)** *m.f.* アンヴォワイエ スペシアル	(special) correspondent (スペシャル) コレスパンデント
とくべつの **特別の** tokubetsuno	**spécial(e), exceptionnel(le)** スペシアル, エクセプシオネル	special, exceptional スペシャル, イクセプショナル
とくめい **匿名** tokumei	**anonymat** *m.* アノニマ	anonymity アノニミティ
とくゆうの **特有の** tokuyuuno	**particulier(ère) à, propre à** パルティキュリエ(-エール) ア, プロプル ア	peculiar to ピキューリア トゥ
どくりつ **独立** dokuritsu	**indépendance** *f.* アンデパンダンス	independence インディペンデンス
〜の	**indépendant(e)** アンデパンダン(ト)	independent インディペンデント
どくりょくで **独力で** dokuryokude	**tout(e) seul(e)** トゥ(ット) スール	by oneself バイ
とげ **棘** toge	**épine** *f.* エピーヌ	thorn, prickle ソーン, プリクル
とけい **時計** tokei	**montre** *f.*, **horloge** *f.* モントル, オルロージュ	watch, clock ワチ, クラク
とける **溶ける** tokeru	**fondre, se dissoudre** フォンドル, ス ディスードル	melt, dissolve メルト, ディザルヴ

日	仏	英
とける **解ける** （紐などが） tokeru	**se dénouer** ス デヌエ	(get) loose (ゲト) **ルー**ス
（問題が） tokeru	**se résoudre** ス レズードル	(be) solved (ビ) **ソ**ルヴド
とげる **遂げる** togeru	**accomplir, achever** アコンプリール, アシュヴェ	accomplish, complete ア**カ**ンプリシュ, コンプ**リ**ート
どける **退ける** dokeru	**exclure, mettre de côté** エクスクリュール, メットル ドゥ コテ	remove リ**ムー**ヴ
どこ **どこ** doko	**où** ウ	where (ホ)**ウェ**ア
どこか **どこか** dokoka	**quelque part** ケルク パール	somewhere **サ**ム(ホ)ウェア
とこや **床屋** tokoya	**coiffeur(se)** *m.f.* コワフール(-ズ)	barbershop **バー**バシャプ
ところ **所** （場所） tokoro	**endroit** *m.*, **lieu** *m.* アンドロワ, リユー	place, spot プレイス, ス**パ**ト
（部分） tokoro	**partie** *f.* パルティ	part **パ**ート
ところどころ **所々** tokorodokoro	**par-ci par-là, çà et là** パルシ パルラ, サ エ ラ	here and there **ヒ**ア アンド **ゼ**ア
とざす **閉ざす** tozasu	**fermer** フェルメ	shut, close **シャ**ト, ク**ロ**ウズ
とざん **登山** tozan	**alpinisme** *m.*, **ascension** *f.* アルピニスム, アサンシオン	mountain climbing **マ**ウンテン ク**ラ**イミング
～家	**alpiniste** *m.f.* アルピニスト	mountaineer マウティ**ニ**ア
とし **都市** toshi	**ville** *f.* ヴィル	city ス**ィ**ティ

日	仏	英
とし **年** toshi	**année** *f.* アネ	year **イ**ア
（歳・年齢）	**âge** *m.* アージュ	age, years **エ**イヂ, **イ**アズ
〜を取る	**vieillir** ヴィエイール	grow old グ**ロ**ウ **オ**ウルド
としうえの **年上の** toshiueno	**plus âgé(e), aîné(e)** プリュ ザジェ, エネ	older **オ**ウルダ
とじこめる **閉じ込める** tojikomeru	**enfermer** アンフェルメ	shut, confine **シャ**ト, コン**ファ**イン
とじこもる **閉じこもる** tojikomoru	**s'enfermer** サンフェルメ	shut oneself up **シャ**ト **ア**プ
とししたの **年下の** toshishitano	**plus jeune** プリュ ジュヌ	younger **ヤ**ンガ
としつき **年月** toshitsuki	**années** *f.pl.* アネ	years **イ**アズ
どしゃ **土砂** dosha	**terre** *f.* **et sable** *m.* テール エ サーブル	earth and sand **ア**ース アンド **サ**ンド
〜崩れ	**éboulement** *m.*, **glisse-** **ment de terrain** *m.* エブルマン, グリスマン ドゥ テラン	landslide **ラ**ンドスライド
としょ **図書** tosho	**livres** *m.pl.* リーヴル	books **ブ**クス
〜館	**bibliothèque** *f.* ビブリオテック	library **ラ**イブレリ
どじょう **土壌** dojou	**sol** *m.*, **terre** *f.* ソル, テール	soil **ソ**イル
としより **年寄り** toshiyori	**personne âgée** *f.* ペルソヌ アジェ	elderly (people) **エ**ルダリ (**ピ**ープル)

日	仏	英
とじる **綴じる** tojiru	**attacher, agrafer** アタシェ, アグラフェ	bind, file **バインド**, **ファイル**
とじる **閉じる** tojiru	**fermer, clore** フェルメ, クロール	shut, close **シャト**, **クロウズ**
としん **都心** toshin	**centre-ville** *m.* サントルヴィル	city center, down- town **スィティ センタ**, **ダウンタウン**
どせい **土星** dosei	**Saturne** *f.* サテュルヌ	Saturn **サタン**
とそう **塗装** tosou	**peinture** *f.* パンテュール	painting, coating **ペインティング**, **コウティング**
どだい **土台** dodai	**fondations** *f.pl.*, **base** *f.* フォンダシオン, バーズ	foundation, base **ファウンデイション**, **ベイス**
とだえる **途絶える** todaeru	**cesser, s'interrompre** セセ, サンテロンプル	stop, cease **スタプ**, **スィース**
とだな **戸棚** todana	**armoire** *f.*, **placard** *m.* アルモワール, プラカール	cabinet, cupboard **キャビネット**, **カバド**
どたんば **土壇場** dotanba	**dernier moment** *m.* デルニエ モマン	(the) last moment (ザ) **ラスト モウメント**
とち **土地** tochi	**terre** *f.*, **terrain** *m.* テール, テラン	land **ランド**
とちゅうで **途中で** tochuude	**en chemin, en route** アン シュマン, アン ルート	on one's way **オン ウェイ**
どちら **どちら** (どこ) dochira	**où** ウ	where (ホ)**ウェア**
(どれ)	**lequel(*laquelle*)** ルケル(ラケル)	which (ホ)**ウィチ**
とっか **特価** tokka	**prix spécial** *m.* プリ スペシアル	special price **スペシャル プライス**

日	仏	英
どっかいりょく **読解力** dokkairyoku	**aptitude à la lecture** *f.* アプティテュード ア ラ レクテュール	reading ability **リ**ーディング ア**ビ**リティ
とっきゅう **特急** tokkyuu	**train express** *m.* トラン エクスプレス	special express (train) ス**ペ**シャル イクス**プレ**ス (トレイン)
とっきょ **特許** tokkyo	**brevet** *m.* ブルヴェ	patent **パ**テント
とっくん **特訓** tokkun	**entraînement spécial** *m.* アントレヌマン スペシアル	special training ス**ペ**シャル ト**レ**イニング
とっけん **特権** tokken	**privilège** *m.* プリヴィレージュ	privilege **プ**リヴィリヂ
どっしりした **どっしりした** dosshirishita	**massif(ve), imposant(e)** マシフ(-ヴ), アンポザン(ト)	heavy, dignified **ヘ**ヴィ, **ディ**グニファイド
とっしんする **突進する** tosshinsuru	**s'élancer, se précipiter** セランセ, ス プレシピテ	rush at, dash at **ラ**シュ アト, **ダ**シュ アト
とつぜん **突然** totsuzen	**tout à coup, soudain** トゥ タ クー, スダン	suddenly **サ**ドンリ
とって **取っ手** totte	**poignée** *f.* ポワニェ	handle, knob **ハ**ンドル, **ナ**ブ
どっと **ドット** dotto	**point** *m.* ポワン	dot **ダ**ト
とつにゅうする **突入する** totsunyuusuru	**faire irruption** フェール イリュプシオン	rush into **ラ**シュ イントゥ
とっぱする **突破する** toppasuru	**enfoncer, franchir** アンフォンセ, フランシール	break through ブ**レ**イク ス**ルー**
とっぷ **トップ** toppu	**tête** *f.*, **sommet** *m.* テット, ソメ	top **タ**プ
とても **とても** totemo	**très** トレ	very **ヴェ**リ

日	仏	英
とどく **届く** （達する） todoku	**atteindre** アタンドル	reach リーチ
（到着する）	**arriver** *à* アリヴェ ア	arrive at アライヴ アト
とどけ **届け** todoke	**déclaration** *f.* デクララシオン	report, notice リポート, ノウティス
とどける **届ける** （送る） todokeru	**envoyer, livrer** アンヴォワイエ, リヴレ	send, deliver センド, ディリヴァ
（届け出る）	**déclarer, informer** デクラレ, アンフォルメ	report to, notify リポート トゥ, ノウティファイ
とどこおる **滞る** todokooru	**(être) en retard** (エートル) アン ルタール	(be) delayed (ビ) ディレイド
とどのう **整う** （準備される） totonou	**(être) prêt(e)** (エートル) プレ(ット)	(be) ready (ビ) レディ
（整理される）	**être en ordre** エートル アン ノルドル	(be) in good order (ビ) イン グド オーダ
とどのえる **整える** （準備する） totonoeru	**préparer** プレパレ	prepare プリペア
（整理する）	**mettre en ordre, ordon-** **ner** メットル アン ノルドル, オルドネ	put in order プト イン オーダ
（調整する）	**ajuster** アジュステ	adjust, fix アヂャスト, フィクス
とどまる **止[留]まる** todomaru	**rester, demeurer** レステ, ドゥムレ	stay, remain ステイ, リメイン
とどめる **止[留]める** todomeru	**garder** ガルデ	retain リテイン
どなー **ドナー** donaa	**donneur(se)** *m.f.* ドヌール(-ズ)	donor ドウナ

日	仏	英
となえる **唱える** tonaeru	**dire, réciter** ディール, レシテ	recite, chant リ**サイト**, **チャント**
となり **隣** tonari	**maison voisine** *f.*, **appartement voisin** *m.* メゾン ヴォワジヌ, アパルトマン ヴォワザン	next door ネクスト **ドー**
どなる **怒鳴る** donaru	**crier, hurler** クリエ, ユルレ	shout, yell **シャウト**, **イェル**
とにかく **とにかく** tonikaku	**en tout cas** アン トゥ カ	anyway **エ**ニウェイ
どの **どの** dono	**lequel**(***laquelle***) ルケル(ラケル)	which (ホ)**ウィチ**
とばく **賭博** tobaku	**jeu** *m.*, **pari** *m.* ジュー, パリ	gambling **ギャ**ンブリング
とばす **飛ばす** tobasu	**faire voler, lancer** フェール ヴォレ, ランセ	fly フライ
（抜かす）	**passer, omettre** パセ, オメットル	skip ス**キ**プ
とびあがる **跳び上がる** tobiagaru	**sauter, s'envoler** ソテ, サンヴォレ	jump up, leap **チャ**ンプ **ア**プ, **リー**プ
とびおりる **飛び降りる** tobioriru	**sauter en bas** ソテ アン バ	jump down **チャ**ンプ **ダ**ウン
とびこえる **飛び越える** tobikoeru	**franchir, sauter par-dessus** フランシール, ソテ パルドゥシュ	jump over **チャ**ンプ **オ**ウヴァ
とびこむ **飛び込む** tobikomu	**se jeter** *dans*, **sauter** *dans* ス ジュテ ダン, ソテ ダン	jump into, dive into **チャ**ンプ **イ**ントゥ, **ダ**イヴ **イ**ントゥ
とびだす **飛び出す** tobidasu	**sauter hors** *de* ソテ オール ドゥ	fly out, jump out of フ**ラ**イ **ア**ウト, **チャ**ンプ **ア**ウト オヴ
とびちる **飛び散る** tobichiru	**se disperser, s'éparpiller** ス ディスペルセ, セパルピエ	scatter ス**キャ**タ

日	仏	英
とびつく **飛びつく** tobitsuku	**sauter** *sur*, **bondir** *sur* ソテ シュール, ボンディール シュール	jump at, fly at **チ**ャンプ アト, フ**ラ**イ アト
とぴっく **トピック** topikku	**sujet** *m.*, **thème** *m.* シュジェ, テーム	topic **タ**ピク
とびのる **飛び乗る** tobinoru	**sauter** *dans* ソテ ダン	jump onto, hop **チ**ャンプ オントゥ, ハプ
とびはねる **跳び跳ねる** tobihaneru	**sautiller, sauter** ソティエ, ソテ	hop, jump ハプ, **チ**ャンプ
とびら **扉** tobira	**porte** *f.* ポルト	door **ド**ー
とぶ **跳ぶ** tobu	**sauter, bondir** ソテ, ボンディール	jump, leap **チ**ャンプ, **リ**ープ
とぶ **飛ぶ** tobu	**voler, voltiger** ヴォレ, ヴォルティジェ	fly, soar フ**ラ**イ, **ソ**ー
どぶ **どぶ** dobu	**fossé** *m.* フォセ	ditch **デ**ィチ
どぼく **土木** doboku	**travaux publics** *m.pl.* トラヴォー ピュブリック	public works **パ**ブリク **ワ**ークス
とぼける **とぼける** tobokeru	**feindre l'ignorance** ファンドル リニョランス	feign ignorance **フェ**イン **イ**グノランス
とほで **徒歩で** tohode	**à pied** ア ピエ	on foot オン フト
とまと **トマト** tomato	**tomate** *f.* トマト	tomato ト**メ**イトウ
とまどう **戸惑う** tomadou	**(être) déconcerté(e), (être) perplexe** (エートル) デコンセルテ, (エートル) ペルプレクス	(be) at a loss (ビ) アト ア **ロ**ース
とまる **止まる** tomaru	**s'arrêter** サレテ	stop, halt ス**タ**プ, **ホ**ールト

日	仏	英
とまる **泊まる** tomaru	**loger** *à* ロジェ ア	stay at ステイ アト
とみ **富** tomi	**richesse** *f.*, **biens** *m.pl.* リシェス, ビアン	wealth ウェルス
とむ **富む** tomu	**s'enrichir** サンリシール	(become) rich (ビカム) リチ
とめがね **留め金** tomegane	**agrafe** *f.*, **crochet** *m.* アグラフ, クロシェ	clasp, hook クラスプ, フク
とめる **止める** (停止させる) tomeru	**arrêter, stopper** アレテ, ストッペ	stop スタプ
(スイッチを切る)	**arrêter, couper** アレテ, クペ	turn off ターン オーフ
(禁止する)	**interdire** アンテルディール	forbid, prohibit フォビド, プロヒビト
(制止する)	**empêcher, retenir** アンペシェ, ルトゥニール	hold, check ホウルド, チェク
とめる **泊める** tomeru	**héberger, loger** エベルジェ, ロジェ	take in テイク イン
とめる **留める** tomeru	**fixer, attacher** フィクセ, アタシェ	fasten, fix ファスン, フィクス
ともだち **友達** tomodachi	**ami(e)** *m.f.* アミ	friend フレンド
ともなう **伴う** tomonau	**accompagner** アコンパニェ	accompany, follow アカンパニ, ファロウ
ともに **共に** (どちらも) tomoni	**tous**(*tes*) **les deux** *m.f.pl.* トゥ(ット) レ ドゥー	both ボウス
(一緒に)	**avec, ensemble** アヴェク, アンサンブル	with ウィズ
どようび **土曜日** doyoubi	**samedi** *m.* サムディ	Saturday サタディ

日	仏	英
とら **虎** tora	**tigre(*sse*)** *m.f.* ティーグル(ティグレス)	tiger **タ**イガ
とらいあんぐる **トライアングル** toraianguru	**triangle** *m.* トリアングル	triangle ト**ラ**イアングル
どらいくりーにんぐ **ドライクリーニング** doraikuriiningu	**nettoyage à sec** *m.* ネトワイアージュ ア セック	dry cleaning ド**ラ**イ ク**リ**ーニング
どらいばー **ドライバー** （ねじ回し） doraibaa	**tournevis** *m.* トゥルヌヴィス	screwdriver スク**ル**ードライヴァ
（運転手）	**conduc*teur*(*trice*)** *m.f.* コンデュクトゥール(- トリス)	driver ド**ラ**イヴァ
どらいぶ **ドライブ** doraibu	**balade en voiture** *f.* バラド アン ヴォワテュール	drive ド**ラ**イヴ
〜イン	**drive-in** *m.*, **restauroute** *m.* ドライヴィン, レストルート	drive-in ド**ラ**イヴィン
どらいやー **ドライヤー** doraiyaa	**sèche-cheveux** *m.* セッシュシュヴー	dryer ド**ラ**イア
とらっく **トラック** torakku	**camion** *m.* カミオン	truck, ®lorry ト**ラ**ク, **ロ**ーリ
（競走路の）	**piste** *f.* ピスト	track ト**ラ**ク
とらぶる **トラブル** toraburu	**problème** *m.*, **ennuis** *m.pl.* プロブレム, アンニュイ	trouble ト**ラ**ブル
とらべらーずちぇっく **トラベラーズチェック** toraberaazuchekku	**chèque de voyage** *m.* シェック ドゥ ヴォワイアージュ	traveler's check ト**ラ**ヴラズ **チェ**ク
どらま **ドラマ** dorama	**drame** *m.* ドラム	drama ド**ラ**ーマ
どらむ **ドラム** doramu	**tambour** *m.* タンブール	drum ド**ラ**ム

日	仏	英
とらんく **トランク** toranku	**valise** *f.*, **malle** *f.* ヴァリーズ, マル	trunk, suitcase トランク, スートケイス
（車の）	**coffre** *m.* コフル	trunk トランク
とらんくす **トランクス** torankusu	**maillot** *m.*, **caleçon** *m.* マイヨ, カルソン	trunks トランクス
とらんぷ **トランプ** toranpu	**cartes à jouer** *f.pl.* カルト ア ジュエ	cards カーヅ
とらんぺっと **トランペット** toranpetto	**trompette** *f.* トロンペット	trumpet トランペット
とり **鳥** tori	**oiseau** *m.* ワゾー	bird バード
とりあえず **取りあえず** toriaezu	**pour l'instant** プル ランスタン	for the time being フォ ザ タイム ビーイング
とりあげる **取り上げる** （奪い取る） toriageru	**emporter** アンポルテ	take away テイク アウェイ
（採用する）	**adopter** アドプテ	adopt アダプト
とりあつかう **取り扱う** toriatsukau	**manier, manipuler** マニエ, マニピュレ	handle, treat ハンドル, トリート
とりーとめんと **トリートメント** toriitomento	**lotion capillaire** *f.*, **après-shampoing** *m.* ロシオン カピレール, アプレシャンポワン	treatment トリートメント
とりえ **取り柄** torie	**mérite** *m.* メリト	merit メリト
とりおこなう **執り行う** toriokonau	**célébrer, accomplir** セレブレ, アコンプリール	perform パフォーム
とりかえす **取り返す** torikaesu	**regagner, reprendre** ルガニェ, ルプランドル	take back, recover テイク バク, リカヴァ

日	仏	英
とりかえる **取り替える** torikaeru	**changer, remplacer** シャンジェ, ランプラセ	exchange, replace イクス**チェ**インヂ, リプ**レ**イス
とりかわす **取り交わす** torikawasu	**échanger** エシャンジェ	exchange イクス**チェ**インヂ
とりきめ **取り決め** torikime	**accord** *m.*, **arrangement** *m.* アコール, アランジュマン	agreement アグ**リ**ーメント
とりくむ **取り組む** torikumu	**aborder, s'attaquer** *à* アボルデ, サタッケ ア	tackle, take on **タ**クル, **テ**イク **オ**ン
とりけす **取り消す** torikesu	**annuler, retirer** アニュレ, ルティレ	cancel **キャ**ンセル
とりこ **虜** toriko	**captif(ve)** *m.f.* カプティフ(・ヴ)	captive **キャ**プティヴ
とりしまりやく **取締役** torishimariyaku	**administrateur(trice)** *m.f.*, **directeur(trice)** *m.f.* アドミニストラトゥール(・トリス), ディレク トゥール(・トリス)	director ディ**レ**クタ
とりしまる **取り締まる** torishimaru	**contrôler, administrer** コントロレ, アドミニストレ	control, regulate コント**ロ**ウル, **レ**ギュレイト
とりしらべる **取り調べる** torishiraberu	**enquêter** アンケテ	investigate, inquire イン**ヴェ**スティゲイト, イン**フ** **ワ**イア
とりだす **取り出す** toridasu	**sortir** ソルティール	take out **テ**イク **ア**ウト
とりたてる **取り立てる** toritateru	**recouvrer, récupérer** ルクヴレ, レキュペレ	collect コ**レ**クト
とりっく **トリック** torikku	**truc** *m.* トリュック	trick ト**リ**ク
とりつける **取り付ける** toritsukeru	**installer, poser** アンスタレ, ポゼ	install インス**ト**ール
とりとめのない **取り留めのない** toritomenonai	**incohérent(e)** アンコエラン(ト)	incoherent インコウ**ヒ**アレント

日	仏	英
とりにく **鶏肉** toriniku	**poulet** *m.* プレ	chicken **チ**キン
とりのぞく **取り除く** torinozoku	**enlever, ôter** アンルヴェ, オテ	remove リ**ムー**ヴ
とりひき **取り引き** torihiki	**transactions** *f.pl.* トランザクシオン	transactions トラン**ザ**クションズ
とりぶん **取り分** toribun	**part** *f.*, **portion** *f.* パール, ポルシオン	share **シェ**ア
とりまく **取り巻く** torimaku	**entourer, cerner** アントゥレ, セルネ	surround サ**ラ**ウンド
とりみだす **取り乱す** torimidasu	**(être) troublé(e)** (エートル) トルブレ	(be) confused (ビ) コン**フュー**ズド
とりみんぐ **トリミング** torimingu	**cadrage** *m.*, **taille** *f.* カドラージュ, タイユ	trimming **ト**リミング
とりもどす **取り戻す** torimodosu	**reprendre, regagner** ルプランドル, ルガニェ	take back, recover **テ**イク **バ**ク, リ**カ**ヴァ
とりやめる **取り止める** toriyameru	**annuler** アニュレ	cancel, call off **キャ**ンセル, **コー**ル **オー**フ
とりゅふ **トリュフ** toryufu	**truffe** *f.* トリュフ	truffle ト**ラ**フル
とりょう **塗料** toryou	**peinture** *f.* パンテュール	paint **ペ**イント
どりょく **努力** doryoku	**effort** *m.* エフォール	effort **エ**フォト
～する	**faire des efforts** フェール デ ゼフォール	make an effort **メ**イク アン **エ**フォト
とりよせる **取り寄せる** toriyoseru	**faire venir** フェール ヴニール	order **オー**ダ
どりる **ドリル** (工具の) doriru	**perceuse** *f.* ペルスーズ	drill **ド**リル

535

と

日	仏	英
とりわける **取り分ける** toriwakeru	**distribuer, servir** ディストリビュエ, セルヴィール	distribute, serve ディストリ**ビュト**, **サ**ーヴ
とる **取る** （手にする） toru	**prendre, saisir** プランドル, セジール	take, hold **テ**イク, **ホ**ウルド
（受け取る）	**obtenir, recevoir** オプトゥニール, ルスヴォワール	get, receive **ゲ**ト, リ**スィ**ーヴ
（除去する）	**enlever, détacher** アンルヴェ, デタシェ	take off, remove **テ**イク **オ**ーフ, リ**ムー**ヴ
（盗む）	**voler, dérober** ヴォレ, デロベ	steal, rob ス**ティ**ール, **ラ**ブ
とる **採る** （採集する） toru	**ramasser** ラマッセ	gather, pick **ギャ**ザ, **ピ**ク
（採用する）	**engager, adopter** アンガジェ, アドプテ	adopt, take ア**ダ**プト, **テ**イク
とる **捕る** toru	**attraper, capturer** アトラペ, カプテュレ	catch, capture **キャ**チ, **キャ**プチャ
どる **ドル** doru	**dollar** *m.* ドラール	dollar **ダ**ラ
とるこ **トルコ** toruko	**Turquie** *f.* テュルキ	Turkey **タ**ーキ
どれ **どれ** dore	**lequel**(*laquelle*) ルケル(ラケル)	which (ホ)**ウィ**チ
どれい **奴隷** dorei	**esclave** *m.f.* エスクラーヴ	slave ス**レ**イヴ
とれーど **トレード** toreedo	**échange** *m.*, **commerce** *m.* エシャンジュ, コメルス	trading トレ**イ**ディング
とれーなー **トレーナー** （服） toreenaa	**survêtement** *m.* シュルヴェトマン	sweat shirt ス**ウェ**ト **シャ**ート

と

日	仏	英
（運動の指導者）	**entraîneur** *m.* アントレヌール	trainer トレイナ
とれーにんぐ **トレーニング** toreeningu	**entraînement** *m.* アントレヌマン	training トレイニング
とれーらー **トレーラー** toreeraa	**remorque** *f.* ルモルク	trailer トレイラ
どれす **ドレス** doresu	**robe** *f.* ローブ	dress ドレス
どれっしんぐ **ドレッシング** doresshingu	**assaisonnement** *m.* アセゾヌマン	dressing ドレスィング
とれる **取れる** toreru	**se détacher** ス デタシェ	come off カム オフ
どろ **泥** doro	**boue** *f.* ブー	mud マド
どろどろの **どろどろの** dorodorono	**boueux(se), pâteux(se)** ブウー(ズ), パトゥー(ズ)	pulpy パルピ
とろふぃー **トロフィー** torofii	**trophée** *m.* トロフェ	trophy トロウフィ
どろぼう **泥棒** dorobou	**voleur(se)** *m.f.* ヴォルール(- ズ)	thief, burglar スィーフ, バーグラ
とろりーばす **トロリーバス** tororiibasu	**trolleybus** *m.* トロレビュス	trolley bus トラリ バス
とろんぼーん **トロンボーン** toronboon	**trombone** *m.* トロンボヌ	trombone トランボウン
どわすれする **度忘れする** dowasuresuru	**échapper** エシャペ	slip from one's memory スリプ フラム メモリ
とん **トン** ton	**tonne** *f.* トヌ	ton タン

日	仏	英
どんかんな **鈍感な** donkanna	**obtus(e), insensible** オプテュ(-テューズ), アンサンシーブル	dull, thickheaded, stupid **ダ**ル, **ス**ィクヘデド, ステュービド
どんこう **鈍行** donkou	**train local** *m.* トラン ロカル	local train **ロ**ウカル ト**レ**イン
どんつう **鈍痛** dontsuu	**douleur diffuse** *f.* ドゥルール ディフューズ	dull pain **ダ**ル ペイン
とんでもない **とんでもない** tondemonai	**affreux(se), horrible** アフルー(ズ), オリーブル	awful, terrible **オー**フル, **テ**リブル
（思いがけない）	**inattendu(e), imprévu(e)** イナタンデュ, アンプレヴュ	surprising, shocking サプ**ラ**イズィング, **シャ**キング
どんな **どんな** donna	**quel(le)** ケル	what (ホ)**ワ**ト
どんなに **どんなに** donnani	**combien, comme, avoir beau** コンビアン, コム, アヴォワール ボー	however ハウ**エ**ヴァ
とんねる **トンネル** tonneru	**tunnel** *m.* テュネル	tunnel **タ**ネル
とんぼ **蜻蛉** tonbo	**libellule** *f.* リベリュル	dragonfly ド**ラ**ゴンフライ
とんや **問屋** ton-ya	**grossiste** *m.* グロシスト	wholesale store **ホ**ウルセイル スト—
どんよくな **貪欲な** don-yokuna	**avide** アヴィッド	greedy グ**リ**—ディ

な, ナ

日	仏	英
な **名** na	**nom** *m.* ノン	name **ネ**イム
ない **無い** （持っていない） nai	**ne pas avoir** ヌ パ ザヴォワール	have no ハヴ ノウ

日	仏	英
（存在しない）	**il n'y a pas** イル ニ ヤ パ	There is no ゼア イズ ノウ
ないか **内科** naika	**médecine interne** *f.* メドゥシヌ アンテルヌ	internal medicine インターナル メディスィン
〜医	**médecin généraliste** *m.* メドゥサン ジェネラリスト	physician フィズィシャン
ないかく **内閣** naikaku	**cabinet** *m.*, **ministère** *m.* カビネ，ミニステール	Cabinet, Ministry キャビネト，ミニストリ
ないこうてきな **内向的な** naikoutekina	**introverti(e)** アントロヴェルティ	introverted イントロヴァーテド
ないじぇりあ **ナイジェリア** naijeria	**Nigeria** *m.* ニジェリア	Nigeria ナイヂアリア
ないじゅ **内需** naiju	**demande intérieure** *f.* ドゥマンド アンテリユール	domestic demand ドメスティク ディマンド
ないしょ **内緒** naisho	**secret** *m.* スクレ	secret スィークレト
ないしん **内心** naishin	**for intérieur** *m.* フォール アンテリユール	one's mind, one's heart マインド，ハート
ないせい **内政** naisei	**politique interne** *f.* ポリティック アンテルヌ	domestic affairs ドメスティク アフェアズ
ないせん **内戦** naisen	**guerre civile** *f.* ゲール シヴィル	civil war スィヴィル ウォー
ないぞう **内臓** naizou	**organes internes** *m.pl.*, **viscères** *m.pl.* オルガヌ アンテルヌ，ヴィセール	internal organs インターナル オーガンズ
ないたー **ナイター** naitaa	**match nocturne** *m.* マッチ ノクテュルヌ	night game ナイト ゲイム
ないてい **内定** naitei	**décision officieuse** *f.* デシジオン オフィシユーズ	unofficial decision アナフィシャル ディスィジョン

日	仏	英
ないてきな **内的な** naitekina	**intérieur(e), interne** アンテリユール, アンテルヌ	inner, internal **イ**ナ, イン**ター**ナル
ないふ **ナイフ** naifu	**couteau** *m.* クトー	knife **ナ**イフ
ないぶ **内部** naibu	**intérieur** *m.* アンテリユール	inside, interior イン**サ**イド, インティアリア
ないふん **内紛** naifun	**querelles intestines** *f.pl.* クレル アンテスティヌ	internal trouble イン**ター**ナル ト**ラ**ブル
ないめん **内面** naimen	**for intérieur** *m.* フォール アンテリユール	inside イン**サ**イド
ないよう **内容** naiyou	**contenu** *m.*, **substance** *f.* コントゥニュ, シュプスタンス	contents, substance **カ**ンテンツ, **サ**プスタンス
ないらん **内乱** nairan	**guerre civile** *f.* ゲール シヴィル	civil war **スィ**ヴィル **ウォ**ー
ないろん **ナイロン** nairon	**nylon** *m.* ニロン	nylon **ナ**イラン
なえ **苗** nae	**plant** *m.* プラン	seedling ス**ィ**ードリング
なおさら **なおさら** naosara	**d'autant plus** ドータン プリュ	still more ス**ティ**ル **モ**ー
なおざりにする **なおざりにする** naozarinisuru	**négliger** ネグリジェ	neglect ニグ**レ**クト
なおす **治す** naosu	**guérir** ゲリール	cure **キュ**ア
なおす **直す** (修正する) naosu	**corriger** コリジェ	correct, amend コ**レ**クト, ア**メ**ンド
(修理する)	**réparer** レパレ	mend, repair **メ**ンド, リ**ペ**ア
なおる **治る** naoru	**guérir** ゲリール	get well **ゲ**ト **ウェ**ル

日	仏	英
なおる **直る** （修正される） naoru	**se corriger** ス コリジェ	(be) corrected (ビ) コレクテド
（修理される）	**(être) réparé(e)** (エートル) レパレ	(be) repaired (ビ) リペアド
なか **中** naka	**intérieur** *m.* アンテリユール	inside インサイド
なか **仲** naka	**relations** *f.pl.* ルラシオン	relations, relation-ship リレイションズ，リレイションシプ
ながい **長い** nagai	**long(*ue*)** ロン(グ)	long ローング
ながいきする **長生きする** nagaikisuru	**vivre longtemps** ヴィーヴル ロンタン	live long リヴ ローング
なかがいにん **仲買人** nakagainin	**courtier(*ère*)** *m.f.* クルティエ(- エール)	broker ブロウカ
ながぐつ **長靴** nagagutsu	**bottes** *f.pl.* ボット	boots ブーツ
ながさ **長さ** nagasa	**longueur** *f.* ロングール	length レングス
ながす **流す** （液体などを） nagasu	**couler, verser** クレ，ヴェルセ	pour, drain ポー，ドレイン
（物を）	**flotter** フロテ	float フロウト
ながそで **長袖** nagasode	**manches longues** *f.pl.* マンシュ ロング	long sleeves ローング スリーヴズ
なかなおりする **仲直りする** nakanaorisuru	**se réconcilier** *avec* ス レコンシリエ アヴェク	reconcile with レコンサイル ウィズ
なかなか **中々** nakanaka	**très, assez** トレ，アセ	very, quite ヴェリ，クワイト

日	仏	英
なかに **中に** nakani	**dans, en** ダン, アン	in, within **イ**ン, ウィ**ズ**イン
なかにわ **中庭** nakaniwa	**cour** *f.* クール	courtyard **コー**トヤード
ながねん **長年** naganen	**depuis des années** ドゥピュイ デ ザネ	for years フォ **イ**アズ
なかば **半ば** nakaba	**à moitié, au milieu** ア モワティエ, オ ミリュー	halfway **ハ**フウェイ
ながびく **長引く** nagabiku	**se prolonger** ス プロロンジェ	(be) prolonged (ビ) プロ**ロー**ングド
なかま **仲間** nakama	**compagnon** *m.*, **compagne** *f.* コンパニョン, コンパニュ	comrade, companion **カ**ムラド, コン**パ**ニョン
なかみ **中身** nakami	**contenu** *m.* コントゥニュ	contents, substance **カ**ンテンツ, **サ**ブスタンス
ながめ **眺め** nagame	**vue** *f.* ヴュ	view, scene **ヴュー**, **スィー**ン
ながめる **眺める** nagameru	**regarder, voir** ルガルデ, ヴォワール	see, look at **スィー**, **ル**クアト
ながもちする **長持ちする** nagamochisuru	**durer, (être) résistant(e)** デュレ, (エートル) レジスタン(ト)	(be) durable (ビ) **デュ**アラブル
なかゆび **中指** nakayubi	**médius** *m.*, **majeur** *m.* メディユス, マジュール	middle finger **ミ**ドル **フィ**ンガ
なかよし **仲良し** nakayoshi	**ami(e) intime** *m.f.* アミ アンティム	close friend, chum ク**ロ**ウス フレンド, **チャ**ム
ながれ **流れ** nagare	**cours** *m.*, **courant** *m.* クール, クラン	stream, current スト**リー**ム, **カー**レント
ながれぼし **流れ星** nagareboshi	**étoile filante** *f.* エトワル フィラント	shooting star **シュー**ティング ス**ター**

日	仏	英
ながれる **流れる** nagareru	**couler, s'écouler** クレ, セクレ	flow, run フロウ, ラン
（時が）	**passer** パセ	pass パス
なきごえ **泣き声** nakigoe	**sanglot** *m.* サングロ	cry クライ
なきむし **泣き虫** nakimushi	**pleurnichard(e)** *m.f.* プルルニシャール(ド)	crybaby クライベイビ
なきわめく **泣きわめく** nakiwameku	**crier** クリエ	bawl, scream ボール, スクリーム
なく **泣く** naku	**pleurer** プルレ	cry, weep クライ, **ウィープ**
なく **鳴く**　（犬が） naku	**aboyer** アボワイエ	bark バーク
（猫が）	**miauler** ミオレ	mew, meow, mi-aow ミュー, ミアウ, ミアウ
（小鳥が）	**chanter** シャンテ	sing スィング
なぐさめる **慰める** nagusameru	**consoler, réconforter** コンソレ, レコンフォルテ	console, comfort コンソウル, **カム**ファト
なくす **無くす** nakusu	**perdre** ペルドル	lose ルーズ
なくなる **無くなる** nakunaru	**se perdre** ス ペルドル	(get) lost (ゲト) ロースト
（消失する）	**disparaître** ディスパレートル	disappear ディサピア
（尽きる）	**s'épuiser, arriver à terme** セピュイゼ, アリヴェ ア テルム	run short ラン ショート

日	仏	英
なぐりあい **殴り合い** naguriai	**lutte à coups de poing** *f.* リュット ア クー ドゥ ポワン	fight **ファイト**
なぐる **殴る** naguru	**battre, frapper** バットル, フラペ	strike, beat ストライク, **ビート**
なげかわしい **嘆かわしい** nagekawashii	**déplorable, lamentable** デプロラーブル, ラマンターブル	deplorable ディプローラブル
なげく **嘆く** nageku	**se plaindre** *de*, **pleurer** ス プランドル ドゥ, プルレ	lament, grieve ラメント, **グリーヴ**
なげすてる **投げ捨てる** nagesuteru	**jeter** ジュテ	throw away スロウ アウェイ
なげる **投げる** （飛ばす） nageru	**jeter, lancer** ジュテ, ランセ	throw, cast スロウ, **キャスト**
（放棄する）	**abandonner** アバンドネ	give up ギヴ アプ
なごやかな **和やかな** nagoyakana	**amical(e), paisible** アミカル, ペジーブル	peaceful, friendly ピースフル, フレンドリ
なごり **名残** nagori	**trace** *f.*, **vestiges** *m.pl.* トラス, ヴェスティージュ	trace, vestige トレイス, **ヴェ**スティヂ
なさけ **情け** （あわれみ） nasake	**pitié** *f.* ピティエ	pity ピティ
（思いやり）	**compassion** *f.* コンパシオン	sympathy ス**ィ**ンパスィ
（慈悲）	**charité** *f.* シャリテ	mercy マースィ
なさけない **情けない** nasakenai	**misérable, lamentable** ミゼラーブル, ラマンターブル	miserable, lamen-table ミザラブル, **ラ**メンタブル
なし **梨** nashi	**poire** *f.* ポワール	pear ペア

日	仏	英
なしとげる **成し遂げる** nashitogeru	**accomplir, achever** アコンプリール, アシュヴェ	accomplish アカンプリシュ
なじむ **馴染む** najimu	**se familiariser** *avec* ス ファミリアリゼ アヴェク	(become) attached to (ビカム) アタチト トゥ
なしょなりずむ **ナショナリズム** nashonarizumu	**nationalisme** *m.* ナシオナリスム	nationalism ナショナリズム
なじる **なじる** najiru	**reprocher, blâmer** ルプロシェ, ブラメ	rebuke, blame リビューク, ブレイム
なす **茄子** nasu	**aubergine** *f.* オベルジヌ	eggplant, ⑧aubergine エグプラント, オウバジーン
なぜ **何故** naze	**pourquoi** プルクワ	why (ホ)ワイ
なぜなら **何故なら** nazenara	**parce que, car** パルス ク, カール	because, for ビコズ, フォー
なぞ **謎** nazo	**énigme** *f.*, **mystère** *m.* エニグム, ミステール	riddle, mystery リドル, ミスタリ
なぞなぞ **謎々** nazonazo	**devinette** *f.* ドゥヴィネット	riddle リドル
なだめる **なだめる** nadameru	**apaiser, calmer** アペゼ, カルメ	calm, soothe カーム, スーズ
なだらかな **なだらかな** nadarakana	**doux(*ce*)** ドゥー(ス)	easy, gentle イーズィ, チェントル
なだれ **雪崩** nadare	**avalanche** *f.* アヴァランシュ	avalanche アヴァランチ
なつ **夏** natsu	**été** *m.* エテ	summer サマ
なついんする **捺印する** natsuinsuru	**sceller** セレ	seal スィール

日	仏	英
なつかしい **懐かしい** natsukashii	**nostalgique** ノスタルジック	longed for, nostalgic ローングド フォ，ノス**タ**ルヂク
なつかしむ **懐かしむ** natsukashimu	**avoir la nostalgie** *de* アヴォワール ラ ノスタルジー ドゥ	long for ローング フォ
なづけおや **名付け親** nazukeoya	**parrain** *m.*, **marraine** *f.* パラン，マレヌ	godfather, godmother **ガ**ドファーザ，**ガ**ドマザ
なづける **名付ける** nazukeru	**nommer** ノメ	name, call **ネ**イム，**コ**ール
なっつ **ナッツ** nattsu	**noix** *f.* ノワ	nut **ナ**ト
なっとくする **納得する** nattokusuru	**consentir** *à* コンサンティール ア	consent to コン**セ**ント トゥ
なつめぐ **ナツメグ** natsumegu	**muscade** *f.* ミュスカド	nutmeg **ナ**トメグ
なでる **撫でる** naderu	**caresser, frotter** カレセ，フロテ	stroke, pat スト**ロ**ウク，**パ**ト
など **など** nado	**et cetera, etc.** エトセテラ，エトセテラ	and so on **ア**ンド ソウ **オ**ン
なとりうむ **ナトリウム** natoriumu	**sodium** *m.* ソディオム	sodium **ソ**ウディアム
なな **七** nana	**sept** セット	seven **セ**ヴン
ななじゅう **七十** nanajuu	**soixante-dix** ソワサントディス	seventy **セ**ヴンティ
ななめの **斜めの** nanameno	**oblique, incliné(e)** オブリック，アンクリネ	slant, oblique ス**ラ**ント，オブ**リ**ーク
なにか **何か** nanika	**quelque chose** ケルク ショーズ	something **サ**ムスィング

日	仏	英
なにげない **何気ない** nanigenai	**décontracté(e), inconscient(e)** デコントラクテ, アンコンシアン(ト)	casual キャジュアル
なのる **名乗る** nanoru	**se nommer** ス ノメ	introduce oneself as イントロデュース アズ
なびく　　　(傾く) nabiku	**onduler, flotter** オンデュレ, フロテ	flutter フラタ
(屈する)	**obéir à, céder à** オベイール ア, セデア	yield to イールド トゥ
なびげーたー **ナビゲーター** nabigeetaa	**navigateur** *m.* ナヴィガトゥール	navigator ナヴィゲイタ
なぷきん **ナプキン** napukin	**serviette** *f.* セルヴィエット	napkin, Ⓑserviette ナプキン, サーヴィエト
なふだ **名札** nafuda	**badge** *m.* バージュ	name tag ネイム タグ
なべ **鍋** nabe	**marmite** *f.*, **casserole** *f.* マルミット, カスロル	pan パン
なまあたたかい **生暖かい** namaatatakai	**tiède** ティエド	lukewarm, tepid ルークウォーム, テピド
なまいきな **生意気な** namaikina	**insolent(e)** アンソラン(ト)	insolent, saucy インソレント, ソースィ
なまえ **名前** namae	**nom** *m.* ノン	name ネイム
なまぐさい **生臭い** namagusai	**qui sent le poisson** キ サン ル ポワソン	fishy フィシ
なまけもの **怠け者** namakemono	**paresseux(se)** *m.f.* パレスー(ズ)	lazy person レイズィ パースン
なまける **怠ける** namakeru	**paresser, fainéanter** パレセ, フェネアンテ	(be) idle (ビ) アイドル

日	仏	英
なまず **鯰** namazu	**poisson-chat** *m.* ポワソンシャ	catfish **キャ**トフィシュ
なまなましい **生々しい** namanamashii	**vivant(e)** ヴィヴァン(ト)	fresh, vivid フレシュ, **ヴィ**ヴィド
なまぬるい **生ぬるい** namanurui	**tiède** ティエド	lukewarm **ルーク**ウォーム
なまの **生の** namano	**cru(e)** クリュ	raw ロー
なまびーる **生ビール** namabiiru	**bière pression** *f.* ビエール プレシオン	draft beer ド**ラ**フト **ビ**ア
なまほうそう **生放送** namahousou	**émission en direct** *f.* エミシオン アン ディレクト	live broadcast **ラ**イヴ ブ**ロ**ードキャスト
なまもの **生物** namamono	**aliment cru** *m.* アリマン クリュ	uncooked food アン**ク**クト **フ**ード
なまり **鉛** namari	**plomb** *m.* プロン	lead **リ**ード
なみ **波** nami	**vague** *f.* ヴァーグ	wave **ウェ**イヴ
なみき **並木** namiki	**rangée d'arbres** *f.* ランジェ ダルブル	roadside trees **ロ**ウドサイド ト**リ**ーズ
なみだ **涙** namida	**larmes** *f.pl.* ラルム	tears **ティ**アズ
なみの **並の** namino	**ordinaire, commun(e)** オルディネール, コマン(コミュヌ)	ordinary, common **オ**ーディネリ, **カ**モン
なみはずれた **並外れた** namihazureta	**extraordinaire** エクストラオルディネール	extraordinary イクスト**ロ**ーディネリ
なめす **なめす** namesu	**tanner** タネ	tan **タ**ン
なめらかな **滑らかな** namerakana	**lisse, doux(*ce*)** リス, ドゥー(ス)	smooth ス**ム**ーズ

日	仏	英
なめる **舐める** nameru	**lécher, laper** レシェ, ラペ	lick, lap リク, ラプ
（あなどる）	**rabaisser** ラベセ	belittle ビリトル
なやます **悩ます** nayamasu	**tracasser, tourmenter** トラカッセ, トゥルマンテ	torment, worry トーメント, ワーリ
なやみ **悩み** nayami	**anxiété** *f.*, **souci** *m.* アンクシエテ, スシ	anxiety, worry アングザイエティ, ワーリ
なやむ **悩む** nayamu	**(être) inquie*t(ète)*** (エートル) アンキエ(ット)	suffer, (be) troubled サファ, (ビ) トラブルド
ならう **習う** narau	**apprendre, étudier** アプランドル, エテュディエ	learn ラーン
ならす **慣らす** narasu	**habituer** アビテュエ	accustom アカスタム
ならす **鳴らす** narasu	**faire sonner** フェール ソネ	make ring, sound メイク リング, サウンド
ならぶ **並ぶ** narabu	**s'aligner, se ranger** サリニェ, ス ランジェ	line up ライン アプ
ならべる **並べる** （配列する） naraberu	**ranger, disposer** ランジェ, ディスポゼ	arrange アレインヂ
（列挙する）	**énumérer** エニュメレ	enumerate イニューメレイト
ならわし **習わし** narawashi	**coutume** *f.*, **habitude** *f.* クテューム, アビテュード	custom カスタム
なりきん **成金** narikin	**parvenu(e)** *m.f.* パルヴニュ	nouveau riche ヌーヴォウ リーシュ
なりたち **成り立ち** （起源） naritachi	**origine** *f.* オリジヌ	origin オーリヂン
（構造）	**formation** *f.* フォルマシオン	formation フォーメイション

日	仏	英
なりゆき **成り行き** nariyuki	**cours** *m.*, **résultat** *m.* クール, レジュルタ	course of コース オヴ
なる **成る** （結果として） naru	**devenir** ドゥヴニール	become ビカム
（変わる）	**devenir, se changer** *en* ドゥヴニール, ス シャンジェ アン	turn into ターン イントゥ
なる **生る** （実が） naru	**porter, donner** ポルテ, ドネ	grow, bear グロウ, ベア
なる **鳴る** naru	**sonner** ソネ	sound, ring サウンド, リング
なるしすと **ナルシスト** narushisuto	**narcisse** *m.* ナルシス	narcissist ナースィスィスト
なるべく **なるべく** narubeku	**si possible** シ ポシーブル	if possible イフ パッシブル
なるほど **なるほど** naruhodo	**en effet** アン ネフェ	indeed インディード
なれーしょん **ナレーション** nareeshon	**narration** *f.* ナラシオン	narration ナレイション
なれーたー **ナレーター** nareetaa	**narra**te**ur**(***trice***) *m.f.* ナラトゥール(-トリス)	narrator ナレイタ
なれなれしい **馴れ馴れしい** narenareshii	**famili**er(**ère**)**, imperti-** **nent**(e) ファミリエ(-エール), アンペルティナン(ト)	overly familiar オウヴァリ ファミリア
なれる **慣れる** nareru	**s'habituer** *à* サビテュエ ア	get used to ゲト ユースト トゥ
なわ **縄** nawa	**corde** *f.*, **lien** *m.* コルド, リアン	rope ロウプ
〜跳び	**corde à sauter** *f.* コルド ア ソテ	jump rope チャンプ ロウプ

日	仏	英
なわばり **縄張** nawabari	**territoire** *m.* テリトワール	territory, (one's) turf, Ⓑdomain テリトーリ, ターフ, ドゥメイン
なんかいな **難解な** nankaina	**difficile** ディフィシル	very difficult ヴェリ ディフィカルト
なんきょく **南極** nankyoku	**pôle Sud** *m.* ポール シュッド	South Pole サウス ポウル
なんこう **軟膏** nankou	**onguent** *m.*, **pommade** *f.* オンガン, ポマード	ointment オイントメント
なんじ **何時** nanji	**à quelle heure, quand** ア ケル ウール, カン	what time, when (ホ)ワト タイム, (ホ)ウェン
なんせい **南西** nansei	**sud-ouest** *m.* シュドウエスト	southwest サウスウェスト
なんせんす **ナンセンス** nansensu	**absurdités** *f.pl.* アプシュルディテ	nonsense ナンセンス
なんちょう **難聴** nanchou	**difficulté d'audition** *f.* ディフィキュルテ ドディシオン	hearing impairment ヒアリング インペアメント
なんとう **南東** nantou	**sud-est** *m.* シュデスト	southeast サウスイースト
なんばー **ナンバー** nanbaa	**numéro** *m.* ニュメロ	number ナンバ
なんぱする **難破する** nanpasuru	**faire naufrage** フェール ノフラージュ	(be) wrecked (ビ) レクト
なんびょう **難病** nanbyou	**maladie difficilement curable** *f.* マラディ ディフィシルマン キュラーブル	serious disease, incurable disease スィアリアス ディズィーズ, インキュアラブル ディズィーズ
なんぴょうよう **南氷洋** nanpyouyou	**océan Antarctique** *m.* オセアン アンタルクティック	Antarctic Ocean アンタクティク オーシャン
なんぶ **南部** nanbu	**sud** *m.* シュッド	southern part サザン パート

な

日	仏	英
なんぼく **南北** nanboku	**nord** *m.* **et sud** *m.* ノール エ シュッド	north and south ノース アンド **サ**ウス
なんみん **難民** nanmin	**réfugié(e)s** *m.f.pl.* レフュジエ	refugees レフュ**チ**ーズ

に, ニ

に **二** ni	**deux** ドゥー	two **ト**ゥー
に **荷** ni	**charge** *f.* シャルジュ	load **ロ**ウド
にあう **似合う** niau	**aller bien** *à* アレ ビアン ア	look good with, suit ルク **グ**ド ウィズ, **ス**ート
にあげ **荷揚げ** niage	**déchargement** *m.* デシャルジュマン	unload アン**ロ**ウド
にあみす **ニアミス** niamisu	**accident évité de peu** *m.* アクシダン エヴィテ ドゥ プー	near miss **ニ**ア **ミ**ス
にーず **ニーズ** niizu	**nécessité** *f.* ネセシテ	necessity, needs ネ**セ**スィティ, **ニ**ーズ
にえきらない **煮えきらない** (はっきりしない) niekiranai	**vague, imprécis(e)** ヴァーグ, アンプレシ(・シーズ)	vague **ヴェ**イグ
(決断しない)	**irrésolu(e)** イレゾリュ	irresolute イ**レ**ゾルート
にえる **煮える** nieru	**cuire, faire bouillir** キュイール, フェール ブイイール	boil **ボ**イル
におい **匂[臭]い** nioi	**odeur** *f.*, **senteur** *f.* オドゥール, サントゥール	smell, odor ス**メ**ル, **オ**ウダ
におう **臭う** niou	**puer** ピュエ	stink ス**ティ**ンク

日	仏	英
におう **匂う** niou	**sentir** サンティール	smell スメル
にかい **二階** nikai	**premier étage** *m.* プルミエ レタージュ	second floor, Ⓑfirst floor セカンド フロー，**ファースト フロー**
にがい **苦い** nigai	**amer(ère)** アメール	bitter ビタ
にがす **逃がす** nigasu	**lâcher** ラシェ	let go, set free レト ゴウ，セト フリー
（取り逃がす）	**manquer, laisser échap-per** マンケ，レセ エシャペ	let escape, miss レト エスケイプ，ミス
にがつ **二月** nigatsu	**février** *m.* フェヴリエ	February フェブルエリ
にがてである **苦手である** nigatedearu	**(être) faible** en (エートル) フェーブル アン	(be) weak in (ビ) **ウィーク イン**
にがにがしい **苦々しい** niganigashii	**désagréable** デザグレアーブル	unpleasant アンプレザント
にがわらい **苦笑い** nigawarai	**sourire amer** *m.* スリール アメール	bitter smile ビタ スマイル
にきび **にきび** nikibi	**bouton** *m.* ブトン	pimple ピンプル
にぎやかな **賑やかな** nigiyakana	**animé(e)** アニメ	lively ライヴリ
（込み合った）	**fréquenté(e)** フレカンテ	crowded クラウデド
にぎる **握る** nigiru	**empoigner, prendre** アンポワニェ，プランドル	grasp グラスプ
にぎわう **賑わう** nigiwau	**(être) animé(e), (être) fréquenté(e)** (エートル) アニメ，(エートル) フレカンテ	(be) crowded, (be) lively (ビ) クラウデド, (ビ) ライヴリ

日	仏	英
にく **肉** niku	**viande** *f.* ヴィアンド	flesh, meat フレシュ, ミート
〜屋	**boucherie** *f.* ブシュリ	butcher's ブチャズ
にくい **憎い** nikui	**haïssable, abominable** アイサーブル, アボミナーブル	hateful, detestable ヘイトフル, ディテスタブル
にくがん **肉眼** nikugan	**œil nu** *m.* ウイユ ニュ	naked eye ネイキド アイ
にくしみ **憎しみ** nikushimi	**haine** *f.* エヌ	hatred ヘイトレド
にくしん **肉親** nikushin	**proche parent(e)** *m.f.* プロッシュ パラン(ト)	blood relatives ブラド レラティヴズ
にくたい **肉体** nikutai	**corps** *m.*, **chair** *f.* コール, シェール	body, (the) flesh バディ, (ザ) フレシュ
〜労働	**travail physique** *m.* トラヴァイユ フィジック	physical labor フィズィカル レイバ
にくむ **憎む** nikumu	**haïr, détester** アイール, デテステ	hate ヘイト
にげる **逃げる** nigeru	**s'enfuir, fuir** サンフュイール, フュイール	run away, escape ラン アウェイ, イスケイプ
にごす **濁す** nigosu	**troubler** トルブレ	make unclear, make murky メイク アンクリア, メイク マーキー
にこやかな **にこやかな** nikoyakana	**souriant(e)** スリアン(ト)	cheerful, smiling チアフル, スマイリング
にごる **濁る** nigoru	**se troubler** ストルブレ	(become) muddy (ビカム) マディ
にさんかたんそ **二酸化炭素** nisankatanso	**dioxyde de carbone** *m.* ディオクシッド ドゥ カルボヌ	carbon dioxide カーボン ダイアクサイド

日	仏	英
にし **西** nishi	**ouest** *m.* ウエスト	west ウェスト
にじ **虹** niji	**arc-en-ciel** *m.* アルカンシエル	rainbow レインボウ
にしがわ **西側** nishigawa	**côté ouest** *m.* コテ ウエスト	west side ウェスト サイド
にしはんきゅう **西半球** nishihankyuu	**hémisphère occidental** *m.* エミスフェール オクシダンタル	Western Hemisphere ウェスタン ヘミスフィア
にじます **虹鱒** nijimasu	**truite arc-en-ciel** *f.* トリュイット アルカンシエル	rainbow trout レインボウ トラウト
にじむ **にじむ** nijimu	**couler, baver** クレ, バヴェ	blot, ooze ブロト, ウーズ
にじゅう **二十** nijuu	**vingt** ヴァン	twenty トウェンティ
にじゅうの **二重の** nijuuno	**double** ドゥブル	double, dual ダブル, デュアル
にしん **鰊** nishin	**hareng** *m.* アラン	herring ヘリング
にす **ニス** nisu	**vernis** *m.* ヴェルニ	varnish ヴァーニシュ
にせい **二世** nisei	**deuxième génération** *f.* ドゥジエム ジェネラシオン	second generation セカンド ヂェネレイション
にせの **偽の** niseno	**faux(sse)** フォ(ース)	imitation イミテイション
にせもの **偽物** nisemono	**contrefaçon** *f.*, **imitation** *f.* コントルファソン, イミタシオン	imitation, counterfeit イミテイション, カウンタフィト
にそう **尼僧** nisou	**religieuse** *f.* ルリジューズ	nun, sister ナン, スィスタ

日	仏	英
にちじ **日時** nichiji	**date** *f.* **et heure** *f.* ダット エ ウール	time and date **タ**イム アンド **デ**イト
にちじょうの **日常の** nichijouno	**quotidien(*ne*)** コティディアン(-ディエンヌ)	daily **デ**イリ
にちぼつ **日没** nichibotsu	**coucher de soleil** *m.* クシェ ドゥ ソレイユ	sunset **サ**ンセト
にちや **日夜** nichiya	**jour et nuit** ジュール エ ニュイ	night and day **ナ**イト アンド **デ**イ
にちようだいく **日曜大工** nichiyoudaiku	**bricolage** *m.* ブリコラージュ	do-it-yourself, DIY **ドゥ**イトユア**セ**ルフ, **ディ**ー ア**イワ**イ
にちようび **日曜日** nichiyoubi	**dimanche** *m.* ディマンシュ	Sunday **サ**ンディ
にちようひん **日用品** nichiyouhin	**objets d'usage courant** *m.pl.* オブジェ デュザージュ クラン	daily necessities **デ**イリ ネ**セ**スィティズ
にっか **日課** nikka	**tâche journalière** *f.* タッシュ ジュルナリエール	daily work **デ**イリ **ワ**ーク
にっかん **日刊** nikkan	**quotidien(*ne*)** *m.f.* コティディアン(-ディエンヌ)	daily **デ**イリ
にっき **日記** nikki	**agenda** *m.*, **journal** *m.* アジャンダ, ジュルナル	diary **ダ**イアリ
にっきゅう **日給** nikkyuu	**salaire journalier** *m.* サレール ジュルナリエ	day's wage **デ**イズ **ウェ**イヂ
にづくりする **荷造りする** nizukurisuru	**empaqueter, faire** *ses* **bagages** アンパクテ, フェール バガージュ	pack **パ**ク
にっける **ニッケル** nikkeru	**nickel** *m.* ニッケル	nickel **ニ**クル
にっこう **日光** nikkou	**lumière du soleil** *f.* リュミエール デュ ソレイユ	sunlight, sunshine **サ**ンライト, **サ**ンシャイン

日	仏	英
にっしゃびょう **日射病** nisshabyou	**insolation** *f.* アンソラシオン	sunstroke サンストロウク
にっしょく **日食** nisshoku	**éclipse de soleil** *f.* エクリプス ドゥ ソレイユ	solar eclipse ソウラ イクリプス
にっすう **日数** nissuu	**nombre de jours** *m.* ノンブル ドゥ ジュール	number of days ナンバ オヴ デイズ
にってい **日程** nittei	**programme de la jour- née** *m.* プログラム ドゥ ラ ジュルネ	schedule, itinerary スケデュル, アイティナレリ
にっとう **日当** nittou	**journée** *f.* ジュルネ	daily allowance デイリ アラウアンス
にっとうえあ **ニットウエア** nittouea	**vêtement en tricot** *m.* ヴェトマン アン トリコ	knitwear ニトウェア
につめる **煮詰める** nitsumeru	**faire réduire** フェール レデュイール	boil down ボイル ダウン
にとろぐりせりん **ニトログリセリン** nitoroguriserin	**nitroglycérine** *f.* ニトログリセリヌ	nitroglycerine ナイトログリセリン
になう **担う** ninau	**porter** ポルテ	carry, bear キャリ, ベア
にばい **二倍** nibai	**double** *m.* ドゥブル	double ダブル
にばん **二番** niban	**deuxième, second(e)** ドゥジエム, スゴン(ド)	second セカンド
にひるな **ニヒルな** nihiruna	**nihiliste** ニイリスト	nihilistic ナイイリスティク
にぶい **鈍い** nibui	**lent(e)** ラン(ト)	slow, thick スロウ, スィク
にぶんのいち **二分の一** nibunnoichi	**moitié** *f.* モワティエ	(a) half (ア) ハフ

日	仏	英
日本 にほん nihon	**Japon** *m.* ジャポン	Japan ヂァパン
〜海	**Mer du Japon** *f.* メール デュ ジャポン	Sea of Japan スィー オヴ ヂァパン
〜語	**japonais** *m.* ジャポネ	Japanese ヂァパニーズ
〜酒	**saké** *m.* サケ	sake, rice wine サーキ, ライス ワイン
〜人	**Japonais(e)** *m.f.* ジャポネ(-ネーズ)	Japanese ヂァパニーズ
〜料理	**cuisine japonaise** *f.* キュイジーヌ ジャポネーズ	Japanese cooking ヂァパニーズ クキング
荷物 にもつ nimotsu	**bagage** *m.*, **paquet** *m.* バガージュ, パケ	baggage, luggage バギヂ, ラギヂ
にやにやする にやにやする niyaniyasuru	**sourire** スリール	grin グリン
入院する にゅういんする nyuuinsuru	**(être) hospitalisé(e)** (エートル) オスピタリゼ	(be) admitted to hospital (ビ) アドミテド トゥ ハスピタル
乳液 にゅうえき nyuueki	**lait de beauté** *m.* レ ドゥ ボテ	emulsion イマルション
入荷 にゅうか nyuuka	**arrivage** *m.* アリヴァージュ	arrival of goods アライヴァル オヴ グヅ
入会 にゅうかい nyuukai	**entrée** *f.*, **admission** *f.* アントレ, アドミシオン	admission アドミション
〜する	**entrer** *dans*, **rejoindre** アントレ ダン, ルジョワンドル	join ヂョイン
入学 にゅうがく nyuugaku	**admission** *f.* アドミシオン	entrance, enroll-ment エントランス, インロウルメント

日	仏	英
〜金	**frais d'inscription** *m.pl.* フレ ダンスクリプシオン	entrance fee エントランス **フィ**ー
〜する	**entrer dans une école** アントレ ダン ジュヌ エコール	get into a school **ゲ**ト イントゥ ア ス**ク**ール
にゅうがん 乳癌 nyuugan	**cancer du sein** *m.* カンセール デュ サン	breast cancer ブレスト **キャ**ンサ
にゅうきん 入金 nyuukin	**recette** *f.*, **rentrées** *f.pl.* ルセット，ラントレ	money received **マ**ニ リ**スィ**ーヴド
にゅうこく 入国 nyuukoku	**entrée dans un pays** *f.* アントレ ダン ザン ペイ	entry into a country **エ**ントリ イントゥ ア **カ**ントリ
〜管理	**immigration** *f.* イミグラシオン	immigration イミグ**レ**イション
にゅうさつ 入札 nyuusatsu	**adjudication** *f.*, **soumission** *f.* アドジュディカシオン，スミシオン	bid, tender **ビ**ド，**テ**ンダ
にゅうさんきん 乳酸菌 nyuusankin	**ferment lactique** *m.* フェルマン ラクティック	lactic acid bacteria ラク**ティ**ク **ア**スィド バク**ティ**アリア
にゅうし 入試 nyuushi	**examen d'entrée** *m.* エグザマン ダントレ	entrance examination **エ**ントランス イグザミ**ネ**イション
にゅーじーらんど ニュージーランド nyuujiirando	**Nouvelle-Zélande** *f.* ヌヴェルゼラーンド	New Zealand ニュー**ズィ**ーランド
にゅうしゃする 入社する nyuushasuru	**entrer dans une société** アントレ ダン ジュヌ ソシエテ	join a company **チョ**イン ア **カ**ンパニ
にゅうしゅする 入手する nyuushusuru	**acquérir, obtenir** アケリール，オプトゥニール	get, acquire **ゲ**ト，アク**ワ**イア
にゅうじょう 入場 nyuujou	**entrée** *f.* アントレ	entrance **エ**ントランス
〜券	**billet d'entrée** *m.* ビエ ダントレ	admission ticket アド**ミ**ション **ティ**ケト

日	仏	英
～する	**entrer** アントレ	enter, get in エンタ, ゲトイン
～料	**droits d'entrée** *m.pl.* ドロワ ダントレ	admission fee アドミション フィー
にゅーす **ニュース** nyuusu	**nouvelles** *f.pl.* ヌーヴェル	news ニューズ
～キャスター	**présenta*teur*(*trice*) du journal** *m.f.* プレザンタトゥール(-トリス) デュ ジュルナル	newscaster ニューズキャスタ
にゅうせいひん **乳製品** nyuuseihin	**laitages** *m.pl.* レタージュ	dairy products デアリ プラダクツ
にゅうもんする **入門する** nyuumonsuru	**devenir *le*(*la*) disciple de** ドゥヴニール ル(ラ) ディシプル ドゥ	become a pupil of ビカム ア ピューピル オヴ
にゅうよくする **入浴する** nyuuyokusuru	**se baigner** ス ベニェ	take a bath テイク ア バス
にゅうりょく **入力** nyuuryoku	**entrée** *f.* アントレ	input インプト
～する	**entrer** アントレ	input インプト
にょう **尿** nyou	**urine** *f.* ユリーヌ	urine ユアリン
にらむ **睨む** niramu	**regarder fixement** ルガルデ フィクスマン	glare at グレア アト
にりゅうの **二流の** niryuuno	**de deuxième classe** ドゥ ドゥジエム クラース	second-class セカンドクラス
にる **似る** niru	**ressembler** *à* ルサンブレ ア	resemble リゼンブル
にる **煮る** niru	**cuire, faire bouillir** キュイール, フェール ブイイール	boil, cook ボイル, クク

日	仏	英
にわ **庭** niwa	**jardin** *m.*, **cour** *f.* ジャルダン，クール	garden, yard **ガ**ードン，**ヤ**ード
にわかあめ **にわか雨** niwakaame	**averse** *f.* アヴェルス	rain shower **レ**イン **シャ**ウア
にわとり **鶏** niwatori	**coq** *m.*, **poule** *f.* コック，プール	fowl, chicken **ファ**ウル，**チ**キン
にんかする **認可する** ninkasuru	**autoriser** オトリゼ	authorize **オ**ーソライズ
にんき **人気** ninki	**popularité** *f.* ポピュラリテ	popularity パピュ**ラ**リティ
〜のある	**populaire** ポピュレール	popular **パ**ピュラ
にんぎょう **人形** ningyou	**poupée** *f.* プペ	doll **ダ**ル
にんげん **人間** ningen	**être humain** *m.* エートル ユマン	human being **ヒュ**ーマン **ビ**ーイング
にんしき **認識** ninshiki	**reconnaissance** *f.* ルコネサンス	recognition レコグ**ニ**ション
〜する	**reconnaître** ルコネートル	recognize **レ**コグナイズ
にんじょう **人情** ninjou	**sentiment humaine** *m.* サンティマン ユメヌ	human nature **ヒュ**ーマン **ネ**イチャ
にんじん **人参** ninjin	**carotte** *f.* カロット	carrot **キャ**ロト
にんしんする **妊娠する** ninshinsuru	**tomber enceinte, conce- voir** トンベ アンサント，コンスヴォワール	conceive コン**スィ**ーヴ
にんずう **人数** ninzuu	**nombre** *m.*, **nombre de personnes** *m.* ノンブル，ノンブル ドゥ ペルソヌ	(the) number (ザ) **ナ**ンバ

日	仏	英
にんそう **人相** ninsou	**physionomie** *f.*, **mine** *f.* フィジオノミー, ミヌ	physiognomy フィズィ**ア**グノミ
にんたい **忍耐** nintai	**patience** *f.* パシアンス	patience **ペ**イシェンス
にんちしょう **認知症** ninchishou	**démence** *f.* デマンス	dementia ディ**メ**ンシャ
にんていする **認定する** ninteisuru	**certifier, reconnaître** セルティフィエ, ルコネートル	certify, recognize **サ**ーティファイ, **レ**コグナイズ
にんにく **にんにく** ninniku	**ail** *m.* アイユ	garlic **ガ**ーリク
にんぷ **妊婦** ninpu	**femme enceinte** *f.* ファム アンサント	pregnant woman プ**レ**グナント **ウ**マン
にんむ **任務** ninmu	**charge** *f.*, **fonction** *f.* シャルジュ, フォンクシオン	duty, office **デュ**ーティ, **オ**フィス
にんめい **任命** ninmei	**nomination** *f.* ノミナシオン	appointment ア**ポ**イントメント
～する	**nommer, désigner** ノメ, デジニエ	appoint ア**ポ**イント

ぬ, ヌ

日	仏	英
ぬいぐるみ **縫いぐるみ** nuigurumi	**peluche** *f.* プリュシュ	stuffed toy ス**タ**フト **ト**イ
ぬう **縫う** nuu	**coudre** クードル	sew, stitch **ソ**ウ, ス**ティ**チ
ぬーど **ヌード** nuudo	**nu** *m.* ニュ	nude **ヌ**ード
ぬかるみ **ぬかるみ** nukarumi	**boue** *f.*, **fange** *f.* ブー, ファーンジュ	mud **マ**ド
ぬきんでる **抜きんでる** nukinderu	**se distinguer, surpasser** ス ディスタンゲ, シュルパセ	surpass, excel サー**パ**ス, イク**セ**ル

日	仏	英
ぬく **抜く** （引き抜く） nuku	**arracher** アラシェ	pull out プル アウト
（取り除く）	**enlever** アンルヴェ	remove リムーヴ
（省く）	**omettre, sauter** オメットル, ソテ	omit, skip オウミト, スキプ
（追い抜く）	**dépasser** デパセ	outrun アウトラン
ぬぐ **脱ぐ** nugu	**enlever, se déshabiller** アンルヴェ, ス デザビエ	take off テイク オーフ
ぬぐう **拭う** nuguu	**essuyer** エシュイエ	wipe ワイプ
ぬける **抜ける** nukeru	**tomber** トンベ	fall out フォール アウト
（組織などから）	**sortir, se retirer** ソルティール, ス ルティレ	leave, withdraw リーヴ, ウィズドロー
ぬし **主** nushi	**propriétaire** *m.f.* プロプリエテール	master, owner マスタ, オウナ
ぬすむ **盗む** （物などを） nusumu	**voler** ヴォレ	steal, rob スティール, ラブ
（文章などを）	**plagier** プラジエ	plagiarize プレイヂアライズ
ぬの **布** nuno	**étoffe** *f.*, **tissu** *m.* エトッフ, ティシュ	cloth クロス
ぬま **沼** numa	**marais** *m.* マレ	marsh, bog マーシュ, バグ
ぬらす **濡らす** nurasu	**mouiller** ムイエ	wet, moisten ウェト, モイスン
ぬる **塗る** （色を） nuru	**peindre** パンドル	paint ペイント

ぬ

日	仏	英
（薬などを）	**appliquer** アプリケ	apply アプライ
ぬるい **ぬるい** nurui	**tiède** ティエド	tepid, lukewarm テピド, ルークウォーム
ぬれる **濡れる** nureru	**se mouiller** ス ムイエ	(get) wet (ゲト) ウェト

ね, ネ

日	仏	英
ね **根** ne	**racine** *f.* ラシーヌ	root ルート
ねあげする **値上げする** neagesuru	**augmenter le prix, hausser le prix** オグマンテ ル プリ, オセル プリ	raise prices レイズ プライセズ
ねうち **値打ち** neuchi	**valeur** *f.*, **mérite** *m.* ヴァルール, メリット	value, merit **ヴァ**リュ, メリト
ねーむばりゅー **ネームバリュー** neemubaryuu	**valeur attachée au nom** *f.* ヴァルール アタッシェ オ ノン	brand value ブランド **ヴァ**リュー
ねおん **ネオン** neon	**néon** *m.* ネオン	neon ニーアン
ねがい **願い** negai	**désir** *m.*, **vœux** *m.pl.* デジール, ヴー	wish, desire **ウィ**シュ, ディ**ザ**イア
ねがう **願う** negau	**souhaiter** スエテ	wish **ウィ**シュ
ねかす **寝かす** （横にする） nekasu	**coucher, allonger** クシェ, アロンジェ	lay down レイ **ダ**ウン
（寝かしつける）	**coucher, mettre au lit** クシェ, メットル オ リ	put to bed プト トゥ ベド
（熟成させる）	**laisser vieillir** レセ ヴィエイール	mature, age マ**チュ**ア, **エ**イヂ

日	仏	英
ねぎ **葱** negi	**poireau** *m.* ポワロー	leek リーク
ねぎる **値切る** negiru	**marchander** マルシャンデ	bargain バーゲン
ねくたい **ネクタイ** nekutai	**cravate** *f.* クラヴァット	necktie, tie ネクタイ，**タイ**
ねこ **猫** neko	**chat(*te*)** *m.f.* シャ(ット)	cat キャト
ねごとをいう **寝言を言う** negotowoiu	**parler en dormant** パルレ アン ドルマン	talk in one's sleep トーク イン スリープ
ねこむ　　(寝入る) **寝込む** nekomu	**s'endormir** サンドルミール	fall into a deep sleep フォール イントゥ ア **ディープ** スリープ
(病気で)	**(être) alité(e)** (エートル) アリテ	(be) bedridden (ビ) **ベ**ドリドン
ねころぶ **寝転ぶ** nekorobu	**s'allonger** サロンジェ	lie down ライ **ダ**ウン
ねさがり **値下がり** nesagari	**baisse des prix** *f.* ベス デ プリ	fall in price **フォ**ール イン プライス
ねさげ **値下げ** nesage	**réduction** *f.*, **remise** *f.* レデュクシオン，ルミーズ	(price) reduction (プライス) リ**ダ**クション
～する	**baisser les prix** ベセ レ プリ	reduce prices リ**デュ**ース プライセズ
ねじ **ねじ** neji	**vis** *f.* ヴィス	screw スク**ル**ー
ねじる **捻じる** nejiru	**tordre, tortiller** トルドル，トルティエ	twist, turn ト**ウィ**スト，**タ**ーン
ねすごす **寝過ごす** nesugosu	**se réveiller en retard** ス レヴェイエ アン ルタール	oversleep オウヴァス**リ**ープ

ね

日	仏	英
ねずみ **鼠** nezumi	**rat** *m.*, **souris** *f.* ラ, スリ	rat, mouse ラト, マウス
ねたむ **嫉む** netamu	**envier, jalouser** アンヴィエ, ジャルゼ	(be) jealous of, envy (ビ) チェラス オヴ, エンヴィ
ねだん **値段** nedan	**prix** *m.* プリ	price プライス
ねつ **熱** netsu	**chaleur** *f.*, **fièvre** *f.* シャルール, フィエーヴル	heat, fever ヒート, フィーヴァ
ねつい **熱意** netsui	**zèle** *m.*, **ferveur** *f.* ゼル, フェルヴール	zeal, eagerness ズィール, イーガネス
ねつききゅう **熱気球** netsukikyuu	**montgolfière** *f.* モンゴルフィエール	hot-air balloon ハテア バルーン
ねっきょうてきな **熱狂的な** nekkyoutekina	**enthousiaste** アントゥジアスト	fanatical, enthusi- astic ファナティカル, インスューズィ アスティク
ねっくれす **ネックレス** nekkuresu	**collier** *m.* コリエ	necklace ネクリス
ねっしんな **熱心な** nesshinna	**enthousiaste, fervent(e)** アントゥジアスト, フェルヴァン(ト)	eager, ardent イーガ, アーデント
ねっする **熱する** nessuru	**chauffer** ショフェ	heat ヒート
ねったい **熱帯** nettai	**tropiques** *m.pl.* トロピック	tropics, Torrid Zone トラピクス, トーリド ゾウン
～の	**tropical(e)** トロピカル	tropical トラピカル
ねっちゅうしょう **熱中症** necchuushou	**coup de chaleur** *m.* ク ドゥ シャルール	heat stroke ヒート ストロウク
ねっちゅうする **熱中する** necchuusuru	**(être) absorbé(e)** *par* (エートル) アプソルベ パール	(be) absorbed in (ビ) アブソーブド イン

日	仏	英
ねっと **ネット** netto	**Internet** *m.*, **filet** *m.* アンテルネット, フィレ	net ネト
ねっとう **熱湯** nettou	**eau bouillante** *f.* オー ブイアント	boiling water ボイリング **ウォー**タ
ねっとわーく **ネットワーク** nettowaaku	**réseau** *m.* レゾー	network ネトワーク
ねつびょう **熱病** netsubyou	**fièvre** *f.* フィエーヴル	fever **フィー**ヴァ
ねづよい **根強い** nezuyoi	**enraciné(e)** アンラシネ	deep-rooted **ディー**プルーテド
ねつれつな **熱烈な** netsuretsuna	**chaleureux(se)** シャルルー(ズ)	passionate, ardent **パ**ショネト, **アー**デント
ねぱーる **ネパール** nepaaru	**Népal** *m.* ネパル	Nepal ネ**パー**ル
ねばねばの **ねばねばの** nebanebano	**visqueux(se)**, **poisseux(se)** ヴィスクー(ズ), ポワスー(ズ)	sticky ス**ティ**キ
ねばり **粘り** nebari	**viscosité** *f.* ヴィスコジテ	stickiness ス**ティ**キネス
ねばりづよい **粘り強い** nebarizuyoi	**persévérant(e)** ペルセヴェラン(ト)	tenacious, per- sistent ティ**ネイ**シャス, パ**スィ**ステン ト
ねばる **粘る**　（べとつく） nebaru	**(être) visqueux(se)**, **(être)** **poisseux(se)** (エートル) ヴィスクー(ズ), (エートル) ポワスー (ズ)	(be) sticky (ビ) ス**ティ**キ
（根気よく続ける）	**persévérer** ペルセヴェレ	persevere パースィ**ヴィ**ア
ねびき **値引き** nebiki	**réduction des prix** *f.* レデュクシオン デ プリ	discount **ディ**スカウント
〜する	**faire une réduction** フェール ユヌ レデュクシオン	discount **ディ**スカウント

日	仏	英
ねぶそく **寝不足** nebusoku	**manque de sommeil** *m.* マンク ドゥ ソメイユ	want of sleep ワント オヴ スリープ
ねふだ **値札** nefuda	**étiquette** *f.* エティケット	price tag プライス タグ
ねぼうする **寝坊する** nebousuru	**se lever tard** ス ルヴェ タール	get up late ゲト アプ レイト
ねぼける **寝ぼける** nebokeru	**(être) somnolent(e)** (エートル) ソムノラン(ト)	(be) half asleep (ビ) ハフ アスリープ
ねまわしする **根回しする** nemawashisuru	**faire des démarches préalables, poser les fondations** フェール デ デマルシュ プレアラーブル, ポゼ レ フォンダシオン	lay the ground-work レイ ザ グラウンドワーク
ねむい **眠い** nemui	**avoir sommeil** アヴォワール ソメイユ	(be) sleepy (ビ) スリーピ
ねむけ **眠気** nemuke	**somnolence** *f.* ソムノランス	drowsiness ドラウズィネス
ねむる **眠る** nemuru	**dormir, s'endormir** ドルミール, サンドルミール	sleep スリープ
ねらい **狙い** nerai	**but** *m.*, **objectif** *m.* ビュット, オブジェクティフ	aim エイム
ねらう **狙う** nerau	**viser** ヴィゼ	aim at エイム アト
ねる **寝る**　（横になる） neru	**se coucher** ス クシェ	lie down ライ ダウン
（寝床に入る）	**aller au lit** アレ オ リ	go to bed ゴウ トゥ ベド
（就寝する）	**dormir, s'endormir** ドルミール, サンドルミール	sleep スリープ
ねる **練る**　（こねる） neru	**pétrir** ペトリール	knead ニード

日	仏	英
（構想などを）	**polir, perfectionner** ポリール, ペルフェクシオネ	polish パリシュ
ねん **年** nen	**an** *m.*, **année** *f.* アン, アネ	year イア
ねんいりな **念入りな** nen-irina	**soigné(e), réfléchi(e)** ソワニェ, レフレシ	careful, deliberate ケアフル, ディリバレト
ねんがじょう **年賀状** nengajou	**carte de nouvel an** *f.* カルト ドゥ ヌヴェル ラン	New Year's card ニュー イアズ カード
ねんがっぴ **年月日** nengappi	**date** *f.* ダット	date デイト
ねんかん **年鑑** nenkan	**almanach** *m.* アルマナ	almanac, annual オールマナク, アニュアル
ねんかんの **年間の** nenkanno	**annuel(***le***)** アニュエル	annual, yearly アニュアル, イアリ
ねんきん **年金** nenkin	**pension** *f.*, **rente** *f.* パンシオン, ラント	pension, annuity ペンション, アニュイティ
ねんげつ **年月** nengetsu	**années** *f.pl.*, **temps** *m.* アネ, タン	time, years タイム, イアズ
ねんこうじょれつ **年功序列** nenkoujoretsu	**ancienneté** *f.* アンシエヌテ	seniority スィーニョーリティ
ねんざ **捻挫** nenza	**entorse** *f.* アントルス	sprain スプレイン
ねんしゅう **年収** nenshuu	**revenu annuel** *m.* ルヴニュ アニュエル	annual income アニュアル インカム
ねんじゅう **年中** nenjuu	**toute l'année** トゥット ラネ	all year オール イア
ねんしゅつする **捻出する** nenshutsusuru	**se débrouiller** ス デブルイエ	manage to raise マニヂ トゥ レイズ
ねんしょう **燃焼** nenshou	**combustion** *f.* コンビュスティオン	combustion コンバスチョン

日	仏	英
ねんすう **年数** nensuu	**années** *f.pl.* アネ	years イアズ
ねんだい **年代** nendai	**période** *f.*, **époque** *f.* ペリオド, エポック	age, era エイヂ, **イ**アラ
ねんちゅうぎょうじ **年中行事** nenchuugyouji	**cérémonie annuelle** *f.* セレモニ アニュエル	annual event **ア**ニュアル イ**ヴェ**ント
ねんちょうの **年長の** nenchouno	**aîné(e), plus âgé(e)** エネ, プリュ ザジェ	senior ス**ィー**ニア
ねんど **粘土** nendo	**argile** *f.*, **glaise** *f.* アルジル, グレーズ	clay ク**レ**イ
ねんぱいの **年配の** nenpaino	**âgé(e)** アジェ	elderly, middle-aged **エ**ルダリ, **ミ**ドル**エ**イヂド
ねんぴょう **年表** nenpyou	**tableau chronologique** *m.* タブロー クロノロジック	chronological table クラノ**ラ**ヂカル **テ**イブル
ねんぽう **年俸** nenpou	**salaire annuel** *m.* サレール アニュエル	annual salary **ア**ニュアル **サ**ラリ
ねんまつ **年末** nenmatsu	**fin de l'année** *f.* ファン ドゥ ラネ	end of the year **エ**ンド オヴ ザ **イ**ア
ねんりょう **燃料** nenryou	**combustible** *m.* コンビュスティーブル	fuel **フュ**エル
ねんりん **年輪** nenrin	**cerne** *m.*, **cerne d'arbre** *m.* セルヌ, セルヌ ダルブル	annual growth ring **ア**ニュアル グ**ロ**ウス **リ**ング
ねんれい **年齢** nenrei	**âge** *m.* アージュ	age **エ**イヂ

の, ノ

のう **脳** nou	**cerveau** *m.* セルヴォー	brain ブ**レ**イン

571

日	仏	英
のうえん **農園** nouen	**ferme** *f.*, **plantation** *f.* フェルム, プランタシオン	farm, plantation **ファ**ーム, プラン**テ**イション
のうか **農家** nouka	**ferme** *f.* フェルム	farmhouse **ファ**ームハウス
のうがく **農学** nougaku	**agronomie** *f.*, **agriculture** *f.* アグロノミー, アグリキュルテュール	(science of) agri-culture (**サ**イエンス オヴ) **ア**グリカルチャ
のうき **納期** (支払いの) nouki	**échéance de paiement** *f.* エシェアンス ドゥ ペマン	date of payment **デ**イト オヴ **ペ**イメント
(品物の)	**date de livraison** *m.* ダット ドゥ リヴレゾン	delivery date デ**リ**ヴァリ **デ**イト
のうぎょう **農業** nougyou	**agriculture** *f.* アグリキュルテュール	agriculture **ア**グリカルチャ
のうぐ **農具** nougu	**outil agricole** *m.* ウティ アグリコル	farming tool **ファ**ーミング **トゥ**ール
のうこうそく **脳梗塞** noukousoku	**infarctus cérébral** *m.* アンファルクテュス セレブラル	cerebral infarction **セ**レブラル イン**ファ**ークション
のうさんぶつ **農産物** nousanbutsu	**produits agricoles** *m.pl.* プロデュイ アグリコル	farm products, farm produce **ファ**ーム プ**ラ**ダクツ, **ファ**ーム プロ**デュ**ース
のうしゅくする **濃縮する** noushukusuru	**concentrer** コンサントレ	concentrate **カ**ンセントレイト
のうしゅっけつ **脳出血** noushukketsu	**hémorragie cérébrale** *f.* エモラジ セレブラル	cerebral hemor-rhage **セ**レブラル **ヘ**モリヂ
のうじょう **農場** noujou	**ferme** *f.* フェルム	farm **ファ**ーム
のうしんとう **脳震盪** noushintou	**commotion cérébrale** *f.* コモシオン セレブラル	concussion of brain コン**カ**ション オヴ プ**レ**イン
のうぜい **納税** nouzei	**paiement des impôts** *m.* ペマン デ ザンポ	payment of taxes **ペ**イメント オヴ **タ**クセズ

の

日	仏	英
のうそっちゅう **脳卒中** nousocchuu	**apoplexie cérébrale** *f.* アポプレクシ セレブラル	stroke, apoplexy ストロウク, アポプレクスィ
のうそん **農村** nouson	**village agricole** *m.* ヴィラージュ アグリコル	farm village ファーム ヴィリヂ
のうたん **濃淡** noutan	**clair-obscur** *m.* クレロプスキュール	shading シェイディング
のうち **農地** nouchi	**terres cultivées** *f.pl.* テール キュルティヴェ	farmland, agricul- tural land ファームランド, アグリカルチュ ラル ランド
のうど **濃度** noudo	**densité** *f.* ダンシテ	density デンスィティ
のうどうたい **能動態** noudoutai	**voix active** *f.* ヴォワ アクティヴ	active voice アクティヴ ヴォイス
のうどうてきな **能動的な** noudoutekina	**actif(ve)** アクティフ(・ヴ)	active アクティヴ
のうにゅうする **納入する** nounyuusuru	**payer, fournir** ペイエ, フルニール	pay, supply ペイ, サプライ
のうはう **ノウハウ** nouhau	**savoir-faire** *m.* サヴォワールフェール	know-how ノウハウ
のうひんする **納品する** nouhinsuru	**livrer** リヴレ	deliver goods ディリヴァー グヅ
のうみん **農民** noumin	**agricul*teur*(*trice*)** *m.f.* アグリキュルトゥール(・トリス)	farmer, peasant ファーマ, ペザント
のうむ **濃霧** noumu	**brouillard épais** *m.* ブルイヤール エペ	dense fog デンス フォーグ
のうやく **農薬** nouyaku	**pesticides** *m.pl.* ペスティシッド	agricultural chem- icals アグリカルチュラル ケミカルズ
のうりつ **能率** nouritsu	**rendement** *m.*, **efficacité** *f.* ランドマン, エフィカシテ	efficiency イフィシエンスィ

日	仏	英
～的な	**efficace** エフィカス	efficient イフィシェント
のうりょく **能力** nouryoku	**capacité** *f.*, **faculté** *f.* カパシテ, ファキュルテ	ability, capacity アビリティ, カパスィティ
のーすりーぶの **ノースリーブの** noosuriibuno	**sans manches** サン マンシュ	sleeveless スリーヴレス
のーと **ノート** nooto	**cahier** *m.* カイエ	notebook ノウトブク
～パソコン	**ordinateur portable** *m.* オルディナトゥール ポルターブル	laptop, notebook computer ラプタプ, ノウトブク コンピュータ
のがす **逃す** (逃がす) nogasu	**libérer, délivrer** リベレ, デリヴレ	let go, set free レト ゴウ, セト フリー
(捕らえ損なう)	**manquer, laisser s'échapper** マンケ, レセ セシャペ	fail to catch フェイル トゥ キャチ
のがれる **逃れる** (脱出する・離れる) nogareru	**s'échapper, s'enfuir** セシャペ, サンフュイール	escape イスケイプ
(避ける)	**éviter** エヴィテ	avoid アヴォイド
のき **軒** noki	**avant-toit** *m.* アヴァントワ	eaves イーヴズ
のこぎり **鋸** nokogiri	**scie** *f.* シー	saw ソー
のこす **残す** (置いてゆく) nokosu	**laisser** レセ	leave behind, save リーヴ ビハインド, セイヴ
(遺産を)	**léguer** レゲ	bequeath ビクウィーズ
のこり **残り** nokori	**reste** *m.* レスト	rest, remnants レスト, レムナンツ

の

日		仏	英
のこる **残る** nokoru		**rester, demeurer** レステ, ドゥムレ	stay, remain ステイ, リメイン
のずる **ノズル** nozuru		**tuyère** *f.* テュイエール	nozzle ナズル
のせる **乗せる** noseru		**emmener, passer prendre** アンムネ, パセ プランドル	give a lift, pick up ギヴ ア リフト, ピク アプ
のせる **載せる** noseru	(置く)	**mettre, poser** メットル, ポゼ	put, set プト, セト
	(積む)	**charger, embarquer** シャルジェ, アンバルケ	load on ロウド オン
	(記載する)	**mentionner, publier** マンシオネ, ピュブリエ	record, publish リコード, パブリシュ
のぞく **除く** nozoku	(取り去る)	**enlever, ôter** アンルヴェ, オテ	remove リムーヴ
	(除外する)	**exclure, supprimer** エクスクリュール, シュプリメ	exclude, omit イクスクルード, オウミト
のぞく **覗く** nozoku		**regarder, jeter un coup d'œil** ルガルデ, ジュテ アン クー ドゥイユ	peep ピープ
のぞみ **望み** nozomi	(願望)	**désir** *m.*, **souhait** *m.* デジール, スエ	wish, desire ウィシュ, ディザイア
	(期待)	**espoir** *m.* エスポワール	hope, expectation ホウプ, エクスペクテイション
	(見込み)	**possibilité** *f.*, **perspective** *f.* ポシビリテ, ペルスペクティヴ	prospect, chance プラスペクト, チャンス
のぞむ **望む** nozomu	(願う)	**vouloir, souhaiter** ヴロワール, スエテ	want, wish ワント, ウィシュ
	(期待する)	**espérer** エスペレ	hope, expect ホウプ, イクスペクト

日	仏	英
のちに **後に** nochini	**après, plus tard** アプレ，プリュ タール	afterward, later ア**フ**タワド，**レ**イタ
のちほど **後ほど** nochihodo	**plus tard, tout à l'heure** プリュ タール，トゥ タ ルール	later **レ**イタ
のっくあうと **ノックアウト** nokkuauto	**knock-out** *m.*, **k.-o.** *m.* ノックアウト，カオ	knockout **ナ**クアウト
のっとる **乗っ取る**（会社を） nottoru	**prendre le contrôle** プランドル ル コントロール	take over **テ**イク **オ**ウヴァ
（飛行機を）	**détourner** デトゥルネ	hijack **ハ**イヂャク
のど **喉** nodo	**gorge** *f.* ゴルジュ	throat ス**ロ**ウト
のどかな **のどかな** nodokana	**tranquille, paisible** トランキル，ペジーブル	peaceful, quiet **ピ**ースフル，ク**ワ**イエト
ののしる **罵る** nonoshiru	**insulter, injurier** アンシュルテ，アンジュリエ	insult, curse イン**サ**ルト，**カ**ース
のばす **伸ばす**（長くする） nobasu	**allonger, rallonger** アロンジェ，ラロンジェ	lengthen, stretch **レ**ングスン，スト**レ**チ
（まっすぐにする）	**tendre, étendre** タンドル，エタンドル	straighten スト**レ**イトン
（成長させる）	**développer** デヴロペ	develop ディ**ヴェ**ロプ
のばす **延ばす**（延長する） nobasu	**prolonger, étendre** プロロンジェ，エタンドル	lengthen, extend **レ**ングスン，イクス**テ**ンド
（延期する）	**remettre, retarder** ルメットル，ルタルデ	put off, delay **プ**ト **オ**ーフ，ディ**レ**イ
のはら **野原** nohara	**campagne** *f.*, **champs** *m.pl.* カンパーニュ，シャン	fields **フィ**ールヅ

日	仏	英
のびのびと **伸び伸びと** nobinobito	**décontracté(e)** デコントラクテ	free and easy フリー アンド イーズィ
のびる **伸びる** （延長する） nobiru	**s'allonger, s'étendre** サロンジェ, セタンドル	extend, stretch イクステンド, ストレチ
（成長する）	**se développer, grandir** ス デヴロペ, グランディール	develop, grow ディヴェロプ, グロウ
のびる **延びる** （延期される） nobiru	**(être) remis(e)** (エートル) ルミ(･ミーズ)	(be) put off, (be) postponed (ビ) プト オフ, (ビ) ポウストポ ウンド
（延長させる）	**se prolonger** ス プロロンジェ	(be) prolonged (ビ) プロローングド
のべ **延べ** nobe	**total(e), au total** トタル, オ トタル	total トウタル
のべる **述べる** noberu	**dire, exposer** ディール, エクスポゼ	tell, state テル, ステイト
のぼせる **のぼせる** noboseru	**avoir la tête qui tourne** アヴォワール ラ テット キ トゥルヌ	have a head rush ハヴ ア ヘド ラシュ
（夢中になる）	**(être) fou(folle) de** (エートル) フ(フォル) ドゥ	(be) crazy about (ビ) クレイズィ アバウト
のぼり **上り** nobori	**montée** *f.*, **ascension** *f.* モンテ, アサンシオン	rise, ascent ライズ, アセント
のぼる **上る** （人・物が） noboru	**monter** モンテ	go up ゴウ アプ
（ある数量に）	**atteindre** アタンドル	amount to, reach アマウント トゥ, リーチ
のぼる **昇る** （太陽が） noboru	**se lever, monter** ス ルヴェ, モンテ	rise ライズ
（ある地位に）	**obtenir une promotion** オプトゥニール ユヌ プロモシオン	(be) promoted (ビ) プロモウテド

日	仏	英
のぼる **登る** noboru	**monter, grimper** モンテ, グランペ	climb クライム
のみ **蚤** nomi	**puce** *f.* ピュス	flea フリー
のみぐすり **飲み薬** nomigusuri	**médicament à avaler** *m.* メディカマン ア アヴァレ	oral medication **オー**ラル メディ**ケ**イション
のみこむ **飲み込む** nomikomu	**avaler** アヴァレ	swallow ス**ワ**ロウ
のみねーとする **ノミネートする** nomineetosuru	**nominer, nommer** ノミネ, ノメ	nominate **ナ**ミネイト
のみほす **飲み干す** nomihosu	**avaler, vider d'un trait** アヴァレ, ヴィデ ダン トレ	gulp down **ガ**ルプ **ダ**ウン
のみもの **飲み物** nomimono	**boisson** *f.* ボワソン	drink, beverage ド**リ**ンク, **ベ**ヴァリヂ
のみや **飲み屋** nomiya	**taverne** *f.*, **bar** *f.* タヴェルヌ, バール	tavern, bar **タ**ヴァン, **バ**ー
のむ **飲む** nomu	**boire, prendre** ボワール, プランドル	drink, take ド**リ**ンク, **テ**イク
のり **糊** nori	**colle** *f.* コル	paste, starch **ペ**イスト, ス**タ**ーチ
のりおくれる **乗り遅れる** noriokureru	**manquer, rater** マンケ, ラテ	miss **ミ**ス
(時代に)	**(être) à la traîne** (エートル) ア ラ トレヌ	(be) behind the times (ビ) ビ**ハ**インド ザ **タ**イムズ
のりかえ **乗り換え** norikae	**changement** *m.*, **correspondance** *f.* シャンジュマン, コレスポンダンス	change, transfer **チェ**インヂ, トランス**ファ**ー
のりかえる **乗り換える** norikaeru	**changer** シャンジェ	change **チェ**インヂ

日	仏	英
のりくみいん **乗組員** norikumiin	**équipage** *m.* エキパージュ	crew クルー
のりこす **乗り越す** norikosu	**dépasser** デパセ	pass パス
のりば **乗り場** noriba	**arrêt** *m.*, **quai** *m.* アレ, ケ	stop, platform スタプ, プラットフォーム
のりもの **乗り物** norimono	**véhicule** *m.* ヴェイキュル	vehicle **ヴィ**ーイクル
のる **乗る**　　（上に） noru	**monter** *sur* モンテ シュール	get on **ゲ**ト **オ**ン
（乗り物に）	**monter, prendre** モンテ, プランドル	ride, take **ラ**イド, **テ**イク
のる **載る** noru	**(être) mentionné(e)** (エートル) マンシオネ	appear ア**ピ**ア
のるうぇー **ノルウェー** noruwee	**Norvège** *f.* ノルヴェージュ	Norway **ノ**ーウェイ
のるま **ノルマ** noruma	**rendement à accomplir** *m.* ランドマン ア アコンプリール	quota ク**ウォ**ウタ
のろまな **のろまな** noromana	**lourdaud(e)** ルルドー(ド)	stupid, dull ス**テュ**ービド, **ダ**ル
のんあるこーるの **ノンアルコールの** non-arukooruno	**non alcoolisé(e), sans alcool** ノン ナルコリゼ, サン ザルコル	non-alcoholic ナンアルコ**ホ**ーリク
のんきな **のんきな** nonkina	**décontracté(e), insou-ciant(e)** デコントラクテ, アンスシアン(ト)	easy, carefree **イ**ーズィ, **ケ**アフリー
のんびりと **のんびりと** nonbirito	**sans souci** サン スシ	free from care, lei-surely フリー フラム **ケ**ア, **レ**ヂャリ
のんふぃくしょん **ノンフィクション** nonfikushon	**documentaire** *m.* ドキュマンテール	nonfiction ナン**フィ**クション

日	仏	英

は, ハ

は **歯** ha	**dent** *f.* ダン	tooth トゥース
は **刃** ha	**lame** *f.*, **tranchant** *m.* ラム, トランシャン	edge, blade エヂ, ブレイド
は **葉** ha	**feuille** *f.*, **feuillage** *m.* フイユ, フイヤージュ	leaf, blade リーフ, ブレイド
ばー **バー** (酒場) baa	**bar** *m.* バール	bar, tavern バー, タヴァン
ばあい **場合** baai	**cas** *m.*, **occasion** *f.* カ, オカジオン	case, occasion ケイス, オケイジョン
はあくする **把握する** haakusuru	**saisir, comprendre** セジール, コンプランドル	grasp, comprehend グラスプ, カンプリヘンド
ばーげん **バーゲン** baagen	**promotion** *f.* プロモシオン	sale, bargain セイル, バーゲン
ばーじょん **バージョン** baajon	**version** *f.* ヴェルシオン	version ヴァージョン
ばーたーとりひき **バーター取り引き** baataatorihiki	**troc** *m.* トロック	barter バータ
ばーちゃるな **バーチャルな** baacharuna	**virtuel(*le*)** ヴィルテュエル	virtual ヴァーチュアル
はーと **ハート** haato	**cœur** *m.* クール	heart ハート
ぱーと **パート** paato	**travail à mi-temps** *m.* トラヴァイユ ア ミタン	part-time パートタイム
～タイマー	**employé(e) à mi-temps** *m.f.* アンプロワイエ ア ミタン	part-timer パートタイマ

日	仏	英
はーどうぇあ **ハードウェア** haadowea	**hardware** *m.* アルドウェール	hardware ハードウェア
はーどでぃすく **ハードディスク** haadodisuku	**disque dur** *m.* ディスク デュール	hard disk ハード ディスク
ぱーとなー **パートナー** paatonaa	**partenaire** *m.f.* パルトネール	partner パートナ
はーどる **ハードル** haadoru	**haie** *f.* エ	hurdle ハードル
～競走	**course de haies** *f.* クルス ドゥ エ	hurdle race ハードル レイス
はーふ **ハーフ** haafu	**métis(*se*)** *m.f.* メティス	mixed race ミクスト レイス
はーぶ **ハーブ** haabu	**herbe** *f.* エルブ	herb アーブ
ばーべきゅー **バーベキュー** baabekyuu	**barbecue** *m.* バルブキュ	barbecue バービキュー
ばーぼん **バーボン** baabon	**bourbon** *m.* ブルボン	bourbon バーボン
ぱーま **パーマ** paama	**permanente** *f.* ペルマナント	permanent パーマネント
はーもにか **ハーモニカ** haamonika	**harmonica** *m.* アルモニカ	harmonica ハーマニカ
はい **灰** hai	**cendre** *f.* サンドル	ash アシュ
はい **肺** hai	**poumon** *m.* プモン	lung ラング
はい **胚** hai	**embryon** *m.* アンブリオン	embryo エンブリオウ
ばい **倍** bai	**double** *m.*, **deux fois** *f.pl.* ドゥブル，ドゥー フォワ	twice, double トワイス，ダブル

日	仏	英
ぱい **パイ** pai	**tarte** *f.* タルト	pie, tart パイ，タート
ぱいあすろん **バイアスロン** baiasuron	**biathlon** *m.* ビアトロン	biathlon バイアスロン
はいいろ **灰色** haiiro	**gris** *m.* グリ	gray, Ⓑgrey グレイ，グレイ
〜の	**gris(e)** グリ(・リーズ)	gray, Ⓑgrey グレイ，グレイ
はいえい **背泳** haiei	**nage sur le dos** *f.* ナージュ シュール ル ド	backstroke バクストロウク
はいえん **肺炎** haien	**pneumonie** *f.* プヌモニー	pneumonia ニュモウニア
ばいおてくのろじー **バイオテクノロジー** baiotekunorojii	**biotechnologie** *f.* ビオテクノロジー	biotechnology バイオウテクナロディ
ぱいおにあ **パイオニア** paionia	**pionnier(ère)** *m.f.* ピオニエ(・エール)	pioneer パイオニア
ぱいおりん **バイオリン** baiorin	**violon** *m.* ヴィオロン	violin ヴァイオリン
ばいかいする **媒介する** baikaisuru	**transmettre** トランスメットル	transmit, carry トランスミト，キャリ
はいかつりょう **肺活量** haikatsuryou	**capacité respiratoire** *f.* カパシテ レスピラトワール	lung capacity ラング カパスィティ
はいがん **肺癌** haigan	**cancer du poumon** *m.* カンセール デュ プモン	lung cancer ラング キャンサ
はいきがす **排気ガス** haikigasu	**gaz d'échappement** *m.* ガーズ デシャップマン	exhaust gas イグゾースト ギャス
はいきぶつ **廃棄物** haikibutsu	**déchets** *m.pl.* デシェ	waste ウェイスト
はいきょ **廃虚** haikyo	**ruines** *f.pl.* リュイヌ	ruins ルーインズ

は

日	仏	英
ばいきん **ばい菌** baikin	**bacille** *m.*, **microbe** *m.* バシル, ミクロブ	bacteria, germ バクティアリア, **チ**ャーム
ばいく **バイク** baiku	**moto** *f.* モト	motorbike **モ**ウタバイク
はいぐうしゃ **配偶者** haiguusha	**époux(se)** *m.f.* エプー(ズ)	spouse スパウズ
はいけい **背景**　（出来事の） haikei	**fond** *m.* フォン	background バクグラウンド
（物語の）	**arrière-plan** *m.* アリエールプラン	setting **セ**ティング
はいけっかく **肺結核** haikekkaku	**tuberculose pulmonaire** *f.* テュベルキュローズ ピュルモネール	tuberculosis テュバーキュ**ロ**ウスィス
はいけつしょう **敗血症** haiketsushou	**septicémie** *f.* セプティセミー	septicemia セプティ**スィ**ーミア
はいご **背後** haigo	**derrière** *m.*, **arrière** *m.* デリエール, アリエール	back, rear バク, **リ**ア
はいざら **灰皿** haizara	**cendrier** *m.* サンドリエ	ashtray **ア**シュトレイ
はいしする **廃止する** haishisuru	**supprimer, abolir** シュプリメ, アボリール	abolish, repeal ア**バ**リシュ, リ**ピ**ール
はいしゃ **歯医者** haisha	**dentiste** *m.f.* ダンティスト	dentist **デ**ンティスト
はいじゃっく **ハイジャック** haijakku	**détournement d'avion** *m.* デトゥルヌマン ダヴィオン	hijack **ハ**イヂャク
〜する	**détourner un avion** デトゥルネ アン ナヴィオン	hijack **ハ**イヂャク
ばいしゅうする **買収する** baishuusuru	**acheter, corrompre** アシュテ, コロンプル	purchase, bribe **パ**ーチェス, ブ**ラ**イブ

日	仏	英
ばいしゅん **売春** baishun	**prostitution** *f.* プロスティテュシオン	prostitution プラスティテューション
ばいしょう **賠償** baishou	**indemnisation** *f.* アンデムニザシオン	reparation, compensation レパレイション，カンペンセイション
〜する	**indemniser** アンデムニゼ	compensate カンペンセイト
はいしょく **配色** haishoku	**assortiment de couleurs** *m.* アソルティマン ドゥ クルール	color scheme カラ スキーム
はいすい **排水** haisui	**évacuation** *f.*, **drainage** *m.* エヴァキュアシオン，ドレナージュ	drainage ドレイニヂ
はいせきする **排斥する** haisekisuru	**expulser** エクスピュルセ	exclude イクスクルード
はいせつ **排泄** haisetsu	**excrétion** *f.* エクスクレシオン	excretion イクスクリーション
はいせん **敗戦** haisen	**défaite** *f.*, **déroute** *f.* デフェット，デルート	defeat ディフィート
はいた **歯痛** haita	**mal de dents** *m.* マル ドゥ ダン	toothache トゥーセイク
ばいたい **媒体** baitai	**média** *m.* メディア	medium ミーディアム
はいたつ **配達** haitatsu	**livraison** *f.*, **distribution** *f.* リヴレゾン，ディストリビュション	delivery ディリヴァリ
〜する	**livrer, distribuer** リヴレ，ディストリビュエ	deliver ディリヴァ
はいたてきな **排他的な** haitatekina	**exclusif**(*ve*) エクスクリュジフ(・ヴ)	exclusive イクスクルースィヴ
ばいたりてぃー **バイタリティー** baitaritii	**vitalité** *f.* ヴィタリテ	vitality ヴァイタリティ

日	仏	英
はいち **配置** haichi	**disposition** *f.* ディスポジシオン	arrangement アレインヂメント
〜する	**arranger, disposer** アランジェ, ディスポゼ	arrange, dispose アレインヂ, ディスポウズ
はいてく **ハイテク** haiteku	**technologie de pointe** *f.* テクノロジー ドゥ ポワント	high tech ハイ テク
ばいてん **売店** baiten	**échoppe** *f.*, **stand** *m.* エショップ, スタンド	stall, stand ストール, スタンド
はいとう **配当** haitou	**dividende** *m.* ディヴィダンド	dividend ディヴィデンド
ぱいなっぷる **パイナップル** painappuru	**ananas** *m.* アナナ(ス)	pineapple パイナプル
ばいばい **売買** baibai	**commerce** *m.* コメルス	dealing ディーリング
〜する	**(être) dans le commerce** *de* (エートル) ダン ル コメルス ドゥ	deal in ディール イン
ばいぱす **バイパス** baipasu	**rocade** *f.* ロカド	bypass バイパス
はいひーる **ハイヒール** haihiiru	**talons hauts** *m.pl.* タロン オー	high heels ハイ ヒールズ
はいふ **配布** haifu	**distribution** *f.* ディストリビュシオン	distribution ディストリビューション
〜する	**distribuer** ディストリビュエ	distribute ディストリビュト
ぱいぷ **パイプ** (管) paipu	**tuyau** *m.* テュイヨー	pipe パイプ
(煙草の)	**pipe** *f.* ピップ	pipe パイプ

日	仏	英
ぱいぷおるがん **パイプオルガン** paipuorugan	**orgue** *m.*, **grandes or-** **gues** *f.pl.* オルグ，グランド ゾルグ	pipe organ **パイプ オーガン**
はいぶつ **廃物** haibutsu	**rebut** *m.* ルビュ	waste materials **ウェイスト マテ**ィアリアルズ
はいふん **ハイフン** haifun	**trait d'union** *m.* トレ デュニオン	hyphen **ハ**イフン
はいぼく **敗北** haiboku	**défaite** *f.* デフェット	defeat ディ**フィ**ート
はいやく **配役** haiyaku	**distribution** *f.* ディストリビュシオン	cast **キャ**スト
はいゆう **俳優** haiyuu	**act*eur*(*trice*)** *m.f.* アクトゥール(-トリス)	actor, actress **ア**クタ，**ア**クトレス
はいりょ **配慮** hairyo	**considération** *f.*, **atten-** **tions** *f.pl.* コンシデラシオン，アタンシオン	consideration コンスィ**デ**レイション
～する	**prendre en considération** プランドル アン コンシデラシオン	take into consider- ation **テ**イク イントゥ コンスィダ**レ**イ ション
はいる **入る** （中へ行く） hairu	**entrer** アントレ	enter, go in **エ**ンタ，**ゴ**ウ イン
（加入する）	**adhérer** *à* アデレ ア	join **チョ**イン
（収容できる）	**accueillir** アクイイール	accommodate, hold ア**カ**モデイト，**ホ**ウルド
はいれつ **配列** hairetsu	**arrangement** *m.* アランジュマン	arrangement ア**レ**インジメント
ぱいろっと **パイロット** pairotto	**pilote** *m.* ピロット	pilot **パ**イロト
はう **這う** hau	**ramper** ランペ	crawl, creep ク**ロ**ール，ク**リ**ープ

は

日	仏	英
はえ **蝿** hae	**mouche** *f.* ムーシュ	fly フライ
はえる **生える** haeru	**pousser** プセ	grow, come out グロウ, **カム アウト**
はか **墓** haka	**tombe** *f.* トンブ	grave, tomb グレイヴ, **トゥーム**
ばか **馬鹿** baka	**sot(*te*)** *m.f.*, **imbécile** *m.f.* ソ(ット), アンベシル	idiot **イ**ディオト
～な	**sot(*te*), stupide** ソ(ット), ステュピッド	foolish **フ**ーリシュ
～馬鹿しい	**ridicule, insensé(*e*)** リディキュル, アンサンセ	ridiculous, absurd リ**ディ**キュラス, アブ**サ**ード
はかいする **破壊する** hakaisuru	**détruire** デトリュイール	destroy ディスト**ロ**イ
はがき **葉書** hagaki	**carte postale** *f.* カルト ポスタル	postcard **ポ**ウストカード
はがす **剥がす** hagasu	**décoller** デコレ	tear, peel **テ**ア, **ピ**ール
はかせ **博士** hakase	**docteur** *m.* ドクトゥール	doctor **ダ**クタ
はかどる **捗る** hakadoru	**marcher, avancer** マルシェ, アヴァンセ	make progress メイク プ**ラ**グレス
はかない **はかない** hakanai	**éphémère, fugitif(*ve*)** エフェメール, フュジティフ(·ヴ)	transient, vain ト**ラ**ンシェント, **ヴェ**イン
はがゆい **歯痒い** hagayui	**(être) impatient(*e*)** (エートル) アンパシアン(ト)	(be) impatient (ビ) イン**ペ**イシェント
はからう **計らう** hakarau	**arranger, régler** アランジェ, レグレ	manage, arrange **マ**ニヂ, ア**レ**インヂ
はかり **秤** hakari	**balance** *f.* バランス	balance, scales **バ**ランス, ス**ケ**イルズ

日	仏	英
はかりうり **量り売り** hakariuri	**vente au poids, vente au mètre** ヴァント オ ポワ, ヴァント オ メットル	sale by measure セイル バイ メジャ
はかる **計る** hakaru	**mesurer, peser** ムジュレ, プゼ	measure, weigh メジャ, **ウェ**イ
はかる **図る** hakaru	**projeter, essayer** プロジュテ, エセイエ	plan, attempt プラン, ア**テ**ンプト
はき **破棄**　（判決の） haki	**annulation** *f.* アニュラシオン	reversal リ**ヴァ**ーサル
（約束の）	**annulation** *f.*, **rupture** *f.* アニュラシオン, リュプテュール	cancellation, annulment キャンセ**レ**イション, ア**ナ**ルメント
～する	**annuler** アニュレ	cancel **キャ**ンセル
はきけ **吐き気** hakike	**nausée** *f.* ノゼ	nausea **ノ**ーズィア
ぱきすたん **パキスタン** pakisutan	**Pakistan** *m.* パキスタン	Pakistan **パ**キスタン
はきゅうする **波及する** hakyuusuru	**se propager, influencer** ス プロパジェ, アンフリュアンセ	spread, influence ス**プレ**ド, **イ**ンフルエンス
はきょく **破局** hakyoku	**catastrophe** *f.* カタストロフ	catastrophe カ**タ**ストロフィ
はく **吐く** haku	**vomir** ヴォミール	vomit **ヴァ**ミト
（唾を）	**cracher** クラシェ	spit ス**ピ**ト
はく **掃く** haku	**balayer** バレイエ	sweep, clean ス**ウィ**ープ, ク**リ**ーン
はく **履く** haku	**mettre, porter** メットル, ポルテ	put on, wear **プ**ト オン, **ウェ**ア

日	仏	英
はぐ **剥ぐ** hagu	**écorcer, écorcher** エコルセ, エコルシェ	peel, skin ピール, スキン
ばぐ **バグ** bagu	**bug** *m.* ブグ	bug バグ
ばくが **麦芽** bakuga	**malt** *m.* マルト	malt モルト
はくがいする **迫害する** hakugaisuru	**persécuter** ペルセキュテ	persecute パースィキュート
はぐき **歯茎** haguki	**gencive** *f.* ジャンシヴ	gums ガムズ
ばくげき **爆撃** bakugeki	**bombardement** *m.* ボンバルドマン	bombing バミング
〜機	**bombardier** *m.* ボンバルディエ	bomber バマ
〜する	**bombarder** ボンバルデ	bomb バム
はくし **白紙** hakushi	**feuille blanche** *f.* フイユ ブランシュ	blank paper ブランク ペイパ
はくしかてい **博士課程** hakushikatei	**cours de doctorat** *m.* クール ドゥ ドクトラ	doctor's course ダクタズ コース
はくしごう **博士号** hakushigou	**doctorat** *m.* ドクトラ	doctorate, Ph.D. ダクタレト, ピーエイチディー
はくしゃく **伯爵** hakushaku	**comte** *m.* コント	count カウント
はくしゅする **拍手する** hakushusuru	**applaudir, battre des mains** アプロディール, バットル デ マン	clap one's hands クラプ ハンヅ
はくしょ **白書** hakusho	**livre blanc** *m.* リーヴル ブラン	white book ホワイト ブク

日	仏	英
はくじょうする **白状する** hakujousuru	**avouer, confesser** アヴエ，コンフェセ	confess コン**フェ**ス
はくじょうな **薄情な** hakujouna	**froid(e), insensible** フロワ(ド)，アンサンシーブル	coldhearted **コ**ウルド**ハ**ーテド
ばくぜんと **漠然と** bakuzento	**vaguement** ヴァーグマン	vaguely **ヴェ**イグリ
～した	**vague, confus(e)** ヴァーグ，コンフュ(・フューズ)	vague, obscure **ヴェ**イグ，オブス**キュ**ア
ばくだいな **莫大な** bakudaina	**énorme, immense** エノルム，イマンス	vast, immense **ヴァ**スト，イ**メ**ンス
ばくだん **爆弾** bakudan	**bombe** *f.* ボンブ	bomb **バ**ム
ばくてりあ **バクテリア** bakuteria	**bactérie** *f.* バクテリー	bacterium バク**ティ**アリアム
ばくはする **爆破する** bakuhasuru	**exploser** エクスプロゼ	blow up, blast ブ**ロ**ウ **ア**プ，ブ**ラ**スト
ばくはつ **爆発** bakuhatsu	**explosion** *f.* エクスプロジオン	explosion イクスプ**ロ**ウジョン
～する	**exploser** エクスプロゼ	explode イクスプ**ロ**ウド
はくぶつかん **博物館** hakubutsukan	**musée** *m.* ミュゼ	museum ミュー**ズ**ィアム
はくらんかい **博覧会** hakurankai	**exposition** *f.* エクスポジシオン	exposition エクスポ**ズ**ィション
はけ **刷毛** hake	**brosse** *f.* ブロス	brush ブ**ラ**シュ
はげしい **激しい** hageshii	**violent(e), intense** ヴィオラン(ト)，アンタンス	violent, intense **ヴァ**イオレント，イン**テ**ンス
ばけつ **バケツ** baketsu	**seau** *m.* ソー	pail, bucket **ペ**イル，**バ**ケト

日	仏	英
はげます **励ます** hagemasu	**encourager** アンクラジェ	encourage インカーリヂ
はげむ **励む** hagemu	**s'efforcer** *de*, **travailler dur** セフォルセ ドゥ, トラヴァイエ デュール	strive, work hard ストライヴ, ワーク ハード
はげる **禿げる** hageru	**devenir chauve** ドゥヴニール ショーヴ	(become) bald (ビカム) ボールド
はげる **剥げる** hageru	**se détacher** ス デタシェ	come off カム オフ
はけんする **派遣する** hakensuru	**envoyer, expédier** アンヴォワイエ, エクスペディエ	send, dispatch センド, ディスパチ
はこ **箱** hako	**boîte** *f.*, **caisse** *f.* ボワット, ケス	box, case バクス, ケイス
はこぶ **運ぶ** hakobu	**porter, transporter** ポルテ, トランスポルテ	carry キャリ
ばざー **バザー** bazaa	**vente de charité** *f.* ヴァント ドゥ シャリテ	charity bazaar チャリティ バザー
はさまる **挟まる** hasamaru	**(être) pris(e)** *entre* (エートル) プリ(-リーズ) アントル	(get) put between (ゲト) プト ビトウィーン
はさみ **鋏** hasami	**ciseaux** *m.pl.* シゾー	scissors スィザズ
はさむ **挟む** hasamu	**tenir, insérer** トゥニール, アンセレ	put between プト ビトウィーン
はさん **破産** hasan	**banqueroute** *f.*, **faillite** *f.* バンクルート, ファイイット	bankruptcy バンクラプツィ
はし **橋** hashi	**pont** *m.* ポン	bridge ブリヂ
はし **端** hashi	**bord** *m.* ボール	edge, corner エヂ, コーナ

日	仏	英
（先端・末端）	**bout** *m.*, **extrémité** *f.* ブー, エクストレミテ	end, tip **エ**ンド, **ティ**プ
はし 箸 hashi	**baguettes** *f.pl.* バゲット	chopsticks **チャ**プスティクス
はじ 恥 haji	**honte** *f.*, **humiliation** *f.* オント, ユミリアシオン	shame, humilia-tion **シェ**イム, ヒューミリ**エ**イション
～をかく	**essuyer la honte** エシュイエ ラ オント	(be) put to shame (ビ) **プ**ト トゥ **シェ**イム
はしか はしか hashika	**rougeole** *f.* ルジョル	measles **ミー**ズルズ
はしご 梯子 hashigo	**échelle** *f.* エシェル	ladder **ラ**ダ
はじまる 始まる hajimaru	**commencer, débuter** コマンセ, デビュテ	begin, start ビ**ギ**ン, ス**タ**ート
はじめ 初め hajime	**commencement** *m.*, **dé-but** *m.* コマンスマン, デビュー	beginning, start ビ**ギ**ニング, ス**タ**ート
はじめて 初めて hajimete	**pour la première fois** プール ラ プルミエール フォワ	for the first time フォ ザ **ファ**ースト **タ**イム
はじめての 初めての hajimeteno	**premier(ère)** プルミエ(·エール)	first **ファ**ースト
はじめる 始める hajimeru	**commencer, débuter** コマンセ, デビュテ	begin, start, open ビ**ギ**ン, ス**タ**ート, **オ**ウプン
ぱじゃま パジャマ pajama	**pyjama** *m.* ピジャマ	pajamas, ⒝pyja-mas パ**チャ**ーマズ, パ**チャ**ーマズ
ばしょ 場所 basho	**endroit** *m.*, **lieu** *m.* アンドロワ, リュー	place, site プ**レ**イス, **サ**イト
はしょうふう 破傷風 hashoufuu	**tétanos** *m.* テタノース	tetanus **テ**タナス

日	仏	英
はしら **柱** hashira	**pilier** *m.*, **poteau** *m.* ピリエ, ポトー	pillar, post ピラ, ポウスト
はしりたかとび **走り高跳び** hashiritakatobi	**saut en hauteur** *m.* ソー アン オトゥール	high jump ハイ チャンプ
はしりはばとび **走り幅跳び** hashirihabatobi	**saut en longueur** *m.* ソー アン ロングール	long jump, broad jump ローング チャンプ, ブロード チャンプ
はしる **走る** hashiru	**courir** クリール	run, dash ラン, ダシュ
はじる **恥じる** hajiru	**avoir honte** アヴォワール オント	(be) ashamed (ビ) アシェイムド
はす **蓮** hasu	**lotus** *m.* ロテュス	lotus ロウタス
ばす **バス** basu	**bus** *m.*, **car** *m.* ビュス, カール	bus, coach バス, コウチ
～停	**arrêt de bus** *m.* アレ ドゥ ビュス	bus stop バス スタプ
（低い音域）	**basse** *f.* バス	bass バス
ぱす **パス** pasu	**passe** *f.* パス	pass パス
～する	**passer** パセ	pass パス
はずかしい **恥ずかしい** hazukashii	**avoir honte** アヴォワール オント	(be) ashamed (ビ) アシェイムド
（不道徳な）	**honteux(se)** オントゥー(ズ)	shameful シェイムフル
はすきーな **ハスキーな** hasukiina	**rauque** ローク	husky ハスキ

日	仏	英
ばすけっとぼーる **バスケットボール** basukettobooru	**basket-ball** *m.* バスケットボル	basketball バスケトボール
はずす **外す** hazusu	**décrocher, enlever** デクロシェ, アンルヴェ	take off, remove テイク **オ**ーフ, リ**ム**ーヴ
（席を）	**s'absenter** サプサンテ	leave one's seat, be away リーヴ **スィ**ート, ビア**ウェ**イ
ぱすた **パスタ** pasuta	**pâtes** *f.pl.* パート	pasta **パ**ースタ
ばすと **バスト** basuto	**poitrine** *f.* ポワトリヌ	bust **バ**スト
ぱすぽーと **パスポート** pasupooto	**passeport** *m.* パスポール	passport **パ**スポート
はずみ **弾み** hazumi	**élan** *m.*, **impulsion** *f.* エラン, アンピュルシオン	bound, momentum **バ**ウンド, モウ**メ**ンタム
はずむ **弾む** hazumu	**rebondir** ルボンディール	bounce, bound **バ**ウンス, **バ**ウンド
（話などが）	**s'animer** サニメ	(become) lively (ビカム) **ラ**イヴリ
ぱずる **パズル** pazuru	**puzzle** *m.* ピュズル	puzzle **パ**ズル
はずれ （くじなどの） **外れ** hazure	**billet perdant** *m.* ビエ ペルダン	losing ticket, losing number **ル**ーズィング **ティ**ケト, **ル**ーズィング **ナ**ンバ
（町の）	**faubourg** *m.*, **banlieue** *f.* フォブール, バンリユー	suburbs **サ**バーブズ
はずれる （取れる） **外れる** hazureru	**se décrocher, se détacher** ス デクロシェ, ス デタシェ	come off **カ**ム オフ
（当たらない）	**manquer** マンケ	miss, fail **ミ**ス, **フェ**イル

日	仏	英
ぱすわーど **パスワード** pasuwaado	**mot de passe** *m.* モ ドゥ パス	password パスワード
はせい **派生** hasei	**dérivation** *f.* デリヴァシオン	derivation デリヴェイション
〜する	**dériver** *de* デリヴェ ドゥ	derive from ディライヴ フラム
ぱせり **パセリ** paseri	**persil** *m.* ペルシ	parsley パースリ
ぱそこん **パソコン** pasokon	**P.C.** *m.*, **ordinateur** *m.* ペセ, オルディナトゥール	personal comput- er, PC パーソナル コンピュータ, ピー スィー
はそんする **破損する** hasonsuru	**(être) endommagé(e)** (エートル) アンドマジェ	(be) damaged (ビ) ダミヂド
はた **旗** hata	**drapeau** *m.*, **bannière** *f.* ドラポー, バニエール	flag, banner フラグ, バナ
はだ **肌** hada	**peau** *f.* ポー	skin スキン
ぱたー **バター** bataa	**beurre** *m.* ブール	butter バタ
ぱたーん **パターン** pataan	**type** *m.*, **modèle** *m.* ティップ, モデル	pattern パタン
はだか **裸** hadaka	**nudité** *f.*, **nu** *m.* ニュディテ, ニュ	nakedness ネイキドネス
〜の	**nu(e)** ニュ	naked ネイキド
はたけ **畑** hatake	**champ** *m.* シャン	field, farm フィールド, ファーム
はだしで **裸足で** hadashide	**pieds nus** ピエ ニュ	barefoot ベアフト

日	仏	英
はたす **果たす** （実行する） hatasu	**remplir, accomplir** ランプリール，アコンプリール	realize, carry out リーアライズ，**キャリ アウ**ト
（達成する）	**atteindre, accomplir** アタンドル，アコンプリール	achieve アチーヴ
はためく **はためく** hatameku	**flotter** フロテ	flutter フラタ
はたらき **働き** hataraki	**travail** *m.* トラヴァユ	work, labor, Ⓑla- bour ワーク，**レ**イバ，**レ**イバ
（活動）	**action** *f.*, **activité** *f.* アクシオン，アクティヴィテ	action, activity **ア**クション，アク**ティ**ヴィティ
（機能）	**fonction** *f.* フォンクシオン	function **ファ**ンクション
（功績）	**résultat** *m.*, **réussite** *f.* レジュルタ，レユシット	achievement アチーヴメント
はたらく **働く** hataraku	**travailler** トラヴァイエ	work ワーク
（作用する）	**agir** *sur*, **réagir** アジール シュール，レアジール	act on **ア**クト **オ**ン
はち **八** hachi	**huit** ユイット	eight **エ**イト
はち **鉢** hachi	**bol** *m.*, **pot** *m.* ボル，ポ	bowl, pot **ボ**ウル，**パ**ト
はち **蜂** （蜜蜂） hachi	**abeille** *f.* アベイユ	bee ビー
～の巣	**nid d'abeilles** *m.* ニ ダベイユ	beehive, honey- comb **ビ**ーハイヴ，**ハ**ニコウム
～蜜	**miel** *m.* ミエル	honey **ハ**ニ

日	仏	英
ばち **罰** bachi	**châtiment** *m.*, **punition** *f.* シャティマン, ピュニシオン	divine punishment ディ**ヴァ**イン パニシュメント
はちがつ **八月** hachigatsu	**août** *m.* ウ(ト)	August **オ**ーガスト
ばちかん **バチカン** bachikan	**Vatican** *m.*, **Cité du Vatican** *f.* ヴァティカン, シテ デュ ヴァティカン	Vatican **ヴァ**ティカン
はちじゅう **八十** hachijuu	**quatre-vingts** カトルヴァン	eighty **エ**イティ
はちゅうるい **爬虫類** hachuurui	**reptiles** *m.pl.* レプティル	reptiles **レ**プティルズ
はちょう **波長** hachou	**longueur d'ondes** *f.* ロングール ドンド	wavelength **ウェ**イヴレングス
ばつ **罰** batsu	**punition** *f.*, **sanction** *f.* ピュニシオン, サンクシオン	punishment, penalty パニシュメント, **ペ**ナルティ
はついく **発育** hatsuiku	**croissance** *f.* クロワサンス	growth **グ**ロウス
～**する**	**grandir, croître** グランディール, クロワートル	grow グ**ロ**ウ
はつおん **発音** hatsuon	**prononciation** *f.* プロノンシアシオン	pronunciation プロナンスィ**エ**イション
はつが **発芽** hatsuga	**germination** *f.* ジェルミナシオン	germination ヂャーミ**ネ**イション
はっかー **ハッカー** hakkaa	**pirate informatique** *m.* ピラット アンフォルマティック	hacker **ハ**カ
はっきする **発揮する** hakkisuru	**déployer, démontrer** デプロワイエ, デモントレ	display, show ディス**プ**レイ, **ショ**ウ
はっきり **はっきり** hakkiri	**clairement, distinctement** クレールマン, ディスタンクトマン	clearly ク**リ**アリ

日	仏	英
〜する	**s'éclaircir** セクレルシール	(become) clear (ビカム) クリア
ばっきん **罰金** bakkin	**amende** *f.*, **contravention** *f.* アマンド，コントラヴァンシオン	fine **ファ**イン
ばっく **バック** (後部) bakku	**arrière** *m.*, **derrière** *m.* アリエール，デリエール	back, rear バク，リア
(背景)	**arrière-plan** *m.* アリエールプラン	background バクグラウンド
(後援)	**soutien** *m.*, **support** *m.* スティアン，シュポール	backing, support バキング，サポート
〜アップ	**appui** *m.*, **soutien** *m.* アピュイ，スティアン	backup バカプ
ばっぐ **バッグ** baggu	**sac** *m.* サック	bag バグ
ばっく **パック** (包み) pakku	**emballage** *m.* アンバラージュ	packaging パケヂング
(美容法の)	**masque de beauté** *m.* マスク ドゥ ボテ	pack パク
(アイスホッケーの)	**palet** *m.* パレ	puck パク
はっくつ **発掘** hakkutsu	**fouilles** *f.pl.* フイユ	excavation エクスカ**ヴェ**イション
〜する	**fouiller, déterrer** フイエ，デテレ	excavate **エ**クスカヴェイト
ばつぐんの **抜群の** batsugunno	**remarquable** ルマルカーブル	outstanding アウト**スタ**ンディング
ぱっけーじ **パッケージ** pakkeeji	**paquet** *m.*, **colis** *m.* パケ，コリ	package パケヂ

日	仏	英
はっけっきゅう **白血球** hakkekkyuu	**globule blanc** *m.* グロビュル ブラン	white blood cell ホワイト ブラド セル
はっけつびょう **白血病** hakketsubyou	**leucémie** *f.* ルセミー	leukemia ルーキーミア
はっけん **発見** hakken	**découverte** *f.* デクヴェルト	discovery ディスカヴァリ
～する	**découvrir** デクヴリール	discover, find out ディスカヴァ，**ファインド アウ** ト
はつげんする **発言する** hatsugensuru	**parler** パルレ	speak スピーク
はつこい **初恋** hatsukoi	**premier amour** *m.* プルミエ ラムール	first love **ファースト ラヴ**
はっこうする **発行する** hakkousuru	**publier, émettre** ピュプリエ，エメットル	publish, issue **パ**ブリシュ，**イ**シュー
はっさんする **発散する** hassansuru	**émettre** エメットル	emit イミト
ばっじ **バッジ** bajji	**badge** *m.*, **insigne** *m.* バージュ，アンシーニュ	badge バヂ
はっしゃ **発射** hassha	**tir** *m.*, **coup de feu** *m.* ティール，クードゥ フー	firing **ファ**イアリング
～する	**décharger, tirer** デシャルジェ，ティレ	fire, shoot **ファ**イア，**シュ**ート
はっしゃ **発車** hassha	**départ** *m.* デパール	departure ディパーチャ
～する	**partir** パルティール	depart ディパート
ばっしんぐ **バッシング** basshingu	**raclée** *f.* ラクレ	bashing バシング
はっしんする **発信する** hasshinsuru	**envoyer, transmettre** アンヴォワイエ，トランスメットル	transmit トランス**ミ**ト

日	仏	英
ばっすい **抜粋** bassui	**extrait** *m.* エクストレ	extract, excerpt **エ**クストラクト, **エ**クサープト
～する	**extraire** エクストレール	extract イクス**トラ**クト
はっする **発する** （光・熱を） hassuru	**émettre** エメットル	give off, emit **ギ**ヴ **オ**フ, イ**ミ**ト
（声を）	**prononcer** プロノンセ	utter **ア**タ
ばっする **罰する** bassuru	**punir** ピュニール	punish **パ**ニシュ
はっせい **発生** hassei	**apparition** *f.*, **naissance** *f.* アパリシオン, ネサンス	outbreak, birth **ア**ウトブレイク, **バ**ース
～する	**apparaître, arriver** アパレートル, アリヴェ	occur オ**カ**ー
はっそう **発送** hassou	**envoi** *m.*, **expédition** *f.* アンヴォワ, エクスペディシオン	sending out **セ**ンディング **ア**ウト
～する	**envoyer, expédier** アンヴォワイエ, エクスペディエ	send out **セ**ンド **ア**ウト
ばった **バッタ** batta	**sauterelle** *f.* ソトレル	grasshopper グ**ラ**スハパ
はったつ **発達** hattatsu	**développement** *m.* デヴロプマン	development ディ**ヴェ**ロプメント
～する	**se développer** ス デヴロペ	develop, advance ディ**ヴェ**ロプ, アド**ヴァ**ンス
はっちゅう **発注** hacchuu	**commande** *f.* コマンド	order **オ**ーダ
～する	**commander** コマンデ	order **オ**ーダ
はってん **発展** hatten	**développement** *m.* デヴロプマン	development ディ**ヴェ**ロプメント

日	仏	英
〜する	**se développer, s'étendre** ス デヴロペ, セタンドル	develop, expand ディヴェロプ, イクスパンド
はつでんしょ **発電所** hatsudensho	**centrale électrique** *f.* サントラル エレクトリック	power plant パウア プラント
はつでんする **発電する** hatsudensuru	**produire de l'électricité** プロデュイール ドゥ レレクトリシテ	generate electrici- ty ヂェナレイト イレクトリスィ ティ
はっぱ **発破** happa	**explosion** *f.* エクスプロジオン	explosive blast イクスプロウスィヴ ブラスト
はつばい **発売** hatsubai	**mise en vente** *f.* ミーズ アン ヴァント	sale セイル
〜する	**mettre en vente, lancer** メットル アン ヴァント, ランセ	put on sale プト オン セイル
はっぴょう **発表** happyou	**annonce** *f.* アノンス	announcement アナウンスメント
〜する	**annoncer** アノンセ	announce アナウンス
（説明）	**présentation** *f.* プレザンタシオン	presentation プリーゼンテイション
〜する	**présenter** プレザンテ	present プリゼント
はつびょうする **発病する** hatsubyousuru	**tomber malade** トンベ マラッド	fall ill フォール イル
はっぽうせいの **発泡性の** happouseino	**gazeux(*se*), pétillant(e)** ガズー(ズ), ペティアン(ト)	sparkling スパークリング
はつめい **発明** hatsumei	**invention** *f.* アンヴァンシオン	invention インヴェンション
〜する	**inventer** アンヴァンテ	invent, devise インヴェント, ディヴァイズ

日	仏	英
はてしない **果てしない** hateshinai	**sans fin** サン ファン	endless エンドレス
はでな **派手な** hadena	**voyant(e), éclatant(e)** ヴォワイアン(ト), エクラタン(ト)	showy, garish ショウイ, ゲアリシュ
はと **鳩** hato	**pigeon(ne)** *m.f.*, **colombe** *f.* ピジョン(・ヌ), コロンブ	pigeon, dove ピジョン, ダヴ
ばとうする **罵倒する** batousuru	**injurier, insulter** アンジュリエ, アンシュルテ	denounce, vilify ディナウンス, ヴィリファイ
ぱとかー **パトカー** patokaa	**voiture de police** *f.* ヴォワテュール ドゥ ポリス	squad car, patrol car スクワド カー, パトロウル カー
ばどみんとん **バドミントン** badominton	**badminton** *m.* バドミントン	badminton バドミントン
ぱとろーる **パトロール** patorooru	**patrouille** *f.* パトルイユ	patrol パトロウル
はな **花** hana	**fleur** *f.* フルール	flower フラウア
はな **鼻** hana	**nez** *m.* ネ	nose ノウズ
〜血	**saignement de nez** *m.* セニュマン ドゥ ネ	nosebleed ノウズブリード
〜水	**morve** *f.* モルヴ	snot, mucus スナト, ミューカス
はなし **話** hanashi	**entretien** *m.*, **conversation** *f.* アントルティアン, コンヴェルサシオン	talk, conversation トーク, カンヴァセイション
（物語）	**histoire** *f.* イストワール	story ストーリ
はなしあい **話し合い** hanashiai	**conversation** *f.*, **discussion** *f.* コンヴェルサシオン, ディスキュシオン	talk, discussion トーク, ディスカション

日	仏	英
はなしあう **話し合う** hanashiau	**parler** *avec*, **discuter** *avec* パルレ アヴェク, ディスキュテ アヴェク	talk with, discuss with トーク ウィズ, ディスカス ウィズ
はなす **放す** hanasu	**lâcher, libérer** ラシェ, リベレ	free, release フリー, リリース
はなす **離す** hanasu	**séparer, détacher** セパレ, デタシェ	separate, detach セパレイト, ディタチ
はなす **話す** hanasu	**parler** パルレ	speak, talk スピーク, トーク
ばなな **バナナ** banana	**banane** *f.* バナヌ	banana バナナ
はなばなしい **華々しい** hanabanashii	**brillant(e)** ブリアン(ト)	brilliant ブリリアント
はなび **花火** hanabi	**feu d'artifice** *m.* フー ダルティフィス	fireworks ファイアワークス
はなむこ **花婿** hanamuko	**marié** *m.* マリエ	bridegroom ブライドグルーム
はなやかな **華やかな** hanayakana	**éclatant(e), splendide** エクラタン(ト), スプランディッド	gorgeous, bright ゴーヂャス, ブライト
はなよめ **花嫁** hanayome	**mariée** *f.* マリエ	bride ブライド
はなれる **離れる** hanareru	**quitter, s'éloigner** *de* キテ, セロワニェ ドゥ	leave, go away from リーヴ, ゴウ アウェイ フラム
はにかむ **はにかむ** hanikamu	**(être) timide** (エートル) ティミッド	(be) shy, (be) bashful (ビ) シャイ, (ビ) バシュフル
ぱにっく **パニック** panikku	**panique** *f.* パニック	panic パニク
はね **羽** (羽毛) hane	**plume** *f.* プリュム	feather, plume フェザ, プルーム

日	仏	英
（翼）	**aile** *f.* エル	wing ウィング
ばね **ばね** bane	**ressort** *m.* ルソール	spring スプリング
はねむーん **ハネムーン** hanemuun	**lune de miel** *f.* リュヌ ドゥ ミエル	honeymoon ハニムーン
はねる **跳ねる**　（飛び散る） haneru	**éclabousser** エクラブセ	splash スプラシュ
（飛び上がる）	**sauter, bondir** ソテ，ボンディール	leap, jump リープ，**チャ**ンプ
はは **母** haha	**mère** *f.* メール	mother **マ**ザ
～方	**côté maternel** *m.* コテ マテルネル	mother's side **マ**ザズ **サ**イド
はば **幅** haba	**largeur** *f.* ラルジュール	width, breadth **ウィ**ドス，**ブレ**ドス
はばたく **羽ばたく** habataku	**battre des ailes** バットル デ ゼル	flutter, flap フ**ラ**タ，フ**ラ**プ
はばつ **派閥** habatsu	**fraction** *f.* フラクシオン	faction **ファ**クション
はばとび **幅跳び** habatobi	**saut en longueur** *m.* ソー アン ロングール	broad jump, long jump ブロード **チャ**ンプ，**ロー**ング **チャ**ンプ
はばひろい **幅広い** habahiroi	**large** ラルジュ	wide, broad **ワ**イド，ブロード
はばむ **阻む** habamu	**empêcher** *de*, **bloquer** アンペシェ ドゥ，ブロケ	prevent from, block プリ**ヴェ**ント フラム，ブ**ラ**ク
ぱぷあにゅーぎにあ **パプアニューギニア** papuanyuuginia	**Papouasie-Nouvelle-Guinée** *f.* パプワジヌーヴェルギネ	Papua New Guinea パピュア **ニュー ギ**ニア

は

日	仏	英
パフォーマンス pafoomansu	**performance** *f.*, **représentation** *f.* ペルフォルマンス, ルプレザンタシオン	performance パフォーマンス
省く (省略する) habuku	**omettre, exclure** オメットル, エクスクリュール	omit, exclude オウミト, イクスクルード
(削減する)	**réduire** レデュイール	save, reduce セイヴ, リデュース
ハプニング hapuningu	**imprévu** *m.* アンプレヴュ	happening, unexpected event ハプニング, アニクスペクテドイヴェント
歯ブラシ haburashi	**brosse à dents** *f.* ブロス ア ダン	toothbrush トゥースブラシュ
葉巻 hamaki	**cigare** *m.* シガール	cigar スィガー
蛤 hamaguri	**palourde** *f.* パルルド	clam クラム
浜辺 hamabe	**plage** *f.*, **bord de la mer** *m.* プラージュ, ボール ドゥ ラ メール	beach, seashore ビーチ, スィーショー
はまる hamaru	**s'ajuster** *à* サジュステ ア	fit into フィト イントゥ
歯磨き hamigaki	**dentifrice** *m.* ダンティフリス	toothpaste トゥースペイスト
破滅する hametsusuru	**se perdre** ス ペルドル	(be) ruined (ビ) ルーインド
はめる (内側に入れる) hameru	**insérer, incruster** アンセレ, アンクリュステ	put in, set プト イン, セト
(着用する)	**mettre, porter** メットル, ポルテ	wear, put on ウェア, プト オン
場面 bamen	**situation** *f.*, **scène** *f.* シテュアシオン, セーヌ	scene スィーン

日	仏	英
はもの **刃物** hamono	**outil tranchant** *m.* ウティ トランシャン	edged tool **エ**ヂド **トゥ**ール
はもん **波紋** hamon	**onde** *f.*, **rond dans l'eau** *m.* オンド, ロン ダン ロー	ripple **リ**プル
はもんする **破門する** hamonsuru	**expulser** エクスピュルセ	expel イクス**ペ**ル
はやい **早い** hayai	**tôt, de bonne heure** ト, ドゥ ボヌ ウール	early **ア**ーリ
はやい **速い** hayai	**rapide, prompt(e)** ラピッド, プロン(ト)	quick, fast ク**ウィ**ク, **ファ**スト
はやく **早く** hayaku	**tôt, de bonne heure** ト, ドゥ ボヌ ウール	early, soon **ア**ーリ, **ス**ーン
はやく **速く** hayaku	**vite, rapidement** ヴィット, ラピッドマン	quickly, fast ク**ウィ**クリ, **ファ**スト
はやし **林** hayashi	**bois** *m.*, **forêt** *f.* ボワ, フォレ	forest, woods **フォ**リスト, **ウ**ヅ
はやす **生やす** hayasu	**laisser pousser** レセ プセ	grow, cultivate グ**ロ**ウ, **カ**ルティヴェイト
はやめに **早めに** hayameni	**un peu en avance** アン プー アン ナヴァンス	early, in advance **ア**ーリ, イン アド**ヴァ**ンス
はやめる **早める** hayameru	**hâter, avancer** アテ, アヴァンセ	quicken, hasten ク**ウィ**クン, **ヘ**イスン
はやる **流行る** hayaru	**(être) à la mode** (エートル) ア ラ モード	(be) in fashion, (be) popular (ビ) イン **ファ**ション, (ビ) **パ**ピュラ
（繁盛する）	**prospérer** プロスペレ	(be) prosperous (ビ) プ**ラ**スペラス
（病気などが）	**se répandre** ス レパンドル	(be) prevalent (ビ) プ**レ**ヴァレント

日	仏	英
はら **腹** （胃） hara	**estomac** *m.* エストマ	stomach スタマク
（腸）	**intestins** *m.pl.* アンテスタン	bowels バウエルズ
（腹部）	**ventre** *m.*, **abdomen** *m.* ヴァントル, アブドマン	belly ベリ
ばら **バラ** bara	**rose** *f.* ローズ	rose ロウズ
はらいもどし **払い戻し** haraimodoshi	**remboursement** *m.* ランブルスマン	repayment, refund リペイメント, リファンド
はらう **払う** harau	**payer** ペイエ	pay ペイ
ばらぐあい **パラグアイ** paraguai	**Paraguay** *m.* パラゲ	Paraguay パラグワイ
はらぐろい **腹黒い** haraguroi	**sournois(e)** スルノワ(-ワーズ)	wicked, malicious ウィキド, マリシャス
はらす **晴らす** （疑いを） harasu	**dissiper** ディシペ	dispel ディスペル
（恨みを）	**se venger** ス ヴァンジェ	avenge oneself アヴェンヂ
（憂さを）	**se distraire, se changer les idées** ス ディストレール, ス シャンジェ レ ジデ	forget one's troubles フォゲト トラブルズ
ばらす **ばらす** （分解する） barasu	**démonter** デモンテ	take to pieces テイク トゥ ピーセズ
（暴露する）	**révéler** レヴェレ	disclose, expose ディスクロウズ, イクスポウズ
ばらばらの **ばらばらの** barabarano	**séparé(e), dispersé(e)** セパレ, ディスペルセ	separate, scattered セパレイト, スキャタド

日	仏	英
パラフィン parafin ^{ぱらふぃん}	**paraffine** *f.* パラフィヌ	paraffin パラフィン
ばら撒く baramaku ^{ばらまく}	**éparpiller** エパルピエ	scatter スキャタ
バランス baransu ^{ばらんす}	**équilibre** *m.* エキリーブル	balance バランス
針 hari ^{はり}	**aiguille** *f.* エギュイーユ	needle ニードル
バリエーション barieeshon ^{ばりえーしょん}	**variation** *f.* ヴァリアシオン	variation ヴェアリエイション
針金 harigane ^{はりがね}	**fil métallique** *m.* フィル メタリック	wire ワイア
貼り紙 harigami ^{はりがみ}	**affiche** *f.* アフィシュ	bill, poster ビル, ポウスタ
馬力 bariki ^{ばりき}	**cheval-vapeur** *m.* シュヴァルヴァプール	horsepower ホースパウア
張り切る harikiru ^{はりきる}	**avoir de l'entrain** アヴォワール ドゥ ラントラン	(be) vigorous (ビ) ヴィゴラス
バリトン bariton ^{ばりとん}	**baryton** *m.* バリトン	baritone バリトウン
春 haru ^{はる}	**printemps** *m.* プランタン	spring スプリング
張る (伸ばす) haru ^{はる}	**tendre, étendre** タンドル, エタンドル	stretch, extend ストレチ, イクステンド
貼る haru ^{はる}	**coller, mettre** コレ, メットル	stick, put on スティク, プト オン
遥かな harukana ^{はるかな}	**lointain(e)** ロワンタン(-テヌ)	distant, far-off ディスタント, ファーロフ
遥かに (遠くに) harukani ^{はるかに}	**loin, au loin** ロワン, オ ロワン	far, far away ファー, ファー アウェイ

は

日	仏	英
はるばる **遥々** harubaru	**de loin** ドゥ ロワン	all the way from **オー**ル ザ **ウェ**イ フラム
ばるぶ **バルブ** barubu	**valve** *f.* ヴァルヴ	valve **ヴァ**ルヴ
ぱるぷ **パルプ** parupu	**pâte** *f.*, **pulpe** *f.* パート, ピュルプ	pulp **パ**ルプ
はれ **晴れ** hare	**beau temps** *m.* ボー タン	fine weather **ファ**イン **ウェ**ザ
ばれえ **バレエ** baree	**ballet** *m.* バレ	ballet **バ**レイ
ぱれーど **パレード** pareedo	**défilé** *m.*, **parade** *f.* デフィレ, パラド	parade パ**レ**イド
ばれーぼーる **バレーボール** bareebooru	**volley-ball** *m.* ヴォレボル	volleyball **ヴァ**リボール
はれつする **破裂する** haretsusuru	**éclater, exploser** エクラテ, エクスプロゼ	explode, burst イクス**プロ**ウド, **バ**ースト
ぱれっと **パレット** paretto	**palette** *f.* パレット	palette **パ**レト
ばれりーな **バレリーナ** bareriina	**ballerine** *f.* バルリヌ	ballerina バレ**リ**ーナ
はれる **晴れる** (空が) hareru	**s'éclaircir** セクレルシール	clear up **クリ**ア **ア**プ
(疑いが)	**se dissiper** ス ディシペ	(be) cleared (ビ) **クリ**アド
はれる **腫れる** hareru	**s'enfler, se gonfler** サンフレ, ス ゴンフレ	(become) swollen (ビカム) ス**ウォ**ウルン
ばれる **ばれる** bareru	**se découvrir, se dévoiler** ス デクヴリール, ス デヴォワレ	(be) exposed, come to light (ビ) イクス**ポ**ウズド, **カ**ム トゥ **ラ**イト

日	仏	英
ばろっく **バロック** barokku	**baroque** *m.* バロック	Baroque バロウク
ぱろでぃー **パロディー** parodii	**parodie** *f.* パロディ	parody パロディ
ばろめーたー **バロメーター** baromeetaa	**baromètre** *m.* バロメートル	barometer バラミタ
はわい **ハワイ** hawai	**Hawaï** *f.pl.* アワイ	Hawaii ハワイイー
はん **判** han	**cachet** *m.*, **sceau** *m.* カシェ, ソー	(personal) seal, seal, stamp (パーソナル) **ス**ィール, **ス**ィール, ス**タ**ンプ
ばん **晩** ban	**soir** *m.*, **nuit** *f.* ソワール, ニュイ	evening, night **イ**ーヴニング, **ナ**イト
ぱん **パン** pan	**pain** *m.* パン	bread ブレド
～屋	**boulangerie** *f.* ブランジュリ	bakery **ベ**イカリ
はんい **範囲** han-i	**étendue** *f.*, **domaine** *m.* エタンデュ, ドメーヌ	limit, sphere **リ**ミト, ス**フ**ィア
はんいご **反意語** han-igo	**antonyme** *m.* アントニム	antonym **ア**ントニム
はんえい **繁栄** han-ei	**prospérité** *f.* プロスペリテ	prosperity プラス**ペ**リティ
～する	**prospérer** プロスペレ	(be) prosperous (ビ) プ**ラ**スペラス
はんが **版画** hanga	**estampe** *f.*, **gravure** *f.* エスタンプ, グラヴュール	print, woodcut プリント, **ウ**ドカト
はんがー **ハンガー** hangaa	**cintre** *m.* サントル	(coat) hanger (コウト) **ハ**ンガ

日	仏	英
はんかがい **繁華街** hankagai	**rue animée** *f.* リュ アニメ	busy street ビズィ ストリート
はんがく **半額** hangaku	**demi-tarif** *m.* ドゥミタリフ	half price ハーフ プライス
はんかち **ハンカチ** hankachi	**mouchoir** *m.* ムショワール	handkerchief ハンカチフ
はんがりー **ハンガリー** hangarii	**Hongrie** *f.* オングリ	Hungary ハンガリ
はんかん **反感** hankan	**antipathie** *f.* アンティパティー	antipathy アンティパスィ
はんぎゃくする **反逆する** hangyakusuru	**se rebeller** ス ルベレ	rebel リベル
はんきょう **反響** hankyou	**écho** *m.*, **résonance** *f.* エコー, レゾナンス	echo エコウ
ぱんく **パンク** panku	**crevaison** *f.* クルヴェゾン	puncture, flat tire パンクチャ, フラト タイア
ばんぐみ **番組** bangumi	**programme** *m.* プログラム	program, ⑧pro- gramme プロウグラム, プロウグラム
ばんぐらでしゅ **バングラデシュ** banguradeshu	**Bangladesh** *m.* バングラデシュ	Bangladesh バングラデシュ
はんぐりーな **ハングリーな** hanguriina	**affamé(e)** アファメ	hungry ハングリ
はんけい **半径** hankei	**rayon** *m.* レイヨン	radius レイディアス
はんげき **反撃** hangeki	**contre-attaque** *f.* コントラタック	counterattack カウンタラタク
～する	**contre-attaquer** コントラタッケ	strike back ストライク バク

日	仏	英
はんけつ **判決** hanketsu	**jugement** *m.*, **sentence** *f.* ジュジュマン, サンタンス	judgment **ヂャ**ヂメント
はんげつ **半月** hangetsu	**demi-lune** *f.* ドゥミリュヌ	half-moon **ハ**フムーン
はんご **反語** hango	**antiphrase** *f.* アンティフラーズ	rhetorical question リ**ト**リカル ク**ウェ**スチョン
ばんごう **番号** bangou	**numéro** *m.* ニュメロ	number **ナ**ンバ
はんこうする **反抗する** hankousuru	**résister, s'opposer** *à* レジステ, ソポゼア	resist, oppose リ**ジ**スト, オ**ポ**ウズ
はんざい **犯罪** hanzai	**crime** *m.* クリム	crime ク**ラ**イム
～者	**criminel(*le*)** *m.f.* クリミネル	criminal ク**リ**ミナル
はんさむな **ハンサムな** hansamuna	**beau** ボー	handsome **ハ**ンサム
はんさよう **反作用** hansayou	**réaction** *f.* レアクシオン	reaction リ**ア**クション
はんじ **判事** hanji	**juge** *m.* ジュージュ	judge **ヂャ**ヂ
はんしゃ **反射** hansha	**réflexion** *f.*, **reflet** *m.* レフレクシオン, ルフレ	reflection, reflex リフ**レ**クション, **リ**ーフレクス
～する	**réfléchir** レフレシール	reflect リフ**レ**クト
はんじゅくたまご **半熟卵** hanjukutamago	**œuf à la coque** *m.* ウフ ア ラ コック	soft-boiled egg **ソ**フトボイルド **エ**グ
はんしょく **繁殖** hanshoku	**reproduction** *f.*, **prolifé-** **ration** *f.* ルプロデュクシオン, プロリフェラシオン	propagation プラパ**ゲ**イション

は

日	仏	英
〜する	**se reproduire** ス ルプロデュイール	propagate プラパゲイト
はんすと **ハンスト** hansuto	**grève de la faim** *f.* グレーヴ ドゥラ ファン	hunger strike ハンガ ストライク
はんする **反する** hansuru	**(être) contraire** *à* (エートル) コントレール ア	(be) contrary to (ビ) カントレリ トゥ
はんせいする **反省する** hanseisuru	**réfléchir** *sur* レフレシール シュール	reflect on one's actions リフレクト オン アクションズ
ばんそう **伴奏** bansou	**accompagnement** *m.* アコンパニュマン	accompaniment アカンパニメント
〜する	**accompagner** アコンパニェ	accompany アカンパニ
ばんそうこう **絆創膏** bansoukou	**sparadrap** *m.*, **pansement** *m.* スパラドラ, パンスマン	adhesive bandage アドヒースィヴ バンディヂ
はんそく **反則** (スポーツなどの) hansoku	**faute** *f.* フォット	foul ファウル
はんそで **半袖** hansode	**manches courtes** *f.pl.* マンシュ クルト	short sleeves ショート スリーヴズ
はんたー **ハンター** hantaa	**chasseur(se)** *m.f.* シャスール(-ズ)	hunter ハンタ
はんたい **反対** (逆の関係) hantai	**contraire** *m.* コントレール	(the) opposite, (the) contrary (ズィ) アポズィト, (ザ) カントレリ
〜側	**l'autre côté** *m.* ロートル コテ	opposite side, other side アポズィト サイド, アザ サイド
(抵抗・異議)	**opposition** *f.*, **objection** *f.* オポジシオン, オブジェクシオン	opposition, objection アポズィション, オブチェクション
〜する	**s'opposer** *à* ソポゼ ア	oppose, object to オポウズ, オブチェクト トゥ

日	仏	英
はんだん **判断** handan	**jugement** *m.* ジュジュマン	judgment **チャ**ヂメント
〜**する**	**juger** ジュジェ	judge **チャ**ヂ
ばんち **番地** banchi	**numéro (de la maison)** *m.* ニュメロ (ドゥ ラ メゾン)	street number ストリート **ナ**ンバ
はんちゅう **範疇** hanchuu	**catégorie** *f.* カテゴリー	category **キャ**ティゴーリ
ぱんつ **パンツ**　（下着の） pantsu	**slip** *m.*, **caleçon** *m.* スリップ, カルソン	briefs, underwear ブリーフス, **ア**ンダウェア
（洋服の）	**pantalon** *m.* パンタロン	pants, trousers パンツ, ト**ラ**ウザズ
はんてい **判定** hantei	**jugement** *m.*, **décision** *f.* ジュジュマン, デシジオン	judgment, decision **チャ**ヂメント, ディス**ィ**ジョン
ぱんてぃー **パンティー** pantii	**culotte** *f.* キュロット	panties **パ**ンティズ
〜**ストッキング**	**collant** *m.* コラン	pantyhose, tights パンティホウズ, **タ**イツ
はんでぃきゃっぷ **ハンディキャップ** handikyappu	**handicap** *m.* アンディカップ	handicap **ハ**ンディキャプ
はんていする **判定する** hanteisuru	**juger** ジュジェ	judge **チャ**ヂ
はんてん **斑点** hanten	**tache** *f.* タッシュ	spot, speck ス**パ**ト, ス**ペ**ク
ばんど **バンド** bando	**ensemble musical** *m.*, **formation musicale** *f.* アンサンブル ミュジカル, フォルマシオン ミュジカル	band **バ**ンド
はんとう **半島** hantou	**péninsule** *f.* ペナンシュル	peninsula ペ**ニ**ンシュラ

日	仏	英
はんどうたい **半導体** handoutai	**semi-conducteur** *m.* スミコンデュクトゥール	semiconductor セミコンダクタ
はんどばっぐ **ハンドバッグ** handobaggu	**sac à main** *m.* サック ア マン	handbag, purse ハンドバグ, パース
はんどぶっく **ハンドブック** handobukku	**manuel** *m.* マニュエル	handbook ハンドブク
はんどる **ハンドル** （自転車の） handoru	**guidon** *m.* ギドン	handlebars ハンドルバーズ
（自動車の）	**volant** *m.* ヴォラン	steering wheel スティアリング (ホ)ウィール
はんにち **半日** hannichi	**demi-journée** *f.* ドゥミジュルネ	half a day ハフ ア デイ
はんにん **犯人** hannin	**auteur(e)** *m.f.*, **criminel(le)** *m.f.* オトゥール, クリミネル	offender, criminal オフェンダ, クリミナル
ばんねん **晩年** bannen	**dernières années** *f.pl.* デルニエール ザネ	last years ラスト イアズ
はんのう **反応** hannou	**réaction** *f.*, **effet** *m.* レアクシオン, エフェ	reaction, response リアクション, リスパンス
〜する	**réagir à** レアジール ア	react to, respond to リアクト トゥ, リスパンド トゥ
ばんのうの **万能の** bannouno	**polyvalent(e)** ポリヴァラン(ト)	all-around, univer- sally talented オールアラウンド, ユーニヴァー サリ タレンテド
ばんぱー **バンパー** banpaa	**pare-chocs** *m.* パルショック	bumper バンパ
はんばーがー **ハンバーガー** hanbaagaa	**hamburger** *m.* アンブルグール	hamburger ハンバーガ
はんばい **販売** hanbai	**vente** *f.* ヴァント	sale セイル

日	仏	英
～する	**vendre** ヴァンドル	sell, deal in セル, ディール イン
ばんぱく **万博** banpaku	**exposition universelle** *f.* エクスポジシオン ユニヴェルセル	Expo エクスポウ
はんぱつする **反発する** hanpatsusuru	**repousser, rejeter** ルプセ, ルジュテ	repulse, repel リパルス, リペル
はんぱな **半端な** hanpana	**dépareillé(e)** デパレイエ	odd, incomplete アド, インコンプリート
はんぷくする **反復する** hanpukusuru	**répéter** レペテ	repeat リピート
ぱんぷす **パンプス** panpusu	**escarpins** *m.pl.* エスカルパン	pumps パンプス
ぱんふれっと **パンフレット** panfuretto	**brochure** *f.*, **dépliant** *m.* ブロシュール, デプリアン	pamphlet, bro- chure パンフレト, ブロウ**シュ**ア
はんぶん **半分** hanbun	**moitié** *f.* モワティエ	half ハフ
はんまー **ハンマー** hanmaa	**marteau** *m.* マルトー	hammer ハマ
～投げ	**lancer du marteau** *m.* ランセ デュ マルトー	hammer throw ハマ ス**ロ**ウ
はんもく **反目** hanmoku	**antagonisme** *m.* アンタゴニスム	antagonism アン**タ**ゴニズム
はんらん **反乱** hanran	**rébellion** *f.*, **révolte** *f.* レベリオン, レヴォルト	revolt リ**ヴォ**ウルト
はんらんする **氾濫する** hanransuru	**inonder, déborder** イノンデ, デボルデ	flood, overflow フラド, オウヴァフ**ロ**ウ
はんれい **凡例** hanreï	**remarque préliminaire** *f.*, **notes explicatives** *f.pl.* ルマルク プレリミネール, ノート エクスプリカ ティヴ	explanatory notes イクスプ**ラ**ナトーリ **ノ**ウツ

日	仏	英

はんろん
反論
hanron

réfutation *f.*
レフュタシオン

refutation
レフュテイション

〜する

réfuter, s'opposer *à*
レフュテ, ソポゼ ア

argue against
アーギュー アゲンスト

ひ, ヒ

ひ
火
hi

feu *m.*
フー

fire
ファイア

ひ
日 （太陽・日光）
hi

soleil *m.*, **lumière du so-leil** *f.*
ソレイユ, リュミエール デュ ソレイユ

sun, sunlight
サン, サンライト

（日にち）

jour *m.*, **date** *f.*
ジュール, ダット

day, date
デイ, デイト

び
美
bi

beauté *f.*
ボテ

beauty
ビューティ

ひあい
悲哀
hiai

tristesse *f.*
トリステス

sadness
サドネス

ぴあす
ピアス
piasu

boucles d'oreille *f.pl.*, **piercing** *m.*
ブクル ドレイユ, ピルシング

(pierced) earrings
（ピアスト）イアリングズ

ひあたりのよい
日当たりのよい
hiatarinoyoi

ensoleillé(e)
アンソレイエ

sunny
サニ

ぴあにすと
ピアニスト
pianisuto

pianiste *m.f.*
ピアニスト

pianist
ピアニスト

ぴあの
ピアノ
piano

piano *m.*
ピアノ

piano
ピアーノウ

ひありんぐ
ヒアリング
hiaringu

compréhension orale *f.*
コンプレアンシオン オラル

listening compre-hension
リスニング カンプリヘンション

（公聴会）

audition publique *f.*
オディシオン ピュブリック

public hearing
パブリック ヒアリング

日	仏	英
ひいきする **ひいきする** hiikisuru	**favoriser** ファヴォリゼ	favor, patronage **フェ**イヴァ, **パ**トラニヂ
ぴーく **ピーク** piiku	**point culminant** *m.*, **sommet** *m.* ポワン キュルミナン, ソメ	peak **ピ**ーク
びいしき **美意識** biishiki	**sens esthétique** *m.* サンス エステティック	sense of beauty, esthetic sense **セ**ンス オヴ **ビュ**ーティ, エス**セ**ティック **セ**ンス
びーず **ビーズ** biizu	**perle de verre** *f.* ペルル ドゥ ヴェール	beads **ビ**ーヅ
ひーたー **ヒーター** hiitaa	**radiateur** *m.* ラディアトゥール	heater **ヒ**ータ
ぴーなつ **ピーナツ** piinatsu	**cacahouète** *f.* カカウエット	peanut **ピ**ーナト
びーふ **ビーフ** biifu	**bœuf** *m.* ブフ	beef **ビ**ーフ
ぴーまん **ピーマン** piiman	**poivron** *m.* ポワヴロン	green pepper, bell pepper グ**リ**ーン **ペ**パ, **ベ**ル **ペ**パ
びーる **ビール** biiru	**bière** *f.* ビエール	beer **ビ**ア
ひーろー **ヒーロー** hiiroo	**héros** *m.* エロ	hero **ヒ**アロウ
ひえこむ **冷え込む** hiekomu	**se refroidir, geler** ス ルフロワディール, ジュレ	(get) very cold (ゲト) **ヴェ**リ **コ**ウルド
ひえる **冷える** hieru	**refroidir, attraper froid** ルフロワディール, アトラペ フロワ	(get) cold (ゲト) **コ**ウルド
びえん **鼻炎** bien	**inflammation nasale** *f.* アンフラマシオン ナザル	nasal inflammation **ネ**イザル インフラ**メ**イション
びおら **ビオラ** biora	**violon alto** *m.* ヴィオロン アルト	viola **ヴァ**イオラ

日	仏	英
ひがい **被害** higai	**dommage** *m.*, **dégâts** *m.pl.* ドマージュ, デガ	damage ダミヂ
～者	**victime** *f.* ヴィクティム	sufferer, victim サファラ, ヴィクティム
ひかえ **控え** （覚書） hikae	**note** *f.* ノート	note ノウト
（写し）	**copie** *f.* コピー	copy, duplicate カピ, デュープリケト
（予備）	**réserve** *f.* レゼルヴ	reserve リザーヴ
ひかえめな **控えめな** hikaemena	**modéré(e)** モデレ	moderate, unas-suming マダレト, アナスューミング
ひかえる **控える** （自制する） hikaeru	**s'abstenir** *de* サプストゥニール ドゥ	refrain from リフレイン フラム
（書き留める）	**noter** ノテ	write down ライト ダウン
（待機する）	**attendre** アタンドル	wait ウェイト
ひかく **比較** hikaku	**comparaison** *f.* コンパレゾン	comparison コンパリスン
～する	**comparer** コンパレ	compare コンペア
びがく **美学** bigaku	**esthétique** *f.* エステティック	aesthetics エスセティクス
ひかげ **日陰** hikage	**ombre** *f.* オンブル	shade シェイド
ひがさ **日傘** higasa	**parasol** *m.* パラソル	sunshade, parasol サンシェイド, パラソル

日	仏	英
ひがし **東** higashi	**est** *m.* エスト	east **イ**ースト
ひがしがわ **東側** higashigawa	**côté est** *m.* コテ エスト	east side **イ**ースト **サ**イド
ひがしはんきゅう **東半球** higashihankyuu	**hémisphère oriental** *m.* エミスフェール オリアンタル	Eastern Hemisphere **イ**ースタン **ヘ**ミスフィア
ぴかぴかする **ぴかぴかする** pikapikasuru	**scintillant(e), étincelant(e)** サンティアン(ト), エタンスラン(ト)	sparkly, glittering ス**パ**ークリ, グ**リ**タリング
ひかり **光** hikari	**lumière** *f.*, **rayon** *m.* リュミエール, レイヨン	light, ray **ラ**イト, **レ**イ
ひかる **光る** hikaru	**briller, luire** ブリエ, リュイール	shine, flash **シャ**イン, フ**ラ**シュ
ひかれる **引かれる** hikareru	**(être) attiré(e)** *par* (エートル) アティレ パール	(be) charmed with (ビ) **チャ**ームド ウィズ
ひかんする **悲観する** hikansuru	**(être) pessimiste** *à propos de* (エートル) ペシミスト ア プロポ ドゥ	(be) pessimistic about (ビ) ペシ**ミ**スティク ア**バ**ウト
ひかんてきな **悲観的な** hikantekina	**pessimiste** ペシミスト	pessimistic ペシ**ミ**スティク
ひきあげる **引き上げる** （高くする） hikiageru	**augmenter, relever** オグマンテ, ルルヴェ	raise **レ**イズ
（上げる）	**relever** ルルヴェ	pull up プル **ア**プ
ひきあげる **引き揚げる** hikiageru	**rentrer, se retirer** ラントレ, ス ルティレ	return, pull out リ**タ**ーン, プル **ア**ウト
ひきいる **率いる** hikiiru	**mener, diriger** ムネ, ディリジェ	lead, conduct **リ**ード, **カ**ンダクト
ひきうける **引き受ける** （受け入れる） hikiukeru	**accepter** アクセプテ	accept アク**セ**プト

ひ

日	仏	英
（担当する）	**s'occuper** *de* ソキュペ ドゥ	undertake アンダ**テ**イク
ひきおこす **引き起こす** hikiokosu	**causer, provoquer** コーゼ, プロヴォケ	cause **コ**ーズ
ひきかえ **引き換え** hikikae	**échange** *m.* エシャンジュ	exchange イクス**チェ**インヂ
ひきかえす **引き返す** hikikaesu	**retourner** ルトゥルネ	return, turn back リ**タ**ーン, **タ**ーン バク
ひきがね **引き金** hikigane	**gâchette** *f.*, **détonateur** *m.* ガシェット, デトナトゥール	trigger ト**リ**ガ
ひきさく **引き裂く** hikisaku	**déchirer** デシレ	tear up **テ**ア **ア**プ
ひきさげる **引き下げる** （下げる） hikisageru	**abaisser** アベセ	pull down **プ**ル **ダ**ウン
（減らす）	**réduire** レデュイール	reduce リ**デュ**ース
ひきざん **引き算** hikizan	**soustraction** *f.* スストラクシオン	subtraction サブト**ラ**クション
ひきしお **引き潮** hikishio	**marée basse** *f.* マレ バス	ebb tide **エ**ブ **タ**イド
ひきしめる **引き締める** hikishimeru	**serrer, tendre** セレ, タンドル	tighten **タ**イトン
ひきずる **引きずる** hikizuru	**traîner** トレネ	trail, drag ト**レ**イル, ド**ラ**グ
ひきだし **引き出し**（家具の） hikidashi	**tiroir** *m.* ティロワール	drawer ド**ロ**ーア
（預金の）	**retrait** *m.* ルトレ	withdrawal ウィズド**ロ**ーアル

日	仏	英
ひきだす **引き出す** （中にある物を） hikidasu	**tirer, retirer** ティレ, ルティレ	draw out ドロー **アウト**
（預金を）	**retirer** ルティレ	withdraw ウィズ**ドロー**
ひきつぐ **引き継ぐ** （人から） hikitsugu	**succéder** à シュクセデア	succeed, take over サク**スィード**, **テイク オ**ウヴァ
（人に）	**remettre** à ルメットル ア	hand over ハンド **オ**ウヴァ
ひきとめる **引き止める** hikitomeru	**retenir** ルトゥニール	keep, stop **キープ**, ス**タプ**
ひきとる **引き取る** hikitoru	**retirer** ルティレ	receive, claim リ**スィーヴ**, ク**レイム**
ひきにく **挽き肉** hikiniku	**hachis** *m.*, **viande hachée** *f.* アシ, ヴィアンド アシェ	ground meat, minced meat グ**ラウンド ミー**ト, **ミンスト** **ミー**ト
ひきにげ **轢き逃げ** hikinige	**délit de fuite** *m.* デリ ドゥ フュイット	hit and run **ヒト** アンド **ラン**
ひきぬく **引き抜く** hikinuku	**arracher** アラシェ	pull out **プル アウト**
ひきのばす **引き伸ばす** （拡大する） hikinobasu	**agrandir** アグランディール	enlarge イン**ラーヂ**
（長くする）	**prolonger, allonger** プロロンジェ, アロンジェ	stretch スト**レ**チ
ひきはらう **引き払う** hikiharau	**partir** パルティール	vacate, move out **ヴェイ**ケイト, **ムーヴ アウト**
ひきょうな **卑怯な** hikyouna	**déloyal(e), vil(e)** デロワイアル, ヴィル	foul, underhanded **ファウル**, アンダ**ハン**デド
ひきわけ **引き分け** hikiwake	**match nul** *m.* マッチ ニュル	draw, tie ド**ロー**, **タ**イ

日	仏	英
ひきわたす **引き渡す** hikiwatasu	**livrer, délivrer** リヴレ, デリヴレ	hand over, deliver ハンド **オ**ウヴァ, ディ**リ**ヴァ
ひく **引く** (引っ張る) hiku	**tirer** ティレ	pull, draw **プ**ル, **ド**ロー
(差し引く)	**soustraire** ススト**レ**ール	deduct ディ**ダ**クト
(参照する)	**consulter** コンシュルテ	consult コン**サ**ルト
(設置する)	**installer** アンスタレ	install インス**ト**ール
ひく **轢く** hiku	**renverser, écraser** ランヴェルセ, エクラゼ	run over, hit **ラ**ン **オ**ウヴァ, **ヒ**ット
ひく **弾く** hiku	**jouer** ジュエ	play **プ**レイ
ひくい **低い** (位置が) hikui	**bas(se)** バ(ス)	low **ロ**ウ
(背が)	**petit(e)** プティ(ット)	short **ショ**ート
ひくつな **卑屈な** hikutsuna	**servile** セルヴィル	servile **サ**ーヴァル
びくびくする **びくびくする** bikubikusuru	**avoir peur** *de* アヴォワール プール ドゥ	(be) scared of (ビ) ス**ケ**アド オヴ
ピクルス **ピクルス** pikurusu	**cornichons** *m.pl.*, **conserves au vinaigre** *f.pl.* コルニション, コンセルヴ ゾ ヴィネーグル	pickles **ピ**クルズ
ひぐれ **日暮れ** higure	**soir** *m.*, **crépuscule** *m.* ソワール, クレピュスキュール	evening, dusk **イ**ーヴニング, **ダ**スク
ひげ **ひげ** (口の) hige	**moustache** *f.* ムスタシュ	mustache **マ**スタシュ

日	仏	英
（頬の）	**favoris** *m.pl.* ファヴォリ	side whiskers **サイ**ド (ホ)**ウィ**スカズ
（顎の）	**barbe** *f.* バルブ	beard **ビ**アド
（動物の）	**moustache** *f.* ムスタシュ	whiskers (ホ)**ウィ**スカズ
ひげき **悲劇** higeki	**tragédie** *f.* トラジェディ	tragedy ト**ラ**ヂェディ
ひげする **卑下する** higesuru	**s'humilier** シュミリエ	humble oneself **ハ**ンブル
ひけつ **秘訣** hiketsu	**secret** *m.* スクレ	secret **ス**ィークレト
ひけつする **否決する** hiketsusuru	**rejeter** ルジュテ	reject リ**ヂェ**クト
ひご **庇護** higo	**protection** *f.* プロテクシオン	protection プロ**テ**クション
〜する	**protéger** プロテジェ	protect プロ**テ**クト
ひこう **飛行** hikou	**vol** *m.* ヴォル	flight フ**ラ**イト
〜機	**avion** *m.* アヴィオン	airplane, plane **エ**アプレイン, プ**レ**イン
ひこうしきの **非公式の** hikoushikino	**officieux(*se*), informel(*le*)** オフィシュー(ズ), アンフォルメル	unofficial, infor- mal アナ**フィ**シャル, イン**フォ**ーマ ル
びこうする **尾行する** bikousuru	**filer, suivre** フィレ, スイーヴル	follow **ファ**ロウ
ひごうほうの **非合法の** higouhouno	**illégal(*e*), illicite** イレガル, イリシット	illegal イ**リ**ーガル

日	仏	英
ひこく **被告** hikoku	**accusé(e)** *m.f.* アキュゼ	defendant, (the) accused ディフェンダント, (ズィ) アキューズド
ひこようしゃ **被雇用者** hikoyousha	**employé(e)** *m.f.* アンプロワイエ	employee インプロイイー
ひごろ **日頃** higoro	**d'habitude, toujours** ダビテュード, トゥジュール	usually, always ユージュアリ, オールウェイズ
ひざ **膝** hiza	**genou** *m.* ジュヌ	knee, lap ニー, ラプ
びざ **ビザ** biza	**visa** *m.* ヴィザ	visa ヴィーザ
ひさいしゃ **被災者** hisaisha	**victime** *f.*, **sinistré(e)** *m.f.* ヴィクティム, シニストレ	victim, sufferer ヴィクティム, サファラ
ひさいする **被災する** hisaisuru	**(être) frappé(e) par une catastrophe** (エートル) フラペ パール ユヌ カタストロフ	suffer a disaster サファー ア ディザスタ
ひさいち **被災地** hisaichi	**zones sinistrées** *f.pl.* ゾーヌ シニストレ	disaster-stricken area ディザスターストリクン エアリア
ひさし **庇** （建物の） hisashi	**auvent** *m.* オヴァン	eaves イーヴズ
（帽子の）	**visière** *f.* ヴィジエール	visor ヴァイザ
ひざし **日差し** hizashi	**lumière du soleil** *f.* リュミエール デュ ソレイユ	sunlight サンライト
ひさしぶりに **久し振りに** hisashiburini	**après une longue période** アプレ ユヌ ロング ペリオド	after a long time アフタ ア ローング タイム
ひざまずく **ひざまずく** hizamazuku	**s'agenouiller** サジュヌイエ	kneel down ニール ダウン
ひさんな **悲惨な** hisanna	**misérable, minable** ミゼラーブル, ミナーブル	miserable, wretched ミゼラブル, レチド

日	仏	英
ひじ **肘** hiji	**coude** *m.* クード	elbow エルボウ
ひしがた **菱形** hishigata	**losange** *m.* ロザンジュ	rhombus, diamond shape, lozenge ランバス, ダイアモンド シェイプ, ラズィンヂ
びじねす **ビジネス** bijinesu	**affaires** *f.pl.* アフェール	business ビズネス
～マン	**homme d'affaires** *m.* オム ダフェール	businessman ビズネスマン
ひじゅう **比重** hijuu	**poids spécifique** *m.* ポワ スペシフィック	specific gravity スピスィフィク グラヴィティ
びじゅつ **美術** bijutsu	**art** *m.*, **beaux-arts** *m.pl.* アール, ボザール	art, fine arts アート, ファイン アーツ
～館	**musée d'art** *m.* ミュゼ ダール	art museum アート ミューズィアム
ひじゅんする **批准する** hijunsuru	**ratifier** ラティフィエ	ratify ラティファイ
ひしょ **秘書** hisho	**secrétaire** *m.f.* スクレテール	secretary セクレテリ
ひじょう **非常** hijou	**urgence** *f.* ユルジャンス	emergency イマーヂェンスィ
ひじょうかいだん **非常階段** hijoukaidan	**escalier de secours** *m.* エスカリエ ドゥ スクール	emergency staircase イマーヂェンスィ ステアケイス
ひじょうきんの **非常勤の** hijoukinno	**à mi-temp, à temps partiel** ア ミタン, ア タン パルシエル	part-time パートタイム
ひじょうぐち **非常口** hijouguchi	**porte de secours** *f.* ポルト ドゥ スクール	emergency exit イマーヂェンスィ エグズィト
ひじょうしきな **非常識な** hijoushikina	**absurde, insensé(e)** アプシュルド, アンサンセ	absurd, unreasonable アブサード, アンリーズナブル

ひ

日	仏	英
ひじょうな **非常な** hijouna	**extraordinaire** エクストラオルディネール	unusual アニュージュアル
ひじょうな **非情な** hijouna	**sans cœur, sans pitié** サン クール, サン ピティエ	heartless ハートレス
ひじょうに **非常に** hijouni	**très, beaucoup** トレ, ボクー	very, unusually ヴェリ, アニュージュアリ
ひしょち **避暑地** hishochi	**station estivale** *f.* スタシオン エスティヴァル	summer resort サマ リゾート
びじん **美人** bijin	**belle femme** *f.*, **beauté** *f.* ベル ファム, ボテ	beauty ビューティ
ひすてりっくな **ヒステリックな** hisuterikkuna	**hystérique** イステリック	hysterical ヒステリカル
ぴすとる **ピストル** pisutoru	**pistolet** *m.* ピストレ	pistol ピストル
ぴすとん **ピストン** pisuton	**piston** *m.* ピストン	piston ピストン
ひずむ **歪む** hizumu	**se déformer** ス デフォルメ	(be) warped (ビ) ウォープト
びせいぶつ **微生物** biseibutsu	**microorganisme** *m.*, **mi-crobe** *m.* ミクロオルガニスム, ミクロブ	microbe, microor-ganism マイクロウブ, マイクロウオーガニズム
ひそ **砒素** hiso	**arsenic** *m.* アルスニック	arsenic アースニク
ひぞう **脾臓** hizou	**rate** *f.* ラット	spleen スプリーン
ひそかな **密かな** hisokana	**secret(ète)** スクレ(ット)	secret, private スィークレト, プライヴェト
ひだ **ひだ** hida	**pli** *m.*, **plissé** *m.* プリ, プリセ	fold フォウルド

日	仏	英
ひたい **額** hitai	**front** *m.* フロン	forehead **フォー**レド
ひたす **浸す** hitasu	**tremper** *dans* トランペ ダン	soak in, dip in **ソ**ウク イン, **デ**ィプ イン
びたみん **ビタミン** bitamin	**vitamine** *f.* ヴィタミヌ	vitamin **ヴァ**イタミン
ひだり **左** hidari	**gauche** *f.* ゴーシュ	left **レ**フト
ひだりがわ **左側** hidarigawa	**côté gauche** *m.* コテ ゴーシュ	left side **レ**フト **サ**イド
ひつうな **悲痛な** hitsuuna	**déchirant(e), doulou- reux(se)** デシラン(ト), ドゥルルー(ズ)	grievous, sorrow- ful グリーヴァス, **サ**ロウフル
ひっかかる **引っ掛かる** hikkakaru	**s'accrocher** *à*, **se prendre** *dans* サクロシェ ア, ス プランドル ダン	get caught in **ゲ**ト **コ**ート イン
ひっかく **引っ掻く** hikkaku	**gratter** グラテ	scratch スク**ラ**チ
ひっかける **引っ掛ける** hikkakeru	**accrocher, pendre** アクロシェ, パンドル	hang **ハ**ング
ひっきしけん **筆記試験** hikkishiken	**examen écrit** *m.* エグザマン エクリ	written examina- tion **リ**トン イグ**ザ**ミ**ネ**イション
ひっくりかえす **ひっくり返す** hikkurikaesu	**renverser, retourner** ランヴェルセ, ルトゥルネ	knock over, over- turn **ナ**ク **オ**ウヴァ, **オ**ウヴァ**タ**ーン
ひっくりかえる **ひっくり返る** （倒れる） hikkurikaeru	**tomber** トンベ	fall over **フ**ォール **オ**ウヴァ
（さかさまになる）	**se renverser, se retour- ner** ス ランヴェルセ, ス ルトゥルネ	flip over, overturn フリプ **オ**ウヴァ, **オ**ウヴァ**タ**ー ン
びっくりする **びっくりする** bikkurisuru	**(être) surpris(e)** (エートル) シュルプリ(-リーズ)	(be) surprised (ビ) サプ**ラ**イズド

ひ

日	仏	英
ひづけ **日付** hizuke	**date** *f.* ダット	date デイト
ひっこす **引っ越す** hikkosu	**déménager, emménager** デメナジェ, アンメナジェ	move, remove ムーヴ, リムーヴ
ひっこむ **引っ込む** hikkomu	**se retirer** ス ルティレ	retire リタイア
ひっこめる **引っ込める** hikkomeru	**retirer** ルティレ	take back テイク バク
ぴっころ **ピッコロ** pikkoro	**piccolo** *m.* ピッコロ	piccolo ピコロウ
ひつじ **羊** hitsuji	**mouton** *m.* ムトン	sheep シープ
(子羊)	**agneau** *m.* アニョー	lamb ラム
ひっしの **必死の** hisshino	**désespéré(e)** デゼスペレ	desperate デスパレト
ひっしゅうの **必修の** hisshuuno	**obligatoire** オブリガトワール	compulsory コンパルソリ
ひつじゅひん **必需品** hitsujuhin	**nécessaire** *m.* ネセセール	necessities ネセスィティズ
ひっすの **必須の** hissuno	**indispensable** アンディスパンサーブル	indispensable インディスペンサブル
ひったくる **ひったくる** hittakuru	**arracher** アラシェ	snatch スナチ
ひっちはいく **ヒッチハイク** hicchihaiku	**auto-stop** *m.* オトストップ	hitchhike ヒチハイク
ぴっちゃー **ピッチャー** (水差し) picchaa	**cruche** *f.*, **carafe** *f.* クリュシュ, カラフ	pitcher, Ⓑjug ピチャ, チャグ

日	仏	英
（投手）	**lanceur(se)** *m.f.* ランスール(・ズ)	pitcher ピチャ
ひってきする **匹敵する** hittekisuru	**égaler** エガレ	(be) equal to (ビ) イークワル トゥ
ひっと **ヒット** hitto	**succès** *m.* シュクセ	hit, success ヒト, サクセス
ひっぱくする **逼迫する** hippakusuru	**rencontrer des difficul-tés financières** ランコントレ デ ディフィキュルテ フィナンシエール	(be) under finan-cial difficulties (ビ) アンダ フィナンシャル ディフィカルティズ
ひっぱる **引っ張る** hipparu	**tirer** ティレ	stretch ストレチ
ひつよう **必要** hitsuyou	**nécessité** *f.*, **besoin** *m.* ネセシテ, ブゾワン	necessity, need ネセスィティ, ニード
～な	**nécessaire** ネセセール	necessary ネセセリ
ひていする **否定する** hiteisuru	**nier** ニエ	deny ディナイ
びでお **ビデオ** bideo	**vidéo** *f.* ヴィデオ	video ヴィディオウ
びてきな **美的な** bitekina	**esthétique** エステティック	esthetic エステティク
ひでり **日照り** hideri	**sécheresse** *f.* セシュレス	drought ドラウト
ひでん **秘伝** hiden	**secret** *m.* スクレ	secret スィークレト
ひと **人** （1人の人間） hito	**personne** *f.* ペルソヌ	person, one パースン, ワン
（人類）	**humanité** *f.* ユマニテ	mankind マンカインド

日	仏	英
（他人）	**autres** *m.f.pl.* オートル	others, other people アザズ, アザ ピープル
ひどい **ひどい** hidoi	**cruel(*le*), horrible** クリュエル, オリーブル	cruel, terrible クルエル, テリブル
ひといきで **一息で** hitoikide	**d'un trait** ダントレ	in one breath イン ワン ブレス
ひとがら **人柄** hitogara	**caractère** *m.* カラクテール	character キャラクタ
ひときれ **一切れ** hitokire	**un morceau** *de m.* アン モルソー ドゥ	(a) piece (of) (ア) ピース (オヴ)
びとく **美徳** bitoku	**vertu** *f.* ヴェルテュ	virtue ヴァーチュー
ひとくち **一口** hitokuchi	**(une) bouchée** *f.* (ユヌ) ブッシェ	(a) mouthful (ア) マウスフル
ひとごみ **人混み** hitogomi	**foule** *f.* フール	crowd クラウド
ひとさしゆび **人さし指** hitosashiyubi	**index** *m.* アンデクス	index finger, Ⓑforefinger インデクス フィンガ, フォーフィンガ
ひとしい **等しい** hitoshii	**(être) égal(*e*) *à*** (エートル) エガル ア	(be) equal to (ビ) イークワル トゥ
ひとじち **人質** hitojichi	**otage** *m.f.* オタージュ	hostage ハスティヂ
ひとそろい **一揃い** hitosoroi	**(un) assortiment** *m.*, **(un) lot** *m.* (アン) アソルティマン, (アン) ロ	(a) set (ア) セト
ひとだかり **人だかり** hitodakari	**attroupement** *m.* アトルプマン	crowd クラウド
ひとで **人手** （他人の力） hitode	**aide** *f.* エッド	help, aid ヘルプ, エイド

日	仏	英
（働き手）	**main-d'œuvre** *f.* マンドゥーヴル	hand ハンド
ひとどおりのおおい **人通りの多い** hitodoorinoooi	**animé(e)** アニメ	busy, crowded ビズィ, クラウデド
ひとなつこい **人なつこい** hitonatsukoi	**aimable, amical(e)** エマーブル, アミカル	friendly, amiable フレンドリ, エイミアブル
ひとなみの **人並みの** hitonamino	**ordinaire, moyen(ne)** オルディネール, モワイアン(-エヌ)	ordinary, average オーディネリ, アヴァリヂ
ひとびと **人々** hitobito	**gens** *m.pl.* ジャン	people, men ピープル, メン
ひとまえで **人前で** hitomaede	**en public** アン ピュブリック	in public イン パブリク
ひとみ **瞳** hitomi	**prunelle** *f.* プリュネル	pupil ピューピル
ひとみしりする **人見知りする** hitomishirisuru	**(être) timide, (être) fa-rouche** (エートル) ティミッド, (エートル) ファルッシュ	(be) shy, (be) wary of strangers (ビ) シャイ, (ビ) ウェアリ オヴ ストレインヂャズ
ひとめで **一目で** hitomede	**au premier coup d'œil** オ プルミエ クー ドゥイユ	at a glance アト ア グランス
ひとやすみ **一休み** hitoyasumi	**pause** *f.* ポーズ	rest, break レスト, ブレイク
ひとりごとをいう **独り言を言う** hitorigotowoiu	**monologuer** モノロゲ	talk to oneself トーク トゥ
ひとりっこ **一人っ子** hitorikko	**enfant unique** *m.f.* アンファン ユニック	only child オウンリ チャイルド
ひとりで **一人で** hitoride	**seul(e)** スール	alone, by oneself アロウン, バイ
ひとりぼっちで **独りぼっちで** hitoribocchide	**tout(e) seul(e)** トゥ(ット) スール	alone アロウン

日	仏	英
ひとりよがり **独り善がり** hitoriyogari	**arbitraire** *m.*, **autosatis- faction** *f.* アルビトレール，オトサティスファクシオン	self-satisfaction セルフサティスファクション
ひな **雛** hina	**poussin** *m.* プーサン	chick **チ**ク
ひなたで **日向で** hinatade	**au soleil** オ ソレイユ	in the sun イン ザ **サ**ン
ひなんけいろ **避難経路** hinankeiro	**route d'évacuation** *f.* ルート デヴァキュアシオン	evacuation route イヴァキュ**エ**イション **ル**ート
ひなんじょ **避難所** hinanjo	**refuge** *m.* ルフュージュ	shelter **シェ**ルタ
ひなんする **避難する** hinansuru	**se réfugier** *dans*, **s'abri- ter** *de* ス レフュジエ ダン，サブリテ ドゥ	take refuge **テ**イク レ**フュ**ーヂ
ひなんする **非難する** hinansuru	**blâmer, accuser** ブラメ，アキュゼ	blame, accuse ブ**レ**イム，ア**キュ**ーズ
ひなんをあびる **非難を浴びる** hinanwoabiru	**essuyer des reproches, (être) accusé(e)** *de* エシュイエ デ ルプロシュ，(エートル) アキュゼ ドゥ	(be) accused of (ビ) ア**キュ**ーズド オヴ
びにーる **ビニール** biniiru	**vinyle** *m.* ヴィニル	vinyl **ヴァ**イニル
〜ハウス	**serre en plastique** *f.* セール アン プラスティック	(PVC) greenhouse (ピーヴィー**スィ**ー) グリーンハ ウス
〜袋	**sac plastique** *m.* サック プラスティック	plastic bag プ**ラ**スティク **バ**グ
ひにく **皮肉** hiniku	**ironie** *f.*, **sarcasme** *m.* イロニー，サルカスム	sarcasm, irony **サ**ーキャズム，**ア**イアロニ
〜な	**ironique, sarcastique** イロニック，サルカスティック	sarcastic, ironic サー**キャ**スティク，アイ**ラ**ニク
ひにょうき **泌尿器** hinyouki	**appareil urinaire** *m.* アパレイユ ユリネール	urinary organs **ユ**アリネリ **オ**ーガンズ

日	仏	英
ひにん **避妊** hinin	**contraception** *f.* コントラセプシオン	contraception カントラ**セ**プション
ひにんする **否認する** hininsuru	**nier** ニエ	deny ディ**ナ**イ
びねつ **微熱** binetsu	**légère fièvre** *f.* レジェール フィエーヴル	slight fever スライト **フィ**ーヴァ
ひねる **捻る** hineru	**tordre, tortiller** トルドル, トルティエ	twist, twirl ト**ウィ**スト, ト**ワ**ール
ひのいり **日の入り** hinoiri	**coucher du soleil** *m.* クシェ デュ ソレイユ	sunset **サ**ンセト
ひので **日の出** hinode	**lever du soleil** *m.* ルヴェ デュ ソレイユ	sunrise **サ**ンライズ
ひばな **火花** hibana	**étincelle** *f.* エタンセル	spark ス**パ**ーク
ひばり **雲雀** hibari	**alouette** *f.* アルウェット	lark **ラ**ーク
ひはん **批判** hihan	**critique** *f.* クリティック	criticism ク**リ**ティスィズム
～する	**critiquer** クリティケ	criticize ク**リ**ティサイズ
ひばん **非番** hiban	**en congé** アン コンジェ	off duty **オ**ーフ **デュ**ーティ
ひび **ひび** （割れ目） hibi	**fissure** *f.*, **fêlure** *f.* フィシュール, フェリュール	crack ク**ラ**ク
（皮膚のひび割れ）	**gerçure** *f.* ジェルシュール	chap, crack **チャ**プ, ク**ラ**ク
ひびき **響き** hibiki	**son** *m.* ソン	sound **サ**ウンド
ひびく **響く** hibiku	**sonner, résonner** ソネ, レゾネ	sound, resound **サ**ウンド, リ**ザ**ウンド

日	仏	英
ひひょう **批評** hihyou	**critique** *f.*, **compte rendu** *m.* クリティック, コント ランデュ	criticism, review クリティスィズム, リ**ヴュー**
〜する	**rédiger une critique** レディジェ ユヌ クリティック	criticise, review クリティサイズ, リ**ヴュー**
ひふ **皮膚** hifu	**peau** *f.* ポー	skin スキン
〜科	**dermatologie** *f.* デルマトロジー	dermatology ダーマ**タ**ロディ
びぶん **微分** bibun	**calcul différentiel** *m.* カルキュル ディフェランスィエル	differential (calcu- lus) ディファ**レン**シャル (**キャ**ルキュ ラス)
ひぼうする **誹謗する** hibousuru	**calomnier** カロムニエ	slander ス**ラン**ダ
ひぼんな **非凡な** hibonna	**exceptionnel(*le*)** エクセプスィオネル	exceptional イク**セプ**ショナル
ひま **暇** hima	**temps** *m.*, **loisir** *m.* タン, ロワジール	leisure, spare time **リー**ジャ, ス**ペ**ア **タ**イム
〜な	**libre** リーブル	free, not busy フ**リー**, ナト ビ**ズ**ィ
ひまご **曾孫** himago	**arrière-petit(*e*)-fils(*fille*)** *m.f.* アリエールプティ(ット)フィス(フィーユ)	great-grandchild グレイトグ**ラン**チャイルド
ひまん **肥満** himan	**obésité** *f.* オベジテ	obesity オウ**ビー**スィティ
ひみつ **秘密** himitsu	**secret** *m.* スクレ	secret ス**ィー**クレト
〜の	**secret(*ète*)** スクレ(ット)	secret ス**ィー**クレト
びみょうな **微妙な** bimyouna	**subtil(*e*), délicat(*e*)** シュプティル, デリカ(ット)	subtle, delicate **サ**トル, デ**リ**ケト

日	仏	英
ひめい **悲鳴** himei	**cri** *m.* クリ	scream, shriek スクリーム, シュリーク
～を上げる	**pousser des cris** プセ デ クリ	scream, shriek スクリーム, シュリーク
ひめんする **罷免する** himensuru	**destituer** デスティテュエ	dismiss ディスミス
ひも **紐** himo	**ficelle** *f.*, **cordon** *m.* フィセル, コルドン	string, cord ストリング, コード
ひもと **火元** himoto	**foyer de l'incendie** *m.* フォワイエ ドゥ ランサンディ	origin of a fire オリヂン オヴ ア ファイア
ひやかす **冷やかす** hiyakasu	**taquiner, se moquer** *de* タキネ, ス モケ ドゥ	banter, tease バンタ, ティーズ
ひゃく **百** hyaku	**cent** サン	hundred ハンドレド
ひゃくする **飛躍する** hiyakusuru	**sauter** ソテ	leap, jump リープ, チャンプ
ひゃくまん **百万** hyakuman	**million** *m.* ミリオン	million ミリオン
びゃくや **白夜** byakuya	**soleil de minuit** *m.* ソレイユ ドゥ ミニュイ	midnight sun ミドナイト サン
ひやけ **日焼け** hiyake	**bronzage** *m.* ブロンザージュ	suntan サンタン
～する	**bronzer** ブロンゼ	(get) suntanned, get a suntan (ゲト) サンタンド, ゲト ア サ ンタン
～止め	**écran solaire** *m.* エクラン ソレール	sunscreen サンスクリーン
ひやす **冷やす** hiyasu	**refroidir, rafraîchir** ルフロワディール, ラフレシール	cool, ice クール, アイス

ひ

日	仏	英
ひゃっかじてん **百科事典** hyakkajiten	**encyclopédie** *f.* アンシクロペディ	encyclopedia インサイクロウピーディア
ひややかな **冷ややかな** hiyayakana	**froid(e), indifférent(e)** フロワ(ド), アンディフェラン(ト)	cold, indifferent コウルド, インディファレント
ひゆ **比喩** hiyu	**figure de rhétorique** *f.* フィギュール ドゥ レトリック	figure of speech フィギャ オヴ スピーチ
～的な	**figuré(e)** フィギュレ	figurative フィギュラティヴ
（暗喩）	**métaphore** *f.* メタフォール	metaphor メタフォー
ひゅーず **ヒューズ** hyuuzu	**fusible** *m.* フュジーブル	fuse フューズ
ひゅーまにずむ **ヒューマニズム** hyuumanizumu	**humanisme** *m.* ユマニスム	humanism ヒューマニズム
びゅっふぇ **ビュッフェ** byuffe	**buffet** *m.* ビュフェ	buffet ブフェイ
ひょう **票** hyou	**vote** *m.* ヴォート	vote ヴォウト
ひょう **表** hyou	**table** *f.*, **diagramme** *m.* ターブル, ディアグラム	table, diagram テイブル, ダイアグラム
ひょう **雹** hyou	**grêle** *f.* グレル	hail ヘイル
ひよう **費用** hiyou	**frais** *m.pl.*, **coût** *m.* フレ, クー	cost コスト
びょう **秒** byou	**seconde** *f.* スゴンド	second セコンド
びよう **美容** biyou	**soins de beauté** *m.pl.* ソワン ドゥ ボテ	beauty treatment ビューティ トリートメント

日	仏	英
〜院	**salon de coiffure** *m.*, **salon de beauté** *m.* サロン ドゥ コワフュール, サロン ドゥ ボテ	beauty salon, hair salon ビューティ サロン, ヘア サロン
〜師	**coiffeur(se)** *m.f.* コワフール(-ズ)	beautician ビューティシャン
びょういん **病院** byouin	**hôpital** *m.* オピタル	hospital ハスピタル
ひょうか **評価** hyouka	**estimation** *f.* エスティマシオン	assessment, estimation アセスメント, エスティメイション
〜する	**estimer, évaluer** エスティメ, エヴァリュエ	estimate, evaluate エスティメイト, イヴァリュエイト
ひょうが **氷河** hyouga	**glacier** *m.* グラシエ	glacier グレイシャ
びょうき **病気** byouki	**maladie** *f.* マラディ	illness, disease イルネス, ディズィーズ
〜になる	**tomber malade** トンベ マラッド	get ill, get sick ゲト イル, ゲト スィック
ひょうきんな **ひょうきんな** hyoukinna	**facétieux(se)** ファセシュー(ズ)	jocular ヂャキュラ
ひょうけつ **表決** hyouketsu	**vote** *m.*, **scrutin** *m.* ヴォート, スクリュタン	vote ヴォウト
ひょうげん **表現** hyougen	**expression** *f.* エクスプレシオン	expression イクスプレション
〜する	**exprimer** エクスプリメ	express イクスプレス
びょうげんきん **病原菌** byougenkin	**germe pathogène** *m.* ジェルム パトジェーヌ	disease germ ディズィーズ ヂャーム
ひょうご **標語** hyougo	**devise** *f.*, **slogan** *m.* ドゥヴィーズ, スロガン	slogan スロウガン

日	仏	英
ひょうさつ **表札** hyousatsu	**plaque de porte** *f.* プラック ドゥ ポルト	nameplate, ⑧door-plate ネイムプレイト, ドープレイト
ひょうざん **氷山** hyouzan	**iceberg** *m.* イスベルグ	iceberg アイスバーグ
ひょうし **表紙** hyoushi	**couverture** *f.* クヴェルテュール	cover カヴァ
ひょうじ **表示** hyouji	**indication** *f.* アンディカシオン	indication インディケイション
ひょうしき **標識** hyoushiki	**signal** *m.* シニャル	sign, mark サイン, マーク
びょうしつ **病室** byoushitsu	**chambre d'hôpital** *f.* シャンブル ドピタル	hospital room ハスピトル ルーム
びょうしゃ **描写** byousha	**description** *f.* デスクリプシオン	description ディスクリプション
～する	**décrire** デクリール	describe ディスクライブ
びょうじゃくな **病弱な** byoujakuna	**maladif(ve)** マラディフ(・ヴ)	sickly スィクリ
ひょうじゅん **標準** hyoujun	**standard** *m.* スタンダール	standard スタンダド
～語	**langage standard** *m.* ランガージュ スタンダール	standard language スタンダド ラングウィヂ
～的な	**normal(e)** ノルマル	standard, normal スタンダド, ノーマル
ひょうじょう **表情** hyoujou	**expression** *f.* エクスプレシオン	(facial) expression (フェイシャル) イクスプレション
びょうじょう **病状** byoujou	**état** *m.*, **état d'un malade** *m.* エタ, エタ ダン マラッド	condition コンディション

日	仏	英
ひょうしょうする **表彰する** hyoushousuru	**louer, féliciter** ルエ, フェリシテ	commend, honor コメンド, **ア**ナ
ひょうてき **標的** hyouteki	**cible** *f.* シーブル	target **タ**ーゲト
びょうてきな **病的な** byoutekina	**maladif(ve)** マラディフ(·ヴ)	morbid, sick **モ**ービド, **ス**イク
ひょうてん **氷点** hyouten	**point de congélation** *m.* ポワン ドゥ コンジェラシオン	freezing point フリーズィング **ポ**イント
びょうどう **平等** byoudou	**égalité** *f.* エガリテ	equality イク**ワ**リティ
～の	**égal(e)** エガル	equal **イ**ークワル
びょうにん **病人** byounin	**malade** *m.f.* マラッド	sick person, patient **ス**イク **パ**ースン, **ペ**イシェント
ひょうはく **漂白** hyouhaku	**blanchiment** *m.* ブランシマン	bleaching ブ**リ**ーチング
～剤	**eau de Javel** *f.*, **agent blanchissant** *m.* オー ドゥ ジャヴェル, アジャン ブランシサン	bleach, bleaching agent ブ**リ**ーチ, ブ**リ**ーチング **エ**イヂェント
～する	**blanchir** ブランシール	bleach ブ**リ**ーチ
ひょうばん **評判** hyouban	**réputation** *f.*, **renommée** *f.* レピュタシオン, ルノメ	reputation レピュ**テ**イション
ひょうほん **標本** hyouhon	**échantillon** *m.* エシャンティヨン	specimen, sample ス**ペ**スィメン, **サ**ンプル
ひょうめい **表明** hyoumei	**manifestation** *f.* マニフェスタシオン	manifestation マニフェス**テ**イション
～する	**manifester** マニフェステ	manifest **マ**ニフェスト

ひ

日	仏	英
ひょうめん **表面** hyoumen	**surface** *f.* シュルファス	surface **サー**フェス
～張力	**tension superficielle** *f.* タンシオン シュペルフィシエル	surface tension **サー**フィス **テ**ンション
びょうりがく **病理学** byourigaku	**pathologie** *f.* パトロジー	pathology パ**サ**ロディ
ひょうりゅうする **漂流する** hyoryuusuru	**dériver** デリヴェ	drift ド**リ**フト
ひょうろん **評論** hyouron	**critique** *f.*, **compte rendu** *m.* クリティック，コント ランデュ	critique, review クリ**ティ**ーク，リ**ヴュ**ー
～家	**critique** *m.f.* クリティック	critic, reviewer クリティク，リ**ヴュ**ーア
ひよくな **肥沃な** hiyokuna	**fertile, fécond(e)** フェルティル，フェコン(ド)	fertile **ファ**ートル
ひよけ **日除け** hiyoke	**store** *m.* ストール	sunshade **サ**ンシェイド
ひよこ **ひよこ** hiyoko	**poussin** *m.* プサン	chick **チ**ク
ひらおよぎ **平泳ぎ** hiraoyogi	**brasse** *f.* ブラス	breaststroke プ**レ**ストストロウク
ひらく **開く**　（開ける） hiraku	**ouvrir** ウヴリール	open **オ**ウプン
（開始する）	**commencer** コマンセ	open, start **オ**ウプン，ス**タ**ート
ひらける **開ける**　（開化した） hirakeru	**se civiliser** ス シヴィリゼ	(be) civilized (ビ) ス**ィ**ヴィライズド
（広がる）	**s'étendre** セタンドル	spread, open スプ**レ**ド，**オ**ウプン

日	仏	英
（発展する）	**se développer** ス デヴロペ	develop ディヴェロプ
ひらめ **平目** hirame	**barbue** *f.*, **turbot** *m.* バルビュ, テュルボ	flounder, flatfish フラウンダ, フラトフィシュ
ひらめく **閃く** hirameku	**étinceler** エタンスレ	flash, gleam フラシュ, グリーム
ひりつ **比率** hiritsu	**rapport** *m.*, **proportion** *f.* ラポール, プロポルシオン	ratio レイショウ
びりやーど **ビリヤード** biriyaado	**billard** *m.* ビヤール	billiards ビリアヅ
ひりょう **肥料** hiryou	**engrais** *m.*, **fumier** *m.* アングレ, フュミエ	fertilizer, manure ファーティライザ, マニュア
ひる **昼** hiru	**midi** *m.* ミディ	noon ヌーン
ぴる **ピル** piru	**pilule** *f.* ピリュル	pill, oral contra-ceptive ピル, オーラル カントラセプティヴ
ひるがえる **翻る** hirugaeru	**flotter, voltiger** フロテ, ヴォルティジェ	flutter フラタ
ひるごはん **昼御飯** hirugohan	**déjeuner** *m.* デジュネ	lunch ランチ
びるでぃんぐ **ビルディング** birudingu	**immeuble** *m.* イムーブル	building ビルディング
ひるね **昼寝** hirune	**sieste** *f.* シエスト	afternoon nap アフタヌーン ナプ
ひるま **昼間** hiruma	**jour** *m.*, **journée** *f.* ジュール, ジュルネ	daytime デイタイム
ひるやすみ **昼休み** hiruyasumi	**pause de midi** *f.* ポーズ ドゥ ミディ	lunch break, noon recess ランチ ブレイク, ヌーン リセス

日	仏	英
ひれいする **比例する** hireisuru	**(être) proportionnel(le) à** (エートル) プロポルシオネル ア	(be) in proportion to (ビ) イン プロポーション トゥ
ひれつな **卑劣な** hiretsuna	**vil(e)** ヴィル	despicable, sneaky デスピカブル, スニーキ
ひれにく **ヒレ肉** hireniku	**filet** *m.* フィレ	fillet フィレイ
ひろい **広い** hiroi	**large** ラルジュ	wide, broad ワイド, ブロード
ひろいん **ヒロイン** hiroin	**héroïne** *f.* エロイヌ	heroine ヘロウイン
ひろう **拾う** hirou	**ramasser, recueillir** ラマセ, ルクイール	pick up ピク アプ
ひろうえん **披露宴** hirouen	**repas de mariage** *m.* ルパ ドゥ マリアージュ	wedding banquet ウェディング バンクウェト
ひろがる **広がる** hirogaru	**s'étendre, s'élargir** セタンドル, セラルジール	extend, expand イクステンド, イクスパンド
ひろげる **広げる** hirogeru	**étendre, élargir** エタンドル, エラルジール	extend, enlarge イクステンド, インラーヂ
ひろさ **広さ** hirosa	**étendue** *f.*, **largeur** *f.* エタンデュ, ラルジュール	width ウィドス
ひろば **広場** hiroba	**place** *f.* プラス	open space, plaza オウプン スペイス, プラーザ
ひろま **広間** hiroma	**salle** *f.*, **salon** *m.* サル, サロン	hall, saloon ホール, サルーン
ひろまる **広まる** hiromaru	**se répandre** ス レパンドル	spread, (be) propagated スプレド, (ビ) プラパゲイテド
ひろめる **広める** hiromeru	**répandre, propager** レパンドル, プロパジェ	spread, propagate スプレド, プラパゲイト

643

日	仏	英
びわ **枇杷** biwa	**néflier du Japon** *m.* ネフリエ デュ ジャポン	loquat ロウクワト
ひん **品** hin	**distinction** *f.* ディスタンクシオン	elegance エリガンス
びん （飛行機の） **便** bin	**vol** *m.* ヴォル	flight フライト
びん **瓶** bin	**bouteille** *f.* ブテイユ	bottle バトル
びん **ピン** pin	**épingle** *f.* エパングル	pin ピン
ひんい **品位** hin-i	**dignité** *f.* ディニテ	dignity ディグニティ
びんかんな **敏感な** binkanna	**sensible** *à* サンシーブル ア	sensitive, susceptible センスィティヴ, サセプティブル
ぴんく **ピンク** pinku	**rose** *m.* ローズ	pink ピンク
〜の	**rose** ローズ	pink ピンク
ひんけつ **貧血** hinketsu	**anémie** *f.* アネミー	anemia アニーミア
ひんこん **貧困** hinkon	**pauvreté** *f.* ポーヴルテ	poverty パヴァティ
ひんし **品詞** hinshi	**parties du discours** *f.pl.* パルティ デュ ディスクール	part of speech パート オヴ スピーチ
ひんしつ **品質** hinshitsu	**qualité** *f.* カリテ	quality クワリティ
ひんしの **瀕死の** hinshino	**mourant(e)** ムーラン(ト)	dying ダイイング

ひ

日	仏	英
ひんじゃくな **貧弱な** hinjakuna	**faible, pauvre, maigre** フェーブル, ポーヴル, メーグル	poor, meager, feeble **プ**ア, **ミ**ーガ, **フ**ィーブル
ひんしゅ **品種** hinshu	**espèce** *f.* エスペス	variety, breed ヴァ**ラ**イエティ, ブ**リ**ード
びんしょうな **敏捷な** binshouna	**agile** アジル	agile **ア**ヂル
ぴんち **ピンチ** pinchi	**situation critique** *f.* シテュアシオン クリティック	pinch, dire situation **ピ**ンチ, **ダ**イア スィチュ**エ**イション
びんてーじ **ビンテージ** binteeji	**millésime** *m.* ミレジム	vintage **ヴィ**ンティヂ
ひんと **ヒント** hinto	**suggestion** *f.,* **piste** *f.* シュグジェスティオン, ピスト	hint **ヒ**ント
ひんど **頻度** hindo	**fréquence** *f.* フレカンス	frequency フ**リ**ークウェンスィ
ぴんと **ピント** pinto	**foyer** *m.* フォワイエ	focus **フォ**ウカス
ぴんはね **ピンはね** pinhane	**dessous-de-table** *m.,* **pot-de-vin** *m.* ドゥスドゥターブル, ポドゥヴァン	kickback, cut **キ**クバク, **カ**ト
ひんぱんな **頻繁な** hinpanna	**fréquent(e)** フレカン(ト)	frequent フ**リ**ークウェント
ひんぱんに **頻繁に** hinpanni	**fréquemment** フレカマン	frequently フ**リ**ークウェントリ
びんぼう **貧乏** binbou	**pauvreté** *f.* ポーヴルテ	poverty **パ**ヴァティ
〜な	**pauvre** ポーヴル	poor **プ**ア

645

日	仏	英

ふ, フ

ぶ **部** (部数) bu	**exemplaire** *m.* エグザンプレール	copy カピ
(部署)	**division** *f.*, **section** *f.* ディヴィジオン, セクシオン	section セクション
ぶあい **歩合** buai	**taux** *m.*, **pourcentage** *m.* トー, プールサンタージュ	rate, percentage レイト, パセンティヂ
ぶあいそうな **無愛想な** buaisouna	**peu sociable, asocial(e)** プー ソシアーブル, アソシアル	unsociable アンソウシャブル
ふぁいる **ファイル** fairu	**classeur** *m.*, **fichier** *m.* クラスール, フィシエ	file ファイル
ふぁいんだー **ファインダー** faindaa	**viseur** *m.* ヴィズール	viewfinder ヴューファインダ
ふぁいんぷれー **ファインプレー** fainpuree	**jeu excellent** *m.* ジュー エクセラン	fine play ファイン プレイ
ふぁうる **ファウル** fauru	**faute** *f.* フォット	foul ファウル
ふぁしずむ **ファシズム** fashizumu	**fascisme** *m.* ファシスム	fascism ファシズム
ふぁすとふーど **ファストフード** fasutofuudo	**fast-food** *m.* ファストフド	fast food ファスト フード
ふぁすなー **ファスナー** fasunaa	**fermeture éclair** *f.* フェルムテュール エクレール	fastener, zipper ファスナ, ズィパ
ぶあつい **分厚い** buatsui	**épais(se)** エペ(ス)	thick スィク
ふぁっくす **ファックス** fakkusu	**fax** *m.* ファクス	fax ファクス
ふぁっしょん **ファッション** fasshon	**mode** *f.* モード	fashion ファション

ふ

日	仏	英
ふぁん **ファン** fan	**passionné(e)** *m.f.*, **admi-rateur(trice)** *m.f.* パシオネ, アドミラトゥール(-トリス)	fan **ファ**ン
ふぁん **不安** fuan	**inquiétude** *f.* アンキエテュード	uneasiness アニーズィネス
〜な	**inquiet(ète)** アンキエ(ット)	uneasy, anxious アニーズィ, **ア**ンクシャス
ふぁんていな **不安定な** fuanteina	**instable** アンスタブル	unstable アンス**テ**イブル
ふぁんでーしょん **ファンデーション** fandeeshon	**fond de teint** *m.* フォン ドゥ タン	foundation ファウン**デ**イション
ふぃーと **フィート** fiito	**pied** *m.* ピエ	feet **フ**ィート
ふぃーりんぐ **フィーリング** fiiringu	**impression** *f.*, **sentiment** *m.* アンプレシオン, サンティマン	feeling **フ**ィーリング
ふぃーるど **フィールド** fiirudo	**terrain** *m.* テラン	field **フ**ィールド
〜ワーク	**recherches sur le terrain** *f.pl.* ルシェルシュ シュール ル テラン	fieldwork **フ**ィールドワーク
ふぃぎゅあすけーと **フィギュアスケート** figyuasukeeto	**patinage artistique** *m.* パティナージュ アルティスティック	figure skating **フ**ィギャ ス**ケ**イティング
ふぃくしょん **フィクション** fikushon	**fiction** *f.* フィクシオン	fiction **フ**ィクション
ふぃちょうする **吹聴する** fuichousuru	**répandre, claironner** レパンドル, クレロネ	announce, trumpet ア**ナ**ウンス, ト**ラ**ンペト
ふぃっち **不一致** fuicchi	**désaccord** *m.*, **différend** *m.* デザコール, ディフェラン	disagreement ディサグ**リ**ーメント
ふぃっとねすくらぶ **フィットネスクラブ** fittonesukurabu	**club de gymnastique** *m.*, **club de fitness** *m.* クルブ ドゥ ジムナスティック, クルブ ドゥ フィトネス	fitness center **フ**ィトネス **セ**ンタ

日	仏	英
ふいの **不意の** fuino	**inattendu(e), imprévu(e)** イナタンデュ, アンプレヴュ	sudden, unexpected **サ**ドン, アニクス**ペ**クテド
ふぃりぴん **フィリピン** firipin	**Philippines** *f.pl.* フィリピヌ	Philippines **フィ**リピーンズ
ふぃるたー **フィルター** firutaa	**filtre** *m.* フィルトル	filter **フィ**ルタ
ふぃるむ **フィルム** firumu	**pellicule** *f.*, **film** *m.* ペリキュル, フィルム	film **フィ**ルム
ふぃんらんど **フィンランド** finrando	**Finlande** *f.* ファンランド	Finland **フィ**ンランド
ふうあつ **風圧** fuuatsu	**pression du vent** *f.* プレシオン デュ ヴァン	wind pressure **ウィ**ンド プ**レ**シャ
ふうかする **風化する** fuukasuru	**s'éroder** セロデ	weather, fade with time **ウェ**ザ, **フェ**イド ウィズ **タ**イム
ふうき **風紀** fuuki	**discipline** *f.* ディシプリヌ	discipline **ディ**スィプリン
ぶーけ **ブーケ** buuke	**bouquet** *m.* ブケ	bouquet ブー**ケ**イ
ふうけい **風景** fuukei	**paysage** *m.* ペイザージュ	scenery **ス**ィーナリ
～画	**paysage** *m.* ペイザージュ	landscape **ラ**ンドスケイプ
ふうさする **封鎖する** fuusasuru	**bloquer, faire le blocus de** ブロケ, フェール ル ブロキュス ドゥ	blockade ブラ**ケ**イド
ふうし **風刺** fuushi	**satire** *f.* サティール	satire **サ**タイア
ふうしゃ **風車** fuusha	**moulin à vent** *m.* ムラン ア ヴァン	windmill **ウィ**ンドミル

日	仏	英
ふうしゅう **風習** fuushuu	**coutumes** *f.pl.*, **tradition** *f.* クテューム, トラディシオン	customs **カ**スタムズ
ふうしん **風疹** fuushin	**rubéole** *f.* リュベオル	rubella ルーベラ
ふうせん **風船** fuusen	**ballon** *m.* バロン	balloon バルーン
ふうそく **風速** fuusoku	**vitesse du vent** *f.* ヴィテス デュ ヴァン	wind velocity **ウィ**ンド ヴェ**ラ**スィティ
ふうぞく **風俗** fuuzoku	**coutumes** *f.pl.*, **habitu-des** *f.pl.* クテューム, アビテュード	manners, customs **マ**ナズ, **カ**スタムズ
ふうちょう **風潮** fuuchou	**tendance** *f.*, **courant** *m.* タンダンス, クーラン	trend ト**レ**ンド
ぶーつ **ブーツ** buutsu	**bottes** *f.pl.* ボット	boots **ブ**ーツ
ふうど **風土** fuudo	**climat** *m.* クリマ	climate ク**ラ**イメト
ふうとう **封筒** fuutou	**enveloppe** *f.* アンヴロップ	envelope **エ**ンヴェロウプ
ふうふ **夫婦** fuufu	**couple** *m.* クープル	married couple, spouses **マ**リド **カ**プル, ス**パ**ウセズ
ふうみ **風味** fuumi	**saveur** *f.*, **goût** *m.* サヴール, グー	flavor, taste, Ⓑfla-vour フ**レ**イヴァ, **テ**イスト, フ**レ**イヴァ
ぶーむ **ブーム** buumu	**boom** *m.* ブーム	boom, fad **ブ**ーム, **ファ**ド
ふうりょく **風力** fuuryoku	**force du vent** *f.* フォルス デュ ヴァン	wind power **ウィ**ンド **パ**ウア
ぷーる **プール** puuru	**piscine** *f.* ピシーヌ	swimming pool ス**ウィ**ミング **プ**ール

日	仏	英
ふうんな **不運な** fuunna	**malchanceux(se)** マルシャンスー(ズ)	unlucky アン**ラ**キ
ふえ **笛** fue	**sifflet** *m.* シフレ	whistle (ホ)**ウィ**スル
ふぇいんと **フェイント** feinto	**feinte** *f.* ファント	feint **フェ**イント
ふぇーんげんしょう **フェーン現象** feengenshou	**effet de fœhn** *m.* エフェ ドゥ フーン	foehn phenome- non **フェ**イン フィ**ナ**メノン
ふぇすてぃばる **フェスティバル** fesutibaru	**festival** *m.* フェスティヴァル	festival **フェ**スティヴァル
ふぇみにすと **フェミニスト** feminisuto	**féministe** *m.f.* フェミニスト	feminist **フェ**ミニスト
ふぇみにずむ **フェミニズム** feminizumu	**féminisme** *m.* フェミニスム	feminism **フェ**ミニズム
ふぇりー **フェリー** ferii	**ferry-boat** *m.* フェリボート	ferry **フェ**リ
ふえる **増える** fueru	**augmenter** オグマンテ	increase in イン**クリ**ース イン
ふぇんしんぐ **フェンシング** fenshingu	**escrime** *f.* エスクリム	fencing **フェ**ンスィング
ふぇんす **フェンス** fensu	**barrière** *f.* バリエール	fence **フェ**ンス
ぶえんりょな **無遠慮な** buenryona	**sans-gêne, impoli(e)** サンジェヌ, アンポリ	blunt, impudent プ**ラ**ント, **イ**ンピュデント
ふぉあぐら **フォアグラ** foagura	**foie gras** *m.* フォワ グラ	foie gras フ**ワ**ー グ**ラ**ー
ふぉーく **フォーク** fooku	**fourchette** *f.* フルシェット	fork **フォ**ーク

日	仏	英
ふぉーまっと **フォーマット** foomatto	**format** *m.* フォルマ	format **フォー**マト
ふぉーむ **フォーム** foomu	**forme** *f.* フォルム	form **フォー**ム
ふぉーらむ **フォーラム** fooramu	**forum** *m.* フォロム	forum **フォー**ラム
ふぉるだ **フォルダ** foruda	**répertoire** *m.* レペルトワール	folder, directory **フォ**ルダ, ディ**レ**クタリ
ふおんな **不穏な** fuonna	**inquiétant(e), mena-çant(e)** アンキエタン(ト), ムナサン(ト)	threatening ス**レ**トニング
ふか **孵化** fuka	**incubation** *f.* アンキュバシオン	incubation インキュ**ベ**イション
ぶか **部下** buka	**subordonné(e)** *m.f.* シュボルドネ	subordinate サブ**オー**ディネト
ふかい **深い** fukai	**profond(e)** プロフォン(ド)	deep, profound **ディー**プ, プロ**ファ**ウンド
ふかいな **不快な** fukaina	**désagréable** デザグレアーブル	unpleasant アンプ**レ**ザント
ふかかいな **不可解な** fukakaina	**incompréhensible** アンコンプレアンシーブル	incomprehensible インカンプリ**ヘ**ンスィブル
ふかけつな **不可欠な** fukaketsuna	**indispensable** アンディスパンサーブル	indispensable インディス**ペ**ンサブル
ふかさ **深さ** fukasa	**profondeur** *f.* プロフォンドゥール	depth **デ**プス
ふかのうな **不可能な** fukanouna	**impossible** アンポシーブル	impossible イン**パ**スィブル
ふかんぜんな **不完全な** fukanzenna	**imparfait(e)** アンパルフェ(ット)	imperfect イン**パー**フィクト

日	仏	英
ぶき **武器** buki	**armes** *f.pl.* アルム	arms, weapon **ア**ームズ, **ウェ**ポン
ふきかえ **吹き替え** fukikae	**doublage** *m.* ドゥブラージュ	dubbing, dubbing audio **ダ**ビング, **ダ**ビング **オ**ーディオウ
ふきげんな **不機嫌な** fukigenna	**de mauvaise humeur** ドゥ モーヴェーズ ユムール	bad-tempered **バ**ドテンパド
ふきそくな **不規則な** fukisokuna	**irrégulier(ère)** イレギュリエ(-エール)	irregular イ**レ**ギュラ
ふきだす **噴き出す** fukidasu	**jaillir** ジャイイール	spout ス**パ**ウト
（笑い出す）	**éclater de rire** エクラテ ドゥ リール	burst out laughing **バ**ースト アウト **ラ**フィング
ふきつな **不吉な** fukitsuna	**sinistre, funeste** シニストル, フュネスト	ominous **ア**ミナス
ふきでもの **吹き出物** fukidemono	**bouton** *m.* ブトン	pimple **ピ**ンプル
ぶきみな **不気味な** bukimina	**étrange, troublant(e)** エトランジュ, トルブラン(ト)	weird, uncanny **ウィ**アド, アン**キャ**ニ
ふきゅうする **普及する** fukyuusuru	**se diffuser, se propager** ス ディフュゼ, ス プロパジェ	spread, diffuse ス**プ**レド, ディ**フュ**ーズ
ふきょう **不況** fukyou	**dépression** *f.* デプレシオン	recession, slump リ**セ**ション, ス**ラ**ンプ
ぶきような **不器用な** bukiyouna	**maladroit(e)** マラドロワ(ット)	clumsy, awkward ク**ラ**ムズィ, **オ**ークワド
ふきん **付近** fukin	**environs** *m.pl.* アンヴィロン	neighborhood **ネ**イバフド
ふきんこう **不均衡** fukinkou	**déséquilibre** *m.* デゼキリーブル	imbalance イン**バ**ランス

日	仏	英
ふく **吹く** （風が） fuku	**souffler** スフレ	blow ブロウ
（ほらを） 	**se vanter** ス ヴァンテ	talk big トーク ビグ
ふく **拭く** fuku	**essuyer** エシュイエ	wipe ワイプ
ふく **服** fuku	**vêtements** *m.pl.*, **habit** *m.* ヴェトマン, アビ	clothes クロウズ
ふくえきする **服役する** fukuekisuru	**purger** *sa* **peine** ピュルジェ ペーヌ	serve one's term サーヴ ターム
ふくげんする **復元する** fukugensuru	**restaurer, reconstruire** レストレ, ルコンストリュイール	restore, recon-struct リストー, リーコンストラクト
ふくごう **複合** fukugou	**complexe** *m.* コンプレクス	complex カンプレクス
ふくざつな **複雑な** fukuzatsuna	**complexe, compliqué(e)** コンプレクス, コンプリケ	complicated カンプリケイテド
ふくさよう **副作用** fukusayou	**effet secondaire** *m.* エフェ スゴンデール	side effect サイド イフェクト
ふくさんぶつ **副産物** fukusanbutsu	**sous-produit** *m.* スプロデュイ	by-product バイプロダクト
ふくし **副詞** fukushi	**adverbe** *m.* アドヴェルブ	adverb アドヴァーブ
ふくし **福祉** fukushi	**bien-être** *m.* ビアンネートル	welfare ウェルフェア
ふくしゅう **復讐** fukushuu	**vengeance** *f.*, **revanche** *f.* ヴァンジャンス, ルヴァンシュ	revenge リヴェンヂ
〜する 	**se venger** *de* ス ヴァンジェ ドゥ	revenge on リヴェンヂ オン

日	仏	英
ふくしゅう **復習** fukushuu	**révision** *f.* レヴィジオン	review リヴュー
〜する	**répéter** レペテ	review リヴュー
ふくじゅうする **服従する** fukujuusuru	**obéir** *à* オベイール ア	obey, submit to オベイ, サブミト トゥ
ふくすう **複数** fukusuu	**pluriel** *m.* プリュリエル	plural プルアラル
ふくせい **複製** fukusei	**reproduction** *f.* ルプロデュクシオン	reproduction リープロダクション
ふくそう **服装** fukusou	**tenue** *f.*, **mise** *f.* トゥニュ, ミーズ	dress, clothes ドレス, クロウズ
ふくだい **副題** fukudai	**sous-titre** *m.* スティートル	subtitle サブタイトル
ふくつう **腹痛** fukutsuu	**mal de ventre** *m.* マル ドゥ ヴァントル	stomachache スタマケイク
ふくまく **腹膜** fukumaku	**péritoine** *m.* ペリトワヌ	peritoneum ペリトニーアム
〜炎	**péritonite** *f.* ペリトニット	peritonitis ペリトナイティス
ふくむ **含む** fukumu	**comprendre, contenir** コンプランドル, コントゥニール	contain, include コンテイン, インクルード
ふくめる **含める** fukumeru	**inclure** アンクリュール	include インクルード
ふくらはぎ **ふくらはぎ** fukurahagi	**mollet** *m.* モレ	calf キャフ
ふくらます **膨らます** fukuramasu	**gonfler, enfler** ゴンフレ, アンフレ	swell, expand スウェル, イクスパンド
ふくらむ **膨らむ** fukuramu	**se gonfler, s'enfler** ス ゴンフレ, サンフレ	swell, (get) big スウェル, (ゲト) ビグ

ふ

日	仏	英
ふくれる 膨れる fukureru	se gonfler, s'enfler ス ゴンフレ, サンフレ	swell スウェル
ふくろ 袋 fukuro	sac *m.*, sachet *m.* サック, サシェ	bag, sack バグ, サク
ふくろう 梟 fukurou	chouette *f.* シュエット	owl アウル
ふけいき 不景気 fukeiki	dépression *f.*, récession *f.* デプレシオン, レセシオン	depression ディプレション
ふけいざいな 不経済な fukeizaina	peu économique プー エコノミック	uneconomical アニーコナミカル
ふけつな 不潔な fuketsuna	sale サル	unclean, dirty アンクリーン, ダーティ
ふける 老ける fukeru	vieillir ヴィエイール	grow old グロウ オウルド
ふこう 不幸 fukou	malheur *m.*, infortune *f.* マルール, アンフォルテュヌ	unhappiness, misfortune アンハピネス, ミスフォーチュン
～な	malheureux(*se*) マルルー(ズ)	unhappy アンハピ
ふごう 符号 fugou	signe *m.* シーニュ	sign サイン
ふごうかく 不合格 fugoukaku	recalage *m.*, échec *m.* ルカラージュ, エシェク	failure フェイリャ
ふこうへいな 不公平な fukouheina	injuste, partial(*e*) アンジュスト, パルシアル	unfair, partial アンフェア, パーシャル
ふごうりな 不合理な fugourina	irrationnel(*le*), déraisonnable イラシオネル, デレゾナーブル	unreasonable アンリーズナブル
ぶざー ブザー buzaa	alarme *f.*, sonnerie *f.* アラルム, ソヌリ	buzzer バザ

日	仏	英
ふざい **不在** fuzai	**absence** *f.* アプサンス	absence **ア**プセンス
ふさがる **塞がる** fusagaru	**(être) occupé(e)** (エートル) オキュペ	(be) occupied (ビ) **ア**キュパイド
ふさく **不作** fusaku	**mauvaise récolte** *f.* モヴェーズ レコルト	bad harvest **バ**ド **ハ**ーヴェスト
ふさぐ　　　（占める） **塞ぐ** fusagu	**occuper** オキュペ	occupy **ア**キュパイ
（閉める・遮断する）	**fermer, boucher** フェルメ, ブシェ	close, block ク**ロ**ウス, ブ**ラ**ク
ふざける **ふざける** fuzakeru	**plaisanter** プレザンテ	joke, jest **ヂョ**ウク, **ヂェ**スト
ぶさほうな **不作法な** busahouna	**impoli(e), grossier(ère)** アンポリ, グロシエ(-エール)	ill mannered, rude **イ**ル **マ**ナド, **ル**ード
ふさわしい **ふさわしい** fusawashii	**approprié(e)** アプロプリエ	suitable, becoming **ス**ータブル, ビ**カ**ミング
ふし **節**　　　（太いところ） fushi	**nœud** *m.* ヌー	knot, gnarl **ナ**ト, **ナ**ール
（関節）	**articulation** *f.* アルティキュラシオン	joint, knuckle **ヂョ**イント, **ナ**クル
ふじ **藤** fuji	**glycine** *f.* グリシヌ	wisteria ウィス**ティ**アリア
ふしぎな **不思議な** fushigina	**mystérieux(se), étrange** ミステリユー(ズ), エトランジュ	mysterious, strange ミス**ティ**アリアス, スト**レ**インヂ
ふしぜんな **不自然な** fushizenna	**peu naturel(le)** プー ナテュレル	unnatural アン**ナ**チュラル
ふしちょう **不死鳥** fushichou	**phénix** *m.* フェニクス	phoenix **フィ**ーニクス

日	仏	英
ぶじに **無事に** bujini	**sans encombre** サン アンコンブル	safely, without incident セイフリ, ウィザウト **イン**スィデント
ふじみの **不死身の** fujimino	**immortel(_le_)** イモルテル	immortal イ**モー**タル
ふじゆうな **不自由な** fujiyuuna	**incommode** アンコモド	inconvenient インコン**ヴィー**ニェント
ふじゅうぶんな **不十分な** fujuubunna	**insuffisant(_e_)** アンシュフィザン(ト)	insufficient インサ**フィ**シェント
ぶしょ **部署** busho	**poste** _m._ ポスト	post **ポ**ウスト
ふしょう **負傷** fushou	**blessure** _f._ ブレシュール	wound **ウー**ンド
～者	**blessé(e)** _m.f._ ブレセ	injured person **イン**ヂャド **パー**スン
～する	**(être) blessé(e)** (エートル) ブレセ	(be) injured (ビ) **イン**ヂャド
ぶしょうな **不精な** bushouna	**paresseux(_se_)** パレスー(ズ)	lazy **レ**イズィ
ふしょく **腐食** fushoku	**corrosion** _f._ コロジオン	corrosion カ**ロ**ウジョン
ぶじょく **侮辱** bujoku	**insulte** _f._ アンシュルト	insult **イン**サルト
～する	**insulter** アンシュルテ	insult イン**サ**ルト
ふしん **不信** fushin	**défiance** _f._**, méfiance** _f._ デフィアンス, メフィアンス	distrust ディスト**ラ**スト
ふしんせつな **不親切な** fushinsetsuna	**inamical(_e_)** イナミカル	unkind アン**カ**インド

日	仏	英
ふしんにん **不信任** fushinnin	**défiance** *f.* デフィアンス	no-confidence ノウカンフィデンス
ふせい **不正** fusei	**injustice** *f.* アンジュスティス	injustice インヂャスティス
～な	**injuste** アンジュスト	unjust, foul アンヂャスト, **ファ**ウル
ふせいかくな **不正確な** fuseikakuna	**inexact(e)** イネグザクト	inaccurate イ**ナ**キュレト
ふせぐ　（食い止める） **防ぐ** fusegu	**défendre, protéger** デファンドル, プロテジェ	defend, protect ディ**フェ**ンド, プロ**テ**クト
（防止する）	**prévenir, empêcher** プレヴニール, アンペシェ	prevent プリ**ヴェ**ント
ふせる **伏せる** 　（下向きにする） fuseru	**retourner** ルトゥルネ	turn something over, turn something down ターン オウヴァ, ターン ダウン
（隠す）	**cacher** カシェ	conceal コン**スィ**ール
ぶそう **武装** busou	**armement** *m.* アルムマン	armaments **ア**ーマメンツ
～する	**s'armer** サルメ	arm **ア**ーム
ふそく **不足** fusoku	**manque** *m.*, **défaut** *m.* マンク, デフォー	want, lack **ワ**ント, **ラ**ク
～する	**manquer** マンケ	(be) short of, lack （ビ）**ショ**ート オヴ, **ラ**ク
ふそくの **不測の** fusokuno	**imprévu(e)** アンプレヴュ	unforeseen アンフォー**スィ**ーン
ふぞくの **付属の** fuzokuno	**annexe** アネクス	attached ア**タ**チト

ふ

日	仏	英
ふた 蓋 futa	**couvercle** *m.* クヴェルクル	lid リド
ふだ 札 fuda	**étiquette** *f.* エティケット	label, tag レイベル, **タ**グ
ぶた 豚 buta	**porc** *m.*, **cochon** *m.* ポール, コション	pig **ピ**グ
ぶたい 舞台 butai	**scène** *f.* セーヌ	stage ステイヂ
ふたご 双子 futago	**jumeaux** *m.pl.*, **jumelles** *f.pl.* ジュモー, ジュメル	twins ト**ウィ**ンズ
〜座	**Gémeaux** *m.pl.* ジェモ	Twins, Gemini ト**ウィ**ンズ, **ヂェ**ミナイ
ふたしかな 不確かな futashikana	**incertain(e)** アンセルタン(-テヌ)	uncertain アン**サ**ートン
ふたたび 再び futatabi	**de nouveau, encore une** **fois** ドゥ ヌーヴォー, アンコール ユヌ フォワ	again, once more ア**ゲ**イン, **ワ**ンス **モ**ー
ぶたにく 豚肉 butaniku	**porc** *m.* ポール	pork **ポ**ーク
ふたん 負担 futan	**charge** *f.*, **fardeau** *m.* シャルジュ, ファルドー	burden **バ**ードン
〜する	**se charger** *de*, **assumer** ス シャルジェ ドゥ, アシュメ	bear, share **ベ**ア, **シェ**ア
ふだんぎ 普段着 fudangi	**vêtement de tous les** **jours** *m.* ヴェトマン ドゥ トゥ レ ジュール	casual wear **キャ**ジュアル **ウェ**ア
ふだんの 普段の fudanno	**habituel(***le***)** アビテュエル	usual **ユ**ージュアル
ふだんは 普段は fudanwa	**d'habitude** ダビテュード	usually **ユ**ージュアリ

日	仏	英
ふち **縁** fuchi	**bord** *m.*, **bordure** *f.* ボール，ボルデュール	edge, brink エヂ，ブリンク
ふちゅういな **不注意な** fuchuuina	**inattentif(ve)** イナタンティフ(- ヴ)	careless ケアレス
ぶちょう **部長** buchou	**directeur(trice)** *m.f.* ディレクトゥール(- トリス)	director ディレクタ
ふつうの **普通の** futsuuno	**ordinaire, général(e)** オルディネール，ジェネラル	usual, general ユージュアル，チェネラル
ふつうは **普通は** futsuuwa	**d'habitude, normalement** ダビテュード，ノルマルマン	usually ユージュアリ
ふつうよきん **普通預金** futsuuyokin	**compte courant** *m.* コント クラン	ordinary deposit オーディネリ ディパズィット
ぶっか **物価** bukka	**prix** *m.pl.* プリ	prices プライセズ
ふっかつ **復活** fukkatsu	**renouveau** *m.*, **résurrection** *f.* ルヌヴォー，レジュレクシオン	revival, comeback リヴァイヴァル，カムバク
〜祭	**Pâques** *f.pl.* パーク	Easter イースタ
〜する	**renaître, ressusciter** ルネートル，レシュシテ	revive リヴァイヴ
ぶつかる **ぶつかる** butsukaru	**heurter** ウルテ	hit, collide ヒト，コライド
ふっきゅうする **復旧する** fukkyuusuru	**(être) rétabli(e)** (エートル) レタブリ	(be) restored (ビ) リストード
ぶっきょう **仏教** bukkyou	**bouddhisme** *m.* ブディスム	Buddhism ブディズム
〜徒	**bouddhiste** *m.f.* ブディスト	Buddhist ブディスト

日	仏	英
ぶつける **ぶつける** （衝突する） butsukeru	**heurter** ウルテ	bump against バンプ アゲンスト
（投げて当てる）	**jeter** *à*, **lancer** *à* ジュテ ア, ランセ ア	throw at スロウ アト
ふっこう **復興** fukkou	**reconstruction** *f.* ルコンストリュクシオン	reconstruction, revival リーコンストラクション, リヴァイヴァル
～する	**reconstruire, renouveler** ルコンストリュイール, ルヌーヴレ	reconstruct リーコンストラクト
ふつごう **不都合** futsugou	**inconvénient** *m.* アンコンヴェニアン	inconvenience インコンヴィーニェンス
ふっこく **復刻** fukkoku	**reproduction** *f.* ルプロデュクシオン	reproduction リープロダクション
ぶっしつ **物質** busshitsu	**matière** *f.*, **substance** *f.* マティエール, シュプスタンス	matter, substance マタ, サブスタンス
ふっそ **弗素** fusso	**fluor** *m.* フリュオール	fluorine フルオリーン
ぶつぞう **仏像** butsuzou	**statue bouddhique** *f.* スタテュ ブディック	Buddhist image ブディスト イミヂ
ぶったい **物体** buttai	**objet** *m.*, **chose** *f.* オブジェ, ショーズ	object, thing アブヂクト, スィング
ふっとうする **沸騰する** futtousuru	**bouillir** ブイール	boil ボイル
ふっとわーく **フットワーク** futtowaaku	**jeu de jambes** *m.* ジュー ドゥ ジャンプ	footwork フトワーク
ぶつり **物理** butsuri	**physique** *f.* フィジック	physics フィズィクス
～学者	**physicien(*ne*)** *m.f.* フィジシアン(-エヌ)	physicist フィズィスィスト

日	仏	英
ふで **筆** fude	**pinceau** *m.* パンソー	writing brush **ラ**イティング **ブ**ラシュ
ふていかんし **不定冠詞** futeikanshi	**article indéfini** *m.* アルティクル アンデフィニ	indefinite article イン**デ**フィニト **アー**ティクル
ふていし **不定詞** futeishi	**infinitif** *m.* アンフィニティフ	infinitive イン**フィ**ニティヴ
ふていの **不定の** futeino	**indéfini(e)** アンデフィニ	indefinite イン**デ**フィニト
ふてきとうな **不適当な** futekitouna	**inapproprié(e)** イナプロプリエ	unsuitable アン**スー**タブル
ふと **ふと** futo	**soudain, par hasard** スダン，パール アザール	suddenly, by chance **サ**ドンリ，バイ **チャ**ンス
ふとい **太い**　　（幅が） futoi	**gros(se)** グロ(ス)	big, thick **ビ**グ，**ス**ィク
（声が）	**profond(e)** プロフォン(ド)	deep **ディー**プ
ぶどう **葡萄** budou	**raisins** *m.pl.* レザン	grapes **グ**レイプス
ふどうさん **不動産** fudousan	**biens immobiliers** *m.pl.* ビアン ジモビリエ	real estate, real property, immov- ables **リー**アル イス**テ**イト，**リー**アル プ**ラ**パティ，イ**ムー**ヴァブルズ
ふとうな **不当な** futouna	**injuste** アンジュスト	unjust アン**ヂャ**スト
ふところ **懐**　（懐中・財布） futokoro	**bourse** *f.* ブルス	pocket, purse **パ**ケト，**パー**ス
（胸）	**sein** *m.* サン	bosom, breast **ブ**ザム，プ**レ**スト
ふとさ **太さ** futosa	**épaisseur** *f.* エペスール	thickness **ス**ィクネス

日	仏	英
ふとじ **太字** futoji	**caractère gras** *m.* カラクテール グラ	bold type **ボウルド タイプ**
ふともも **太腿** futomomo	**cuisse** *f.* キュイス	thigh **サイ**
ふとる **太る** futoru	**grossir** グロシール	grow fat **グロウ ファト**
ふとん **布団** futon	**literie** *f.* リトリ	bedding, futon **ベディング, フートーン**
ふなよい **船酔い** funayoi	**mal de mer** *m.* マル ドゥ メール	seasickness **スィースィクネス**
ぶなんな **無難な** bunanna	**acceptable** アクセプターブル	safe, acceptable **セイフ, アクセプタブル**
ふにんしょう **不妊症** funinshou	**stérilité** *f.* ステリリテ	sterility **ステリリティ**
ふね **船[舟]** fune	**bateau** *m.* バトー	boat, ship **ボウト, シプ**
ふねんせいの **不燃性の** funenseino	**ininflammable** イナンフラマーブル	nonflammable, fireproof **ナンフラマブル, ファイアプルーフ**
ふはい **腐敗** fuhai	**putréfaction** *f.*, **pourri- ture** *f.* ピュトレファクシオン, プーリテュール	putrefaction **ピュートレファクション**
ぶひん **部品** buhin	**pièce** *f.*, **partie** *f.* ピエス, パルティ	part, component **パート, コンポウネント**
ふぶき **吹雪** fubuki	**tempête de neige** *f.* タンペート ドゥ ネージュ	snowstorm **スノウストーム**
ぶぶん **部分** bubun	**partie** *f.*, **portion** *f.* パルティ, ポルシオン	part, portion **パート, ポーション**
ふへい **不平** fuhei	**mécontentement** *m.* メコンタントマン	dissatisfaction **ディスサティスファクション**

ふ

日	仏	英
ぶべつ **侮蔑** bubetsu	**mépris** *m.* メプリ	contempt コンテンプト
ふへんてきな **普遍的な** fuhentekina	**universel(*le*)** ユニヴェルセル	universal ユーニヴァーサル
ふべんな **不便な** fubenna	**incommode** アンコモド	inconvenient インコンヴィーニェント
ふほうな **不法な** fuhouna	**illégal(e)** イレガル	unlawful アンローフル
ふまん **不満** fuman	**mécontentement** *m.* メコンタントマン	discontent ディスコンテント
〜な	**mécontent(e)** メコンタン(ト)	discontented ディスコンテンテド
ふみきり **踏切** fumikiri	**passage à niveau** *m.* パサージュ ア ニヴォー	railroad crossing (レイルロウド) クロースィング
ふみだい **踏み台** fumidai	**marchepied** *m.* マルシュピエ	footstool フトストゥール
ふみんしょう **不眠症** fuminshou	**insomnie** *f.* アンソムニ	insomnia インサムニア
ふむ **踏む** fumu	**marcher** *sur*, **fouler** マルシェ シュール, フレ	step, tread ステプ, トレド
（手続きなどを）	**parcourir** パルクリール	go through ゴウ スルー
ふめいな **不明な** fumeina	**inconnu(e), incertain(e)** アンコニュ, アンセルタン(- テヌ)	unknown アンノウン
ふめいよ **不名誉** fumeiyo	**déshonneur** *m.* デゾヌール	dishonor ディスアナ
〜な	**déshonorant(e)** デゾノラン(ト)	dishonorable ディサナラブル
ふめいりょうな **不明瞭な** fumeiryouna	**indistinct(e)** アンディスタン(クト)	obscure, unclear オブスキュア, アンクリア

日	仏	英
ふもうな **不毛な** fumouna	**stérile** ステリル	sterile ステリル
ふもと **麓** fumoto	**pied** *m.*, **pied d'une mon-** **tagne** *m.* ピエ, ピエ デュヌ モンターニュ	foot フト
ぶもん **部門** bumon	**section** *f.* セクシオン	section セクション
ふやす **増やす** fuyasu	**augmenter** オグマンテ	increase インクリース
ふゆ **冬** fuyu	**hiver** *m.* イヴェール	winter ウィンタ
ふゆかいな **不愉快な** fuyukaina	**désagréable** デザグレアーブル	disagreeable ディサグリーアブル
ぶよう **舞踊** buyou	**danse** *f.* ダンス	dance ダンス
ふようかぞく **扶養家族** fuyoukazoku	**personne à charge** *f.*, **personne dépendante** *f.* ペルソンヌ ア シャルジュ, ペルソンヌ デパンダント	dependent ディペンデント
ふようする **扶養する** fuyousuru	**entretenir** アントルトゥニール	support サポート
ふような **不用な** fuyouna	**inutile, superflu(e)** イニュティル, シュペルフリュ	unnecessary アンネセセリ
ふらい **フライ** furai	**friture** *f.* フリテュール	fry, fried フライ, フライド
ふらいと **フライト** furaito	**vol** *m.* ヴォル	flight フライト
ぷらいど **プライド** puraido	**amour-propre** *m.* アムールプロプル	pride プライド
ふらいどぽてと **フライドポテト** furaidopoteto	**frites** *f.pl.* フリット	French fries, Ⓑchips フレンチ フライズ, チプス

ふ

日	仏	英
ぷらいばしー **プライバシー** puraibashii	**vie privée** *f.*, **intimité** *f.* ヴィ プリヴェ, アンティミテ	privacy プライヴァスィ
ふらいぱん **フライパン** furaipan	**poêle** *f.* ポワル	frying pan, skillet フ**ラ**イング **パ**ン, ス**キ**レト
ぷらいべーとな **プライベートな** puraibeetona	**privé(e)** プリヴェ	private プ**ラ**イヴェト
ふらいんぐ **フライング** furaingu	**faux départ** *m.* フォー デパール	false start **フォ**ールス ス**タ**ート
ぶらいんど **ブラインド** buraindo	**store** *m.* ストール	blind ブ**ラ**インド
ぶらうす **ブラウス** burausu	**blouse** *f.* ブルーズ	blouse ブ**ラ**ウス
ぷらぐ **プラグ** puragu	**prise de courant** *f.* プリーズ ドゥ クーラン	plug プ**ラ**グ
ぶらさがる **ぶら下がる** burasagaru	**pendre** パンドル	hang, dangle **ハ**ング, **ダ**ングル
ぶらさげる **ぶら下げる** burasageru	**pendre, suspendre** パンドル, シュスパンドル	hang, suspend **ハ**ング, サス**ペ**ンド
ぶらし **ブラシ** burashi	**brosse** *f.* ブロス	brush ブ**ラ**シュ
ぶらじゃー **ブラジャー** burajaa	**soutien-gorge** *m.* スティアンゴルジュ	brassiere, bra ブラ**ズィ**ア, ブ**ラ**ー
ぶらじる **ブラジル** burajiru	**Brésil** *m.* ブレジル	Brazil ブラ**ズィ**ル
ぷらす **プラス** purasu	**plus** *m.*, **avantage** *m.* プリュス, アヴァンタージュ	plus プ**ラ**ス
ぷらすちっく **プラスチック** purasuchikku	**plastique** *m.* プラスティック	plastic プ**ラ**スティク
〜モデル	**maquette en plastique** *f.* マケット アン プラスティック	plastic model kit プ**ラ**スティク **マ**ドル キト

日	仏	英
ふらすとれーしょん **フラストレーション** furasutoreeshon	**frustration** *f.* フリュストラシオン	frustration フラスト**レイ**ション
ぷらずま **プラズマ** purazuma	**plasma** *m.* プラスマ	plasma プ**ラ**ズマ
ぷらちな **プラチナ** purachina	**platine** *m.* プラティヌ	platinum プ**ラ**ティナム
ぶらっくりすと **ブラックリスト** burakkurisuto	**liste noire** *f.* リスト ノワール	blacklist ブ**ラ**クリスト
ふらっしゅ **フラッシュ** furasshu	**flash** *m.* フラッシュ	(camera) flash (**キャ**メラ) フ**ラ**シュ
ぷらねたりうむ **プラネタリウム** puranetariumu	**planétarium** *m.* プラネタリオム	planetarium プラネ**テ**アリアム
ぶらぶらする **ぶらぶらする** (さまよう) buraburasuru	**flâner** フラネ	wander **ワ**ンダ
(怠ける)	**(être) paresseux(se)** (エートル) パレスー(ズ)	(be) lazy (ビ) **レ**イズィ
(揺れ動く)	**balancer, pendiller** バランセ, パンディエ	swing, dangle ス**ウィ**ング, **ダ**ングル
ふらめんこ **フラメンコ** furamenko	**flamenco** *m.* フラメンコ	flamenco フラメ**ンコウ**
ぷらん **プラン** puran	**plan** *m.* プラン	plan プ**ラ**ン
ぶらんく **ブランク** buranku	**blanc** *m.*, **vide** *m.* ブラン, ヴィッド	blank ブ**ラ**ンク
ぶらんこ **ぶらんこ** buranko	**balançoire** *f.* バランソワール	swing, trapeze ス**ウィ**ング, トラ**ピ**ーズ
ふらんす **フランス** furansu	**France** *f.* フランス	France フ**ラ**ンス

日	仏	英
〜語	**français** *m.* フランセ	French フレンチ
〜の	**français(e)** フランセ(-セーズ)	French フレンチ
〜料理	**cuisine française** *f.* キュイジーヌ フランセーズ	French food フレンチ **フ**ード
ぷらんたー **プランター** purantaa	**jardinière** *f.* ジャルディニエール	planter プ**ラ**ンタ
ふらんちゃいず **フランチャイズ** furanchaizu	**franchise** *f.* フランシーズ	franchise フ**ラ**ンチャイズ
ぷらんでー **ブランデー** burandee	**eau-de-vie** *f.*, **cognac** *m.* オードゥヴィ，コニャック	brandy ブ**ラ**ンディ
ぷらんど **ブランド** burando	**marque** *f.* マルク	brand ブ**ラ**ンド
ぷらんと **プラント** （生産設備） puranto	**usine** *f.* ユジーヌ	plant プ**ラ**ント
ふり **不利** furi	**désavantage** *m.* デザヴァンタージュ	disadvantage ディサド**ヴァ**ンティヂ
ぷりーつ **プリーツ** puriitsu	**pli** *m.* プリ	pleat プ**リ**ート
ふりーの **フリーの** furiino	**libre** リーブル	free フ**リ**ー
ぷりーふ **ブリーフ** buriifu	**slip (d'homme)** *m.* スリップ (ドム)	briefs ブ**リ**ーフス
ふりえき **不利益** furieki	**désavantage** *m.* デザヴァンタージュ	disadvantage ディサド**ヴァ**ンティヂ
ふりかえ **振替** furikae	**virement** *m.* ヴィルマン	transfer ト**ラ**ンスファー

ふ

日	仏	英
ふりかえる **振り返る** furikaeru	**se retourner, repenser** *à* ス ルトゥルネ, ルパンセ ア	look back ルク バク
ふりこ **振り子** furiko	**pendule** *m.* パンデュル	pendulum ペンデュラム
ふりこむ **振り込む** furikomu	**effectuer un virement bancaire** エフェクテュエ アン ヴィルマン バンケール	transfer money トランスファー マニ
ぷりずむ **プリズム** purizumu	**prisme** *m.* プリスム	prism プリズム
ふりな **不利な** furina	**désavantageux(se)** デザヴァンタジュー(ズ)	disadvantageous ディサドヴァンテイチャス
ぷりぺいど **プリペイド** puripeido	**payé(e) d'avance** ペイエ ダヴァンス	prepaid プリーペイド
ふりむく **振り向く** furimuku	**se retourner** ス ルトゥルネ	turn to, look back ターントゥ, ルク バク
ふりょう **不良** furyou	**délinquant(e) juvénile** *m.f.*, **voyou** *m.* デランカン(ト) ジュヴェニル, ヴォワイユー	juvenile delinquent チューヴェナイル ディリンクウェント
ぶりょく **武力** buryoku	**force militaire** *f.* フォルス ミリテール	military power ミリテリ パウア
ふりる **フリル** furiru	**volant** *m.*, **jabot** *m.* ヴォラン, ジャボ	frill フリル
ふりん **不倫** furin	**adultère** *m.* アデュルテール	adultery アダルタリ
ぷりん **プリン** purin	**pudding** *m.*, **crème cara-mel** *f.* プディング, クレーム カラメル	(custard) pudding, ®milk pudding (カスタド) プディング, ミルク プディング
ぷりんす **プリンス** purinsu	**prince** *m.* プランス	prince プリンス
ぷりんせす **プリンセス** purinsesu	**princesse** *f.* プランセス	princess プリンセス

日	仏	英
ぷりんたー **プリンター** purintaa	**imprimante** *f.* アンプリマント	printer プリンタ
ぷりんと **プリント** purinto	**tirage** *m.*, **copie** *f.* ティラージュ，コピー	copy, print **カ**ピ，**プ**リント
ふる **降る** furu	**tomber** トンベ	fall **フォ**ール
ふる **振る** furu	**agiter, secouer** アジテ，スクエ	shake, wave **シェ**イク，**ウェ**イヴ
ふるい **古い** furui	**vieux**(*vieille*)**, ancien**(*ne*) ヴィユー(ヴィエイユ)，アンシアン(-エヌ)	old, ancient **オ**ウルド，**エ**インシェント
ぶるー **ブルー** buruu	**bleu** *m.* ブルー	blue ブルー
～の	**bleu(e)** ブルー	blue ブルー
ぶるーす **ブルース** buruusu	**blues** *m.* ブルーズ	blues ブルーズ
ふるーつ **フルーツ** furuutsu	**fruit** *m.* フリュイ	fruit フルート
ふるーと **フルート** furuuto	**flûte** *f.* フリュート	flute フルート
ぶるーべりー **ブルーベリー** buruuberii	**myrtille** *f.* ミルティーユ	blueberry ブルーベリ
ふるえる **震える** furueru	**trembler, frémir** トランブレ，フレミール	tremble, shiver ト**レ**ンブル，**シ**ヴァ
ぶるがりあ **ブルガリア** burugaria	**Bulgarie** *f.* ビュルガリ	Bulgaria バル**ゲ**アリア
ふるくさい **古臭い** furukusai	**démodé(e)** デモデ	old-fashioned, ob-solete **オ**ウルド**ファ**ションド，アブソ**リ**ート

日	仏	英
ふるこーす **フルコース** furukoosu	**repas complet** *m.* ルパ コンプレ	full-course meal **フ**ルコース **ミ**ール
ふるさと **故郷** furusato	**pays natal** *m.*, **terre natale** *f.* ペイ ナタル, テール ナタル	home town, home **ホ**ウム **タ**ウン, **ホ**ウム
ぶるどーざー **ブルドーザー** burudoozaa	**bulldozer** *m.* ブルドズール	bulldozer **ブ**ルドウザ
ぷるとにうむ **プルトニウム** purutoniumu	**plutonium** *m.* プリュトニオム	plutonium プルー**ト**ウニアム
ふるほん **古本** furuhon	**livre d'occasion** *m.* リーヴル ドカジオン	used book **ユ**ーズド **ブ**ク
ふるまう **振る舞う** furumau	**agir, se conduire** アジール, ス コンデュイール	behave ビ**ヘ**イヴ
ふるわせる **震わせる** furuwaseru	**secouer** スクエ	shake, make tremble **シ**ェイク, メイク ト**レ**ンブル
ぶれいな **無礼な** bureina	**impoli(e)** アンポリ	impolite, rude インポ**ラ**イト, **ル**ード
ぷれー **プレー** puree	**jeu** *m.* ジュー	play プ**レ**イ
～オフ	**match de barrage** *m.*, **prolongations** *f.pl.* マッチ ドゥ バラージュ, プロロンガシオン	play-off プ**レ**イオフ
ぶれーき **ブレーキ** bureeki	**frein** *m.* フラン	brake ブ**レ**イク
～をかける	**freiner** フレネ	put on the brake, hit the brakes **プ**ト オン ザ ブ**レ**イク, **ヒ**ト ザ ブ**レ**イクス
ぷれーぼーい **プレーボーイ** pureebooi	**play-boy** *m.* プレボイ	playboy プ**レ**イボイ
ふれーむ **フレーム** fureemu	**cadre** *m.* カードル	frame フ**レ**イム

日	仏	英
ぷれーやー **プレーヤー** pureeyaa	**joueur(se)** *m.f.* ジュウール(-ズ)	player プレイア
ぶれーん **ブレーン** bureen	**cerveau** *m.* セルヴォー	brains ブレインズ
ぷれす **プレス** （押すこと） puresu	**presse** *f.* プレス	press プレス
（報道機関）	**presse** *f.* プレス	(the) press (ザ) プレス
ぶれすれっと **ブレスレット** buresuretto	**bracelet** *m.* ブラスレ	bracelet ブレイスレト
ぷれぜんてーしょん **プレゼンテーショ** **ン** purezenteeshon	**présentation** *f.* プレザンタシオン	presentation プリーゼン**テ**イション
ぷれぜんと **プレゼント** purezento	**cadeau** *m.*, **présent** *m.* カドー， プレザン	present プレズント
〜する	**offrir** *à* オフリール ア	present プリ**ゼ**ント
ふれっくすたいむ **フレックスタイム** furekkusutaimu	**horaire flexible** *m.* オレール フレクシブル	flextime, flexitime フレクスタイム， フレクス**ィ**タ イム
ぷれっしゃー **プレッシャー** puresshaa	**pression** *f.* プレシオン	pressure プレシャ
ぷれはぶじゅうたく **プレハブ住宅** purehabujuutaku	**maison préfabriquée** *f.* メゾン プレファブリケ	prefabricated house, prefab home プリー**ファ**ブリケイテド ハウス， プリーファブ **ホ**ウム
ぷれみあむ **プレミアム** puremiamu	**prime** *f.* プリム	premium プリーミアム
ふれる **触れる** （言及する） fureru	**faire mention** *de* フェール マンシオン ドゥ	mention **メ**ンション
（触る）	**toucher** トゥシエ	touch **タ**チ

ふ

日	仏	英
不連続 ふれんぞく furenzoku	**discontinuité** *f.* ディスコンティニュイテ	discontinuity ディスコンティ**ニュー**イティ
ブレンド ぶれんど burendo	**mélange** *m.* メランジュ	blending ブレンディング
風呂 ふろ furo	**bain** *m.* バン	bath バス
フロア ふろあ furoa	**plancher** *m.* プランシェ	floor フロー
(階)	**étage** *m.* エタージュ	story ス**トー**リ
ブローカー ぶろーかー burookaa	**courtier(ère)** *m.f.* クルティエ(-エール)	broker ブロウカ
ブローチ ぶろーち buroochi	**broche** *f.* ブロッシュ	brooch ブロウチ
ブロードバンド ぶろーどばんど buroodobando	**haut débit** *m.* オー デビ	broadband ブロードバンド
付録 ふろく furoku	**supplément** *m.*, **appendice** *m.* シュプレマン, アパンディス	supplement, appendix **サ**プリメント, アペンディクス
プログラマー ぷろぐらまー puroguramaa	**programmeur(se)** *m.f.* プログラムール(-ズ)	programmer プロウグラマ
プログラミング ぷろぐらみんぐ puroguramingu	**programmation** *f.* プログラマシオン	programming プロウグラミング
プログラム ぷろぐらむ puroguramu	**programme** *m.* プログラム	program, ®programme プロウグラム, プロウグラム
プロジェクト ぷろじぇくと purojekuto	**projet** *m.* プロジェ	project プラヂェクト
プロセス ぷろせす purosesu	**processus** *m.*, **procédé** *m.* プロセシュス, プロセデ	process プラセス

日	仏	英
ぷろだくしょん **プロダクション** purodakushon	**production** *f.* プロデュクシオン	production プロ**ダ**クション
ぶろっこりー **ブロッコリー** burokkorii	**brocoli** *m.* ブロコリー	broccoli ブラ**コ**リ
ぷろてくたー **プロテクター** purotekutaa	**protection** *f.* プロテクシオン	shield, protector **シ**ールド, プロ**テ**クタ
ぷろてすたんと **プロテスタント** purotesutanto	**protestant(e)** *m.f.* プロテスタン(ト)	Protestant プラ**テ**スタント
ぷろでゅーさー **プロデューサー** purodyuusaa	**produc*teur*(*trice*)** *m.f.* プロデュクトゥール(・トリス)	producer プロ**デュ**ーサ
ぷろの **プロの** purono	**professionnel(*le*)** プロフェシオネル	professional プロ**フェ**ショナル
ぷろばいだー **プロバイダー** purobaidaa	**fournisseur d'accès** *m.* フールニスール ダクセ	provider プロ**ヴァ**イダ
ぷろふぃーる **プロフィール** purofiiru	**profil** *m.* プロフィル	profile プロ**ウ**ファイル
ぷろぽーしょん **プロポーション** puropooshon	**proportion** *f.* プロポルシオン	proportion プロ**ポ**ーション
ぷろぽーずする **プロポーズする** puropoozusuru	**demander en mariage** ドゥマンデ アン マリアージュ	propose marriage to プロ**ポ**ウズ **マ**リヂ トゥ
ぷろもーしょん **プロモーション** puromooshon	**promotion** *f.* プロモシオン	promotion プロ**モ**ウション
ぷろもーたー **プロモーター** puromootaa	**promo*teur*(*trice*)** *m.f.* プロモトゥール(・トリス)	promoter プロ**モ**ウタ
ぷろれす **プロレス** puroresu	**catch** *m.* カッチ	professional wrestling プロ**フェ**ショナル **レ**スリング
ぷろろーぐ **プロローグ** puroroogu	**prologue** *m.* プロローグ	prologue プロ**ウ**ログ

ふ

日	仏	英
ぶろんず **ブロンズ** buronzu	**bronze** *m.* ブロンズ	bronze ブランズ
ふろんと **フロント** furonto	**réception** *f.* レセプシオン	front desk, ⓑreception desk フラント デスク, リセプション デスク
ぶろんど **ブロンド** burondo	**cheveux blonds** *m.pl.* シュヴー ブロン	blonde ブランド
ふろんとがらす **フロントガラス** furontogarasu	**pare-brise** *m.* パルブリーズ	windshield, ⓑwindscreen ウィンドシールド, ウィンドスクリーン
ふわ **不和** fuwa	**désaccord** *m.*, **discorde** *f.* デザコール, ディスコルド	discord ディスコード
ふわたり **不渡り** fuwatari	**non-paiement** *m.* ノンペマン	dishonour, non-payment ディサナ, ナンペイメント
ふん **分** fun	**minute** *f.* ミニュット	minute ミヌト
ふん **糞** fun	**caca** *m.*, **crotte** *f.* カカ, クロット	feces, excrement フィースィーズ, エクスクレメント
ぶん **文** bun	**phrase** *f.* フラーズ	sentence センテンス
ふんいき **雰囲気** fun-iki	**atmosphère** *f.* アトモスフェール	atmosphere アトモスフィア
ふんか **噴火** funka	**éruption** *f.* エリュプシオン	eruption イラプション
〜する	**faire éruption** フェール エリュプシオン	erupt イラプト
ぶんか **文化** bunka	**culture** *f.* キュルテュール	culture カルチャ
〜的な	**culturel(*le*)** キュルテュレル	cultural カルチャラル

日	仏	英
ぶんかい **分解** bunkai	**décomposition** *f.* デコンポジション	decomposition ディーカンポズィション
〜する	**décomposer, démonter** デコンポゼ, デモンテ	resolve into, de-compose リザルヴ イントゥ, ディーコンポウズ
ふんがいする **憤慨する** fungaisuru	**s'indigner** *de* サンディニェ ドゥ	(be) indignant at (ビ) インディグナント アト
ぶんがく **文学** bungaku	**littérature** *f.* リテラテュール	literature リテラチャ
〜の	**littéraire** リテレール	literary リタレリ
ぶんかつ **分割** bunkatsu	**division** *f.* ディヴィジョン	division ディヴィジョン
〜する	**diviser** ディヴィゼ	divide ディヴァイド
〜払い	**paiement à crédit** *m.* ペマン ア クレディ	installment plan インストールメント プラン
ふんきゅうする **紛糾する** funkyuusuru	**se compliquer** ス コンプリケ	(become) compli-cated (ビカム) カンプリケイテド
ぶんぎょう **分業** bungyou	**division du travail** *f.* ディヴィジョン デュ トラヴァイユ	division of labor ディヴィジョン オヴ レイバ
ぶんげい **文芸** bungei	**belles lettres** *f.pl.* ベル レットル	arts and literature アーツ アンド リテラチャ
ぶんけん **文献** bunken	**documents** *m.pl.*, **littéra-ture** *f.* ドキュマン, リテラテュール	literature, docu-ments リテラチャ, ダキュメンツ
ぶんご **文語** bungo	**langage soutenu** *m.*, **lan-gage littéraire** *m.* ランガージュ ストゥニュ, ランガージュ リテレール	literary language リタレアリ ラングウィヂ
ぶんこぼん **文庫本** bunkobon	**livre de poche** *m.* リーヴル ドゥ ポッシュ	pocket book パケト ブク

ふ

日	仏	英
ふんさいする **粉砕する** funsaisuru	**briser, écraser** ブリゼ, エクラゼ	smash, crush スマシュ, クラシュ
ぶんし **分子** （物質の） bunshi	**molécule** *f.* モレキュル	molecule マレキュール
（分数の）	**numérateur** *m.* ニュメラトゥール	numerator ニューマレイタ
ふんしつする **紛失する** funshitsusuru	**perdre** ペルドル	lose ルーズ
ぶんしょ **文書** bunsho	**document** *m.* ドキュマン	document ダキュメント
ぶんしょう **文章** bunshou	**phrase** *f.* フラーズ	sentence センテンス
ふんすい **噴水** funsui	**fontaine** *f.* フォンテヌ	fountain ファウンテン
ぶんすう **分数** bunsuu	**fraction** *f.* フラクシオン	fraction フラクション
ぶんせき **分析** bunseki	**analyse** *f.* アナリーズ	analysis アナリスィス
～する	**analyser** アナリゼ	analyze アナライズ
ふんそう **紛争** funsou	**différend** *m.*, **conflit** *m.* ディフェラン, コンフリ	conflict, dispute カンフリクト, ディスピュート
ぶんたい **文体** buntai	**style** *m.* スティル	(literary) style (リタレリ) スタイル
ぶんたんする **分担する** buntansuru	**partager, répartir** パルタジェ, レパルティール	share シェア
ぶんどき **分度器** bundoki	**rapporteur** *m.* ラポルトゥール	protractor プロトラクタ
ぶんぱい **分配** bunpai	**distribution** *f.* ディストリビュシオン	distribution ディストリビューション

日	仏	英
〜する	**distribuer** ディストリビュエ	distribute ディスト**リ**ビュト
ぶんぴつ **分泌** bunpitsu	**sécrétion** *f.* セクレシオン	secretion スィク**リ**ーション
ぶんぷする **分布する** bunpusuru	**(être) répandu(e)** (エートル) レパンデュ	(be) distributed (ビ) ディスト**リ**ビューテド
ふんべつ **分別** funbetsu	**discernement** *m.*, **bon sens** *m.* ディセルヌマン, ボン サンス	discretion, good sense ディスク**レ**ション, **グ**ド **セ**ンス
ぶんべん **分娩** bunben	**accouchement** *m.* アクシュマン	childbirth **チャ**イルドバース
〜する	**accoucher** アクシェ	(be) delivered of (ビ) ディ**リ**ヴァド オヴ
ぶんぼ **分母** bunbo	**dénominateur** *m.* デノミナトゥール	denominator ディ**ナ**ミネイタ
ぶんぽう **文法** bunpou	**grammaire** *f.* グラメール	grammar グ**ラ**マ
ぶんぼうぐ **文房具** bunbougu	**articles de bureau** *m.pl.* アルティクル ドゥ ビュロー	stationery ス**テ**イショネリ
ふんまつ **粉末** funmatsu	**poudre** *f.* プードル	powder **パ**ウダ
ぶんみゃく **文脈** bunmyaku	**contexte** *m.* コンテクスト	context **カ**ンテクスト
ぶんめい **文明** bunmei	**civilisation** *f.* シヴィリザシオン	civilization スィヴィリ**ゼ**イション
ぶんや **分野** bun-ya	**champ** *m.*, **domaine** *m.* シャン, ドメーヌ	field, line **フィ**ールド, **ラ**イン
ぶんり **分離** bunri	**séparation** *f.* セパラシオン	separation セパ**レ**イション

日	仏	英
〜する	**séparer** セパレ	separate セパレイト
ぶんりょう **分量** bunryou	**quantité** *f.* カンティテ	quantity クワンティティ
ぶんるい **分類** bunrui	**classification** *f.* クラシフィカシオン	classification クラスィフィケイション
〜する	**classer** *dans* クラセ ダン	classify into クラスィファイ イントゥ
ぶんれつ **分裂** bunretsu	**division** *f.* ディヴィジオン	split, division スプリト, ディヴィジョン
〜する	**se diviser** *en* ス ディヴィゼ アン	split into スプリト イントゥ

へ, ヘ

日	仏	英
へ **屁** he	**pet** *m.* ペ	fart ファート
へあ **ヘア** hea	**cheveux** *m.pl.* シュヴー	hair ヘア
〜スタイル	**coiffure** *f.* コワフュール	hairstyle ヘアスタイル
〜ブラシ	**brosse à cheveux** *f.* ブロス ア シュヴー	hairbrush ヘアブラシュ
ぺあ **ペア** pea	**paire** *f.* ペール	pair ペア
へい **塀** hei	**mur** *m.*, **clôture** *f.* ミュール, クロテュール	wall, fence ウォール, フェンス
へいえき **兵役** heieki	**service militaire** *m.* セルヴィス ミリテール	military service ミリテリ サーヴィス
へいおんな **平穏な** heionna	**tranquille** トランキル	calm カーム

日	仏	英
へいかい **閉会** heikai	**clôture** *f.* クロテュール	closure ク**ロ**ウジャ
〜する	**clôturer** クロテュレ	close ク**ロ**ウズ
へいがい **弊害** heigai	**mal** *m.*, **méfait** *m.* マル, メフェ	bad effect, negative effect バド イ**フェ**クト, **ネ**ガティヴ イ**フェ**クト
へいき **兵器** heiki	**armes** *f.pl.* アルム	arms, weapons **ア**ームズ, **ウェ**ポンズ
へいきな **平気な** heikina	**calme, indifférent(e)** カルム, アンディフェラン(ト)	calm, indifferent **カ**ーム, イン**ディ**ファレント
へいきん **平均** heikin	**moyenne** *f.* モワイエヌ	average **ア**ヴァリヂ
〜する	**établir la moyenne** エタブリール ラ モワイエヌ	average **ア**ヴァリヂ
〜台	**poutre** *f.* プートル	balance beam **バ**ランス **ビ**ーム
へいげん **平原** heigen	**plaine** *f.* プレヌ	plain プ**レ**イン
へいこう **平衡** heikou	**équilibre** *m.* エキリーブル	equilibrium イークウィ**リ**ブリアム
へいこうしている **平行している** heikoushiteiru	**parallèle** *à* パラレル ア	parallel to **パ**ラレル トゥ
へいこうしへんけい **平行四辺形** heikoushihenkei	**parallélogramme** *m.* パラレログラム	parallelogram パラ**レ**ラグラム
へいこうする **閉口する** heikousuru	**(être) embarrassé(e)** *de* (エートル) アンバラセ ドゥ	(be) embarrassed at (ビ) イン**バ**ラスト アト
へいごうする **併合する** heigousuru	**incorporer, annexer** アンコルポレ, アネクセ	absorb アブ**ソ**ーブ

日	仏	英
へいこうせん **平行線** heikousen	**lignes parallèles** *f.pl.* リーニュ パラレル	parallel lines パラレル ラインズ
へいこうぼう **平行棒** heikoubou	**barres parallèles** *f.pl.* バール パラレル	parallel bars パラレル バーズ
へいこうゆにゅう **並行輸入** heikouyunyuu	**importation parallèle** *f.* アンポルタシオン パラレル	parallel import パラレル インポート
へいさ **閉鎖** heisa	**fermeture** *f.*, **clôture** *f.* フェルムテュール, クロテュール	shutdown, closure シャトダウン, クロウジャ
〜する	**fermer** フェルメ	shut down, close シャト ダウン, クロウズ
へいし **兵士** heishi	**soldat** *m.* ソルダ	soldier ソウルヂャ
へいじつ **平日** heijitsu	**jour ouvrable** *m.*, **jour de la semaine** *m.* ジュール ウヴラーブル, ジュール ドゥ ラ スメーヌ	weekday ウィークデイ
へいじょうの **平常の** heijouno	**normal(e)** ノルマル	normal ノーマル
へいぜんと **平然と** heizento	**calmement** カルムマン	calmly カームリ
〜した	**calme, serein(e)** カルム, スラン(-レヌ)	calm, cool カーム, クール
へいち **平地** heichi	**terrain plat** *m.* テラン プラ	flat ground フラト グラウンド
へいてん **閉店** heiten	**heure de fermeture** *f.* ウール ドゥ フェルムテュール	closing クロウズィング
〜する	**fermer** フェルメ	close クロウズ
へいねつ **平熱** heinetsu	**température normale** *f.* タンペラテュール ノルマル	normal temperature ノーマル テンパラチャ

日	仏	英
へいねん **平年** heinen	**année ordinaire** *f.* アネ オルディネール	ordinary year **オ**ーディネリ **イ**ア
へいふく **平服** heifuku	**habit ordinaire** *m.* アビ オルディネール	plain clothes **プレ**イン **ク**ロウズ
へいほう **平方** heihou	**carré** *m.* カレ	square スク**ウェ**ア
～キロメートル	**kilomètre carré** *m.* キロメートル カレ	square kilometer スク**ウェ**ア キ**ロ**ミタ
～メートル	**mètre carré** *m.* メートル カレ	square meter スク**ウェ**ア **ミ**ータ
へいぼんな **平凡な** heibonna	**banal(e), ordinaire** バナル, オルディネール	common, ordinary **カ**モン, **オ**ーディネリ
へいめん **平面** heimen	**plan** *m.* プラン	plane **プレ**イン
へいや **平野** heiya	**plaine** *f.* プレヌ	plain **プレ**イン
へいわ **平和** heiwa	**paix** *f.* ペ	peace **ピ**ース
～な	**paisible** ペジーブル	peaceful **ピ**ースフル
べーこん **ベーコン** beekon	**bacon** *m.* ベコン	bacon **ベ**イコン
べーじゅ **ベージュ** beeju	**beige** *m.* ベージュ	beige **ベ**イジュ
～の	**beige** ベージュ	beige **ベ**イジュ
べーす **ベース**　（基礎） beesu	**base** *f.* バーズ	base **ベ**イス

日	仏	英
〜アップ	**augmentation des salaires de base** *f.* オグマンタシオン デ サレール ドゥ バーズ	raise in wages レイズ イン **ウェ**イヂェズ
（低音）	**basse** *f.* バス	bass バス
^{ぺーす}**ペース** peesu	**allure** *f.* アリュール	pace **ペ**イス
〜メーカー	**stimulateur cardiaque** *m.* スティミュラトゥール カルディアック	pacemaker **ペ**イスメイカ
^{ぺーすとする}**ペーストする** peesutosuru	**coller** コレ	paste **ペ**イスト
^{へきが}**壁画** hekiga	**peinture murale** *f.* パンテュール ミュラル	mural **ミュ**アラル
^{へきち}**僻地** hekichi	**endroit isolé** *m.* アンドロワ イゾレ	remote place リ**モ**ウト プ**レ**イス
^{へくたーる}**ヘクタール** hekutaaru	**hectare** *m.* エクタール	hectare **ヘ**クテア
^{へこむ}**へこむ** hekomu	**se cabosser, s'enfoncer** ス カボセ, サンフォンセ	(be) dented, sink (ビ) **デ**ンテド, ス**ィ**ンク
^{へこんだ}**へこんだ** hekonda	**creux(se), cabossé(e)** クルー(ズ), カボセ	dented **デ**ンテド
^{べすと}**ベスト**　（チョッキ） besuto	**gilet** *m.* ジレ	vest, Ⓑwaistcoat **ヴェ**スト, **ウェ**イストコウト
（最上）	*le(la)* **meilleur(e)** *m.f.*, **le mieux** *m.* ル(ラ) メイユール, ル ミュー	best **ベ**スト
〜セラー	**best-seller** *m.* ベストセルール	best seller **ベ**スト **セ**ラ
^{へそ}**へそ** heso	**nombril** *m.* ノンブリル	navel **ネ**イヴェル

日	仏	英
へだたり **隔たり** （距離） hedatari	**distance** *f.*, **écart** *m.* ディスタンス, エカール	distance **ディ**スタンス
（差異） 	**différence** *f.* ディフェランス	difference **ディ**ファレンス
へだたる **隔たる** hedataru	**s'éloigner** *de* セロワニェ ドゥ	(be) away from (ビ) ア**ウェ**イ フラム
へだてる **隔てる** hedateru	**séparer, cloisonner** セパレ, クロワゾネ	partition パー**ティ**ション
へたな **下手な** hetana	**maladroit(e), mauvais(e)** マラドロワ(ット), モヴェ(･ヴェーズ)	clumsy, poor ク**ラ**ムズィ, **プ**ア
ぺだる **ペダル** pedaru	**pédale** *f.* ペダル	pedal **ペ**ドル
べっきょする **別居する** bekkyosuru	**vivre séparément** ヴィーヴル セパレマン	live separately **リ**ヴ **セ**パレトリ
べっそう **別荘** bessou	**villa** *f.*, **maison de cam- pagne** *f.* ヴィラ, メゾン ドゥ カンパーニュ	villa **ヴィ**ラ
べっど **ベッド** beddo	**lit** *m.* リ	bed **ベ**ド
ぺっと **ペット** petto	**animal domestique** *m.*, **animal de compagnie** *m.* アニマル ドメスティック, アニマル ドゥ コンパ ニ	pet **ペ**ト
へっどほん **ヘッドホン** heddohon	**écouteurs** *m.pl.*, **casque** *m.* エクトゥール, カスク	headphone **ヘ**ドフォウン
へっどらいと **ヘッドライト** heddoraito	**phare** *m.* ファール	headlight **ヘ**ドライト
べつに （取り立てて） **別に** betsuni	**en particulier** アン パルティキュリエ	in particular イン パ**ティ**キュラ
（別々に） 	**à part** ア パール	apart ア**パ**ート

日	仏	英
べつの **別の** betsuno	**différent(e), autre** ディフェラン(ト), オートル	different, another **ディ**ファレント, ア**ナ**ザ
べつべつの **別々の** betsubetsuno	**séparé(e), respectif(ve)** セパレ, レスペクティフ(-ヴ)	separate, respective **セ**パレイト, リス**ペ**クティヴ
へつらう **へつらう** hetsurau	**flatter** フラテ	flatter フ**ラ**タ
べてらん **ベテラン** beteran	**vétéran** *m.* ヴェテラン	veteran, expert **ヴェ**テラン, **エ**クスパート
べとなむ **ベトナム** betonamu	**Viêtnam** *m.* ヴィエトナム	Vietnam ヴィエト**ナ**ーム
へどろ **へどろ** hedoro	**boue** *f.* ブー	sludge, colloidal sediment ス**ラ**ヂ, カ**ロ**イドル **セ**ディメント
ぺなるてぃー **ペナルティー** penarutii	**punition** *f.*, **pénalité** *f.* ピュニシオン, ペナリテ	penalty **ペ**ナルティ
～キック	**coup de pied de réparation** *m.*, **penalty** *m.* クー ドゥ ピエ ドゥ レパラシオン, ペナルティ	penalty kick **ペ**ナルティ **キ**ク
ぺにす **ペニス** penisu	**pénis** *m.* ペニス	penis **ピ**ーニス
ぺぱーみんと **ペパーミント** pepaaminto	**menthe poivrée** *f.* マント ポワヴレ	peppermint **ペ**パミント
へび **蛇** hebi	**serpent** *m.* セルパン	snake, serpent ス**ネ**イク, **サ**ーペント
べびーかー **ベビーカー** bebiikaa	**poussette** *f.* プセット	stroller, Ⓑpushchair スト**ロ**ウラ, **プ**シュチェア
へや **部屋** heya	**pièce** *f.*, **chambre** *f.* ピエス, シャンブル	room **ル**ーム
へらす **減らす** herasu	**diminuer, réduire** ディミニュエ, レデュイール	decrease, reduce ディク**リ**ース, リ**デュ**ース

日	仏	英
べらんだ **ベランダ** beranda	**véranda** *f.* ヴェランダ	veranda ヴェランダ
へり **へり** heri	**bord** *m.*, **bordure** *f.* ボール, ボルデュール	edge, border エヂ, ボーダ
へりうむ **ヘリウム** heriumu	**hélium** *m.* エリオム	helium ヒーリアム
へりくだる **へりくだる** herikudaru	**s'humilier, s'abaisser** シュミリエ, サベセ	abase oneself, put oneself down アベイス, プト ダウン
へりこぷたー **ヘリコプター** herikoputaa	**hélicoptère** *m.* エリコプテール	helicopter ヘリカプタ
へりぽーと **ヘリポート** heripooto	**héliport** *m.* エリポール	heliport ヘリポート
へる **経る** heru	**passer, s'écouler** パセ, セクレ	pass, go by パス, ゴウ バイ
へる **減る** heru	**diminuer, baisser** ディミニュエ, ベセ	decrease, diminish ディクリース, ディミニシュ
べる **ベル** beru	**sonnette** *f.*, **cloche** *f.* ソネット, クロシュ	bell ベル
べるー **ペルー** peruu	**Pérou** *m.* ペル	Peru ペルー
べるぎー **ベルギー** berugii	**Belgique** *f.* ベルジック	Belgium ベルヂャム
へるつ **ヘルツ** herutsu	**hertz** *m.* エルツ	hertz ハーツ
べると **ベルト** beruto	**ceinture** *f.* サンテュール	belt ベルト
～コンベアー	**tapis roulant** *m.* タピ ルラン	belt conveyor ベルト カンヴェイア

日	仏	英
へるにあ **ヘルニア** herunia	**hernie** *f.* エルニ	hernia ハーニア
へるめっと **ヘルメット** herumetto	**casque** *m.* カスク	helmet ヘルメト
へろいん **ヘロイン** heroin	**héroïne** *f.* エロイヌ	heroin ヘロウイン
へん **辺** (図形の) hen	**côté** *m.* コテ	side サイド
(辺り)	**voisinage** *m.*, **alentours** *m.pl.* ヴォワジナージュ, アラントゥール	neighborhood ネイバフド
べん **便** (大便) ben	**excrément** *m.* エクスクレマン	excrement, feces エクスクレメント, **フ**ィースィーズ
(便利)	**commodité** *f.* コモディテ	convenience コン**ヴィ**ーニェンス
べん **弁** ben	**valve** *f.* ヴァルヴ	valve **ヴァ**ルヴ
ぺん **ペン** pen	**stylo** *m.* スティロ	pen ペン
へんあつき **変圧器** hen-atsuki	**transformateur** *m.* トランスフォルマトゥール	transformer トランス**フォ**ーマ
へんか **変化** henka	**changement** *m.* シャンジュマン	change **チェ**インヂ
べんかい **弁解** benkai	**excuse** *f.* エクスキューズ	excuse イクス**キュ**ーズ
～する	**s'excuser, s'expliquer** *sur* セクスキュゼ, セクスプリケ シュール	make an excuse, excuse oneself メイク アン イクス**キュ**ース, イ クス**キュ**ーズ
へんかく **変革** henkaku	**changement** *m.*, **réforme** *f.* シャンジュマン, レフォルム	reform, change リ**フォ**ーム, **チェ**インヂ

日	仏	英
〜する	**changer** シャンジェ	reform, change リフォーム, **チェ**インヂ
へんかする **変化する** henkasuru	**changer** シャンジェ	change **チェ**インヂ
へんかんする **返還する** henkansuru	**rendre** ランドル	return リ**タ**ーン
ぺんき **ペンキ** penki	**peinture** *f.* パンテュール	paint **ペ**イント
へんきゃく **返却** henkyaku	**renvoi** *m.*, **restitution** *f.* ランヴォワ, レスティテュシオン	return リ**タ**ーン
〜する	**rendre** ランドル	return リ**タ**ーン
べんきょう **勉強** benkyou	**travail** *m.*, **étude** *f.* トラヴァイユ, エテュード	study, work ス**タ**ディ, **ワ**ーク
〜する	**travailler, étudier** トラヴァイエ, エテュディエ	study, work ス**タ**ディ, **ワ**ーク
へんきょく **編曲** henkyoku	**arrangement** *m.* アランジュマン	arrangement ア**レ**インヂメント
〜する	**arranger** アランジェ	arrange ア**レ**インヂ
ぺんぎん **ペンギン** pengin	**manchot** *m.* マンショ	penguin **ペ**ングウィン
へんけん **偏見** henken	**préjugé** *m.* プレジュジェ	prejudice, bias プレ**ヂュ**ディス, **バ**イアス
べんご **弁護** bengo	**défense** *f.* デファンス	defense, advocacy ディ**フェ**ンス, **ア**ドヴォカスィ
〜士	**avocat(e)** *m.f.* アヴォカ(ット)	lawyer, counsel **ロ**ーヤ, **カ**ウンセル
〜する	**plaider, défendre** プレデ, デファンドル	plead, defend プ**リ**ード, ディ**フェ**ンド

日	仏	英
へんこう **変更** henkou	**changement** *m.* シャンジュマン	change, alteration **チェ**インヂ, **オー**ルタレイション
～する	**changer, modifier** シャンジェ, モディフィエ	change, alter **チェ**インヂ, **オ**ルタ
へんさい **返済**　（返金） hensai	**restitution** *f.*, **remboursement** *m.* レスティテュシオン, ランブルスマン	repayment リ**ペ**イメント
へんさん **編纂** hensan	**compilation** *f.* コンピラシオン	compilation カンピ**レ**イション
～する	**compiler** コンピレ	compile, edit コン**パ**イル, **エ**ディト
へんじ **返事** henji	**réponse** *f.* レポンス	reply, answer リ**プ**ライ, **ア**ンサ
～をする	**répondre** レポンドル	answer, reply **ア**ンサ, リ**プ**ライ
へんしゅう **編集** henshuu	**rédaction** *f.* レダクシオン	editing **エ**ディティング
～者	**rédac*teur*(*trice*)** *m.f.* レダクトゥール(-トリス)	editor **エ**ディタ
～する	**rédiger, réviser** レディジェ, レヴィゼ	edit **エ**ディト
へんしゅうきょう **偏執狂** henshuukyou	**monomaniaque** *m.f.* モノマニアック	monomaniac, obsessive person マノ**メ**イニアク, オブ**セ**スィヴ**パ**ースン
べんしょうする **弁償する** benshousuru	**indemniser** アンデムニゼ	compensate, reimburse **カ**ンペンセイト, リーイン**バ**ース
へんしょくする **変色する** henshokusuru	**se décolorer** ス デコロレ	discolor ディス**カ**ラ
へんじん **変人** henjin	**personne excentrique** *f.* ペルソヌ エクサントリック	eccentric person イク**セ**ントリク **パ**ースン

日	仏	英
へんずつう **偏頭痛** henzutsuu	**migraine** *f.* ミグレヌ	migraine マイグレイン
へんせい **編成** hensei	**formation** *f.* フォルマシオン	formation フォーメイション
〜する	**former, organiser** フォルメ, オルガニゼ	form, organize, Ⓑorganise フォーム, オーガナイズ, オーガナイズ
へんそうする **変装する** hensousuru	**se déguiser** *en* ス デギゼ アン	disguise oneself as ディスガイズ アズ
ぺんだんと **ペンダント** pendanto	**pendentif** *m.* パンダンティフ	pendant ペンダント
べんち **ベンチ** benchi	**banc** *m.* バン	bench ベンチ
ぺんち **ペンチ** penchi	**pince** *f.* パンス	pliers プライアズ
へんどう **変動** （物価などの） hendou	**fluctuations** *f.pl.* フリュクテュアシオン	fluctuations フラクチュエイションズ
（物事の）	**changement** *m.* シャンジュマン	change チェインヂ
べんとう **弁当** bentou	**bento** *m.*, **panier-repas** *m.* ベント, パニエルパ	lunch, box lunch ランチ, バクス ランチ
へんとうせん **扁桃腺** hentousen	**amygdale** *f.* アミ(グ)ダル	tonsils タンスィルズ
へんな **変な** henna	**étrange, curieux(se)** エトランジュ, キュリユー(ズ)	strange, peculiar ストレインヂ, ピキューリア
ぺんねーむ **ペンネーム** penneemu	**nom de plume** *m.* ノンドゥ プリュム	pen name ペン ネイム
べんぴ **便秘** benpi	**constipation** *f.* コンスティパシオン	constipation カンスティペイション

日	仏	英
へんぴな **辺鄙な** henpina	**retiré(e), éloigné(e)** ルティレ, エロワニェ	remote リモウト
へんぴん **返品** henpin	**marchandises retour-nées** *f.pl.*, **retours** *m.pl.* マルシャンディーズ ルトゥルネ, ルトゥール	returned goods リターンド グッズ
〜する	**renvoyer** ランヴォワイエ	return リターン
へんぼう **変貌** henbou	**transformation** *f.*, **trans-figuration** *f.* トランスフォルマシオン, トランスフィギュラシオン	transfiguration トランスフィギュレイション
〜する	**se transformer** ス トランスフォルメ	undergo a com-plete change アンダゴウ ア コンプリート チェインヂ
べんりな **便利な** benrina	**commode, pratique** コモード, プラティック	convenient コンヴィーニェント
べんろん **弁論** benron	**discussion** *f.*, **débat** *m.* ディスキュシオン, デバ	discussion, debate ディスカション, ディベイト

ほ, ホ

日	仏	英
ほ **帆** ho	**voile** *f.* ヴォワル	sail セイル
ほ **穂** ho	**épi** *m.* エピ	ear イア
ほあん **保安** hoan	**sécurité** *f.* セキュリテ	security スィキュアリティ
ほいくし **保育士** hoikushi	**puéricul*teur(trice)*** *m.f.* ピュエリキュルトゥール(-トリス)	child care worker チャイルド ケア ワーカ
ほいくしょ **保育所** hoikusho	**crèche** *f.* クレッシュ	daycare center, day nursery デイケア センタ, デイ ナーサリ
ぼいこっと **ボイコット** boikotto	**boycott** *m.* ボイコット	boycott ボイカト

日	仏	英
〜する	**boycotter** ボイコテ	boycott ボイカト
ほいっするう **ホイッスル** hoissuru	**sifflet** *m.* シフレ	whistle (ホ)ウィスル
ぼいらー **ボイラー** boiraa	**chaudière** *f.* ショディエール	boiler ボイラ
ぼいん **母音** boin	**voyelle** *f.* ヴォワイエル	vowel ヴァウエル
ぼいん **拇印** boin	**empreinte du pouce** *f.* アンプラント デュ プス	thumbprint サムプリント
ぽいんと **ポイント** pointo	**point** *m.* ポワン	point ポイント
ほう **法**　　（方法） hou	**méthode** *f.* メトッド	method, way メソド, ウェイ
（法律・規則）	**loi** *f.* ロワ	law, regulation ロー, レギュレイション
ぼう **棒** bou	**bâton** *m.*, **barre** *f.* バトン, バール	stick, rod スティク, ラド
ほうあん **法案** houan	**projet de loi** *m.* プロジェ ドゥ ロワ	bill ビル
ほうい **方位** houi	**direction** *f.* ディレクシオン	direction ディレクション
ぼうえい **防衛** bouei	**défense** *f.* デファンス	defense, ⑧defence ディフェンス, ディフェンス
〜する	**défendre** デファンドル	defend ディフェンド
ほうえいする **放映する** houeisuru	**diffuser à la télévision** ディフュゼ ア ラ テレヴィジオン	telecast テレキャスト

日	仏	英
ぼうえき **貿易** boueki	**commerce extérieur** *m.*, **commerce** *m.* コメルス エクステリュール，コメルス	trade, commerce トレイド，**カ**マス
ぼうえんきょう **望遠鏡** bouenkyou	**télescope** *m.* テレスコプ	telescope **テ**レスコウプ
ぼうえんれんず **望遠レンズ** bouenrenzu	**téléobjectif** *m.* テレオブジェクティフ	telephoto lens **テ**レフォウトウ レンズ
ほうおう **法王** houou	**Pape** *m.* パップ	Pope **ポ**ウプ
ぼうおんの **防音の** bouonno	**insonorisé(e)** アンソノリゼ	soundproof **サ**ウンドプルーフ
ほうか **放火** houka	**incendie volontaire** *m.* アンサンディ ヴォロンテール	incendiary fire イン**セ**ンディエリ **ファ**イア
ぼうか **防火** bouka	**protection contre le feu** *f.* プロテクシオン コントル ル フー	fire prevention **ファ**イア プリ**ヴェ**ンション
ぼうがい **妨害** bougai	**obstacle** *m.*, **entrave** *f.* オプスタクル，アントラーヴ	obstruction オプスト**ラ**クション
〜する	**gêner, entraver** ジェネ，アントラヴェ	disturb, hinder ディス**タ**ーブ，**ハ**インダ
ほうかいする **崩壊する** houkaisuru	**s'écrouler** セクルレ	collapse カ**ラ**プス
ほうがく **方角** hougaku	**direction** *f.* ディレクシオン	direction ディ**レ**クション
ほうかご **放課後** houkago	**après la classe** アプレ ラ クラース	after school **ア**フタ ス**ク**ール
ぼうかんしゃ **傍観者** boukansha	**specta*teur*(*trice*)** *m.f.* スペクタトゥール(-トリス)	onlooker **ア**ンルカ
ぼうかんする **傍観する** boukansuru	**assister *à*, regarder** アシステ ア，ルガルデ	look on **ル**ク オン

日	仏	英
ほうがんなげ **砲丸投げ** hougannage	**lancement du poids** *m.* ランスマン デュ ポワ	shot put シャト プト
ほうき **箒** houki	**balai** *m.* バレ	broom ブルム
ぼうぎょ **防御** bougyo	**défense** *f.* デファンス	defense, ⒷDefence ディ**フェ**ンス, ディ**フェ**ンス
～する	**défendre** デファンドル	defend, protect ディ**フェ**ンド, プロ**テ**クト
ぼうくうごう **防空壕** boukuugou	**abri antiaérien** *m.* アブリ アンティアエリアン	air-raid shelter **エ**アレイド **シェ**ルタ
ぼうくん **暴君** boukun	**tyran** *m.* ティラン	tyrant **タ**イアラント
ほうげん **放言** hougen	**paroles inconsidérées** *f.pl.* パロル アンコンシデレ	unreserved talk, wild remark アンリ**ザ**ーヴド **ト**ーク, **ワ**イルド リ**マ**ーク
ほうげん **方言** hougen	**dialecte** *m.* ディアレクト	dialect **ダ**イアレクト
ぼうけん **冒険** bouken	**aventure** *f.* アヴァンテュール	adventure アド**ヴェ**ンチャ
～する	**tenter l'aventure** タンテ ラヴァンテュール	take a risk, run a risk **テ**イク ア **リ**スク, **ラ**ン ア **リ**スク
ぼうげん **暴言** bougen	**injures** *f.pl.* アンジュール	abusive words ア**ビュ**ースィヴ **ワ**ーヅ
ほうけんせい **封建制** houkensei	**féodalisme** *m.* フェオダリスム	feudalism **フュ**ーダリズム
ほうけんてきな **封建的な** houkentekina	**féodal(e)** フェオダル	feudal **フュ**ーダル
ほうこう **方向** houkou	**direction** *f.* ディレクシオン	direction ディ**レ**クション

日	仏	英
ぼうこう **暴行** boukou	**violence** *f.* ヴィオランス	violence, outrage **ヴァ**イオレンス，**ア**ウトレイヂ
ほうこく **報告** houkoku	**rapport** *m.* ラポール	report リ**ポ**ート
〜する	**rapporter, informer** ラポルテ，アンフォルメ	report, inform リ**ポ**ート，イン**フォ**ーム
ぼうさい **防災** bousai	**prévention des catas- trophes** *f.* プレヴァンシオン デ カタストロフ	prevention of dis- asters プリ**ヴェ**ンション オヴ ディ**ザ**ス タズ
ほうさく **豊作** housaku	**bonne récolte** *f.* ボヌ レコルト	good harvest **グ**ド **ハ**ーヴェスト
ぼうし **帽子** boushi	**chapeau** *m.* シャポー	hat, cap **ハ**ト，**キャ**プ
ほうしき **方式** houshiki	**forme** *f.*, **méthode** *f.* フォルム，メトッド	form, method **フォ**ーム，**メ**ソド
ほうしする **奉仕する** houshisuru	**servir** セルヴィール	serve **サ**ーヴ
ほうしゃせん **放射線** houshasen	**radiations** *f.pl.* ラディアシオン	radiation レイディ**エ**イション
ほうしゃのう **放射能** houshanou	**radioactivité** *f.* ラディオアクティヴィテ	radioactivity レイディオウアク**ティ**ヴィティ
ほうしゅう **報酬** houshuu	**rémunération** *f.* レミュネラシオン	remuneration リミューナ**レ**イション
ほうしん **方針** houshin	**orientation** *f.*, **politique** *f.* オリアンタシオン，ポリティック	course, policy **コ**ース，**パ**リスィ
ほうじん **法人** houjin	**personne juridique** *f.* ペルソヌ ジュリディック	juridical person ヂュア**リ**ディカル **パ**ースン
ぼうすいの **防水の** bousuino	**imperméable** アンペルメアーブル	waterproof **ウォ**ータプルーフ

日	仏	英
ほうせき **宝石** houseki	**bijou** *m.* ビジュー	jewel **ヂュー**エル
ぼうぜんと **呆然と** bouzento	**d'un air inexpressif** ダン エール イネクスプレシフ	blankly, in a daze ブランクリ, イン ア **デ**イズ
ほうそう **包装** housou	**emballage** *m.* アンバラージュ	wrapping **ラ**ピング
ほうそう **放送** housou	**émission** *f.* エミシオン	broadcast **ブ**ロードキャスト
〜局	**station émettrice** *f.* スタシオン エメットリス	broadcasting station ブロードキャスティング ステイション
ぼうそうぞく **暴走族** bousouzoku	**bande de motards** *f.* バンド ドゥ モタール	motorcycle gang **モ**ウタサイクル **ギャ**ング
ほうそく **法則** housoku	**loi** *f.*, **régle** *f.* ロワ, レグル	law, rule **ロ**ー, **ル**ール
ほうたい **包帯** houtai	**pansement** *m.*, **bandage** *m.* パンスマン, バンダージュ	bandage **バ**ンディヂ
ぼうだいな **膨大な** boudaina	**énorme, gigantesque** エノルム, ジガンテスク	enormous, huge イ**ノ**ーマス, **ヒュ**ーヂ
ぼうたかとび **棒高跳び** boutakatobi	**saut à la perche** *m.* ソー ア ラ ペルシュ	pole vault **ポ**ウル **ヴォ**ールト
ほうちする **放置する** houchisuru	**laisser ... à l'abandon, négliger** レセ ア ラバンドン, ネグリジェ	leave alone, neglect **リ**ーヴ ア**ロ**ウン, ニ**グ**レクト
ぼうちゅうざい **防虫剤** bouchuuzai	**antimite** *m.* アンティミット	mothball **モ**ースボール
ほうちょう **包丁** houchou	**couteau de cuisine** *m.* クトー ドゥ キュイジーヌ	kitchen knife **キ**チン **ナ**イフ
ぼうちょうする **膨張する** bouchousuru	**se dilater, s'étendre** ス ディラテ, セタンドル	expand, swell イクス**パ**ンド, ス**ウェ**ル

日	仏	英
ぼうちょうてい **防潮堤** bouchoutei	**digue** *f.*, **rempart anti-tsunami** *m.* ディグ, ランパール アンティツナミ	seawall スィーウォール
ほうっておく **ほうっておく** houtteoku	**laisser ... à l'abandon, négliger** レセ ア ラバンドン, ネグリジェ	leave alone, neglect リーヴ アロウン, ニグレクト
ほうてい **法廷** houtei	**tribunal** *m.*, **cour** *f.* トリビュナル, クール	court コート
ほうていしき **方程式** houteishiki	**équation** *f.* エクワシオン	equation イクウェイション
ほうてきな **法的な** houtekina	**légal(e)** レガル	legal リーガル
ほうどう **報道** houdou	**informations** *f.pl.* アンフォルマシオン	news, report ニューズ, リポート
〜する	**annoncer** アノンセ	report, inform リポート, インフォーム
ぼうどう **暴動** boudou	**émeute** *f.* エムート	riot ライオト
ほうにんする **放任する** houninsuru	**laisser** レセ	leave リーヴ
ぼうはん **防犯** bouhan	**lutte contre la délinquance** *f.* リュット コントル ラ デランカンス	crime prevention クライム プリヴェンション
ほうび **褒美** houbi	**récompense** *f.* レコンパンス	reward リウォード
ほうふ **抱負** houfu	**prétention** *f.*, **ambition** *f.* プレタンシオン, アンビシオン	ambition アンビション
ぼうふう **暴風** boufuu	**tempête** *f.* タンペート	storm, gale ストーム, ゲイル
〜雨	**tempête** *f.*, **orage** *m.* タンペート, オラージュ	storm, rainstorm ストーム, レインストーム

日	仏	英
ほうふくする **報復する** houfukusuru	**exercer des représailles** エグゼルセ デ ルプレザイユ	retaliate リタリエイト
ぼうふざい **防腐剤** boufuzai	**antiseptique** *m.*, **conser-vateur** *m.* アンティセプティック，コンセルヴァトゥール	preservative プリザーヴァティヴ
ほうふな **豊富な** houfuna	**riche** *en*, **abondant(e)** *en* リッシュ アン，アボンダン(ト) アン	rich in, abundant in リチ イン，アバンダント イン
ほうほう **方法** houhou	**moyen** *m.*, **méthode** *f.* モワイアン，メトッド	way, method ウェイ，メソド
ほうまんな **豊満な** houmanna	**potelé(e)**, **grassouillet(te)** ポトゥレ，グラスイエ(ット)	plump プランプ
ぼうめい **亡命** boumei	**expatriation** *f.*, **exil** *m.* エクスパトリアシオン，エグジル	political asylum ポリティカル アサイラム
ほうめん **方面**　　　(方向) houmen	**direction** *f.* ディレクシオン	direction ディレクション
（局面・側面）	**aspect** *m.* アスペ	aspect アスペクト
ほうもん **訪問** houmon	**visite** *f.* ヴィジット	visit, call ヴィズィト，コール
〜する	**rendre visite** *à* ランドル ヴィジット ア	visit ヴィズィト
ぼうらく **暴落** bouraku	**baisse brutale** *f.* ベス ブリュタル	heavy fall, nose-dive ヘヴィ フォール，ノウズダイヴ
〜する	**s'effondrer** セフォンドレ	fall heavily, nose-dive フォール ヘヴィリ，ノウズダイヴ
ぼうり **暴利** bouri	**bénéfices excessifs** *m.pl.* ベネフィス エクセシフ	excessive profits イクセシヴ プラフィッツ
ほうりつ **法律** houritsu	**loi** *f.*, **droit** *m.* ロワ，ドロワ	law ロー

ほ

日	仏	英
ほうりなげる **放り投げる** hourinageru	**jeter, lancer** ジュテ, ランセ	throw, toss スロウ, トス
ぼうりゃく **謀略** bouryaku	**intrigue** *f.* アントリグ	plot プラト
ぼうりょく **暴力** bouryoku	**violence** *f.* ヴィオランス	violence **ヴァ**イオレンス
～団	**gang** *m.* ガング	gang, crime syndi-cate **ギャング**, **クライム スィンディ**カト
ぼうりんぐ **ボウリング** bouringu	**bowling** *m.* ブリング	bowling **ボ**ウリング
ほうる **放る** houru	**jeter, lancer** ジュテ, ランセ	throw, toss スロウ, トス
ぼうる **ボウル** bouru	**bol** *m.* ボル	bowl **ボ**ウル
ほうれい **法令** hourei	**loi** *f.*, **ordonnance** *f.* ロワ, オルドナンス	law, ordinance **ロ**ー, **オ**ーディナンス
ほうれんそう **ホウレンソウ** hourensou	**épinard** *m.* エピナール	spinach ス**ピ**ニチ
ほうろう **放浪** hourou	**vagabondage** *m.* ヴァガボンダージュ	wandering **ワ**ンダリング
ほえる **吠える** hoeru	**aboyer** アボワイエ	bark **バ**ーク
ほお **頬** hoo	**joue** *f.* ジュー	cheek **チ**ーク
ぼーいふれんど **ボーイフレンド** booifurendo	**petit ami** *m.* プティ タミ	boyfriend **ボ**イフレンド
ぼーかー **ポーカー** pookaa	**poker** *m.* ポケール	poker **ポ**ウカ

日	仏	英
ほーす **ホース** hoosu	**tuyau** *m.* テュイヨー	hose ホウズ
ぽーず **ポーズ** poozu	**pose** *f.* ポーズ	pose ポウズ
～をとる	**prendre une pose** プランドル ユヌ ポーズ	pose ポウズ
ぼーと **ボート** booto	**canot** *m.* カノ	boat ボウト
ぼーなす **ボーナス** boonasu	**bonus** *m.* ボニュス	bonus ボウナス
ほおべに **頬紅** hoobeni	**rouge à joues** *m.* ルージュ ア ジュー	rouge ルージュ
ほおぼね **頬骨** hoobone	**pommettes** *f.pl.* ポメット	cheekbones チークボウンズ
ほーむ **ホーム** （家） hoomu	**foyer** *m.*, **maison** *f.* フォワイエ, メゾン	home ホウム
（プラットホーム）	**quai** *m.* ケ	platform プラトフォーム
～シック	**mal du pays** *m.* マル デュ ペイ	homesickness ホウムスィクネス
～ステイ	**séjour chez l'habitant** *m.* セジュール シェ ラビタン	homestay ホウムステイ
～ページ	**page d'accueil** *f.* パージュ ダクイユ	home page ホウム ペイヂ
～レス	**sans-abri** *m.f.* サンザブリ	homeless ホウムレス
ぽーらんど **ポーランド** poorando	**Pologne** *f.* ポローニュ	Poland ポウランド
ぼーりんぐ **ボーリング** （掘削） booringu	**sondage** *m.*, **forage** *m.* ソンダージュ, フォラージュ	boring ボーリング

ほ

日	仏	英
ほーる **ホール** （広間） hooru	**salle** *f.* サル	hall **ホール**
ぼーる **ボール** booru	**balle** *f.*, **ballon** *m.* バル，バロン	ball **ボール**
ぼーるがみ **ボール紙** boorugami	**carton** *m.* カルトン	cardboard **カー**ドボード
ほかくする **捕獲する** hokakusuru	**capturer** カプテュレ	capture **キャ**プチャ
ぼかす **ぼかす** bokasu	**faire un dégradé, estomper** フェール アン デグラデ，エストンペ	shade off, obscure シェイド **オー**フ，オブス**キュ**ア
ほかの **他の** hokano	**autre** オートル	another, other ア**ナ**ザ，**ア**ザ
ほがらかな **朗らかな** hogarakana	**gai(e), joyeux(se)** ゲ，ジョワイユー(ズ)	cheerful **チ**アフル
ほかんする **保管する** hokansuru	**garder, conserver** ガルデ，コンセルヴェ	keep, store **キー**プ，ス**トー**
ぼき **簿記** boki	**comptabilité** *f.* コンタビリテ	bookkeeping **ブ**クキーピング
ほきゅうする **補給する** hokyuusuru	**ravitailler** ラヴィタイエ	supply, replenish サプ**ラ**イ，リプ**レ**ニシュ
ぼきん **募金** bokin	**quête** *f.*, **collecte** *f.* ケット，コレクト	fund-raising **ファ**ンドレイズィング
ほくおう **北欧** hokuou	**Europe du Nord** *f.* ウーロップ デュ ノール	Northern Europe **ノー**ザン **ユ**アロプ
ぼくさー **ボクサー** bokusaa	**boxeur** *m.* ボクスール	boxer **バ**クサ
ぼくし **牧師** bokushi	**pasteur** *m.* パストゥール	pastor, parson **パ**スタ，**パー**スン

701

日	仏	英
ぼくじょう **牧場** bokujou	**pâturage** *m.*, **prairie** *f.* パテュラージュ, プレリ	pasture, ranch パスチャ, ランチ
ぼくしんぐ **ボクシング** bokushingu	**boxe** *f.* ボクス	boxing バクスィング
ほくせい **北西** hokusei	**nord-ouest** *m.* ノルウエスト	northwest ノースウェスト
ぼくそう **牧草** bokusou	**herbe** *f.* エルブ	grass グラス
ぼくちく **牧畜** bokuchiku	**élevage du bétail** *m.* エルヴァージュ デュ ベタイユ	stock farming スタク ファーミング
ほくとう **北東** hokutou	**nord-est** *m.* ノレスト	northeast ノースイースト
ほくとしちせい **北斗七星** hokutoshichisei	**Grande Ourse** *f.* グランド ウルス	Big Dipper, ⑧Plough ビグ ディパ, プラウ
ほくぶ **北部** hokubu	**nord** *m.* ノール	northern part ノーザン パート
ぼくめつする **撲滅する** bokumetsusuru	**exterminer** エクステルミネ	exterminate イクスターミネイト
ほくろ **ほくろ** hokuro	**grain de beauté** *m.* グランドゥ ボテ	mole モウル
ぼけい **母系** bokei	**côté maternel** *m.* コテ マテルネル	maternal line マターナル ライン
ほけつ **補欠** hoketsu	**remplaçant(e)** *m.f.* ランプラサン(ト)	substitute サブスティテュート
ぽけっと **ポケット** poketto	**poche** *f.* ポッシュ	pocket パケト
ぼける **ぼける** bokeru	**devenir gâteux(se)** ドゥヴニール ガトゥー(ズ)	grow senile グロウ スィーナイル

ほ

日	仏	英
ほけん 保険 hoken	**assurance** *f.* アシュランス	insurance インシュランス
～会社	**compagnie d'assurance** *f.* コンパニ ダシュランス	insurance company インシュランス カンパニ
～金	**indemnité d'assurance** *f.* アンデムニテ ダシュランス	insurance money インシュランス マニ
ほけん 保健 hoken	**santé** *f.*, **hygiène** *f.* サンテ, イジエヌ	health, hygiene ヘルス, ハイヂーン
ぼこう 母校 bokou	**ancienne école** アンシエヌ エコール	alma mater, one's old school アルマ マータ, オウルド スクール
ほこうしゃ 歩行者 hokousha	**piéton** *m.* ピエトン	pedestrian, walker ペデストリアン, ウォーカ
ぼこく 母国 bokoku	**patrie** *f.* パトリ	mother country マザ カントリ
ほごする 保護する hogosuru	**protéger** プロテジェ	protect プロテクト
ほこり 誇り hokori	**fierté** *f.*, **orgueil** *m.* フィエルテ, オルグイユ	pride プライド
ほこる 誇る hokoru	**(être) fier(ère)** *de* (エートル) フィエール ドゥ	(be) proud of (ビ) プラウド オヴ
ほころびる ほころびる hokorobiru	**se découdre** ス デクードル	come apart カム アパート
ほし 星 hoshi	**étoile** *f.* エトワル	star スター
～占い	**horoscope** *m.* オロスコープ	horoscope ホロスコウプ
ほしい 欲しい hoshii	**vouloir, désirer** ヴロワール, デジレ	want, wish for ワント, ウィシュ フォ

日	仏	英
ほしがる **欲しがる** hoshigaru	**vouloir, désirer** ヴロワール, デジレ	want, wish for ワント, **ウィ**シュ フォ
ほじくる **ほじくる** hojikuru	**fouiller** フイエ	pick ピク
ぽじしょん **ポジション** pojishon	**position** *f.* ポジシオン	position ポ**ズィ**ション
ほしゃく **保釈** hoshaku	**liberté sous caution** *f.* リベルテ ス コシオン	bail ベイル
〜金	**caution** *f.* コシオン	bail ベイル
ほしゅ **保守** hoshu	**conservatisme** *m.* コンセルヴァティスム	conservatism コン**サー**ヴァティズム
〜的な	**conserva*teur*(*trice*)** コンセルヴァトゥール(・トリス)	conservative コン**サー**ヴァティヴ
ほしゅう **補習** hoshuu	**cours de rattrapage** *m.* クール ドゥ ラトラパージュ	extra lessons **エ**クストラ **レ**スンズ
ぼしゅう **募集** boshuu	**recrutement** *m.* ルクリュトマン	recruitment リク**ルー**トメント
〜する	**recruter** ルクリュテ	recruit リク**ルー**ト
(寄付などの)	**collecte** *f.* コレクト	collection コ**レ**クション
〜する	**collecter** コレクテ	collect コ**レ**クト
ほじゅうする **補充する** hojuusuru	**suppléer, compléter** シュプレエ, コンプレテ	supplement, re- plenish **サ**プリメント, リプ**レ**ニシュ
ほじょ **補助** hojo	**aide** *f.*, **assistance** *f.* エッド, アシスタンス	assistance ア**スィ**スタンス

ほ

日	仏	英
〜する	**aider, assister** エデ, アシステ	assist アシスト
ほしょう **保証** hoshou	**garantie** *f.* ガランティ	guarantee ギャランティー
〜書	**bon de garantie** *m.* ボンドゥ ガランティ	written guarantee リトン ギャランティー
〜する	**garantir, assurer** ガランティール, アシュレ	guarantee, assure ギャランティー, アシュア
〜人	**garant(e)** *m.f.* ガラン(ト)	guarantor, surety ギャラント, シュアティ
ほす **干す** hosu	**sécher** セシェ	dry, air ドライ, エア
ぽすたー **ポスター** posutaa	**affiche** *f.* アフィシュ	poster ポウスタ
ほすてす **ホステス** hosutesu	**hôtesse** *f.* オテス	hostess ホウステス
ぽすと **ホスト** hosuto	**hôte** *m.* オート	host ホウスト
ぽすと **ポスト** posuto	**boîte aux lettres** *f.* ボワット オ レットル	mailbox, letter box メイルバクス, レタ バクス
ほすぴす **ホスピス** hosupisu	**hospice** *m.* オスピス	hospice ハスピス
ぽせい **母性** bosei	**maternité** *f.* マテルニテ	motherhood マザフド
ほそい **細い** hosoi	**fin(e), étroit(e)** ファン(フィヌ), エトロワ(ット)	thin, slim スィン, スリム
ほそう **舗装** hosou	**revêtement** *m.* ルヴェトマン	pavement ペイヴメント
〜する	**asphalter, paver** アスファルテ, パヴェ	pave ペイヴ

日	仏	英
ほそく **補足** hosoku	**complément** *m.* コンプレマン	supplement サプリメント
〜する	**compléter** コンプレテ	supplement サプリメント
ほそながい **細長い** hosonagai	**allongé(e)** アロンジェ	long and slender ローング アンド スレンダ
ほぞん **保存** hozon	**conservation** *f.* コンセルヴァシオン	preservation プレザヴェイション
〜する	**conserver, garder** コンセルヴェ, ガルデ	preserve, keep プリザーヴ, キープ
（データなどの）	**enregistrement** *m.* アンルジストルマン	saving セイヴィング
〜する	**enregistrer** アンルジストレ	save セイヴ
ぼたい **母胎** botai	**utérus** *m.* ユテリュス	mother's womb, uterus マザズ ウーム, ユーテラス
ほたてがい **帆立貝** hotategai	**coquille Saint-Jacques** *f.* コキーユ サンジャック	scallop スカロプ
ほたる **蛍** hotaru	**luciole** *f.* リュシオル	firefly ファイアフライ
ぼたん **ボタン** botan	**bouton** *m.* ブトン	button バトン
ぼち **墓地** bochi	**cimetière** *m.* シムティエール	graveyard グレイヴヤード
ほちょう **歩調** hochou	**pas** *m.*, **marche** *f.* パ, マルシュ	pace, step ペイス, ステプ
ぼっきする **勃起する** bokkisuru	**entrer en érection** アントレ アン ネレクシオン	(be) erect, erect (ビ) イレクト, イレクト

ほ

日	仏	英
ほっきにん **発起人** hokkinin	**promo*teur*(*trice*)** *m.f.* プロモトゥール(・トリス)	promoter, propos- er プロモウタ, プロポウザ
ほっきょく **北極** hokkyoku	**pôle Nord** *m.* ポール ノール	North Pole ノース ポウル
〜圏	**cercle arctique** *m.* セルクル アルクティック	Arctic Circle アークティク サークル
〜星	**étoile polaire** *f.* エトワル ポレール	Pole Star ポウル スター
ほっく **ホック** hokku	**crochet** *m.* クロシェ	hook フク
ほっけー **ホッケー** hokkee	**hockey** *m.* オケ	hockey ハキ
ほっさ **発作** hossa	**crise** *f.*, **attaque** *f.* クリーズ, アタック	fit, attack フィト, アタク
〜的な	**impulsi*f*(*ve*)** アンピュルジフ(・ヴ)	fitful, spasmodic フィトフル, スパズマディク
ぼっしゅうする **没収する** bosshuusuru	**confisquer** コンフィスケ	confiscate カンフィスケイト
ほっそく **発足** hossoku	**début** *m.*, **inauguration** *f.* デビュー, イノギュラシオン	inauguration イノーギュレイション
ぽっと **ポット** potto	**théière** *f.* テイエール	pot, teapot パト, ティーパト
ぼっとうする **没頭する** bottousuru	**(être) absorbé(e)** *par* (エートル) アプソルベ パール	(be) absorbed in (ビ) アブソーブド イン
ほっとする **ほっとする** hottosuru	**éprouver du soulage- ment** エプルヴェ デュ スラジュマン	feel relieved フィール リリーヴド
ほっとどっぐ **ホットドッグ** hottodoggu	**hot-dog** *m.* オットドッグ	hot dog ハト ドグ

日	仏	英
ほっとらいん **ホットライン** hottorain	**téléphone rouge** *m.* テレフォヌ ルージュ	hotline ハトライン
ぽっぷす **ポップス** poppusu	**musique pop** *f.* ミュジック ポップ	pop music パプ ミューズィク
ぼつらくする **没落する** botsurakusuru	**tomber, s'écrouler** トンベ, セクルレ	(be) ruined (ビ) ルーインド
ぼでぃーがーど **ボディーガード** bodiigaado	**garde du corps** *m.* ガルド デュ コール	bodyguard バディガード
ぼでぃーちぇっく **ボディーチェック** bodiichekku	**fouille corporelle** *f.* フイユ コルポレル	body search, frisking バディ サーチ, フリスキング
ぽてとちっぷ **ポテトチップ** potetochippu	**chips** *f.pl.* シプス	chips, ⒷChips チプス, クリスプス
ほてる **ホテル** hoteru	**hôtel** *m.* オテル	hotel ホウテル
ほてる **火照る** hoteru	**avoir chaud** アヴォワール ショー	feel hot, flush フィール ハト, フラシュ
ほどう **舗道** hodou	**route pavée** *f.* ルート パヴェ	paved road ペイヴド ロウド
ほどう **歩道** hodou	**trottoir** *m.* トロトワール	sidewalk, ⒷPavement サイドウォーク, ペイヴメント
～橋	**passerelle** *f.* パスレル	footbridge フトブリヂ
ほどく **解く** hodoku	**défaire, dénouer** デフェール, デヌエ	untie, unfasten アンタイ, アンファスン
ほとけ **仏** hotoke	**Bouddha** *m.* ブッダ	Buddha ブダ
ぼとる **ボトル** botoru	**bouteille** *f.* ブテイユ	bottle バトル

日	仏	英
ほとんど **ほとんど** hotondo	**presque, à peu près** プレスク, ア プー プレ	almost, nearly **オ**ールモウスト, **ニ**アリ
（ほとんどない）	**à peine** ア ペーヌ	hardly **ハ**ードリ
ぼにゅう **母乳** bonyuu	**lait maternel** *m.* レ マテルネル	mother's milk **マ**ザズ ミルク
ほにゅうどうぶつ **哺乳動物** honyuudoubutsu	**mammifère** *m.* マミフェール	mammal **マ**マル
ほね **骨** hone	**os** *m.* オス	bone **ボ**ウン
～折り	**peine** *f.*, **efforts** *m.pl.* ペーヌ, エフォール	pains, efforts **ペ**インズ, **エ**ファツ
～組み	**ossature** *f.*, **charpente** *f.* オサテュール, シャルパント	frame, structure **フ**レイム, スト**ラ**クチャ
ほのお **炎** honoo	**flamme** *f.* フラム	flame **フ**レイム
ほのめかす **ほのめかす** honomekasu	**faire allusion** *à* フェール アリュジオン ア	hint, suggest **ヒ**ント, サグ**チェ**スト
ぽぴゅらーな **ポピュラーな** popyuraana	**populaire** ポピュレール	popular **パ**ピュラ
ぼぶすれー **ボブスレー** bobusuree	**bobsleigh** *m.* ボブスレ	bobsleigh **バ**ブスレイ
ほほえましい **微笑ましい** hohoemashii	**plaisant(e), réjouissant(e)** プレザン(ト), レジュイサン(ト)	pleasing プ**リ**ーズィング
ほほえむ **微笑む** hohoemu	**sourire** *à* スリール ア	smile at ス**マ**イル アト
ほめる **褒める** homeru	**louer, féliciter** ルエ, フェリシテ	praise プ**レ**イズ
ぼやく **ぼやく** boyaku	**se plaindre** ス プランドル	complain コンプ**レ**イン

日	仏	英
ぼやける **ぼやける** boyakeru	**s'estomper** セストンペ	blur, grow fuzzy ブラ, グロウ ファズィ
ほよう **保養** hoyou	**repos** *m.*, **détente** *f.* ルポ, デタント	rest レスト
～地	**station climatique** *f.* スタスィオン クリマティック	health resort ヘルス リゾート
ほら **法螺** hora	**vantardise** *f.* ヴァンタルディーズ	brag, boast ブラグ, ボウスト
～を吹く	**se vanter** ス ヴァンテ	talk big トーク ビグ
ほらあな **洞穴** horaana	**caverne** *f.*, **grotte** *f.* カヴェルヌ, グロット	cave ケイヴ
ぼらんてぃあ **ボランティア** borantia	**bénévole** *m.f.* ベネヴォル	volunteer ヴァランティア
ぽりーぷ **ポリープ** poriipu	**polype** *m.* ポリープ	polyp パリプ
ぽりえすてる **ポリエステル** poriesuteru	**polyester** *m.* ポリエステル	polyester パリエスタ
ぽりえちれん **ポリエチレン** poriechiren	**polyéthylène** *m.* ポリエティレヌ	polythene, poly-ethylene パリスィーン, パリエスィリーン
ぽりお **ポリオ** porio	**poliomyélite** *f.* ポリオミエリット	polio ポウリオウ
ぽりしー **ポリシー** porishii	**politique** *f.* ポリティック	policy パリスィ
ほりだしもの **掘り出し物** horidashimono	**trouvaille** *f.* トルヴァーユ	good find, rare find グド ファインド, レア ファインド
ぽりぶくろ **ポリ袋** poribukuro	**sac en plastique** *m.* サック アン プラスティック	plastic bag プラスティク バグ

日	仏	英
ほりゅうする **保留する** horyuusuru	**réserver** レゼルヴェ	reserve, put on hold リ**ザ**ーヴ, **プ**ト オン **ホ**ウルド
ぼりゅーむ **ボリューム** boryuumu	**volume** *m.* ヴォリューム	volume **ヴァ**リュム
ほりょ **捕虜** horyo	**prisonnier(ère)** *m.f.* プリゾニエ(-エール)	prisoner プ**リ**ズナ
ほる **掘る** horu	**creuser** クルゼ	dig, excavate **ディ**グ, **エ**クスカヴェイト
ほる **彫る** horu	**sculpter, graver** スキュルテ, グラヴェ	carve, engrave **カ**ーヴ, イン**グ**レイヴ
ぼると **ボルト** （ねじ） boruto	**boulon** *m.* ブーロン	bolt **ボ**ウルト
（電圧の単位）	**volt** *m.* ヴォルト	volt **ヴォ**ウルト
ぽるとがる **ポルトガル** porutogaru	**Portugal** *m.* ポルテュガル	Portugal **ポ**ーチュガル
～語	**portugais** *m.* ポルテュゲ	Portuguese ポーチュ**ギ**ーズ
ぽるの **ポルノ** poruno	**pornographie** *f.* ポルノグラフィー	pornography ポー**ナ**グラフィ
ほるもん **ホルモン** horumon	**hormone** *f.* オルモヌ	hormone **ホ**ーモウン
ほるん **ホルン** horun	**cor** *m.* コール	horn **ホ**ーン
ほれる **惚れる** horeru	**tomber amoureux(se)** *de* トンベ アムルー(ズ) ドゥ	fall in love with **フォ**ール イン **ラ**ヴ **ウィ**ズ
ぽろしゃつ **ポロシャツ** poroshatsu	**polo** *m.* ポロ	polo shirt **ポ**ウロウ **シャ**ート

日	仏	英
ほろにがい **ほろ苦い** horonigai	**légèrement am*er(ère)*** レジェルマン アメール	slightly bitter スライトリ **ビ**タ
ほろびる **滅びる** horobiru	**périr, s'éteindre** ペリール, セタンドル	fall, perish **フォ**ール, **ペ**リシュ
ほろぼす **滅ぼす** horobosu	**détruire, anéantir** デトリュイール, アネアンティール	ruin, destroy **ル**ーイン, ディス**ト**ロイ
ぼろぼろの **ぼろぼろの** boroborono	**en lambeaux** アン ランボー	ragged **ラ**ギド
ほん **本** hon	**livre** *m.* リーヴル	book **ブ**ク
～屋	**librairie** *f.* リブレリー	bookstore **ブ**クストー
ぼん **盆** bon	**plateau** *m.* プラトー	tray ト**レ**イ
ほんかくてきな **本格的な** honkakutekina	**vrai(e), authentique** ヴレ, オーダンティック	genuine, authentic **チェ**ニュイン, オー**セ**ンティク
ほんかん **本館** honkan	**bâtiment principal** *m.* バティマン プランシパル	main building **メ**イン **ビ**ルディング
ほんきで **本気で** honkide	**sérieusement, pour de bon** セリューズマン, プール ドゥ ボン	seriously, earnest- ly **ス**ィアリアスリ, **ア**ーネストリ
ほんきの **本気の** honkino	**sérieu*x(se)*** セリュー(ズ)	serious **ス**ィアリアス
ほんきょち **本拠地** honkyochi	**base** *f.*, **siège** *m.* バーズ, シエージュ	base **ベ**イス
ほんこん **香港** honkon	**Hongkong** オンコン	Hong Kong **ハ**ング **カ**ング
ほんしつ **本質** honshitsu	**essence** *f.* エサンス	essence **エ**センス

日	仏	英
～的な	**essentiel(***le***)** エサンシエル	essential イ**セ**ンシャル
ほんしゃ **本社** honsha	**siège social** *m.*, **maison mère** *f.* シエージュ ソシアル, メゾン メール	head office ヘド オーフィス
ほんしょう **本性** honshou	**nature** *f.* ナテュール	nature, true character ネイチャ, トルー **キャ**ラクタ
ほんしん **本心** honshin	**véritable intention** *f.* ヴェリターブル アンタンシオン	real intention リーアル インテンション
ぼんじん **凡人** bonjin	**personne médiocre** *f.* ペルソンヌ メディオクル	mediocre person ミーディ**オ**ウカ パースン
ほんせき **本籍** honseki	**domicile légal** *m.* ドミシル レガル	registered domicile レデスタド **ダ**ミサイル
ほんそうする **奔走する** honsousuru	**faire des efforts** フェール デ ゼフォール	make efforts メイク **エ**ファツ
ほんたい **本体** hontai	**partie essentielle** *f.*, **substance** *f.* パルティ エサンシエル, シュプスタンス	main body メイン バディ
ほんだな **本棚** hondana	**étagère** *f.* エタジェール	bookshelf ブクシェルフ
ほんてん **本店** honten	**siège social** *m.*, **maison mère** *f.* シエージュ ソシアル, メゾン メール	main branch メイン ブランチ
ほんど **本土** hondo	**métropole** *f.* メトロポル	mainland メインランド
ぽんど **ポンド** pondo	**livre** *f.* リーヴル	pound パウンド
ほんとう **本当** hontou	**vérité** *f.* ヴェリテ	truth トルース
ほんとうに **本当に** hontouni	**vraiment, réellement** ヴレマン, レエルマン	truly, really トルーリ, リーアリ

713

日	仏	英

ほんとうの
本当の
hontouno

vrai(e), réel(le)
ヴレ, レエル

true, real
トルー, リーアル

ほんにん
本人
honnin

personne en question *f.*
ペルソヌ アン ケスティオン

person in question
パースン イン クウェスチョン

ほんね
本音
honne

pensée véritable *f.*
パンセ ヴェリターブル

true mind
トルー マインド

ぼんねっと
ボンネット
bonnetto

capot *m.*
カポ

hood, Ⓑbonnet
フド, ボネト

ほんの
ほんの
honno

juste
ジュスト

just, only
チャスト, オウンリ

ほんのう
本能
honnou

instinct *m.*
アンスタン

instinct
インスティンクト

～的な

instinctif(ve)
アンスタンクティフ(・ヴ)

instinctive
インスティンクティヴ

ほんぶ
本部
honbu

siège social *m.*
シエージュ ソシアル

head office, head-
quarters
ヘド オーフィス, ヘドクウォー
タズ

ぽんぷ
ポンプ
ponpu

pompe *f.*
ポンプ

pump
パンプ

ほんぶん
本文
honbun

texte *m.*
テクスト

text
テクスト

ぼんべ
ボンベ
bonbe

bouteille de gaz *f.*
ブテイユ ドゥ ガーズ

cylinder
スィリンダ

ほんみょう
本名
honmyou

vrai nom *m.*
ヴレ ノン

real name
リーアル ネイム

ほんめい
本命
honmei

favori(te) *m.f.*
ファヴォリ(ット)

favorite
フェイヴァリト

ほんものの
本物の
honmonono

authentique
オータンティック

genuine
チェニュイン

ほ

日	仏	英
ほんやく **翻訳** hon-yaku	**traduction** *f.* トラデュクシオン	translation トランス**レ**イション
〜家	**traduc*teur*(*trice*)** *m.f.* トラデュクトゥール(‐トリス)	translator ト**ラ**ンスレイタ
〜する	**traduire** *en* トラデュイール アン	translate ト**ラ**ンスレイト
ぼんやりした **ぼんやりした** （ぼう然とした） bon-yarishita	**distrait(e)** ディストレ(ット)	absent-minded **ア**ブセント**マ**インデド
（ぼやけた）	**indistinct(e), vague** アンディスタン(クト)，ヴァーグ	dim, vague **ディ**ム，**ヴェ**イグ
ぼんやりと **ぼんやりと** （ぼう然と） bon-yarito	**distraitement** ディストレットマン	absent-mindedly **ア**ブセント**マ**インデドリ
（ぼやけて）	**vaguement** ヴァーグマン	dimly, vaguely **ディ**ムリ，**ヴェ**イグリ

日	仏	英

ま, マ

ま **間**	（空間）	**espace** *m.* エスパス		space スペイス
	（時間）	**temps** *m.*, **intervalle** *m.* タン, アンテルヴァル		time, interval **タ**イム, **イ**ンタヴァル
まーがりん **マーガリン** maagarin		**margarine** *f.* マルガリヌ		margarine **マ**ーヂャリン
まーく **マーク** maaku		**marque** *f.* マルク		mark **マ**ーク
まーけっと **マーケット** maaketto		**marché** *m.* マルシェ		market **マ**ーケト
まーじん **マージン** maajin		**marge** *f.* マルジュ		margin **マ**ーヂン
まーまれーど **マーマレード** maamareedo		**marmelade** *f.* マルムラード		marmalade **マ**ーマレイド
まい **枚** mai		**feuille** *f.* フイユ		sheet, piece **シ**ート, **ピ**ース
まい **毎** mai		**chaque** シャック		every, each **エ**ヴリ, **イ**ーチ
まいあさ **毎朝** maiasa		**chaque matin** シャック マタン		every morning **エ**ヴリ **モ**ーニング
まいく **マイク** maiku		**micro** *m.* ミクロ		microphone **マ**イクロフォウン
まいくろばす **マイクロバス** maikurobasu		**minibus** *m.* ミニビュス		minibus **ミ**ニバス
まいご **迷子** maigo		**enfant perdu(e)** *m.f.* アンファン ペルデュ		stray child スト**レ**イ **チャ**イルド

日	仏	英
まいこむ **舞い込む** maikomu	**survenir inopinément** シュルヴニール イノピネマン	come unexpectedly カム アニクスペクテドリ
まいしゅう **毎週** maishuu	**chaque semaine** シャック スメーヌ	every week エヴリ ウィーク
まいそうする **埋葬する** maisousuru	**enterrer** アンテレ	bury ベリ
まいつき **毎月** maitsuki	**chaque mois** シャック モワ	every month エヴリ マンス
まいなーな **マイナーな** mainaana	**mineur(e)** ミヌール	minor マイナ
まいなす **マイナス** mainasu	**moins** モワン	minus マイナス
まいにち **毎日** mainichi	**chaque jour** シャック ジュール	every day エヴリ デイ
まいねん **毎年** mainen	**chaque année** シャック アネ	every year エヴリ イア
まいばん **毎晩** maiban	**chaque soir** シャック ソワール	every evening エヴリ イーヴニング
まいぺーすで **マイペースで** maipeesude	**à *son* rythme** ア リトム	at one's own pace アト オウン ペイス
まいる **マイル** mairu	**mille** *m.* ミル	mile マイル
まう **舞う** mau	**danser** ダンセ	dance ダンス
まうえに **真上に** maueni	**juste au-dessus** *de* ジュスト オードゥシュ ドゥ	directly above ディレクトリ アバヴ
まうす **マウス** mausu	**souris** *f.* スリ	mouse マウス

日	仏	英
〜パッド	**tapis de souris** *m.* タピ ドゥ スリ	mouse pad マウス パド
まうんてんばいく **マウンテンバイク** mauntenbaiku	**vélo tout terrain** *m.* ヴェロ トゥ テラン	mountain bike マウンテン バイク
まえ **前** mae	**devant** *m.* ドゥヴァン	front フラント
まえあし **前足** maeashi	**patte antérieure** *f.* パット アンテリユール	forefoot フォーフト
まえうりけん **前売券** maeuriken	**billet en prévente** *m.* ビエ アン プレヴァント	advance ticket アドヴァンス ティケト
まえがき **前書き** maegaki	**avant-propos** *m.* アヴァンプロポ	preface プレフェス
まえがみ **前髪** maegami	**frange** *f.*, **toupet** *m.* フランジュ, トゥペ	bangs, forelock, Ⓑfringe バングズ, フォーラク, フリンヂ
まえきん **前金** maekin	**avance** *f.* アヴァンス	advance アドヴァンス
まえに **前に**　　(かつて) maeni	**il y a, avant** イリヤ, アヴァン	before, ago ビフォー, アゴウ
まえの **前の** maeno	**antérieur(e)** アンテリユール	front, former フラント, フォーマ
まえば **前歯** maeba	**dent de devant** *f.* ダン ドゥ ドゥヴァン	front teeth フラント ティース
まえばらい **前払い** maebarai	**paiement anticipé** *m.* ペマン アンティシペ	advance payment アドヴァンス ペイメント
まえむきの **前向きの** maemukino	**positif(ve)** ポジティフ(・ヴ)	positive パズィティヴ
まえもって **前もって** maemotte	**à l'avance, d'avance** ア ラヴァンス, ダヴァンス	beforehand ビフォーハンド

日	仏	英
まかせる **任せる** makaseru	**confier** *à*, **charger** *de* コンフィエ ア, シャルジェ ドゥ	leave, entrust リーヴ, イントラスト
まがりかど **曲がり角** magarikado	**coin** *m.*, **tournant** *m.* コワン, トゥルナン	corner コーナ
まがる **曲がる** magaru	**se courber** ス クルベ	bend, curve ベンド, カーヴ
(道を)	**tourner** トゥルネ	turn ターン
まかろに **マカロニ** makaroni	**macaroni** *m.* マカロニ	macaroni マカロウニ
まき **薪** maki	**bois** *m.*, **bûche** *f.* ボワ, ビュッシュ	firewood ファイアウド
まきじゃく **巻き尺** makijaku	**mètre ruban** *m.* メートル リュバン	tape measure テイプ メジャ
まぎらわしい **紛らわしい** magirawashii	**confus(e)** コンフュ(・フューズ)	misleading, con- fusing ミスリーディング, コンフュー ズィング
まぎれる **紛れる** magireru	**mélanger** *avec*, **confondre** *avec* メランジェ アヴェク, コンフォンドル アヴェク	(be) confused with (ヒ) コンフューズド ウィズ
(気が)	**(être) distrait(e)** *par* (エートル) ディストレ(ット) パール	(be) diverted by (ヒ) ディヴァーテド バイ
まく **幕** maku	**rideau** *m.* リドー	curtain カートン
(芝居の一段落)	**acte** *m.* アクト	act アクト
まく **蒔く** (種を) maku	**semer** スメ	sow ソウ
まく **巻く** maku	**rouler, enrouler** ルレ, アンルレ	roll, wrap ロウル, ラプ

日	仏	英
まく **撒く** maku	**répandre, arroser** レパンドル, アロゼ	sprinkle, scatter スプリンクル, ス**キャ**タ
まぐにちゅーど **マグニチュード** magunichuudo	**magnitude** *f.* マニテュード	magnitude **マ**グニテュード
まぐねしうむ **マグネシウム** maguneshiumu	**magnésium** *m.* マニェジオム	magnesium マグ**ニー**ズィアム
まぐま **マグマ** maguma	**magma** *m.* マグマ	magma **マ**グマ
まくら **枕** makura	**oreiller** *m.* オレイエ	pillow **ピ**ロウ
まくる **まくる** makuru	**relever** ルルヴェ	roll up **ロ**ウル **ア**プ
まぐれ **まぐれ** magure	**coup de chance** *m.* クー ドゥ シャンス	fluke フ**ルー**ク
まぐろ **鮪** maguro	**thon** *m.* トン	tuna **テュー**ナ
まけ **負け** make	**défaite** *f.* デフェット	defeat ディ**フィー**ト
まけどにあ **マケドニア** makedonia	**Macédoine** *f.* マセドワヌ	Macedonia マセ**ド**ウニア
まける **負ける** makeru	**(être) battu(e), perdre** （エートル）バテュ, ペルドル	(be) defeated, lose （ビ）ディ**フィー**テド, **ルー**ズ
（値段を）	**réduire** レデュイール	reduce リ**デュー**ス
まげる **曲げる** mageru	**courber, plier** クルベ, プリエ	bend **ベ**ンド
まご **孫** mago	**petit-fils(*petite-fille*)** *m.f.* プティフィス（プティットフィーユ）	grandchild **グラ**ンドチャイルド
まごころ **真心** magokoro	**sincérité** *f.* サンセリテ	sincerity スィン**セ**リティ

日	仏	英
まごつく **まごつく** magotsuku	**(être) embarrassé(e)** (エートル) アンバラセ	(be) embarrassed (ビ) インバラスト
まこと **誠** （真実） makoto	**vérité** *f.* ヴェリテ	truth トルース
（真心）	**sincérité** *f.* サンセリテ	sincerity スィンセリティ
まざこん **マザコン** mazakon	**complexe d'Œdipe** *m.* コンプレクス デディプ	mother complex マザ カンプレクス
まさつ **摩擦** masatsu	**frottement** *m.*, **friction** *f.* フロットマン, フリクシオン	friction フリクション
まさに **正に** masani	**précisément, justement** プレシゼマン, ジュストマン	just, exactly チャスト, イグザクトリ
まさる **勝る** masaru	**surpasser, dépasser** シュルパセ, デパセ	(be) superior to (ビ) スピアリア トゥ
まじっく **マジック** majikku	**magie** *f.* マジー	magic マヂク
まじない **まじない** majinai	**incantation** *f.* アンカンタシオン	charm, spell チャーム, スペル
まじめな **真面目な** majimena	**sérieux(se)** セリユー(ズ)	serious スィアリアス
まじょ **魔女** majo	**sorcière** *f.* ソルシエール	witch ウィチ
まじる **混[交]じる** majiru	**se mêler** *avec*, **se mélanger** *avec* ス メレ アヴェク, ス メランジェ アヴェク	(be) mixed with (ビ) ミクスト ウィズ
まじわる **交わる** majiwaru	**se croiser** ス クロワゼ	cross, intersect クロース, インタセクト
ます **増す** masu	**augmenter, accroître** オグマンテ, アクロワートル	increase インクリース

日	仏	英
ます **鱒** masu	**truite** *f.* トリュイット	trout トラウト
ますい **麻酔** masui	**anesthésie** *f.* アネステジ	anesthesia アニス**スィー**ジャ
まずい **まずい** （おいしくない） mazui	**mauvais(e)** モヴェ(-・ヴェーズ)	not good ナト **グ**ド
（よくない）	**mauvais(e), pas bon(ne)** モヴェ(-・ヴェーズ)，パ ボン(ヌ)	not good ナト **グ**ド
（出来が悪い）	**mauvais(e)** モヴェ(-・ヴェーズ)	poor **プ**ァ
（得策でない）	**imprudent(e)** アンプリュダン(ト)	unwise アン**ワ**イズ
ますかっと **マスカット** masukatto	**muscat** *m.* ミュスカ	muscat **マ**スカト
ますから **マスカラ** masukara	**mascara** *m.* マスカラ	mascara マス**キャ**ラ
ますく **マスク** masuku	**masque** *m.* マスク	mask **マ**スク
ますこみ **マスコミ** masukomi	**médias** *m.pl.* メディア	mass media **マ**ス **ミ**ーディア
まずしい **貧しい** mazushii	**pauvre** ポーヴル	poor **プ**ァ
ますたーど **マスタード** masutaado	**moutarde** *f.* ムタルド	mustard **マ**スタド
ますます **ますます** masumasu	**de plus en plus** ドゥプリュザンプリュ	more and more **モ**ー アンド **モ**ー
ますめでぃあ **マスメディア** masumedia	**mass médias** *m.pl.* マス メディア	mass media **マ**ス **ミ**ーディア

ま

日	仏	英
ませた **ませた** maseta	**précoce** プレコス	precocious プリコウシャス
まぜる **混[交]ぜる** mazeru	**mêler, mélanger** メレ, メランジェ	mix, blend ミクス, ブレンド
また **股** mata	**entrejambe** *m.* アントルジャンブ	crotch クラチ
また **又** mata	**encore, de nouveau** アンコール, ドゥ ヌヴォー	again アゲイン
（その上） 	**en plus** アン プリュス	moreover, besides モーロウヴァ, ビサイヅ
まだ **未だ** mada	**encore, toujours** アンコール, トゥジュール	yet, still イェト, スティル
またがる **跨がる** matagaru	**enfourcher, (être) à che-val** *sur* アンフルシェ,(エートル) ア シュヴァル シュール	straddle, mount ストラドル, マウント
またぐ **跨ぐ** matagu	**enjamber, franchir** アンジャンベ, フランシール	step over ステプ オウヴァ
またせる **待たせる** mataseru	**faire attendre** フェール アタンドル	keep waiting キープ ウェイティング
またたく **瞬く** matataku	**clignoter, scintiller** クリニョテ, サンティエ	wink, blink ウィンク, ブリンク
または **又は** matawa	**ou** ウ	or オー
まだら **斑** madara	**taches** *f.pl.* タッシュ	spots スパッツ
まち **町[街]** machi	**ville** *f.*, **bourg** *m.* ヴィル, ブール	town, city タウン, スィティ
まちあいしつ **待合室** machiaishitsu	**salle d'attente** *f.* サル ダタント	waiting room ウェイティング ルーム

日	仏	英
まちあわせる **待ち合わせる** machiawaseru	**donner rendez-vous** *à* ドネ ランデヴー ア	arrange to meet, rendezvous with アレインヂ トゥ ミート, ラーン デイヴ ウィズ
まちがい **間違い** machigai	**erreur** *f.* エルール	mistake, error ミステイク, エラ
（過失）	**faute** *f.* フォット	fault, slip フォルト, スリプ
まちがえる **間違える** （誤る） machigaeru	**se tromper** ス トロンペ	make a mistake メイク ア ミステイク
（取り違える）	**prendre** *pour*, **confondre** *avec* プランドル プール, コンフォンドル アヴェク	mistake for ミステイク フォ
まちどおしい **待ち遠しい** machidooshii	**attendre avec impatience** アタンドル アヴェク アンパシアンス	(be) looking for- ward to (ビ) ルキング フォーワド トゥ
まつ **待つ** matsu	**attendre** アタンドル	wait ウェイト
まっかな **真っ赤な** makkana	**rouge vif** ルージュ ヴィフ	bright red ブライト レド
まっき **末期** makki	**fin** *f.*, **phase finale** *f.* ファン, ファーズ フィナル	end, last stage エンド, ラスト ステイヂ
まっくらな **真っ暗な** makkurana	**très sombre** トレ ソンブル	pitch-dark ピチダーク
まっくろな **真っ黒な** makkurona	**noir de jais** ノワール ドゥ ジェ	deep-black ディープブラク
まつげ **まつげ** matsuge	**cils** *m.pl.* シル	eyelashes アイラシェズ
まっさーじ **マッサージ** massaaji	**massage** *m.* マサージュ	massage マサージ
〜する	**masser** マセ	massage マサージ

日	仏	英
まっさおな **真っ青な** massaona	**bleu foncé** ブルー フォンセ	deep blue **ディープ ブルー**
（顔色が）	**pâle** パール	pale **ペイル**
まっさきに **真っ先に** massakini	**avant tout, d'abord** アヴァン トゥ, ダボール	first of all **ファースト オヴ オール**
まっしゅるーむ **マッシュルーム** masshuruumu	**champignon** *m.* シャンピニョン	mushroom **マシュルーム**
まっしろな **真っ白な** masshirona	**blanc(*che*), immaculé(e)** ブラン(シュ), イマキュレ	pure white **ピュア (ホ)ワイト**
まっすぐな **まっすぐな** massuguna	**droit(e), honnête** ドロワ(ット), オネト	straight **ストレイト**
まっすぐに **まっすぐに** massuguni	**droit** ドロワ	straight **ストレイト**
まったく **全く**　（完全に） mattaku	**tout à fait, entièrement** トゥ タ フェ, アンティエールマン	completely, entirely **コンプリートリ, インタイアリ**
（全然）	**du tout** デュ トゥ	at all **アト オール**
（本当に）	**réellement** レエルマン	really, truly **リーアリ, トルーリ**
まったん **末端** mattan	**bout** *m.*, **extrémité** *f.* ブー, エクストレミテ	end, tip **エンド, ティプ**
まっち **マッチ** macchi	**allumette** *f.* アリュメット	match **マチ**
（試合）	**match** *m.* マッチ	match, bout **マチ, バウト**
まっと **マット** matto	**tapis** *m.*, **carpette** *f.* タピ, カルペット	mat **マト**

日	仏	英
まつばづえ **松葉杖** matsubazue	**béquilles** *f.pl.* ベキーユ	crutches クラチズ
まつり **祭り** matsuri	**fête** *f.*, **festival** *m.* フェット, フェスティヴァル	festival **フェ**スティヴァル
まと **的** mato	**but** *m.*, **cible** *f.* ビュット, シーブル	mark, target **マー**ク, **ター**ゲト
まど **窓** mado	**fenêtre** *f.* フネートル	window **ウィ**ンドウ
〜口	**guichet** *m.* ギシェ	window **ウィ**ンドウ
まとまる **まとまる** matomaru	**se rassembler, se réunir** ス ラサンブレ, ス レユニール	(be) collected (ビ) コ**レ**クテド
まとめ **まとめ** matome	**résumé** *m.* レジュメ	summary **サ**マリ
まとめる **まとめる** matomeru	**rassembler, réunir** ラサンブレ, レユニール	collect, get togeth- er コ**レ**クト, **ゲ**ト トゲ**ザ**
（整える）	**ordonner, arranger** オルドネ, アランジェ	adjust, arrange ア**ヂャ**スト, ア**レ**インヂ
（解決する）	**régler** レグレ	settle **セ**トル
まどり **間取り** madori	**agencement d'une mai- son** *m.* アジャンスマン デュヌ メゾン	layout of a house **レ**イアウト オヴ ア **ハ**ウス
まなー **マナー** manaa	**manières** *f.pl.* マニエール	manners **マ**ナズ
まないた **まな板** manaita	**planche à découper** *f.* プランシェ ア デクペ	cutting board **カ**ティング **ボ**ード
まなざし **眼差し** manazashi	**regard** *m.* ルガール	look **ル**ク

日	仏	英
まなつ **真夏** manatsu	**plein été** *m.* プランネテ	midsummer ミドサマ
まなぶ **学ぶ** manabu	**apprendre, étudier** アプランドル, エテュディエ	learn, study **ラーン**, ス**タ**ディ
まにあ **マニア** mania	**maniaque** *m.f.* マニアック	maniac メイニアク
まにあう **間に合う** maniau	**arriver à temps** *pour* アリヴェ ア タン プール	(be) in time for (ビ) イン **タ**イム フォ
（必要を満たす）	**satisfaire, suffire** サティスフェール, シュフィール	answer, (be) enough **ア**ンサ, (ビ) イ**ナ**フ
まにあわせ **間に合わせ** maniawase	**expédient** *m.*, **solution de fortune** *f.* エクスペディアン, ソリュシオン ドゥ フォルテュヌ	makeshift メイクシフト
まにあわせる **間に合わせる** maniawaseru	**se contenter** *de* ス コンタンテ ドゥ	make do メイク **ドゥ**ー
まにきゅあ **マニキュア** manikyua	**manucure** *f.* マニュキュール	manicure **マ**ニキュア
まにゅある **マニュアル** manyuaru	**manuel** *m.* マニュエル	manual **マ**ニュアル
まぬがれる **免れる** manugareru	**éviter** エヴィテ	avoid, evade ア**ヴォ**イド, イ**ヴェ**イド
まぬけな **間抜けな** manukena	**stupide, idiot(e)** ステュピッド, イディオ(ット)	stupid, silly ス**テュ**ーピド, ス**ィ**リ
まねーじゃー **マネージャー** maneejaa	**manager** *m.* マナジェール	manager **マ**ニヂャ
まねく **招く** maneku	**inviter** アンヴィテ	invite イン**ヴァ**イト
（引き起こす）	**causer** コーゼ	cause **コ**ーズ

日	仏	英
まねする **真似する** manesuru	**imiter** イミテ	imitate, mimic **イ**ミテイト, **ミ**ミク
まばらな **まばらな** mabarana	**clairsemé(e)** クレルスメ	sparse ス**パ**ース
まひ **麻痺** mahi	**paralysie** *f.* パラリジ	paralysis パ**ラ**リスィス
～する	**(être) paralysé(e)** (エートル) パラリゼ	(be) paralyzed (ビ) パ**ラ**ライズド
まひる **真昼** mahiru	**midi** *m.* ミディ	midday, noon **ミ**ドデイ, **ヌ**ーン
まふぃあ **マフィア** mafia	**mafia** *f.* マフィア	Mafia **マ**ーフィア
まぶしい **眩しい** mabushii	**éblouissant(e)** エブルイサン(ト)	glaring, dazzling グ**レ**アリング, **ダ**ズリング
まぶた **瞼** mabuta	**paupière** *f.* ポピエール	eyelid **ア**イリド
まふゆ **真冬** mafuyu	**plein hiver** *m.* プラン ニヴェール	midwinter **ミ**ドウィンタ
まふらー **マフラー** mafuraa	**écharpe** *f.*, **cache-nez** *m.* エシャルプ, カッシュネ	muffler **マ**フラ
まほう **魔法** mahou	**magie** *f.* マジー	magic **マ**ヂク
まぼろし **幻** maboroshi	**fantôme** *m.*, **apparition** *f.* ファントーム, アパリシオン	phantom **ファ**ントム
まみず **真水** mamizu	**eau douce** *f.* オードゥース	fresh water フレシュ **ウォ**ータ
まめ **豆** mame	**graine de légumineuses** *f.* グレヌ ドゥ レギュミヌーズ	bean **ビ**ーン

日	仏	英
まめつする **摩滅する** mametsusuru	**s'user** シュゼ	(be) worn down (ヒ) **ウォ**ーン **ダ**ウン
まもなく **間もなく** mamonaku	**bientôt, prochainement** ビアント, プロシェヌマン	soon **ス**ーン
まもり **守り** mamori	**défense** *f.* デファンス	defense, ⑧defence ディ**フェ**ンス, ディ**フェ**ンス
まもる **守る** mamoru	**défendre, protéger** デファンドル, プロテジェ	defend, protect ディ**フェ**ンド, プロ**テ**クト
まやく **麻薬** mayaku	**stupéfiant** *m.*, **drogue** *f.* ステュペフィアン, ドロッグ	narcotic, drug ナー**カ**ティク, ド**ラ**グ
まゆ **眉** mayu	**sourcil** *m.* スルシ	eyebrow **ア**イブラウ
～墨 **〜墨**	**crayon à sourcils** *m.* クレイヨン ア スルシ	eyebrow pencil **ア**イブラウ **ペ**ンスル
まよう **迷う** （気持ちが） mayou	**hésiter** エジテ	hesitate, dither ヘ**ズィ**テイト, **ディ**ザ
（道に）	**se perdre, (être) perdu(e)** ス ペルドル, (エートル) ペルデュ	(be) lost, lose one's way (ヒ) **ロ**ースト, ルーズ **ウェ**イ
まよなか **真夜中** mayonaka	**minuit** *m.* ミニュイ	midnight **ミ**ドナイト
まよねーず **マヨネーズ** mayoneezu	**mayonnaise** *f.* マヨネーズ	mayonnaise メイア**ネ**イズ
まらそん **マラソン** marason	**marathon** *m.* マラトン	marathon **マ**ラソン
まらりあ **マラリア** mararia	**malaria** *f.* マラリア	malaria マ**レ**アリア
まりね **マリネ** marine	**marinade** *f.* マリナッド	marinade **マ**リネイド

日	仏	英
まりふぁな **マリファナ** marifana	**marijuana** *f.* マリジュアナ	marijuana マリワーナ
まる **丸** maru	**cercle** *m.* セルクル	circle **サー**クル
まるい **円[丸]い** marui	**rond(e), circulaire** ロン(ド), シルキュレール	round, circular **ラ**ウンド, **サー**キュラ
まるっきり **まるっきり** marukkiri	**complètement** コンプレットマン	completely, quite コンプ**リー**トリ, ク**ワ**イト
まるまるとした **丸々とした** marumarutoshita	**rond(e), grassouillet(te)** ロン(ド), グラスイエ(ット)	plump プランプ
まれーしあ **マレーシア** mareeshia	**Malaisie** *f.* マレジ	Malaysia マ**レ**イジャ
まれな **稀な** marena	**rare** ラール	rare **レ**ア
まれに **稀に** mareni	**rarement** ラルマン	rarely, seldom **レ**アリ, **セ**ルドム
まろにえ **マロニエ** maronie	**marronnier** *m.* マロニエ	horse chestnut **ホー**ス **チェ**スナト
まわす **回す** mawasu	**tourner** トゥルネ	turn, spin **ター**ン, ス**ピ**ン
（順に渡す）	**passer** パセ	pass (around) **パ**ス (ア**ラ**ウンド)
まわり **周り** （周囲） mawari	**circonférence** *f.*, **péri-** **mètre** *m.* シルコンフェランス, ペリメートル	circumference, pe- rimeter サ**カ**ムファレンス, ペ**リ**マタ
（付近）	**voisinage** *m.*, **environs** *m.pl.* ヴォワジナージュ, アンヴィロン	neighborhood **ネ**イバフド
まわりみち **回り道** mawarimichi	**détour** *m.* デトゥール	detour **ディー**トゥア

日	仏	英
まわる **回る** mawaru	**tourner, virer** トゥルネ, ヴィレ	turn around, spin **タ**ーン ア**ラ**ウンド, ス**ピ**ン
（循環）	**circuler** シルキュレ	circulate **サ**ーキュレイト
まん **万** man	**dix mille** ディ ミル	ten thousand **テ**ン **サ**ウザンド
まんいち **万一** man-ichi	**au cas où, si jamais** オ カウ, シ ジャメ	by any chance バイ **エ**ニ **チャ**ンス
まんいんである **満員である** man-indearu	**(être) complet(ète)** (エートル) コンプレ(ット)	(be) full (ビ) **フ**ル
まんえんする **蔓延する** man-ensuru	**se propager** ス プロパジェ	spread ス**プレ**ド
まんが **漫画** manga	**bande dessinée** *f.* バンド デシネ	cartoon, comic カー**トゥ**ーン, **カ**ミク
まんかいの **満開の** mankaino	**en fleur** アン フルール	in full bloom イン **フ**ル ブ**ル**ーム
まんき **満期** manki	**expiration** *f.* エクスピラシオン	expiration エクスピ**レ**イション
〜になる	**expirer** エクスピレ	expire イクス**パ**イア
まんきつする **満喫する** mankitsusuru	**jouir pleinement** *de* ジュイール プレヌマン ドゥ	enjoy fully イン**ヂョ**イ **フ**リ
まんげきょう **万華鏡** mangekyou	**kaléidoscope** *m.* カレイドスコープ	kaleidoscope カ**ラ**イドスコウプ
まんげつ **満月** mangetsu	**pleine lune** *f.* プレヌ リュヌ	full moon **フ**ル **ム**ーン
まんごー **マンゴー** mangoo	**mangue** *f.* マング	mango **マ**ンゴウ
まんじょういっちで **満場一致で** manjouicchide	**à l'unanimité** ア リュナニミテ	unanimously ユー**ナ**ニマスリ

日	仏	英
まんしょん **マンション** manshon	**appartement** *m.*, **résidence** *f.* アパルトマン, レジダンス	condominium カンドミニアム
まんせいの **慢性の** manseino	**chronique** クロニック	chronic クラニク
まんぞく **満足** manzoku	**satisfaction** *f.* サティスファクシォン	satisfaction サティス**ファ**クション
〜する	**se contenter** *de* ス コンタンテ ドゥ	(be) satisfied with (ビ) **サ**ティスファイド ウィズ
〜な	**satisfaisant(e)** サティスフザン(ト)	satisfactory サティス**ファ**クトリ
まんちょう **満潮** manchou	**marée haute** *f.* マレ オート	high tide **ハイ タ**イド
まんてん **満点** manten	**maximum** *m.*, **note maximale** *f.* マクシモム, ノート マクシマル	perfect mark **パ**ーフェクト **マ**ーク
まんどりん **マンドリン** mandorin	**mandoline** *f.* マンドリヌ	mandolin マンド**リ**ン
まんなか **真ん中** mannaka	**milieu** *de m.*, **centre** *de m.* ミリユー ドゥ, サントル ドゥ	center of **セ**ンタ オヴ
まんねり **マンネリ** manneri	**routine** *f.* ルティーヌ	rut **ラ**ト
まんねんひつ **万年筆** mannenhitsu	**stylo plume** *m.* スティロ プリュム	fountain pen **ファ**ウンテン **ペ**ン
まんびきする **万引きする** manbikisuru	**voler à l'étalage** ヴォレ ア レタラージュ	shoplift **シャ**プリフト
まんぷくする **満腹する** manpukusuru	**(être) rassasié(e)** (エートル) ラサジエ	have eaten enough ハヴ **イ**ートン イ**ナ**フ
まんべんなく **まんべんなく** (むらなく) manbennaku	**uniformément** ユニフォルメマン	evenly **イ**ーヴンリ

ま

日	仏	英
（漏れなく）	**sans exception** サン ゼクセプスィオン	without exception ウィザウト イクセプション
まんほーる **マンホール** manhooru	**bouche d'égout** *f.* ブーシュ デグー	manhole マンホウル
まんもす **マンモス** manmosu	**mammouth** *m.* マムート	mammoth マモス

み，ミ

日	仏	英
み **実** mi	**fruit** *m.*, **noix** *f.* フリュイ，ノワ	fruit, nut フルート，ナト
み **身** mi	**corps** *m.* コール	body バディ
みあきる **見飽きる** miakiru	**se lasser de voir** ス ラセ ドゥ ヴォワール	(be) sick of seeing (ビ) スィク オヴ スィーイング
みあげる **見上げる** miageru	**regarder en haut** ルガルデ アン オー	look up at ルク アプ アト
みあわせる **見合わせる** （延期する） miawaseru	**remettre, repousser** ルメットル，ルプセ	postpone ポウストポウン
（互いに見合う）	**se regarder l'un(e) l'autre** ス ルガルデ ラン(リュヌ) ロートル	look at each other ルク アト イーチ アザ
みーてぃんぐ **ミーティング** miitingu	**réunion** *f.* レユニオン	meeting ミーティング
みいら **ミイラ** miira	**momie** *f.* モミー	mummy マミ
みうしなう **見失う** miushinau	**perdre de vue** ペルドル ドゥ ヴュ	miss, lose sight of ミス，ルーズ サイト オヴ
みうち **身内** miuchi	**proches** *m.pl.*, **parent(e)** *m.f.* プロッシュ，パラン(ト)	relatives レラティヴズ

日	仏	英
みえ **見栄** mie	**vanité** *f.* ヴァニテ	show, vanity ショウ, **ヴァ**ニティ
みえる **見える** mieru	**voir, apercevoir** ヴォワール, アペルスヴォワール	see, (be) seen スィー, (ビ) **スィ**ーン
（見受けられる）	**sembler, avoir l'air** サンブレ, アヴォワール レール	look, seem ルク, **スィ**ーム
みおくる **見送る** miokuru	**raccompagner, recon- duire** ラコンパニェ, ルコンデュイール	see off, see スィー **オー**フ, スィー
みおとす **見落とす** miotosu	**ne pas remarquer** ヌ パ ルマルケ	overlook, miss オウヴァ**ル**ク, **ミ**ス
みおろす **見下ろす** miorosu	**regarder en bas, regar- der de haut** ルガルデ アン バ, ルガルデ ドゥ オー	look down ルク **ダ**ウン
みかいけつの **未解決の** mikaiketsuno	**pendant(e), en suspens** パンダン(ト), アン シュスパン	unsolved アン**サ**ルヴド
みかいの **未開の** mikaino	**primitif(ve), sauvage** プリミティフ(-ヴ), ソヴァージュ	primitive, uncivi- lized プリ**ミ**ティヴ, アン**スィ**ヴィラ イズド
みかえり **見返り** mikaeri	**récompense** *f.* レコンパンス	rewards リ**ウォ**ーツ
みかく **味覚** mikaku	**goût** *m.* グー	palate, sense of taste **パ**レト, **セ**ンス オヴ **テ**イスト
みがく **磨く** migaku	**polir, brosser** ポリール, ブロセ	polish, brush **パ**リシュ, ブ**ラ**シュ
（技能を）	**perfectionner** ペルフェクシオネ	improve, train イン**プル**ーヴ, ト**レ**イン
みかけ **見かけ** mikake	**apparence** *f.* アパランス	appearance ア**ピ**アランス
みかた **味方** mikata	**ami(e)** *m.f.*, **allié(e)** *m.f.* アミ, アリエ	friend, ally フ**レ**ンド, **ア**ライ

み

日	仏	英
みかづき **三日月** mikazuki	**croissant** *m.* クロワッサン	crescent moon クレセント ムーン
みかん **蜜柑** mikan	**mandarine** *f.* マンダリヌ	mandarin マンダリン
みかんせいの **未完成の** mikanseino	**inachevé(e)**, **incomple*t(ète)*** イナシュヴェ, アンコンプレ(ット)	unfinished, incomplete アンフィニシュト, インコンプリート
みき **幹** miki	**tronc** *m.***, tronc d'arbre** *m.* トロン, トロン ダルブル	tree trunk, trunk トリー トランク, トランク
みぎ **右** migi	**droite** *f.* ドロワット	right ライト
みぎうで **右腕** migiude	**bras droit** *m.* ブラ ドロワ	right arm ライト アーム
ミキサー ミキサー mikisaa	**mixeur** *m.* ミクスール	mixer, blender ミクサ, ブレンダ
みぐるしい **見苦しい** （下品な） migurushii	**indécent(e)** アンデサン(ト)	indecent インディーセント
（目障りな）	**disgracieux(se), indé- cent(e)** ディスグラシウー(ズ), アンデサン(ト)	unsightly, indecent アンサイトリ, インディーセント
みごとな **見事な** migotona	**beau(*belle*), admirable** ボー(ベル), アドミラーブル	beautiful, fine ビューティフル, ファイン
みこみ **見込み** （可能性） mikomi	**possibilité** *f.* ポシビリテ	possibility パスィビリティ
（期待）	**perspective** *f.* ペルスペクティヴ	prospect プラスペクト
（有望）	**promesse** *f.***, espoir** *m.* プロメス, エスポワール	promise, hope プラミス, ホウプ
みこんの **未婚の** mikonno	**célibataire** セリバテール	unmarried, single アンマリド, スィングル

日	仏	英
みさ **ミサ** misa	**messe** *f.* メッス	mass **マ**ス
みさいる **ミサイル** misairu	**missile** *m.* ミシル	missile **ミ**スィル
みさき **岬** misaki	**cap** *m.* カップ	cape **ケ**イプ
みじかい **短い** mijikai	**court(e), bref(ève)** クール(クルト), ブレフ(-レーヴ)	short, brief **ショ**ート, ブ**リ**ーフ
みじめな **惨めな** mijimena	**misérable** ミゼラーブル	miserable, wretch- ed **ミ**ゼラブル, **レ**チド
みじゅくな **未熟な**　(熟していない) mijukuna	**vert(e)** ヴェール(ヴェルト)	unripe アン**ラ**イプ
（発達していない）	**inexpérimenté(e), imma- ture** イネクスペリマンテ, イマテュール	immature イマ**テュ**ア
みしらぬ **見知らぬ** mishiranu	**étranger(ère), inconnu(e)** エトランジェ(-ジェール), アンコニュ	strange, unfamiliar スト**レ**インヂ, アンファ**ミ**リア
みしん **ミシン** mishin	**machine à coudre** *f.* マシーン ア クードル	sewing machine **ソ**ウイング マ**シ**ーン
みす **ミス**　（誤り） misu	**faute** *f.*, **erreur** *f.* フォット, エルール	mistake ミス**テ**イク
みず **水** mizu	**eau** *f.* オー	water **ウォ**ータ
（水道の）	**eau du robinet** *f.* オー デュ ロビネ	tap water **タ**プ **ウォ**ータ
（発泡性でない）	**eau plate** *f.* オー プラット	still water ス**ティ**ル **ウォ**ータ
（発泡性の）	**eau gazeuse** *f.* オー ガズーズ	sparkling water, carbonated water ス**パ**ークリング **ウォ**ータ, **カ**ーボネイテド **ウォ**ータ

み

日	仏	英
みすいの **未遂の** misuino	**manqué(e), avorté(e)** マンケ，アヴォルテ	attempted アテンプテド
みずいろ **水色** mizuiro	**bleu clair** *m.* ブルー クレール	light blue ライト ブルー
みずうみ **湖** mizuumi	**lac** *m.* ラック	lake レイク
みずがめざ **水瓶座** mizugameza	**Verseau** *m.* ヴェルソー	Water Bearer, Aquarius ウォータ ベアラ，アクウェアリ アス
みずから **自ら** mizukara	*soi*-**même, personnelle- ment** ソワ-メーム，ペルソネルマン	personally, in per- son パーソナリ，イン パースン
みずぎ **水着** mizugi	**maillot de bain** *m.* マイヨ ドゥ バン	swimsuit スウィムスート
みずくさい **水臭い** mizukusai	**froid(e), réservé(e)** フロワ(ド)，レゼルヴェ	reserved, cold リザーヴド，コウルド
みずさし **水差し** mizusashi	**carafe** *f.* カラフ	pitcher, water jug, Ⓑjug ピチャ，ウォータ チャグ，チャ グ
みずしらずの **見ず知らずの** mizushirazuno	**étrange*r*(*è*re)** エトランジェ(-ジェール)	strange ストレインヂ
みずたまもよう **水玉模様** mizutamamoyou	**pois** *m.* ポワ	polka dots ポウルカ ダッツ
みすてりー **ミステリー** misuterii	**mystère** *m.* ミステール	mystery ミスタリ
みすてる **見捨てる** misuteru	**abandonner** アバンドネ	abandon アバンドン
みずぶくれ **水膨れ** mizubukure	**ampoule** *f.* アンプル	blister ブリスタ
みずべ **水辺** mizube	**rivage** *m.*, **rive** *f.* リヴァージュ，リーヴ	waterside ウォータサイド

日	仏	英
みずぼうそう **水ぼうそう** mizubousou	**varicelle** *f.* ヴァリセル	chicken pox チキン パクス
みすぼらしい **みすぼらしい** misuborashii	**misérable, miteu*x*(*se*)** ミゼラーブル，ミトゥー(ズ)	shabby シャビ
みずみずしい **瑞々しい** mizumizushii	**frais(*fraîche*)** フレ(フレッシュ)	fresh フレシュ
みずむし **水虫** mizumushi	**mycose du pied** *f.* ミコーズ デュ ピエ	athlete's foot アスリーツ フト
みせ **店** mise	**magasin** *m.*, **boutique** *f.* マガサン，ブティック	store, shop ストー，シャプ
みせいねん **未成年** miseinen	**mineur(e)** *m.f.* ミヌール	minor, person un- der age マイナ，パースン アンダ エイ ヂ
みせかけの **見せかけの** misekakeno	**feint(e)** ファン(ト)	feigned, pretend フェインド，プリテンド
みせびらかす **見せびらかす** misebirakasu	**faire montre** *de*, **étaler** フェール モントル ドゥ，エタレ	show off ショウ オーフ
みせびらき **店開き** misebiraki	**ouverture** *f.* ウヴェルテュール	opening オウプニング
みせもの **見せ物** misemono	**spectacle** *m.* スペクタークル	show ショウ
みせる **見せる** miseru	**montrer** モントレ	show, display ショウ，ディスプレイ
みぞ **溝** mizo	**fossé** *m.*, **tranchée** *f.* フォセ，トランシェ	ditch, gutter ディチ，ガタ
(隔たり)	**fossé** *m.* フォセ	gap ギャプ
みぞおち **みぞおち** mizoochi	**creux de l'estomac** *m.* クルー ドゥ レストマ	pit of the stomach ピト オヴ ザ スタマク

日	仏	英
みそこなう **見損なう** （見逃す） misokonau	**manquer l'occasion de voir** マンケ ロカジオン ドゥ ヴォワール	fail to see フェイル トゥ スィー
（評価を誤る）	**se méprendre, mal juger** ス メプランドル, マル ジュジェ	misjudge ミスチャヂ
みぞれ **霙** mizore	**neige fondue** *f.* ネージュ フォンデュ	sleet スリート
みだし **見出し** midashi	**titre** *m.* ティートル	headline, heading ヘドライン, ヘディング
みたす **満たす** mitasu	**remplir** ランプリール	fill フィル
みだす **乱す** midasu	**troubler, perturber** トルブレ, ペルテュルベ	throw into disorder スロウ イントゥ ディスオーダ
みだれる **乱れる** midareru	**(être) en désordre** (エートル) アン デゾルドル	(be) out of order (ビ) アウト オヴ オーダ
みち **道** michi	**chemin** *m.*, **voie** *f.* シュマン, ヴォワ	way, road ウェイ, ロウド
みちがえる **見違える** michigaeru	**prendre** *pour* プランドル プール	take for テイク フォ
みちじゅん **道順** michijun	**itinéraire** *m.* イティネレール	route, course ルート, コース
みちすう **未知数** michisuu	**inconnue** *f.* アンコニュ	unknown quantity アンノウン クワンティティ
みちのり **道のり** michinori	**distance** *f.* ディスタンス	distance ディスタンス
みちびく **導く** michibiku	**conduire, diriger** コンデュイール, ディリジェ	lead, guide リード, ガイド
みちる **満ちる** （潮が） michiru	**monter** モンテ	rise, flow ライズ, フロウ

日	仏	英
（物が）	**se remplir** ス ランプリール	(be) filled with (ビ) **フィ**ルド ウィズ
みつかる **見つかる** mitsukaru	**(être) trouvé(e)** (エートル) トルヴェ	(be) found (ビ) **ファ**ウンド
みつける **見つける** mitsukeru	**trouver, découvrir** トルヴェ, デクヴリール	find, discover **ファ**インド, ディス**カ**ヴァ
みっこう **密航** mikkou	**traversée clandestine** *f.*, **passage clandestin** *m.* トラヴェルセ クランデスティヌ, パサージュ ク ランデスタン	smuggling ス**マ**グリング
みっこくする **密告する** mikkokusuru	**dénoncer** デノンセ	inform, tip off イン**フォ**ーム, **ティ**プ **オ**ーフ
みっしつ **密室** misshitsu	**chambre secrète** *f.* シャンブル スクレット	secret room **スィ**ークレト **ルー**ム
みっせつな **密接な** missetsuna	**étroit(e), intime** エトロワ(ット), アンティム	close, intimate ク**ロ**ウス, **イ**ンティメト
みつど **密度** mitsudo	**densité** *f.* ダンシテ	density **デ**ンスィティ
みつにゅうこく **密入国** mitsunyuukoku	**entrée clandestine dans** **un pays** *f.* アントレ クランデスティヌ ダン ザン ペイ	illegal entry into a country イ**リ**ーガル **エ**ントリ イントゥ ア **カ**ントリ
みつばい **密売** mitsubai	**trafic clandestin** *m.* トラフィック クランデスタン	illicit sale イ**リ**スィト **セ**イル
みつばち **蜜蜂** mitsubachi	**abeille** *f.* アベイユ	bee **ビ**ー
みっぺいする **密閉する** mippeisuru	**fermer hermétiquement** フェルメ エルメティックマン	close up ク**ロ**ウズ **ア**プ
みつめる **見つめる** mitsumeru	**regarder fixement** ルガルデ フィクスマン	gaze at **ゲ**イズ アト
みつもり **見積もり** mitsumori	**estimation** *f.* エスティマシオン	estimate **エ**スティメト

日	仏	英
みつもる **見積もる** mitsumoru	**estimer** エスティメ	estimate エスティメト
みつやく **密約** mitsuyaku	**entente secrète** *f.* アンタント スクレット	secret understanding スィークレト アンダスタンディング
みつゆ **密輸** mitsuyu	**contrebande** *f.* コントルバンド	smuggling スマグリング
みつりょう **密[漁・猟]** mitsuryou	**braconnage** *m.* ブラコナージュ	poaching ポウチング
みていの **未定の** miteino	**non fixé(e), indétermi- né(e)** ノン フィクセ, アンデテルミネ	undecided アンディサイデド
みとうの **未踏の** mitouno	**inexploré(e)** イネクスプロレ	unexplored アニクスプロード
みとおし **見通し** mitooshi	**perspective** *f.* ペルスペクティヴ	prospect プラスペクト
みとめる **認める** (受け入れる) mitomeru	**admettre** アドメットル	accept, acknowl- edge アクセプト, アクナリヂ
(認識する)	**reconnaître** ルコネートル	recognize レコグナイズ
みどりいろ **緑色** midoriiro	**vert** *m.f.* ヴェール	green グリーン
みとりず **見取り図** mitorizu	**esquisse** *f.*, **croquis** *m.* エスキス, クロッキ	sketch スケチ
みとれる **見とれる** mitoreru	**regarder avec admira- tion** ルガルデ アヴェック アドミラシオン	look admiringly at ルク アドマイアリングリ アト
みな **皆** mina	**tout(e), tout le monde** トゥ(ット), トゥ ル モンド	all オール
みなおす **見直す** minaosu	**réviser** レヴィゼ	reexamine リーイグザミン

日	仏	英
みなす **見なす** minasu	**considérer** *comme* コンシデレ コム	think of as スィンク オヴ アズ
みなと **港** minato	**port** *m.* ポール	harbor, port ハーバ, ポート
みなみ **南** minami	**sud** *m.* シュッド	south サウス
みなみあふりか **南アフリカ** minamiafurika	**Afrique du Sud** *f.* アフリック デュ シュッド	South Africa サウス アフリカ
みなみあめりか **南アメリカ** minamiamerika	**Amérique du Sud** *f.* アメリック デュ シュッド	South America サウス アメリカ
みなみがわ **南側** minamigawa	**côté sud** *m.* コテ シュッド	south side サウス サイド
みなみじゅうじせい **南十字星** minamijuujisei	**Croix du Sud** *f.* クロワ デュ シュッド	Southern Cross サザン クロース
みなみはんきゅう **南半球** minamihankyuu	**hémisphère Sud** *m.* エミスフェール シュッド	Southern Hemi- sphere サザン ヘミスフィア
みなもと **源** minamoto	**source** *f.* スルス	source ソース
みならい **見習い** minarai	**apprentissage** *m.* アプランティサージュ	apprenticeship アプレンティスシプ
（の人）	**apprenti(e)** *m.f.* アプランティ	apprentice アプレンティス
〜期間	**apprentissage** *m.* アプランティサージュ	probationary peri- od プロウベイショナリ ピアリオド
みならう **見習う** minarau	**suivre l'exemple** *de*, **imi- ter** スイーヴル レグザンプル ドゥ, イミテ	learn, imitate ラーン, イミテイト
みなり **身なり** minari	**tenue** *f.*, **apparence** *f.* トゥニュ, アパランス	dress, appearance ドレス, アピアランス

日	仏	英
みなれた **見慣れた** minareta	**familier(ère),** **coutumier(ère)** ファミリエ(-エール), クテュミエ(-エール)	familiar, accus- tomed ファミリア, アカスタムド
みにくい **見にくい** minikui	**difficile à voir** ディフィシル ア ヴォワール	hard to see ハード トゥ スィー
みにくい **醜い** minikui	**laid(e)** レ(ッド)	ugly アグリ
みにちゅあ **ミニチュア** minichua	**miniature** *f.* ミニアテュール	miniature ミニアチャ
みぬく **見抜く** minuku	**deviner** ドゥヴィネ	see through スィー スルー
みねらる **ミネラル** mineraru	**minéral** *m.* ミネラル	mineral ミナラル
～ウォーター	**eau minérale** *f.* オー ミネラル	mineral water ミナラル ウォータ
みのうの **未納の** minouno	**impayé(e)** アンペイエ	unpaid アンペイド
みのがす **見逃す** （見落とす） minogasu	**négliger, ignorer** ネグリジェ, イニョレ	overlook オウヴァルク
（黙認する）	**tolérer, fermer l'œil** *sur* トレレ, フェルメ ルイユ シュール	connive at, quietly condone カナイヴ アト, クワイエトリ コ ンドウン
みのしろきん **身代金** minoshirokin	**rançon** *f.* ランソン	ransom ランソム
みのる **実る** （実がなる） minoru	**mûrir** ミュリール	ripen ライプン
（成果が上がる）	**porter des fruits** ポルテ デ フリュイ	bear fruit ベア フルート
みはらし **見晴らし** miharashi	**panorama** *m.* パノラマ	unbroken view, panoramic view アンブロウクン ヴュー, パノラ ミク ヴュー

日	仏	英
みはる **見張る** miharu	**garder, surveiller** ガルデ, シュルヴェイエ	keep under observation キープ アンダ アブザヴェイション
みぶり **身振り** miburi	**geste** *m.* ジェスト	gesture ジェスチャ
みぶん **身分** mibun	**rang** *m.*, **classe** *f.* ラン, クラース	social status ソウシャル ステイタス
～証明書	**carte d'identité** *f.* カルト ディダンティテ	identity card アイデンティティ カード
みぼうじん **未亡人** miboujin	**veuve** *f.* ヴーヴ	widow ウィドウ
みほん **見本** mihon	**échantillon** *m.*, **spécimen** *m.* エシャンティヨン, スペシメヌ	sample, specimen サンプル, スペシメン
みまう **見舞う** mimau	**visiter, aller voir** ヴィジテ, アレ ヴォワール	visit, inquire after ヴィズィト, インクワイア アフタ
みまもる **見守る** mimamoru	**observer** オプセルヴェ	keep one's eyes on キープ アイズ オン
みまわす **見回す** mimawasu	**regarder autour** *de* ルガルデ オトゥール ドゥ	look about ルク アバウト
みまん **未満** miman	**au-dessous** *de*, **moins** *de* オードゥスー ドゥ, モワン ドゥ	under, less than アンダ, レス ザン
みみ **耳** mimi	**oreille** *f.* オレイユ	ear イア
みみかき **耳掻き** mimikaki	**cure-oreille** *m.* キューロレイユ	earpick イアピク
みみず **蚯蚓** mimizu	**ver de terre** *m.* ヴェール ドゥ テール	earthworm アースワーム
みめい **未明** mimei	**avant l'aube** アヴァン ロープ	before daybreak ビフォ デイブレイク

日	仏	英
みもと **身元** mimoto	**identité** *f.* イダンティテ	identity アイ**デ**ンティティ
みゃく **脈** myaku	**pouls** *m.* プー	pulse パルス
（見込み・望み）	**espoir** *m.*, **promesse** *f.* エスポワール，プロメス	promise, hope プラミス，**ホ**ウプ
みやげ **土産** miyage	**souvenir** *m.* スヴニール	souvenir スーヴ**ニ**ア
みやこ **都** miyako	**capitale** *f.* カピタル	capital (city) **キャ**ピタル（**ス**ィティ）
みゃんまー **ミャンマー** myanmaa	**Birmanie** *f.*, **Myanmar** *m.* ビルマニ，ミャンマール	Myanmar **ミャ**ンマ
みゅーじかる **ミュージカル** myuujikaru	**comédie musicale** *f.* コメディー ミュジカル	musical **ミュ**ーズィカル
みゅーじしゃん **ミュージシャン** myuujishan	**musicien(*ne*)** *m.f.* ミュジシアン(·エヌ)	musician ミュー**ズィ**シャン
みょうじ **名字** myouji	**nom de famille** *m.* ノンドゥ ファミーユ	family name, sur- name **ファ**ミリ ネイム，**サ**ーネイム
みょうな **妙な** myouna	**étrange** エトランジュ	strange スト**レ**インヂ
みょうれいの **妙齢の** myoureino	**jeune** ジュヌ	young, blooming **ヤ**ング，ブ**ル**ーミング
みらい **未来** mirai	**futur** *m.*, **avenir** *m.* フュテュール，アヴニール	future **フュ**ーチャ
みりぐらむ **ミリグラム** miriguramu	**milligramme** *m.* ミリグラム	milligram, Ⓑmilli- gramme **ミ**リグラム，**ミ**リグラム
みりめーとる **ミリメートル** mirimeetoru	**millimètre** *m.* ミリメートル	millimeter, Ⓑmilli- metre **ミ**リミータ，**ミ**リミータ

日	仏	英
みりょうする **魅了する** miryousuru	**charmer, enchanter** シャルメ, アンシャンテ	fascinate **ファ**スィネイト
みりょく **魅力** miryoku	**charme** *m.*, **attrait** *m.* シャルム, アトレ	charm **チャ**ーム
〜的な	**charmant(e)** シャルマン(ト)	charming **チャ**ーミング
みる **見る** miru	**voir, regarder** ヴォワール, ルガルデ	see, look at **スィ**ー, **ル**クアト
みるく **ミルク** miruku	**lait** *m.* レ	milk **ミ**ルク
みれにあむ **ミレニアム** mireniamu	**millénaire** *m.* ミレネール	millennium ミ**レ**ニアム
みれん **未練** miren	**regret** *m.*, **attachement** *m.* ルグレ, アタッシュマン	attachment, regret ア**タ**チメント, リ**グレ**ト
みわける **見分ける** miwakeru	**distinguer, discerner** ディスタンゲ, ディセルネ	distinguish from ディス**ティ**ングウィシュ フラム
みわたす **見渡す** miwatasu	**promener** *ses* **yeux** *sur* プロムネ ジューシュール	look out over ルク **ア**ウト **オ**ウヴァ
みんえい **民営** min-ei	**entreprise privée** *f.* アントルプリーズ プリヴェ	private manage- ment プ**ラ**イヴェト **マ**ニヂメント
みんかんの **民間の** minkanno	**privé(e), civil(e)** プリヴェ, シヴィル	private, civil プ**ラ**イヴェト, **ス**ィヴィル
みんく **ミンク** minku	**vison** *m.* ヴィゾン	mink **ミ**ンク
みんげいひん **民芸品** mingeihin	**artisanat populaire** *m.* アルティザナ ポピュレール	folk craft article **フォ**ウク ク**ラ**フト **ア**ーティクル
みんじそしょう **民事訴訟** minjisoshou	**procès civil** *m.* プロセ シヴィル	civil action (law- suit) **ス**ィヴィル **ア**クション (**ロ**ー スート)

み

日	仏	英
みんしゅう **民衆** minshuu	**peuple** *m.*, **population** *f.* プープル, ポピュラシオン	people, populace ピープル, パピュラス
みんしゅか **民主化** minshuka	**démocratisation** *f.* デモクラティザシオン	democratization ディマクラティゼイション
みんしゅしゅぎ **民主主義** minshushugi	**démocratie** *f.* デモクラシー	democracy ディマクラスィ
みんぞく **民俗** minzoku	**folklore** *m.* フォルクロール	folk customs **フォウク カ**スタムズ
みんぞく **民族** minzoku	**ethnie** *f.*, **nation** *f.* エトニ, ナシオン	race, nation レイス, **ネ**イション
〜性	**caractère ethnique** *m.* カラクテール エトニック	racial characteris- tics **レ**イシャル キャラクタ**リ**スティ クス
みんと **ミント** minto	**menthe** *f.* マント	mint ミント
みんぽう **民法** minpou	**droit civil** *m.* ドロワ シヴィル	civil law **ス**ィヴィル **ロ**ー
みんよう **民謡** min-you	**chanson populaire** *f.* シャンソン ポピュレール	folk song **フォウク ソ**ーング
みんわ **民話** minwa	**récit folklorique** *m.* レシ フォルクロリック	folk tale **フォウク テ**イル

む, ム

む **無** mu	**rien** *m.*, **néant** *m.* リアン, ネアン	nothing **ナ**スィング
むいしきに **無意識に** muishikini	**inconsciemment** アンコンシアマン	unconsciously アン**カン**シャスリ
むいちもんの **無一文の** muichimonno	**fauché(e)** フォシェ	penniless **ペ**ニレス

日	仏	英
むいみな **無意味な** muimina	**insignifiant(e)** アンシニフィアン(ト)	meaningless ミーニングレス
むーるがい **ムール貝** muurugai	**moule** *f.* ムール	mussel マサル
むえきな **無益な** muekina	**inutile, futile** イニュティル，フュティル	futile フュートル
むかいあう **向かい合う** mukaiau	**(être) en face** *de* (エートル) アン ファス ドゥ	face フェイス
むかいがわ **向かい側** mukaigawa	**autre côté** *m.* オートル コテ	opposite side アポジット サイド
むがいな **無害な** mugaina	**inoffensif(ve)** イノファンシフ(・ヴ)	harmless ハームレス
むかう **向かう** （進む） mukau	**se diriger** *vers* ス ディリジェ ヴェール	go to, leave for ゴウ トゥ，リーヴ フォ
（面する）	**faire face** *à* フェール ファス ア	face, look on フェイス，ルク オン
むかえる **迎える** mukaeru	**recevoir, accueillir** ルスヴォワール，アクイイール	meet, welcome ミート，ウェルカム
むかし **昔** （ずっと前） mukashi	**autrefois** オートルフォワ	long ago ローング アゴウ
（古い時代）	**temps anciens** *m.pl.* タン アンシアン	old times オウルド タイムズ
むかつく **むかつく** （胃が） mukatsuku	**avoir la nausée** アヴォワール ラ ノゼ	feel sick, feel nau- seous フィール スィク，フィール ノー シャス
（腹が立つ）	**(être) dégoûté(e)** (エートル) デグテ	(get) disgusted (ゲト) ディスガステド
むかで **百足** mukade	**mille-pattes** *m.* ミルパット	centipede センティピード

む

日	仏	英
むかんけいな **無関係な** mukankeina	**sans rapport** サン ラポール	irrelevant イレレヴァント
むかんしん **無関心** mukanshin	**indifférence** *f.* アンディフェランス	indifference インディファレンス
むき **向き** muki	**direction** *f.* ディレクシオン	direction ディレクション
むぎ **麦** (小麦) mugi	**blé** *m.* ブレ	wheat (ホ)ウィート
(大麦)	**orge** *f.* オルジュ	barley バーリ
むきげんの **無期限の** mukigenno	**indéfini(e)** アンデフィニ	indefinite インデフィニト
むきだしの **剥き出しの** mukidashino	**nu(e), dénudé(e)** ニュ, デニュデ	bare, naked ベア, ネイキド
むきちょうえき **無期懲役** mukichoueki	**emprisonnement à vie** *m.* アンプリゾヌマン ア ヴィ	life imprisonment ライフ インプリズンメント
むきりょくな **無気力な** mukiryokuna	**inactif(ve),** **paresseux(se)** イナクティフ(・ヴ), パレスー(ズ)	inactive, lazy イナクティヴ, レイズィ
むきんの **無菌の** mukinno	**aseptisé(e)** アセプティゼ	germ-free チャームフリー
むく **向く** (適する) muku	**convenir** *à,* **(être) appro- prié(e)** *à* コンヴニール ア, (エートル) アプロプリエ ア	suit スート
(面する)	**se tourner** *vers* ス トゥルネ ヴェール	turn to face ターン トゥ フェイス
むく **剥く** muku	**peler, éplucher** プレ, エプリュシェ	peel, pare ピール, ペア
むくいる **報いる** mukuiru	**récompenser** *de* レコンパンセ ドゥ	repay, reward リペイ, リウォード

日	仏	英
むくちな **無口な** mukuchina	**taciturne, silencieux(se)** タシテュルヌ, シランシユー(ズ)	taciturn, silent **タ**スィターン, **サ**イレント
むくむ **むくむ** mukumu	**enfler** アンフレ	swell ス**ウェ**ル
むけいの **無形の** mukeino	**immatériel(le)** イマテリエル	intangible イン**タ**ンヂブル
むける **向ける** mukeru	**tourner, diriger** トゥルネ, ディリジェ	turn to, direct to **タ**ーン トゥ, ディ**レ**クト トゥ
むげんの **無限の** mugenno	**infini(e), indéfini(e)** アンフィニ, アンデフィニ	infinite **イ**ンフィニト
むこう **向こう**　（先方） mukou	**autre partie** f. オートル パルティ	other party **ア**ザ **パ**ーティ
（反対側）	**autre côté** m. オートル コテ	opposite side **ア**ポズィト **サ**イド
むこう **無効** mukou	**nullité** f., **annulation** f. ニュリテ, アニュラシオン	invalidity インヴァ**リ**ディティ
～の	**nul(le)** ニュル	invalid イン**ヴァ**リド
むこうみずな **向こう見ずな** mukoumizuna	**téméraire** テメレール	reckless **レ**クレス
むこくせきの **無国籍の** mukokusekino	**apatride** アパトリッド	stateless ス**テ**イトレス
むごん **無言** mugon	**silence** m., **mutisme** m. シランス, ミュティスム	silence, mum **サ**イレンス, **マ**ム
むざい **無罪** muzai	**innocence** f. イノサンス	innocence **イ**ノセンス
むざんな **無残な** muzanna	**affreux(se), cruel(le)** アフルー(ズ), クリュエル	miserable, cruel **ミ**ゼラブル, ク**ル**エル
むし **虫** mushi	**insecte** m. アンセクト	insect **イ**ンセクト

む

日	仏	英
（みみずの類）	**ver** *m.* ヴェール	worm ワーム
むしあつい **蒸し暑い** mushiatsui	**étouffant(e), lourd(e)** エトゥファン(ト), ルール(ルルド)	hot and humid ハト アンド ヒューミド
むしする **無視する** mushisuru	**négliger** ネグリジェ	ignore イグノー
むした **蒸した** mushita	**à l'étuvée** ア レテュヴェ	steamed スティームド
むじつ **無実** mujitsu	**innocence** *f.* イノサンス	innocence イノセンス
～の	**innocent(e)** イノサン(ト)	innocent イノセント
むじの **無地の** mujino	**uni(e), sans ornement** ユニ, サン ゾルヌマン	plain, unpatterned プレイン, アンパタンド
むしば **虫歯** mushiba	**carie** *f.* カリ	cavity, tooth decay キャヴィティ, トゥース ディケイ
むしばむ **蝕む** mushibamu	**ronger, miner** ロンジェ, ミネ	spoil, affect スポイル, アフェクト
むしめがね **虫眼鏡** mushimegane	**loupe** *f.*, **verre grossissant** *m.* ルプ, ヴェール グロシサン	magnifying glass マグニファイイング グラス
むじゃきな **無邪気な** mujakina	**innocent(e), naïf(ve)** イノサン(ト), ナイフ(・ヴ)	innocent イノセント
むじゅん **矛盾** mujun	**contradiction** *f.* コントラディクシオン	contradiction カントラディクション
～する	**(être) en contradiction avec** (エートル) アン コントラディクシオン アヴェク	(be) inconsistent with (ビ) インコンスィステント ウィズ
むじょう **無常** mujou	**mutabilité** *f.* ミュタビリテ	mutability ミューダビリティ

751

日	仏	英

むじょうけんの
無条件の
mujoukenno

inconditionnel(le)
アンコンディシオネル

unconditional
アンコン**ディ**ショナル

むじょうな
無情な
mujouna

insensible, sans cœur
アンサンシーブル，サン クール

heartless, cold
ハートレス，**コ**ウルド

むしょうの
無償の
mushouno

gratuit(e)
グラテュイ(ット)

gratis, voluntary
グ**ラ**ティス，**ヴァ**ランテリ

むしょくの
無職の
mushokuno

sans profession
サン プロフェシオン

without occupa-
tion
ウィ**ザ**ウト アキュ**ペ**イション

むしょくの
無色の
mushokuno

incolore
アンコロール

colorless, Ⓑcol-
ourless
カラレス，**カ**ラレス

むしる
むしる
mushiru

arracher
アラシェ

pluck, pick
プ**ラ**ク，**ピ**ク

むしろ
むしろ
mushiro

plutôt *que*
プリュトー ク

rather than
ラザ ザン

むしんけいな
無神経な
mushinkeina

insensible
アンサンシーブル

insensitive
イン**セ**ンスィティヴ

むじんぞうの
無尽蔵の
mujinzouno

inépuisable
イネピュイザーブル

inexhaustible
イニグ**ゾ**ースティブル

むじんとう
無人島
mujintou

île déserte *f.*
イル デゼルト

uninhabited island,
desert island
アニン**ハ**ビテド **ア**イランド，**デ**
ザト **ア**イランド

むしんに
無心に
mushinni

innocemment
イノサマン

innocently
イノセントリ

むしんろん
無神論
mushinron

athéisme *m.*
アテイスム

atheism
エイスィイズム

むす
蒸す
musu

cuire à la vapeur
キュイール ア ラ ヴァプール

steam
ス**ティ**ーム

むすうの
無数の
musuuno

innombrable
イノンブラーブル

innumerable
イ**ニュ**ーマラブル

む

日	仏	英
むずかしい **難しい** muzukashii	**difficile** ディフィシル	difficult, hard **ディ**フィカルト, **ハ**ード
むすこ **息子** musuko	**fils** *m.* フィス	son **サ**ン
むすびつく **結び付く** musubitsuku	**s'unir** シュニール	(be) tied up with, bond together (ビ) **タ**イド アプ ウィズ, **バ**ンド トゲザ
むすびめ **結び目** musubime	**nœud** *m.* ヌー	knot **ナ**ト
むすぶ **結ぶ** musubu	**nouer** ヌエ	tie, bind **タ**イ, **バ**インド
(つなぐ)	**lier** リエ	link with **リ**ンク ウィズ
(締結する)	**contracter** コントラクテ	make, conclude **メ**イク, コン**ク**ルード
むすめ **娘** musume	**fille** *f.* フィーユ	daughter **ド**ータ
むせいげんの **無制限の** museigenno	**illimité(e), sans restric- tion** イリミテ, サン レストリクシオン	free, unrestricted **フ**リー, アンリスト**リ**クテド
むせきにんな **無責任な** musekininna	**irresponsable** イレスポンサーブル	irresponsible イリス**パ**ンシブル
むせる **むせる** museru	**s'étouffer** *avec* セトゥフェ アヴェク	(be) choked with (ビ) **チョ**ウクト ウィズ
むせん **無線** musen	**appareil sans fil** *m.* アパレイユ サン フィル	wireless **ワ**イアレス
むだ **無駄** muda	**gaspillage** *m.* ガスピアージュ	waste **ウェ**イスト
〜な	**inutile, vain(e)** イニュティル, ヴァン(ヴェーヌ)	useless, futile **ユ**ースレス, **フュ**ートル

日	仏	英
むだんで **無断で** mudande	**sans prévenir** サン プレヴニール	without notice ウィザウト **ノ**ウティス
むたんぽで **無担保で** mutanpode	**sans garantie** サン ガランティ	without security ウィザウト ス**ィキュ**アリティ
むちな **無知な** muchina	**ignorant(e)** イニョラン(ト)	ignorant **イ**グノラント
むちゃな **無茶な** muchana	**absurde, déraisonnable** アプシュルド, デレゾナーブル	unreasonable アンリーズナブル
むちゅうである **夢中である** muchuudearu	**(être) absorbé(e)** *par* (エートル) アプソルベ パール	(be) absorbed in (ビ) アブ**ソ**ーブド イン
むてんかの **無添加の** mutenkano	**sans additifs** サン ザディティフ	additive-free **ア**ディティヴフリー
むとんちゃくな **無頓着な** mutonchakuna	**indifférent(e)** アンディフェラン(ト)	indifferent イン**ディ**ファレント
むなしい **空しい** munashii	**vide, vain(e)** ヴィッド, ヴァン(ヴェーヌ)	empty, vain **エ**ンプティ, **ヴェ**イン
むね **胸** mune	**poitrine** *f.*, **sein** *m.* ポワトリヌ, サン	breast, chest ブレスト, **チェ**スト
むねやけ **胸焼け** muneyake	**brûlure d'estomac** *f.* ブリュリュール デストマ	heartburn **ハ**ートバーン
むのうな **無能な** munouna	**incapable** アンカパーブル	incompetent イン**カ**ンピテント
むのうやくの **無農薬の** munouyakuno	**biologique, bio** ビオロジック, ビオ	pesticide-free **ペ**スティサイドフリー
むふんべつな **無分別な** mufunbetsuna	**irréfléchi(e)** イレフレシ	imprudent インプ**ル**ーデント
むほうな **無法な** muhouna	**illégal(e), injuste** イレガル, アンジュスト	unjust, unlawful アン**チャ**スト, アン**ロ**ーフル
むぼうな **無謀な** mubouna	**téméraire** テメレール	reckless **レ**クレス

日	仏	英
むほん **謀反** muhon	**rébellion** *f.*, **révolte** *f.* レベリヨン, レヴォルト	rebellion リベリオン
むめいの **無名の** mumeino	**sans nom, inconnu(e)** サン ノン, アンコニュ	nameless, unknown **ネ**イムレス, アン**ノ**ウン
むら **村** mura	**village** *m.* ヴィラージュ	village **ヴィ**リヂ
むらがる **群がる** muragaru	**s'assembler, s'entasser** ササンブレ, サンタセ	gather, flock **ギャ**ザ, フ**ラ**ク
むらさきいろ **紫色** murasakiiro	**violet** *m.* ヴィオレ	purple, violet **パ**ープル, **ヴァ**イオレト
むりな **無理な** murina	**impossible** アンポスィーブル	impossible イン**パ**スィブル
むりょうの **無料の** muryouno	**gratuit(e)** グラテュイ(ット)	free フ**リ**ー
むりょくな **無力な** muryokuna	**impuissant(e)** アンピュイサン(ト)	powerless **パ**ウアレス
むれ **群れ** mure	**groupe** *m.*, **troupe** *f.* グループ, トループ	group, crowd グ**ル**ープ, ク**ラ**ウド

め, メ

日	仏	英
め **目** me	**œil** *m.* ウイユ	eye **ア**イ
め **芽** me	**bourgeon** *m.*, **bouton** *m.* ブルジョン, ブトン	sprout, bud ス**プラ**ウト, **バ**ド
めあて **目当て** meate	**but** *m.*, **objectif** *m.* ビュット, オブジェクティフ	aim, objective **エ**イム, オブ**ヂェ**クティヴ
めい **姪** mei	**nièce** *f.* ニエス	niece **ニ**ース
めいあん **名案** meian	**bonne idée** *f.* ボヌ イデ	good idea グド アイ**ディ**ーア

日	仏	英
めいおうせい **冥王星** meiousei	**Pluton** *f.* プリュトン	Pluto プルートゥ
めいかいな **明快な** meikaina	**clair(e), net(*te*)** クレール, ネット	clear, lucid クリア, ルースィド
めいかくな **明確な** meikakuna	**précis(e), net(*te*)** プレシ(-シーズ), ネット	clear, accurate クリア, **ア**キュレト
めいがら **銘柄** meigara	**marque** *f.*, **valeur** *f.* マルク, ヴァルール	brand, description ブランド, ディスクリプション
めいぎ **名義** meigi	**nom** *m.*, **titre** *m.* ノン, ティートル	name ネイム
めいさい **明細** meisai	**détails** *m.pl.* デタイユ	details ディーテイルズ
めいさく **名作** meisaku	**chef-d'œuvre** *m.* シェドゥーヴル	masterpiece マスタピース
めいし **名刺** meishi	**carte de visite** *f.* カルト ドゥ ヴィジット	business card ビズネス カード
めいし **名詞** meishi	**nom** *m.* ノン	noun ナウン
めいしょ **名所** meisho	**endroit célèbre** *m.* アンドロワ セレーブル	noted place, notable sights ノウテド プレイス, ノウタブル サイツ
めいしん **迷信** meishin	**superstition** *f.* シュペルスティシオン	superstition スーパスティション
めいじん **名人** meijin	**maître** *m.* メートル	master, expert マスタ, エクスパート
めいせい **名声** meisei	**réputation** *f.*, **renommée** *f.* レピュタシオン, ルノメ	fame, reputation フェイム, レピュテイション
めいそう **瞑想** meisou	**méditation** *f.* メディタシオン	meditation メディテイション

日	仏	英
めいちゅうする **命中する** meichuusuru	**atteindre, toucher** アタンドル, トゥシェ	hit ヒト
めいはくな **明白な** meihakuna	**clair(e), évident(e)** クレール, エヴィダン(ト)	clear, evident クリア, エヴィデント
めいぶつ **名物** meibutsu	**spécialité** *f.* スペシアリテ	special product スペシャル プラダクト
めいぼ **名簿** meibo	**liste de noms** *f.* リスト ドゥ ノン	list of names リスト オヴ ネイムズ
めいめい **銘々** meimei	**chacun(e)** シャッカン(-キュヌ)	each, everyone イーチ, エヴリワン
めいよ **名誉** meiyo	**honneur** *m.*, **gloire** *f.* オヌール, グロワール	honor, ®honour アナ, アナ
〜棄損	**diffamation** *f.* ディファマシオン	libel, slander ライベル, スランダ
めいりょうな **明瞭な** meiryouna	**clair(e), net(te)** クレール, ネット	clear, plain クリア, プレイン
めいる **滅入る** meiru	**(être) déprimé(e)** (エートル) デプリメ	feel depressed フィール ディプレスト
めいれい **命令** meirei	**ordre** *m.*, **commande-ment** *m.* オルドル, コマンドマン	order, command オーダ, コマンド
〜する	**ordonner, commander** オルドネ, コマンデ	order オーダ
めいろ **迷路** meiro	**labyrinthe** *m.* ラビラント	maze, labyrinth メイズ, ラビリンス
めいろうな **明朗な** meirouna	**gai(e), joyeux(se)** ゲ, ジョワイユー(ズ)	cheerful, bright チアフル, ブライト
めいわく **迷惑** meiwaku	**embarras** *m.*, **ennui** *m.* アンバラ, アンニュイ	trouble, nuisance トラブル, ニュースンス

日	仏	英
〜する	**(être) préoccupé(e)** *par* (エートル) プレオキュペ パール	(be) troubled by, (be) inconvenienced by (ビ) トラブルド バイ, (ビ) インコンヴィーニェンスト バイ
めうえ **目上** meue	**supérieur(e)** *m.f.* シュペリュール	superiors スピアリアズ
めーかー **メーカー** meekaa	**fabricant** *m.* ファブリカン	maker, manufacturer メイカ, マニュファクチャラ
めーたー **メーター** meetaa	**compteur** *m.* コントゥール	meter ミータ
めーとる **メートル** meetoru	**mètre** *m.* メートル	meter, ⑧metre ミータ, ミータ
めかくし **目隠し** mekakushi	**bandeau** *m.* バンドー	blindfold ブラインドフォウルド
めかた **目方** mekata	**poids** *m.* ポワ	weight ウェイト
めかにずむ **メカニズム** mekanizumu	**mécanisme** *m.* メカニスム	mechanism メカニズム
めがね **眼鏡** megane	**lunettes** *f.pl.* リュネット	glasses グラスィズ
めがへるつ **メガヘルツ** megaherutsu	**mégahertz** *m.* メガエルツ	megahertz メガハーツ
めがみ **女神** megami	**déesse** *f.* デエス	goddess ガデス
めきしこ **メキシコ** mekishiko	**Mexique** *m.* メクシック	Mexico メクスィコウ
めきめき **めきめき** mekimeki	**remarquablement** ルマルカーブルマン	rapidly, markedly ラピドリ, マーケッドリ
めぐすり **目薬** megusuri	**collyre** *m.* コリール	eye drops アイ ドラプス

日	仏	英
めぐまれる **恵まれる** megumareru	**avoir la chance** *de* アヴォワール ラ シャンス ドゥ	(be) blessed with (ビ) ブレスト ウィズ
めぐみ **恵み** (恩恵) megumi	**faveur** *f.* ファヴール	favor, ⑱favour **フェ**イヴァ, **フェ**イヴァ
(天恵) 	**grâce** *f.* グラース	blessing ブレスィング
めぐらす **巡らす** megurasu	**entourer** *de* アントゥレ ドゥ	surround サラウンド
めくる **めくる** mekuru	**tourner, soulever** トゥルネ, スルヴェ	turn over, flip **ター**ン **オ**ウヴァ, フ**リ**プ
めぐる **巡る** meguru	**passer, s'écouler** パセ, セクレ	travel around ト**ラ**ヴル アラウンド
めざす **目指す** mezasu	**viser** *à* ヴィゼ ア	aim at **エ**イム アト
めざましい **目覚ましい** mezamashii	**brillant(e), remarquable** ブリアン(ト), ルマルカーブル	remarkable リ**マー**カブル
めざましどけい **目覚まし時計** mezamashidokei	**réveille-matin** *m.* レヴェイユマタン	alarm clock ア**ラー**ム ク**ラ**ク
めざめる **目覚める** mezameru	**se réveiller** ス レヴェイエ	awake ア**ウェ**イク
めした **目下** meshita	**inférieur(e)** *m.f.* アンフェリユール	inferiors イン**フィ**アリアズ
めしべ **雌しべ** meshibe	**pistil** *m.* ピスティル	pistil **ピ**スティル
めじるし **目印** mejirushi	**marque** *f.*, **repère** *m.* マルク, ルペール	sign, mark **サ**イン, **マ**ーク
めす **雌** mesu	**femelle** *f.* フメル	female **フィ**ーメイル
めずらしい **珍しい** mezurashii	**rare, insolite** ラール, アンソリット	unusual, rare ア**ニュー**ジュアル, **レ**ア

日	仏	英
めだつ **目立つ** medatsu	**se faire remarquer** ス フェール ルマルケ	(be) conspicuous (ビ) コンスピキュアス
めだま **目玉** medama	**globe oculaire** *m.* グローブ オキュレール	eyeball **ア**イボール
〜焼き	**œuf au plat** *m.* ウフ オ プラ	sunny-side-up, fried egg **サ**ニーサイド**ア**プ, フライド **エ**グ
めだる **メダル** medaru	**médaille** *f.* メダイユ	medal **メ**ドル
めちゃくちゃな **めちゃくちゃな** mechakuchana	**absurde, aberrant(e)** アプシュルド, アベラン(ト)	absurd アブ**サ**ード
めっか **メッカ** mekka	**Mecque** *f.* メック	Mecca **メ**カ
めっき **鍍金** mekki	**placage** *m.* プラカージュ	plating プ**レ**イティング
めつき **目付き** metsuki	**regard** *m.* ルガール	eyes, look **ア**イズ, **ル**ク
めっせーじ **メッセージ** messeeji	**message** *m.* メサージュ	message **メ**スィヂ
めったに **滅多に** mettani	**rarement** ラルマン	seldom, rarely **セ**ルドム, **レ**アリ
めつぼうする **滅亡する** metsubousuru	**se détériorer, se détruire** ス デテリオレ, ス デトリュイール	go to ruin **ゴ**ウ トゥ **ル**ーイン
めでぃあ **メディア** media	**média** *m.* メディア	media **ミ**ーディア
めでたい **めでたい** medetai	**joyeux(se), festif(ve)** ジョワイユー(ズ), フェスティフ(-ヴ)	happy, celebratory **ハ**ピ, **セ**レブレイトリ
めど **目処** medo	**perspective** *f.* ペルスペクティヴ	prospect プ**ラ**スペクト

日	仏	英
めにゅー **メニュー** menyuu	**carte** *f.*, **menu** *m.* カルト, ムニュ	menu **メ**ニュー
めのう **瑪瑙** menou	**agate** *f.* アガット	agate **ア**ガト
めばえる **芽生える** mebaeru	**germer** ジェルメ	sprout スプ**ラ**ウト
めまい **目まい** memai	**vertige** *m.*, **étourdisse- ment** *m.* ヴェルティージュ, エトゥルディスマン	dizziness, vertigo **ディ**ズィネス, **ヴァー**ティゴウ
めまぐるしい **目まぐるしい** memagurushii	**vertigineux(se)** ヴェルティジヌー(ズ)	bewildering, rapid ビ**ウィ**ルダリング, **ラ**ピド
めも **メモ** memo	**mémorandum** *m.*, **note** *f.* メモランダム, ノート	memo **メ**モウ
めもり **目盛り** memori	**graduation** *f.*, **échelle** *f.* グラデュアシオン, エシェル	graduation グラデュ**エ**イション
めもりー **メモリー** memorii	**mémoire** *f.* メモワール	memory **メ**モリ
めやす **目安** meyasu	**critère** *m.* クリテール	yardstick, standard **ヤー**ドスティク, ス**タ**ンダド
めりーごーらうんど **メリーゴーラウンド** meriigooraundo	**carrousel** *m.*, **manège** *f.* カルゼル, マネージュ	merry-go-round, carousel, ®round- about メリゴウ**ラ**ウンド, キャル**セ**ル, **ラ**ウンダバウト
めりこむ **めり込む** merikomu	**s'enfoncer** サンフォンセ	sink into ス**ィ**ンク **イ**ントゥ
めりっと **メリット** meritto	**mérite** *m.* メリット	merit **メ**リト
めろでぃー **メロディー** merodii	**mélodie** *f.* メロディ	melody **メ**ロディ
めろん **メロン** meron	**melon** *m.* ムロン	melon **メ**ロン

761

日	仏	英
めん **綿** men	**coton** *m.* コトン	cotton **カ**トン
めん **面** （マスク・仮面） men	**masque** *m.* マスク	mask **マ**スク
（側面）	**aspect** *m.*, **côté** *m.* アスペ, コテ	aspect, side **ア**スペクト, **サ**イド
（表面）	**face** *f.*, **surface** *f.* ファス, シュルファス	face, surface **フェ**イス, **サ**ーフェス
めんえき **免疫** men-eki	**immunité** *f.* イミュニテ	immunity イ**ミュ**ーニティ
めんかい **面会** menkai	**entretien** *m.* アントルティアン	interview **イ**ンタヴュー
めんきょ **免許** menkyo	**permission** *f.*, **licence** *f.* ペルミシオン, リサンス	license **ラ**イセンス
〜証	**permis** *m.* ペルミ	license **ラ**イセンス
めんしき **面識** menshiki	**connaissance** *f.* コネサンス	acquaintance アク**ウェ**インタンス
めんじょう **免状** menjou	**diplôme** *m.*, **brevet** *m.* ディプローム, ブルヴェ	diploma, license ディ**プロ**ウマ, **ラ**イセンス
めんしょくする **免職する** menshokusuru	**licencier** リサンシエ	dismiss ディス**ミ**ス
めんじょする **免除する** menjosuru	**exempter** エグザンテ	exempt イグ**ゼ**ンプト
めんする **面する** mensuru	**donner** *sur* ドネ シュール	face on, look out on to **フェ**イス オン, **ル**ク **ア**ウト オ ン トゥ
めんぜい **免税** menzei	**exemption d'impôts** *f.* エグザンプシオン ダンポ	tax exemption **タ**クス イグ**ゼ**ンプション

め

日	仏	英
～店	**boutique hors-taxes** *f.* プティック オールタクス	duty-free shop **デュー**ティフリー **シャ**プ
～品	**article détaxé** *m.* アルティクル デタクセ	tax-free articles **タ**クスフリー **アー**ティクルズ
めんせき **面積** menseki	**superficie** *f.* シュペルフィシ	area **エ**アリア
めんせつ **面接** mensetsu	**entrevue** *f.* アントルヴュ	interview **イ**ンタヴュー
～試験	**examen oral** *m.* エグザマン オラル	personal interview **パー**ソナル **イ**ンタヴュー
めんてなんす **メンテナンス** mentenansu	**entretien** *m.*, **mainte-nance** *f.* アントルティアン, マントナンス	maintenance **メ**インテナンス
めんどうな **面倒な** mendouna	**pénible, difficile** ペニーブル, ディフィシル	troublesome, diffi-cult トラブルサム, **ディ**フィカルト
めんどり **雌鶏** mendori	**poule** *f.* プール	hen **ヘ**ン
めんばー **メンバー** menbaa	**membre** *m.* マンブル	member **メ**ンバ
めんぼう **綿棒** menbou	**coton-tige** *m.* コトンティージュ	cotton swab **カ**トン **ス**ワブ
めんみつな **綿密な** menmitsuna	**minutieux(se)** ミニュシユー(ズ)	meticulous メ**ティ**キュラス
めんもく **面目** menmoku	**honneur** *m.*, **réputation** *f.* オヌール, レピュタシオン	honor, credit **ア**ナ, ク**レ**ディト
めんるい **麺類** menrui	**nouilles** *f.pl.*, **pâtes** *f.pl.* ヌイユ, パート	noodles **ヌー**ドルズ

日	仏	英

も，モ

もう **もう** （すでに） mou	**déjà** デジャ	already オールレディ
（間もなく）	**bientôt** ビアント	soon スーン
もうかる **儲かる** moukaru	**(être) rentable** (エートル) ランターブル	(be) profitable (ビ) プラフィタブル
もうけ **儲け** mouke	**profit** *m.*, **gain** *m.* プロフィ，ガン	profit, gains プラフィト，ゲインズ
もうける **儲ける** moukeru	**gagner** ガニェ	make a profit, gain メイク ア プラフィト，ゲイン
もうしあわせ **申し合わせ** moushiawase	**convention** *f.*, **engage-ment** *m.* コンヴァンシオン，アンガジュマン	agreement アグリーメント
もうしいれ **申し入れ** moushiire	**proposition** *f.*, **offre** *f.* プロポジシオン，オッフル	proposition プラポズィション
もうしこみ **申し込み** （加入などの手続き） moushikomi	**souscription** *f.* ススクリプシオン	subscription サブスクリプション
（要請・依頼）	**demande** *f.* ドゥマンド	request for リクウェスト フォ
もうしこむ **申し込む** （加入する・応募する） moushikomu	**souscrire** ススクリール	apply for, sub-scribe アプライ フォ，サブスクライブ
（依頼する）	**solliciter** ソリシテ	request, ask for リクウェスト，アスク フォ
もうしでる **申し出る** moushideru	**proposer, offrir** プロポゼ，オフリール	offer, propose オファ，プロポウズ
もうすぐ **もうすぐ** mousugu	**bientôt** ビアント	soon スーン

日	仏	英
もうすこし **もう少し** mousukoshi	**un peu plus** アン プー プリュ	some more, a little more サム モー, ア リトル モー
もうぜんと **猛然と** mouzento	**furieusement** フュリユーズマン	fiercely フィアスリ
もうそう **妄想** mousou	**chimère** *f.*, **illusion** *f.* シメール, イリュジオン	delusion ディルージョン
もうちょう **盲腸** mouchou	**appendice** *m.* アパンディス	appendix アペンディクス
もうどうけん **盲導犬** moudouken	**chien guide d'aveugle** *m.* シアン ギッド ダヴーグル	seeing-eye dog, guide dog スィーイングアイ ドーグ, ガイ ド ドーグ
もうどく **猛毒** moudoku	**poison mortel** *m.* ポワゾン モルテル	deadly poison デドリ ポイズン
もうふ **毛布** moufu	**couverture** *f.* クヴェルテュール	blanket ブランケト
もうもくの **盲目の** moumokuno	**aveugle** アヴーグル	blind ブラインド
もうれつな **猛烈な** mouretsuna	**violent(e), furieux(se)** ヴィオラン(ト), フュリユー(ズ)	violent, furious ヴァイオレント, フュアリアス
もうろうとした **もうろうとした** mouroutoshita	**vague, indistinct(e)** ヴァーグ, アンディスタン(クト)	dim, indistinct ディム, インディスティンクト
もえつきる **燃え尽きる** moetsukiru	**brûler entièrement** ブリュレ アンティエールマン	burn out バーン アウト
もえる **燃える** moeru	**brûler, flamber** ブリュレ, フランベ	burn, blaze バーン, ブレイズ
もーたー **モーター** mootaa	**moteur** *m.* モトゥール	motor モウタ
〜ボート	**bateau à moteur** *m.* バトー ア モトゥール	motorboat モウタボウト

日	仏	英
もがく もがく mogaku	**se débattre, se démener** ス デバットル, ス デムネ	struggle, writhe ストラグル, **ラ**イズ
目撃する もくげきする mokugekisuru	**assister à, (être) témoin** *de* アシステ ア, (エートル) テモワン ドゥ	see, witness **スィ**ー, **ウィ**トネス
木材 もくざい mokuzai	**bois** *m.* ボワ	wood, lumber **ウ**ド, **ラ**ンバ
目次 もくじ mokuji	**table des matières** *f.* ターブル デ マティエール	(table of) contents (**テ**イブル オヴ) **カ**ンテンツ
木星 もくせい mokusei	**Jupiter** *f.* ジュピテール	Jupiter **チュ**ピタ
木造の もくぞうの mokuzouno	**de bois** ドゥ ボワ	wooden **ウ**ドン
木彫 もくちょう mokuchou	**sculpture sur bois** *f.* スキュルテュール シュール ボワ	wood carving **ウ**ド **カ**ーヴィング
目的 もくてき mokuteki	**but** *m.*, **fin** *f.* ビュット, ファン	purpose **パ**ーパス
〜地	**destination** *f.* デスティナシオン	destination デスティ**ネ**イション
黙認する もくにんする mokuninsuru	**approuver tacitement** アプルヴェ タシトマン	give a tacit con- sent **ギ**ヴ ア **タ**スィト コン**セ**ント
木版画 もくはんが mokuhanga	**gravure sur bois** *f.* グラヴュール シュール ボワ	woodcut **ウ**ドカト
黙秘権 もくひけん mokuhiken	**droit de garder le silence** *m.* ドロワ ドゥ ガルデル シランス	(the) right to re- main silent (ザ) **ラ**イト トゥ リ**メ**イン **サ**イ レント
目標 もくひょう mokuhyou	**but** *m.*, **objet** *m.* ビュット, オブジェ	mark, target **マ**ーク, **タ**ーゲト
黙々と もくもくと mokumokuto	**en silence** アン シランス	silently **サ**イレントリ

日	仏	英
もくようび **木曜日** mokuyoubi	**jeudi** *m.* ジュディ	Thursday サーズディ
もぐる **潜る** moguru	**plonger** プロンジェ	dive into ダイヴ イントゥ
もくろく **目録** mokuroku	**liste** *f.*, **catalogue** *m.* リスト, カタログ	list, catalog, ®catalogue リスト, キャタローグ, キャタ ローグ
もけい **模型** mokei	**modèle** *m.* モデル	model マドル
もざいく **モザイク** mozaiku	**mosaïque** *f.* モザイク	mosaic モウゼイイク
もし **もし** moshi	**si** シ	if イフ
もじ **文字** moji	**lettre** *f.*, **caractère** *m.* レットル, カラクテール	letter, character レタ, キャラクタ
もしゃ **模写** mosha	**copie** *f.*, **reproduction** *f.* コピー, ルプロデュクシオン	copy カピ
もぞう **模造** mozou	**imitation** *f.* イミタシオン	imitation イミテイション
もたらす **もたらす** motarasu	**apporter, porter** アポルテ, ポルテ	bring ブリング
もたれる **もたれる** motareru	**s'appuyer** *sur* サピュイエ シュール	lean on, lean against リーン オン, リーン アゲンスト
もだんな **モダンな** modanna	**moderne** モデルヌ	modern マダン
もちあげる **持ち上げる** mochiageru	**lever, soulever** ルヴェ, スルヴェ	lift, raise リフト, レイズ
もちあじ **持ち味** (特色) mochiaji	**caractéristique** *f.* カラクテリスティック	characteristic キャラクタリスティック

日	仏	英
（特有の味）	**goût particulier** *m.* グー パルティキュリエ	peculiar flavor ピキューリア フレイヴァ
もちいる **用いる** mochiiru	**employer** アンプロワイエ	use ユーズ
もちかえる **持ち帰る** mochikaeru	**rapporter, remporter** ラポルテ，ランポルテ	bring home ブリング **ホ**ウム
もちこたえる **持ちこたえる** mochikotaeru	**résister** *à* レジステ ア	hold on, endure **ホ**ウルド **オ**ン，イン**デ**ュア
もちこむ **持ち込む** mochikomu	**porter, apporter** ポルテ，アポルテ	carry in **キャ**リ **イ**ン
もちにげする **持ち逃げする** mochinigesuru	**s'enfuir** *avec* サンフュイール アヴェク	go away with **ゴ**ウ ア**ウェ**イ ウィズ
もちぬし **持ち主** mochinushi	**propriétaire** *m.f.* プロプリエテール	owner, proprietor **オ**ウナ，プラプ**ラ**イアタ
もちはこぶ **持ち運ぶ** mochihakobu	**porter, transporter** ポルテ，トランスポルテ	carry **キャ**リ
もちもの **持ち物**　（所持品） mochimono	**affaires** *f.pl.* アフェール	belongings ビ**ロ**ーンギングズ
（所有物）	**propriété** *f.*, **biens** *m.pl.* プロプリエテ，ビアン	property プ**ラ**パティ
もちろん **もちろん** mochiron	**bien entendu, bien sûr** ビアン ナンタンデュ，ビアン シュール	of course オフ **コ**ース
もつ **持つ**　（携帯する） motsu	**avoir, porter** アヴォワール，ポルテ	have ハヴ
（所有している）	**avoir, posséder** アヴォワール，ポセデ	have, possess ハヴ，ポ**ゼ**ス
（保持する）	**tenir** トゥニール	hold **ホ**ウルド

日	仏	英
もっかんがっき **木管楽器** mokkangakki	**instrument à vent en bois** *m.* アンストリュマン ア ヴァン アン ボワ	woodwind instrument **ウ**ッドウィンド インストルメント
もっきん **木琴** mokkin	**xylophone** *m.* クシロフォヌ	xylophone **ザ**イロフォウン
もったいぶる **もったいぶる** mottaiburu	**prendre de grands airs** プランドル ドゥ グラン ゼール	put on airs **プ**ト オン **エ**アズ
もっていく **持って行く** motteiku	**porter, prendre** ポルテ, プランドル	take, carry **テ**イク, **キャ**リ
もってくる **持って来る** mottekuru	**apporter, rapporter** アポルテ, ラポルテ	bring, fetch **ブ**リング, **フェ**チ
もっと **もっと** motto	**plus, encore** プリュ, アンコール	more **モ**ー
もっとー **モットー** mottoo	**devise** *f.* ドゥヴィーズ	motto **マ**トウ
もっとも **最も** mottomo	***le(la)* plus** ル(ラ) プリュ	most **モ**ウスト
もっともな **もっともな** mottomona	**raisonnable, naturel(*le*)** レゾナーブル, ナテュレル	reasonable, natural **リ**ーズナブル, **ナ**チュラル
もっぱら **専ら** moppara	**principalement, surtout** プランシパルマン, シュルトゥー	chiefly, mainly **チ**ーフリ, **メ**インリ
もつれる **もつれる** motsureru	**s'enchevêtrer, s'embrouiller** サンシュヴェトレ, サンブルイエ	(be) tangled (ビ) **タ**ングルド
もてなす **もてなす** motenasu	**accueillir, recevoir** アクイイール, ルスヴォワール	entertain エンタ**テ**イン
もてはやす **もてはやす** motehayasu	**chanter les louanges** *de* シャンテ レ ルワンジュ ドゥ	praise a lot, make a hero of **プ**レイズ ア **ラ**ト, **メ**イク ア **ヒ**ーロウ オヴ
もでむ **モデム** modemu	**modem** *m.* モデム	modem **モ**ウデム

日	仏	英
もてる **もてる** moteru	**(être) populaire** *parmi* (エートル) ポピュレール パルミ	(be) popular with, (be) popular among (ビ) **パ**ピュラ ウィズ, (ビ) **パ**ピュラ ア**マ**ング
もでる **モデル** moderu	**modèle** *m.* モデル	model **マ**ドル
～チェンジ	**modification de modèle** *f.* モディフィカシオン ドゥ モデル	model changeover **マ**ドル **チェ**インヂョウヴァ
もと **本[基・元]** (基礎) moto	**fondement** *m.*, **base** *f.* フォンドマン, バーズ	foundation ファウン**デ**イション
(起源)	**origine** *f.*, **source** *f.* オリジヌ, スルス	origin **オ**ーリヂン
もどす **戻す** (元へ返す) modosu	**remettre, replacer** ルメットル, ルプラセ	return リ**タ**ーン
もとせん **元栓** motosen	**robinet principal** *m.* ロビネ プランンシパル	main tap メイン **タ**プ
もとづく **基づく** (起因する) motozuku	**provenir** *de* プロヴニール ドゥ	come from **カ**ム フラム
(根拠とする)	**se fonder** *sur* ス フォンデ シュール	(be) based on (ビ) **ベ**イスト オン
もとめる **求める** (捜す) motomeru	**chercher** シェルシェ	look for **ル**ク フォ
(要求する)	**demander** ドゥマンデ	ask, demand **ア**スク, ディ**マ**ンド
(欲する)	**désirer** デジレ	want **ワ**ント
もともと **元々** (元来) motomoto	**originairement** オリジネルマン	originally オ**リ**ヂナリ
(生来)	**par nature** パール ナテュール	by nature バイ **ネ**イチャ

日	仏	英
もどる **戻る** （引き返す） modoru	**retourner** ルトゥルネ	turn back **ターン** バク
（元に返る）	**revenir, rentrer** ルヴニール, ラントレ	return, come back リターン, **カム** バク
もなこ **モナコ** monako	**Monaco** *m.* モナコ	Monaco **マ**ナコウ
もにたー **モニター** monitaa	**moniteur** *m.* モニトゥール	monitor **マ**ニタ
もの **物** mono	**chose** *f.,* **objet** *m.* ショーズ, オブジェ	thing, object **スィング**, **ア**ブヂェクト
ものおき **物置** monooki	**débarras** *m.,* **remise** *f.* デバラ, ルミーズ	storeroom ストールーム
ものおと **物音** monooto	**bruit** *m.* ブリュイ	noise, sound **ノ**イズ, **サ**ウンド
ものがたり **物語** monogatari	**récit** *m.,* **histoire** *f.* レシ, イストワール	story スト**ー**リ
ものくろの **モノクロの** monokurono	**monochrome** モノクロム	monochrome, black-and-white **マ**ノクロウム, ブ**ラ**ク アンド (ホ)ワイト
ものごと **物事** monogoto	**chose** *f.,* **affaire** *f.* ショーズ, アフェール	things **スィング**ズ
ものしり **物知り** monoshiri	**personne instruite** *f.* ペルソヌ アンストリュイット	learned man **ラ**ーネド **マ**ン
ものずきな **物好きな** monozukina	**curieux(se)** キュリユー(ズ)	curious **キュ**アリアス
ものすごい **物凄い** monosugoi	**épouvantable** エプヴァンターブル	wonderful, great **ワ**ンダフル, グレイト
（恐ろしい）	**terrible, horrible** テリーブル, オリーブル	terrible, horrible **テ**リブル, **ホ**リブル

日	仏	英
ものたりない **物足りない** monotarinai	**insatisfaisant(e)** アンサティスフザン(ト)	unsatisfactory アンサティス**ファ**クトリ
ものほし **物干し** monohoshi	**corde à linge** *f.* コルド ア ランジュ	clothesline ク**ロ**ウズライン
ものまね **物真似** monomane	**imitation** *f.*, **mimique** *f.* イミタシオン，ミミック	impersonation インパーソ**ネ**イション
ものれーる **モノレール** monoreeru	**monorail** *m.* モノライユ	monorail **マ**ノレイル
ものろーぐ **モノローグ** monoroogu	**monologue** *m.* モノローグ	monologue **マ**ノローグ
ものわかりのよい **物分かりのよい** monowakarinoyoi	**raisonnable, compréhensif(ve)** レゾナーブル，コンプレアンシフ(-ヴ)	sensible, understanding **セ**ンシブル，アンダス**タ**ンディング
もばいるの **モバイルの** mobairuno	**mobile** モビル	mobile **モ**ウビル
もはん **模範** mohan	**exemple** *m.*, **modèle** *m.* エグザンプル，モデル	example, model イグ**ザ**ンプル，**マ**ドル
もふく **喪服** mofuku	**habits de deuil** *m.pl.* アビ ドゥ ドゥイユ	mourning dress **モ**ーニング ド**レ**ス
もほう **模倣** mohou	**imitation** *f.* イミタシオン	imitation イミ**テ**イション
〜する	**imiter** イミテ	imitate **イ**ミテイト
もみのき **樅の木** mominoki	**sapin** *m.* サパン	fir tree **ファ**ー トリー
もむ **揉む** momu	**frotter, masser** フロテ，マセ	rub, massage **ラ**ブ，マ**サ**ージ
もめごと **揉め事** momegoto	**dispute** *f.*, **querelle** *f.* ディスピュット，クレル	quarrel, dispute ク**ウォ**レル，ディス**ピュ**ート

日	仏	英
もめる **揉める** momeru	**se disputer** *avec*, **se que-reller** *avec* ス ディスピュテ アヴェク, ス クレレ アヴェク	get into trouble, get into a dispute ゲト イントゥ トラブル, ゲト イントゥ ア ディスピュート
もも **腿** momo	**cuisse** *f.* キュイス	thigh サイ
もも **桃** momo	**pêche** *f.* ペシュ	peach ピーチ
もや **もや** moya	**brouillard** *m.*, **brume** *f.* ブルイヤール, ブリュム	haze, mist ヘイズ, ミスト
もやし **もやし** moyashi	**germe de soja** *m.* ジェルム ドゥ ソジャ	bean sprout ビーン スプラウト
もやす **燃やす** moyasu	**brûler** ブリュレ	burn バーン
もよう **模様** moyou	**dessin** *m.*, **motif** *m.* デッサン, モティフ	pattern, design パタン, ディザイン
もよおす **催す** moyoosu	**donner, organiser** ドネ, オルガニゼ	hold, give ホウルド, ギヴ
もよりの **最寄りの** moyorino	**proche, voisin(e)** プロッシュ, ヴォワザン(-ジヌ)	nearby ニアバイ
もらう **貰う** morau	**recevoir** ルスヴォワール	get, receive ゲト, リスィーヴ
もらす **漏らす** morasu	**couler** クレ	leak リーク
(秘密を)	**révéler** レヴェレ	let out, leak レト アウト, リーク
もらる **モラル** moraru	**morale** *f.* モラル	morals モラルズ
もり **森** mori	**bois** *m.*, **forêt** *f.* ボワ, フォレ	woods, forest ウヅ, フォレスト

日	仏	英
もる **盛る** moru	**entasser** アンタセ	pile up パイル **ア**プ
（料理を）	**remplir, servir** ランプリール, セルヴィール	dish up **ディ**シュ **ア**プ
もるひね **モルヒネ** moruhine	**morphine** *f.* モルフィヌ	morphine **モー**フィーン
もれる **漏れる** moreru	**fuir, s'échapper** フュイール, セシャペ	leak, come through **リー**ク, **カ**ム ス**ルー**
もろい **もろい** moroi	**fragile** フラジル	fragile, brittle フ**ラ**デル, ブ**リ**トル
もろっこ **モロッコ** morokko	**Maroc** *m.* マロック	Morocco モ**ラ**コウ
もん **門** mon	**porte** *f.*, **entrée** *f.* ポルト, アントレ	gate **ゲ**イト
もんく **文句** monku	**plainte** *f.* プラント	complaint コンプ**レ**イント
～を言う	**se plaindre** ス プランドル	complain コンプ**レ**イン
もんげん **門限** mongen	**couvre-feu** *m.* クヴルフー	curfew **カー**フュー
もんごる **モンゴル** mongoru	**Mongolie** *f.* モンゴリ	Mongolia マン**ゴ**ウリア
もんだい **問題** mondai	**question** *f.*, **problème** *m.* ケスティオン, プロブレム	question, problem ク**ウェ**スチョン, プ**ラ**ブレム

や, ヤ

や **矢** ya	**flèche** *f.* フレッシュ	arrow **ア**ロウ
やーど **ヤード** yaado	**yard** *m.* イアルド	yard **ヤー**ド

日	仏	英
やおちょうをする **八百長をする** yaochouwosuru	**monter un coup** モンテ アン クー	fix a game フィクス ア ゲイム
やおや **八百屋** yaoya	**marchand de légumes** *m.* マルシャン ドゥ レギュム	vegetable store, Ⓑgreengrocer's (shop) ヴェヂタブル ストー, グリーン グロウサズ (**シャプ**)
やがいで **野外で** yagaide	**en plein air** アン プラン ネール	outdoor, open-air アウトドー, **オ**ウプンエア
やがて **やがて** yagate	**bientôt** ビアント	soon スーン
（そのうち）	**un jour** アン ジュール	one day, in due course ワン デイ, イン デュー コース
やかましい **やかましい** yakamashii	**bruyant(e)** ブリュイアン(ト)	noisy, clamorous ノイズィ, ク**ラ**モラス
やかん **夜間** yakan	**nuit** *f.* ニュイ	night (time) **ナ**イト (**タ**イム)
やかん **薬缶** yakan	**bouilloire** *f.* ブイユワール	kettle **ケ**トル
やぎ **山羊** yagi	**chèvre** *f.*, **bouc** *m.* シェーヴル, ブク	goat **ゴ**ウト
～座	**Capricorne** *m.* カプリコルヌ	Goat, Capricorn **ゴ**ウト, **キャ**プリコーン
やきにく **焼き肉** yakiniku	**viande rôtie** *f.*, **rôti** *m.* ヴィアンド ロティ, ロティ	roast meat **ロ**ウスト ミート
やきもちをやく **焼き餅を焼く** yakimochiwoyaku	**(être) jaloux(se)** *de* (エートル) ジャルー(ズ) ドゥ	(be) jealous of (ビ) **チェ**ラス オヴ
やきゅう **野球** yakyuu	**base-ball** *m.* ベズボル	baseball **ベ**イスボール
やきん **夜勤** yakin	**travail de nuit** *m.* トラヴァイユ ドゥ ニュイ	night duty **ナ**イト デューティ

日	仏	英
やく **焼く** yaku	**brûler, cuire** ブリュレ，キュイール	burn, bake バーン，ベイク
やく **役** （地位） yaku	**poste** *m.*, **fonction** *f.* ポスト，フォンクシオン	post, position ポウスト，ポ**ジ**ション
（任務）	**devoir** *m.*, **service** *m.* ドゥヴォワール，セルヴィス	duty, service **デュ**ーティ，**サ**ーヴィス
（配役）	**rôle** *m.* ロール	part, role パート，**ロ**ウル
やく **約** yaku	**environ, presque** アンヴィロン，プレスク	about ア**バ**ウト
やく **訳** yaku	**traduction** *f.* トラデュクシオン	translation トランス**レ**イション
やくいん **役員** yakuin	**administra*teur*(*trice*)** *m.f.* アドミニストラトゥール(-トリス)	officer, official **オ**ーフィサ，オ**フィ**シャル
やくがく **薬学** yakugaku	**pharmacie** *f.* ファルマシー	pharmacy **ファ**ーマスィ
やくご **訳語** yakugo	**traduction** *f.*, **équivalent** *m.* トラデュクシオン，エキヴァラン	translation トランス**レ**イション
やくざ **やくざ** yakuza	**gangster** *m.*, **yakuza** *m.* ガングステール，ヤクザ	gangster **ギャ**ングスタ
やくざいし **薬剤師** yakuzaishi	**pharmacien**(*ne*) *m.f.* ファルマシアン(-エヌ)	pharmacist, drug- gist, Ⓑchemist **ファ**ーマスィスト，ド**ラ**ギスト， **ケ**ミスト
やくしゃ **役者** yakusha	**ac*teur*(*trice*)** *m.f.* アクトゥール(-トリス)	actor, actress **ア**クタ，**ア**クトレス
やくしょ **役所** yakusho	**administration** *f.* アドミニストラシオン	public office **パ**ブリク **オ**ーフィス
やくしんする **躍進する** yakushinsuru	**progresser** プログレセ	make progress **メ**イク プ**ラ**グレス

日	仏	英
やくす **訳す** yakusu	**traduire** *en* トラデュイール アン	translate トランスレイト
やくそう **薬草** yakusou	**plante médicinale** *f.* プラント メディシナル	medicinal herb メディスィナル アーブ
やくそく **約束** yakusoku	**promesse** *f.*, **parole** *f.* プロメス, パロル	promise プラミス
〜する	**promettre, donner** *sa* **parole** プロメットル, ドネ パロル	promise プラミス
やくだつ **役立つ** yakudatsu	**(être) utile, servir** (エートル) ユティル, セルヴィール	(be) useful (ビ) ユースフル
やくひん **薬品** yakuhin	**médicament** *m.* メディカマン	medicine, drugs メディスィン, ドラグズ
やくめ **役目** yakume	**devoir** *m.*, **rôle** *m.* ドゥヴォワール, ロール	duty デューティ
やくわり **役割** yakuwari	**rôle** *m.* ロール	part, role パート, ロウル
やけい **夜景** yakei	**paysage nocturne** *m.* ペイザージュ ノクテュルヌ	night view ナイト ヴュー
やけど **火傷** yakedo	**brûlure** *f.* ブリュリュール	burn バーン
〜する	**se brûler** ス ブリュレ	burn, (get) burned バーン, (ゲト) バーンド
やける **焼ける** yakeru	**brûler** ブリュレ	burn バーン
(肉・魚などが)	**rôtir, griller** ロティール, グリエ	(be) roasted, (be) broiled (ビ) ロウステド, (ビ) ブロイルド
やこうせいの **夜行性の** yakouseino	**nocturne** ノクテュルヌ	nocturnal ナクターナル

日	仏	英
やこうとりょう **夜光塗料** yakoutoryou	**peinture lumineuse** *f.* パンテュール リュミヌーズ	luminous paint ルーミナス ペイント
やさい **野菜** yasai	**légumes** *m.pl.* レギューム	vegetables ヴェヂタブルズ
やさしい **易しい** yasashii	**facile, simple** ファシル, サンプル	easy, plain イーズィ, プレイン
やさしい **優しい** yasashii	**gentil(*le*), doux(*ce*)** ジャンティ(-ティーユ), ドゥー(ス)	gentle, kind ヂェントル, カインド
やしなう **養う** yashinau	**nourrir, élever** ヌリール, エルヴェ	support, keep サポート, キープ
（育てる）	**élever** エルヴェ	raise, bring up レイズ, ブリング アプ
やじる **野次る** yajiru	**huer** ユエ	hoot, jeer フート, ヂア
やじるし **矢印** yajirushi	**flèche** *f.* フレッシュ	arrow アロウ
やしん **野心** yashin	**ambition** *f.* アンビシオン	ambition アンビション
〜的な	**ambitieux(*se*)** アンビシュー(ズ)	ambitious アンビシャス
やすい **安い** yasui	**bon marché, pas cher(*ère*)** ボン マルシェ, パ シェール	cheap, inexpensive チープ, イニクスペンスィヴ
やすうり **安売り** yasuuri	**vente au rabais** *f.*, **solde** *m.* ヴァント オ ラベ, ソルド	discount, bargain sale ディスカウント, バーゲン セイ ル
やすっぽい **安っぽい** yasuppoi	**bon marché** ボン マルシェ	cheap, flashy チープ, フラシ
やすみ **休み** （休憩） yasumi	**pause** *f.*, **repos** *m.* ポーズ, ルポ	rest レスト

日	仏	英
（休日）	**congé** *m.*, **vacances** *f.pl.* コンジェ，ヴァカンス	holiday, vacation ハリデイ，ヴェイケイション
やすむ **休む** （休息する） yasumu	**se reposer** ス ルポゼ	rest レスト
（欠席する）	**(être) absent(e)** *de* (エートル) アプサン(ト) ドゥ	(be) absent from (ビ) **ア**プセント フラム
やすらかな **安らかな** yasurakana	**paisible, tranquille** ペジーブル，トランキル	peaceful, quiet **ピ**ースフル，ク**ワ**イエト
やすらぎ **安らぎ** yasuragi	**paix** *f.*, **tranquillité** *f.* ペ，トランキリテ	peace, tranquility **ピ**ース，トランク**ウィ**リティ
やすり **やすり** yasuri	**lime** *f.* リム	file **ファ**イル
やせいの **野生の** yaseino	**sauvage** ソヴァージュ	wild **ワ**イルド
やせた **痩せた** （体が） yaseta	**maigre, svelte** メーグル，スヴェルト	thin, slim ス**ィ**ン，スリム
（土地が）	**pauvre, stérile** ポーヴル，ステリル	poor, barren **プ**ア，**バ**レン
やせる **痩せる** yaseru	**maigrir** メグリール	(become) thin, lose weight (ビカム) ス**ィ**ン，**ル**ーズ **ウェ**イト
やそう **野草** yasou	**herbe** *f.* エルブ	wild grass **ワ**イルド グラス
やたい **屋台** yatai	**baraque** *f.*, **stand** *m.* バラック，スタンド	stall, stand ス**ト**ール，ス**タ**ンド
やちょう **野鳥** yachou	**oiseau sauvage** *m.* ワゾー ソヴァージュ	wild bird **ワ**イルド **バ**ード
やちん **家賃** yachin	**loyer** *m.* ロワイエ	rent **レ**ント

日	仏	英
やっかいな **厄介な** yakkaina	**ennuyeux(se), gênant(e)** アンニュイユー(ズ), ジェナン(ト)	troublesome, an-noying トラブルサム, アノイイング
やっきょく **薬局** yakkyoku	**pharmacie** *f.* ファルマシー	pharmacy, drug-store, ⓑchemist ファーマスィ, ドラグストー, ケミスト
やっつける **やっつける** （一気にやる） yattsukeru	**terminer, expédier** テルミネ, エクスペディエ	finish (in one go) フィニシュ (イン ワン ゴウ)
（打ち倒す）	**abattre, battre** アバットル, バットル	beat, defeat ビート, ディフィート
やっと **やっと** （ようやく） yatto	**enfin, à la fin** アンファン, ア ラ ファン	at last アト ラスト
（辛うじて）	**à peine** ア ペーヌ	barely ベアリ
やつれる **やつれる** yatsureru	**s'épuiser, s'amaigrir** セピュイゼ, サメグリール	(be) worn out (ビ) ウォーン アウト
やといぬし **雇い主** yatoinushi	**employeur(se)** *m.f.* アンプロワイユール(-ズ)	employer インプロイア
やとう **雇う** yatou	**employer, engager** アンプロワイエ, アンガジェ	employ インプロイ
やとう **野党** yatou	**opposition** *f.* オポジシオン	opposition party アポズィション パーティ
やなぎ **柳** yanagi	**saule** *m.* ソール	willow ウィロウ
やぬし **家主** yanushi	**propriétaire** *m.f.* プロプリエテール	owner of a house オウナ オヴ ア ハウス
やね **屋根** yane	**toit** *m.* トワ	roof ルーフ
〜裏	**combles** *m.pl.*, **grenier** *m.* コンブル, グルニエ	garret, attic ギャレト, アティク

日	仏	英
やはり （依然） yahari	**toujours** トゥジュール	still スティル
（結局）	**finalement, après tout** フィナルマン, アプレ トゥ	after all アフタ オール
（他と同様に）	**aussi, également** オシ, エガルマン	too, also トゥー, オールソウ
やばんな 野蛮な yabanna	**barbare** バルバール	barbarous, savage バーバラス, サヴィヂ
やぶる 破る yaburu	**déchirer** デシレ	tear テア
やぶれる 破れる yabureru	**(être) déchiré(e)** (エートル) デシレ	(be) torn (ビ) トーン
やぶれる 敗れる yabureru	**(être) battu(e), perdre** (エートル) バテュ, ペルドル	(be) beaten, (be) defeated (ビ) ビートン, (ビ) ディフィーテド
やぼう 野望 yabou	**ambition** *f.* アンビシオン	ambition アンビション
やぼな 野暮な yabona	**rustre** リュストル	unrefined, uncouth アンリファインド, アンクース
やま 山 yama	**montagne** *f.*, **mont** *m.* モンターニュ, モン	mountain マウンテン
～火事	**incendie de forêt** *m.* アンサンディ ドゥ フォレ	forest fire フォレスト ファイア
やましい やましい yamashii	**se sentir coupable** ス サンティール クパブル	feel guilty フィール ギルティ
やみ 闇 yami	**obscurité** *f.*, **ténèbres** *f.pl.* オプスキュリテ, テネーブル	darkness ダークネス
やみくもに 闇雲に yamikumoni	**au hasard, imprudemment** オ アザール, アンプリュダマン	at random, rashly アト ランダム, ラシュリ

日	仏	英
やむ **止む** yamu	**cesser** セセ	stop, (be) over スタプ, (ビ) **オ**ウヴァ
やめる **止める** yameru	**arrêter, cesser** アレテ, セセ	stop, end スタプ, **エ**ンド
やめる **辞める** (引退する) yameru	**se retirer** ス ルティレ	retire リ**タ**イア
(辞職する)	**démissionner, quitter** デミシオネ, キテ	resign, quit リ**ザ**イン, ク**ウィ**ト
やもり **ヤモリ** yamori	**gecko** *m.* ジェコ	gecko **ゲ**コウ
やりがいのある **やりがいのある** yarigainoaru	**qui en vaut la peine** キ アン ヴォ ラ ペーヌ	worthwhile ワース(ホ)**ワ**イル
やりとげる **やり遂げる** yaritogeru	**achever, accomplir** アシュヴェ, アコンプリール	accomplish ア**カ**ンプリシュ
やりなおす **やり直す** yarinaosu	**recommencer, refaire** ルコマンセ, ルフェール	try again ト**ラ**イ ア**ゲ**イン
やる **やる** yaru	**faire** フェール	do **ド**ゥー
(与える)	**donner** ドネ	give **ギ**ヴ
やるき **やる気** yaruki	**volonté** *f.*, **motivation** *f.* ヴォロンテ, モティヴァシオン	will, drive **ウィ**ル, ド**ラ**イヴ
やわらかい **柔[軟]らかい** yawarakai	**mou(*molle*)** *m.f.*, **souple** ムー(モル), スープル	soft, tender **ソ**ーフト, **テ**ンダ
やわらぐ **和らぐ** (弱まる) yawaragu	**s'apaiser** サペゼ	lessen **レ**スン
(静まる)	**se calmer** ス カルメ	calm down **カ**ーム **ダ**ウン
やわらげる **和らげる** (楽にする) yawarageru	**apaiser** アペゼ	allay, ease ア**レ**イ, **イ**ーズ

日	仏	英
（静める）	**calmer** カルメ	soothe, calm スーズ, カーム
やんちゃな **やんちゃな** yanchana	**espiègle** エスピエーグル	naughty, mischievous ノーティ, ミスチヴァス

ゆ, ユ

ゆ **湯** yu	**eau chaude** *f.* オーショード	hot water ハト ウォータ
ゆいいつの **唯一の** yuiitsuno	**seul(e), unique** スール, ユニック	only, unique オウンリ, ユーニーク
ゆいごん **遺言** yuigon	**testament** *m.*, **dernières volontés** *f.pl.* テスタマン, デルニエール ヴォロンテ	will, testament ウィル, テスタメント
ゆうい **優位** yuui	**avantage** *m.*, **supériorité** *f.* アヴァンタージュ, シュペリオリテ	predominance, superiority プリダミナンス, スピアリオーリティ
ゆういぎな **有意義な** yuuigina	**significatif(ve)** シニフィカティフ(-ヴ)	significant スィグニフィカント
ゆううつな **憂鬱な** yuuutsuna	**mélancolique, sombre** メランコリック, ソンブル	melancholy, gloomy メランカリ, グルーミ
ゆうえきな **有益な** yuuekina	**utile, bénéfique** ユティル, ベネフィック	useful, beneficial ユースフル, ベニフィシャル
ゆうえつかん **優越感** yuuetsukan	**complexe de supériorité** *m.* コンプレックス ドゥ シュペリオリテ	sense of superiority センス オヴ スピアリオリティ
ゆうえんち **遊園地** yuuenchi	**parc d'attractions** *m.* パルク ダトラクシオン	amusement park アミューズメント パーク
ゆうかい **誘拐** yuukai	（子ども） **kidnapping** *m.* キドナピング	kidnapping キドナピング
	（拉致） **enlèvement** *m.* アンレーヴマン	abduction アブダクション

日	仏	英
ゆうがいな **有害な** yuugaina	**nuisible** ニュイジーブル	bad, harmful バド, ハームフル
ゆうかしょうけん **有価証券** yuukashouken	**valeurs** *f.pl.*, **titres** *m.pl.* ヴァルール, ティートル	valuable securities **ヴァ**リュアブル スィ**キュ**アリティズ
ゆうがた **夕方** yuugata	**soir** *m.*, **soirée** *f.* ソワール, ソワレ	evening **イー**ヴニング
ゆうがな **優雅な** yuugana	**gracieux(se), élégant(e)** グラシウー(ズ), エレガン(ト)	graceful, elegant グレイスフル, **エ**リガント
ゆうかん **夕刊** yuukan	**journal du soir** *m.* ジュルナル デュ ソワール	evening paper **イー**ヴニング **ペ**イパ
ゆうかんな **勇敢な** yuukanna	**brave, courageux(se)** ブラーヴ, クラジュー(ズ)	brave, courageous ブレイヴ, カレイチャス
ゆうき **勇気** yuuki	**courage** *m.*, **bravoure** *f.* クラージュ, ブラヴール	courage, bravery **カー**リヂ, ブ**レ**イヴァリ
ゆうきの **有機の** yuukino	**organique** オルガニク	organic オー**ガ**ニク
ゆうきゅうきゅうか **有給休暇** yuukyuukyuuka	**congé payé** *m.* コンジェ ペイエ	paid vacation, Ⓑpaid holiday ペイド ヴェイ**ケ**イション, ペイド **ホ**リデイ
ゆうぐうする **優遇する** yuuguusuru	**bien traiter, favoriser** ビアン トレテ, ファヴォリゼ	treat warmly トリート **ウォー**ムリ
ゆうけんしゃ **有権者** yuukensha	**élec*teur*(*trice*)** *m.f.* エレクトゥール(・トリス)	electorate イ**レ**クトレト
ゆうこう **有効** yuukou	**validité** *f.* ヴァリディテ	validity ヴァ**リ**ディティ
ゆうこうかんけい **友好関係** yuukoukankei	**rapports amicaux** *avec* *m.pl.* ラポール アミコー アヴェク	friendly relations with フ**レ**ンドリ リ**レ**イションズ ウィズ
ゆうこうこく **友好国** yuukoukoku	**nation amie** *f.* ナシオン アミ	friendly nation フ**レ**ンドリ **ネ**イション

日	仏	英
ゆうごうする **融合する** yuugousuru	**se fondre** ス フォンドル	fuse フューズ
ゆうこうな **有効な** yuukouna	**valide, efficace** ヴァリッド, エフィカス	valid, effective **ヴァ**リッド, イ**フェ**クティヴ
ゆーざー **ユーザー** yuuzaa	**usager(ère)** *m.f.* ユザジェ(·ジェール)	user **ユ**ーザ
～名	**nom d'utilisateur** *m.* ノン デュティリザトゥール	user name **ユ**ーザ **ネ**イム
ゆうざい **有罪** yuuzai	**culpabilité** *f.* キュルパビリテ	guilt **ギ**ルト
～の	**coupable** クパーブル	guilty **ギ**ルティ
ゆうし **有志** yuushi	**volontaire** *m.f.* ヴォロンテール	volunteer ヴァラン**ティ**ア
ゆうし **融資** yuushi	**financement** *m.* フィナンスマン	financing, loan フィ**ナ**ンスィング, **ロ**ウン
～する	**financer** フィナンセ	finance フィ**ナ**ンス
ゆうしゅうな **優秀な** yuushuuna	**excellent(e)** エクセラン(ト)	excellent **エ**クセレント
ゆうしょう **優勝** yuushou	**championnat** *m.* シャンピオナ	championship **チャ**ンピオンシプ
～する	**remporter un champion-nat** ランポルテ アン シャンピオナ	win a champion-ship **ウィ**ン ア **チャ**ンピオンシプ
ゆうじょう **友情** yuujou	**amitié** *f.* アミティエ	friendship **フレ**ンドシプ
ゆうしょく **夕食** yuushoku	**dîner** *m.* ディネ	supper, dinner **サ**パ, **ディ**ナ

日	仏	英
ゆうじん **友人** yuujin	**ami(e)** *m.f.* アミ	friend フレンド
ゆうずう **融通** （柔軟） yuuzuu	**flexibilité** *f.* フレクシビリテ	flexibility フレクスィ**ビ**リティ
（金の貸し借り）	**financement** *m.*, **aide financière** *f.* フィナンスマン, エッド フィナンシエール	finance, lending ファイナンス, **レ**ンディング
～する	**prêter** プレテ	lend レンド
ゆうせいな **優勢な** yuuseina	**supérieur(e)**, **dominant(e)** シュペリユール, ドミナン(ト)	superior, predominant ス**ピ**アリア, プリ**ダ**ミナント
ゆうせん **優先** yuusen	**priorité** *f.* プリオリテ	priority プライ**オ**リティ
～する （他に）	**avoir la priorité** アヴォワール ラ プリオリテ	have priority ハヴ プライ**オ**リティ
ゆうぜんと **悠然と** yuuzento	**posément** ポゼマン	composedly コン**ポ**ウズドリ
ゆうそうする **郵送する** yuusousuru	**envoyer par la poste** アンヴォワイエ パール ラ ポスト	send by mail **セ**ンド バイ **メ**イル
ゆーたーんする **ユーターンする** yuutaansuru	**faire demi-tour** フェール ドゥミトゥール	make a U-turn メイク ア **ユ**ーターン
ゆうたいけん **優待券** yuutaiken	**billet offert** *m.* ビエ オフェール	complimentary ticket カンプリメンタリ **ティ**ケト
ゆうだいな **雄大な** yuudaina	**grandiose, magnifique** グランディオーズ, マニフィック	grand, magnificent グランド, マグ**ニ**フィセント
ゆうだち **夕立** yuudachi	**averse** *f.* アヴェルス	evening squall **イ**ーヴニング スク**ウォ**ール
ゆうどうする **誘導する** yuudousuru	**conduire, guider** コンデュイール, ギデ	lead リード

ゆ

日	仏	英
有毒な ゆうどくな yuudokuna	**toxique** トクシック	poisonous ポイズナス
ユートピア ゆーとぴあ yuutopia	**utopie** *f.* ユトピー	Utopia ユートウピア
有能な ゆうのうな yuunouna	**compétent(e), capable** コンペタン(ト), カパーブル	able, capable エイブル, ケイパブル
誘発する ゆうはつする yuuhatsusuru	**engendrer** アンジャンドレ	cause コーズ
夕日 ゆうひ yuuhi	**soleil couchant** *m.* ソレイユ クシャン	setting sun セティング サン
郵便 ゆうびん yuubin	**courrier** *m.*, **poste** *f.* クリエ, ポスト	mail, ⑧mail, post メイル, メイル, ポウスト
〜為替	**mandat postal** *m.* マンダ ポスタル	money order マニ オーダ
〜局	**poste** *f.* ポスト	post office ポウスト オーフィス
〜番号	**code postal** *m.* コード ポスタル	zip code, postal code, ⑧postcode ズィプ コウド, ポウストル コウド, ポウストコウド
裕福な ゆうふくな yuufukuna	**riche, aisé(e)** リッシュ, エゼ	rich, wealthy リチ, ウェルスィ
夕べ ゆうべ yuube	**hier soir** イエール ソワール	last night ラスト ナイト
雄弁な ゆうべんな yuubenna	**éloquent(e)** エロカン(ト)	eloquent エロクウェント
有望な ゆうぼうな yuubouna	**prometteur(se)** プロメトゥール(‐ズ)	promising, hopeful プラミスィング, ホウプフル
遊牧民 ゆうぼくみん yuubokumin	**nomade** *m.f.* ノマド	nomad ノウマド

日	仏	英
ゆうほどう **遊歩道** yuuhodou	**promenade** *f.* プロムナード	promenade プラメネイド
ゆうめいな **有名な** yuumeina	**connu(e), célèbre** コニュ, セレーブル	famous, well-known フェイマス, ウェルノウン
ゆーもあ **ユーモア** yuumoa	**humour** *m.* ユムール	humor ヒューマ
ゆーもらすな **ユーモラスな** yuumorasuna	**humoristique** ユモリスティック	humorous ヒューマラス
ゆうやけ **夕焼け** yuuyake	**coucher de soleil** *m.* クシェ ドゥ ソレイユ	sunset, ⒷEvening glow サンセット, イーヴニング グロウ
ゆうやみ **夕闇** yuuyami	**crépuscule** *m.* クレピュスキュール	dusk, twilight ダスク, トワイライト
ゆうよ **猶予** yuuyo	**délai** *m.*, **grâce** *f.* デレ, グラース	delay, grace ディレイ, グレイス
ゆうりな **有利な** yuurina	**avantageux(se)** アヴァンタジュー(ズ)	advantageous アドヴァンテイヂャス
ゆうりょうな **優良な** yuuryouna	**bon(ne), excellent(e)** ボン(ヌ), エクセラン(ト)	superior, excellent スピアリア, エクセレント
ゆうりょうの **有料の** yuuryouno	**payant(e)** ペイアン(ト)	fee-based フィーベイスト
ゆうりょくな **有力な** yuuryokuna	**puissant(e), influent(e)** ピュイサン(ト), アンフリュアン(ト)	strong, powerful ストローング, パウアフル
ゆうれい **幽霊** yuurei	**fantôme** *m.* ファントーム	ghost ゴウスト
ゆーろ **ユーロ** yuuro	**euro** *m.* ウロ	Euro ユアロ
ゆうわく **誘惑** yuuwaku	**tentation** *f.*, **séduction** *f.* タンタシオン, セデュクシオン	temptation テンプテイション

日	仏	英
〜する	**tenter, séduire** タンテ, セデュイール	tempt, seduce **テ**ンプト, スィ**デュ**ース
ゆか **床** yuka	**plancher** *m.* プランシェ	floor フ**ロ**ー
ゆかいな **愉快な** yukaina	**plaisant(e), joyeux(se)** プレザン(ト), ジョワイユー(ズ)	pleasant, cheerful プ**レ**ザント, **チ**アフル
ゆがむ **歪む** yugamu	**gauchir, se déformer** ゴシール, ス デフォルメ	(be) distorted (ビ) ディスト**ー**テド
ゆき **雪** yuki	**neige** *f.* ネージュ	snow ス**ノ**ウ
ゆくえふめいの **行方不明の** yukuefumeino	**disparu(e), égaré(e)** ディスパリュ, エガレ	missing **ミ**スィング
ゆげ **湯気** yuge	**vapeur** *f.*, **fumée** *f.* ヴァプール, フュメ	steam, vapor ス**ティ**ーム, **ヴェ**イパ
ゆけつ **輸血** yuketsu	**transfusion sanguine** *f.* トランスフュジオン サンギヌ	blood transfusion ブ**ラ**ド トランス**フュ**ージョン
ゆさぶる **揺さぶる** yusaburu	**secouer, ébranler** スクエ, エブランレ	shake, move **シェ**イク, **ムー**ヴ
ゆしゅつ **輸出** yushutsu	**exportation** *f.* エクスポルタシオン	export **エ**クスポート
〜する	**exporter** エクスポルテ	export エクス**ポ**ート
ゆすぐ **ゆすぐ** yusugu	**rincer** ランセ	rinse **リ**ンス
ゆすり **強請** yusuri	**extorsion** *f.*, **chantage** *m.* エクストルシオン, シャンタージュ	blackmail ブ**ラ**クメイル
ゆずりうける **譲り受ける** yuzuriukeru	**hériter** *de* エリテ ドゥ	take over **テ**イク **オ**ウヴァ
ゆする **強請る** yusuru	**faire chanter, extorquer** フェール シャンテ, エクストルケ	extort, blackmail イクスト**ー**ト, ブ**ラ**クメイル

ゆ

日	仏	英
ゆずる **譲る** （引き渡す） yuzuru	**donner, céder** ドネ, セデ	hand over, give ハンド オウヴァ, ギヴ
（譲歩する）	**concéder** *à* コンセデ ア	concede to コン**スィ**ード トゥ
（売る）	**vendre** ヴァンドル	sell **セ**ル
ゆせいの **油性の** yuseino	**gras(se), huileux(se)** グラ(ス), ユイルー(ズ)	oil-based, oily **オ**イルペイスト, **オ**イリ
ゆそうする **輸送する** yusousuru	**transporter** トランスポルテ	transport, carry トランス**ポ**ート, **キャ**リ
ゆたかな **豊かな** yutakana	**abondant(e), riche** アボンダン(ト), リッシュ	abundant, rich ア**バ**ンダント, **リ**チ
ゆだねる **委ねる** yudaneru	**confier** *à* コンフィエ ア	entrust with イン**トラ**スト ウィズ
ゆだやきょう **ユダヤ教** yudayakyou	**judaïsme** *m.* ジュダイスム	Judaism **チュ**ーダイズム
ゆだやじん **ユダヤ人** yudayajin	**Juif(ve)** *m.f.* ジュイフ(・ヴ)	Jew **チュ**ー
ゆだん **油断** yudan	**imprudence** *f.* アンプリュダンス	carelessness **ケ**アレスネス
～する	**relâcher** *sa* **vigilance** ルラシェ ヴィジランス	(be) off one's guard (ビ) オフ ガード
ゆちゃくする **癒着する** yuchakusuru	**adhérer** *à* アデレ ア	adhere アド**ヒ**ア
ゆっくり **ゆっくり** yukkuri	**lentement** ラントゥマン	slowly ス**ロ**ウリ
ゆでたまご **茹で卵** yudetamago	**œuf dur** *m.*, **œuf à la coque** *m.* ウフ デュール, ウフ ア ラ コック	boiled egg **ボ**イルド **エ**グ

ゆ

日		仏	英
ゆでる **茹でる** yuderu		**faire bouillir** フェール ブイイール	boil ボイル
ゆでん **油田** yuden		**gisement pétrolifère** *m.* ジズマン ペトロリフェール	oil field オイル フィールド
ゆとり **ゆとり** yutori	（気持の）	**tranquillité d'esprit** *m.* トランキリテ デスプリ	peace of mind ピース オヴ マインド
	（空間の）	**place** *f.*, **marge** *f.* プラス，マルジュ	elbow room, lee-way エルボウ ルーム，リーウェイ
ゆにゅう **輸入** yunyuu		**importation** *f.* アンポルタシオン	import インポート
	～する	**importer, introduire** アンポルテ，アントロデュイール	import, introduce インポート，イントロデュース
ゆび **指** yubi	（手の）	**doigt** *m.* ドワ	finger フィンガ
	（足の）	**orteil** *m.* オルテイユ	toe トウ
ゆびわ **指輪** yubiwa		**anneau** *m.*, **bague** *f.* アノー，バーグ	ring リング
ゆみ **弓** yumi		**arc** *m.* アルク	bow バウ
ゆめ **夢** yume		**rêve** *m.* レーヴ	dream ドリーム
ゆらい **由来** yurai		**origine** *f.*, **histoire** *f.* オリジヌ，イストワール	origin オーリヂン
ゆり **百合** yuri		**lis** *m.* リス	lily リリ
ゆりかご **揺り籠** yurikago		**berceau** *m.* ベルソー	cradle クレイドル

日	仏	英
ゆるい **緩い** （厳しくない） yurui	**peu sévère** プー セヴェール	lenient リーニエント
（締まっていない）	**lâche, ample** ラシュ, アンプル	loose ルース
ゆるがす **揺るがす** yurugasu	**ébranler** エブランレ	shake, swing シェイク, スウィング
ゆるし **許し** （許可） yurushi	**permission** *f.* ペルミシオン	permission パミション
ゆるす **許す** （許可する） yurusu	**permettre** ペルメットル	allow, permit アラウ, パミト
（容赦する）	**pardonner, excuser** パルドネ, エクスキュゼ	forgive, pardon フォギヴ, パードン
ゆるむ **緩む** （ほどける） yurumu	**se relâcher** ス ルラシェ	loosen ルースン
（緊張が解ける）	**se relâcher** ス ルラシェ	relax リラクス
ゆるめる **緩める** （ほどく） yurumeru	**desserrer, lâcher** デセレ, ラシェ	loosen, unfasten ルースン, アンファスン
（速度を遅くする）	**réduire, ralentir** レデュイール, ラランティール	slow down スロウ ダウン
ゆるやかな **緩やかな** （きつくない） yuruyakana	**lâche** ラシュ	loose ルース
（度合いが少ない）	**lent(e)** ラン(ト)	gentle, lenient チェントル, リーニエント
ゆれ **揺れ** yure	**secousse** *f.*, **balancement** *m.* スクース, バランスマン	vibration, tremor ヴァイブレイション, トレマ
ゆれる **揺れる** yureru	**trembler, se balancer** トランブレ, ス バランセ	shake, sway シェイク, スウェイ

日	仏	英

よ, ヨ

よ 世 yo	**monde** *m.*, **vie** *f.* モンド, ヴィ	world, life ワールド, ライフ
よあけ 夜明け yoake	**point du jour** *m.*, **aube** *f.* ポワン デュ ジュール, オーブ	dawn, daybreak ドーン, ディブレイク
よい 酔い yoi	**ivresse** *f.* イヴレス	drunkenness ドランクンネス
(車の)	**mal de la route** *m.* マル ドゥ ラ ルート	carsickness カースィクネス
(船の)	**mal de mer** *m.* マル ドゥ メール	seasickness スィースィクネス
(飛行機の)	**mal de l'air** *m.* マル ドゥ レール	airsickness エアスィクネス
よい 良[善]い yoi	**bon(*ne*), bien** ボン(ヌ), ビアン	good グド
よいん 余韻 yoin	**résonance** *f.* レゾナンス	reverberations リヴァーバレイションズ
よう 用 you	**affaire** *f.* アフェール	business, task ビズネス, タスク
ようい 用意 youi	**préparation** *f.* プレパラシオン	preparations プレパレイションズ
～する	**préparer** プレパレ	prepare プリペア
よういな 容易な youina	**facile, simple** ファシル, サンプル	easy, simple イーズィ, スィンプル
よういん 要因 youin	**facteur** *m.* ファクトゥール	factor ファクタ
ようえき 溶液 youeki	**solution** *f.* ソリュシオン	solution ソルーション

よ

日	仏	英
ようかいする **溶解する** youkaisuru	**se dissoudre** ス ディスードル	melt メルト
ようがん **溶岩** yougan	**lave** *f.* ラーヴ	lava ラーヴァ
ようき **容器** youki	**récipient** *m.* レシピアン	receptacle リセプタクル
ようぎ **容疑** yougi	**inculpation** *f.*, **soupçon** *m.* アンキュルパシオン，スプソン	suspicion サスピション
〜者	**suspect(e)** *m.f.* シュスペ(クト)	suspect サスペクト
ようきな **陽気な** youkina	**gai(e), joyeux(se)** ゲ，ジョワイユー(ズ)	cheerful, lively チアフル，ライヴリ
ようきゅう **要求** youkyuu	**demande** *f.*, **exigence** *f.* ドゥマンド，エグジジャンス	demand, request ディマンド，リクウェスト
〜する	**demander, exiger** ドゥマンデ，エグジジェ	demand, require ディマンド，リクワイア
ようぐ **用具** yougu	**outil** *m.*, **instrument** *m.* ウティ，アンストリュマン	tools トゥールズ
ようけん **用件** youken	**affaire** *f.* アフェール	matter, business マタ，ビズネス
ようご **用語**　（言葉遣い） yougo	**langage** *m.* ランガージュ	wording ワーディング
（語彙）	**vocabulaire** *m.* ヴォカビュレール	vocabulary ヴォウキャビュレリ
（専門用語）	**terme** *m.*, **terminologie** *f.* テルム，テルミノロジー	term, terminology ターム，ターミナロヂ
ようさい **要塞** yousai	**forteresse** *f.* フォルトレス	fortress フォートレス

日	仏	英
ようし **用紙** youshi	**formule** *f.* フォルミュル	form **フォ**ーム
ようし **養子** youshi	**enfant adoptif(ve)** *m.f.* アンファン アドプティフ(-ヴ)	adopted child ア**ダ**プテド **チャ**イルド
ようじ **幼児** youji	**bébé** *m.*, **enfant** *m.f.* ベベ, アンファン	baby, child **ベ**イビ, **チャ**イルド
ようじ **用事** youji	**affaire** *f.* アフェール	errand, task **エ**ランド, **タ**スク
ようしき **様式** youshiki	**style** *m.*, **genre** *m.* スティル, ジャンル	mode, style **モ**ウド, ス**タ**イル
ようじょ **養女** youjo	**fille adoptive** *f.* フィーユ アドプティヴ	adopted daughter ア**ダ**プテド **ドー**タ
ようしょく **養殖** youshoku	**culture** *f.*, **élevage** *m.* キュルテュール, エルヴァージュ	cultivation カルティ**ヴェ**イション
～する	**cultiver, élever** キュルティヴェ, エルヴェ	cultivate, raise **カ**ルティヴェイト, **レ**イズ
ようじん **用心** youjin	**attention** *f.* アタンシオン	attention ア**テ**ンション
～する	**faire attention** *à* フェール アタンシオン ア	(be) careful of, (be) careful about (ビ) **ケ**アフル オヴ, (ビ) **ケ**アフル アバウト
ようじん **要人** youjin	**personnage important** *m.* ペルソナージュ アンポルタン	important person イン**ポ**ータント **パー**スン
ようす **様子** yousu	(外見) **apparence** *f.*, **air** *m.* アパランス, エール	appearance ア**ピ**アランス
	(状態) **état** *m.*, **situation** *f.* エタ, シテュアシオン	state of affairs ス**テ**イト オヴ ア**フェ**アズ
	(態度) **attitude** *f.* アティテュード	attitude **ア**ティテュード

日	仏	英
ようする **要する** yousuru	**demander, exiger** ドゥマンデ, エグジジェ	require, need リク**ワ**イア, **ニ**ード
ようせい **要請** yousei	**demande** *f.* ドゥマンド	demand, request ディ**マ**ンド, リク**ウェ**スト
〜する	**demander** ドゥマンデ	demand ディ**マ**ンド
ようせき **容積** youseki	**capacité** *f.*, **volume** *m.* カパシテ, ヴォリューム	capacity, volume カ**パ**スィティ, **ヴァ**リュム
ようせつする **溶接する** yousetsusuru	**souder** スデ	weld **ウェ**ルド
ようそ **要素** youso	**élément** *m.*, **facteur** *m.* エレマン, ファクトゥール	element, factor **エ**レメント, **ファ**クタ
ようそう **様相** yousou	**aspect** *m.*, **phase** *f.* アスペ, ファーズ	aspect, phase **ア**スペクト, **フェ**イズ
ようだい **容体** youdai	**état** *m.* エタ	condition コン**ディ**ション
ようちえん **幼稚園** youchien	**maternelle** *f.* マテルネル	kindergarten **キ**ンダガートン
ようちな **幼稚な** youchina	**enfantin(e)** アンファンタン(·ティヌ)	childish **チャ**イルディシュ
ようちゅう **幼虫** youchuu	**larve** *f.* ラルヴ	larva **ラ**ーヴァ
ようつう **腰痛** youtsuu	**lumbago** *m.* ロンバゴ	lumbago, lower back pain ランベイゴウ, **ロ**ウア **バ**ク **ペ**イン
ようてん **要点** youten	**point essentiel** *m.* ポワン エサンシエル	main point, gist **メ**イン **ポ**イント, **ヂ**スト
ようと **用途** youto	**emploi** *m.*, **usage** *m.* アンプロワ, ユザージュ	use, purpose **ユ**ーズ, **パ**ーパス

よ

日	仏	英
ようねん **幼年** younen	**petite enfance** *f.* プティット アンファンス	early childhood **アー**リ **チャ**イルドフド
ようび **曜日** youbi	**jour de la semaine** *m.* ジュール ドゥ ラ スメーヌ	day of the week **デ**イ オヴ ザ **ウィー**ク
ようふ **養父** youfu	**père adoptif** *m.* ペール アドプティフ	foster father **フォ**スタ **ファー**ザ
ようふく **洋服** youfuku	**vêtements** *m.pl.*, **cos- tume** *m.* ヴェトマン, コステューム	clothes, dress クロウズ, **ド**レス
ようぶん **養分** youbun	**alimentation** *f.* アリマンタシオン	nourishment **ナー**リシュメント
ようぼ **養母** youbo	**mère adoptive** *f.* メール アドプティヴ	foster mother **フォ**スタ **マ**ザ
ようぼう **容貌** youbou	**visage** *m.*, **figure** *f.* ヴィザージュ, フィギュール	looks **ル**クス
ようもう **羊毛** youmou	**laine** *f.* レヌ	wool **ウ**ル
ようやく **ようやく** youyaku	**enfin, à la fin** アンファン, ア ラ ファン	at last アト **ラ**スト
ようやくする **要約する** youyakusuru	**résumer** レジュメ	summarize **サ**マライズ
ようりょう **要領** youryou	**principe** *m.*, **technique** *f.* プランシップ, テクニック	main point, knack **メ**イン **ポ**イント, **ナ**ク
ようりょくそ **葉緑素** youryokuso	**chlorophylle** *f.* クロロフィル	chlorophyll **ク**ローラフィル
ようれい **用例** yourei	**exemple** *m.* エグザンプル	example イグ**ザ**ンプル
よーぐると **ヨーグルト** yooguruto	**yaourt** *m.* ヤウルト	yogurt **ヨ**ウガト

よ

日	仏	英
よーろっぱ **ヨーロッパ** yooroppa	**Europe** *f.* ウーロップ	Europe ユアロプ
よか **余暇** yoka	**loisir** *m.*, **temps libre** *m.* ロワジール, タン リーブル	leisure リージャ
よが **ヨガ** yoga	**yoga** *m.* ヨガ	yoga ヨウガ
よかん **予感** yokan	**pressentiment** *m.* プレサンティマン	premonition, fore- sight プリーマ**ニ**シャン, **フォー**サイ ト
〜する	**pressentir** プレサンティール	have a hunch ハヴ ア ハンチ
よきする **予期する** yokisuru	**s'attendre** *à*, **anticiper** サタンドル ア, アンティシペ	anticipate アン**ティ**スィペイト
よきん **預金** yokin	**dépôt** *m.* デポ	savings, deposit **セイ**ヴィングズ, ディ**パ**ズィト
〜する	**déposer de l'argent** *à* デポゼ ドゥ ラルジャン ア	deposit money in ディ**パ**ズィト **マ**ニ イン
よく **欲** yoku	**envie** *f.* アンヴィ	desire ディ**ザ**イア
よく **良く** (うまく) yoku	**bien** ビアン	well **ウェ**ル
(しばしば)	**souvent** スヴァン	often, frequently **オー**フン, フリークウェントリ
(十分に)	**assez, suffisamment** アセ, シュフィザマン	fully, sufficiently **フ**リ, サ**フィ**シェントリ
よくあさ **翌朝** yokuasa	**le lendemain matin** *m.* ル ランドマン マタン	next morning **ネ**クスト **モー**ニング
よくあつする **抑圧する** yokuatsusuru	**opprimer** オプリメ	oppress オプ**レ**ス

よ

日	仏	英
よくげつ **翌月** yokugetsu	**le mois suivant** *m.* ル モワ スイヴァン	next month ネクスト マンス
よくしつ **浴室** yokushitsu	**salle de bains** *f.* サル ドゥ バン	bathroom バスルム
よくじつ **翌日** yokujitsu	**le lendemain** *m.* ル ランドマン	next day ネクスト デイ
よくせいする **抑制する** yokuseisuru	**maîtriser** メトリゼ	control, restrain コントロウル, リストレイン
よくそう **浴槽** yokusou	**baignoire** *f.* ベニュワール	bathtub バスタブ
よくねん **翌年** yokunen	**l'année suivante** *f.* ラネ スイヴァン	next year ネクスト イア
よくばりな **欲張りな** yokubarina	**avide** アヴィッド	greedy グリーディ
よくぼう **欲望** yokubou	**désir** *m.*, **ambition** *f.* デジール, アンビシオン	desire, ambition ディザイア, アンビション
よくよう **抑揚** yokuyou	**intonation** *f.* アントナシオン	intonation イントネイション
よけいな　（不要な） **余計な** yokeina	**inutile** イニュティル	unnecessary アンネセセリ
（余分な）	**excessif(ve), superflu(e)** エクセシフ(·ヴ), シュペルフリュ	excessive, surplus イクセスィヴ, サープラス
よける **避[除]ける** yokeru	**éviter** エヴィテ	avoid アヴォイド
よけんする **予見する** yokensuru	**prévoir** プレヴォワール	foresee フォースィー
よこ　（側面） **横** yoko	**côté** *m.* コテ	side サイド
（幅）	**largeur** *f.* ラルジュール	width ウィドス

日	仏	英
よこう **予行** yokou	**répétition** *f.* レペティシオン	rehearsal リハーサル
よこぎる **横切る** yokogiru	**traverser** トラヴェルセ	cross, cut across クロース，**カト** アクロース
よこく **予告** yokoku	**préavis** *m.* プレアヴィ	advance notice アド**ヴァンス** ノウティス
〜する	**prévenir** プレヴニール	announce before-hand ア**ナ**ウンス ビ**フォ**ーハンド
よごす **汚す** yogosu	**tacher, salir** タシェ，サリール	soil, stain ソイル，ステイン
よこたえる **横たえる** yokotaeru	**coucher, étendre** クシェ，エタンドル	lay down レイ ダウン
（身を）	**se coucher** ス クシェ	lay oneself down, lie down レイ ダウン，ライ ダウン
よこたわる **横たわる** yokotawaru	**se coucher, s'étendre** ス クシェ，セタンドル	lie down, stretch out ライ ダウン，ストレチ **ア**ウト
よこめでみる **横目で見る** yokomedemiru	**regarder de biais** ルガルデ ドゥ ビエ	cast a sideways glance **キャ**スト ア **サ**イドウェイズ グ**ラ**ンス
よごれ **汚れ** yogore	**tache** *f.*, **saleté** *f.* タッシュ，サルテ	dirt, stain **ダ**ート，ステイン
よごれる **汚れる** yogoreru	**se tacher, se salir** ス タシェ，ス サリール	(become) dirty (ビカム) **ダ**ーティ
よさん **予算** yosan	**budget** *m.* ビュジェ	budget バヂェト
よしゅうする **予習する** yoshuusuru	**préparer** *sa* **leçon** プレパレ ルソン	prepare for a lesson プリ**ペ**ア フォ ア **レ**スン
よしん **余震** yoshin	**secousse secondaire** *f.*, **réplique** *f.* スクース スゴンデール，レプリック	aftershock **ア**フタショク

よ

日	仏	英
よせる **寄せる** (引き寄せる) yoseru	**approcher** アプロシェ	pull toward, Ⓑdraw towards プル トゥウォード, ドロー トゥ ウォーヅ
(脇へ動かす)	**mettre ... de côté** メットル ドゥ コテ	put aside プト アサイド
よせん **予選** yosen	**épreuve de qualification** *f.* エプルーヴ ドゥ カリフィカシオン	preliminary con- test プリリミネリ カンテスト
よそ **余所** yoso	**ailleurs** アイユール	another place アナザ プレイス
よそう **予想** yosou	**prévision** *f.*, **pronostics** *m.pl.* プレヴィジオン, プロノスティク	expectation エクスペクテイション
～する	**prévoir, pronostiquer** プレヴォワール, プロノスティケ	expect, anticipate イクスペクト, アンティスィペ イト
よそおう **装う** yosoou	**faire semblant** *de*, **feindre** フェール サンブラン ドゥ, ファンドル	pretend プリテンド
よそく **予測** yosoku	**prévision** *f.* プレヴィジオン	prediction プリディクション
～する	**prévoir** プレヴォワール	forecast フォーキャスト
よそみする **余所見する** yosomisuru	**regarder ailleurs** ルガルデ アイユール	look away ルク アウェイ
よそもの **余所者** yosomono	**étranger(ère)** *m.f.* エトランジェ(- ジェール)	stranger ストレインヂャ
よそよそしい **よそよそしい** yosoyososhii	**froid(e)** フロワ(ド)	cold, distant コウルド, ディスタント
よだれ **よだれ** yodare	**bave** *f.*, **salive** *f.* バヴ, サリーヴ	slaver, drool スラヴァ, ドルール
よち **余地** yochi	**place** *f.*, **espace** *m.* プラス, エスパス	room, space ルーム, スペイス

日	仏	英
よつかど **四つ角** yotsukado	**carrefour** *m.* カルフール	crossroads, Ⓑcrossing クロースロウヅ, クロースィング
よっきゅう **欲求** yokkyuu	**besoin** *m.*, **désir** *m.* ブゾワン, デジール	desire ディザイア
よっぱらい **酔っ払い** yopparai	**ivrogne** *m.f.* イヴロニュ	drunk ドランク
よっぱらう **酔っ払う** yopparau	**s'enivrer** サンニヴレ	get drunk ゲト ドランク
よてい **予定**　(個々の) yotei	**plan** *m.*, **programme** *m.* プラン, プログラム	plan プラン
(全体的な)	**emploi du temps** *m.* アンプロワ デュ タン	schedule スケデュル
よとう **与党** yotou	**parti au pouvoir** *m.* パルティ オ プヴォワール	party in power パーティ イン パウア
よどむ **よどむ** yodomu	**stagner** スタグネ	(be) stagnant (ビ) スタグナント
よなかに **夜中に** yonakani	**à minuit, au milieu de la nuit** ア ミニュイ, オ ミリユー ドゥ ラ ニュイ	at midnight アト ミドナイト
よのなか **世の中** yononaka	**monde** *m.*, **société** *f.* モンド, ソシエテ	world, society ワールド, ソサイエティ
よはく **余白** yohaku	**marge** *f.* マルジュ	page margins ペイヂ マーヂンズ
よび **予備** yobi	**réserve** *f.* レゼルヴ	reserve, spare リザーヴ, スペア
～の	**de réserve** ドゥ レゼルヴ	reserve, spare リザーヴ, スペア
よびかける **呼び掛ける** yobikakeru	**appeler, s'adresser** *à* アプレ, サドレッセ ア	call out, address コール アウト, アドレス

日	仏	英
よびりん **呼び鈴** yobirin	**sonnette** *f.* ソネット	ring, bell リング，ベル
よぶ **呼ぶ** （招く） yobu	**inviter** アンヴィテ	invite to インヴァイト トゥ
（称する）	**appeler** アプレ	call, name コール，ネイム
（声で呼ぶ）	**appeler** アプレ	call コール
よぶんな **余分な** yobunna	**superflu(e)** シュペルフリュ	extra, surplus エクストラ，サープラス
よほう **予報** yohou	**prédiction** *f.*, **prévision** *f.* プレディクシオン，プレヴィジオン	forecast フォーキャスト
よぼう **予防** yobou	**prévention** *f.* プレヴァンシオン	prevention プリヴェンション
～する	**prévenir** プレヴニール	prevent from プリヴェント フラム
～注射	**vaccin préventif** *m.* ヴァクサン プレヴァンティフ	preventive injec- tion プリヴェンティヴ インヂェク ション
よみがえる **よみがえる** yomigaeru	**revivre, ressusciter** ルヴィーヴル，レシュシテ	revive リヴァイヴ
よむ **読む** yomu	**lire** リール	read リード
よめ **嫁** yome	**femme** *f.*, **épouse** *f.* ファム，エプーズ	wife ワイフ
（新婦）	**mariée** *f.* マリエ	bride ブライド
（息子の妻）	**belle-fille** *f.* ベルフィーユ	daughter-in-law ドータリンロー

日	仏	英
よやく **予約** yoyaku	**réservation** *f.* レゼルヴァシオン	reservation, Ⓑbooking レザヴェイション, **ブ**キング
〜**する**	**réserver** レゼルヴェ	reserve, Ⓑbook リ**ザ**ーヴ, **ブ**ク
よゆう **余裕** （金銭の） yoyuu	**argent disponible** *m.* アルジャン ディスポニーブル	money to spare **マ**ニ トゥ ス**ペ**ア
（空間の）	**espace** *m.*, **place** *f.* エスパス, プラス	room, space **ルー**ム, ス**ペ**イス
（時間の）	**temps libre** *m.* タン リーブル	time to spare **タ**イム トゥ ス**ペ**ア
よりかかる **寄りかかる** yorikakaru	**s'appuyer** *contre* サピュイエ コントル	lean against **リー**ン ア**ゲ**ンスト
よりそう **寄り添う** yorisou	**se serrer** *contre* ス セレ コントル	draw close **ドロー** ク**ロ**ウス
よりみちする **寄り道する** yorimichisuru	**faire un détour, faire un crochet** フェール アン デトゥール, フェール アン クロ シェ	stop on one's way ス**タ**プ オン **ウェ**イ
よる **因[依]る** （原因となる） yoru	**être dû(***ue***)** *à* エートル デュア	(be) due to （ビ）**デュー** トゥ
（根拠となる）	**être fondé(e)** *sur* エートル フォンデ シュール	(be) based on （ビ）**ベ**イスト オン
よる **寄る** （接近する） yoru	**s'approcher** サプロシェ	approach ア**プ**ロウチ
（立ち寄る）	**passer** パセ	call at, call on **コー**ル アト, **コー**ル オン
（脇へ動く）	**s'écarter, s'effacer** セカルテ, セファセ	step aside ス**テ**プ ア**サ**イド
よる **夜** yoru	**nuit** *f.* ニュイ	night **ナ**イト

日	仏	英
よるだん **ヨルダン** yorudan	**Jordanie** *f.* ジョルダニ	Jordan **チョ**ーダン
よろい **鎧** yoroi	**armure** *f.*, **cuirasse** *f.* アルミュール, キュイラス	armor, Ⓑarmour **ア**ーマ, **ア**ーマ
よろこばす **喜ばす** yorokobasu	**faire plaisir** *à* フェール プレジール ア	please, delight プ**リ**ーズ, ディ**ラ**イト
よろこび **喜び** yorokobi	**joie** *f.*, **plaisir** *m.* ジョワ, プレジール	joy, delight **チョ**イ, ディ**ラ**イト
よろこぶ **喜ぶ** yorokobu	**se réjouir** ス レジュイール	(be) glad, (be) pleased (ビ) グ**ラ**ド, (ビ) プ**リ**ーズド
よろめく **よろめく** yoromeku	**chanceler** シャンスレ	stagger ス**タ**ガ
よろん **世論** yoron	**opinion publique** *f.* オピニオン ピュブリック	public opinion **パ**ブリク オ**ピ**ニョン
よわい **弱い** yowai	**faible** フェーブル	weak **ウィ**ーク
(気が)	**timide** ティミッド	timid **ティ**ミド
(光などが)	**faible** フェーブル	feeble, faint **フィ**ーブル, **フェ**イント
よわさ **弱さ** yowasa	**faiblesse** *f.* フェブレス	weakness **ウィ**ークネス
よわまる **弱まる** yowamaru	**s'affaiblir** サフェブリール	weaken **ウィ**ークン
よわみ **弱み** yowami	**point faible** *m.* ポワン フェーブル	weak point **ウィ**ーク **ポ**イント
よわむし **弱虫** yowamushi	**lâche** *m.f.*, **poltron(ne)** *m.f.* ラシュ, ポルトロン(-ヌ)	coward **カ**ウアド

日	仏	英
よわる 弱る yowaru	s'affaiblir, faiblir サフェブリール, フェブリール	grow weak グロウ **ウィーク**
（困る）	(être) ennuyé(e) (エートル) アンニュイエ	(be) worried (ビ) **ワ**ーリド
よん 四 yon	quatre カトル	four **フォ**ー
よんじゅう 四十 yonjuu	quarante カラント	forty **フォ**ーティ

ら, ラ

日	仏	英
らいう 雷雨 raiu	orage m. オラージュ	thunderstorm **サ**ンダストーム
らいおん ライオン raion	lion(ne) m.f. リオン(ヌ)	lion **ラ**イオン
らいげつ 来月 raigetsu	le mois prochain m. ル モワ プロシャン	next month ネクスト **マ**ンス
らいしゅう 来週 raishuu	la semaine prochaine f. ラ スメヌ プロシェヌ	next week ネクスト **ウィ**ーク
らいせ 来世 raise	autre monde m., au-delà m. オートル モンド, オドゥラ	afterlife, next life **ア**フタライフ, ネクスト **ラ**イフ
らいたー ライター raitaa	briquet m. ブリケ	lighter **ラ**イタ
らいと ライト raito	lumière f. リュミエール	light **ラ**イト
らいにちする 来日する rainichisuru	visiter le Japon ヴィジテ ル ジャポン	visit Japan **ヴィ**ズィト チャパン
らいねん 来年 rainen	l'année prochaine f. ラネ プロシェヌ	next year ネクスト **イ**ア

日	仏	英
らいばる **ライバル** raibaru	**rival(e)** *m.f.* リヴァル	rival **ラ**イヴァル
らいひん **来賓** raihin	**hôte** *m.f.*, **invité(e)** *m.f.* オート, アンヴィテ	guest **ゲ**スト
らいぶ **ライブ** raibu	**concert live** *m.* コンセール ライヴ	live performance **ラ**イヴ パ**フォー**マンス
らいふすたいる **ライフスタイル** raifusutairu	**style de vie** *m.* スティル ドゥ ヴィ	lifestyle **ラ**イフスタイル
らいふる **ライフル** raifuru	**rifle** *m.* リフル	rifle **ラ**イフル
らいわーく **ライフワーク** raifuwaaku	**œuvre d'une vie** *f.* ウーヴル デュヌ ヴィ	lifework **ラ**イフワーク
らいめい **雷鳴** raimei	**tonnerre** *m.* トネール	thunder **サ**ンダ
らいらっく **ライラック** rairakku	**lilas** *m.* リラ	lilac **ラ**イラク
らおす **ラオス** raosu	**Laos** *m.* ラオス	Laos **ラ**ウス
らくえん **楽園** rakuen	**paradis** *m.* パラディ	paradise **パ**ラダイス
らくがき **落書き** rakugaki	**griffonnage** *m.*, **graffiti** *m.pl.* グリフォナージュ, グラフィティ	scribble, graffiti ス**ク**リブル, グラ**フィー**ティ
らくごする **落伍する** rakugosuru	**traîner** トレネ	drop out of ド**ラ**プ **ア**ウト オヴ
らくさ **落差** rakusa	**écart** *m.*, **différence** *f.* エカール, ディフェランス	gap, difference **ギャ**プ, **ディ**ファレンス
らくさつする **落札する** rakusatsusuru	**remporter une enchère** ランポルテ ユヌ アンシェール	make a successful bid メイク ア サク**セ**スフル **ビ**ド

日	仏	英
らくせんする **落選する** rakusensuru	**perdre** *à* ペルドル ア	(be) defeated in (ビ) ディ**フィ**ーテド イン
らくだ **駱駝** rakuda	**chameau** *m.* シャモー	camel **キャ**メル
らくだいする **落第する** rakudaisuru	**échouer, redoubler** エシュエ, ルドゥーブレ	fail **フェ**イル
らくてんてきな **楽天的な** rakutentekina	**optimiste** オプティミスト	optimistic アプティ**ミ**スティク
らくな **楽な** rakuna	**confortable** コンフォルターブル	comfortable **カ**ンフォタブル
（容易な）	**facile** ファシル	easy **イ**ーズィ
らくのう **酪農** rakunou	**laiterie** *f.* レトリ	dairy (farm) **デ**アリ（**ファ**ーム）
～家	**laitier(ère)** *m.f.* レティエ(-エール)	dairy farmer **デ**アリ **ファ**ーマ
らぐびー **ラグビー** ragubii	**rugby** *m.* リュグビ	rugby **ラ**グビ
らくようじゅ **落葉樹** rakuyouju	**arbre à feuilles cadu-ques** *m.* アルブル ア フイユ カデュック	deciduous tree ディ**スィ**デュアス トリー
らくらい **落雷** rakurai	**foudre** *f.* フードル	thunderbolt **サ**ンダボウルト
らけっと **ラケット** raketto	**raquette** *f.* ラケット	racket **ラ**ケト
らじうむ **ラジウム** rajiumu	**radium** *m.* ラディオム	radium **レ**イディアム
らじえーたー **ラジエーター** rajieetaa	**radiateur** *m.* ラディアトゥール	radiator **レ**イディエイタ

日	仏	英
らじお **ラジオ** rajio	**radio** *f.* ラディオ	radio レイディオウ
らじこん **ラジコン** rajikon	**radiocommande** *f.*, **ra-dioguidage** *m.* ラディオコマンド, ラディオギィダージュ	radio control レイディオウ コント**ロ**ウル
らずべりー **ラズベリー** razuberii	**framboise** *f.* フランボワーズ	raspberry **ラ**ズベリ
らせん **螺旋** rasen	**spirale** *f.* スピラル	spiral ス**パ**イアラル
らちする **拉致する** rachisuru	**enlever, kidnapper** アンルヴェ, キドナペ	kidnap, abduct **キ**ドナプ, アブ**ダ**クト
らっかー **ラッカー** rakkaa	**laque** *f.* ラク	lacquer **ラ**カ
らっかする **落下する** rakkasuru	**tomber, faire une chute** トンベ, フェール ユヌ シュット	drop, fall ド**ラ**プ, **フォ**ール
らっかんする **楽観する** rakkansuru	**(être) optimiste** *à propos de* (エートル) オプティミスト ア プロポ ドゥ	(be) optimistic about (ビ) アプティ**ミ**スティク アバウト
らっかんてきな **楽観的な** rakkantekina	**optimiste** オプティミスト	optimistic アプティ**ミ**スティク
らっきーな **ラッキーな** rakkiina	**chanceux(se)** シャンスー(ズ)	lucky **ラ**キ
らっこ **ラッコ** rakko	**loutre de mer** *f.* ルートル ドゥ メール	sea otter **スィー ア**タ
らっしゅあわー **ラッシュアワー** rasshuawaa	**heure de pointe** *f.* ウール ドゥ ポワント	rush hour **ラ**ッシュ **ア**ウア
らっぷ **ラップ** （音楽の） rappu	**rap** *m.* ラップ	rap music **ラ**プ **ミ**ューズィク
（食品用の）	**film plastique** *m.* フィルム プラスティック	wrap, ⑧clingfilm **ラ**プ, ク**リ**ングフィルム

日	仏	英
らっぷたいむ **ラップタイム** rapputaimu	**temps de passage** *m.* タン ドゥ パサージュ	lap time ラプ タイム
らつわんの **辣腕の** ratsuwanno	**habile, astucieux(se)** アビル, アステュシユー(ズ)	shrewd, able シュルード, エイブル
らでぃっしゅ **ラディッシュ** radisshu	**radis** *m.* ラディ	radish ラディシュ
らてんご **ラテン語** ratengo	**latin** *m.* ラタン	Latin ラティン
らてんの **ラテンの** ratenno	**latin(e)** ラタン(-ティヌ)	Latin ラティン
らふな **ラフな** rafuna	**grossier(ère)** グロシエ(-エール)	rough ラフ
らぶれたー **ラブレター** raburetaa	**lettre d'amour** *f.* レットル ダムール	love letter ラヴ レタ
らべる **ラベル** raberu	**marque** *f.*, **étiquette** *f.* マルク, エティケット	label レイベル
らべんだー **ラベンダー** rabendaa	**lavande** *f.* ラヴァンド	lavender ラヴェンダ
らむ　　（ラム酒） ramu	**rhum** *m.* ロム	rum ラム
（子羊の肉）	**agneau** *m.* アニョ	lamb ラム
らん **欄** ran	**colonne** *f.*, **rubrique** *f.* コロヌ, リュブリック	column カラム
らん **蘭** ran	**orchidée** *f.* オルキデ	orchid オーキド
らんおう **卵黄** ran-ou	**jaune d'œuf** *m.* ジョーヌ ドゥフ	yolk ヨウク
らんがい **欄外** rangai	**marge** *f.* マルジュ	margin マージン

日	仏	英
らんく **ランク** ranku	**rang** *m.* ラン	rank **ラ**ンク
らんざつな **乱雑な** ranzatsuna	**désordonné(e)** デゾルドネ	disorderly ディス**オ**ーダリ
らんし **乱視** ranshi	**astigmatisme** *m.* アスティグマティスム	astigmatism, dis- torted vision アス**ティ**グマティズム, ディス **ト**ーテド **ヴィ**ジョン
らんそう **卵巣** ransou	**ovaire** *m.* オヴェール	ovary **オ**ウヴァリ
らんとう **乱闘** rantou	**bagarre** *f.*, **mêlée** *f.* バガール, メレ	fray, brawl フレイ, ブロール
らんなー **ランナー** rannaa	**coureur(se)** *m.f.* クルール(-ズ)	runner **ラ**ナ
らんにんぐ **ランニング** ranningu	**course** *f.* クルス	running **ラ**ニング
らんぱく **卵白** ranpaku	**blanc d'œuf** *m.* ブラン ドゥフ	egg white, albu- men **エ**グ (ホ)**ワ**イト, アル**ビュ**ーメ ン
らんぷ **ランプ** ranpu	**lampe** *f.* ランプ	lamp **ラ**ンプ
らんぼうする **乱暴する** ranbousuru	**user de violence** ユゼ ドゥ ヴィオランス	inflict violence イン**フリ**クト **ヴァ**イオレンス
らんぼうな **乱暴な** ranbouna	**violent(e)** ヴィオラン(ト)	violent, rough **ヴァ**イオレント, **ラ**フ
らんようする **乱用する** ran-yousuru	**abuser** *de* アビュゼ ドゥ	misuse, abuse ミス**ユ**ース, ア**ビュ**ース

り, リ

日	仏	英
りあるたいむ **リアルタイム** riarutaimu	**temps réel** *m.* タン レエル	real time **リ**ーアル **タ**イム

日	仏	英
りあるな **リアルな** riaruna	**réel(le)** レエル	real リーアル
りーぐ **リーグ** riigu	**fédération** *f.* フェデラシオン	league リーグ
〜戦	**poule** *f.* プール	league series リーグ スィアリーズ
りーだー **リーダー** riidaa	**dirigeant(e)** *m.f.* ディリジャン(ト)	leader リーダ
〜シップ	**initiative** *f.* イニシアティヴ	leadership リーダシプ
りーどする **リードする** riidosuru	**diriger** ディリジェ	lead リード
りえき **利益** rieki	**profit** *m.*, **gain** *m.* プロフィ, ガン	profit, return プラフィト, リターン
りか **理科** rika	**science** *f.* シアンス	science サイエンス
りかい **理解** rikai	**compréhension** *f.* コンプレアンシオン	comprehension カンプリヘンション
〜する	**comprendre** コンプランドル	understand アンダスタンド
りがい **利害** rigai	**intérêt** *m.*, **enjeu** *m.* アンテレ, アンジュー	interests インタレスツ
りきせつする **力説する** rikisetsusuru	**insister** アンシステ	emphasize エンファサイズ
りきゅーる **リキュール** rikyuuru	**liqueur** *f.* リクール	liqueur リカー
りきりょう **力量** rikiryou	**capacité** *f.* カパシテ	ability アビリティ
りく **陸** riku	**terre** *f.* テール	land ランド

日	仏	英
りくえすと **リクエスト** rikuesuto	**demande** *f.* ドゥマンド	request リク**ウェ**スト
りくぐん **陸軍** rikugun	**armée de terre** *f.* アルメ ドゥ テール	army **アー**ミ
りくじょうきょうぎ **陸上競技** rikujoukyougi	**athlétisme** *m.* アトレティスム	athletics アス**レ**ティクス
りくつ **理屈** rikutsu	**raison** *f.*, **logique** *f.* レゾン，ロジック	reason, logic **リー**ズン，**ラ**ヂク
りくらいにんぐしーと **リクライニング シート** rikurainingushiito	**siège inclinable** *m.* シエージュ アンクリナーブル	reclining seat リク**ラ**イニング ス**イー**ト
りけん **利権** riken	**droit** *m.*, **concession** *f.* ドロワ，コンセシオン	rights, concessions **ラ**イツ，コン**セ**ションズ
りこうな **利口な** rikouna	**intelligent(e)**, **brillant(e)** アンテリジャン(ト)，ブリアン(ト)	clever, bright ク**レ**ヴァ，ブ**ラ**イト
りこーる **リコール** （欠陥商品の回収） rikooru	**rappel** *m.* ラペル	recall リ**コー**ル
（公職者の解職）	**révocation** *f.* レヴォカシオン	recall リ**コー**ル
りこしゅぎ **利己主義** rikoshugi	**égoïsme** *m.* エゴイスム	egoism **イー**ゴウイズム
りこてきな **利己的な** rikotekina	**égoïste** エゴイスト	egoistic イーゴウ**イ**スティク
りこん **離婚** rikon	**divorce** *m.* ディヴォルス	divorce ディ**ヴォー**ス
りさいくる **リサイクル** risaikuru	**recyclage** *m.* ルシクラージュ	recycling リー**サ**イクリング
りさいたる **リサイタル** risaitaru	**récital** *m.* レシタル	recital リ**サ**イトル

813

日	仏	英
りざや **利鞘** rizaya	**marge (de bénéfices)** *f.* マルジュ (ドゥ ベネフィス)	profit margin, margin プラフィット マーヂン, マーヂン
りさんする **離散する** risansuru	**se disperser** ス ディスペルセ	(be) scattered (ビ) スキャタド
りし **利子** rishi	**intérêt** *m.* アンテレ	interest インタレスト
りじ **理事** riji	**administra*teur*(*trice*)** *m.f.* アドミニストラトゥール(- トリス)	director, manager ディレクタ, マニヂャ
りじゅん **利潤** rijun	**profit** *m.*, **bénéfice** *m.* プロフィ, ベネフィス	profit, gain プラフィット, ゲイン
りしょく **利殖** rishoku	**placement d'argent** *m.* プラスマン ダルジャン	moneymaking マニメイキング
りす **栗鼠** risu	**écureuil** *m.* エキュルイユ	squirrel スクワーレル
りすく **リスク** risuku	**risque** *m.* リスク	risk リスク
りすと **リスト** risuto	**liste** *f.* リスト	list リスト
りすとら **リストラ** risutora	**restructuration** *f.* ルストリュクテュラシオン	restructuring リーストラクチャリング
りずむ **リズム** rizumu	**rythme** *m.* リトム	rhythm リズム
りせい **理性** risei	**raison** *f.* レゾン	reason, sense リーズン, センス
〜的な	**raisonnable** レゾナーブル	rational ラショナル
りそう **理想** risou	**idéal** *m.* イデアル	ideal アイディーアル

り

日	仏	英
～主義	**idéalisme** *m.* イデアリスム	idealism アイディーアリズム
～的な	**idéal(e)** イデアル	ideal アイディーアル
りそく **利息** risoku	**intérêt** *m.* アンテレ	interest インタレスト
りちうむ **リチウム** richiumu	**lithium** *m.* リティオム	lithium リスィアム
りちぎな **律儀な** richigina	**honnête** オネト	honest アネスト
りちてきな **理知的な** richitekina	**intellectuel(le)** アンテレクテュエル	intellectual インテレクチュアル
りつ **率** （割合） ritsu	**taux** *m.* トー	rate レイト
（百分率）	**pourcentage** *m.* プルサンタージュ	percentage パセンティヂ
りっきょう **陸橋** rikkyou	**passerelle** *f.*, **viaduc** *m.* パスレル, ヴィアデュク	viaduct ヴァイアダクト
りっこうほしゃ **立候補者** rikkouhosha	**candidat(e)** *m.f.* カンディダ(ット)	candidate キャンディデイト
りっこうほする **立候補する** rikkouhosuru	**se porter candidat(e)** ス ポルテ カンディダ(ット)	run for office ラン フォ オーフィス
りっしょうする **立証する** risshousuru	**établir, prouver** エタブリール, プルヴェ	prove プルーヴ
りったい **立体** rittai	**solide** *m.* ソリッド	solid サリド
～交差	**saut-de-mouton** *m.* ソ ドゥ ムトン	overpass オウヴァパス
～的な	**tridimensionnel(le)** トリディマンシオネル	three-dimensional スリーディメンショナル

日	仏	英
りっちじょうけん **立地条件** ricchijouken	**conditions d'implantation** *f.pl.* コンディシオン ダンプランタシオン	conditions of location コンディションズ オヴ ロウケイション
りっとる **リットル** rittoru	**litre** *m.* リットル	liter, ⑧litre リータ, リータ
りっぱな **立派な** rippana	**excellent(e), splendide** エクセラン(ト), スプランディッド	excellent, splendid エクセレント, スプレンディド
りっぷくりーむ **リップクリーム** rippukuriimu	**baume à lèvres** *m.* ボーム ア レーヴル	lip cream リプ クリーム
りっぽう **立方** rippou	**cube** *m.* キューブ	cube キューブ
～センチ	**centimètre cube** *m.* サンティメートル キューブ	cubic centimeter キュービク センティミータ
～体	**cube** *m.* キューブ	cube キューブ
～メートル	**mètre cube** *m.* メートル キューブ	cubic meter キュービク ミータ
りっぽう **立法** rippou	**législation** *f.* レジスラシオン	legislation レヂスレイション
～権	**pouvoir législatif** *m.* プヴォワール レジスラティフ	legislative power レヂスレイティヴ パウア
りてん **利点** riten	**avantage** *m.* アヴァンタージュ	advantage アドヴァンティヂ
りとう **離島** ritou	**île isolée** *f.* イル イゾレ	isolated island アイソレイテド アイランド
りとぐらふ **リトグラフ** ritogurafu	**lithographie** *f.* リトグラフィ	lithograph リソグラフ
りにあもーたーかー **リニアモーターカー** riniamootaakaa	**train à moteur linéaire** *m.* トラン ア モトゥール リネエール	linear motorcar リニア モウタカー

日	仏	英
りにゅうしょく **離乳食** rinyuushoku	**nourriture pour bébés** *f.* ヌリテュール プール ベベ	baby food ベイビー フード
りねん **理念** rinen	**philosophie** *f.*, **principes** *m.pl.* フィロゾフィー，プランシップ	philosophy, principles フィラソフィ，プリンスィプルズ
りはーさる **リハーサル** rihaasaru	**répétition** *f.* レペティシオン	rehearsal リハーサル
りはつ **理髪** rihatsu	**coupe de cheveux** *f.* クープ ドゥ シュヴー	haircut ヘアカト
〜店	**salon de coiffure** *m.* サロン ドゥ コワフュール	barbershop, ⑧barber バーバシャプ，バーバ
りはびり **リハビリ** rihabiri	**rééducation** *f.* レエデュカシオン	rehabilitation リハビリテイション
りはんする **離反する** rihansuru	**s'éloigner** *de*, **se détacher** *de* セロワニェ ドゥ，ス デタシェ ドゥ	(be) estranged from (ビ) イストレインヂド フラム
りひてんしゅたいん **リヒテンシュタイン** rihitenshutain	**Liechtenstein** *m.* リシュテヌシュテヌ	Liechtenstein リクテンスタイン
りふぉーむする **リフォームする** rifoomusuru	**réaménager, rénover** レアメナジェ，レノヴェ	remodel リーマドル
りふじんな **理不尽な** rifujinna	**déraisonnable** デレゾナーブル	unreasonable アンリーズナブル
りふと **リフト** rifuto	**télésiège** *m.* テレシエージュ	chair lift チェア リフト
りべーと **リベート** ribeeto	**ristourne** *f.*, **remboursement** *m.* リストゥルヌ，ランブルスマン	rebate リーベイト
りべつする **離別する** ribetsusuru	**se séparer** ス セパレ	separate セパレイト
りべらるな **リベラルな** riberaruna	**libéral(e)** リベラル	liberal リベラル

日	仏	英
りぽーと **リポート** ripooto	**rapport** *m.* ラポール	report リポート
りぼん **リボン** ribon	**ruban** *m.* リュバン	ribbon リボン
りまわり **利回り** rimawari	**rendement** *m.* ランドマン	yield, rate of re- turn イールド, レイト オヴ リターン
りむじん **リムジン** rimujin	**limousine** *f.* リムジヌ	limousine リムズィーン
りもこん **リモコン** rimokon	**télécommande** *f.* テレコマンド	remote control リモウト コントロウル
りゃく **略** ryaku	**omission** *f.* オミシオン	omission オウミション
りゃくご **略語** ryakugo	**abréviation** *f.* アブレヴィアシオン	abbreviation アブリヴィエイション
りゃくしきの **略式の** ryakushikino	**informel(***le***)** アンフォルメル	informal インフォーマル
りゃくす　（簡単にする） **略す** ryakusu	**abréger** アブレジェ	abridge, abbrevi- ate アブリヂ, アブリーヴィエイト
（省く）	**omettre** オメットル	omit オウミト
りゃくだつする **略奪する** ryakudatsusuru	**piller** ピィエ	plunder, pillage プランダ, ピリヂ
りゆう **理由** riyuu	**raison** *f.*, **cause** *f.* レゾン, コーズ	reason, cause リーズン, コーズ
りゅういき **流域** ryuuiki	**vallée** *f.*, **bassin** *m.* ヴァレ, バサン	valley, basin ヴァリ, ベイスン
りゅういする **留意する** ryuuisuru	**faire attention** *à* フェール アタンシオン ア	pay attention to ペイ アテンション トゥ

り

日	仏	英
りゅうがく **留学** ryuugaku	**études à l'étranger** *f.pl.* エテュード ア レトランジェ	studying abroad ス**タ**ディング アプ**ロ**ード
〜生	**étudiant(e) étrange*r*(*ère*)** *m.f.* エテュディアン(ト) エトランジェ(-ジェール)	foreign student **フォ**リン ス**テュ**ーデント
りゅうこう **流行** ryuukou	**mode** *f.* モード	fashion, vogue **ファ**ション, **ヴォ**ウグ
（病気や思想などの）	**propagation** *f.* プロパガシオン	prevalence プレ**ヴァ**レンス
〜する	**(être) à la mode** (エートル) ア ラ モード	(be) in fashion (ビ) イン **ファ**ション
りゅうざん **流産** ryuuzan	**fausse couche** *f.* フォス クシュ	miscarriage ミス**キャ**リヂ
りゅうし **粒子** ryuushi	**grain** *m.*, **particule** *f.* グラン, パルティキュル	particle **パ**ーティクル
りゅうしゅつする **流出する** ryuushutsusuru	**s'écouler** セクレ	flow out フ**ロ**ウ **ア**ウト
りゅうせい **隆盛** ryuusei	**prospérité** *f.* プロスペリテ	prosperity プラス**ペ**リティ
りゅうせんけいの **流線型の** ryuusenkeino	**caréné(e)** カレネ	streamlined スト**リ**ームラインド
りゅうちょうに **流暢に** ryuuchouni	**couramment** クラマン	fluently フ**ル**エントリ
りゅうつう **流通** ryuutsuu	**distribution** *f.* ディストリビュシオン	distribution ディストリ**ビュ**ーション
〜する	**circuler** シルキュレ	circulate **サ**ーキュレイト
りゅうどうする **流動する** ryuudousuru	**flotter** フロテ	flow フ**ロ**ウ

日	仏	英
りゅうどうてきな **流動的な** ryuudoutekina	**fluide** フリュイッド	fluid フルーイド
りゅうにゅうする **流入する** ryuunyuusuru	**affluer** アフリュエ	flow in フロウ イン
りゅうねんする **留年する** ryuunensuru	**redoubler** ルドゥブレ	repeat the same grade level リピート ザ セイム レヴェル
りゅうは **流派** ryuuha	**école** *f.* エコール	school スクール
りゅっくさっく **リュックサック** ryukkusakku	**sac à dos** *m.* サック ア ド	backpack, ruck-sack バクパク, ラクサク
りょう **漁** ryou	**pêche** *f.* ペシュ	fishing フィシング
りょう **寮** ryou	**résidence** *f.*, **foyer** *m.* レジダンス, フォワイエ	dormitory, ⒷHall of residence ドーミトーリ, ホール オヴ レズィデンス
りょう **猟** ryou	**chasse** *f.* シャス	hunting, shooting ハンティング, シューティング
りょう **量** ryou	**quantité** *f.* カンティテ	quantity クワンティティ
りよう **利用** riyou	**utilisation** *f.* ユティリザシオン	usage ユースィヂ
りょういき **領域** ryouiki	**domaine** *m.*, **champ** *m.* ドメーヌ, シャン	domain ドウメイン
りょうかいする **了解する** ryoukaisuru	**comprendre** コンプランドル	understand, ac-knowledge アンダスタンド, アクナリヂ
りょうがえ **両替** ryougae	**change** *m.* シャンジュ	exchange イクスチェインヂ
～する	**changer** *en* シャンジェ アン	change, exchange into チェインヂ, イクスチェインヂ イントゥ

り

日	仏	英
りょうがわに **両側に** ryougawani	**des deux côtés** デ ドゥー コテ	on both sides オン ボウス サイヅ
りょうきん **料金** ryoukin	**prix** *m.*, **frais** *m.pl.* プリ, フレ	charge, fee **チャ**ーヂ, **フィ**ー
りょうくう **領空** ryoukuu	**espace aérien** *m.* エスパス アエリアン	(territorial) air- space (テリトーリアル) **エ**アスペイス
りょうし **漁師** ryoushi	**pêcheur(se)** *m.f.* ペシュール(-ズ)	fisherman **フィ**シャマン
りょうし **猟師** ryoushi	**chasseur(se)** *m.f.* シャスール(-ズ)	hunter **ハ**ンタ
りょうじ **領事** ryouji	**consul** *m.* コンシュル	consul **カ**ンスル
〜館	**consulat** *m.* コンシュラ	consulate **カ**ンスレト
りようし **理容師** riyoushi	**coiffeur(se)** *m.f.* コワフール(-ズ)	hairdresser **ヘ**アドレサ
りょうしき **良識** ryoushiki	**bon sens** *m.* ボン サンス	good sense **グ**ド **セ**ンス
りょうじゅう **猟銃** ryoujuu	**fusil de chasse** *m.* フュジ ドゥ シャス	hunting gun **ハ**ンティング **ガ**ン
りょうしゅうしょう **領収証** ryoushuushou	**reçu** *m.* ルシュ	receipt リ**スィ**ート
りょうしょうする **了承する** ryoushousuru	**consentir, accepter** コンサンティール, アクセプテ	consent コン**セ**ント
りょうしん **両親** ryoushin	**parents** *m.pl.* パラン	parents **ペ**アレンツ
りょうしん **良心** ryoushin	**conscience** *f.* コンシアンス	conscience **カ**ンシェンス

日	仏	英
りようする **利用する** riyousuru	**utiliser** ユティリゼ	use, utilize **ユ**ーズ, **ユ**ーティライズ
りょうせいの **良性の** ryouseino	**bénin(gne)** ベナン(・ニニュ)	benign ビ**ナ**イン
りょうせいるい **両生類** ryouseirui	**amphibie** *m.* アンフィビー	amphibian アン**フィ**ビアン
りょうて **両手** ryoute	**les deux mains** *f.pl.* レ ドゥー マン	both hands **ボ**ウス **ハ**ンヅ
りょうど **領土** ryoudo	**territoire** *m.* テリトワール	territory **テ**リトーリ
りょうはんてん **量販店** ryouhanten	**magasin à grand débit** マガザン ア グラン デビ	volume retailer **ヴァ**リュム **リ**ーテイラ
りょうほう **両方** ryouhou	**tous(toutes) les deux** *m.f.* トゥ(トゥット) レ ドゥー	both **ボ**ウス
りょうめん **両面** ryoumen	**les deux côtés** *m.pl.* レ ドゥー コテ	both sides, two sides **ボ**ウス **サ**イヅ, **トゥ**ー **サ**イヅ
りょうようする **療養する** ryouyousuru	**se soigner** ス ソワニェ	recuperate リ**キュ**ーパレイト
りょうり **料理** ryouri	**cuisine** *f.* キュイジーヌ	cooking **ク**キング
～する	**cuisiner** キュイジネ	cook **ク**ク
りょうりつする **両立する** ryouritsusuru	**(être) compatible avec** (エートル) コンパティーブル アヴェック	(be) compatible with (ビ) コン**パ**ティブル **ウィ**ズ
りょかく **旅客** ryokaku	**passager(ère)** *m.f.* パサジェ(・ジェール)	passenger **パ**センヂャ
～機	**avion de passagers** *m.* アヴィオン ドゥ パサジェ	passenger plane **パ**センヂャ プ**レ**イン

日	仏	英
りょくちゃ **緑茶** ryokucha	**thé vert** *m.* テ ヴェール	green tea グリーン **ティ**ー
りょけん **旅券** ryoken	**passeport** *m.* パスポール	passport パスポート
りょこう **旅行** ryokou	**voyage** *m.* ヴォワイヤージュ	travel, trip ト**ラ**ヴル, ト**リ**プ
〜する	**voyager, faire un voyage** ヴォワイヤジェ, フェール アン ヴォワイヤージュ	travel ト**ラ**ヴル
〜代理店	**agence de voyages** *f.* アジャンス ドゥ ヴォワイヤージュ	travel agency ト**ラ**ヴル **エ**イヂェンスィ
りょひ **旅費** ryohi	**frais de voyage** *m.pl.* フレ ドゥ ヴォワイヤージュ	travel expenses ト**ラ**ヴル イクス**ペ**ンセズ
りらっくすする **リラックスする** rirakkususuru	**se relaxer** ス ルラクセ	relax リ**ラ**クス
りりくする **離陸する** ririkusuru	**décoller** デコレ	take off **テ**イク **オ**ーフ
りりつ **利率** riritsu	**taux d'intérêt** *m.* トー ダンテレ	interest rate **イ**ンタレスト **レ**イト
りれー **リレー** riree	**relais** *m.* ルレ	relay **リ**ーレイ
りれきしょ **履歴書** rirekisho	**curriculum vitæ** *m.*, **C.V.** *m.* キュリキュロム ヴィテ, セーヴェー	curriculum vitae, CV カ**リ**キュラム **ヴィ**ータイ, **スィ**ー**ヴィ**ー
りろん **理論** riron	**théorie** *f.* テオリー	theory **スィ**オリ
〜的な	**théorique** テオリック	theoretical スィオ**レ**ティカル
りんかく **輪郭** rinkaku	**contour** *m.* コントゥール	outline **ア**ウトライン

日	仏	英
りんぎょう 林業 ringyou	**sylviculture** *f.* シルヴィキュルテュール	forestry **フォ**レストリ
りんく リンク rinku	**lien** *m.* リアン	link **リ**ンク
りんご 林檎 ringo	**pomme** *f.* ポム	apple **ア**プル
りんごく 隣国 ringoku	**pays frontalier** *m.*, **pays voisin** *m.* ペイ フロンタリエ, ペイ ヴォワザン	neighboring country **ネ**イバリング **カ**ントリ
りんじの 臨時の rinjino	**temporaire, provisoire** タンポレール, プロヴィゾワール	temporary, special **テ**ンポレリ, ス**ペ**シャル
りんじゅう 臨終 rinjuu	**dernière heure** *f.* デルニエール ウール	death, deathbed デス, **デ**スベド
りんしょうの 臨床の rinshouno	**clinique** クリニック	clinical ク**リ**ニカル
りんじん 隣人 rinjin	**voisin(e)** *m.f.* ヴォワザン(-ジヌ)	neighbor **ネ**イバ
りんす リンス rinsu	**après-shampooing** *m.* アプレシャンポワン	rinse **リ**ンス
りんち リンチ rinchi	**lynchage** *m.* ランシャージュ	lynch **リ**ンチ
りんね 輪廻 rinne	**métempsycose** *f.* メタンプシコーズ	cycle of rebirth, metempsychosis **サ**イクル オヴ リ**バ**ース, メ**テ**ンプスィコウスィス
りんぱ リンパ rinpa	**lymphe** *f.* ランフ	lymph **リ**ンフ
～腺	**ganglion lymphatique** *m.* ガングリオン ランファティック	lymph gland **リ**ンフ グ**ラ**ンド
りんり 倫理 rinri	**morale** *f.* モラル	ethics **エ**スィクス

日	仏	英
〜的な	**moral(e)** モラル	ethical, moral **エ**スィカル，**モ**ーラル

る，ル

日	仏	英
るい **類** rui	**espèce** *f.*，**genre** *m.* エスペス，ジャンル	kind, sort **カ**インド，**ソ**ート
るいご **類語** ruigo	**synonyme** *m.* シノニム	synonym **ス**ィノニム
るいじ **類似** ruiji	**ressemblance** *f.*，**simili- tude** *f.* ルサンブランス，シミリテュード	resemblance リ**ゼ**ンブランス
〜する	**ressembler** *à* ルサンブレア	resemble リ**ゼ**ンブル
るいすいする **類推する** ruisuisuru	**déduire** デデュイール	reason through analogy リーズン スルー ア**ナ**ロヂ
るいせきする **累積する** ruisekisuru	**s'accumuler** サキュミュレ	accumulate ア**キュ**ーミュレイト
るーきー **ルーキー** ruukii	**bleu** *m.*，**novice** *m.f.* ブルー，ノヴィス	rookie **ル**キ
るーずな **ルーズな** ruuzuna	**relâché(e)** ルラッシェ	loose **ル**ース
るーつ **ルーツ** ruutsu	**origine** *f.*，**source** *f.* オリジヌ，スルス	roots **ル**ーツ
るーと **ルート** （道筋） ruuto	**route** *f.*，**voie** *f.* ルート，ヴォワ	route, channel **ル**ート，**チャ**ネル
（平方根）	**racine** *f.* ラシヌ	root **ル**ート
るーまにあ **ルーマニア** ruumania	**Roumanie** *f.* ルマニ	Romania ロウ**メ**イニア

日	仏	英
るーむめいと **ルームメイト** ruumumeito	**colocataire** *m.f.* コロカテール	roommate **ルーム**メイト
るーる **ルール** ruuru	**règle** *f.* レーグル	rule **ルー**ル
るーれっと **ルーレット** ruuretto	**roulette** *f.* ルレット	roulette ルー**レ**ト
るくせんぶるく **ルクセンブルク** rukusenburuku	**Luxembourg** *m.* リュクサンブール	Luxembourg **ラ**クセンバーグ
るす **留守** rusu	**absence** *f.* アプサンス	absence **ア**プセンス
るすばん **留守番** rusuban	**gardiennage** *m.* ガルディエナージュ	caretaking **ケ**アテイキング
（人）	**concierge** *m.f.* コンシエルジュ	caretaker, house sitter **ケ**アテイカ，ハウス **スィ**タ
～電話	**répondeur** *m.* レポンドゥール	answering ma- chine **ア**ンサリング マ**シ**ーン
るねっさんす **ルネッサンス** runessansu	**Renaissance** *f.* ルネサンス	Renaissance ルネ**サ**ーンス
るびー **ルビー** rubii	**rubis** *m.* リュビ	ruby **ルー**ビ

れ，レ

日	仏	英
れい **例** rei	**exemple** *m.* エグザンプル	example イグ**ザ**ンプル
れい **礼** （あいさつ） rei	**salut** *m.*, **révérence** *f.* サリュ，レヴェランス	bow, salutation バウ，サリュ**テ**イション
（感謝）	**remerciement** *m.* ルメルシマン	thanks **サ**ンクス

日	仏	英
（礼儀）	**politesse** *f.*, **courtoisie** *f.* ポリテス，クルトワジー	etiquette, manners エティケト，マナズ
れいあうと **レイアウト** reiauto	**mise en pages** *f.* ミーズ アン パージュ	layout レイアウト
れいえん **霊園** reien	**cimetière** *m.* シムティエール	cemetery セミテリ
れいおふ **レイオフ** reiofu	**licenciement** *m.* リサンシマン	layoff レイオーフ
れいか **零下** reika	**en dessous de zéro** アン ドゥスー ドゥ ゼロ	below zero ビロウ ズィアロウ
れいがい **例外** reigai	**exception** *f.* エクセプシオン	exception イクセプション
れいかん **霊感** reikan	**inspiration** *f.* アンスピラシオン	inspiration インスピレイション
れいき **冷気** reiki	**froid** *m.*, **fraîcheur** *f.* フロワ，フレシュール	chill, cold チル，コウルド
れいぎ **礼儀** reigi	**politesse** *f.*, **courtoisie** *f.* ポリテス，クルトワジー	etiquette, manners エティケト，マナズ
れいきゃくする **冷却する** reikyakusuru	**réfrigérer** レフリジェレ	cool クール
れいきゅうしゃ **霊柩車** reikyuusha	**corbillard** *m.* コルビヤール	hearse ハース
れいぐうする **冷遇する** reiguusuru	**traiter avec froideur** トレテ アヴェク フロワドゥール	treat coldly トリート コウルドリ
れいこくな **冷酷な** reikokuna	**dur(e)**, **cruel(*le*)** デュール，クリュエル	cruel クルエル
れいじょう **令状** reijou	**mandat** *m.* マンダ	warrant ウォラント
れいじょう **礼状** reijou	**lettre de remerciement** *f.* レットル ドゥ ルメルシマン	thank-you letter サンキュー レタ

日	仏	英
れいせいな **冷静な** reiseina	**calme, tranquille** カルム, トランキル	calm, cool カーム, クール
れいせん **冷戦** reisen	**guerre froide** *f.* ゲール フロワド	cold war コウルド ウォー
れいぞうこ **冷蔵庫** reizouko	**réfrigérateur** *m.* レフリジェラトゥール	refrigerator リフリヂャレイタ
れいたんな **冷淡な** reitanna	**froid(e), indifférent(e)** フロワ(ド), アンディフェラン(ト)	cold, indifferent コウルド, インディファレント
れいだんぼう **冷暖房** reidanbou	**climatisation** *f.*, **air condi-tionné** *m.* クリマティザシオン, エール コンディシオネ	air conditioning エア コンディショニング
れいとう **冷凍** reitou	**congélation** *f.* コンジェラシオン	freezing フリーズィング
〜庫	**congélateur** *m.* コンジェラトゥール	freezer フリーザ
〜食品	**aliments surgelés** *m.pl.* アリマン シュルジュレ	frozen foods フロウズン フーヅ
〜する	**congeler, surgeler** コンジュレ, シュルジュレ	freeze フリーズ
れいはい **礼拝** reihai	**culte** *m.*, **office** *m.* キュルト, オフィス	worship, service ワーシプ, サーヴィス
〜堂	**chapelle** *f.* シャペル	chapel チャペル
れいふく **礼服** reifuku	**tenue de soirée** *f.* トゥニュ ドゥ ソワレ	full dress フル ドレス
れいぼう **冷房** reibou	**climatisation** *f.*, **air condi-tionné** *m.* クリマティザシオン, エール コンディシオネ	air conditioning エア コンディショニング
れいんこーと **レインコート** reinkooto	**imperméable** *m.* アンペルメアブル	raincoat, Ⓑmack-intosh レインコウト, マキントシュ

れ

日	仏	英
れーざー **レーザー** reezaa	**laser** *m.* ラゼール	laser レイザ
れーす **レース** （競走） reesu	**course** *f.* クルス	race レイス
（編物）	**dentelle** *f.* ダンテル	lace レイス
れーずん **レーズン** reezun	**raisin sec** *m.* レザン セック	raisin レイズン
れーだー **レーダー** reedaa	**radar** *m.* ラダール	radar レイダー
れーと **レート** reeto	**taux** *m.* トー	rate レイト
れーる **レール** reeru	**rail** *m.* ライユ	rail レイル
れきだいの **歴代の** rekidaino	**successif(ve)** シュクセシフ(‐ヴ)	successive サクセスィヴ
れぎゅらーの **レギュラーの** regyuraano	**régulier(ère)** レギュリエ(‐エール)	regular レギュラ
れくりえーしょん **レクリエーション** rekurieeshon	**récréation** *f.* レクレアシオン	recreation レクリエイション
れこーでぃんぐ **レコーディング** rekoodingu	**enregistrement** *m.* アンルジストルマン	recording リコーディング
れこーど **レコード** （音盤） rekoodo	**disque** *m.* ディスク	record レコード
（記録）	**record** *m.* ルコール	record レコード
れじ **レジ** reji	**caisse enregistreuse** *f.* ケス アンルジストルーズ	cash register キャシュ レヂスタ
れしーと **レシート** reshiito	**reçu** *m.* ルシュ	receipt リスィート

れ

日	仏	英
れじすたんす **レジスタンス** rejisutansu	**résistance** *f.* レジスタンス	resistance レズィスタンス
れしぴ **レシピ** reshipi	**recette** *f.* ルセット	recipe レスィピ
れじゃー **レジャー** rejaa	**loisirs** *m.pl.* ロワジール	leisure リージャ
れじゅめ **レジュメ** rejume	**résumé** *m.* レジュメ	résumé, summary レズュメイ, **サ**マリ
れすとらん **レストラン** resutoran	**restaurant** *m.* レストラン	restaurant レストラント
れすりんぐ **レスリング** resuringu	**lutte** *f.* リュット	wrestling レスリング
れせぷしょん **レセプション** resepushon	**réception** *f.* レセプシオン	reception リセプション
れたす **レタス** retasu	**laitue** *f.* レテュ	lettuce レタス
れつ **列** retsu	**ligne** *f.*, **rang** *m.* リーニュ, ラン	line, row, queue **ラ**イン, **ロ**ウ, **キュ**ー
れつあくな **劣悪な** retsuakuna	**inférieur(e), mauvais(e)** アンフェリュール, モヴェ(-ヴェーズ)	inferior, poor イン**フィ**アリア, **プ**ア
れっかーしゃ **レッカー車** rekkaasha	**dépanneuse** *f.* デパヌーズ	wrecker, tow truck **レ**カ, **ト**ウ**トラ**ク
れっきょする **列挙する** rekkyosuru	**énumérer** エニュメレ	enumerate イ**ニュ**ーメイト
れっしゃ **列車** ressha	**train** *m.* トラン	train ト**レ**イン
れっすん **レッスン** ressun	**leçon** *f.* ルソン	lesson **レ**スン
れっせきする **列席する** ressekisuru	**assister** *à* アシステ ア	attend ア**テ**ンド

れ

日	仏	英
れっとう **列島** rettou	**archipel** *m.*, **îles** *f.pl.* アルシペル，イル	islands **ア**イランヅ
れとりっく **レトリック** retorikku	**rhétorique** *f.* レトリック	rhetoric **レ**トリク
れとろな **レトロな** retorona	**rétrospectif(ve)** レトロスペクティフ(・ヴ)	retro **レ**トロウ
ればー **レバー**　　（肝臓） rebaa	**foie** *m.* フォワ	liver **リ**ヴァ
（取っ手） 	**levier** *m.* ルヴィエ	lever **レ**ヴァ
れぱーとりー **レパートリー** repaatorii	**répertoire** *m.* レペルトワール	repertoire, reperto- ry **レ**パトワー，**レ**パートリ
れふぇりー **レフェリー** referii	**arbitre** *m.f.* アルビトル	referee レファ**リ**ー
れべる **レベル** reberu	**niveau** *m.* ニヴォー	level **レ**ヴル
れぽーたー **レポーター** repootaa	**reporter** *m.* ルポルテール	reporter リ**ポ**ータ
れぽーと **レポート** repooto	**rapport** *m.* ラポール	report リ**ポ**ート
れもん **レモン** remon	**citron** *m.* シトロン	lemon **レ**モン
れんあい **恋愛** ren-ai	**amour** *m.* アムール	love **ラ**ヴ
〜結婚	**mariage d'amour** *m.* マリアージュ ダムール	love match **ラ**ヴ **マ**チ
れんが **煉瓦** renga	**brique** *f.* ブリック	brick **ブ**リク

れ

日	仏	英
れんきゅう **連休** renkyuu	**jours fériés successifs** *m.pl.* ジュール フェリエ シュクセシフ	consecutive holidays コンセキュティヴ ハリデイズ
れんけい **連携** renkei	**coopération** *f.* コオペラシオン	cooperation, tie-up コウアパレイション, **タ**イアプ
れんけつ **連結** renketsu	**connexion** *f.*, **lien** *m.* コネクシオン, リアン	connection コネクション
～する	**connecter, lier** コネクテ, リエ	connect コネクト
れんごう **連合** rengou	**union** *f.* ユニオン	union **ユ**ーニョン
れんさい **連載** rensai	**feuilleton** *m.*, **série** *f.* フイユトン, セリ	serial publication **ス**ィアリアル パブリ**ケ**イション
れんさはんのう **連鎖反応** rensahannou	**réaction en chaîne** *f.* レアクシオン アン シェヌ	chain reaction **チ**ェイン リ**ア**クション
れんじ **レンジ** renji	**cuisinière** *f.* キュイジニエール	cooking range, cooker **ク**キング レインヂ, **ク**カ
電子～	**micro-onde** *m.* ミクロオンド	microwave **マ**イクロウェイヴ
れんじつ **連日** renjitsu	**tous les jours** トゥ レ ジュール	every day **エ**ヴリ **デ**イ
れんしゅう **練習** renshuu	**entraînement** *m.*, **exercice** *m.* アントレヌマン, エグゼルシス	practice, exercise プ**ラ**クティス, **エ**クササイズ
～する	**s'exercer, s'entraîner** セグゼルセ, サントレネ	practice, train プ**ラ**クティス, ト**レ**イン
れんず **レンズ** renzu	**lentille** *f.* ランティーユ	lens **レ**ンズ
れんそうする **連想する** rensousuru	**associer** *avec*, **évoquer** アソシエ アヴェク, エヴォケ	associate with ア**ソ**ウシエイト ウィズ

れ

日	仏	英
れんぞく **連続** renzoku	**continuation** *f.* コンティニュアシオン	continuation コンティニュエイション
〜する	**continuer, durer** コンティニュエ, デュレ	continue コンティニュー
れんたい **連帯** rentai	**solidarité** *f.* ソリダリテ	solidarity サリダリティ
〜保証人	**garant(e) solidaire** *m.f.* ガラン(ト) ソリデール	cosigner コウサイナ
れんたかー **レンタカー** rentakaa	**voiture de location** *f.* ヴォワテュール ドゥ ロカシオン	rental car, rent-a-car レンタル カー, レンタカー
れんたる **レンタル** rentaru	**location** *f.* ロカシオン	rental レンタル
れんとげん **レントゲン** rentogen	**rayons X** *m.pl.* レイヨン イクス	X-rays エクスレイズ
〜技師	**radiologue** *m.f.* ラディオログ	radiographer レイディオウグラファ
れんぽう **連邦** renpou	**fédération** *f.* フェデラシオン	federation フェデレイション
れんめい **連盟** renmei	**ligue** *f.* リグ	league リーグ
れんらく **連絡** renraku	**contact** *m.*, **lien** *m.* コンタクト, リアン	liaison, contact リエイゾーン, カンタクト
〜する	**entrer en contact** *avec* アントレ アン コンタクト アヴェク	connect with コネクト ウィズ
れんりつ **連立** renritsu	**coalition** *f.* コアリシオン	coalition コウアリション
〜政権	**gouvernement de coalition** *m.* グヴェルヌマン ドゥ コアリシオン	coalition government コウアリション ガヴァンメント

日	仏	英

ろ, ロ

ろいやりてぃー
ロイヤリティー
roiyaritii

redevance *f.*, **droits d'auteur** *m.pl.*
ルドゥヴァンス, ドロワ ドトゥール

royalty
ロイアルティ

ろう
蝋
rou

cire *f.*
シール

wax
ワクス

ろうあしゃ
聾唖者
rouasha

sourd(e)-muet(e) *m.f.*
スールミュエ(スルドミュエット)

deaf and speech-impaired, Ⓑdeaf-mute
デフ アンド スピーチインペァド, デフミュート

ろうか
廊下
rouka

couloir *m.*, **corridor** *m.*
クロワール, コリドール

corridor, hallway
コリダ, ホールウェイ

ろうか
老化
rouka

vieillissement *m.*
ヴィエイイスマン

aging, growing old
エイヂング, グロウイング オウルド

ろうがん
老眼
rougan

presbytie *f.*
プレスビシ

presbyopia
プレズビオウピア

ろうきゅうかした
老朽化した
roukyuukashita

vétuste
ヴェテュスト

old, decrepit
オウルド, ディクレピト

ろうご
老後
rougo

vieux jours *m.pl.*
ヴィユー ジュール

old age
オウルド エイヂ

ろうし
労使
roushi

patronat *m.* **et travailleurs** *m.pl.*
パトロナ エ トラヴァイユール

labor and management
レイバ アンド マニヂメント

ろうじん
老人
roujin

personne âgée *f.*
ペルソヌ アジェ

older people
オウルダ ピープル

ろうすい
老衰
rousui

sénilité *f.*, **décrépitude** *f.*
セニリテ, デクレピテュード

senility
スィニリティ

ろうそく
蝋燭
rousoku

bougie *f.*, **chandelle** *f.*
ブジー, シャンデル

candle
キャンドル

ろうどう
労働
roudou

travail *m.*
トラヴァイユ

labor, work, Ⓑlabour
レイバ, ワーク, レイバ

日	仏	英
～組合	**syndicat ouvrier** *m.* サンディカ ウヴリエ	labor union レイバァ ユーニオン
～災害	**accident du travail** *m.* アクシダン デュ トラヴァイユ	labor accident レイバァ アクスィデント
～時間	**heures de travail** *f.pl.* ウール ドゥ トラヴァイユ	working hours ワーキング アウアズ
～者	**travailleu*r(se)*** *m.f.* トラヴァイユール(-ズ)	laborer, worker レイバラ, ワーカ
～力	**main-d'œuvre** *f.* マンドゥーヴル	manpower マンパウア
_{ろうどく} **朗読** roudoku	**lecture à haute voix** *f.* レクテュール ア オート ヴォワ	reading リーディング
_{ろうねん} **老年** rounen	**vieillesse** *f.*, **dernier âge** *m.* ヴィエイエス, デルニエ ラージュ	old age オウルド エイヂ
_{ろうひする} **浪費する** rouhisuru	**gaspiller** ガスピエ	waste ウェイスト
_{ろうりょく} **労力** rouryoku	**peine** *f.*, **effort** *m.* ペーヌ, エフォール	pains, effort ペインズ, エファト
_{ろうれい} **老齢** rourei	**vieillesse** *f.*, **troisième âge** *m.* ヴィエイエス, トロワジエム アージュ	old age オウルド エイヂ
_{ろーしょん} **ローション** rooshon	**lotion** *f.* ロシオン	lotion ロウション
_{ろーてーしょん} **ローテーション** rooteeshon	**rotation** *f.* ロタシオン	rotation ロウテイション
_{ろーどしょー} **ロードショー** roodoshoo	**représentation en exclusivité** *f.* ルプレザンタシオン アン ネクスクリュジヴィテ	road show ロウド ショウ
_{ろーぷ} **ロープ** roopu	**corde** *f.* コルド	rope ロウプ

日	仏	英
ろーぷうえい **ロープウエイ** roopuuei	**téléphérique** *m.* テレフェリック	ropeway ロウプウェイ
ろーらーすけーと **ローラースケート** rooraasukeeto	**roller** *m.*, **patinage à roulettes** *m.* ロレール, パティナージュ ア ルレット	roller skating ロウラ スケイティング
ろーん **ローン** roon	**prêt** *m.*, **emprunt** *m.* プレ, アンプラン	loan ロウン
ろかする **濾過する** rokasuru	**filtrer** フィルトレ	filter フィルタ
ろく **六** roku	**six** シス	six スィクス
ろくおんする **録音する** rokuonsuru	**enregistrer** アンルジストレ	record, tape リコード, テイプ
ろくがする **録画する** rokugasuru	**enregistrer** アンルジストレ	record on リコード オン
ろくがつ **六月** rokugatsu	**juin** *m.* ジュアン	June ヂューン
ろくじゅう **六十** rokujuu	**soixante** ソワサント	sixty スィクスティ
ろくまく **肋膜** rokumaku	**plèvre** *f.* プレーヴル	pleura プルーラ
ろくろ **轆轤** rokuro	**tour** *m.* トゥール	potter's wheel パタズ (ホ)ウィール
ろけーしょん **ロケーション** rokeeshon	**extérieurs** *m.pl.* エクステリウール	location ロウケイション
ろけっと **ロケット** roketto	**fusée** *f.* フュゼ	rocket ラケト
ろこつな **露骨な** rokotsuna	**cru(e), brutal(e)** クリュ, ブリュタル	plain, blunt プレイン, ブラント

ろ

日	仏	英
路地 roji	**petite rue** *f.*, **ruelle** *f.* プティット リュ, リュエル	alley, lane アリ, レイン
ロシア roshia	**Russie** *f.* リュシ	Russia ラシャ
～語	**russe** *m.* リュス	Russian ラシャン
露出 roshutsu	**exposition** *f.* エクスポジシオン	exposure イクスポウジャ
～する	**exposer** エクスポゼ	expose イクスポウズ
ロス rosu	**perte** *f.* ペルト	loss ロース
～タイム	**arrêts de jeu** *m.pl.*, **temps additionnel** *m.* アレ ドゥ ジュー, タン アディシオネル	injury time, loss of time インヂャリ タイム, ロース オヴ タイム
路線 rosen	**ligne** *f.*, **route** *f.* リーニュ, ルート	route, line ルート, ライン
～図	**carte** *f.*, **plan** *m.* カルト, プラン	route map ルート マプ
ロッカー rokkaa	**vestiaire** *m.*, **casier** *m.* ヴェスティエール, カジエ	locker ラカ
ロッククライミング rokkukuraimingu	**varappe** *f.*, **escalade** *f.* ヴァラップ, エスカラド	rock-climbing ラククライミング
ロックンロール rokkunrooru	**rock'n'roll** *m.*, **musique rock** *f.* ロケンロル, ミュジック ロック	rock 'n' roll ラクンロウル
肋骨 rokkotsu	**côte** *f.* コート	rib リブ
ロッジ rojji	**chalet** *m.* シャレ	lodge ラヂ

日	仏	英
ろてん **露店** roten	**stand** *m.*, **baraque** *f.* スタンド, バラック	stall, booth ストール, ブース
ろびー **ロビー** robii	**hall** *m.* オール	lobby ラビ
ろぶすたー **ロブスター** robusutaa	**homard** *m.* オマール	lobster ラプスタ
ろぼっと **ロボット** robotto	**robot** *m.* ロボ	robot ロウボト
ろまんしゅぎ **ロマン主義** romanshugi	**romantisme** *m.* ロマンティスム	romanticism ロウマンティスィズム
ろまんちすと **ロマンチスト** romanchisuto	**romantique** *m.f.* ロマンティック	romanticist ロウマンティスィスト
ろめんでんしゃ **路面電車** romendensha	**tramway** *m.* トラムウェ	streetcar, trolley, Ⓑtram ストリートカー, トラリ, トラ ム
ろんぎ **論議** rongi	**discussion** *f.*, **débat** *m.* ディスキュシオン, デバ	discussion, argu- ment ディスカション, アーギュメン ト
～する	**discuter, débattre** ディスキュテ, デバットル	discuss, argue about ディスカス, アーギュー アバウ ト
ろんきょ **論拠** ronkyo	**fondement d'un argu- ment** *m.* フォンドマン ダン ナルギュマン	basis of an argu- ment ベイスィス オヴ アン アーギュ メント
ろんぐせらー **ロングセラー** ronguseraa	**succès durable** *m.* シュクセ デュラーブル	longtime seller ローングタイム セラ
ろんじる **論じる** ronjiru	**discuter, débattre** ディスキュテ, デバットル	discuss, argue ディスカス, アーギュー
ろんそう **論争** ronsou	**débat** *m.*, **controverse** *f.* デバ, コントロヴェルス	dispute, controver- sy ディスピュート, カントロヴァー スィ

ろ

日	仏	英
〜する	**débattre, discuter** デバットル, ディスキュテ	argue, dispute **アー**ギュー, ディス**ピュー**ト
ろんてん **論点** ronten	**sujet** *m.*, **point** *m.* シュジェ, ポワン	point at issue **ポイ**ント アト **イ**シュー
ろんぶん **論文** ronbun	**mémoire** *m.*, **thèse** *f.* メモワール, テーズ	essay, thesis **エ**セイ, **ス**ィースィス
ろんり **論理** ronri	**logique** *f.* ロジック	logic **ラ**ヂク
〜的な	**logique** ロジック	logical **ラ**ヂカル

わ, ワ

日	仏	英
わ **輪** wa	**cercle** *m.*, **boucle** *f.* セルクル, ブクル	ring, loop **リ**ング, **ルー**プ
わ **和** (総和) wa	**somme** *f.* ソム	sum **サ**ム
(調和)	**harmonie** *f.* アルモニ	harmony **ハー**モニ
わーるどかっぷ **ワールドカップ** waarudokappu	**Coupe du monde** *f.* クープ デュ モンド	World Cup **ワール**ド **カ**プ
わいしゃつ **ワイシャツ** waishatsu	**chemise** *f.* シュミーズ	(dress) shirt (ド**レ**ス) **シャー**ト
わいせつな **わいせつな** waisetsuna	**obscène, indécent(e)** オプセーヌ, アンデサン(ト)	obscene, indecent オプ**スィー**ン, インディーセン ト
わいぱー **ワイパー** waipaa	**essuie-glace** *m.* エシュイグラス	wipers **ワイ**パズ
わいやー **ワイヤー** waiyaa	**câble** *m.*, **fil de fer** *m.* カーブル, フィル ドゥ フェール	wire **ワイ**ア
わいろ **賄賂** wairo	**pot-de-vin** *m.* ポ ドゥ ヴァン	bribery, bribe ブ**ライ**バリ, ブ**ライ**ブ

日	仏	英
わいん **ワイン** wain	**vin** *m.* ヴァン	wine **ワイン**
〜グラス	**verre à vin** *m.* ヴェール ア ヴァン	wineglass **ワイン グ**ラース
〜リスト	**carte des vins** *f.* カルト デ ヴァン	wine list **ワイン リ**スト
わおん **和音** waon	**accord** *m.* アコール	harmony **ハーモ**ニ
わかい **若い** wakai	**jeune** ジュヌ	young **ヤ**ング
わかいする **和解する** wakaisuru	**se réconcilier** *avec* ス レコンシリエ アヴェク	(be) reconciled with (ビ) レコンサイルド ウィズ
わかがえる **若返る** wakagaeru	**rajeunir, se rajeunir** ラジュニール, ス ラジュニール	(be) rejuvenated (ビ) リ**チュ**ヴァネイテド
わかさ **若さ** wakasa	**jeunesse** *f.* ジュネス	youth **ユ**ース
わかす **沸かす** wakasu	**faire bouillir** フェール ブイイール	boil **ボ**イル
わがままな **わがままな** wagamamana	**égoïste** エゴイスト	selfish, wilful **セ**ルフィシュ, **ウィ**ルフル
わかもの **若者** wakamono	**jeune homme** *m.* ジュヌ オム	young man **ヤ**ング **マ**ン
わからずや **分からず屋** wakarazuya	**têtu(e)** *m.f.*, **tête dure** *f.* テテュ, テット デュール	blockhead **ブラ**クヘド
わかりにくい **分かりにくい** wakarinikui	**difficile à comprendre** ディフィシル ア コンプランドル	hard to understand **ハ**ード トゥ アンダス**タ**ンド
わかりやすい **分かりやすい** wakariyasui	**facile à comprendre** ファシル ア コンプランドル	easy to under-stand, simple **イ**ーズィー トゥ アンダス**タ**ンド, **ス**ィンプル

日	仏	英
わかる **分かる** wakaru	**comprendre, saisir** コンプランドル, セジール	understand, see アンダス**タ**ンド, ス**ィ**ー
わかれ **別れ** wakare	**séparation** *f.*, **adieu** *m.* セパラシオン, アディユー	parting, farewell **パ**ーティング, フェア**ウェ**ル
わかれる **分かれる** （区分される） wakareru	**se diviser** *en* ス ディヴィゼ アン	(be) divided into (ビ) ディ**ヴァ**イデド **イ**ントゥ
（分岐する）	**bifurquer** ビフュルケ	branch off from ブ**ラ**ンチ **オ**ーフ フラム
わかれる **別れる** wakareru	**quitter, se séparer** *de* キテ, ス セパレ ドゥ	part from **パ**ート フラム
わかわかしい **若々しい** wakawakashii	**jeune, juvénile** ジュヌ, ジュヴェニル	youthful **ユ**ースフル
わき **脇** waki	**côté** *m.*, **flanc** *m.* コテ, フラン	side **サ**イド
わきのした **脇の下** wakinoshita	**aisselle** *f.* エセル	armpit **ア**ームピト
わきばら **脇腹** wakibara	**côté** *m.*, **flanc** *m.* コテ, フラン	side **サ**イド
わきみち **脇道** wakimichi	**chemin détourné** *m.* シュマン デトゥルネ	side street **サ**イド スト**リ**ート
わきやく **脇役** wakiyaku	**rôle secondaire** *m.* ロール スゴンデール	supporting role, minor role サ**ポ**ーティング **ロ**ウル, **マ**イナ ロウル
わく **湧く** （水などが） waku	**jaillir, couler** ジャイイール, クレ	gush, flow **ガ**シュ, フ**ロ**ウ
わく **沸く** （湯が） waku	**bouillir** ブイール	boil **ボ**イル
わく **枠** （囲み） waku	**cadre** *m.* カードル	frame, rim フ**レ**イム, **リ**ム

日	仏	英
（範囲）	**limite** *f.* リミット	range, extent **レ**インヂ, イク**ス**テント
わくせい **惑星** wakusei	**planète** *f.* プラネット	planet プ**ラ**ネト
わくちん **ワクチン** wakuchin	**vaccin** *m.* ヴァクサン	vaccine ヴァク**スィ**ーン
わけ **訳** wake	**raison** *f.*, **cause** *f.* レゾン, コーズ	reason, cause **リ**ーズン, **コ**ーズ
わけまえ **分け前** wakemae	**part** *f.* パール	share, cut **シェ**ア, **カ**ト
わける **分ける** （区別する） wakeru	**classer** クラッセ	classify ク**ラ**スィファイ
（分割する）	**diviser** ディヴィゼ	divide, part ディ**ヴァ**イド, **パ**ート
（分配する）	**partager** パルタジェ	distribute, share ディスト**リ**ビュト, **シェ**ア
（分離する）	**séparer** セパレ	separate, part **セ**パレイト, **パ**ート
わごむ **輪ゴム** wagomu	**élastique** *m.* エラスティック	rubber band **ラ**バ **バ**ンド
わごんしゃ **ワゴン車** wagonsha	**break** *m.* ブレク	station wagon ス**テ**イション **ワ**ゴン
わざ **技** waza	**technique** *f.*, **art** *m.* テクニック, アール	technique, art テク**ニ**ーク, **ア**ート
わざ **業** waza	**acte** *m.*, **œuvre** *f.* アクト, ウーヴル	act, work **ア**クト, **ワ**ーク
わざと **わざと** wazato	**exprès, intentionnelle-ment** エクスプレ, アンタンシオネルマン	on purpose, inten-tionally オン **パ**ーパス, イン**テ**ンショナ リ

わ

日	仏	英
わさび **山葵** wasabi	**wasabi** *m.*, **raifort japo-nais** *m.* ワサビ, レフォール ジャポネ	wasabi ワサビ
わざわい **災い** wazawai	**malheur** *m.* マルール	misfortune ミスフォーチュン
わし **鷲** washi	**aigle** *m.* エーグル	eagle イーグル
わしょく **和食** washoku	**cuisine japonaise** *f.* キュイジーヌ ジャポネーズ	Japanese food ジャパニーズ フード
わずかな **僅かな** wazukana	**un peu** アン プー	a few, a little ア フュー, ア リトル
わずらわしい **煩わしい** wazurawashii	**ennuyeux(se)** アンニュイユー(ズ)	troublesome トラブルサム
わすれっぽい **忘れっぽい** wasureppoi	**oublieux(se)** ウブリユー(ズ)	forgetful フォゲトフル
わすれもの **忘れ物** wasuremono	**objet perdu** *m.*, **objet trouvé** *m.* オブジェ ペルデュ, オブジェ トルヴェ	thing left behind スィング レフト ビハインド
わすれる **忘れる** wasureru	**oublier** ウブリエ	forget フォゲト
わた **綿** wata	**coton** *m.* コトン	cotton カトン
わだい **話題** wadai	**sujet** *m.* シュジェ	topic タピク
わだかまり **わだかまり** wadakamari	**ressentiment** *m.* ルサンティマン	bad feelings バド フィーリングズ
わたし **私** watashi	**je** *m.f.* ジュ	I アイ
〜の	**mon(*ma*)** モン(マ)	my マイ

日	仏	英
わたしたち **私たち** watashitachi	**nous** *m.f.pl.* ヌ	we ウィー
〜の	**notre** ノートル	our アウア
わたす **渡す** watasu	**donner** ドネ	hand ハンド
（引き渡す）	**remettre, livrer** ルメットル, リヴレ	hand over, surren- der ハンド **オ**ウヴァ, サレンダ
わたる **渡る** wataru	**passer, traverser** パセ, トラヴェルセ	cross, go over クロース, **ゴ**ウ **オ**ウヴァ
わっくす **ワックス** wakkusu	**cire** *f.* シール	wax ワクス
わっと **ワット** watto	**watt** *m.* ワット	watt ワト
わな **罠** wana	**piège** *m.* ピエージュ	trap トラプ
わに **鰐** wani	**crocodile** *m.*, **alligator** *m.* クロコディル, アリガトール	crocodile, alligator ク**ラ**カダイル, **ア**リゲイタ
わびる **詫びる** wabiru	**présenter** *ses* **excuses** *à* プレザンテ エクスキューズ ア	apologize to ア**パ**ロヂャイズ トゥ
わふうの **和風の** wafuuno	**japonais(e)** ジャポネ(- ネーズ)	Japanese ヂャパ**ニ**ーズ
わへいこうしょう **和平交渉** waheikoushou	**négociations de paix** *f.pl.* ネゴシアシオン ドゥ ペ	peace negotiation **ピ**ース ニゴウシ**エ**イション
わめく **わめく** wameku	**crier, hurler** クリエ, ユルレ	shout, cry out **シャ**ウト, ク**ラ**イ **ア**ウト
わやく **和訳** wayaku	**traduction japonaise** *f.* トラデュクシオン ジャポネーズ	Japanese transla- tion ヂャパ**ニ**ーズ トランス**レ**イショ ン

日	仏	英
わらい **笑い** warai	**rire** *m.* リール	laugh, laughter ラフ, ラフタ
〜話	**histoire drôle** *f.* イストワール ドロール	funny story ファニ ストーリ
わらう **笑う** warau	**rire** リール	laugh ラフ
わらわせる **笑わせる** warawaseru	**faire rire** フェール リール	make laugh メイク ラフ
（ばかげた）	**ridicule, absurde** リディキュル, アプシュルド	ridiculous, absurd リディキュラス, アプサード
わりあい **割合** wariai	**proportion** *f.*, **taux** *m.* プロポルシオン, トー	rate, ratio レイト, レイシオウ
わりあて **割り当て** wariate	**attribution** *f.* アトリビュシオン	assignment, allot- ment アサインメント, アラトメント
わりあてる **割り当てる** wariateru	**attribuer** アトリビュエ	assign, allot アサイン, アラト
わりかんにする **割り勘にする** warikannisuru	**payer chacun** *sa* **part, partager** ペイエ シャカン パール, パルタジェ	split the bill スプリト ザ ビル
わりこむ **割り込む** warikomu	**se glisser, intervenir** ス グリセ, アンテルヴニール	cut in カト イン
わりざん **割り算** warizan	**division** *f.* ディヴィジオン	division ディヴィジョン
わりびき **割り引き** waribiki	**remise** *f.*, **réduction** *f.* ルミーズ, レデュクシオン	discount ディスカウント
わりびく **割り引く** waribiku	**réduire** レデュイール	discount, reduce ディスカウント, リデュース
わりまし **割り増し** warimashi	**prime** *f.* プリム	extra charge, pre- mium エクストラ チャーヂ, プリーミ アム

日	仏	英
〜料金	**supplément** *m.* シュプレマン	extra charge エクストラ チャーヂ
わる **割る** （壊す） waru	**briser** ブリゼ	break, crack ブレイク, クラク
（分割する）	**diviser** *en* ディヴィゼ アン	divide into ディ**ヴァ**イド イントゥ
（裂く）	**fendre** ファンドル	split, chop スプリト, **チャ**プ
わるい **悪い** warui	**mauvais(e)** モヴェ(-・ヴェーズ)	bad, wrong バド, ロング
わるくち **悪口** warukuchi	**médisance** *f.*, **injure** *f.* メディザンス, アンジュール	(verbal) abuse (**ヴァ**ーバル) ア**ビュ**ース
わるつ **ワルツ** warutsu	**valse** *f.* ヴァルス	waltz **ウォ**ールツ
わるもの **悪者** warumono	**mauvais sujet** *m.*, **malfai-** **teur**(**trice**) *m.f.* モヴェ シュジェ, マルフェトゥール(-・トリス)	bad guy, villain バド ガイ, **ヴィ**レン
われめ **割れ目** wareme	**crevasse** *f.*, **fente** *f.* クルヴァス, ファント	crack, split クラク, スプリト
われる **割れる** （壊れる） wareru	**se casser, se briser** ス カセ, ス ブリゼ	break ブレイク
（裂ける）	**se fendre** ス ファンドル	crack, split クラク, スプリト
われわれ **我々** wareware	**nous, nous-mêmes** ヌ, ヌメーム	we, ourselves **ウィ**ー, アウア**セ**ルヴズ
わん **椀** wan	**bol** *m.* ボル	bowl ボウル
わん **湾** wan	**baie** *f.*, **golfe** *m.* ベ, ゴルフ	bay, gulf ベイ, **ガ**ルフ

わ

日	仏	英
わんがん **湾岸** wangan	**côte** *f.* コート	coast コウスト
わんきょくする **湾曲する** wankyokusuru	**se courber** ス クルベ	curve, bend カーヴ, ベンド
わんぱくな **腕白な** wanpakuna	**espiègle, malicieux(se)** エスピエーグル, マリシウー(ズ)	naughty ノーティ
わんぴーす **ワンピース** wanpiisu	**robe** *f.* ローブ	dress ドレス
わんまん **ワンマン** wanman	**dictateur** *m.*, **autocrate** *m.* ディクタトゥール, オトクラット	dictator, autocrat ディクテイタ, オートクラト
わんりょく **腕力** wanryoku	**force physique** *f.* フォルス フィジック	physical strength フィズィカル ストレングス

わ

付 録

● 日常会話

あいさつ ……………………………………… 848
日々のあいさつ／近況・暮らしぶりをたずねる・答
える／初対面・再会のときのあいさつ／招待・訪問
のあいさつ／別れのあいさつ

食事 ……………………………………………… 854
食事に誘う／レストランに入るときの表現／注文す
る／食事の途中で／レストランでの苦情／お酒を飲
む／デザートを注文する／支払いのときの表現／ファ
ストフードを注文するときの表現／食事の途中の会
話

買い物 …………………………………………… 866
売り場を探す／品物を見せてもらう・品物について
聞く／試着する／品物を買う

トラブル・緊急事態 …………………………… 874
困ったときの表現／紛失・盗難のときの表現／子供
が迷子になったときの表現／助けを求める／事件に
巻き込まれて

● 分野別単語集

アクセサリー ………	880	食器 ………………	893
味 …………………	880	数字 ………………	894
家 …………………	881	スポーツ …………	895
衣服 ………………	881	台所用品 …………	896
色 …………………	882	電気製品 …………	897
家具 ………………	883	動物 ………………	897
家族 ………………	883	鳥 …………………	898
体 …………………	884	度量衡 ……………	899
木 …………………	885	肉 …………………	900
気象 ………………	886	日本料理 …………	900
季節・月 …………	887	飲み物 ……………	901
果物 ………………	887	花 …………………	902
化粧品 ……………	888	病院 ………………	902
交通 ………………	888	病気 ………………	903
魚 …………………	889	文房具 ……………	904
サッカー …………	889	店 …………………	904
時間 ………………	890	野菜 ………………	905
情報 ………………	891	曜日 ………………	906
職業 ………………	892	レストラン………	906

日常会話

あいさつ

日々のあいさつ　—こんにちは！—

● **おはよう.**
Bonjour.
ボンジュール
Good morning.

● **こんにちは.**
Bonjour.
ボンジュール
Good afternoon.

● **こんばんは.**
Bonsoir.
ボンソワール
Good evening.

● **おやすみなさい.**
Bonne nuit.
ボヌ　ニュイ
Good night.

● **(親しい人に)やあ.**
Ça va? / Salut!
サヴァ / サリュ
Hello. / Hi!

近況・暮らしぶりをたずねる・答える　—お元気ですか？—

● **お元気ですか.**
Comment allez-vous?
コマン　タレヴー
How are you?

● **はい, 元気です. あなたは？**
Je vais bien. Et vous?
ジュ　ヴェ　ビアン　エ　ヴー
I'm fine. And you?

849

● まあどうということもなくやってます.
Comme ci comme ça.
コム シ コム サ
Nothing to complain about.

● まあまあです.
Pas mal.
パ マル
So-so.

● お元気そうですね.
Vous avez l'air d'aller bien.
ヴー ザヴェ レール ダレ ビアン
You're looking good.

● (親しい人に)元気？
Comment ça va?
コマン サ ヴァ
How are you doing?

● 仕事はどうですか.
Comment vont les affaires?
コマン ヴォン レ ザフェール
How are you getting along with your business?

● 忙しいです.
Je suis très occupé(e)
ジュ スイ トレ ゾキュペ
I'm busy.

● 奥さんはお元気ですか.
Comment va votre femme?
コマン ヴァ ヴォトル ファム
How's your wife?

● ご主人はお元気ですか.
Comment va votre mari?
コマン ヴァ ヴォトル マリ
How's your husband?

● 息子さんはお元気ですか.
Comment va votre fils?
コマン ヴァ ヴォトル フィス
How's your son?

●娘さんはお元気ですか.
Comment va votre fille?
コマン ヴァ ヴォトル フィーユ
How's your daughter?

●ご両親はお元気ですか.
Comment vont vos parents?
コマン ヴォン ヴォ パラン
How are your parents?

●ルブランさんはお元気ですか.
Comment va Monsieur Leblanc? / Comment va Madame Leblanc? / Comment va Mademoiselle Leblanc?
コマン ヴァ ムシュー ルブラン / コマン ヴァ マダム ルブラン / コマン ヴァ マドモ ワゼル ルブラン
How is Mr. Leblanc? / How is Mrs. Leblanc? / How is Ms. Leblanc?

●彼は元気です.
Il va très bien.
イル ヴァ トレ ビアン
He is fine.

●彼女は元気です.
Elle va très bien.
エル ヴァ トレ ビアン
She is fine.

●それは何よりです.
Je suis content(e) d'entendre ça.
ジュ スイ コンタン(ト) ダンタンドル サ
I'm glad to hear that.

初対面・再会のときのあいさつ　—はじめまして—

●はじめまして.
Bonjour. / Enchanté(e).
ボンジュール / アンシャンテ
Nice to meet you.

●お目にかかれてうれしいです.
Je suis heureux(se) de vous voir.
ジュ スイ ズールー(ズ) ドゥ ヴー ヴォワール
Nice to see you. / Good to see you.

●マルタンさんではありませんか.
N'êtes-vous pas Monsieur Martin?
ネットヴー パ ムシュー マルタン
Aren't you Mr. Martin?

●私を覚えていらっしゃいますか.
Est-ce que vous vous souvenez de moi?
エス ク ヴー ヴー スヴネ ドゥ モワ
Do you remember me?

●お久しぶりです.
Il y a longtemps que je ne vous ai pas vu(e).
イリヤ ロンタン ク ジュ ヌ ヴー ゼ パ ヴュ
It's been a long time.

●ようこそフランスへ.
Bienvenue en France.
ビアンヴニュ アン フランス
Welcome to France.

●疲れていませんか.
Vous n'êtes pas fatigué(e)?
ヴー ネット パ ファティゲ
Aren't you tired?

●ええ, 大丈夫です
Non, ça va.
ノン サ ヴァ
No, I'm fine.

●ちょっと疲れました.
Je suis un peu fatigué(e).
ジュ スイ アン プー ファティゲ
I'm a little tired.

●時差ぼけかもしれません.
C'est peut-être le décalage horaire.
セ プテートル ル デカラージュ オレール
It's probably jet lag.

●ぐっすり眠れましたか.
Est-ce que vous avez bien dormi?
エス ク ヴー ザヴェ ビアン ドルミ
Did you sleep well?

●熟睡しました.

J'ai bien dormi.

ジェ　ビアン　ドルミ

I slept well. / I slept like a log.

招待・訪問のあいさつ　—すてきなお家ですね—

●うちにいらしてください.

Venez chez moi.

ヴネ　シェ　モワ

Come over to my place.

●ぜひうかがいます.

J'aimerais bien venir.

ジェムレ　ビアン　ヴニール

I'm definitely going.

●お招きいただきありがとうございます.

Merci pour l'invitation.

メルシ　プール　ランヴィタシオン

Thanks very much for inviting me.

●すてきなお家ですね.

C'est une jolie maison.

セ　テュヌ　ジョリ　メゾン

What a wonderful house!

●これをどうぞ

C'est pour vous.

セ　プール　ヴー

Please accept this gift.

●日本のおみやげです.

C'est un cadeau du Japon.

セ　タン　カドー　デュ　ジャポン

Here's a Japanese gift.

別れのあいさつ　—さようなら—

●もう行かなくては.

Je dois y aller.

ジュ　ドワ　イ　アレ

I should be going now.

853

● さようなら.
Au revoir.
オ ルヴォワール
Good-bye. / See you.

● バイバイ.
Salut.
サリュ
Bye. / Bye-bye.

● それではまた
À bientôt.
ア ビアントー
See you again.

● じゃあまたあとで.
À tout à l'heure.
ア トゥ タ ルール
See you later.

● また明日.
À demain.
ア ドゥマン
See you tomorrow.

● よいバカンスを.
Bonnes vacances!
ボヌ ヴァカンス
Have a good vacation.

● どうぞ, 楽しい旅を！
Bon voyage!
ボン ヴォワイヤージュ
Have a nice trip!

● お気をつけて.
Faites attention!
フェット アタンシオン
Take care!

● あなたもね.
Vous aussi!
ヴー オシ
You too! / The same to you!

● またいつかお会いしたいですね.
Je voudrais vous revoir un jour.
ジュ ヴドレ ヴー ルヴォワール アン ジュール
I hope to see you again sometime.

● 今後も連絡を取り合いましょう.
On restera en contact.
オン レストラ アン コンタクト
Let's keep in touch.

● ご主人によろしくお伝えください.
Dites bonjour à votre mari.
ディット ボンジュール ア ヴォトル マリ
My regards to your husband.

食事

食事に誘う ―食事に行きませんか？―

● お腹がすきました.
J'ai faim.
ジェ ファン
I'm hungry.

● のどが渇きました.
J'ai soif.
ジェ ソワフ
I'm thirsty.

● 喫茶店で休みましょう.
Si on se reposait dans un café?
シ オン ス ルポゼ ダン ザン カフェ
Let's rest at a coffee shop.

● お昼は何を食べようか.
Qu'est-ce qu'on va manger pour ce déjeuner?
ケス コン ヴァ マンジェ プール ス デジュネ
What shall we eat for lunch?

855

● 食事に行きませんか.
Voulez-vous sortir pour prendre le repas?
ヴレヴー　ソルティール　プール　プランドル　ル　ルパ
Shall we go and eat together?

● 中華料理はどうですか.
Comment trouvez-vous la cuisine chinoise?
コマン　トルヴェヴー　ラ　キュイジーヌ　シノワーズ
How about Chinese food?

● 何か食べたいものはありますか.
Voulez-vous manger quelque chose de particulier?
ヴレヴー　マンジェ　ケルク　ショーズ　ドゥ　パルティキュリエ
Is there anything you'd like to eat?

● 嫌いなものはありますか.
Y a-t-il des plats que vous ne mangez pas?
イ　アティル　デ　プラ　ク　ヴー　ヌ　マンジェ　パ
Is there anything you don't like to eat?

● なんでも大丈夫です.
Je mange de tout.
ジュ　マンジュ　ドゥ　トゥー
Anything's ok.

● あまり辛いものは苦手です.
Je n'aime pas les plats trop piquants.
ジュ　ネム　パ　レ　プラ　トロ　ピカン
I can't eat anything too spicy.

● いいレストランを教えてくれませんか.
Pouvez-vous m'indiquer un bon restaurant?
プヴェヴー　マンディケ　アン　ボン　レストラン
Could you recommend a good restaurant?

● この店はおいしくて値段も手ごろです.
Les plats dans ce restaurant sont bons et les prix sont raisonnables.
レ　プラ　ダン　ス　レストラン　ソン　ボン　エ　レ　プリ　ソン　レゾナーブル
The food in this restaurant is good and the prices aren't bad.

日常会話

●ごちそうしますよ.

Je vous invite.

ジュ ヴー ザンヴィット

I'll treat you.

レストランに入るときの表現 —何分ぐらい待ちますか?—

●6時から3名で予約をお願いします.

Je voudrais faire une réservation pour trois personnes à six heures.

ジュ ヴドレ フェール ユヌ レゼルヴァシオン プール トロワ ペルソヌ ア シ ズール

I'd like to make a reservation for three persons at six o'clock.

●何分ぐらい待ちますか.

Combien de minutes faut-il attendre?

コンビアン ドゥ ミニュト フォティル アタンドル

How long will we have to wait?

●ここにお名前を書いてください.

Écrivez ici votre nom.

エクリヴェ イシ ヴォトル ノン

Please put your name down here.

●(ボーイが客に)テラス席でよろしいですか.

Je peux vous conduire sur la terrasse, qu'en dites-vous?

ジュ プ ヴー コンデュイール シュール ラ テラス カン ディットヴー

Will the terrace seat be all right for you?

●7時に予約をしました.

J'ai une réservation à 7 (sept) heures.

ジェ ユヌ レゼルヴァシオン ア セット トゥール

I have a reservation for seven o'clock.

●2人です.

Nous sommes deux.

ヌー ソム ドゥー

Do you have a table for two?

●禁煙席・喫煙席どちらがよろしいですか.

Désirez-vous une table fumeur ou non-fumeur?

デジレ ヴー ユヌ ターブル フュムール ウ ノンフュムール

Would you prefer smoking or nonsmoking?

857

●たばこをお吸いになりますか.
Est-ce que vous fumez?
エス ク ヴー フュメ
Would you like to smoke?

●禁煙席をお願いします.
Une table non-fumeur, s'il vous plaît.
ユヌ ターブル ノンフュムール シル ヴー プレ
Nonsmoking, please.

●どこでたばこが吸えますか.
Où est-ce qu'on peut fumer?
ウー エス コン プー フュメ
Where can I smoke?

●こちらへどうぞ.
Veuillez me suivre, s'il vous plaît.
ヴィエ ム スイーヴル シル ヴー プレ
Right this way, please.

●この席は空いていますか.
Est-ce que cette place est libre?
エス ク セット プラス エ リーブル
Is this seat taken?

注文する ―本日のスープは何ですか?―

●メニューを見せてください.
Je pourrais avoir la carte, s'il vous plaît.
ジュ プーレ アヴォワール ラ カルト シル ヴー プレ
Could I have a menu, please?

●ご注文をどうぞ.
Avez-vous choisi?
アヴェヴー ショワジ
May I take your order?

●お勧めはなんですか.
Qu'est-ce que vous me recommandez?
ケス ク ヴー ム ルコマンデ
What do you recommend?

●この店の自慢料理は何ですか.
Quelle est la spécialité de la maison?
ケ レ ラ スペシアリテ ドゥ ラ メゾン
What's your specialty?

●本日のスープは何ですか.
Quelle est la soupe du jour?
ケ レ ラ スープ デュ ジュール
What's the soup of the day?

●ハム・ソーセージの盛り合わせをください.
Je prends l'assortiment de charcuterie.
ジュ プラン ラソルティマン ドゥ シャルキュトゥリ
I'd like a ham and sausage plate, please.

●魚にします.
Je prends le poisson.
ジュ プラン ル ポワソン
I'd like the fish.

●ステーキの焼き具合はどのようにしましょうか.
Quelle cuisson préférez-vous?
ケル キュイソン プレフェレヴー
How would you like your steak?

●ミディアムにしてください.
À point, s'il vous plaît.
ア ポワン シル ヴー プレ
Medium, please.

●レアにしてください.
Saignant, s'il vous plaît.
セニャン シル ヴー プレ
Rare, please.

●ウェルダンにしてください.
Bien cuit, s'il vous plaît.
ビアン キュイ シル ヴー プレ
Well-done, please.

●ミックスサラダもください.
Donnez-moi aussi une salade mixte, s'il vous plaît.
ドネモワ オシ ユヌ サラド ミクスト シル ヴー プレ
I'd like a mixed salad too, please.

●ボリュームが少ないのはどれですか.
Pouvez-vous me recommander un plat léger?
プヴェヴー　ム　ルコマンデ　アン　プラ　レジェ
Which has the least volume?

食事の途中で　―小皿を持ってきてください―

●小皿を持ってきてください.
Apportez-nous de petites assiettes, s'il vous plaît.
アポルテヌー　ドゥ　プティット　ザシエット　シル　ヴー　プレ
Please bring a small plate.

●お水をいただけますか.
De l'eau, s'il vous plaît.
ドゥ　ロ　シル　ヴー　プレ
I'd like a glass of water, please.

●ナイフをいただけますか.
Je peux avoir un couteau s'il vous plaît?
ジュ　プ　アヴォワール　アン　クトー　シル　ヴー　プレ
Give me a knife, please.

●これ（残り）を包んでいただけますか.
Vous ne pourriez pas l'envelopper pour emporter?
ヴー　ヌ　プリエ　パ　ランヴロペ　プール　アンポルテ
Will you wrap this up?

レストランでの苦情　―頼んだものがまだ来ません―

●これは注文していません.
Ce n'est pas ce que j'ai commandé.
ス　ネ　パ　ス　ク　ジェ　コマンデ
I didn't order this.

●私が頼んだのは子羊のフィレです.
J'ai commandé le filet d'agneau.
ジェ　コマンデ　ル　フィレ　ダニョ
I ordered the lamb fillet.

●頼んだものがまだ来ません.
Notre commande n'arrive toujours pas.
ノートル　コマンド　ナリヴ　トゥジュール　パ
Our order hasn't come yet.

●確認してまいります.
Je vais voir.
ジュ ヴェ ヴォワール
I'll go check.

●申し訳ございません.
Excusez-nous.
エクスキュゼヌー
I'm very sorry.

●もうしばらくお待ちください.
Attendez encore quelques minutes, s'il vous plaît.
アタンデ アンコール ケルク ミニュット シル ヴー プレ
Please wait a moment.

お酒を飲む —ワインをグラスでください—

●飲み物は何がいいですか.
Et comme boisson?
エ コム ボワソン
What would you like to drink?

●ワインリストはありますか.
Vous avez la carte des vins?
ヴー ザヴェ ラ カルト デ ヴァン
Do you have a wine list?

●ワインをグラスでください.
Un verre de vin, s'il vous plaît.
アン ヴェール ドゥ ヴァン シル ヴー プレ
A glass of wine please.

●アルコールはだめなんです.
Je ne bois pas d'alcool.
ジュ ヌ ボワ パ ダルコル
I don't drink.

●一口ならいただきます.
Juste une goutte, merci.
ジュスト ユヌ グット, メルシ
I'll have a sip.

● 乾杯！
À votre santé!
ア　ヴォトル　サンテ
Cheers!

デザートを注文する —私はアイスクリームにします—

● デザートには何がありますか.
Qu'est-ce que vous avez comme dessert?
ケス　ク　ヴー　ザヴェ　コム　デセール
What do you have for dessert?

● 私はアイスクリームにします.
Je prends de la glace.
ジュ　プラン　ドゥ　ラ　グラス
I'd like some ice cream.

● お腹が一杯でデザートは入りません.
J'ai si bien mangé que je ne veux plus de dessert.
ジェ　シ　ビアン　マンジェ　ク　ジュ　ヌ　ヴー　プリュ　ドゥ　デセール
I'm so full I don't need dessert.

● コーヒーはブラックがいいです.
J'aime le café noir.
ジェム　ル　カフェ　ノワール
I'd like my coffee black.

支払いのときの表現 —お勘定をお願いします—

● 割り勘にしましょう.
Partageons la note.
パルタジョン　ラ　ノート
Let's split the bill.

● お勘定をお願いします.
L'addition, s'il vous plaît.
ラディシオン　シル　ヴー　プレ
Check, please.

● クレジットカードでお願いします.
Avec une carte de crédit, s'il vous plaît.
アヴェク　ユヌ　カルト　ドゥ　クレディ，シル　ヴー　プレ
By credit card, please.

862

●**カードはご使用になれません.**
Nous n'acceptons pas la carte.
ヌー ナクセプトン パ ラ カルト
You can't use a card.

●**現金でお願いします.**
En espèce, s'il vous plaît.
アン ネスペス シル ヴー プレ
Cash, please.

●**計算が間違っています.**
Ce calcul n'est pas juste.
ス カルキュル ネ パ ジュスト
This was added up wrong.

●**請求額が高すぎます.**
C'est une somme exorbitante.
セ テュヌ ソム エグゾルビタント
This bill is too much.

●**おつりが足りません.**
Il manque de la monnaie à me rendre.
イル マンク ドゥ ラ モネ ア ム ランドル
This is not the correct change.

●**100 ユーロ札を渡しました.**
Je vous ai donné un billet de cent euros.
ジュ ヴー ゼ ドネ アン ビエ ドゥ サン ウロ
I gave you a 100 euro bill.

ファストフードを注文するときの表現　—ここで食べます—

●**テイクアウトでハンバーガー 2 個をお願いします.**
Deux hamburgers à emporter, s'il vous plaît.
ドゥー アンブルグール ア アンポルテ シル ヴー プレ
Two hamburgers to go, please.

●**マスタード抜きにしてください.**
Sans moutarde, s'il vous plaît.
サン ムタルド シル ヴー プレ
Hold the mustard, please.

●ホットドッグとオレンジジュースをください.
Un hot-dog et un jus d'orange, s'il vous plaît.
アン オットドッグ エ アン ジュ ドランジュ シル ヴー プレ
A hot dog and an orange juice, please.

●スモールをお願いします.
Le petit, s'il vous plaît.
ル プティ シル ヴー プレ
A small, please.

●ミディアムをお願いします.
Le moyen, s'il vous plaît.
ル モワイヤン シル ヴー プレ
A medium, please.

●ラージをお願いします.
Le grand, s'il vous plaît.
ル グラン シル ヴー プレ
A large, please.

●氷は入れないでください.
Sans glaçon, s'il vous plaît.
サン グラソン シル ヴー プレ
No ice, please.

●ここで食べます.
Je mange ici.
ジュ マンジュ イシ
I'll eat it here.

●持ち帰ります.
Je vais l'emporter.
ジュ ヴェ ランポルテ
I'd like this to go.

食事の途中の会話 ―どうやって食べるんですか?―

●冷めないうちに召し上がれ.
Prenez votre repas avant qu'il ne refroidisse.
プルネ ヴォトル ルパ アヴァン キル ヌ ルフロワディス
Eat it before it gets cold.

●たくさん召し上がってください.
Mangez beaucoup.
マンジェ ボークー
Please have as much as you'd like.

●お口に合えばいいのですが.
J'espère que ça vous plaira.
ジェスペール ク サ ヴー プレラ
I don't know whether you'll like it, but...

●すごいごちそうですね.
Quel festin!
ケル フェスタン
Wow, what a treat!

●わあ. いい香り.
Que ça sent bon!
ク サ サン ボン
Wow. Nice smell.

●おいしいです！
C'est délicieux.
セ デリシユー
Delicious!

●これ, 大好物なんです.
C'est mon plat préféré.
セ モン プラ プレフェレ
This is my favorite.

●サラダを自分でお取りください.
Servez-vous de la salade.
セルヴェ ヴー ドゥ ラ サラド
Help yourself to the salad.

●スープの味はいかがですか.
Comment trouvez-vous la soupe?
コマン トルヴェヴー ラ スープ
What do you think of the soup?

●これは何ですか.
C'est quoi ça?
セ クワ サ
What is this?

●どうやって食べるんですか.
Comment est-ce que ça se mange?
コマン エス ク サ ス マンジュ
How do you eat this?

●手で持ってもいいんですか.
Peut-on utiliser les mains?
プー トン ユティリゼ レ マン
Can I hold it in my hand?

●こうやって食べるんです.
Ça se mange comme ça.
サ ス マンジュ コム サ
You eat it like this.

●これも食べられますか.
Est-ce qu'on mange ça aussi?
エス コン マンジュ サ オシ
Can you eat this too?

●それは飾りです.
C'est un objet décoratif.
セ タン ノブジェ デコラティフ
That's a decoration.

●それは食べられません.
Ce n'est pas comestible.
ス ネ パ コメスティーブル
We don't eat that.

●フォアグラを食べるのは初めてです.
C'est la première fois que je mange du foie gras.
セ ラ プルミエル フォワ ク ジュ マンジュ デュ フォワ グラ
This is my first time eating foie gras.

●ごめんなさい, これはちょっと食べられません.
Excusez-moi, mais je ne peux pas manger cela.
エクスキュゼモワ メ ジュ ヌ プー パ マンジェ スラ
I'm sorry, but I can't eat this.

●アレルギーが出るんです.
J'y suis allergique.
ジ スイ アレルジーク
I'll have an allergic reaction.

●おかわりをどうぞ.
Resservez-vous.
ルセルヴェ　ヴー
How about another helping? / How about another refill?

●もう十分いただきました.
Je me suis déjà largement servi.
ジュ　ム　スイ　デジャ　ラルジュマン　セルヴィ
I've already had enough.

●お腹が一杯です.
J'ai bien mangé.
ジェ　ビアン　マンジェ
I'm full.

●たいへんおいしかったです, ごちそうさま.
C'était délicieux, merci.
セテ　デリシユー,　メルシ
The meal was delicious, thank you.

●気に入ってもらえてうれしいです.
Je suis heureux(se) que vous l'aimiez.
ジュ　スイ　ズールー(ズ)　ク　ヴー　レミエ
I'm glad you liked it.

買い物

売り場を探す　—安い靴を探しています—

●いらっしゃいませ.
Bonjour. Je peux vous aider?
ボンジュール　ジュ　プー　ヴー　ゼデ
May I help you?

●ちょっと見ているだけです.
Je regarde seulement.
ジュ　ルガルド　スールマン
I'm just looking, thank you.

●ネクタイはありますか.
Avez-vous des cravates?
アヴェヴー　デ　クラヴァット
Do you have some ties?

●文房具はどこで売っていますか.
Où est le rayon papeterie?
ウー　エ　ル　レイヨン　パペトリ
Where do you sell stationery?

●ジーンズを探しています.
Je cherche des jeans.
ジュ　シェルシュ　デ　ジーン
I am looking for jeans.

●安い靴を探しています.
Je cherche des chaussures pas chères.
ジュ　シェルシュ　デ　ショシュール　パ　シェール
I'm looking for some cheap shoes.

●婦人服売り場はどこですか.
Où est le rayon des vêtements pour femmes?
ウー　エ　ル　レイヨン　デ　ヴェトマン　プール　ファム
Where can I find women's clothes?

●紳士服売り場は何階ですか.
À quel étage se trouve le rayon des vêtements pour hommes?
ア　ケル　エタージュ　ス　トルーヴ　ル　レイヨン　デ　ヴェトマン　プール　オム
What floor is men's clothes on?

●こちらにございます.
C'est par ici.
セ　パ　リシ
It's over here.

●子供服売り場の奥にございます.
C'est derrière le rayon des vêtements pour enfants.
セ　デリエール　ル　レイヨン　デ　ヴェトマン　プール　アンファン
It's in the back of the Children's section.

● ３階にあります.
C'est au deuxième étage.
セ　ト　ドゥジエム　エタージュ
That's on the 3rd floor.

●地下２階にあります.
C'est au second sous-sol.
セ　ト　スゴン　スーソル
That's on the 2nd floor below.

●エレベーターで5階に行ってください.
Montez au quatrième en ascenseur.
モンテ オ カトリエム アン ナサンスール
Please take the elevator to the 5th floor.

●あちらの階段で上がってください.
Montez l'escalier qui se trouve là-bas.
モンテ レスカリエ キ ス トルーヴ ラバ
Please go up using the stairway over there.

●あちらの階段で下りてください.
Descendez l'escalier qui se trouve là-bas.
デサンデ レスカリエ キ ス トルーヴ ラバ
Please go down using the stairway over there.

●申し訳ございません, こちらでは扱っておりません.
Excusez-nous, nous n'en faisons pas.
エクスキュゼヌー ヌー ナン フゾン パ
I'm sorry, we don't have those here.

品物を見せてもらう・品物について聞く
—色違いのものはありますか？—

●手に取ってもいいですか.
Puis-je le toucher?
ピュイジュ ル トゥシェ
May I touch this?

●あれを見せてくださいますか.
Voulez-vous me montrer celui-là?
ヴレヴー ム モントレ スリュイラ
Could you show me that one, please?

●このピアスを見せてください.
Montrez-moi ces piercings, s'il vous plaît.
モントレモワ セ ピエルシング シル ヴー プレ
Please show me these earrings.

●右端のものを見せてください.
Puis-je voir celui-là le plus à droite? / Puis-je voir celle-là le plus à droite?
ピュイジュ ヴォワール スリュイラ ル プリュ ザ ドロワット / ピュイジュ ヴォワール セルラ ラ プリュ ザ ドロワット
Show me the one at the right end.

●左から３つ目のものを見せてください.
Puis-je voir celui-là le troisième à gauche? / Puis-je voir celle-là la troisième à gauche?
ピュイジュ ヴォワール スリュイラ ル トロワジエム ア ゴーシュ / ピュイジュ ヴォワール セルラ ラ トロワジエム ア ゴーシュ
Please show me the third one from the left.

●その赤いのを見せてください
Montrez-moi ça, *le(la)* rouge.
モントレモワ サ ル(ラ) ルージュ
Could you show me the red one, please?

●ほかのを見せてくださいますか.
Voulez-vous m'en montrer un(e) autre?
ヴレヴー マン モントレ アン(ユ) ノートル
Could you show me another one, please?

●素材はなんですか.
C'est en quelle matière?
セ タン ケル マティエール
What kind of fabric is this?

●サイズはいくつですか.
Quelle est votre taille? /(靴の場合)**Quelle est votre pointure?**
ケ レ ヴォトル タイユ / ケ レ ヴォトル ポワンテュール
What size do you take? / What size do you want?

●サイズは 38 です.
Je fais du 38.
ジュ フェ デュ トランテュイット
I would like size 38.

●サイズがわかりません.
Je ne connais pas ma taille.
ジュ ヌ コネ パ マ タイユ
I don't know my size.

●大きすぎます.
Il est trop grand. / Elle est trop grande.
イレ トロ グラン / エレ トロ グランド
This is too large.

●小さすぎます.
Il est trop petit. / Elle est trop petite.
イレ トロ プティ / エレ トロ プティト
This is too small.

●長すぎます.
Il est trop long. / Elle est trop longue.
イレ トロ ロン / エレ トロ ロング
This is too long.

●短かすぎます.
Il est trop court. / Elle est trop courte.
イレ トロ クール / エレ トロ クルト
This is too short.

●ちょうどいいです.
C'est juste à ma taille.
セ ジュスト ア マ タイユ
This is my size.

●違うデザインはありますか.
Avez-vous un autre modèle?
アヴェヴー アン ノートル モデル
Do you have another style?

●これより上のサイズはありますか.
Avez-vous la taille au-dessus?
アヴェヴー ラ タイユ オドゥシュ
Do you have this in a larger size?

●これより下のサイズはありますか.
Avez-vous la taille en dessous?
アヴェヴー ラ タイユ アン ドゥス
Do you have this in a smaller size?

●色違いのものはありますか.
Avez-vous une autre couleur?
アヴェヴー ユ ノートル クルール
Do you have another color?

●これで黒のものはありますか.
Vous l'avez en noir?
ヴー ラヴェ アン ノワール
Do you have a black one like this?

871

日常会話

試着する —試着してもいいですか？—

● **試着してもいいですか.**
Je peux l'essayer?
ジュ プー レセイエ
Can I try this on?

● **鏡はありますか.**
Vous avez un miroir?
ヴー ザヴェ アン ミロワール
Is there a mirror?

● **ぴったりです.**
C'est juste bien.
セ ジュスト ビアン
It fits me perfectly!

● **ちょっときついです.**
C'est un peu trop serré.
セ アン プー トロ セレ
It's a bit tight.

● **ちょっとゆるいです.**
C'est un peu trop large.
セ アン プー トロ ラルジュ
It's a bit loose.

● **似合うかしら.**
Est-ce que vous trouvez que ça me va bien?
エス ク ヴー トルヴェ ク サ ム ヴァ ビアン
I wonder if this will look good.

● **私には似合わないみたい.**
Ça ne me va pas très bien.
サ ヌ ム ヴァ パ トレ ビアン
I don't think this looks good on me.

● **お似合いですよ.**
Mais ça vous va très bien.
メ サ ヴー ヴァ トレ ビアン
It suits you. / It looks good on you.

● こちらのほうがお似合いです.

Celui-là vous va mieux.

スリュイラ ヴー ヴァ ミュー

This one looks better on you.

品物を買う —全部でいくらですか？—

● これをください.

Je prends ceci.

ジュ プラン スシ

I'll take this, please.

● これを 3 つください.

Donnez-m'en trois, s'il vous plaît.

ドネ マン トロワ シル ヴー プレ

I'll take three of these.

● いくらですか.

Combien ça coûte?

コンビアン サ クート

How much?

● 全部でいくらですか.

C'est combien en tout?

セ コンビアン アン トゥ

How much is it all together?

● いくらまで免税になりますか.

Jusqu'à quel montant peut-on acheter en détaxe?

ジュスカ ケル モンタン プトン アシュテ アン デタクス

How much is the limit for duty free?

● 気に入りましたが値段がちょっと高すぎます.

Ça me plaît, mais c'est un peu trop cher.

サ ム プレ メ セ タン プー トロ シェール

I like it, but the price is a bit too high.

● まけてもらえますか.

Pouvez-vous faire une réduction?

プヴェヴー フェール ユヌ レデュクシオン

Can you give me a discount?

●トラベラーズチェックは使えますか.
Acceptez-vous les chèques de voyage?
アクセプテヴー レ シェック ドゥ ヴォワイヤージュ
Can I use a traveler's check?

●現金でお支払いします.
Je paie en espèces.
ジュ ペ アン ネスペス
I'll pay in cash.

●カードでお支払いします.
Je paie par carte.
ジュ ペ パール カルト
I'll pay by card.

●別々に包んでいただけますか.
Pourriez-vous l'envelopper séparément?
プリエヴー ランヴロペ セパレマン
Will you wrap them separately?

●日本に送ってもらえますか.
Voulez-vous l'envoyer au Japon?
ヴレヴー ランヴォワイエ オ ジャポン
Will you send this to Japan?

●どのくらい日数がかかりますか.
Combien de jours faut-il compter?
コンビアン ドゥ ジュール フォティル コンテ
How many days will it take?

●計算が間違っています.
Ce calcul n'est pas juste.
ス カルキュル ネ パ ジュスト
This was added up wrong.

●おつりが足りません.
Il manque de la monnaie à me rendre.
イル マンク ドゥ ラ モネ ア ム ランドル
This is not the correct change.

● 100 ユーロ札を渡しました.
Je vous ai donné un billet de cent euros.
ジュ ヴー ゼ ドネ アン ビエ ドゥ サン ウロ
I gave you a 100 euro bill.

● 話が違います.
Ce n'est pas ce que vous m'avez dit.
ス ネ パ ス ク ヴー マヴェ ディ
That's not what you said.

● これを別のと取り替えてほしいのですが.
Je voudrais échanger cet article contre un autre.
ジュ ヴドレ エシャンジェ セ タルティクル コントル アン ノートル
I would like to have it exchanged for another one.

● これがレシートです.
Voici le reçu.
ヴォワシ ル ルシュ
Here is the receipt.

トラブル・緊急事態

困ったときの表現 —警察はどこですか?—

● ちょっと困っています.
J'ai un problème.
ジェ アン プロブレム
I've got a problem.

● 警察はどこですか.
Où est le commissariat de police?
ウー エ ル コミサリア ドゥ ポリス
Where is the police station?

● 道に迷いました.
Je me suis perdu(e).
ジュ ム スイ ペルデュ
I think I got lost.

紛失・盗難のときの表現 —パスポートをなくしました—

● パスポートをなくしました.
J'ai perdu mon passeport.
ジェ ペルデュ モン パスポール
I've lost my passport.

●電車の中にかばんを忘れました.
J'ai oublié mon sac dans le train.
ジェ ウブリエ モン サック ダン ル トラン
I left my bag in the train.

●ここに上着を忘れたようです.
Je crois que j'ai laissé ma veste ici.
ジュ クロワ ク ジェ レセ マ ヴェスト イシ
I might have left my jacket here.

●ここにはありませんでした.
Il n'y en a pas ici.
イル ニ ヤン ナ パ イシ
It's not here.

●見つかったらホテルに電話をください.
Si vous trouvez, téléphonez à mon hôtel.
シ ヴー トルヴェ, テレフォネ ア モン ノテル
Please call the hotel if you find it.

●何を盗まれましたか.
Qu'est-ce qu'on vous a volé?
ケス コン ヴー ザ ヴォレ
What was stolen?

●財布をすられました.
On m'a volé mon portefeuille.
オン マ ヴォレ モン ポルトフイユ
My wallet has been stolen.

●目撃者はいますか.
Est-ce qu'il y a un témoin?
エス キリヤ アン テモワン
Were there any witnesses?

●あの人が見ていました.
Ce monsieur l'a vu.
ス ムシュー ラ ヴュ
That person saw it happen.

●若い男でした.
C'était un jeune homme.
セテ タン ジュ ノム
It was a young man.

●あちらに走って行きました.
Il est parti en courant dans cette direction-là.
イ レ パルティ アン クーラン ダン セット ディレクシオン ラ
He ran that way.

●かばんを盗まれました.
On m'a volé mon sac.
オン マ ヴォレ モン サック
Someone has stolen my bag.

●かばんの特徴を教えてください.
Comment est votre sac?
コマン エ ヴォトル サック
What does your bag look like?

●このくらいの大きさの黒い肩掛けかばんです.
C'est un sac noir à bandoulière, grand comme ça.
セ タン サック ノワール ア バンドゥリエール グラン コム サ
It's a black shoulder bag about this size.

●これを通りで拾いました.
J'ai ramassé ceci dans la rue.
ジェ ラマセ スシ ダン ラ リュ
I found this on the street.

子供が迷子になったときの表現　―息子がいなくなりました―

●息子がいなくなりました.
Mon fils a disparu.
モン フィス ア ディスパリュ
I can't find my son.

●彼を探してください.
Cherchez-le, s'il vous plaît.
シェルシェ ル シル ヴー プレ
Please look for him.

●息子は5歳です.
Mon fils a cinq ans.
モン フィス ア サン カン
My son is five years old.

●名前は太郎です.
Il s'appelle Taro.
イル サペル タロウ
His name is Taro.

●白いTシャツとジーンズを着ています.
Il est en T-shirt blanc et en jean.
イ レ タン ティシュルト ブラン エ アン ジーン
He's wearing a white T-shirt and jeans.

●Tシャツには飛行機の絵がついています.
Il y a un dessin d'avion sur son T-shirt.
イリヤ アン デッサン ダヴィオン シュール ソン ティシュルト
There's a picture of an airplane on his T-shirt.

●これが彼の写真です.
Voici sa photo.
ヴォワシ サ フォト
This is his picture.

●これが彼女の写真です.
Voici sa photo.
ヴォワシ サ フォト
This is her picture.

助けを求める ―助けて！―

●助けて！
Au secours!
オ スクール
Help!

●火事だ！
Au feu!
オ フー
Fire!

●どろぼう！
Au voleur!
オ ヴォルール
Thief!

●おまわりさん！
Police!
ポリス
Police!

●お医者さんを呼んで！
Appelez le médecin!
アプレ ル メドゥサン
Call a doctor!

●救急車を！
Appelez l'ambulance!
アプレ ランビュランス
Get an ambulance!

●交通事故です！
Il y a eu un accident de la route!
イリヤ ユ アン ナクシダン ドゥ ラ ルート
There's been an accident!

●こっちに来てください．
Venez par ici.
ヴネ パー リシ
Please come here.

●けが人がいます．
Il y a des blessés.
イリヤ デ ブレセ
We have some injured people.

●病人がいます．
Il y a des malades.
イリヤ デ マラド
We have some sick people.

●彼は動けません．
Il ne peut pas bouger.
イル ヌ プー パ ブージェ
He can't move.

事件に巻き込まれて ―大使館の人に話をしたいのです―

日常会話

●私は被害者です.
Je suis victime.
ジュ スイ ヴィクティム
I'm the victim.

●私は無実です.
Je suis innocent(e).
ジュ スイ ジノサン(ト)
I'm innocent.

●何も知りません.
Je n'en sais rien.
ジュ ナン セ リヤン
I don't know anything.

●日本大使館の人に話をしたいのです.
Je voudrais parler à un employé de l'ambassade du Japon.
ジュ ヴドレ パルレ ア アン ナンプロワイエ ドゥ ランバサード デュ ジャポン
I'd like to talk to someone at the Japanese Embassy.

●日本語の通訳をお願いします.
Je voudrais un interprète japonais.
ジュ ヴドレ アン ナンテルプレット ジャポネ
I'd like a Japanese interpreter.

●日本語のできる弁護士をお願いします.
Je demande un avocat qui parle japonais.
ジュ ドゥマンド アン ナヴォカ キ パルル ジャポネ
I'd like to talk to a lawyer who can speak Japanese.

分野別単語集

アクセサリー　accessoires *m.pl.* /アクセソワール/

ネックレス　collier *m.* /コリエ/　⊕ necklace

ペンダント　pendentif *m.* /パンダンティフ/　⊕ pendant

タイピン　épingle de cravate *f.* /エパングル ドゥ クラヴァット/　⊕ tiepin

カフスボタン　boutons de manchette *m.pl.* /ブトン ドゥ マンシェット/　⊕ cuff links

ピアス　boucles pour oreilles percées *f.pl.* /ブクル プール オレイユ ペルセ/　⊕ pierced earrings

イヤリング　boucle d'oreille *f.* /ブクル ドレイユ/　⊕ earring

ブローチ　broche *f.* /ブロッシュ/　⊕ brooch

ブレスレット　bracelet *m.* /ブラスレ/　⊕ bracelet

指輪　anneau *m.* /アノー/　bague *f.* /バーグ/　⊕ ring

宝石　pierre précieuse *f.* /ピエール プレシューズ/　⊕ jewel

プラチナ　platine *m.* /プラティヌ/　⊕ platinum

ダイヤモンド　diamant *m.* /ディアマン/　⊕ diamond

エメラルド　émeraude *f.* /エムロード/　⊕ emerald

オパール　opale *f.* /オパール/　⊕ opal

ルビー　rubis *m.* /リュビ/　⊕ ruby

真珠　perle *f.* /ペルル/　⊕ pearl

味　goût *m.* /グー/

美味しい　bon /ボン/　délicieux /デリシュー/　⊕ nice, delicious

不味い　mauvais /モーヴェ/　⊕ not good

美味　bon goût *m.* /ボン グー/　⊕ delicacy

甘い　doux /ドゥー/　sucré /シュクレ/　⊕ sweet

辛い　piquant /ピカン/　⊕ hot, pungent

苦い　amer /アメール/　⊕ bitter

酸っぱい　acide /アシッド/　aigre /エーグル/　⊕ sour, acid

塩辛い　salé /サレ/　⊕ salty

甘酸っぱい　aigre-doux /エーグルドゥー/　⊕ sour-sweet

濃い　fort /フォル/　⊕ thick, strong

薄い　léger /レジェ/　⊕ weak

あっさりした　simple /サンプル/　⊕ simple

881

しっこい **しつこい** lourd /ルール/ 愛 heavy
かるい **軽い** léger /レジェ/ 愛 light, slight
おもい **重い** lourd /ルール/ 愛 heavy

家 maison *f.* /メゾン/

もん **門** porte *f.* /ポルト/ entrée *f.* /アントレ/ 愛 gate
げんかん **玄関** vestibule *m.* /ヴェスティビュル/ entrée *f.* /アントレ/ 愛 entrance
どあ **ドア** porte *f.* /ポルト/ 愛 door
にわ **庭** jardin *m.* /ジャルダン/ cour *f.* /クール/ 愛 garden, yard
へや **部屋** pièce *f.* /ピエス/ chambre *f.* /シャンブル/ 愛 room
おうせつしつ **応接室** salle d'accueil *f.* /サル ダクイユ/ 愛 reception room
りびんぐるーむ **リビングルーム** salle de séjour *f.* /サル ドゥ セジュール/ 愛 living room
だいにんぐ **ダイニング** salle à manger *f.* /サラ マンジェ/ 愛 dining room
しょさい **書斎** cabinet de travail *m.* /カビネ ドゥ トラヴァイユ/ bureau *m.* /ビュロー/ 愛 study
しんしつ **寝室** chambre à coucher *f.* /シャンブラ クーシェ/ 愛 bedroom
よくしつ **浴室** salle de bain(s) *f.* /サル ドゥ バン/ 愛 bathroom
といれ **トイレ** toilettes *f.pl.* /トワレット/ 愛 toilet
きっちん **キッチン** cuisine *f.* /キュイジーヌ/ 愛 kitchen
ものおき **物置** débarras *m.* /デバラ/ resserre *f.* /ルセール/ 愛 storeroom
やね **屋根** toit *m.* /トワ/ 愛 roof
まど **窓** fenêtre *f.* /フネートル/ 愛 window
しゃこ **車庫** garage *m.* /ガラージュ/ 愛 garage
へい **塀** mur *m.* /ミュール/ clôture *f.* /クロテュール/ 愛 wall, fence
べらんだ **ベランダ** véranda *f.* /ヴェランダ/ 愛 veranda
かいだん **階段** escalier *m.* /エスカリエ/ 愛 stairs
ろうか **廊下** couloir *m.* /クロワール/ corridor *m.* /コリドール/ 愛 corridor

衣服 habit *m.* /アビ/ vêtement *m.* /ヴェトマン/

すーつ **スーツ** costume *m.* /コステュム/ tailleur *m.* /タイユール/ complet *m.* /コンプレ/ 愛 suit
ずぼん **ズボン** pantalon *m.* /パンタロン/ 愛 trousers
すらっくす **スラックス** pantalon *m.* /パンタロン/ 愛 slacks
すかーと **スカート** jupe *f.* /ジュプ/ 愛 skirt
みにすかーと **ミニスカート** mini *m.* /ミニ/ mini-jupe *f.* /ミニジュプ/ 愛 mini
わんぴーす **ワンピース** robe *f.* /ローブ/ 愛 dress, one-piece
しゃつ **シャツ** chemise *f.* /シュミーズ/ 愛 shirt

分野別単語集

ポロシャツ **polo** *m.* / ポロ / ⑳ polo shirt
Tシャツ **T-shirt** *m.* / ティシュルト / ⑳ T-shirt
セーター **tricot** *m.* / トリコ / **pull-over** *m.* / ピュロヴェール / ⑳ sweater, pull-over
タートルネック **col roulé** *m.* / コル ルーレ / ⑳ turtleneck
ベスト **gilet** *m.* / ジレ / ⑳ vest
ブラウス **blouse** *f.* / ブルーズ / ⑳ blouse
コート **manteau** *m.* / マントー / ⑳ coat
ジャケット **veste** *f.* / ヴェスト / **jaquette** *f.* / ジャケット / ⑳ jacket
ダウンジャケット **veste en duvet** *f.* / ヴェスト アン デュヴェ / ⑳ down jacket
レインコート **imperméable** *m.* / アンペルメアブル / ⑳ raincoat
長袖 **manches longues** *f.pl.* / マンシュ ロング / ⑳ long sleeves
半袖 **manches courtes** *f.pl.* / マンシュ クルト / ⑳ short sleeves
ノースリーブの **sans manches** / サン マンシュ / ⑳ sleeveless
ベルト **ceinture** *f.* / サンテュール / ⑳ belt
ネクタイ **cravate** *f.* / クラヴァット / ⑳ necktie, tie
マフラー **cache-nez** *m.* / カシュネ / ⑳ muffler
スカーフ **foulard** *m.* / フラール / **écharpe** *f.* / エシャルプ / ⑳ scarf
手袋 **gant** *m.* / ガン / **moufle** *f.* / ムフル / ⑳ gloves
靴 **chaussures** *f.pl.* / ショシュール / **souliers** *m.pl.* / スリエ / ⑳ shoes
ブーツ **botte** *f.* / ボット / **bottine** *f.* / ボティヌ / ⑳ boots
靴下 **chaussettes** *f.pl.* / ショセット / **bas** *m.pl.* / バ / ⑳ socks, stockings
ジーンズ **jean** *m.* / ジーン / ⑳ jeans

色 **couleur** *f.* / クルール /

黒 **noir** *m.* / ノワール / ⑳ black
グレー **gris** *m.* / グリ / ⑳ gray
白 **blanc** *m.* / ブラン / ⑳ white
青 **bleu** *m.* / ブルー / **vert** *m.* / ヴェル / ⑳ blue, green
赤 **rouge** *m.* / ルージュ / ⑳ red
緑 **vert** *m.* / ヴェル / ⑳ green
茶色 **brun** *m.* / ブラン / **marron** *m.* / マロン / ⑳ brown
紫 **violet** *m.* / ヴィオレ / ⑳ purple, violet
黄 **jaune** *m.* / ジョーヌ / ⑳ yellow
黄緑 **vert jaunâtre** *m.* / ヴェル ジョナートル / ⑳ yellowish green
オレンジ **orange** *m.* / オランジュ / ⑳ orange
空色 **bleu ciel** *m.* / ブルー シエル / ⑳ sky-blue
ピンク **rose** *m.* / ローズ / ⑳ pink

883

紺 bleu foncé *m.* / ブルー フォンセ / 㵶 dark blue
ベージュ beige *m.* / ベージュ / 㵶 beige
金色 or *m.* / オール / 㵶 gold
銀色 argent *m.* / アルジャン / 㵶 silver

家具 meuble *m.* / ムーブル /

箪笥 commode *f.* / コモード / armoire *f.* / アルモワール / 㵶 chest of drawers
椅子 chaise *f.* / シェーズ / siège *m.* / シエージュ / 㵶 chair, stool
長椅子 canapé *m.* / カナペ / sofa *m.* / ソファ / 㵶 sofa, couch
肘掛け椅子 fauteuil *m.* / フォートゥイユ / 㵶 armchair
ソファー sofa *m.* / ソファ / canapé *m.* / カナペ / divan *m.* / ディヴァン / 㵶 sofa, couch
机 table *f.* / ターブル / bureau *m.* / ビュロー / 㵶 desk, bureau
テーブル table *f.* / ターブル / 㵶 table
本棚 étagère à livres *f.* / エタジェール ア リーヴル / 㵶 bookshelf
食器棚 vaisselier *m.* / ヴェスリエ / buffet *m.* / ビュフェ / 㵶 cupboard
カーテン rideau *m.* / リドー / 㵶 curtain
絨毯 tapis *m.* / タピ / moquette *f.* / モケット / 㵶 carpet, rug
ベッド lit *m.* / リ / 㵶 bed

家族 famille *f.* / ファミーユ /

両親 parents *m.pl.* / パラン / 㵶 parents
夫婦 couple *m.* / クープル / 㵶 couple
夫 mari *m.* / マリ / époux *m.* / エプー / 㵶 husband
妻 femme *f.* / ファム / épouse *f.* / エプーズ / 㵶 wife
父 père *m.* / ペール / 㵶 father
母 mère *f.* / メール / 㵶 mother
子供 enfant *m.f.* / アンファン / 㵶 child
息子 fils *m.* / フィス / 㵶 son
娘 fille *f.* / フィーユ / 㵶 daughter
兄 frère aîné *m.* / フレール エネ / grand frère *m.* / グラン フレール / 㵶 elder brother
姉 sœur aînée *f.* / スール エネ / grande sœur *f.* / グランド スール / 㵶 elder sister
弟 frère cadet *m.* / フレール カデ / 㵶 younger brother
妹 sœur cadette *f.* / スール カデット / petite sœur *f.* / プティット スール / 㵶 younger sister

分野別単語集

祖父 (そふ)	**grand-père** *m.* / グランペール /	英 grandfather
祖母 (そぼ)	**grand-mère** *f.* / グランメール /	英 grandmother
叔父・伯父 (おじ)	**oncle** *m.* / オンクル /	英 uncle
叔母・伯母 (おば)	**tante** *f.* / タント /	英 aunt
従兄弟[姉妹] (いとこ)	**cousin(e)** *m.f.* / クザン(クジーヌ) /	英 cousin
甥 (おい)	**neveu** *m.* / ヌヴー /	英 nephew
姪 (めい)	**nièce** *f.* / ニエス /	英 niece
孫 (まご)	**petit-fils** *m.* / プティフィス / **petite-fille** *f.* / プティットフィーユ /	英 grandchild
継父 (けいふ)	**beau-père** *m.* / ボーペール /	英 stepfather
継母 (けいぼ)	**belle-mère** *f.* / ベルメール /	英 stepmother
養父 (ようふ)	**père adoptif** *m.* / ペール アドプティフ /	英 foster father
養母 (ようぼ)	**mère adoptive** *f.* / メール アドプティヴ /	英 foster mother
舅 (しゅうと)	**beau-père** *m.* / ボーペール /	英 father-in-law
姑 (しゅうとめ)	**belle-mère** *f.* / ベルメール /	英 mother-in-law
義兄・義弟 (ぎけい・ぎてい)	**beau-frère** *m.* / ボーフレール /	英 brother-in-law
義姉・義妹 (ぎし・ぎまい)	**belle-sœur** *f.* / ベルスール /	英 sister-in-law
養子 (ようし)	**enfant adopté(e)** *m.f.* / アンファン アドプテ /	英 adopted child
養女 (ようじょ)	**fille adoptée** *f.* / フィーユ アドプテ /	英 adopted daughter
長男 (ちょうなん)	**aîné** *m.* / エネ /	英 oldest son
長女 (ちょうじょ)	**aînée** *f.* / エネ /	英 oldest daughter
末っ子 (すえっこ)	**benjamin(e)** *m.f.* / バンジャマン(・ミヌ) / **cadet(te)** *m.f.* / カデ(カデット) /	英 the youngest child

体	**corps** *m.* / コール /

頭 (あたま)	**tête** *f.* / テット /	英 head
髪 (かみ)	**cheveu** *m.* / シュヴー /	英 hair
顔 (かお)	**visage** *m.* / ヴィザージュ / **figure** *f.* / フィギュール /	英 face, look
眉 (まゆ)	**sourcil** *m.* / スルシ /	英 eyebrow
睫毛 (まつげ)	**cil** *m.* / シル /	英 eyelashes
目 (め)	**œil** *m.* / ウイユ /	英 eye
耳 (みみ)	**oreille** *f.* / オレイユ /	英 ear
鼻 (はな)	**nez** *m.* / ネ /	英 nose
口 (くち)	**bouche** *f.* / ブーシュ /	英 mouth
歯 (は)	**dent** *f.* / ダン /	英 tooth
肩 (かた)	**épaule** *f.* / エポール /	英 shoulder
首 (くび)	**cou** *m.* / クー /	英 neck
胸 (むね)	**poitrine** *f.* / ポワトリヌ / **sein** *m.* / サン /	英 breast, chest
腹 (はら)	**ventre** *m.* / ヴァントル / **abdomen** *m.* / アブドマン /	英 belly

885

背	dos *m.* / ド / 躛 back
腕	bras *m.* / ブラ / 躛 arm
手	main *f.* / マン / bras *m.* / ブラ / 躛 hand, arm
手首	poignet *m.* / ポワニェ / 躛 wrist
掌	paume *f.* / ポーム / 躛 palm of the hand
肘	coude *m.* / クード / 躛 elbow
腰	reins *m.pl.* / ラン / hanche *f.* / アンシュ / 躛 waist
足	pied *m.* / ピエ / 躛 foot
膝	genou *m.* / ジュヌー / 躛 knee, lap
股	cuisse *f.* / キュイス / 躛 thigh
脹ら脛	mollet *m.* / モレ / 躛 calf
足首	cheville *f.* / シュヴィーユ / 躛 ankle
脳	cerveau *m.* / セルヴォー / 躛 brain
骨	os *m.* / オス / 躛 bone
筋肉	muscle *m.* / ミュスクル / 躛 muscle
血管	vaisseau sanguin *m.* / ヴェソー サンガン / 躛 blood vessel
動脈	artère *f.* / アルテール / 躛 artery
静脈	veine *f.* / ヴェーヌ / 躛 vein
神経	nerf *m.* / ネール / 躛 nerve
気管支	bronche *f.* / ブロンシュ / 躛 bronchus
食道	œsophage *m.* / エゾファージュ / 躛 gullet
肺	poumons *m.pl.* / プーモン / 躛 lungs
心臓	cœur *m.* / クール / 躛 heart
胃	estomac *m.* / エストマ / 躛 stomach
大腸	gros intestin *m.* / グロ ザンテスタン / 躛 large intestine
小腸	intestin grêle *m.* / アンテスタン グレル / 躛 small intestine
十二指腸	duodénum *m.* / デュオデノム / 躛 duodenum
盲腸	cæcum *m.* / セコム / 躛 appendix
肝臓	foie *m.* / フォワ / 躛 liver
膵臓	pancréas *m.* / パンクレアス / 躛 pancreas
腎臓	rein *m.* / ラン / 躛 kidney

分野別単語集

| 木 | arbre *m.* / アルブル / |

根	racine *f.* / ラシーヌ / 躛 root
幹	tronc *m.* / トロン / 躛 trunk
枝	branche *f.* / ブランシュ / rameau *m.* / ラモ / 躛 branch, bough
芽	bourgeon *m.* / ブルジョン / bouton *m.* / ブトン / 躛 bud
葉	feuille *f.* / フイユ / feuillage *m.* / フイヤージュ / 躛 leaf, blade

実	fruit *m.* / フリュイ / 英 fruit, nut
種子	graine *f.* / グレヌ / 英 seed
松	pin *m.* / パン / 英 pine
杉	cyprès du Japon *m.* / シプレ デュ ジャポン / 英 Japan cedar
柳	saule *m.* / ソール / osier *m.* / オジエ / 英 willow
竹	bambou *m.* / バンブー / 英 bamboo
白樺	bouleau *m.* / ブーロー / 英 white birch
銀杏	ginkgo *m.* / ジャンコ / 英 ginkgo
欅	orme du Caucase *m.* / オルム デュ コカーズ / 英 zelkova tree
栗	châtaignier *m.* / シャテニエ / 英 chestnut tree
桜	cerisier *m.* / スリジエ / 英 cherry tree
オリーブ	olivier *m.* / オリヴィエ / 英 olive
椿	camélia *m.* / カメリア / 英 camellia
梅	prunier *m.* / プリュニエ / 英 plum tree
椰子	cocotier *m.* / ココティエ / 英 palm
ポプラ	peuplier *m.* / プープリエ / 英 poplar
マロニエ	marronnier *m.* / マロニエ / 英 horse chestnut

気象　phénomène atmosphérique *m.* / フェノメヌ アトモスフェリック /

晴れ	beau temps *m.* / ボー タン / 英 fine weather
曇り	temps couvert *m.* / タン クヴェール / 英 cloudy weather
雨	pluie *f.* / プリュイ / 英 rain
小雨	pluie fine *f.* / プリュイ フィヌ / 英 light rain
俄か雨	averse *f.* / アヴェルス / 英 shower
豪雨	pluie diluvienne *f.* / プリュイ ディリュヴィエンヌ / 英 heavy rain
雪	neige *f.* / ネージュ / 英 snow
雪崩	avalanche *f.* / アヴァランシュ / 英 avalanche
霙	neige fondue *f.* / ネージュ フォンデュ / 英 sleet
霧	brouillard *m.* / ブルイアール / brume *f.* / プリュム / 英 fog, mist
雷	foudre *f.* / フードル / tonnerre *m.* / トネール / 英 thunder
雷雨	orage *m.* / オラージュ / 英 thunderstorm
風	vent *m.* / ヴァン / brise *f.* / ブリーズ / 英 wind, breeze
台風	typhon *m.* / ティフォン / 英 typhoon
スコール	grain *m.* / グラン / 英 squall
気温	température *f.* / タンペラテュール / 英 temperature
湿度	humidité *f.* / ユミディテ / 英 humidity
風力	intensité du vent *f.* / アンタンシテ デュ ヴァン / 英 the force of the wind
気圧	pression atmosphérique *f.* / プレシオン アトモスフェリック / 英 atmos-

887

pheric pressure

高気圧 **anticyclone** *m.* / アンティシクロヌ / 英 high atmospheric pressure

低気圧 **dépression barométrique** *f.* / デプレシオン バロメトリック / 英 low atmospheric pressure, depression

---

季節・月　saison *f.* / セゾン /　mois *m.* / モワ /

春 **printemps** *m.* / プランタン / 英 spring

夏 **été** *m.* / エテ / 英 summer

秋 **automne** *m.* / オトンヌ / 英 autumn, fall

冬 **hiver** *m.* / イヴェール / 英 winter

一月 **janvier** *m.* / ジャンヴィエ / 英 January

二月 **février** *m.* / フェヴリエ / 英 February

三月 **mars** *m.* / マルス / 英 March

四月 **avril** *m.* / アヴリル / 英 April

五月 **mai** *m.* / メ / 英 May

六月 **juin** *m.* / ジュアン / 英 June

七月 **juillet** *m.* / ジュイエ / 英 July

八月 **août** *m.* / ウ(ト) / 英 August

九月 **septembre** *m.* / セプタンブル / 英 September

十月 **octobre** *m.* / オクトーブル / 英 October

十一月 **novembre** *m.* / ノヴァンブル / 英 November

十二月 **décembre** *m.* / デサンブル / 英 December

分野別単語集

果物　fruit *m.* / フリュイ /

杏 **abricot** *m.* / アプリコ / 英 apricot

苺 **fraise** *f.* / フレーズ / 英 strawberry

オレンジ **orange** *f.* / オランジュ / 英 orange

キウイ **kiwi** *m.* / キウイ / 英 kiwi

グレープフルーツ **pamplemousse** *m.* / パンプルムース / 英 grapefruit

桜桃 **cerise** *f.* / スリーズ / 英 cherry

西瓜 **pastèque** *f.* / パステック /　**melon d'eau** *m.* / ムロン ドー / 英 watermelon

梨 **poire** *f.* / ポワール / 英 pear

パイナップル **ananas** *m.* / アナナ(ス) / 英 pineapple

バナナ **banane** *f.* / バナヌ / 英 banana

パパイヤ **papaye** *f.* / パパイユ / 英 papaya

葡萄 **raisin** *m.* / レザン /　**vigne** *f.* / ヴィーニュ / 英 grapes

888

プラム	prune *f.* /プリュヌ/	粵 plum
マンゴー	mangue *f.* /マング/	粵 mango
蜜柑	mandarine *f.* /マンダリヌ/	粵 mandarin
メロン	melon *m.* /ムロン/	粵 melon
桃	pêche *f.* /ペシュ/	粵 peach
ライム	citron vert *m.* /シトロン ヴェル/	粵 lime
林檎	pomme *f.* /ポム/	粵 apple
レモン	citron *m.* /シトロン/	粵 lemon

化粧品　produits de beauté *m.pl.* /プロデュイ ドゥ ボーテ/

口紅　rouge à lèvres *m.* /ルージュ ア レーヴル/　粵 rouge, lipstick

アイシャドー　ombre à paupières *f.* /オンブル ア ポピエール/　粵 eye shadow

マスカラ　mascara *m.* /マスカラ/　粵 mascara

リップクリーム　crème à lèvres *f.* /クレーム ア レーヴル/　粵 lip cream

リップスティック　bâton de rouge *m.* /バトン ドゥ ルージュ/　粵 lipstick

化粧水　lotion *f.* /ロシオン/　eau de toilette *f.* /オー ドゥ トワレット/　粵 skin lotion

乳液　lait de beauté *m.* /レ ドゥ ボテ/　粵 milky lotion

クレンジングクリーム　crème démaquillante *f.* /クレーム デマキアント/　粵 cleansing cream

コールドクリーム　cold-cream *m.* /コルドクリム/　粵 cold cream

ファンデーション　fond de teint *m.* /フォン ドゥ タン/　粵 foundation

パック　masque *m.* /マスク/　粵 pack

日焼け止め　crème solaire *f.* /クレーム ソレール/　粵 sunscreen

シャンプー　shampoing *m.* /シャンポワン/　shampooing *m.* /シャンポワン/　粵 shampoo

リンス　après-shampooing *m.* /アプレシャンポワン/　粵 rinse

トリートメント　conditionneur *m.* /コンディシオヌール/　粵 treatment

石鹸　savon *m.* /サヴォン/　粵 soap

交通　transports *m.pl.* /トランスポール/

IC カード　carte à puce *f.* /カルト ア ピュス/　粵 IC card

券売機　distributeur de tickets *m.* /ディストリビュトゥール ドゥ ティケ/　粵 ticket machine

高速バス　autocar *m.* /オトカール/　粵 highway bus

チャージする　recharger /ルシャルジェ/　粵 charge

普通列車　train omnibus *m.* /トラン オムニビュス/　粵 local train

889

魚　poisson *m.* / ポワソン /

鯛	daurade *f.* / ドラド / dorade *f.* / ドラド / 𝔜 sea bream
鰯	sardine *f.* / サルディヌ / 𝔜 sardine
鯵	chinchard *m.* / シャンシャール / 𝔜 sorrel
鮭	saumon *m.* / ソモン / 𝔜 salmon
鰤	sériole *f.* / セリオル / 𝔜 yellowtail
鮪	thon *m.* / トン / 𝔜 tuna
秋刀魚	scombrésocidé *m.* / スコンブレゾシデ / 𝔜 saury
鰹	bonite *f.* / ボニット / 𝔜 bonito
鰻	anguille *f.* / アンギイユ / 𝔜 eel
鱸	bar *m.* / バール / loup *m.* / ルー / 𝔜 perch
舌平目	sole *f.* / ソル / 𝔜 sole
鱒	truite *f.* / トリュイット / 𝔜 trout
鱈	morue *f.* / モリュ / 𝔜 cod
鯖	maquereau *m.* / マクロ / 𝔜 mackerel
蛸	pieuvre *f.* / ピューヴル / poulpe *m.* / プルプ / 𝔜 octopus
烏賊	seiche *f.* / セッシュ / 𝔜 cuttlefish, squid
海老	crevette *f.* / クルヴェット / 𝔜 shrimp, prawn
伊勢海老	langouste *f.* / ラングゥスト / 𝔜 lobster
蟹	crabe *m.* / クラブ / 𝔜 crab
さざえ	turbo *m.* / テュルボ / 𝔜 turban shell
鮑	ormeau *m.* / オルモー / oreille de mer *f.* / オレイユ ドゥ メール / 𝔜 abalone
蛤	clovisse *f.* / クロヴィス / 𝔜 clam
浅蜊	palourde *f.* / パルルド / 𝔜 clam
海胆	oursin *m.* / ウルサン / 𝔜 sea urchin
ムール貝	moule *f.* / ムール / 𝔜 moule
牡蛎	huître *f.* / ユイトル / 𝔜 oyster
帆立貝	coquille Saint-Jacques *f.* / コキーユ サンジャック / 𝔜 scallop

サッカー　football *m.* / フットボル /

ワールドカップ　Coupe du monde *f.* / クープ デュ モンド / 𝔜 the World Cup

サポーター　supporter *m.* / シュポルテール / supporter(trice) *m.f.* / シュポルトゥール(-トリス)/ 𝔜 supporter

キックオフ　coup d'envoi *m.* / クー ダンヴォワ / 𝔜 kickoff

前半　première mi-temps *f.* / プルミエール ミタン / 𝔜 first half

後半　seconde mi-temps *f.* / スゴンド ミタン / 𝔜 second half

ロスタイム　temps mort *m.* / タン モール / 𝔜 injury time

分野別単語集

890

ハーフタイム **mi-temps** *f.* /ミタン/ 廏 half time

フォワード **avant** *m.* /アヴァン/ 廏 forward

ミッドフィルダー **milieu de terrain** *m.* /ミリユー ドゥ テラン/ 廏 midfielder

ディフェンダー **défenseur** *m.* /デファンスール/ 廏 defender

ゴールキーパー **gardien de but** *m.* /ガルディアン ドゥ ビュ(ット)/ 廏 goalkeeper

ゴール **but** *m.* /ビュ(ット)/ 廏 goal

パス **passe** *f.* /パス/ 廏 pass

ドリブル **dribble** *m.* /ドリブル/ 廏 dribble

ヘディング **coup de tête** *m.* /クー ドゥ テット/ 廏 heading

シュート **tir au but** *m.* /ティール オ ビュット/ **shoot** *m.* /シュート/ 廏 shot

オーバーヘッドキック **retourné** *m.* /ルトゥルネ/ 廏 overhead kick

ペナルティーキック **penalty** *m.* /ペナルティ/ **coup de pied de répara-
tion** *m.* /クー ドゥ ピエ ドゥ レパラシオン/ 廏 penalty kick

コーナーキック **coup de pied de coin** *m.* /クー ドゥ ピエ ドゥ コワン/ 廏 cor-
ner kick

ハットトリック **coup du chapeau** *m.* /ク デュ シャポー/ 廏 hat trick

イエローカード **carton jaune** *m.* /カルトン ジョーヌ/ 廏 yellow card

レッドカード **carton rouge** *m.* /カルトン ルージュ/ 廏 red card

オフサイド **hors-jeu** *m.* /オルジュー/ 廏 offside

ハンド **main** *f.* /マン/ 廏 handling

時間 **temps** *m.* /タン/

年 **an** *m.* /アン/ **année** *f.* /アネ/ 廏 year

月 **mois** *m.* /モワ/ 廏 month

週 **semaine** *f.* /スメーヌ/ 廏 week

日 **jour** *m.* /ジュール/ 廏 day, date

時 **heure** *f.* /ウール/ 廏 hour

分 **minute** *f.* /ミニュット/ 廏 minute

秒 **seconde** *f.* /スゴンド/ 廏 second

日付 **date** *f.* /ダット/ 廏 date

曜日 **jour de la semaine** *m.* /ジュール ドゥ ラ スメーヌ/ 廏 day

午前 **matin** *m.* /マタン/ 廏 morning

午後 **après-midi** *m.* /アプレミディ/ 廏 afternoon

朝 **matin** *m.* /マタン/ **matinée** *f.* /マティネ/ 廏 morning

昼 **jour** *m.* /ジュール/ **midi** *m.* /ミディ/ 廏 daytime, noon

夜 **nuit** *f.* /ニュイ/ 廏 night

夜明け **point du jour** *m.* /ポワン デュ ジュール/ **aube** *f.* /オーブ/ 廏 dawn,
daybreak

891

夕方 soir *m.* / ソワール / soirée *f.* / ソワレ / 仏 late afternoon, evening

深夜 minuit *m.* / ミニュイ / 仏 midnight

今日 aujourd'hui / オージュルデュイ / 仏 today

明日 demain / ドゥマン / 仏 tomorrow

明後日 après-demain / アプレドゥマン / 仏 the day after tomorrow

昨日 hier / イエール / 仏 yesterday

一昨日 avant-hier / アヴァンティエール / 仏 the day before yesterday

情報 informatique *f.* / アンフォルマティック /

アイコン icone *m.* / イコヌ / 仏 icon

アクセス accès *m.* / アクセ / 仏 access

アットマーク arobase *f.* / アロバーズ / 仏 at mark

アップロードする télécharger / テレシャルジェ / 仏 upload

アドレス adresse *f.* / アドレス / 仏 address

Eメール e-mail *m.* / イメル / courrier électronique *m.* / クーリエ エレクトロニック / 仏 e-mail

インストール installation *f.* / アンスタラシオン / 仏 installation

インターネット Internet *m.* / アンテルネット / 仏 Internet

ウインドー fenêtre *f.* / フネートル / 仏 window

絵文字 émoji *m.* / エモジ / émoticône *f.* / エモティコン / pictogramme *m.* / ピクトグラム / 仏 emoticon, pictorial symbol

カーソル curseur *m.* / キュルスール / 仏 cursor

キーボード clavier *m.* / クラヴィエ / 仏 keyboard

クリックする cliquer / クリケ / 仏 click

サーバー serveur *m.* / セルヴール / 仏 server

サイト site *m.* / シット / 仏 site

シェアする partager / パルタジェ / 仏 share

スキャナー scanner *m.* / スカネール / 仏 scanner

スマートフォン smartphone *m.* / スマルトフォンヌ / 仏 smartphone

スラッシュ barre oblique *f.* / バール オブリック / 仏 slash

ソフトウェア software *m.* / ソフトウェール / logiciel *m.* / ロジシエル / 仏 software

ダウンロードする télécharger / テレシャルジェ / 仏 download

タブレット tablette tactile *f.* / タブレット タクティル / 仏 tablet

データベース base de données *f.* / バーズ ドゥ ドネ / 仏 data base

デスクトップ ordinateur de bureau *m.* / オルディナトゥール ドゥ ビュロー / 仏 desk-top

ネットワーク réseau *m.* / レゾー / 仏 network

892

ノートパソコン ordinateur portatif *m.* /オルディナトゥール ポルタティフ/ 🇬🇧 notebook-type computer

ハードウェア hardware *m.* /アルドゥェール/ 🇬🇧 hardware

ハードディスク disque dur *m.* /ディスク デュール/ 🇬🇧 hard disk

バグ bogue *f.* /ボグ/ 🇬🇧 bug

パスワード mot de passe *m.* /モ ドゥ パス/ 🇬🇧 password

パソコン ordinateur personnel *m.* /オルディナトゥール ペルソネル/ 🇬🇧 personal computer

ファイル fichier *m.* /フィシエ/ classeur *m.* /クラスール/ 🇬🇧 file

フォルダ répertoire *m.* /レペルトワール/ 🇬🇧 directory

プリンター imprimante *f.* /アンプリマント/ 🇬🇧 printer

プロバイダー fournisseur *m.* /フールニスール/ 🇬🇧 provider

ホームページ page d'accueil *f.* /パージュ ダクイユ/ 🇬🇧 home-page

マウス souris *f.* /スリ/ 🇬🇧 mouse

無線LAN réseau sans fil *m.* /レゾー サン フィル/ 🇬🇧 wireless LAN

メモリ mémoire *f.* /メモワール/ 🇬🇧 memory

モデム modem *m.* /モデム/ 🇬🇧 modem

モニター moniteur *m.* /モニトゥール/ 🇬🇧 monitor

USBメモリ clé USB *f.* /クレ ユエスベ/ 🇬🇧 USB memory stick

ユーザー名 nom d'utilisateur *m.* /ノン デュティリザトゥール/ 🇬🇧 user name

職業 métier *m.* /メティエ/

医者 médecin *m.* /メドサン/ docteur *m.* /ドクトゥール/ 🇬🇧 doctor

運転手 chauffeur *m.* /ショフール/ conduc*teur(trice)* *m.f.* /コンデュクトゥール(-トリス)/ 🇬🇧 driver

エンジニア ingénieur *m.* /アンジェニュール/ 🇬🇧 engineer

会社員 employé(e) *m.f.* /アンプロワイエ/ 🇬🇧 office worker

看護士 infirmier(ère) *m.f.* /アンフィルミエ(-エール)/ 🇬🇧 nurse

客室乗務員 hôtesse de l'air *f.* /オテス ドゥ レール/ steward *m.* /スティワルト/ 🇬🇧 flight attendant

教員 enseignant(e) *m.f.* /アンセニアン(ト)/ 🇬🇧 teacher

銀行員 employé(e) de banque *m.f.* /アンプロワイエ ドゥ バンク/ 🇬🇧 bank clerk

警察官 agent *m.* /アジャン/ policier(ère) *m.f.* /ポリシエ(-エール)/ 🇬🇧 police officer

工員 ouvrier(ère) d'usine *m.f.* /ウヴリエ(-エール) デュジーヌ/ 🇬🇧 factory worker

公務員 fonctionnaire *m.f.* /フォンクシオネール/ 🇬🇧 public official

893

ジャーナリスト journaliste *m.f.* / ジュルナリスト / 英 pressman, reporter

写真家 photographe *m.f.* / フォトグラフ / 英 photographer

商人 commerçant(e) *m.f.* / コメルサン(ト) / marchand(e) *m.f.* / マルシャン(ド) / 英 merchant

消防士 pompier *m.* / ポンピエ / 英 fire fighter

船員 matelot *m.* / マトロ / marin *m.* / マラン / 英 crew, seaman

大工 charpentier *m.* / シャルパンティエ / 英 carpenter

通訳 interprète *m.f.* / アンテルプレット / 英 interpreter

店員 employé(e) de magasin *m.f.* / アンプロワイエ ドゥ マガザン / 英 clerk

秘書 secrétaire *m.f.* / スクレテール / 英 secretary

美容師 coiffeur(se) *m.f.* / コワフール(-フーズ) / 英 beautician

弁護士 avocat(e) *m.f.* / アヴォカ(-カット) / 英 lawyer, barrister

編集者 rédacteur(trice) *m.f.* / レダクトゥール(-トリス) / 英 editor

薬剤師 pharmacien(ne) *m.f.* / ファルマシアン(-シエヌ) / 英 pharmacist, druggist

漁師 pêcheur(se) *m.f.* / ペシュール(-シューズ) / 英 fisherman

食器 ustensiles de table *m.pl.* / ユスタンシル ドゥ ターブル /

コップ verre *m.* / ヴェール / gobelet *m.* / ゴブレ / 英 glass

カップ tasse *f.* / タス / 英 cup

ティーカップ tasse à thé *f.* / タスアテ / 英 teacup

ソーサー soucoupe *f.* / スークープ / 英 saucer

グラス verre *m.* / ヴェール / 英 glass

ワイングラス verre à vin *m.* / ヴェラ ヴァン / 英 wineglass

ジョッキ verre à bière *m.* / ヴェール ア ビエール / 英 jug, mug

水差し carafe *f.* / カラフ / 英 pitcher

ティーポット théière *f.* / テイエール / 英 teapot

コーヒーポット cafetière *f.* / カフティエール / 英 coffeepot

皿 plat *m.* / プラ / assiette *f.* / アシエット / 英 plate, dish

小皿 petite assiette *f.* / プティタシエット / 英 small plate

大皿 plat *m.* / プラ / 英 platter

碗 bol *m.* / ボル / 英 rice-bowl

箸 baguettes *f.pl.* / バゲット / 英 chopsticks

スプーン cuiller *f.* / キュイエール / 英 spoon

フォーク fourchette *f.* / フルシェット / 英 fork

ナイフ couteau *m.* / クトー / 英 knife

ナプキン serviette *f.* / セルヴィエット / 英 napkin

テーブルクロス nappe *f.* / ナップ / 英 tablecloth

分野別単語集

数字　chiffre *m.* /シフル/

1 (基数)**un(*e*)** /アン(ユヌ)/ 　⊛ one

(序数)**premier(*ère*)** /プルミエ(-エール)/ 　⊛ first

2 (基数)**deux** /ドゥー/ 　⊛ two

(序数)**deuxième, second(*e*)** /ドゥジエム, スゴン(ド)/ 　⊛ second

3 (基数)**trois** /トロワ/ 　⊛ three　(序数)**troisième** /トロワジエム/ 　⊛ third

4 (基数)**quatre** /カトル/ 　⊛ four　(序数)**quatrième** /カトリエム/ 　⊛ fourth

5 (基数)**cinq** /サンク/ 　⊛ five　(序数)**cinquième** /サンキエム/ 　⊛ fifth

6 (基数)**six** /シス/ 　⊛ six　(序数)**sixième** /シジエム/ 　⊛ sixth

7 (基数)**sept** /セット/ 　⊛ seven　(序数)**septième** /セティエム/ 　⊛ seventh

8 (基数)**huit** /ユイット/ 　⊛ eight　(序数)**huitième** /ユイティエム/ 　⊛ eighth

9 (基数)**neuf** /ヌフ/ 　⊛ nine　(序数)**neuvième** /ヌヴィエム/ 　⊛ ninth

10 (基数)**dix** /ディス, ディ(ズ)/ 　⊛ ten　(序数)**dixième** /ディジエム/ 　⊛ tenth

11 (基数)**onze** /オンズ/ 　⊛ eleven　(序数)**onzième** /オンジエム/ 　⊛ eleventh

12 (基数)**douze** /ドゥーズ/ 　⊛ twelve

(序数)**douzième** /ドゥージエム/ 　⊛ twelfth

13 (基数)**treize** /トレーズ/ 　⊛ thirteen

(序数)**treizième** /トレジエム/ 　⊛ thirteenth

14 (基数)**quatorze** /カトルズ/ 　⊛ fourteen

(序数)**quatorzième** /カトルジエム/ 　⊛ fourteenth

15 (基数)**quinze** /カンズ/ 　⊛ fifteen

(序数)**quinzième** /カンジエム/ 　⊛ fifteenth

16 (基数)**seize** /セーズ/ 　⊛ sixteen

(序数)**seizième** /セジエム/ 　⊛ sixteenth

17 (基数)**dix-sept** /ディ(ス)セット/ 　⊛ seventeen

(序数)**dix-septième** /ディ(ス)セティエム/ 　⊛ seventeenth

18 (基数)**dix-huit** /ディジュイット/ 　⊛ eighteen

(序数)**dix-huitième** /ディジュイティエム/ 　⊛ eighteenth

19 (基数)**dix-neuf** /ディズヌフ/ 　⊛ nineteen

(序数)**dix-neuvième** /ディズヌヴィエム/ 　⊛ nineteenth

20 (基数)**vingt** /ヴァン/ 　⊛ twenty

(序数)**vingtième** /ヴァンティエム/ 　⊛ twentieth

21 (基数)**vingt et un** /ヴァン テ アン/ 　⊛ twenty-one

(序数)**vingt et unième** /ヴァン テ ユニエム/ 　⊛ twenty-first

30 (基数)**trente** /トラント/ 　⊛ thirty

(序数)**trentième** /トランティエム/ 　⊛ thirtieth

40 (基数)**quarante** /カラント/ 　⊛ forty

(序数)**quarantième** /カランティエム/ 　⊛ fortieth

895

ごじゅう **50**	(基数)**cinquante**	/ サンカーント /	英 fifty
	(序数)**cinquantième**	/ サンカンティエム /	英 fiftieth
ろくじゅう **60**	(基数)**soixante**	/ ソワサーント /	英 sixty
	(序数)**soixantième**	/ ソワサンティエム /	英 sixtieth
ななじゅう・しちじゅう **70**	(基数)**soixante-dix**	/ ソワサントディス /	英 seventy
	(序数)**soixante-dixième**	/ ソワサントディジエム /	英 seventieth
はちじゅう **80**	(基数)**quatre-vingts**	/ カトルヴァン /	英 eighty
	(序数)**quatre-vingtième**	/ カトルヴァンティエム /	英 eightieth
きゅうじゅう **90**	(基数)**quatre-vingt-dix**	/ カトルヴァンディス /	英 ninety
	(序数)**quatre-vingt-dixième**	/ カトルヴァンディジエム /	英 ninetieth
ひゃく **100**	(基数)**cent**	/ サン /	英 a hundred
	(序数)**centième**	/ サンティエム /	英 a hundredth
せん **1000**	(基数)**mille**	/ ミル /	英 a thousand
	(序数)**millième**	/ ミリエム /	英 a thousandth

いちまん
1万 dix mille / ディ ミル / 英 ten thousand
じゅうまん
10万 cent mille / サン ミル / 英 one hundred thousand
ひゃくまん
100万 million / ミリオン / 英 one million
せんまん・いっせんまん
1000万 dix millions / ディ ミリオン / 英 ten million
いちおく
1億 cent millions / サン ミリオン / 英 one hundred million
ぜろ・れい
0 zéro *m.* / ゼロ / 英 zero
にばい
2倍 double / ドゥーブル / 英 double
さんばい
3倍 triple / トリプル / 英 triple
にぶんのいち
1/2 un demi / アンドゥミ / 英 a half
さんぶんのに
2/3 les deux tiers / レドゥー ティエール / 英 two thirds
にとごぶんのよん・にかごぶんのよん
2 4/5 deux quatre cinquièmes / ドゥー カトル サンキエム / 英 two and four
fifths
れいてんいち
0.1 zéro virgule un (0,1) / ゼロ ヴィルギュル アン / 英 point one
にてんいちよん
2.14 deux virgule quatorze (2,14) / ドゥー ヴィルギュル カトルズ / 英 two
point fourteen

分野別単語集

スポーツ　sport *m.* / スポール /

あーちぇりー
アーチェリー　tir à l'arc *m.* / ティラ ラルク / 英 archery
うえいとりふてぃんぐ
ウエイトリフティング　haltérophilie *f.* / アルテロフィリ / 英 weightlifting
かぬー
カヌー　canoë *m.* / カノエ / 英 canoe
ごるふ
ゴルフ　golf *m.* / ゴルフ / 英 golf
さーふぃん
サーフィン　surf *m.* / スーフ / 英 surfing
じてんしゃきょうぎ
自転車競技　cyclisme *m.* / シクリスム / 英 cycling
しゃげき
射撃　tir *m.* / ティール / 英 shooting

柔道　judo *m.* / ジュド / 英 judo
障害物競走　course d'obstacles *f.* / クルス ドプスタクル / 英 obstacle race
新体操　gymnastique rythmique et sportive *f.* / ジムナスティック リトミック
エ スポルティヴ / 英 rhythmic gymnastics
水泳　natation *f.* / ナタシオン / nage *f.* / ナージュ / 英 swimming
スキー　ski *m.* / スキー / 英 skiing
スケート　patinage *m.* / パティナージュ / 英 skating
セーリング　voile *f.* / ヴォワル / 英 sailing
体操　gymnastique *f.* / ジムナスティック / 英 gymnastics
卓球　tennis de table *m.* / テニス ドゥ ターブル / ping-pong *m.* / ピングポング /
英 table tennis
テニス　tennis *m.* / テニス / 英 tennis
車いすテニス　tennis en fauteuil roulant *m.* / テニス アン フォトゥイユ ルラン /
英 wheelchair tennis
バスケットボール　basket-ball *m.* / バスケットボル / 英 basketball
バドミントン　badminton *m.* / バドミントン / 英 badminton
バレーボール　volley-ball *m.* / ヴォレボル / 英 volleyball
ハンドボール　hand-ball *m.* / アンドボル / 英 handball
ハンマー投げ　lancement du marteau *m.* / ランスマン デュ マルトー / 英 hammer throw
フェンシング　escrime *f.* / エスクリム / 英 fencing
ボート　aviron *m.* / アヴィロン / 英 rowing
ボクシング　boxe *f.* / ボクス / 英 boxing
ホッケー　hockey *m.* / オケ / 英 hockey
マラソン　marathon *m.* / マラトン / 英 marathon
野球　base-ball *m.* / ベズボル / 英 baseball
ラグビー　rugby *m.* / リュグビ / 英 rugby
陸上競技　athlétisme *m.* / アトレティスム / 英 athletic sports
レスリング　lutte *f.* / リュット / 英 wrestling

台所用品　ustensiles de cuisine *m.pl.* / ユスタンシル ドゥ キュイジーヌ /

鍋　marmite *f.* / マルミット / casserole *f.* / カスロル / 英 pan
圧力鍋　cocotte-minute *f.* / ココットミニュット / 英 pressure cooker
薬缶　bouilloire *f.* / ブイユワール / 英 kettle
フライパン　poêle *f.* / ポワル / 英 frying pan
包丁　couteau *m.* / クトー / 英 kitchen knife
俎　planche à couper *f.* / プランシュ ア クペ / 英 cutting board
杓文字　louche *f.* / ルシュ / 英 ladle

897

ボウル　bol *m.* / ボル / 英 bowl
水切りボウル　passoire *f.* / パソワール / 英 colander
計量カップ　verre gradué *m.* / ヴェール グラデュエ / 英 measuring cup
ミキサー　mixeur *m.* / ミクスール / 英 mixer, blender
調理ばさみ　ciseaux *m.pl.* / シゾー / 英 poultry shears
フライ返し　pelle *f.* / ペル / 英 spatula
泡立て器　batteur *m.* / バトゥール / fouet *m.* / フエ / 英 whisk

電気製品　produit électrique *m.* / プロデュイ エレクトリック /

冷房　climatisation *f.* / クリマティザシオン / 英 air conditioning
扇風機　ventilateur *m.* / ヴァンティラトゥール / 英 electric fan
暖房　chauffage *m.* / ショファージュ / 英 heating
ストーブ　poêle *m.* / ポワル / radiateur *m.* / ラディアトゥール / 英 heater, stove
掃除機　aspirateur *m.* / アスピラトゥール / 英 vacuum cleaner
洗濯機　machine à laver *f.* / マシナ ラヴェ / 英 washing machine
乾燥機　sèche-linge *m.* / セッシュランジュ / 英 desiccator
ドライヤー　sèche-cheveux *m.* / セッシュシュヴー / 英 drier
電灯　lampe électrique *f.* / ランプ エレクトリック / 英 electric light
冷蔵庫　réfrigérateur *m.* / レフリジェラトゥール / frigo *m.* / フリゴ / 英 refrigerator
冷凍庫　congérateur *m.* / コンジェラトゥール / 英 freezer
電子レンジ　four à micro-ondes *f.* / フーラ ミクロ オンド / 英 microwave oven
テレビ　télévision *f.* / テレヴィジョン / 英 television

動物　animal *m.* / アニマル /

ライオン　lion *m.* / リオン / 英 lion
虎　tigre *m.* / ティグル / 英 tiger
豹　léopard *m.* / レオパール / panthère *f.* / パンテール / 英 leopard, panther
麒麟　girafe *f.* / ジラフ / 英 giraffe
象　éléphant *m.* / エレファン / 英 elephant
鹿　cerf *m.* / セール / biche *f.* / ビッシュ / 英 deer
豚　porc *m.* / ポール / cochon *m.* / コション / 英 pig
牛　bœuf *m.* / ブフ / vache *f.* / ヴァッシュ / 英 cattle
羊　mouton *m.* / ムートン / 英 sheep
山羊　chèvre *f.* / シェーヴル / 英 goat
熊　ours *m.* / ウルス / 英 bear

分野別単語集

駱駝 **chameau** *m.* /シャモー/ 英 camel

河馬 **hippopotame** *m.* /イポポタム/ 英 hippopotamus

パンダ **panda** *m.* /パンダ/ 英 panda

コアラ **koala** *m.* /コアラ/ 英 koala

カンガルー **kangourou** *m.* /カングルー/ 英 kangaroo

栗鼠 **écureuil** *m.* /エキュルイユ/ 英 squirrel

猿 **singe** *m.* /サーンジュ/ **guenon** *f.* /グノン/ 英 monkey, ape

ゴリラ **gorille** *m.* /ゴリーユ/ 英 gorilla

狼 **loup** *m.* /ルー/ 英 wolf

狸 **blaireau** *m.* /ブレロー/ 英 raccoon dog

狐 **renard** *m.* /ルナール/ 英 fox

猪 **sanglier** *m.* /サングリエ/ 英 wild boar

兎 **lapin** *m.* /ラパン/ 英 rabbit

野兎 **lièvre** *m.* /リエーヴル/ 英 hare

鼠 **rat** *m.* /ラ/ **souris** *f.* /スーリ/ 英 rat, mouse

犬 **chien** *m.* /シアン/ 英 dog

猫 **chat** *m.* /シャ/ 英 cat

鯨 **baleine** *f.* /バレーヌ/ 英 whale

海豹 **phoque** *m.* /フォック/ 英 seal

海豚 **dauphin** *m.* /ドファン/ 英 dolphin

鳥 **oiseau** *m.* /ワゾー/

鶏 **coq** *m.* /コック/ **poule** *f.* /プール/ 英 fowl, chicken

七面鳥 **dindon** *m.* /ダンドン/ **dinde** *f.* /ダンド/ 英 turkey

家鴨 **canard** *m.* /カナール/ **cane** *f.* /カヌ/ 英 (domestic) duck

白鳥 **cygne** *m.* /シーニュ/ 英 swan

鶴 **grue** *f.* /グリュ/ 英 crane

鷹 **faucon** *m.* /フォコン/ 英 hawk

鷲 **aigle** *m.* /エーグル/ 英 eagle

啄木鳥 **pic** *m.* /ピック/ 英 woodpecker

燕 **hirondelle** *f.* /イロンデル/ 英 swallow

郭公 **coucou** *m.* /ククー/ 英 cuckoo

鳩 **pigeon** *m.* /ピジョン/ **colombe** *f.* /コローンブ/ 英 pigeon, dove

阿呆鳥 **albatros** *m.* /アルバトロース/ 英 albatross

鶯 **rossignol du Japon** *m.* /ロシニョル デュ ジャポン/ 英 Japanese nightingale

鴎 **goéland** *m.* /ゴエラン/ **mouette** *f.* /ムエット/ 英 sea gull

雲雀 **alouette** *f.* /アルウェット/ 英 lark

鶫 **merle** *m.* /メルル/ **grive** *f.* /グリヴ/ 英 thrush

からす
烏 **corbeau** *m.* / コルボー / 英 crow
ふくろう
梟 **chouette** *f.* / シュエット / 英 owl
ペンギン **manchot** *m.* / マンショ / 英 penguin
すずめ
雀 **moineau** *m.* / モワノー / 英 sparrow
かも
鴨 **canard** *m.* / カナール / 英 duck
きじ
雉 **faisan** *m.* / フザン / 英 pheasant

度量衡　**poids** *m.* **et mesures** *f.pl.* / ポワ エ ムジュール /

●距離
みり
ミリ **millimètre** *m.* / ミリメートル / 英 millimeter
せんち
センチ **centimètre** *m.* / サンティメートル / 英 centimeter
めーとる
メートル **mètre** *m.* / メートル / 英 meter
きろ
キロ **kilomètre** *m.* / キロメートル / 英 kilometer
やーど
ヤード **yard** *m.* / ヤルド / 英 yard
まいる
マイル **mille** *m.* / ミル / 英 mile

●面積
へいほうめーとる
平方メートル **mètre carré** *m.* / メートル カレ / 英 square meter
へいほうきろめーとる
平方キロメートル **kilomètre carré** *m.* / キロメートル カレ / 英 square kilometer
あーる
アール **are** *m.* / アール / 英 are
へくたーる
ヘクタール **hectare** *m.* / エクタール / 英 hectare
えーかー
エーカー **acre** *f.* / アークル / 英 acre

●重さ
ぐらむ
グラム **gramme** *m.* / グラム / 英 gram
きろ
キロ **kilogramme** *m.* / キログラム / 英 kilogram
おんす
オンス **once** *f.* / オンス / 英 ounce
ぽんど
ポンド **livre** *f.* / リーヴル / 英 pound
とん
トン **tonne** *f.* / トヌ / 英 ton

●体積
りっぽうせんち
立法センチ **centimètre cube** *m.* / サンティメートル キューブ / 英 cubic centimeter
りっとる
リットル **litre** *m.* / リットル / 英 liter
りっぽうめーとる
立方メートル **mètre cube** *m.* / メートル キューブ / 英 cubic meter

●温度
せっし
摂氏 **Celsius** / セルシュス / 英 Celsius
かし
華氏 **Fahrenheit** / ファレナイト / 英 Fahrenheit

分野別単語集

肉　viande *f.* / ヴィアンド /

牛肉 <small>ぎゅうにく</small>	bœuf *m.* / ブフ /	🇬🇧 beef	
子牛の肉 <small>こうしのにく</small>	veau *m.* / ヴォー /	🇬🇧 veal	
豚肉 <small>ぶたにく</small>	porc *m.* / ポール /	🇬🇧 pork	
鶏肉 <small>とりにく</small>	volaille *f.* / ヴォライユ /	poulet *m.* / プーレ /	🇬🇧 chicken
羊の肉 <small>ひつじのにく</small>	mouton *m.* / ムートン /	🇬🇧 mutton	
子羊の肉 <small>こひつじのにく</small>	agneau *m.* / アニョ /	🇬🇧 lamb	
挽肉 <small>ひきにく</small>	hachis *m.* / アシ /	🇬🇧 ground meat	
赤身 <small>あかみ</small>	maigre *m.* / メーグル /	🇬🇧 lean	
ロース <small>ろーす</small>	entrecôte *f.* / アントルコット /	faux-filet *m.* / フォーフィレ /	🇬🇧 sirloin
リブロース <small>りぶろーす</small>	côte *f.* / コート /	🇬🇧 loin	
ヒレ肉 <small>ひれにく</small>	filet *m.* / フィレ /	🇬🇧 fillet	
サーロイン <small>さーろいん</small>	aloyau *m.* / アロワイヨ /	🇬🇧 sirloin	
タン <small>たん</small>	langue *f.* / ラング /	🇬🇧 tongue	
レバー <small>ればー</small>	foie *m.* / フォワ /	🇬🇧 liver	
鶏の股肉 <small>とりのももにく</small>	cuisse de poulet *f.* / キュイス ドゥ プレ /	🇬🇧 leg	
ささ身 <small>ささみ</small>	blanc de poulet *m.* / ブランドゥ プーレ /	🇬🇧 white meat	
ハム <small>はむ</small>	jambon *m.* / ジャンボン /	🇬🇧 ham	
生ハム <small>なまはむ</small>	jambon cru *m.* / ジャンボン クリュ /	🇬🇧 Parma ham	
ソーセージ <small>そーせーじ</small>	saucisson *m.* / ソシソン /	🇬🇧 sausage	
ベーコン <small>べーこん</small>	bacon *m.* / ベコン /	🇬🇧 bacon	
サラミ <small>さらみ</small>	salami *m.* / サラミ /	🇬🇧 salami	

日本料理　cuisine japonaise *f.* / キュイジーヌ ジャポネーズ /

うどん <small>うどん</small>　udon *m.pl.* / ウドン /　nouilles japonaises de blé tendre *f.pl.* / ヌイユ ジャポネーズ ドゥ ブレ タンドル /　🇬🇧 Udon

コロッケ <small>ころっけ</small>　croquette *f.* / クロケット /　🇬🇧 croquette

しゃぶしゃぶ <small>しゃぶしゃぶ</small>　shabu-shabu *m.* / シャブシャブ /　🇬🇧 Shabu-shabu

すき焼き <small>すきやき</small>　sukiyaki *m.* / スキヤキ /　🇬🇧 Sukiyaki

寿司 <small>すし</small>　sushi *m.* / スシ /　🇬🇧 Sushi

煎餅 <small>せんべい</small>　galette de riz gluant *f.* / ガレット ドゥ リ グリュアン /　🇬🇧 Senbei

蕎麦 <small>そば</small>　soba *m.pl.* / ソバ /　nouilles japonaises de sarrasin *f.pl.* / ヌイユ ジャポネーズ ドゥ サラザン /　🇬🇧 Soba

とんかつ <small>とんかつ</small>　tonkatsu *m.* / トンカツ /　porc pané à la japonaise *m.* / ポール パネ ア ラ ジャポネーズ /　🇬🇧 Tonkatsu

丼 <small>どん</small>　bol de riz recouvert de différentes sortes de garnitures *m.* / ボル ドゥ リ ルクヴェール ドゥ ディフェラント ソルト ドゥ ガルニテュール /　🇬🇧 Donburi

901

抹茶 **matcha** *m.* / マチャ / **thé vert** *m.* / テ ヴェール / 英 Matcha
味噌汁 **soupe miso** *f.* / スープ ミソ / 英 Miso soup

飲み物 **boisson** *f.* / ボワッソン /

水 **eau** *f.* / オー / 英 water
ミネラルウォーター **eau minérale** *f.* / オー ミネラル / 英 mineral water
炭酸水 **eau gazeuse** *f.* / オー ガズーズ / 英 soda water
コーラ **coca** *m.* / コカ / 英 coke
ジュース **jus** *m.* / ジュ / 英 juice
レモネード **citronnade** *f.* / シトロナード / 英 lemonade
ミルク **lait** *m.* / レ / 英 milk
コーヒー **café** *m.* / カフェ / 英 coffee
エスプレッソコーヒー **express** *m.* / エクスプレス / 英 espresso
カフェオレ **café au lait** *m.* / カフェ オ レ / 英 café au lait
カプチーノ **cappuccino** *m.* / カピュチノ / 英 cappuccino
アイスコーヒー **café glacé** *m.* / カフェ グラセ / 英 iced coffee
紅茶 **thé** *m.* / テ / 英 tea
ミルクティー **thé au lait** *m.* / テ オ レ / 英 tea with milk
レモンティー **thé au citron** *m.* / テ オ シトロン / 英 tea with lemon
アイスティー **thé glacé** *m.* / テ グラセ / 英 iced tea
ココア **cacao** *m.* / カカオ / **chocolat** *m.* / ショコラ / 英 cocoa
シードル **cidre** *m.* / シードル / 英 cider
ハーブティー **infusion** *f.* / アンフュジオン / 英 herb tea
アルコール **alcool** *m.* / アルコル / 英 alcohol
赤ワイン **vin rouge** *m.* / ヴァン ルージュ / 英 red wine
白ワイン **vin blanc** *m.* / ヴァン ブラン / 英 white wine
ロゼワイン **vin rosé** *m.* / ヴァン ロゼ / 英 rosé
ビール **bière** *f.* / ビエール / 英 beer
生ビール **bière pression** *f.* / ビエール プレシオン / 英 draft beer
ウイスキー **whisky** *m.* / ウイスキ / 英 whiskey
シャンパン **champagne** *m.* / シャンパーニュ / 英 champagne
カクテル **cocktail** *m.* / コクテル / 英 cocktail
食前酒 **apéritif** *m.* / アペリティフ / 英 apéritif
食後酒 **digestif** *m.* / ディジェスティフ / 英 digestif
コニャック **cognac** *m.* / コニャック / 英 cognac

分野別単語集

花　fleur *f.* / フルール /

蒲公英（たんぽぽ）　pissenlit *m.* / ピサンリ /　**dent-de-lion** *f.* / ダンドゥリオン /　🇬🇧 dandelion

菜の花（なのはな）　fleur de colza *f.* / フルール ドゥ コルザ /　🇬🇧 rape blossoms

紫陽花（あじさい）　hortensia *m.* / オルタンシア /　🇬🇧 hydrangea

薔薇（ばら）　rose *f.* / ローズ /　🇬🇧 rose

向日葵（ひまわり）　tournesol *m.* / トゥールヌソル /　🇬🇧 sunflower

朝顔（あさがお）　volubilis *m.* / ヴォリュビリス /　🇬🇧 morning glory

百合（ゆり）　lis *m.* / リス /　🇬🇧 lily

菖蒲（あやめ）　iris des marais *m.* / イリス デ マレ /　🇬🇧 flag, iris

菊（きく）　chrysanthème *m.* / クリザンテーム /　🇬🇧 chrysanthemum

椿（つばき）　camélia *m.* / カメリア /　🇬🇧 camellia

水仙（すいせん）　narcisse *m.* / ナルシス /　🇬🇧 narcissus

蘭（らん）　orchidée *f.* / オルキデ /　🇬🇧 orchid

鈴蘭（すずらん）　muguet *m.* / ミュゲ /　🇬🇧 lily of the valley

菫（すみれ）　violette *f.* / ヴィオレット /　🇬🇧 violet

病院　hôpital *m.* / オピタル /

救急病院（きゅうきゅうびょういん）　SAMU (Service d'aide médicale d'urgence) *m.* / サミュ /　🇬🇧 emergency hospital

総合病院（そうごうびょういん）　polyclinique *f.* / ポリクリニック /　🇬🇧 general hospital

医者（いしゃ）　médecin *m.* / メドサン /　**docteur** *m.* / ドクトゥール /　🇬🇧 doctor

看護士（かんごし）　infirmier(*ère*) *m.f.* / アンフィルミエ(- エール) /　🇬🇧 nurse

レントゲン技師（れんとげんぎし）　radiologue *m.f.* / ラディオローグ /　🇬🇧 radiographer

薬剤師（やくざいし）　pharmacien(*ne*) *m.f.* / ファルマシアン(- エヌ) /　🇬🇧 pharmacist, druggist

患者（かんじゃ）　patient(e) *m.f.* / パシアン(ト) /　**malade** *m.f.* / マラード /　🇬🇧 patient, case

病人（びょうにん）　malade *m.f.* / マラード /　**patient(e)** *m.f.* / パシアン(ト) /　🇬🇧 sick person

怪我人（けがにん）　blessé(e) *m.f.* / ブレセ /　🇬🇧 injured person

診察室（しんさつしつ）　cabinet de consultation *m.* / カビネ ドゥ コンシュルタシオン /　🇬🇧 consulting room

手術室（しゅじゅつしつ）　salle d'opération *f.* / サル ドペラシオン /　🇬🇧 operating room

病棟（びょうとう）　pavillon d'un hôpital *m.* / パヴィヨン ダン ノピタル /　🇬🇧 ward

病室（びょうしつ）　chambre de malade *f.* / シャンブル ドゥ マラード /　🇬🇧 sickroom, ward

薬局（やっきょく）　pharmacie *f.* / ファルマシー /　🇬🇧 drugstore

内科（ないか）　médecine des maladies internes *f.* / メドゥシヌ デ マラディ ザンテルヌ /　🇬🇧 internal medicine

外科（げか）　chirurgie *f.* / シリュルジー /　🇬🇧 surgery

歯科　odontologie *f.* / オドントロジ / 英 dental surgery

眼科　ophtalmologie *f.* / オフタルモロジー / 英 ophthalmology

産婦人科　gynécologie obstétrique *f.* / ジネコロジー オプステトリック / 英 obstetrics and gynecology

小児科　pédiatrie *f.* / ペディアトリ / 英 pediatrics

耳鼻咽喉科　oto-rhino-laryngologie *f.* / オトリノラランゴロジー / 英 oto-rhinolaryngology

整形外科　orthopédie *f.* / オルトペディ / 英 plastic surgery

レントゲン　rayons X *m.pl.* / レイヨン イクス / 英 X rays

病気　maladie *f.* / マラディ /

赤痢　dysenterie *f.* / ディサントリ / 英 dysentery

コレラ　choléra *m.* / コレラ / 英 cholera

チフス　typhus *m.* / ティフュス / 英 typhoid, typhus

マラリア　malaria *f.* / マラリア / 英 malaria

ジフテリア　diphtérie *f.* / ディフテリ / 英 diphtheria

結核　tuberculose *f.* / テュベルキュローズ / 英 tuberculosis

エイズ　sida (syndrome immuno-déficience acquis) *m.* / シダ / 英 AIDS

アルツハイマー病　maladie d'Alzheimer *f.* / マラディ ダルツァイムール / 英 Alzheimer's disease

麻疹　rougeole *f.* / ルージョル / 英 measles

風邪　rhume *m.* / リュム / grippe *f.* / グリップ / 英 cold, flu

おたふく風邪　oreillons *m.pl.* / オレイオン / 英 mumps

癌　cancer *m.* / カンセール / 英 cancer

頭痛　mal de tête *m.* / マル ドゥ テット / 英 headache

生理痛　douleur menstruelle *f.* / ドゥルール マンストリュエル / 英 menstrual pain

食中毒　intoxication alimentaire *f.* / アントクシカシオン アリマンテール / 英 food poisoning

盲腸炎　appendicite *f.* / アパンディシット / 英 appendicitis

腹痛　mal de ventre *m.* / マル ドゥ ヴァントル / 英 stomachache

ストレス　stress *m.* / ストレス / 英 stress

虫歯　dent gâtée *f.* / ダン ガテ / carie *f.* / カリ / 英 decayed tooth

捻挫　entorse *f.* / アントルス / 英 sprain

骨折　fracture *f.* / フラクテュール / 英 fracture

打撲　contusion *f.* / コンテュジオン / 英 bruise

脱臼　luxation *f.* / リュクサシオン / 英 dislocation

高血圧　hypertension *f.* /イペルタンシオン/ 　⑱ high blood pressure
糖尿病　diabète *m.* /ディアベット/ 　⑱ diabetes
脳梗塞　infarctus cérébral *m.* /アンファルクテュス セレブラル/ 　⑱ cerebral infarction

文房具　articles de bureau *m.pl.* /アルティクル ドゥ ビュロー/

鉛筆　crayon *m.* /クレイヨン/ 　⑱ pencil
万年筆　stylo *m.* /スティロ/ 　⑱ fountain pen
ボールペン　stylo à bille *m.* /スティロ ア ビユ/ 　bic *m.* /ビック/ 　⑱ ball-point
シャープペンシル　porte(-)mine *m.* /ポルトミーヌ/ 　⑱ mechanical pencil
消しゴム　gomme *f.* /ゴム/ 　⑱ eraser, rubber
インク　encre *f.* /アンクル/ 　⑱ ink
コンパス　compas *m.* /コンパ/ 　⑱ compasses
絵の具　couleur *f.* /クルール/ 　⑱ paints, colors
クレヨン　crayon de pastel *m.* /クレイヨン ドゥ パステル/ 　⑱ crayon
クレパス　pastel *m.* /パステル/ 　⑱ pastel crayon
色鉛筆　crayon de couleur *m.* /クレイヨン ドゥ クルール/ 　⑱ color pencil
パレット　palette *f.* /パレット/ 　⑱ palette
ノート　cahier *m.* /カイエ/ 　⑱ notebook
スケッチブック　carnet de croquis *m.* /カルネ ドゥ クロキ/ 　⑱ sketchbook
手帳　carnet *m.* /カルネ/ 　agenda *m.* /アジャンダ/ 　⑱ notebook
日記帳　journal *m.* /ジュルナル/ 　⑱ diary
原稿用紙　papier à écrire *m.* /パピエ ア エクリール/ 　⑱ manuscript paper
ルーズリーフ　feuille volante *f.* /フイユ ヴォラント/ 　⑱ loose-leaf notebook
葉書　carte postale *f.* /カルト ポスタル/ 　⑱ postal card
便箋　papier à lettres *m.* /パピエ ア レットル/ 　⑱ letter paper
封筒　enveloppe *f.* /アンヴロップ/ 　⑱ envelope
バインダー　reliure *f.* /ルリユール/ 　⑱ binder
糊　colle *f.* /コル/ 　⑱ paste, starch
画鋲　punaise *f.* /ピュネーズ/ 　⑱ thumbtack
セロテープ　ruban adhésif *m.* /リュバン アデジフ/ 　⑱ Scotch tape
クリップ　trombone *m.* /トロンボヌ/ 　⑱ clip
ホッチキス　agrafeuse *f.* /アグラフーズ/ 　⑱ stapler

店　magasin *m.* /マガサン/

八百屋　boutique de marchand de légumes *f.* /ブティック ドゥ マルシャン ドゥ レギュム/ 　⑱ vegetable store

905

花屋 はなや	boutique de fleuriste *f.* / ブティック ドゥ フルリスト / 英 flower shop	
魚屋 さかなや	poissonnerie *f.* / ポワソヌリ / 英 fish shop	
肉屋 にくや	boucherie *f.* / ブシュリー / 英 meat shop	
酒屋 さかや	magasin de saké *m.* / マガザン ドゥ サケ / 英 liquor store	
パン屋 ぱんや	boulangerie *f.* / ブーランジュリー / 英 bakery	
薬屋 くすりや	pharmacie *f.* / ファルマシー / 英 pharmacy, drugstore	
靴屋 くつや	magasin de chaussures *m.* / マガザン ドゥ ショシュール / 英 shoe store	
本屋 ほんや	librairie *f.* / リブレリー / 英 bookstore	
雑貨屋 ざっかや	droguerie *f.* / ドログリ / 英 variety store	
時計屋 とけいや	horlogerie *f.* / オルロジュリ / 英 watch store	
床屋 とこや	salon de coiffure *m.* / サロン ドゥ コワフュール / 英 barbershop	
クリーニング店 くりーにんぐてん	blanchisserie *f.* / ブランシスリー / 英 laundry	
煙草屋 たばこや	tabac *m.* / タバ / 英 tobacconist's	
ケーキ屋 けーきや	pâtisserie *f.* / パティスリ / 英 pastry shop	
玩具店 がんぐてん	magasin de jouets *m.* / マガザン ドゥ ジュエ / 英 toyshop	
家具屋 かぐや	magasin de meubles *m.* / マガザン ドゥ ムーブル / 英 furniture store	
古本屋 ふるほんや	bouquiniste *m.f.* / ブキニスト / 英 secondhand bookstore	

野菜	légumes *m.pl.* / レギュム /

分野別単語集

胡瓜 きゅうり	concombre *m.* / コンコンブル / 英 cucumber
茄子 なす	aubergine *f.* / オベルジヌ / 英 eggplant, aubergine
人参 にんじん	carotte *f.* / カロット / 英 carrot
大根 だいこん	gros radis *m.* / グロ ラディ / 英 radish
じゃが芋 じゃがいも	pomme de terre *f.* / ポム ドゥ テール / 英 potato
南瓜 かぼちゃ	citrouille *f.* / シトルイユ / potiron *m.* / ポティロン / 英 pumpkin
牛蒡 ごぼう	bardane *f.* / バルダヌ / 英 burdock
菠薐草 ほうれんそう	épinard *m.* / エピナール / 英 spinach
葱 ねぎ	poireau *m.* / ポワロ / 英 leek
玉葱 たまねぎ	oignon *m.* / オニョン / 英 onion
莢隠元 さやいんげん	haricot vert *m.* / アリコ ヴェル / 英 green bean
大蒜 にんにく	ail *m.* / アイユ / 英 garlic
玉蜀黍 とうもろこし	maïs *m.* / マイス / 英 corn
トマト	tomate *f.* / トマト / 英 tomato
ピーマン ぴーまん	poivron *m.* / ポワヴロン / 英 green pepper
キャベツ きゃべつ	chou *m.* / シュー / 英 cabbage
レタス れたす	laitue *f.* / レテュ / 英 lettuce
アスパラガス あすぱらがす	asperge *f.* / アスペルジュ / 英 asparagus
カリフラワー かりふらわー	chou-fleur *m.* / シューフルール / 英 cauliflower

ブロッコリー　**brocoli** *m.* / ブロッコリー / 廃 broccoli

セロリ　**céleri** *m.* / セルリ / 廃 celery

パセリ　**persil** *m.* / ペルシ / 廃 parsley

グリーンピース　**petits pois** *m.pl.* / プティ ポワ / 廃 pea

ズッキーニ　**courgette** *f.* / クルジェット / 廃 zucchini

アーティチョーク　**artichaut** *m.* / アルティショー / 廃 artichoke

エシャロット　**échalote** *f.* / エシャロット / 廃 shallot

クレソン　**cresson** *m.* / クレソン / 廃 watercress

曜日　jour de la semaine *m.* / ジュールドゥラスメーヌ /

日曜日　**dimanche** *m.* / ディマンシュ / 廃 Sunday

月曜日　**lundi** *m.* / ランディ / 廃 Monday

火曜日　**mardi** *m.* / マルディ / 廃 Tuesday

水曜日　**mercredi** *m.* / メルクルディ / 廃 Wednesday

木曜日　**jeudi** *m.* / ジュディ / 廃 Thursday

金曜日　**vendredi** *m.* / ヴァンドルディ / 廃 Friday

土曜日　**samedi** *m.* / サムディ / 廃 Saturday

週　**semaine** *f.* / スメーヌ / 廃 week

週末　**week-end** *m.* / ウィケンド / 廃 weekend

平日　**jour ordinaire** *m.* / ジュール オルディネール / 廃 weekday

レストラン　restaurant *m.* / レストラン /

揚げ　**frit(e)** / フリ(ット) / 廃 fried

炒め　**sauté(e)** / ソテ / 廃 stir-fried

おすすめ　**recommandé(e)** / ルコマンデ / **plat du jour** *m.* / プラ デュ ジュール /
廃 recommended

カウンター席　**comptoir** *m.* / コントワール / 廃 bar

座敷席　**pièce à tatami** *f.* / ピエス ア タタミ / 廃 Japanese style tatami room

食券　**ticket-repas** *m.* / ティケルパ / 廃 meal ticket

注文　**commande** *f.* / コマンド / 廃 order

テイクアウトで　**à emporter** / ア アンポルテ / 廃 takeout, carryout

店内で　**sur place** / シュール プラス / 廃 in the store

満席　**complet** / コンプレ / 廃 Full house

焼き　**grillé(e)** / グリエ / 廃 grilled, broiled

2017 年 9 月 10 日　　初版発行

デイリー日仏英辞典　カジュアル版

2017 年 9 月 10 日　　第 1 刷発行

編　者　三省堂編修所
発行者　株式会社三省堂　代表者 北口克彦
印刷者　三省堂印刷株式会社
発行所　株式会社三省堂
　　　　〒 101-8371
　　　　東京都千代田区三崎町二丁目 22 番 14 号
　　　　　　電話　編集　(03) 3230-9411
　　　　　　　　　営業　(03) 3230-9412
　　　　　　http://www.sanseido.co.jp/

落丁本・乱丁本はお取り替えいたします。

ISBN978-4-385-12280-9

〈カジュアル日仏英・912pp.〉

本書を無断で複写複製することは、著作権法上の例外を除き、禁じられています。また、本書を請負業者等の第三者に依頼してスキャン等によってデジタル化することは、たとえ個人や家庭内での利用であっても一切認められておりません。

三省堂 デイリー3か国語辞典シリーズ

シンプルで使いやすい
デイリー3か国語辞典シリーズ

B6変・912頁(日中英は928頁)・2色刷

★ 日常よく使われる語句をたっぷり収録
★ 仏～韓の各言語と英語はカナ発音付き
★ 日本語見出しはふりがなとローマ字付き
★ 付録に「日常会話」(音声ウェブサービス付き)と「分野別単語集」

デイリー日仏英辞典　　デイリー日西英辞典
デイリー日独英辞典　　デイリー日中英辞典
デイリー日伊英辞典　　デイリー日韓英辞典

コンパクトで見やすい
デイリー3か国語会話辞典シリーズ

A6変・384頁・2色刷

★ かんたんに使える表現1,200例
★ 仏～韓の各言語はカナ発音付き
★ 実際の場面を想定した楽しい「シミュレーション」ページ
★ コラム・索引・巻末単語帳も充実

デイリー日仏英3か国語会話辞典
デイリー日独英3か国語会話辞典
デイリー日伊英3か国語会話辞典
デイリー日西英3か国語会話辞典
デイリー日中英3か国語会話辞典
デイリー日韓英3か国語会話辞典

● 定冠詞

	男性	女性
単数	le (l')	la (l')
複数	les	

● 不定冠詞

	男性	女性
単数	un	une
複数	des	

● 部分冠詞

男性	女性
du (de l')	de la (de l')

▶ 冠詞の縮約

à＋le→au   de＋le→du

à＋les→aux   de＋les→des

● 指示代名詞

	男性	女性
単数	celui	celle
複数	ceux	celles

● 疑問代名詞

		主語（が）	直目・属詞（を）
誰	Qui (Qui est-ce qui)		Qui（倒置）Qui est-ce que
何	Qu'est-ce qui		Que（倒置）Qu'est-ce que

● 指示形容詞

	男性	女性
単数	ce (cet)	cette
複数	ces	

● 疑問形容詞

	男性	女性
単数	quel	quelle
複数	quels	quelles

● 人称代名詞

		人称	主語	直接目的	間接目的	強勢形
単数	1	私	je (j')	me (m')		moi
	2	君	tu	te (t')		toi
	3	彼	il	le (l')	lui	lui
		彼女	elle	la (l')		elle
複数	1	私たち	nous			
	2	君たち あなた*	vous			
	3	彼ら	ils	les	leur	eux
		彼女ら	elles			elles

＊vous は二人称単数の敬称でも用いられる.